面壁十年图破壁
难酬蹈海亦英雄

周恩来 主持政务岁月

熊华源　／著
廖心文

人民文学出版社

图书在版编目（CIP）数据

周恩来主持政务岁月 / 熊华源，廖心文著. -- 北京：人民文学出版社，2024
（2024.12重印）
ISBN 978-7-02-018542-9

Ⅰ.①周… Ⅱ.①熊… ②廖… Ⅲ.①周恩来（1898-1976）-传记
Ⅳ.① K827=7

中国国家版本馆 CIP 数据核字（2024）第 049287 号

责任编辑	温　淳
装帧设计	刘　静
责任印制	王重艺

出版发行	人民文学出版社
社　　址	北京市朝内大街166号
邮政编码	100705

印　　刷	北京中科印刷有限公司
经　　销	全国新华书店等

字　　数	606千字
开　　本	787毫米×1092毫米　1/16
印　　张	36　插页10
印　　数	10001—13000
版　　次	2024年4月北京第1版
印　　次	2024年12月第2次印刷

书　　号	978-7-02-018542-9
定　　价	108.00元

如有印装质量问题，请与本社图书销售中心调换。电话：010-65233595

周恩来素描像
伍必端 绘

毛泽东和周恩来在开国大典上 (1949)

晨曦初照,周恩来在中南海西花厅办公

西花厅——周恩来的办公处和住所

日内瓦会议时的周恩来 (1954)

万隆会议时的周恩来 (1955)

周恩来深入开滦煤矿井下了解作业情况 (1958)

周恩来在河北磁县调查研究 (1961)

毛泽东、刘少奇、周恩来、朱德、陈云、邓小平在七千人大会上 (1962)

周恩来和青年们在一起

心心相映，挚爱一生的周恩来和邓颖超 (1955)

晚年周恩来 (1973)

目　录

出版者的话　001

01／组建首届"内阁"　001
02／出访苏联　016
03／准备和参与决策抗美援朝　032
04／制订"一五"计划　052
05／国际会议上的首度露面　071
06／亚非会议的台前幕后　114
07／知识分子问题会议前后　148
08／与"铁三号"的文化名人　164
09／冒进和反冒进　173
10／处理中缅边界问题　196
11／现代"大禹"　210
12／决策香港问题　222
13／出访亚洲　235
14／反"反冒进"中的检讨　252
15／庐山风云　276
16／解决中印边界冲突　287
17／关怀特赦战犯　303
18／谋求国家统一　317
19／战胜饥荒　334

20／调整国民经济　360

21／为知识分子"脱帽加冕"　378

22／走进非洲　398

23／领导研制第一颗原子弹　409

24／策划和导演史诗《东方红》　430

25／争取李宗仁回国　442

26／被动卷入"文化大革命"　455

27／保护民主人士　462

28／苍松护英华　471

29／维护经济运转　477

30／处理九一三事件　482

31／小球转动大球　506

32／艰难的抗争　530

33／湖畔哀思　552

34／最后的时光　558

35／结束语　568

后记　570

出版者的话

新中国成立后，周恩来当选第一任总理，任职二十六年多。

周恩来是中国共产党执政以来，在这个岗位上工作时间最长的一位总理。

在这二十六年多的时间里，周恩来总理国务，主管内政外交，为建设一个崭新的中国呕心沥血，他的思想和实践为我们今天继续探索中国特色社会主义道路，实现中国式现代化提供了有益的经验。

本部书稿的两位作者均来自原中央文献研究室，长期从事周恩来等领袖人物研究。他们在原文献研究室工作的三十余年中，曾经参加了由金冲及主编的《周恩来传》和力平等主编的《周恩来年谱》的写作，积累了相当丰富的资料。由于工作性质所致，他们还有机会采访两三百位曾经在周恩来领导下工作的老同志、周恩来身边的工作人员和亲属。这些经历为他们写好本部专著奠定了重要基础。

周恩来二十六年多的主持政务岁月波澜起伏，异彩纷呈，本书作者以他们的理解，选取了其中重要的片段，浓墨重彩地进行描述，并以通俗的笔触进行刻画。书中涉及的细节，既可以帮助读者深入了解周恩来的思想、实践、处事方法以及独特的智慧和魅力，从这个侧面对那二十六年多的中共党史、中华人民共和国国史中发生的重大事件的情境有更全面的了解；同时对与周恩来在这一历史阶段中关系密切的毛泽东、邓小平等领导人的所思所想所为，也能得到一些新的认识。此外，作者运用资料的权威性和结论的科学性，对清除当前历史虚无主义在周恩来研究领域的影响也具有重要的意义。

这就是我们在周恩来去世四十多年之后，仍花大力气编辑出版包括这部书稿在内的这类题材，以飨读者的初衷和意义所在。

01 / 组建首届"内阁"

1

1949年10月1日下午三时,中华人民共和国中央人民政府主席毛泽东,在雄伟壮丽的天安门城楼上向全世界庄严宣告:"中华人民共和国中央人民政府今天成立了。"[1]

霎时间,天安门广场人头攒动、红旗飘舞,人海中爆发出长久的雷鸣般的欢呼。随后,毛泽东启动电钮,新中国第一面五星红旗迎着高悬蓝天的红日徐徐升起。这一时刻,标志着"占人类四分之一的中国人从此站立起来了"[2]。

这一天,中央人民政府委员会第一次会议任命周恩来为中央人民政府政务院总理。这项任命,中共中央是在广泛地听取党内外各个方面意见的基础上提出来的。它集中反映了中国共产党全党同志、各民主党派人士和人民团体负责人对周恩来的高度信任和支持,可以说是人心所向,众望所归。

周恩来的才干与能力是有目共睹的。早在1948年初夏,中共中央华北局第二书记薄一波向中央工委负责人刘少奇(当时兼华北局第一书记)、朱德汇报工作时,提出了应抓紧经济工作的建议。但是怎么个抓法,薄一波没有来得及做深入的调查研究。

这时,朱德脱口而出:"快啦!咱们的周恩来快来了。他是个管家的,管这一个家。他会把这个事情办好。"朱德接着强调,"他这个人,历来是管家的,是个好管家。"[3]

1949年2月初,苏共中央政治局委员阿·伊·米高扬受斯大林委派,赶赴西柏坡中共中央所在地了解中国革命形势。他在同周恩来会谈后,颇为感慨地对俄语翻译师哲说:"你们成立中央政府不愁没有领导人,周恩来是当总理最合适的人选。从哪儿找得到周恩来这样好的总理？！你们有这样一位好总理真幸运！"[4]

1949年3月13日，毛泽东在西柏坡召开的中共七届二中全会作总结讲话时明确指出：新中国中央人民政府的主要人员配备，现在尚不能确定，还需要同民主人士商量，但"周恩来是一定要参加的，其性质是内阁总理"。[5]到北平（北京）后，毛泽东又对罗瑞卿讲："恩来同志是我们国家政务院总理这样的人才。"[6]

开国大典后，被朱德、毛泽东分别亲切地称之为"好管家""内阁总理"的周恩来便集中主要精力筹建新中国首届"内阁"——中央人民政府政务院[7]。

政务院及其下属机构如何设置呢？周恩来在开国大典前的新政协筹备会议上的一次报告中，对此就已做了概略的介绍。他说：

（政务院）下面设四个委员会协助办理。这四个委员会是：政治法律委员会，财政经济委员会，文化教育委员会，人民监察委员会。政法委员会下辖五个部门，财经委员会下辖十六个部门，文化教育委员会下辖六个部门，另外还有外交部、华侨事务委员会和情报总署，是直属政务院的，一共是三十个单位。重点在于财政经济，次之是文化教育。[8]

政务院及其下属机构设置好了，但机构所需要的为数众多的工作人员从哪里来？这是毛泽东、周恩来等中共中央领导人在筹建政务院时首先碰到的一个大问题。

经过毛泽东、周恩来等的反复考虑和研究，最后一致商定：首先将华北人民政府撤销，把这个班底拿过来作为政务院的基础，并参照华北人民政府的经验组织政务院；然后陆续从其他几个大行政区抽调一部分人（特别是领导人），来充实和加强政务院。李富春、高岗、邓小平、彭德怀、贺龙、陈毅、乌兰夫、李先念、习仲勋等，就是在此后陆续从各大行政区调来政务院工作的。

对民主人士的安排，是周恩来筹建政务院时非常重视、反复权衡的一个问题。他认为，民主党派在争取中国人民解放事业的斗争中做出过重要贡献，因此各民主党派主要领导人都应该有所安排。

1949年3月24日下午，中国共产党最高统帅部离开最后一个农村指挥部——西柏坡，向古都北平转移途中来到涿县。这天晚上，毛泽东主持召开了一次商议

25日抵达北平后所要做的有关事情的会议。出席会议的有：朱德、刘少奇、周恩来、任弼时等，以及专程从北平赶来迎接和汇报工作的北平市市长叶剑英、中央军委铁道部部长滕代远。[9]

据毛泽东当年的警卫排排长阎长林回忆：

> 周副主席说，到北平以后，要在西苑机场举行入城式。先检阅部队，然后与各界代表见面，特别是那些知名党外人士，如张澜、李济深、沈钧儒、陈叔通、郭沫若、黄炎培、傅作义、柳亚子、茅盾等见面。这些人过去就和我们合作共事，今天胜利了，他们很高兴，急于想见到我们。他们也在考虑今后怎么办？成立新政府以后，他们能安排什么工作。他们的工作安排，将来要和更多的党外人士一起全面考虑。明天只是先见见面，将来也要多听一听他们对新政府组成的意见。对那些过去同我们合作，在反对蒋介石的反动统治中做过贡献的党外人士，以及在国民党内部表现比较好的国民党将领，都应当安排适当的职务。这是关系到我们政策的问题。必要的时候，也要做他们每个人的思想工作，他们的思想也是比较复杂的。
>
> 毛主席说：我赞成恩来的意见。对做过贡献的民主人士和各民主党派的领导人，应该在政府里安排适当的职务。在蒋介石反动统治时期，由于各个时期的情况不同，他们所采取的斗争形式也不同。有时是公开的，有时是秘密的。他们的斗争很坚决，不怕抓，不怕关，不怕杀，在斗争中做出了贡献。……明天见见面，是他们欢迎我们，也是我们欢迎他们，并向他们表示感谢。我们希望他们继续同我们合作，在今后的政府工作和其他工作中，他们能够做出应有的贡献。[10]

但是，怎样平衡却是一件极为复杂的事情。由于周恩来在国民党统治区工作的时间比较长，对各党派民主人士的情况比较熟悉，并同他们有密切的交往，因此民主人士的任职名单大多数是由他提出。他做了大量平衡与协调工作，将各民主党派主要领导人和社会贤达、无党派民主人士，安排进政务院及其下属机构。

周恩来根据他们各自的历史贡献、能力和资历等，安排他们或担任副总理或担任政务委员，或担任政务院下属四个委员会的主任或副主任，或担任部长或副部长。

首先是对傅作义的安排问题。

当时，中共中央决定成立人民革命军事委员会，其中包括了程潜、张治中、龙云、傅作义这样一批国民党著名将军。毛泽东、周恩来考虑到傅作义将军对和平解放历史名城北平有着其他人不可替代的特殊贡献[11]，这是他为中国人民解放事业立下的一大功劳，一定要再给他安排一个部长职位。

周恩来在西柏坡对傅作义说：

> 傅将军以人民的利益为重，和平解决了北平问题，避免了一场灾难性战争；否则，就会给人民带来巨大的损失。
>
> 我们欢迎你与我们合作，我们的合作是有历史根源的。在抗日战争中，我们是在敌后合作打日本，那个时候我们合作得不是很好嘛。……
>
> 自从蒋介石在1946年发动内战以来，民主人士纷纷脱离蒋管区，来到解放区。原来准备在解放区召开民主党派和无党派人士会议，成立中华人民共和国临时政府。现在北平和平解放了，就可以在北平召开这样的会议，你可以参加这次会议啊。你既是有党派，也是有功将领，参加会议，也是有代表性的。[12]

傅作义在绥远时，曾在兴修河套水利工程方面做过许多工作，这样周恩来就提名傅作义担任水利部部长，并安排当时的中共北京市委副书记李葆华到水利部当副部长兼党组书记，协助傅作义工作。

周恩来很尊重傅作义。中共中央酝酿配备水利部领导班子时，他请傅作义推荐人选，并告诉李葆华等人："凡是傅作义提的人我们都要用。"[13]

见周恩来真心实意，傅作义大胆地向周恩来举荐了两位民主人士：一位是张含英，他是美国康奈尔大学土木工程硕士，曾任北洋大学校长，国民党政府黄河水利委员会秘书长、总工程师、委员长等职；另一位是刘瑶章，曾任国民党的中央执行委员、河北省党部主任委员和北平市长。

新政府没有食言，很快就根据傅作义的举荐，将他们两位分别任命为水利部副部长和水利部办公厅主任。

第二是劝说德高望重的黄炎培担任公职。

前清举人、当时任中国民主建国会主任委员的黄炎培，是个凡事都要"讲个理"的倔强老人。他在旧社会曾多次拒绝旧政府的高官厚禄，始终奉守"不为官吏"的立身原则。

民国初年的总统袁世凯和之后的北洋政府曾两次邀聘黄炎培北上赴京任教育部教育总长，都遭到他的拒绝。袁世凯曾无可奈何地送了他八个字："与官不做，遇事生风。"

蒋介石也曾一而再、再而三地拉他入"朝"做官，或封官许愿、予以特权，或提携后代、予以优待，但他依然坚持不就。[14]一段时间里他穷到宁可"卖字疗贫"，也不愿接受国民党政府的丰厚俸禄。

故此，有人说黄炎培是自鸣清高；也有人说他茹素皈依，有出世思想。

1949年3月，黄炎培来到解放后的北平也无意做官。一次，在中南海怀仁堂的晚会上，毛泽东问他："北洋政府两次请你当教育总长，你为什么不去？"黄炎培回答："我的信念是：看不清真理所在，是绝不盲目服从的。"[15]

鉴于此，10月11日下午，周恩来亲往西城安儿胡同黄炎培家中拜访，诚恳地提出请他担任政府公职。黄炎培仍抱定初衷，说："1946年我才68岁，已觉得年纪老了，做不动官了，如今71岁了，还能做官吗？"

周恩来充满敬意地望着这位比自己大整整20岁的老人，回答说："这不同于旧社会做官。现在是人民的政府，不是做官，是做事，是为人民服务。在政治协商会议上，由各党派一起千斟万酌制定了《共同纲领》，就是为人民服务的'剧本'。我们自己有了'剧本'，自己怎能不上台唱呢？"

经过长达两个小时的恳谈，黄炎培"理屈词穷"，被说动了，但他表示还需要考虑考虑，第二天再回话。这天夜里，黄炎培辗转反侧，心潮起伏，久久不能入睡。

12日早晨，黄炎培广泛征求了江问渔、杨卫玉、孙起孟等好友的意见，他们一致认为，在周恩来代表中共中央求贤若渴的盛情邀请之下，他应该接受在政务院的职位。

这天晚上，周恩来再次登门拜访黄炎培，听取答复。面对总理，黄炎培高兴地表示：他愿意出任政务院副总理兼轻工业部部长。[16]

黄炎培的这一举动，反倒使他的子女感到难以理解了。任职后不久，他在大连工作的四子黄大能因公出差到北京，一见面就问他爸爸，您"一生拒不做官，怎地年过70而做起官来了？"

黄炎培详告了周恩来做他工作的经过，并严肃地对儿子说道："以往坚拒做官是不愿入污泥，今天是中国共产党领导下的人民政府，我做的是为人民服务的官呵！"[17]

无独有偶。过去也曾拒绝过高官厚禄的耿介之士——著名的林业学家梁希，也欣然接受周恩来的提名，担任了林垦部部长。梁希表示道："为人民服务，万死不辞。"之后，他把自己的全部精力和心血倾注在新中国的林业建设事业上。他立足长远，纵观全局，对林业在国民经济中的重要作用进行论证并提出了中肯的意见，指出要让"黄河流碧水，赤地变青山"。[18]

第三是提议李书城担任农业部部长。

让李书城出任农业部部长，有人大惑不解，为什么要委任一位大家都不甚了解的人来担此大任呢？

周恩来解疑道：他是同盟会的早期会员之一，辛亥革命首义后在武汉当过革命军总司令黄兴的参谋长，继之投入了讨袁护国战争和护法战争，在旧民主主义革命斗争中起过重要作用；同时，中国共产党的一大就是在他家召开的，他的弟弟李汉俊过去对党也有过贡献；在中国人民的解放事业中，他还做过一些有益的工作。这样安排，体现了照顾民主人士的各个方面。

为此，周恩来派薄一波去找李书城谈话，并对薄一波说："他有这么一个历史，要照顾这个历史，你去跟他谈谈，说要提他为农业部长。"[19]李书城就是在这种情况下出任新中国第一任农业部部长的。

2

由于周恩来深谋远虑，费尽心机，所以在他综合平衡下，各民主党派主要领导人和社会贤达、无党派民主人士头面人物，差不多都被安排进了政务院及其下属机构，赢来各民主党派和社会各界的一致赞誉。

在这前后，不少党内高级干部和党外知名人士纷纷提出：应该在政府里给老资格的革命家邓颖超安排一个职务，以做到人尽其才，使她在建设新中国的伟大事业中发挥更大的作用。但是，周恩来力排众议，没有应允。

对此，当时有很多人都觉得不能理解。彭干臣烈士[20]的儿子彭伟光在他撰写的《西花厅见闻》一文中披露：

我母亲认为，邓大姐除了是总理的一个贤内助外，还应该是政府里的一个部长。所以我母亲问总理："为什么不让邓大姐到政府里担任一项职务呢？"

当时总理很严肃地回答了这个问题："你这个老太太倒想得挺多的呀！这个问题不是你第一次提出的，过去已经有人提过，建国初期，党内外人士都这么提过，甚至还有人劝过我，但是我不能这样做。""我是政府总理，如果邓颖超是政府的一个部长，那么我这个总理和她那个部长就分不清了；人家会把她那个部长说的话，把她做的事当成是我支持的……"

总理斩钉截铁地说：只要我当一天总理，邓颖超就不能到政府里任职。那时，听了总理的话，我的母亲和我认为总理过于认真了。以后党和国家历史的演进，证实了总理的做法是非常英明的。[21]

10月19日下午，毛泽东主持中央人民政府委员会第三次会议，正式通过了政务院副总理及其下属委、部、会、院、署、行主要负责人的任命。在这项任命中，各民主党派人士和无党派民主人士占了相当大的比重：4位副总理中，民主人士2人（郭沫若、黄炎培）；21名政务院领导成员中，民主人士11人；政务院下属34个机构的109个正副职位中，民主人士占了49个，其中15个正职（郭沫若担任了2个正职）。他们[22]是：

政务院总理	周恩来
政务院副总理	董必武
政务院副总理	陈　云
政务院副总理	*郭沫若
政务院副总理	*黄炎培
政务院法律委员会主任	董必武
政务院财政经济委员会主任	陈　云
政务院文化教育委员会主任	*郭沫若
政务院人民监察委员会主任	*谭平山
政务院人民法院院长	*沈钧儒
政务院人民检察署检察长	罗荣桓
内务部部长	谢觉哉

外交部部长	周恩来
公安部部长	罗瑞卿
财政部部长	薄一波
铁道部部长	滕代远
邮电部部长	＊朱学范
交通部部长	＊章伯钧
农业部部长	＊李书城
林垦部部长	＊梁　希
水利部部长	＊傅作义
劳动部部长	李立三
文化部部长	＊沈雁冰
教育部部长	＊马叙伦
卫生部部长	＊李德全
司法部部长	＊史　良
法制委员会主任委员	陈绍禹
民族事务委员会主任委员	李维汉
华侨事务委员会主任委员	＊何香凝
重工业部部长	陈　云
轻工业部部长	＊黄炎培
贸易部部长	叶季壮
燃料工业部部长	陈　郁
纺织部部长	曾　山
食品工业部部长	杨立三
情报总署署长	邹大鹏
海关总署署长	孔　原
新闻总署署长	胡乔木
中国科学院院长	＊郭沫若
出版总署署长	＊胡愈之
人民银行行长	南汉宸

新中国首届"内阁"阵容可观,贤达荟萃,人才济济,为许多民主人士所赞赏,他们异口同声感叹:"周总理不愧为'周'(指考虑问题周到、完备)总理啊!"[23]

陈毅也对薄一波说:"周总理平衡这个班子的功绩是,既照顾到解放区的各个方面,也照顾到延安;既照顾到各党各派,也还要照顾到被安排人的资历、职业和他的能力。"[24]

四十年后,当时任全国政协副主席、中国民主建国会中央咨议委员会主任孙晓村在《我所经历的第一届人民政协会议》一文中,仍然感慨道:

第一届全国政协会议结束后,"我回到上海,朋友们都讲共产党的确伟大,打下了江山,但不统统用自己的人。担任领导职务的共产党、党外人士都是在社会上经过几十年考验的中华民族的精英"。

……

"当时民主人士在中央人民政府中担任部长以上职务占全体成员的三分之一强,他们德高望重,深受人民信任。至今想起这些事情,我深感这样的人事安排,充分体现了共产党领导的多党合作是用人唯贤的楷模。"[25]

新中国首届"内阁"——政务院的人事安排就绪后,1949年10月21日,周恩来主持召开首次政务院扩大会议,宣告政务院成立,宣布政务院总理、副总理、政务委员以及下属34个机构的负责人正式就职。

会上,周恩来作了题为《关于政务院的成立和政府机关的组织与干部问题》的报告。他说:"政务院是首脑部,在中华人民共和国中央人民政府领导之下,进行国家事务工作。"他强调:政务院既已成立,各部门就应制定各自简要的工作条例和组织条例。[26]

3

政务院一经成立,周恩来作为政府总理立即担负起了"总理一切"的紧张繁杂的处理国家日常工作的任务。

根据政务院第一次会议的精神,他首先抓了《政务院所属各机关组织通则》

等条例的制定，使新政府各部门的工作迅速走上正轨，适应了"恢复生产，建设新中国"的需要。

为了使政务院及其所属各委、部、院、署、行都能成为新型的为人民办事的政府机关，周恩来总理还根据民主集中制的原则，创造性地实行了政务会议制度。

政务会议每周召开一次。参加会议的人员，有时是总理、4位副总理、秘书长和15位政务委员，主要职能是讨论通过政务院的重要决策、决议、命令和人事任免事项，研究和决定日常的重要工作；有时又是前述人员再加上各委、部、院、署、行的负责人共40多人，讨论一般政策，报告一般工作。

周恩来把这种会议制看作是听取各方面意见、集思广益、妥善地作决策的重要形式，一般都由他主持，与会者人人畅所欲言，各抒己见，最后再由他作结论性讲话。

当时担任政务院副秘书长的孙起孟回忆：

> 政务委员之一罗隆基，号努生，是民主同盟的负责人。
> ……
> 有一天我问他："努生先生，你为什么住医院还要参加政务会议呢？"他稍微沉吟了一下，讲了一段话："说实在的，有些会我并不乐意参加，觉得参加没有多大意义。可是政务会议在我心目中却大不相同，不论我怎么忙，身体怎么不好，总要参加。这是为什么呢？不是政务会议上的什么事情我都有兴趣，也不是这个人那个人的讲话我都喜欢听，而是有一点深深地吸引了我，那就是在每次政务会议上，周总理总有一篇讲话，得到的教益很深很深，对我就像是上了一次大课，所以我舍不得不来。周总理的讲话见解精辟，纲举目张，其水平之高是一般领导人所达不到的。"
>
> "然而它的最大特点还不在此，而在于周总理在讲话中把其他人发言时哪怕有一点可取之处，也吸收进去，加以肯定。同时对包括我在内的其他与会人员发表的并不正确的意见，采取极其高明的方式实际上加以纠正，使人真正心悦诚服。"[27]

这个发自肺腑的心声，证明了周恩来主持政务会议、发表重要讲话，在非共产党员的政务委员中也留下了深刻印象，产生了重要影响力，收到了最佳的政策效应。

政务院自 1949 年 10 月 21 日至 1950 年 10 月 20 日，即在一年时间里，总共召开 56 次政务会议[28]。

同时，周恩来完全信任、紧紧依靠和大力支持陈云主持国家的财政经济工作。他认为，人民政府工作的重点，就是组织和保障经济建设。他曾多次对协助陈云开展财经工作的薄一波说："在财经工作这一点上，我们是依靠陈云同志的。"[29]

早在 20 世纪 30 年代初期，陈云就在周恩来领导下工作。周恩来深知他的优势所在：他是中共党内的老资格的组织家，而且是中共党内最早从事经济工作的专家。陈云在抗日战争后期主持过西北财经工作，在解放战争时期主持过东北财经工作并接管沈阳工作，都取得突出成就，深得毛泽东和周恩来的信任。

中共中央进驻北平后，周恩来接连发出四封电报，催促陈云"速来中央"主持中央财政经济工作。其急切之心跃然纸上！[30] 这些电报，是经过毛泽东、刘少奇、朱德、任弼时等传阅后发出的。

陈云到北平后，在物色干部、筹建中央财政经济委员会的过程中，首先想到的就是征求周恩来的意见。因为他知道：周恩来与党外朋友交往多，熟悉党外朋友的情况。

为了尽可能地避免闲置党外财经人才，陈云致信周恩来："请你告诉我可以吸收哪些人来办些事，各人的政治态度如何？"[31] 马寅初就是在周恩来推荐和陈云一再敦促下担任政务院财政经济委员会副主任的。

6 月 4 日下午，周恩来在北京饭店主持召开有北平的各级党政机关负责人和各民主党派、无党派民主人士参加的会议，宣布：人民革命军事委员会派陈云、薄一波负责筹备组织中央财政经济委员会，财政经济委员会暂时属中央军委领导，中央政府成立后再由中央政府领导。刘少奇在会上的报告中说："关于组织中央财政经济委员会，这事很急迫，建立中央财经统帅部，其紧急不亚于军事及其他问题。"[32]

7 月 12 日，陈云主持召开了中财委成立会议。在财经工作中，他重视按经济规律办事，主持制定了一系列促进生产发展的政策，又提出了留有后备的财政方针，有力地指导了国民经济恢复工作的开展。

在政务院的直接领导下，新中国在短时间内创造出奇迹般的成就，经过三年时间就完成了恢复国民经济的艰巨任务，并在1953年顺利地开始了国家大规模经济建设的第一个五年计划。

但是就在1953年，国家计划委员会主席高岗利用反分散主义之机，向毛泽东进谗言，企图取周恩来总理职务以代之。罗瑞卿1978年初回忆：

> （1964年6月）十三陵军事检阅时，在一次会前乘车途中，我亲自听毛主席讲过，高岗跑到主席那里讲总理的坏话，挑拨说，周恩来不能当总理，应该让别人来当。这个"别人"实际上就是高岗自己。主席驳斥他说："那怎么行呀！我看他（指周总理）当得很好嘛！"随后，在那次会上，毛主席又一次提及此事，说："我刚才在车上对罗瑞卿说这件事，他还不知道哩！"[33]

周恩来在主持政府工作的那些日子里，他总是那样的精神抖擞，精力充沛，举轻若重，但也拿得起、放得下；总是那样的有条不紊，高质高效，日以继夜，夜以继日。正如郭沫若早在抗日战争时期所感叹的那样："我对于周公向来是心悦诚服的，他思考事物的周密有如水银泻地，处理问题的敏捷有如电火行空，而他一切都以献身的精神应付，就好像永不疲劳。他可以几天几夜不眠不休，你看他似乎疲劳了，然而一和工作接触，他的全部身心便和上了发条的一样，有条有理地又发挥着规律性的紧张，发出和谐而有力的律吕。"[34]

从新中国成立之初开始，周恩来工作时间之长、强度之大，引起了身边工作人员的关注和担心。当时任总理办公室副主任的李琦，看到周恩来的工作实在太忙太累，怕他这样下去累垮身体，于是借他因公不在北京之际，同其他在京的秘书商量后给周恩来写了一封信，劝他注意劳逸结合，珍惜身体健康。

回到北京后，周恩来同李琦谈起了秘书们给他写信的事。李琦对此回忆道：

> 他用很轻的声音问我："李琦，这么久了，你还不理解我啊。"我当时确实不明白总理指的是什么意思，只好继续听着。总理清楚地说："国家刚建设，我是总理，我应该也必须多做些具体的事，好让毛主席、少奇同志有更多的时间和精力考虑些大的问题。"[35]

另一位总理办公室秘书马列也曾回忆："总理觉得，他既然是一国总理，天下的大事他应该最先知道、第一个知道。他对工作人员有个要求：一、国内外发生的重大事情要立即报告他；二、主席找他时要立即报告他。不管他是主持会议，还是在接见外宾，都要立即写条子递进去；如果在睡觉，哪怕刚刚吃了安眠药，也要立即叫醒他。所以往往有这种情况，发生了重大事件连主管部长还不知道，总理却先知道了。"[36]又据秘书陈浩在回忆文章中讲："说他废寝忘食地工作一点不过分。一年三百六十五天，天天他的台历上都排满了'节目'。头一天的事还没完，总理他就想着第二天的'节目'了。夜里三四点还没离开办公室休息，他又想着起床后第二天要办的事情。"[37]

周恩来领导政府工作所表现出来的卓越智慧和非凡才华，得到全党、全国人民和各界人士的充分肯定。从1954年9月起，在第一至第四届全国人民代表大会上，周恩来连续四次被任命为国务院总理。直至1976年1月逝世，他在共和国总理主持政务的岗位上任职长达二十六年多。

注释：

[1] 毛泽东在开国大典上的讲话录音，1949年10月1日。

[2] 毛泽东：《中国从此站起来了》，《毛泽东文集》第五卷，人民出版社1993年版，343页。

[3] 方铭、金冲及和笔者访问薄一波的《关于周恩来总理在建国后的有关情况》的谈话记录，1981年9月11日。

[4] 《在历史巨人身边——师哲回忆录》，中央文献出版社1991年版，第388页。

[5] 《周恩来年谱（1898—1949）》修订本，中央文献出版社2020年版，第815页。

[6] 罗瑞卿：《党的三大作风的楷模》，《解放军报》1978年3月1日。

[7] 1954年9月以后为国务院。

[8] 周恩来：《关于人民政协的几个问题》，1949年9月7日，《周恩来统一战线文选》，中央文献出版社1998年版，第142、143页。

[9] 《周恩来年谱（1898—1949）》修订本，中央文献出版社2020年版，第817页。

[10] 阎长林：《我的警卫工作》，中国青年出版社2010年版，第291页。

[11] 1974年1月24日，得癌症在重病中的周恩来前往北京医院探视因癌症在病危中的傅作义时，握着他的手深情地说："毛主席说你对北平的和平解放是有贡献的。"（钱正英：《怀念傅作义先生》）1974年4月19日下午一时四十分，傅作义逝世。

〔12〕阎长林：《傅作义将军上西柏坡》，《文史精华》2010年第12期。

〔13〕笔者访问李葆华记录，1982年9月28日。

〔14〕以上参见黄大能：《忆念吾父黄炎培》，《八十年来——黄炎培自述》，文汇出版社2000年版，第226、227页。

〔15〕〔16〕尚丁：《良师益友　风雨同舟》，《相遇贵相知》第3集，辽宁教育出版社1989年版，第165、166页。

〔17〕黄大能：《忆念吾父黄炎培》，《八十年来——黄炎培自述》，文汇出版社2000年版，第226页。

〔18〕方毅在首都各界纪念梁希诞辰100周年纪念会上的讲话，《人民日报》1983年12月16日。

〔19〕方铭、金冲及和笔者访问薄一波的《关于周恩来总理在建国后的有关情况》的谈话记录，1981年9月11日。

〔20〕黄埔军校第一期学生、南昌起义时担任南昌市公安局局长兼卫戍司令。

〔21〕彭伟光：《西花厅见闻》，《党的文献》1995年第5期。

〔22〕凡有＊者为民主人士。

〔23〕〔24〕方铭、金冲及和笔者访问薄一波的《关于周恩来总理在建国后的有关情况》的谈话记录，1981年9月11日。

〔25〕《瞭望周刊》1989年3月14日。

〔26〕周恩来在政务院扩大会议上的讲话记录，1949年10月21日。参见《周恩来年谱（1949—1976）》上卷，中央文献出版社2020年版，第6、7页。

〔27〕孙起孟：《罗隆基眼里的政务会议》，《人民日报》1994年5月25日。

〔28〕加上政务院成立时的政务院扩大会议。

〔29〕方铭、金冲及和笔者访问薄一波的《关于周恩来总理在建国后的有关情况》的谈话记录，1981年9月11日。

〔30〕周太和：《周总理和陈云同志在建国初期》（1993年3月），参见《陈云传》，中央文献出版社2015年版，第607页。

〔31〕陈云给周恩来的信，1949年5月21日。参见《陈云传》，中央文献出版社2015年版，第609页。

〔32〕刘少奇关于财政经济政策及成立财经委员会问题的报告记录，1949年6月4日。参见《新中国财政经济政策》一文，《刘少奇论新中国经济建设》，中央文献出

版社1993年版，第129页。

〔33〕罗瑞卿：《党的三大作风的楷模》，《解放军报》1978年3月1日。

〔34〕郭沫若：《洪波曲》，人民文学出版社1979年版，第206—207页。

〔35〕李琦：《回忆与思考》，中央文献出版社1999年版，第179页。

〔36〕马列：《当翻译卡壳的时候》，《周恩来和他的秘书们》，中国广播电视出版社1992年版，第225页。

〔37〕陈浩：《丹心一片　宏图万卷》，《周恩来和他的秘书们》，中国广播电视出版社1992年版，第185页。

02

出访苏联

1

1950年1月10日凌晨一时许,一辆苹果红的小轿车从中南海西北门驶出,途经府右街南口,向东转入长安街,到天安门后折向南行,旋即驶进前门火车站。车停稳后,在警卫人员的照顾下,车内走出一人:他风度翩翩,身着黑呢中山装,外罩黑色皮大衣,头戴棕色皮帽子,微笑着,会同等候在车站的同行者。之后,迎着凛冽的寒风,神采奕奕地向早已停靠在站台旁的专列走去。

他就是政务院总理周恩来。

同行者有贸易部部长叶季壮、外交部苏联东欧司司长伍修权、外交部办公厅副主任赖亚力、政务院财政经济委员会计划局处长沈鸿、周恩来警卫秘书何谦、贸易部机要秘书苏农官及其他随行人员。

二时整,长鸣的汽笛划破万籁俱寂的夜空,火车缓缓启动,随后向东北方向急驰而去,开始了漫长的旅程。

周恩来此行,是要前往莫斯科协助头一年12月首次访问苏联的毛泽东,同苏联党政领导人就两国重大的政治、经济问题进行谈判,主要是商谈取消国民党与苏联在1945年8月签订的《中苏友好同盟条约》,而以新的友好条约来代替,同时努力争取第一个社会主义国家对我们新生的人民共和国的经济援助事宜。在新中国领导人看来,恢复和发展新中国经济,是人民共和国迅速改变落后面貌、自立于世界民族之林的关键所在。

周恩来莫斯科之行,是善于用人之长的毛泽东点的将。毛泽东认为,在外交谈判方面,周恩来比自己更在行,是谈判解决各种棘手问题的能手,又是政府总理。由周恩来出面主持与苏联方面的谈判、签约,更为合适。他曾赞许道:"周恩来在大的国际活动方面比我强，善于处理各种复杂矛盾。"[1]

1949年12月，毛泽东首次访问苏联，毛泽东到了莫斯科同斯大林一见面，就提出要周恩来赴莫斯科参与谈判、签约的工作，却遭到斯大林的拒绝。若干天后，毛泽东发了一通脾气，斯大林才做出让步，同意周恩来前往莫斯科。

1950年1月2日晚，在得到斯大林的同意后，毛泽东怀着喜悦的心情，于深夜十一时致电中共中央：

> 最近两日这里的工作有一个重要发展。斯大林同志已同意周恩来同志来莫斯科……今日下午八时，莫洛托夫、米高扬[2]二同志到我处谈话，问我对中苏条约等事的意见。我即详述三种办法……莫洛托夫同志即说，（甲）项办法好，周可以来。我仍问，是否以新条约代替旧条约？莫洛托夫同志说，是的。随即计算起周来签订条约的时间。我说，我的电报一月三日到北京，恩来准备五天，一月九日（周恩来动身时间实际上是一月十日凌晨——作者注）从北京动身，坐火车十一天，一月十九日到莫斯科，一月二十日至月底约十天时间谈判及签订各项条约，二月初我和周一道回国。[3]

此后，毛泽东又多次致电中共中央，交代准备工作的注意事项。其中，在1月3日凌晨四时电报中称：

> 昨日下午十一时电谅达。恩来同志出国来苏须在政务院会议正式通过，并报告此行系为谈判及签订新的中苏友好同盟条约（和旧条约比较在旅大问题上可能有部分的变更，但具体内容尚待谈判。为防御日本及其同盟者的可能的侵略这一目标及承认外蒙独立则仍为新约的基本精神），贷款协定（我们提出的要求是三万万美元，分几年付支，我们所以不提较多的要求是因为目前数年内多借不如少借为有利），民航协定（有利于建立自己的航空工业）及贸易协定（和苏联确定易货范围对于我们确定发展生产的方向是有利的，同时亦有利于和其他外国订立通商协定）。此外还应约集政府委员之在京者开一座谈会作同样报告。[4]

1月6日夜，周恩来出席中共中央会议，参与商议毛泽东2日和3日的来电所交办的有关事宜的落实问题。会议决议："完全同意来电所示各项办法"。

根据毛泽东的指示精神，行动果断利落的周恩来立即开始了各项准备工作。1月3日，周恩来在政务院会议上作关于中苏谈判问题的报告，并宣布在他出访期间政务院总理职务由董必武代理。

1月11日傍晚，专列抵达东北的政治、经济、文化中心沈阳。东北地区的中国政府代表团成员及其随行人员在这里上车。

这些成员有：中共中央东北局副书记兼东北人民政府副主席李富春、中共旅大市委书记欧阳钦和东北人民政府工业部副部长吕东、贸易部副部长张化东、工业部计划处处长柴树藩、东北电业局局长程明陞、外贸部处长常彦卿、鞍山钢铁公司副经理王勋、机械局副局长聂春荣、煤矿局计划处处长罗维、东北俄文学校副校长赵洵。

此次出访，是新中国派出的第一个大的专业性很强的政府代表团，其成员包括政治、经济、工交、邮电等各方面负责人和技术专家。专列抵达哈尔滨后，周恩来召集代表团全体人员开会，传达毛泽东关于出访工作的指示，并介绍对这次中苏谈判的基本设想。他说："我们这次出访，要把中苏两国的友好合作往前推进一步，使得中华人民共和国的外交气象一新，而且有很好的政治条件来对付帝国主义。"[5]

13日，专列从满洲里进入苏联国境，沿着阳光照射的方向，继续风驰电掣般地在广袤的西伯利亚大地上由东向西行进。呈现在周恩来眼前的是无边无际的原始森林、举世无双的贝加尔湖风光和一片"千里冰封，万里雪飘"的冰雪世界，真令人心旷神怡，感慨万千。

途中，向来闲不住的周恩来抽空阅读了名噪一时、曾获斯大林文学一等奖的反映日俄战争的小说《旅顺口》。苏联国内一些人把它奉为军事历史小说的范本。周恩来对苏联作家竭力美化、宣扬沙俄侵华战争十分反感，他向秘书何谦坦言："我对这本书印象很坏，它根本不配得斯大林文学奖。"

后来有一次，周恩来细致地批评了这本小说。那是在十个月后的1950年11月的一天深夜，周恩来疲倦发困抹了几次清凉油都无济于事，于是在值班的军事秘书雷英夫劝说下，出门散会儿步，让凉风醒一醒脑子。聊天中，周恩来得知雷英夫正在读《旅顺口》，兴致大发，谈到自己在今年初出访苏联途中也看过这部小说。他说：这部小说，我"是今年1月在去莫斯科途中的火车上看的"。

接着,周恩来用犀利的言辞对《旅顺口》进行了入木三分的剖析:

我对这本书的印象很坏,很多地方实在看不下去。

第一,这本书宣扬的是沙俄侵略战争、掠夺战争那一套。

第二,这本书的主导思想完全违背了列宁的教导。旅顺口陷落时,列宁有篇文章讲得清楚,说这是掠夺性反动性的战争。

第三,书中极尽丑化中国人之能事,里面的中国人不是特务、奸商,就是妓女、骗子。把中国人写成这个样子,实在令人气愤。

第四,书中宣扬的英雄马卡洛夫,不过是在沙俄腐败的军队中做了一点技术性的修补、改革。这个小军官比那些腐败透顶的将军们稍微好一点,可他对沙皇的反动制度和侵略政策是完全拥护的。这样的人有什么值得宣扬的?[6]

当时新中国正奉行"一边倒"的外交政策,中苏关系亲密无间,很多人对苏联的崇拜已经到了盲目的程度。周恩来对《旅顺口》一书进行这样深刻的分析,能够提出这样独到的见解,确实是难能可贵的。

1月20日,中国驻苏联大使王稼祥专程赶到距离莫斯科二百多公里的雅罗斯拉夫尔迎接周恩来一行。

下午五时,经过十天十夜的长途颠簸,专列徐徐开进莫斯科车站。车站悬挂着中苏两国国旗,车站的大自鸣钟敲了五下。

周恩来第一次以新中国人民政府首脑兼外交部部长的身份出访,受到苏联部长会议副主席阿·伊·米高扬、外交部部长安·扬·维辛斯基、对外贸易部部长墨·安·孟希科夫、驻中国大使尼·瓦·罗申等的热烈欢迎。这是十年以后周恩来对苏的再次访问。

上一次是1939年。那年7月10日,周恩来在前往中央党校作报告的途中,因为延河水涨,他骑的马受惊,周恩来被摔了下来,右臂撞在石头上,造成粉碎性骨折。8月底赴苏联治疗,次年3月返抵延安。

苏联方面在莫斯科车站广场举行了隆重的欢迎仪式。周恩来满面笑容地同苏联领导人亲切握手,互致问候。他那从容的举止、幽默的言谈,赢得了苏方人士的钦佩与赞扬。

周恩来在车站发表了充分肯定中苏友谊与团结重要性的简短演讲。他说:"我这次奉了中华人民共和国中央人民政府毛泽东主席的指示,来到莫斯科,参加关于巩固中苏两大国邦交的会商。这个使命我认为是很荣幸的。苏联政府历来对于中国人民所做的各种友谊的表示,是根据列宁、斯大林拥护和援助世界上一切被压迫人民解放斗争的一贯政策。现在在中国人民的伟大革命战争已经取得胜利的时候,中苏两大国家进一步的友谊与团结对于世界和远东的和平进步事业毫无疑义将有重大的意义。"[7]

身负重大使命的周恩来不负毛泽东的重托,到莫斯科后,立即投入紧张而有秩序的工作之中。他驱车赶往距离较远的毛泽东住所与其商讨如何开展中苏会谈的问题。

毛泽东住在莫斯科南郊的斯大林在第二次世界大战时的乡间别墅,离市中心有二十多里。中国大使馆的工作人员都把它称为"斯大林别墅",苏联人则称它为"巴拉维哈别墅"。这里苍松翠柏环绕,环境清静幽雅,一幢结构别致的三层楼的房子坐落其间。屋内不但有布置考究华丽的客厅、饭厅和卧室,而且还有设备齐全而坚固的地下室。德国军队进逼莫斯科的时候,斯大林就是在这里指挥反法西斯战争并取得完全胜利的。

毛泽东和他身边的工作人员叶子龙、汪东兴以及俄文翻译师哲住在一楼,陈伯达住二楼。

在离大楼不远的地方,有一排二十来间的平房。这里是厨房、餐厅和供服务人员起居的地方。毛泽东随行机要人员的办公室和卧室都在这里。

为了节省时间、方便工作,第二天,周恩来索性搬来同毛泽东住在一起。

作为代表团主要负责人,周恩来一方面要主持代表团的整个谈判活动,另一方面又要不断向处于会谈第二线的毛泽东请示、报告,还要同苏联方面进行轮番会谈,力争取得圆满成功。从此,周恩来作为新中国外交政策的主要决策者和最高执行人,开始在世界舞台上扮演举世瞩目的重要角色。

2

在同斯大林握手致意时,周恩来注意到二十余年不见[8]、经历卫国战争洗礼的斯大林，已经须发皆白，面部皮肤松弛，明显地苍老多了。但是，他仍如过去那样踌躇满志、沉稳庄重，保持着他那特有的神韵，讲话一板三眼，用词简洁准确，态度友善谦和，令人敬意油生。

1月22日晚九时，周恩来陪同毛泽东前往克里姆林宫叶卡捷琳娜大厅同斯大林会谈，磋商着手起草新的友好条约和借款等协定的各项原则与方法。中苏双方出席会谈的负责人员还有：李富春、王稼祥、陈伯达、师哲（翻译）；莫洛托夫、米高扬、维辛斯基、罗申[9]和费德林（翻译）。

这天晚上，克里姆林宫灯火格外灿烂辉煌，这里曾是俄国历代沙皇的宫殿。会谈大厅内的陈设古色古香，镀金大门雕刻着木刻画；墙上挂着镶嵌在厚厚的镀金框子里的古画、瓷器；还有各式各样、富丽豪华的家具……这一切，为会谈平添了几分高雅和庄严的色彩。

会谈中，毛泽东说："在新的情况下，中苏两国的合作关系应在条约上固定下来。条约的内容应是密切两国的政治、军事、经济、文化、外交的合作，以共同制止帝国主义国家的重新侵略。"斯大林表示同意毛泽东的意见，并且申明对《雅尔塔协定》中所规定的苏联对大连、旅顺港所享有的特殊权益"可以不去管它"。

毛泽东还指出："现有两类问题要解决：第一类为条约问题，即同盟条约问题、中长路旅大问题、贸易及贸易协定问题、借款问题、民航合作问题等；第二类为个别请求问题，如军事问题、空运团问题等等。"

在会谈中，从体现主权的立场出发，周恩来提出苏联归还中国长春铁路应该有个年限，并且指出：（一）铁路在未归还之前，应由中苏双方共同经营。共同经营的股额，中方占51%，苏方占49%；（二）铁路局局长可否由中方担任正局长，苏方任副局长。苏方答复：中苏股额比例按51%和49%确定不平等，将影响苏联与东欧新民主主义国家的合作，因为苏联与它们间的股额都各为一半。再就是铁路的正副局长任职，可采取定期轮换制。毛泽东、周恩来考虑，中长铁路既已确定定期归还，便同意了苏方的意见。

关于旅顺口问题，斯大林有意以新协定取代旧协定，他指出可以不必顾虑《雅尔塔协定》的约束，并提出两个解决方案：一是保持1945年协定的形式而实际撤兵；二是实际上暂时维持现状，而采用一个新的形式。

这是斯大林第一次向中国领导人明确表示：苏联将放弃《雅尔塔协定》所赋予苏联在中国享有的特权。

毛泽东、周恩来的想法是：新中国刚刚建立，海军尚未组建，不如让驻旅顺口的苏军推后一些时间撤退，但应在形式上规定撤兵期限，使中国今后收回旅顺口有法可依。如果协定形式不变，苏军撤退后还可以随时进驻，于中国不利。因此，毛泽东表示赞成第二方案。

会谈中，中国方面还正式提出向苏联借款3亿美元，得到斯大林的应允。双方达成一致协议，由周恩来同米高扬、维辛斯基就第一类问题进行正式谈判[10]，起草条约和有关的协定。同时决定，由刘亚楼部长同会议副主席尼·亚·布尔加宁就第二类问题进行谈判。[11]

会谈取得重大进展，在主要问题、原则问题上，达成一致，这就为以后会谈的顺利进行并取得丰硕成果奠定了基础。会谈持续了两个小时。

从1月23日开始，在毛泽东指导下，周恩来率领李富春、王稼祥同米高扬、维辛斯基、葛罗米柯、罗申进行具体谈判，着手起草《中苏友好同盟互助条约（草案）》。

周恩来认为，新中国刚刚废除旧统治者同外国政府签订的所有不平等条约、以独立的身份自立于世界民族之林，在外交事务中，每时每刻都要珍惜这个一百多年来无数志士仁人前仆后继、流血奋斗所换来的果实，时时处处都要大力维护祖国的独立与尊严，从始至终都要极其慎重地对待同外国政府的签约问题。

四十年后，当年参加该《条约》翻译工作的伍修权在回忆中说：

> 他（指周恩来）将条约草稿交给代表团和大使馆的同志们，组织发动大家对条约草案进行逐条、逐句、逐字的研究、斟酌和修改。要求人人开动脑筋，贡献力量。他自己更是格外认真和精细地、一个字一个字地推敲，这是他一贯的工作作风，完全是从国家利益出发，防止漏洞。周总理说，这个条约不仅要在今天看行，还要在以后看行不行，要经得起时间考验和后人检查。
>
> 条约全文的实质性文字还不到一千字，但是每一个字都经过反复推敲，每一个同志，特别是周总理，都为它付出了心血。例如条约草案中有一段原来是：缔约国一方一旦受到第三国的侵略，另一方"得以"援助。周总理觉得还不够肯定，没有表明条约应有的作用，经过再三考虑，将"得以"二字改为"即尽其全力"给予援助，这就更肯定更明确了。为了这看来只有几字的改动，就讨论甚至争论了很长时间。[12]

条约和协议的起草工作在紧张而有秩序地进行着。1月24日，周恩来将中方起草的《中苏友好同盟互助条约（草案）》送交维辛斯基。随后，苏方提出修正稿。修正稿接受了原草案的基本内容，只是对文字进行了部分修改和对结构进行了一定调整。其中，将第二条由被动式行文改为从积极方面规定尽速缔结条约；在第三条中加上"不参加反对对方的任何集团及任何行动或措施"。

2月1日，周恩来起草毛泽东致刘少奇电。电文称："现将《中苏友好同盟互助条约（草案）》电告如下，全文共880字（指不含标点符号的实有字数——作者注），请令乔木校正有无错误。此案大体已定，如有个别文字修改当再电告。"[13]

2月8日，周恩来致电杨尚昆、胡乔木：昨日又将《中苏友好同盟互助条约》的最后付印稿发给你们。"此次标点符号仍不计算，亦无草案及全文字样，共计898个字，请校正是否无讹"，"现已争取派飞机送文件到北京"。[14]

在《中苏友好同盟互助条约（草案）》拟成并送交苏方后，周恩来从1月24日开始主持起草《中苏关于中国长春铁路、旅顺口及大连的协定》。

所谓中长铁路，是对"中东铁路"和"南满铁路"的统称。它们全长2400公里。清朝北洋大臣李鸿章在1896年签订的《中国同盟密约》中把铁路的建筑权廉价卖给俄国。在20世纪初的日俄战争中，日本从俄国手中夺去"南满铁路"；九一八事变后的1935年，苏联又将"中东铁路"作价卖给日本。这样，1945年国民党政府同苏联签订《中苏友好同盟条约》时，规定苏联对中长铁路享有"共同所有，共同经营"的权利，就不具备法律依据了。因此，新中国成立后，苏联政府理应将中长铁路无条件地归还中国。但是，当中方向苏方提出这个问题时却遭到拒绝。经过据理力争，苏方才同意归还。

谈判中，对苏方提出的《中苏关于贷款给中华人民共和国的协定》，中方原则同意，只是对年利为1%的优惠条件的解释提出了修改意见，但苏方坚持原有提法，认为只有这样才能使东欧新民主主义国家"认识苏联何以减少一倍的利息优待中国"[15]。对此，中国表示谅解。同时，根据苏方要求，中国同意向苏联提供他们所缺少的战略原料钨、锡、锑，以偿还贷款。

在中苏双方对有关条约和协议达成一致意见后，2月5日，周恩来起草了毛泽东致刘少奇电。电文告以："现将《中苏关于中国长春铁路、旅顺口及大连的协定（草案）》及其议定书、《中苏关于贷款给中华人民共和国的协定》等六个文件发给你们。""你收完这六个文件后，可先提政治局讨论"，并在"签字前一日召开中央人民政府委员会及政协常委座谈会，给大家传阅，并作解释性的报告，以便取得大家同意"。[16]

2月8日，周恩来致电刘少奇并中共中央政治局，通报中苏谈判进展的简要情况。从这天到2月14日，他又就《中苏友好同盟互助条约》和有关协定的文字校正、签字时间和国内就此事的宣传报道等事宜起草数电发回国内。

2月12日六时，周恩来在致刘少奇转杨尚昆、李克农和胡乔木的电报中说：

一、七种文件及新华社社论已于11号上午十时由赖亚力、石乔[17]乘飞机送往北京，如无阻碍13号至迟14号上午可到。

二、为防万一飞机误事，今日将新华社社论电告你们，文件经电告有错误者，当于今日再电告一次，以便作最后校正。

三、签字日期，时间大致定为14日下午六时至七时（即十八时至十九时），计北京时间已为14日二十三时至二十四时。我们准备在签字后，即于莫斯科时间十九时至二十时将签字情况，分别以有线电明码及无线电话发新闻稿给你们，以便15日与各项文件见报。

四、望乔木照前项所定时间，于13日先期通知全国广播电台，收报机于15日一时至五时专门收听北京广播……全国各报纸准备于15日登载条约、协定全部文件、新华社社论及签字新闻……[18]

3

2月14日，是象征中苏两国友谊与合作进一步加强的日子。这天晚上七时三十分，中国政府代表团主要成员毛泽东、周恩来、李富春、王稼祥、陈伯达、赛福鼎等尽数被邀请到克里姆林宫参加中苏友好条约、协定的签字仪式。出席签字仪式的苏联党政领导人有斯大林、莫洛托夫、米高扬、伏罗希洛夫、马林科夫、赫鲁晓夫、布尔加宁[19]、维辛斯基。

两国最高领导人毛泽东、斯大林出席现场，为签字仪式增添了隆重的气氛。

在签字仪式上，毛泽东、斯大林站在正中间。周恩来和维辛斯基端坐在签字桌本国国旗一旁，分别使用自己惯用的毛笔和钢笔，全权代表两国政府，郑重地在《中苏友好同盟互助条约》《中苏关于中国长春铁路、旅顺口及大连的协定》和《中苏关于贷款给中华人民共和国的协定》中俄文两种文本上，签上了自己的名字。

《中苏友好同盟互助条约》替代了1945年8月14日国民党政府同苏联政府签订的《中苏友好同盟条约》，这意味着国民党政府原来丧失的一些重大权益已经被收回，新的条约与协定从根本上改变了中苏两国的不平等关系。

《中苏友好同盟互助条约》明确指出：中苏两国之间的"亲善邦交与友谊的巩固是与中苏两国人民的根本利益相符合的"。《条约》规定：

> 为反对侵略和保卫和平，中苏双方"保证共同尽力采取一切必要的措施，以期制止日本或其他直接间接在侵略行为上与日本相勾结的任何国家之重新侵略与破坏和平。一旦缔约国任何一方受到日本或与日本同盟的国家之侵袭，因而处于战争状态时，缔约国另一方即尽其全力给予军事及其他援助"。
>
> "缔约国双方均不缔结反对对方的任何同盟，并不参加反对对方的任何集团及任何行动或措施。"[20]

《中苏关于中国长春铁路、旅顺口及大连的协定》规定：苏联放弃在中国享有的特权，在1952年末以前将中苏共同管理的中国长春铁路的一切权利及属于该路的全部财产无偿地移交给中国政府。不迟于1952年末，苏联军队从旅顺口海军根据地撤退，并将该地区的设备移交中国，中国政府负责偿付苏联自1945年以后在此处的建设费用。对日和约缔结后，必须处理大连港问题，大连的行政由中国政府管辖。在大连为苏联方面临时代管或租用的财产，应由中国政府接收。[21]

《中苏关于贷款给中华人民共和国的协定》规定，苏联政府在1950年到1954年内，以年利1%的优惠条件，贷款给中国3亿美元，作为中国偿付苏联所交予的机器和器材之用。[22]

在当时的历史条件下，特别是美国政府对新中国在政治上抱着敌视态度、在经济上实行严密封锁、在军事上进行包围的情况下，中国坚决地同社会主义的苏联站在同一条战线上，显然是最合理的选择。这些条约和协定的签订，标志着新中国成立后毛泽东、周恩来首次访问苏联获得了巨大的成功，是新中国外交取得的第一个重大成就。

面对这来之不易的成就，周恩来满怀喜悦心情，在签字仪式上发表演说。他说：

中苏这些条约和协定的意义，对于新兴的中华人民共和国说来，是特别重要的。这些条约和协定，将使中国人民感到自己是不孤立的，将有助于中国经济的恢复和发展，而中苏关于中国长春铁路、旅顺口及大连的协定，关于贷款的协定，关于苏联政府无偿地移交在东北从日本所有者手中获得的财产以及在北京的过去所谓兵营的房产及中国政府的换文，无疑地将使中国人民对于苏联政府和斯大林大元帅的伟大友谊感到极大的兴奋。

我在这里，代表中国人民对于斯大林大元帅和苏联政府这种伟大友谊表示感谢。[23]

的确，新中国从此获得了一个紧邻的强大盟国来对抗以美国为首的帝国主义的敌视和孤立，相互紧密团结，共同应付风云变幻的国际紧张局势，并得到了宝贵的外来援助，以恢复和发展国民经济。

签字仪式后，为了庆祝中苏两国谈判获得圆满成功，中国驻苏联大使王稼祥在莫斯科大都会饭店举行盛大鸡尾酒会，斯大林一反过去从来不出席外国使馆招待会的惯例，满怀欣喜之情，率领什维尔尼克[24]、莫洛托夫、马林科夫、贝利亚[25]、伏罗希洛夫、米高扬、卡冈诺维奇[26]和布尔加宁等苏联党政军领导人和各界人士出席。各新民主主义国家驻苏联大使、苏联各界知名人士和各国记者也出席了酒会。各方宾客济济一堂，共有500余人。

晚九时许，盛大的鸡尾酒会隆重举行。作为社会主义阵营两巨头的毛泽东和斯大林，自然成为酒会所注目的中心人物。

兴奋的周恩来临场不拿讲稿致祝酒词，将他无与伦比的讲演才能淋漓尽致地展现了出来。师哲这样回忆当时的情景："周总理致祝酒词。由费德林担任翻译，他手里拿着周总理的俄文讲话稿。周总理临场未拿稿子，两千余字的祝酒词竟说得与原稿一字不差。他说，我们两国所签署的条约和协定，将使中苏两国关系更加紧密，将使新中国人民不会感到自己孤立，而且将有利于中国的生产建设和经济的恢复与发展，有利于世界和平。中苏友谊要世世代代传下去，感谢苏联的无私援助，中国要向老大哥学习等等。"[27]

周总理的祝词激动人心，全场响起了热烈的掌声。

也许是受周恩来祝词的感染，经过一轮祝酒之后，斯大林起立，以轻松愉快的语气致辞。他说：今天的这个场面热烈非凡，洋溢着友谊和团结的精神，预示着欣欣向荣的未来。中苏友好兄弟情谊要保持下去。周恩来都说过了，也代表了我的意思。[28]

席间，精神焕发的毛泽东和斯大林，多次举杯互道对方身体健康，共祝中苏友谊万古长青！

由于斯大林的出席，这次宴会非常隆重和成功，人们一直到午夜方才离去。

2月16日，余兴未减的斯大林在克里姆林宫举行盛大宴会，热情款待毛泽东、周恩来等中国政府代表团成员。中苏两国官员其乐融融，互致问候。

斯大林兴致勃勃地举杯，向毛泽东祝酒："毛泽东同志，祝贺您访苏圆满成功！"

毛泽东欣然干杯后，回敬一杯："感谢斯大林同志的盛情款待和真心帮助，祝愿斯大林同志健康长寿！"

部长会议副主席维·米·莫洛托夫和米高扬、维辛斯基向毛泽东敬酒后，径直来到周恩来面前敬酒。他们受斯大林指派，同周恩来接触与交往，周恩来那东方的儒雅与魅力，严谨精细、虑事周密的工作作风和话锋敏锐、超群绝伦的外交才干，给他们留下了难以忘怀的美好印象。米高扬在向周恩来敬酒时幽默地说："现在，我终于明白了中国共产党能够夺取政权的原因了。"

周恩来爽朗地笑着说："米高扬同志，不久，你还将会看到中国共产党有能力领导人民，建设起一个繁荣昌盛的新中国。"

4

2月17日夜，毛泽东、周恩来一行离别莫斯科，带着丰硕的谈判成果，踏上归途。留下李富春（负总责）、刘亚楼、叶季壮、赛福鼎等继续同苏联谈判，解决未了事项，签订一些单项的经济、贸易和军事协定。

临行前，毛泽东、周恩来到中国驻苏联大使馆看望使馆工作人员和留苏学生。中国大使馆原为国民党政府大使馆，新中国成立后，即由先期抵达莫斯科的政务参赞戈宝权，以新中国大使馆代办身份接管了它。它坐落于莫斯科阿尔巴特区柯罗鲍特金大街，是一座典型的俄罗斯建筑。

毛泽东、周恩来在同留学生握手时，学生会主席李鹏把他们的姓名向领袖一一做了介绍。

周恩来对留学生说："无产阶级的革命事业，需要年轻的一代来继承，你们要努力学习马列主义，学好业务知识，以便将来回国，为祖国社会主义革命和建设服务。"

最后，毛泽东、周恩来分别为留学生题词："为人民服务"；"艰苦奋斗，努力学习"。

苏联方面在车站为毛泽东一行举行了隆重的欢送仪式。莫洛托夫、米高扬、布尔加宁、维辛斯基等苏联党政军领导人和王稼祥等中国大使馆主要官员，还有各国驻苏使节，都到莫斯科的基辅火车站送行。

毛泽东和莫洛托夫先后发表了深情的告别讲话。

回国途中，毛泽东研究了铁路沿线各地的情况，决定每到一个大站，不论白天黑夜都下车参观。毛泽东、周恩来一行先后访问了斯维尔德洛夫斯克、鄂木斯克、新西伯利亚、克拉斯诺亚尔斯克、伊尔库茨克、赤塔等城市，所到之处都受到苏联地方政府和当地人民群众的隆重欢迎和热忱款待。

2月26日，毛泽东、周恩来进入中国国境，抵达满洲里车站。27日，视察海拉尔、齐齐哈尔和哈尔滨。28日，在长春视察后抵达沈阳。

在沈阳期间，毛泽东、周恩来同高岗、林枫等中共中央东北局和东北人民政府领导人，就中苏两国政府签订的有关协定需要在东北地区贯彻实施的问题交换了意见。

3月3日，周恩来还在东北局干部会议上讲话，介绍了毛泽东访问苏联的情况，并指出：李富春仍然留在莫斯科"继续谈判经济问题"，主要是贸易问题、经济合作问题和聘请苏联专家问题。继续谈判这些问题，是"为了建设，都要具体化"。同时，他肯定了率先解放的东北在支援全国解放战争和在本地区经济恢复工作中的成绩，指出：东北解放后，国民经济"恢复比较快"，"现在已经开始进入经济建设阶段"。正如毛泽东所说："东北是全国工业建设的基地。"为了使东北能够顺利地进行建设，这次苏联给予中国贷款的绝大部分，中央给了东北，这是"因为东北经济建设的发展，对于全国的影响是很大的，有局部然后才能有全国"。[29]

3月4日晚，朱德、刘少奇、李济深、张澜、彭真、林伯渠、聂荣臻等党和国家领导人、各民主党派负责人早已等候在火车站，热烈欢迎满载而归的毛泽东、周恩来一行。他们祝贺毛泽东和斯大林的亲切会晤，祝贺毛泽东、周恩来访问苏联获得圆满成功。

3月20日，考虑到新中国外交工作存在如何更好地面对党和国家领导人首次访问苏联后的新形势和迎接新任务的问题,周恩来在外交部全体干部会上作了主题为中苏缔约后面临的国际形势和外交工作任务的报告。报告中,他在谈到外交工作的任务时讲道:

> 这次缔结中苏友好同盟互助条约,大家都很高兴。由于斯大林和毛泽东的直接会晤,顺利地签订了条约和协定……条约中有反对和争取两个方面的任务。我们所反对的一方面,是条约里指出的与日本勾结的国家,这就是美国……积极争取的一方面,这就是要争取世界持久的和平。这两方面体现了我们今天的外交斗争和我们在和平阵营所从事的神圣伟大的任务。

在报告中,周恩来还高度评价了中苏签订新条约的历史意义。他说:

> 这个条约不仅体现了中苏两个国家七万万人民的团结,而且也体现了社会主义国家和新民主主义国家八万万人民的团结。它不仅鼓舞了殖民地的国家和被压迫的民族,同时也鼓舞了资本主义国家的人民。所以,这个条约是有其历史意义的。
>
> ……
>
> 美帝国主义的企图,一是发动欧洲帝国主义国家联盟的力量,二是武装德、日,三是欺骗美国人民,以便它发动战争。这三个方面,我们都要揭露。我们争取恢复在联合国的合法席位是一场很严重的斗争,其目的是要完成有世界意义的任务,这就是要使战争打不起来,现在客观条件已经有了,我们要努力去推动。
>
> ……
>
> 这就是中苏友好同盟互助条约缔结以后世界局势所起的变化。[30]

最后,周恩来在报告中强调:"革命的胜利,促进了我们外交工作的发展。中苏友好同盟互助条约签订后,将使我们的工作更加开展起来。老实说,我们的工作是落后于形势的。外交战线上有许多任务等待我们去完成。我们的经验比较少,人才也比较缺乏。但是,我们要下决心去完成任务。"[31]

毛泽东、周恩来首次出访苏联,签订《中苏友好同盟互助条约》和有关协定,将中苏两大国的友谊用法律形式固定下来,在当时世界的冷战格局下,使新中国有了一个可靠的同盟国,为20世纪50年代中苏关系的全面发展开拓了广阔前景。这次访问对于保障世界和平,维护新中国的独立主权和促进国民经济的恢复与发展乃至中国未来的发展,都产生了现实和深远的影响。这是新中国外交工作取得的第一次巨大成功。

注释:

〔1〕毛泽东在莫斯科参加十月社会主义革命四十周年庆祝典礼和六十四国共产党和工人党代表会议期间同赫鲁晓夫的谈话,1957年11月,转引自《李越然回忆录——中苏外交亲历记》,世界知识出版社2001年版,第169页。

〔2〕莫洛托夫、米高扬,当时均任联共(布)中央政治局委员、苏联部长会议副主席。

〔3〕毛泽东关于周恩来去苏联参加谈判问题给中共中央的电报手稿,1950年1月2日。参见《建国以来毛泽东文稿》第1册,中央文献出版社1987年版,第212页。

〔4〕毛泽东关于周恩来去苏联参加谈判问题给中共中央的电报手稿,1950年1月3日。参见《建国以来毛泽东文稿》第1册,中央文献出版社1987年版,第213页。

〔5〕伍修权:《回忆与怀念》,中共中央党校出版社1991年版,第236页。

〔6〕雷英夫:《音容宛在 恩诲犹蒙》,《周恩来和他的秘书们》,中国广播电视出版社1992年版,第120、121页。

〔7〕《人民日报》1950年1月22日。

〔8〕1939年9月至1940年2月,周恩来在苏联治疗臂伤期间未见到斯大林。

〔9〕维辛斯基,当时任苏联外交部部长。罗申,当时任苏联驻中国大使。

〔10〕谈判开始后,双方分别增加李富春、王稼祥、苏联外交部第一副部长安·安·葛罗米柯、罗申参加。

〔11〕周恩来致刘少奇并中共中央政治局的电报手稿,1950年2月8日。参见《周恩来传》,中央文献出版社2018年版,第898页。

〔12〕伍修权:《回忆与怀念》,中共中央党校出版社1991年版,第237页。

〔13〕周恩来为毛泽东起草的致刘少奇的电报稿,1950年2月1日。参见《建国以来周恩来文稿》第2册,中央文献出版社2008年版,第68页。

〔14〕周恩来致杨尚昆、胡乔木的电报稿,1950年2月8日。参见《建国以来周

恩来文稿》第 2 册，中央文献出版社 2008 年版，第 69 页。

〔15〕苏联贷款给东欧新民主主义国家的年利均为 2%。

〔16〕周恩来为毛泽东起草的致刘少奇的电报稿，1950 年 2 月 5 日。参见《建国以来周恩来文稿》第 2 册，中央文献出版社 2008 年版，第 68、69 页。

〔17〕石乔，当时任外交部办公厅秘书处俄文翻译。

〔18〕周恩来致刘少奇并转杨尚昆、胡乔木、李克农的电报稿，1950 年 2 月 12 日。参见《建国以来周恩来文稿》第 2 册，中央文献出版社 2008 年版，第 71、72 页。

〔19〕伏罗希洛夫、马林科夫、赫鲁晓夫、布尔加宁，当时均任联共（布）中央政治局委员、苏联部长会议副主席。

〔20〕《中华人民共和国对外关系文件集（1949—1950）》，世界知识出版社 1957 年版，第 76 页。

〔21〕《中华人民共和国对外关系文件集（1949—1950）》，世界知识出版社 1957 年版，第 78 页。

〔22〕《中华人民共和国对外关系文件集（1949—1950）》，世界知识出版社 1957 年版，第 79 页。

〔23〕《中华人民共和国对外关系文件集（1949—1950）》，世界知识出版社 1957 年版，第 82 页。

〔24〕什维尔尼克，当时任联共（布）中央政治局候补委员、苏联最高苏维埃主席团主席。

〔25〕贝利亚，当时任联共（布）中央政治局委员、苏联部长会议副主席。

〔26〕卡冈诺维奇，当时任联共（布）中央政治局委员、苏联部长会议副主席。

〔27〕《在历史巨人身边——师哲回忆录》，中央文献出版社 1991 年版，第 464 页。

〔28〕《在历史巨人身边——师哲回忆录》，中央文献出版社 1991 年版，第 465 页。

〔29〕周恩来在中共中央东北局干部会议上的讲话，1950 年 3 月 3 日。参见《周恩来年谱（1949—1976）》上卷，中央文献出版社 2020 年版，第 25、26 页。

〔30〕《周恩来外交文选》，中央文献出版社 1990 年版，第 11—14 页。

〔31〕《周恩来外交文选》，中央文献出版社 1990 年版，第 17 页。

03
准备和参与决策抗美援朝

1

由于连绵不断的战争的破坏,本来就十分落后的国民经济在新中国诞生之时,更是百孔千疮、百废待兴,人民生活贫困、失业众多。因此,尽快肃清国民党残余军事力量和土匪武装,争取获得一个和平的国际国内环境来进行国家建设,已经成为摆在中国共产党、中央人民政府面前的当务之急。

但是,正在这个历史转换的节骨眼上,1950年6月25日拂晓,朝鲜半岛却爆发了南北朝鲜之间大规模的内战。

朝鲜半岛位于亚洲大陆的东南部,面积仅占亚洲大陆总面积的0.57%,南北长825公里,东西阔354公里。它像一截突出的树干,从亚洲大陆北部向东南延伸,伸入太平洋的黄海与日本海之间,形成三面环海、背连大陆的狭长半岛,海岸线达9000公里。

这天下午,美国操纵联合国安理会在苏联缺席、中国的席位仍被台湾国民党当局占据的情况下,举行"紧急会议",非法通过决议,指责朝鲜民主主义人民共和国对南朝鲜"发动武装进攻","构成了对和平的破坏",要求联合国成员国采取"紧急的军事措施",给南朝鲜以"必需的援助",为美国武装干涉朝鲜内政制造舆论。

当晚,美国政府从其帝国主义的全球战略利益出发,做出了武装干涉朝鲜内政的决定,声称要立即援助南朝鲜。

紧接着,6月27日,美国总统哈里·杜鲁门又发表声明,宣布命令美国驻远东空军和海军向南朝鲜军队提供"掩护和支持",并命令美国驻太平洋第七舰队向台湾沿海出动,决定侵占中国领土台湾。

7月7日，美国再次操纵联合国安理会，给入侵朝鲜的以美国军队为首的16个国家的军队[1]披上"联合国军"的外衣。

随即，美国总统杜鲁门任命美国远东驻军总司令道格拉斯·麦克阿瑟为"联合国军"总司令。[2]

以美国为首的资本主义国家对朝鲜的武装干涉，使朝鲜战争的性质发生了根本性的变化：对于"联合国军"来说，他们进行的是一场侵略战争；对于朝鲜人民来说，则是反对外国干涉的祖国解放战争。

中国和朝鲜是唇齿之邦。俗话讲："唇亡则齿寒，户破则堂危。""联合国军"肆无忌惮的侵略行为，不能不使毛泽东、周恩来等党和国家领导人将援助邻邦朝鲜、反对外来侵略、保卫中国国家安全视为紧迫的重大问题，提到议事日程上来，并立即开展坚决的外交斗争。

6月28日，毛泽东在中央人民政府委员会上讲话，及时表明了中国人民对于远东局势的严正立场，他强调："全世界各国的事务应由各国人民自己来管，亚洲的事务应由亚洲人民自己来管，而不应由美国来管。美国对亚洲的侵略，只能引起亚洲人民广泛的和坚决的反抗。"他号召："全国和全世界的人民团结起来，进行充分的准备，打败美帝国主义的任何挑衅。"[3]

同一天，周恩来代表中国政府发表声明，强烈谴责了美国政府侵略朝鲜、我国台湾以及干涉亚洲事务的罪行。

7月6日，周恩来向联合国秘书长特吕格弗·赖伊发去电报，强调：

> 在美国政府指使和操纵下所通过的关于要求联合国会员国协助南朝鲜当局的决议，是支持美国武装侵略、干涉朝鲜内政和破坏世界和平的，并且这一决议是在没有中华人民共和国和苏联两个常任理事国参加下通过的，显然是非法的。联合国宪章规定不得授权联合国干涉在本质上属于任何国家国内管辖之事件，而安全理事会六月二十七日的决议正违犯了联合国宪章这一重要原则。[4]

尤为重要的是，在进行外交斗争的同时，毛泽东、周恩来以战略家高瞻远瞩的眼光，内审国情，外度大势，及时地在军事上采取了防范措施。

毛泽东、周恩来不相信朝鲜人民军能轻而易举"速胜"，他们清楚地看到：虽然朝鲜人民军敢打敢拼，风驰电掣，长驱直入，很快占领了汉城、仁川、水原、大田等地，并一直向洛东江三角洲攻击前进，但对方的主力并未受到致命的打击。何况，朝鲜问题已经成为国际斗争的焦点。对此，第二次世界大战后，骄横不可一世，自认为不可战胜、居于"世界霸主"地位、承担"世界警察"角色的美国，是绝不会轻易认输的。因此，朝鲜战争很可能有反复。

为了及时掌握朝鲜战场的战况，周恩来每天都要他的军事秘书、总参谋部作战室主任雷英夫来西花厅汇报，有时一天要汇报三四次。据这位曾被毛泽东称为"洛阳才子"的雷英夫介绍：

> 正在这时[5]，总理在审修《中华人民共和国外交部长周恩来致联合国秘书长赖伊的电报》稿时，郑重其事地询问李克农、章汉夫、乔冠华、陈家康和我，"你们对朝鲜战争有何看法？8月份能结束得了吗？"大家你一句我一句说，朝鲜战场上的形势很好，没想到朝鲜人民军打得这样顺利，如果人民军能在美军主力到达之前就把伪军和已登陆的美军消灭或赶下海去，那就太好了。但我们认为朝鲜战争恐怕不会这样简单的结束，因为美国这样一个帝国主义强国，打着联合国的旗号，指挥16个国家的军队，仅仅经过一两个回合的交锋就认输，甘愿放弃南朝鲜这个重要的战略基地，这是难以设想的。因此，朝鲜战局的发展如何，还得看一看才敢说。
>
> 总理点了点头表示赞同，但又转过身来问我："总参谋部有什么看法？"我说："总参谋部的看法和外交部一样，但还稍微谨慎一点。认为即使把伪军和登陆美军消灭了或赶下海，也不等于朝鲜战争结束，因为美国还可以用绝对优势的海空军，进行轰炸和封锁，陆军实行登陆。战争是双方军事力量的较量，不歼灭敌人的主力，不打得敌人实在招架不住，它是不会罢休的。"
>
> 总理又点了点头说："是呀，不经过反复多次较量，不消灭美军的力量到不能支持的时候，朝鲜战争是不可能轻易结束的。这个战争将是一个持久复杂的斗争，至于持久到什么时候，是一年、两年、三年？甚至更长，要看各方面情况的发展变化才能确定。反正一两个月、一两个战役是不行的。我们宁可把情况估计得复杂一点。"[6]

与此同时，毛泽东、周恩来还清楚地看到：东北是中国最为重要的工业基地——这个地区集中了中国半数的重工业；因此，东北是我国最重要的战略区。

但是，因为第四野战军在解放战争时入关南下，所以在朝鲜战争爆发前，东北已成为全国驻军最少的一个战略区——正规部队只有一个正在从事农业生产的第四十二军，东北全部兵力不足20万。如果不做好应付最坏战局出现的准备，后果难以想象。

面对极其严峻的战争形势和东北地区兵力奇缺的现状，1950年7月7日，负责中央军委日常工作的军委副主席周恩来，受毛泽东的全权委托，在中南海居仁堂主持召开了第一次保卫国防问题会议。

会上，周恩来传达了中共中央和毛泽东对朝鲜战争形势的估计和成立东北边防军的指示，提出并初步商议了对东北边防军所辖部队的范围和规模、指挥机构设立与领导人选配置、政治动员与后勤保障、车运计划与兵员补充等问题的设想。

出席这次会议的有中国人民解放军总司令朱德、第四野战军司令员林彪、代理总参谋长聂荣臻、总政治部主任罗荣桓、第四野战军副政委谭政、海军司令员萧劲光、总政治部副主任萧华、摩托装甲兵司令员许光达、空军司令员刘亚楼、铁道兵团司令员滕代远、总情报部部长李克农、总后勤部部长杨立三、作战部部长李涛、军训部部长萧克、总干部部副部长赖传珠、炮兵副司令员苏进等。

经过几天的酝酿考虑，7月10日，周恩来继续召集保卫国防问题会议，最后商定组织东北边防军的各项问题。与会者一致拥护中共中央、毛泽东关于立即成立东北边防军并屯兵鸭绿江畔的战略决策，认为这是防患于未然的正确决策。

最后，会议一致通过对今后维护国家领土安全与完整起重大作用的《关于保卫东北边防的决定（草案）》。《决定（草案）》确定：

（一）抽调1950年初被定为国家战略预备队的第十三兵团及其所辖第三十八军、三十九军、四十军和在齐齐哈尔地区从事农业生产的第四十二军，以及炮兵第一师、第二师、第八师和一个高射炮团、一个工兵团、一个坦克团、一个骑兵团等，共约二十六万人，组成东北边防军[7]，负责保卫东北边防，并准备在必要时援助朝鲜人民抗击美国侵略的任务。这些部队最迟限于8月上旬在东北地区南部完成集结。

（二）任命对战争具有超强悟性、能征善战、负责准备解放台湾战役的粟裕为东北边防军司令员兼政治委员，萧劲光为副司令员，萧华为副政委，李聚奎为后勤司令员。

（三）任命骁勇战将邓华为第十三兵团司令员、赖传珠为政治委员、解沛然（解方）为参谋长、杜平为政治部主任；原第十三兵团司令员黄永胜、参谋长曾国华调广东军区分任副司令员和参谋长。

7月13日，周恩来嘱军事秘书雷英夫把修改后定稿的《决定（草案）》立即报送中共中央、毛泽东审核批准。当天，毛泽东批示："同意，照此执行。聂（荣臻——作者注）另抄存案并照办，原件还我。"[8]

7月23日，因粟裕身患重病，萧劲光、萧华在原有工作岗位上不能脱身，经毛泽东批准，中央军委决定：东北边防军归东北军区司令员兼政治委员高岗指挥；东北边防军后勤保障由东北军区统一供应，李聚奎改任东北军区后勤部部长。

8月上旬，东北边防军部队全部开抵东北边境，以临战态势，布防在辑安（今集安）、通化、本溪、柳河、开原、铁岭、辽阳、海城、凤城和安东（今丹东）等地，开始以美国军队为假设敌的突击训练。

这时，朝鲜人民军已经从三八线向前推进了200至450公里，把以美国为首的"联合国军"和南朝鲜李承晚军队赶到洛东江以东的大丘、釜山狭长地带，解放了南朝鲜90%左右的国土。

2

在速胜心态指导下的军事战略部署，往往隐藏着灭顶之灾。反之，在"战争长期化"思想指导下，有可能胜利地逆转已经逆转的战争形势。

从8月中旬起，双方军事力量在洛东江沿岸形成反复争夺的胶着状态。美国为了挽救败局，正抓住这一时机调兵遣将，积极部署反攻，扩大侵朝战争。

这时，世界上许多国家的通讯社和评论家不断发出消息和评论，对朝鲜战局表达看法。

8月23日晚，周恩来在西花厅听取雷英夫汇报总参谋部作战局和有关部门关于研究朝鲜战争局势走向问题的汇报。雷英夫介绍，参与研究的同志经过争论后，形成了比较一致的六点意见，进而形成这样的判断：以美国军队为首的"联合国军"下一步一定会搞登陆作战，可能性、威胁性最大的当在朝鲜西海岸的仁川港。"这是美国企图扭转朝鲜战局的一着很厉害的棋子。"[9]

周恩来认为，总参谋部作战局提出的意见，是一个战略性的重大问题，值得高度重视。他立即打电话给毛泽东作了简要汇报。毛泽东当即指示周恩来带领雷英夫来他的住处菊香书屋再作一次汇报。

周恩来为了让毛泽东更好地听取汇报，叮嘱雷英夫说："你慢慢讲，不要慌。"

雷英夫打开朝鲜作战地图，进行了详尽的汇报。听后，毛泽东明确指出："这些判断有道理，很重要。"并说，朝鲜想速战速决，一鼓而下，把李承晚伪军和美军赶下海，很快结束战争是不可能了。战争肯定是持久的、复杂的、艰苦的。但目前就打第三次世界大战也不可能，因为美国还未准备好。

毛泽东在听汇报的过程中，还连续提了许多问题，如麦克阿瑟的性格和指挥作战的特点如何？雷英夫说许多人说他是个"好战分子""倔老头"。毛泽东说："啊，他越好战、越倔，对我们越有利。"他又问，朝鲜可供登陆的几个地点的水文地形条件如何？雷英夫逐一作了简要的报告。

接着，毛泽东又问雷英夫，你们是如何研究这些情况的？雷英夫回答后，毛泽东说："这个办法好，畅开思想，对抗作业，这就是辩证法。"

最后，毛泽东着重指出，美军在仁川登陆，确实是一个值得密切注意的大战略问题。[10]

毛泽东、周恩来责令总参谋部和外交部随时密切注视朝鲜战局的变化。

为了应对朝鲜战局可能出现的突变，8月26日，根据在毛泽东处商定的计划，周恩来再次召开有各方面领导人参加的国防会议，检查东北边防军的各项准备工作。

会上，周恩来介绍了朝鲜战场的形势，阐述了加紧东北边防军战备工作的重要意义。他开宗明义地指出：

> 朝鲜确实已经成为目前世界斗争的焦点。美帝国主义利用朝鲜战争，将联合国旗帜拿到手，以对付和平阵线。……但这一切并不是说美国都已准备好了，它是企图从此一步一步地发展为世界大战。……
>
> 现在朝鲜经过两个月的作战，证明原来设想的第一种情况已经过去。原来设想是赶李承晚下海，一鼓而下，很快地解放全朝鲜，使得战争很快结束，至少告一段落。……这一设想大体上是不可能实现了。
>
> ……（友方）过去多为击溃战，歼灭战很少。因此，不能不设想第二种情况，即战争的长期化。要准备在长期化的战争中逐步消灭敌人。[11]

进而，周恩来提高嗓音，大声说道：

最后将美军各个歼灭，看来这个任务势必落在我们肩上。因此，应该检查我们两个月的准备工作做得如何。根据这种情况来看，我们的准备工作做得还是不够的。

我们这次作战是对付美帝国主义者，而不是单单对付李承晚伪军。美军是依靠大炮、飞机等火力，它的补给较好，但也有弱点。我们的装备对付国内敌人是够了，但对付美帝国主义是不够的。

（如此）这更需要我们加紧和加强准备工作。一切都要准备好，不要成为"临急应战"，而要有充分准备，出手就胜。因此，我们在未准备好以前，不要过早惊动敌人，使敌人警觉。[12]

接着，周恩来强调：我们必须在9月底以前做好一切作战准备，否则，万一形势恶化，就会措手不及，陷于被动。我们的军事建设应有一个较长远的规划，各军兵种都要有一个三年建设规划，空军、炮兵、装甲兵也要加紧训练，准备明年春天参战。[13]

8月31日，周恩来主持东北边防建设计划会议。会议决定：东北边防军以11个军、计36个师，共70万人作三线配置，第十三兵团、第九兵团和第十九兵团分别为第一线、第二线、第三线。从第四野战军中抽调10万老兵，准备在参战后补充到第一线部队。

在"未准备好以前，不要过早惊动敌人"的思想指导下，以上所采取的种种防范措施，被此后朝鲜半岛战争的发展进程证明是极富远见的，并为抗美援朝、保家卫国的伟大战略决策的提出和首战告捷奠定了坚实的思想基础和物质基础。

为了引起朝鲜方面的足够重视，9月上旬，毛泽东、周恩来第三次将敌人可能从仁川登陆的判断告诉朝鲜方面，提请他们注意。因为早在7月中旬和下旬，中国方面就已两次告诉朝鲜方面，"要他们注意敌人有从海上向仁川、汉城前进切断人民军后路的危险，人民军应当作充分准备，适时地向北面撤退，保存主力，从长期战争中争取胜利"。[14]

3

9月15日凌晨六时,"联合国军"总司令道格拉斯·麦克阿瑟指挥气势汹汹的7万余美国军队,在近500架飞机、260余艘舰艇的配合下,实施仁川港登陆计划。

9月27日,经美国总统杜鲁门批准,美国参谋长联席会议向麦克阿瑟下达指令,授权他在朝鲜三八线以北采取军事行动,摧毁北朝鲜军队,占领整个朝鲜。28日,"联合国军"攻占汉城,短短两天时间,在30日就推进到了"三八线"附近。

这时,周恩来和毛泽东已经明显地察觉到了麦克阿瑟指挥"联合国军"大举北犯、侵袭中国的企图。面对急剧恶化的朝鲜局势,为了避免战争扩大化,9月30日,周恩来在政协全国委员会举行的庆祝国庆一周年大会上发表演说时,特别强调:

> 中国人民密切地关心着朝鲜被美国侵略后的形势。朝鲜人民和人民军是坚决而勇敢的。他们在金日成首相领导之下抵抗美国侵略者,已经取得了惊人的成就,并且受到了世界人民的同情和声援。今后朝鲜人民在坚持长期抗战的方针下,必能克服许多困难,取得最后胜利。

继之,周恩来向美国政府发出语气坚决而又明白无误的严正警告:

> 中国人民在解放自己的全部国土以后,需要在和平而不受威胁的环境下来恢复和发展自己的工农业生产和文化教育工作。但是美国侵略者如果以为这是中国人民软弱的表示,那就要重犯与国民党反动派同样严重的错误了。中国人民热爱和平,但是为了保卫和平,从不也永远不害怕反抗侵略战争。中国人民决不能容忍外国的侵略,也不能听任帝国主义者对自己的邻人肆行侵略而置之不理。[15]

但是,美国政府对新中国人民政府"不能听任帝国主义者对自己的邻人肆行侵略而置之不理"的严正警告却置若罔闻,根本就没有放在心头。

10月1日，麦克阿瑟指挥打头阵的南朝鲜军队悍然越过"三八线"。

这一天，金日成首相和朝鲜民主主义人民共和国内阁副首相兼外相朴宪永联名给毛泽东写了一封求援信，请求中国人民给朝鲜人民以特别的援助，即在对方进攻三八线以北地区的情况下，急盼中国军队直接出动，支持朝鲜人民军作战。

朝鲜民主主义人民共和国危在旦夕，新中国国家安全受到严重威胁。此时此刻，朝鲜民主主义人民共和国的境况，更引起毛泽东、周恩来等新中国领导人的急切关注。

10月3日凌晨一时，周恩来紧急约见印度驻中国大使卡瓦拉姆·马达瓦·潘尼迦，向他郑重提出中国政府对待朝鲜战争的严正立场：美国军队正企图越过三八线，扩大战争。美国军队果真如此做的话，我们不能坐视不顾，我们要管。请将此点报告贵国政府总理。

之后，周恩来又说："我们主张和平解决，使朝鲜事件地方化。我们至今仍主张如此。""过去一年中，我们在这方面已经做了极大的努力。""尽管在三外长会议中有了协议，不经联合国同意，不得越过三八线，但是美国政府不一定受其约束。"

潘尼迦随即问道："阁下所说朝鲜事件应该地方化，是否指朝鲜战争应该限于三八线以南？或是指朝鲜战事应该即刻停止？"

周恩来回答："朝鲜战事应该即刻停止，外国军队应该撤退，这对于东方的和平是有利的。朝鲜事件地方化的意思，就是不使美军的侵略行动扩大成为世界性的事件。"[16]

周恩来示意潘尼迦将自己的话迅速报告尼赫鲁，然后再由尼赫鲁总理把中国的严正立场转告美国政府。

为了引起有关国家主要是美国政府的重视，在接见潘尼迦大使之前，周恩来考虑通篇讲话应该突出一个"管"字，就是说，如果你美国要一意孤行下去，我们可就要"管"了。

周恩来的英语翻译浦寿昌1997年底对此回忆：

> 他要通过印度政府把中国的立场转告联合国。那天深夜，他在约见印度驻华大使之前半个小时，把我叫去，和我商量怎样翻他要说的一句关键的话，即：如果美国军队越过三八线，而联合国不管，那么，我们不能坐视不顾，

"我们要管"。他要求"我们要管"这句话的译文,意思要一听就明白,但又要含蓄,还问我半小时的准备够不够?我十分激动,连忙说:"足够了。"我后来用"take the matter in our hands"翻译过去,总理非常满意。[17]

周恩来向印度驻中国大使潘尼迦转达的中国政府的严正立场,通过无线电波,很快就经印度新德里传到美国华盛顿白宫。但是,美国这位"山姆大叔"对此仍然置若罔闻、一意孤行,根本不把中国人民的力量放在眼里,认为中华人民共和国建国刚刚一年,各方面困难重重,军队装备差,参战的可能性很小,"周恩来的声明只是对联合国的恫吓"而已,仍然决定越过三八线,侵略朝鲜民主主义人民共和国。

许多年后,周恩来在会见英国客人和越南民主共和国外宾时,仍记忆犹新地谈到中国抗美援朝的缘由,美国因为小视新中国政府明确设定的底线,公然越过三八线北犯,结果招致其永远的内心伤痛。

周恩来在会见英国陆军元帅、已退职的北大西洋集团最高副司令蒙哥马利时也谈道:

> 它(美国)发动战争的时候,我们并没有参加。……它后来又越过了三八线。我们说过,如果它们超过三八线,逼近鸭绿江,我们就不能不过问。我们是警告过他们的。如果美国到达鸭绿江,就随时可以过来,中国就无法进行建设。你们知道,在那个时候,中国唯一的工业基地就在东北,这是旧中国给我们遗留下来的。后来美国果然到了鸭绿江,所以我们不得不抗美援朝。
>
> 我们打回到三八线以后,还是主张和平谈判,让战争停下来。这就证明我们是坚守这条战线的。后来的事实也证明,我们没有越过它。两年前,我们还撤出了我们的全部人民志愿军。[18]

周恩来在会见越南劳动党中央政治局候补委员、越南人民军总参谋长文进勇时说道:

> 中国人讲话算数。1950年抗美援朝就证明此点。我们预先说了,如果你再前进到我国边境鸭绿江,那我们就要支援朝鲜。我们通过印度大使通知

美国，但美国不信，它瞧不起我们，想我国刚刚解放，有什么力量？它打到鸭绿江边，我就支援朝鲜。其结果诸位都已知道。美国自己说，它历史上从来没打过这样一仗（指打了一次败仗——作者注）。……现在的情况是，我们的话，他们不能不听。[19]

的确，这时新中国的经济、军事实力都很弱，要同世界上最强大的帝国主义国家——披着"联合国军"外衣的美国及其他国家的侵朝军队较量，确实是一件非同小可的事情。尽管朝鲜政府、金日成首相一再请求，中国到底出不出兵、何时出兵、出多少兵、出兵后可能会遇到什么困难等等，都是不能不反复斟酌、权衡得失的问题。

鉴于南朝鲜军队已经越过三八线、以美国为首的其他"联合国军"即将大举北犯，10月5日，毛泽东在丰泽园颐年堂召集中共中央政治局会议，再次研究出兵抗美援朝问题。

丰泽园是毛泽东居住地的总称。它北靠中海，南临南海，东与勤政殿相连，景色秀丽，环境幽雅。新中国开国后，毛泽东经常在勤政殿主持召开中共中央政治局会议和相当于中共八大后的中央政治局常委会的中央书记处会议。

出席这次会议的中央政治局委员除毛泽东外，还有朱德、刘少奇、周恩来、任弼时、陈云、高岗、彭真、董必武、林伯渠、张闻天、彭德怀；中央委员有邓小平、林彪、罗荣桓、饶漱石、薄一波、聂荣臻、邓子恢、李富春；中共中央办公厅主任、中央军委秘书长杨尚昆和新闻总署署长胡乔木列席了会议。

毛泽东向与会者发话，要他们充分发表意见，畅所欲言。毛泽东、周恩来、彭德怀等力主出兵援朝，但大部分人不主张甚至反对出兵援朝，林彪就是其中的一个。林彪在国家处于危难之际撂挑子不干，使得曾同林彪共事多年的聂荣臻也感到不可理解。

三十多年后，聂荣臻在其回忆录中写道：

> 林彪是反对出兵朝鲜的。毛泽东同志原先决定让林彪去朝鲜指挥志愿军，可他害怕，托词有病，硬是不去。奇怪得很，过去我们在一起共事，还没有看到他怕死到这个程度。[20]

毛泽东熟悉《孙子兵法》，最懂得："兵者，国之大事，死生之地，存亡之道，不可不察也。""故知兵之将，生民之司命，国家安危之主也。"因此，他在打定主意出兵援朝之后，便把更多的精力放到挑选最称心的中国人民志愿军的统帅上来。

为什么毛泽东最初决定林彪担任志愿军统帅呢？

一是，这次所抽调的部队第三十八军、三十九军、四十军、四十二军以及三个炮兵师，都是第四野战军的，林彪对这些部队的情况很熟悉，便于得心应手地指挥。

二是，林彪1938年底至1942年初在苏联养病期间，同斯大林和苏联军队的高级将领都建立了良好的私人友谊；在解放战争时期主政东北工作时，又经常同苏联军方、朝鲜方面人士打交道，这样对战时协调三方关系十分有利。

三是，在四个野战军领导人中，他年纪最轻，只有43岁，而且以多谋善断、有独立见解、敢于向上提不同意见、精于算计、常出奇计、长于巧打、善于打恶仗和硬仗著称。全民族抗战初期，日本侵略军士气正盛、长驱直入华北时，他即以平型关大捷闻名于世，在党内军内，他都享有很高的威望。[21] 林彪在战争中总结的"一点两面""四组一队""四快一慢"和"三三制"等一系列战术原则，后来成为中国人民解放军的战术教程。在高级将领中，他最受毛泽东器重，视如己出，每每委以重任。毛泽东曾经称赞说："林彪打仗又狠又刁。"

在中共中央政治局会议上，针对不同意出兵的意见，毛泽东发言说："你们说的都有理由，但是别人处于危难时刻，我们站在旁边看，无论怎么说，心里也难过。"

这次中央政治局会议成为一个拍板的会议。会议根据毛泽东等的意见，正式作出"抗美援朝、保家卫国"的战略决策，决心克服一切困难，派遣中国人民志愿军入朝参战。

在林彪向毛泽东等说明自己因病不能挂帅出征后，从德、威、才、资几个方面综合考虑，中共中央和毛泽东、周恩来经过再三斟酌，再次选定彭德怀为中国人民志愿军统帅。

彭德怀，湖南湘潭人，1898年出生。1928年4月加入中国共产党，7月领导平江起义，并率领所辖部队上井冈山，历任红五军军长、红三军团总指挥，与毛泽东、朱德一起坚持在井冈山和中央苏区斗争；抗日战争、解放战争中，他身居八路军副总司令、西北野战军司令员兼政治委员、人民解放军副总司令、中共西北局第一书记等要职，指挥了著名的百团大战、延安保卫战、沙家店战役、宜瓦战役等，最后挥师迅速解放了大西北。他生性刚正耿直，南征北战二十余年，战功赫赫，为创建新中国立下了卓著功勋。

早在1935年10月，毛泽东曾挥笔写诗，盛赞他机智果断的卓越军事才能和压倒一切敌人的英勇顽强的献身精神。诗云：

山高路远坑深，大军纵横驰奔。
谁敢横刀勒马？唯我彭大将军！[22]

10月6日，周恩来主持最高军事会议，同陈云和中央军委其他负责人彭德怀、林彪、高岗、罗荣桓、聂荣臻等进一步商量入朝作战的诸项重大事宜。

会上，林彪仍然不赞成出兵。他说：为了拯救一个几百万人口的朝鲜，而打烂一个五亿人口的中国有点划不来。我军打国民党军队有把握，但能否打得过美军却很难说。美国有庞大的陆海空军，有原子弹，还有雄厚的工业基础。把美国军队逼急了，它扔两颗原子弹或用飞机对我军大规模狂轰滥炸，也够我们受的。他还说：如果一定要出兵，那就采取"出而不战"的方针，屯兵于朝鲜北部，看一看形势的发展，能不打就不打。这是上策。

周恩来接过话茬，严肃地批评林彪：现在不是我们要不要打的问题，而是美国逼着我们非打不可。我们的自卫是正义的，正义的战争最后一定会胜利。特别是现在朝鲜政府、金日成首相一再请求我们出兵援助，我们怎能见死不救呢？党中央、毛主席决心已定，现在我们不是考虑出不出兵的问题，而是考虑出兵后如何去争取胜利的问题。[23]

这期间，中共中央和毛泽东经过反复酝酿，最后决定由周恩来、林彪赴莫斯科商洽苏联出动空军支援中国人民志愿军在朝鲜作战和援助中国武器装备问题。

10月7日，美国操纵联合国大会通过了"统一"朝鲜的决议。也就是在这一天，以美国为首的"联合国军"不顾中国的一再警告，悍然越过三八线。

面对进一步恶化的朝鲜战争形势，8日，毛泽东当机立断，发布了关于组成中国人民志愿军，援助朝鲜人民解放战争的命令。在命令中，毛泽东正式任命彭德怀为中国人民志愿军司令员兼政治委员。

随后，毛泽东又致电金日成首相，将以上决定告诉他，并请"即派朴一禹同志到沈阳与彭德怀、高岗二同志会商与中国人民志愿军进入朝鲜境内作战有关的诸项问题"。[24]

4

10月8日，毛泽东发布组成中国人民志愿军的命令，同时，彭德怀赴沈阳就任中国人民志愿军统帅一职，并在当天下午同中共中央东北局、东北军区领导人高岗、李富春、贺晋年、张秀山等举行会议，研究志愿军出国作战问题。

如何做到师出有名？这是毛泽东、周恩来等颇为踌躇的事情。他们认为，不以中国人民解放军而以中国人民志愿军的名义出兵，就可以表明我们同美国不是国家对国家的宣战，而是中国人民自愿帮助朝鲜人民的，是纯属民间的事情。世界上有许多这样的先例，1935年著名的西班牙马德里保卫战就有各国的志愿兵。对此，美国政府抓不到任何把柄，只能是哑巴吃黄连。

也正是在10月8日这一天，作为中共中央代表的周恩来偕林彪、师哲和机要秘书康一民前往苏联，同斯大林等党政领导人商谈紧急而机密的中国出兵抗美援朝的有关事宜。

10日，周恩来一行抵达莫斯科。

11日上午，周恩来、林彪飞抵苏联高加索黑海之滨的克里米亚，同在这里休养的斯大林和赶来此地的其他苏联党政领导人会谈。

在整整一天的会谈中，周恩来详细介绍了中共中央政治局会议讨论朝鲜局势和是否出兵援朝的问题，说明中国出兵后将面临巨大的实际困难，希望苏联出动空军掩护中国出兵援朝，同时要求苏联向中国提供抗美援朝所需的各种类型的武器与弹药，首先是陆军轻武器的制造蓝图，他还强调只要苏联提供空中掩护，中国就一定出兵援朝。

莫洛托夫[25]表示，苏联可以出动空军支援。

斯大林则指出：可以完全满足中国抗美援朝所需的飞机、坦克、大炮等军事装备，但是，苏联空军尚未准备好，须在两个月或两个半月内才能出动。

随后，斯大林、周恩来联名致电毛泽东，说明了会谈情况。

斯大林表示暂不出动空军到朝鲜掩护中国人民志愿军的态度，既令出使苏联的周恩来深感意外，也让毛泽东等中共领导人始料未及。

收到斯大林、周恩来的联名电后，10月12日晚八时，毛泽东立即致电在沈阳的彭德怀、高岗再到北京开会。

13日下午，毛泽东主持中共中央政治局会议，根据最新情况，对是否出兵的问题，再次进行了认真讨论。毛泽东是伟大的战略家，为了共和国领土的安全和完整，为了国家的长治久安，他不会吝惜打破一些坛坛罐罐。根据他的意见和主张，会议决定：即使暂时没有苏联空军的掩护，在"联合国军"大举北进的严峻形势下，中国也要克服千难万险，尽快出兵援朝。

会后，毛泽东起草了致周恩来电。

当晚，周恩来收到毛泽东二十二时的来电。毛泽东要他将电文内容转告苏联领导人。电文说：

"与高岗、彭德怀二同志及其他政治局同志商量结果，一致认为我军还是出动到朝鲜为有利。""总之，我们认为应当参战，必须参战。参战利益极大"，"对中国、对朝鲜、对东方、对世界都极为有利"。反之，"不参战损害极大"，"让敌人压至鸭绿江边，国内国际反动气焰增高，则对各方都不利，首先是对东北更不利，整个东北边防军将被吸住，南满电力将被控制"。〔26〕

毛泽东对苏联援助中国军事装备能否采用租借办法和两个半月内苏联能否出动志愿空军没有把握，但这两件事又至关紧要。因而，他在电文中指示周恩来继续"留在莫斯科几天"，同斯大林商议并确定：

（一）苏联援助中国军事装备究竟"是用租借办法，还是要用钱买，只要能用租借办法"，使中国政府明年能够"保持20万万美元预算用于经济、文化等项建设及一般军政费用，则我军可以放心进入朝鲜进行长期战争，并能保持国内大多数人的团结"。

（二）"只要苏联能于两个月或两个半月内出动志愿空军帮助我们在朝鲜作战外，又能出动掩护空军到京、津、沈、沪、宁、青等地，则我们也不怕整个的空袭，只是在两个或两个半月内如遇美军空袭则要受一些损失。"〔27〕

这天深夜，周恩来紧急约见莫洛托夫，转告毛泽东的来电内容，要他立即告知斯大林。

10月14日，在得到苏联政府对援助中国的军事装备将给以信用贷款和将出动16个团的喷气式飞机掩护志愿军的肯定答复后，周恩来致电斯大林，进一步提出8个问题请求给予明确答复。其中包括："苏联空军在出动16个团的喷气式飞机之后，可否继续出动轰炸机至朝鲜配合作战？苏联政府派志愿空军参加朝鲜作战外，可否加派掩护空军驻中国近海各大城市？苏联政府的援助，除飞机、坦克、炮类及海军器材外，中国政府请求在汽车、重要工兵器材方面，也给予信用订货的条件。"〔28〕

周恩来还随电附去中国政府第一批关于各种炮类及附属器材的订货单。

这天，周恩来先后收到毛泽东本日三时和二十一时半的两份来电。

前一封电报介绍了朝鲜前线敌友双方的最新情况和我志愿军出动后的初步计划，指出：志愿军拟在平壤至元山以北山岳地区组织防御，"可能使美伪军有所顾虑而停止继续前进"；"如此，则我军可以不打仗，而争取时间装备训练"。同时，提出"主要的问题是看：（一）两个月内苏联是否确实能派出前线的志愿空军及后方各大城市的掩护空军；（二）苏联允许帮助我们的飞机、坦克、炮类及其他军事装备，是否可以用租借办法而不打破我们预算计划（至少20万万美元用于经济文化建设及一般军政费用）"。〔29〕

后一封电报通报了志愿军的出动时间和入朝作战的方针和部署情况，指出"我军决于10月19日开动"，告以彭德怀将于"明（15）日返安东，在安东布置两三天后即去德川与金日成会面"。〔30〕

周恩来迅速将两电内容通知了斯大林。

鉴于"联合国军"北进甚速，平壤危在旦夕，15日晨五时，毛泽东随机应变，改变了本日一时作出的"志愿军决于10月18日至迟19日开始渡江"的命令，致电彭德怀、高岗："我军先头军最好能于17日出动"，"第二个军可于18日出动，其余可在尔后陆续出动"。〔31〕

眼见以毛泽东为首的中国共产党和国家领导人积极出兵，并一定要苏联出动空军联合作战，在这极为关键的时刻，斯大林选择维护苏联自身战略利益、避免同美国发生全面武装对抗，他改变主意，指示莫洛托夫转告周恩来：苏联现决定只派遣空军到鸭绿江北岸的中国境内驻防，两个或两个半月后，也不准备进入朝鲜境内掩护中国人民志愿军作战。

作为大军事家、大政治家的斯大林当然知道：这个经历了多年国内战争和世界反法西斯战争，付出了惨重人力和物力损失的社会主义国家，冒着风险，去同世界军事力量最强、经常炫耀原子弹这个"法宝"的帝国主义国家交战的话，打得不好，就很有可能引发第三次世界大战，甚至爆发原子战争。日本广岛、长崎遭受美国原子弹轰炸，所带来的巨大人力、物力的损失就是活生生的例子。果真如此，后果将不堪设想。因此，经过几天的冥思苦想，斯大林自食其言，推翻了自己所做的承诺。

得到斯大林改变原有主意的消息后，毛泽东眉头紧蹙，陷入久久的沉思中：友好的兄弟国家之间，怎能出尔反尔，怎能置在严肃场合下达成的协议而不顾呢？然而，事已至此，毛泽东又不得不面对严峻的现实。

10月17日下午五时，毛泽东再次急电原拟18日赶赴朝鲜的彭德怀和高岗，告以志愿军先头两个军的出动时间由17日、18日推迟"于19日出动"，彭德怀、高岗请于18日火速返京。

10月18日，毛泽东主持召开中共中央政治局会议，再次研究出兵援朝问题。会上，刚刚回到北京的周恩来介绍了几天来同斯大林、莫洛托夫等会谈的情况，彭德怀则汇报志愿军准备入朝的情况。毛泽东听取大家的意见后说："现在敌人已围攻平壤，再过几天敌人就进到鸭绿江了。我们不论有天大的困难，志愿军渡江援朝不能再变，时间也不能再推迟，仍按原计划渡江。"[32]斯大林虽然最后不同意出动苏联空军掩护志愿军入朝作战，但毕竟答应给中国提供军事援助，会议正式决定中国人民志愿军于19日跨过鸭绿江入朝作战。

在中朝两国军队把"联合国军"赶回三八线以南，从根本上扭转朝鲜战局，苏联出动空军也不会导致美苏两大国军事对抗后，斯大林才于1951年3月3日致电毛泽东，同意派遣两个驱逐机师，在别洛夫将军指挥下进入朝鲜境内作战，以掩护中朝军队的后方。

此后的二十多年间，周恩来曾多次谈到与斯大林会谈的有关情况。

1970年10月10日，毛泽东和林彪、周恩来等在会见金日成首相时，毛泽东、周恩来同金日成讲：

> 毛泽东：我们虽然摆了五个军在鸭绿江边，可是我们政治局总是定不了……
> ……
>
> 毛泽东：在那个时候，因为中国动动摇摇，斯大林也就泄了气了，说算

了吧！后头不是总理去了吗？是带了不出兵的意见去的吧？

周恩来：两种意见，要他（指斯大林——作者注）选择。我们出兵就要他的空军支持我们。

毛泽东：我们只要他们空军帮忙，但他们不干。

周恩来：开始的时候，莫洛托夫赞成了。以后斯大林又给他打电话说，不能用空军支持，空军只能到鸭绿江边。

毛泽东：最后才决定了，国内去了电报，不管苏联出不出空军，我们去。我看也还要感谢苏联，它总帮助了我们军火和弹药嘛，算半价，还有汽车队呀。[33]

1971年12月30日，周恩来同在京爱国高层人士谈话时回忆说：

抗美援朝时，我同林彪一道去苏联，与斯大林谈判，说苏联是否出点空军，这样我们就可以去了[34]，没有空军有困难。斯大林说空军不能派，林就很高兴。后来毛主席决定，即使苏不派飞机，我们还是出兵。[35]

10月19日黄昏，在北国秋末的朦胧夜色的掩护下，遵照中共中央军委主席毛泽东的命令，彭德怀司令员兼政治委员率领中国人民志愿军，兵分三路，雄赳赳，气昂昂，神不知鬼不觉地从安东、长甸、河口和辑安等地渡过中朝分界河——鸭绿江，入朝作战，揭开了威武雄壮、可歌可泣的抗美援朝战争序幕。

朝鲜战争的最后结果，明白无误地向全世界证实：美国"是在错误的时间、错误的地点和错误的敌人打了一场错误的战争"。[36]这成为美国建国一百七十多年来在对外战争中打的第一场败仗。

注释：

[1] 这16个国家的军队，即美国、英国、法国、加拿大、澳大利亚、新西兰、土耳其、泰国、菲律宾、希腊、荷兰、比利时、卢森堡、哥伦比亚、埃塞俄比亚、南非的军队，另加南朝鲜的军队。

[2] 周克玉主编：《抗美援朝战争史》，中国社会科学出版社1990年版，第10、11页。

[3] 毛泽东在中央人民政府委员会第八次会议上的讲话，1950年6月28日，《建国以来毛泽东军事文稿》上卷，军事科学出版社、中央文献出版社2010年版，第154页。

〔4〕《人民日报》1950年7月7日。

〔5〕指1950年7月5日。

〔6〕雷英夫：《抗美援朝战争几个重大决策的回忆》，《党的文献》1993年第6期。

〔7〕1950年9月上旬，中央军委又将第五十军编入东北边防军序列。

〔8〕毛泽东在周恩来《关于保卫东北边防的决定》给毛泽东的报告上的批示，1950年7月13日。参见《毛泽东年谱（1949—1976）》第1卷，中央文献出版社2013年版，第162页。

〔9〕〔10〕雷英夫：《抗美援朝战争几个重大决策的回忆》，《党的文献》1993年第6期。

〔11〕〔12〕〔13〕《周恩来军事文选》第4卷，人民出版社1997年版，第43、44页。

〔14〕毛泽东致斯大林电，手稿1950年10月2日。参见《毛泽东传》，中央文献出版社2011年版，第1075页。

〔15〕周恩来在中国人民政治协商会议全国委员会为建国一周年举行的庆祝大会上作题为《为巩固和发展人民的胜利而奋斗》的报告，1950年9月30日。参见《周恩来选集》下卷，人民出版社1984年版，第36、37页。

〔16〕周恩来同印度驻华大使潘尼迦谈话记录，1950年10月3日。参见《周恩来传》，中央文献出版社2018年版，第919页。

〔17〕笔者访问浦寿昌录音记录，1997年年底。

〔18〕〔19〕周恩来同蒙哥马利的谈话记录，1960年5月25日。参见《毛泽东、周恩来准备和决策抗美援朝》（三），中共中央宣传部主管的《学习强国》学习平台，2020年10月20日。

〔20〕《聂荣臻回忆录》（下），解放军出版社1984年版，第736页。

〔21〕林彪参与指挥了辽沈、平津两大战役，并在渡江战役中指挥了西线军队过江，在军中威望颇高。

〔22〕《毛泽东诗词集》，中央文献出版社2003年版，第150页。

〔23〕雷英夫：《抗美援朝战争几个重大决策的回忆》（续一），《党的文献》1994年第1期。

〔24〕《建国以来毛泽东军事文稿》上卷，军事科学出版社、中央文献出版社2010年版，第237页。

〔25〕莫洛托夫，当时任联共（布）中央政治局委员、苏联部长会议副主席。

〔26〕〔27〕《建国以来毛泽东军事文稿》上卷，军事科学出版社、中央文献出版

社 2010 年版，第 252、253 页。

〔28〕周恩来给斯大林的电报手稿，1950 年 10 月 14 日。参见《建国以来周恩来文稿》第 3 册，中央文献出版社 2008 年版，第 404、405 页。

〔29〕《建国以来毛泽东军事文稿》上卷，军事科学出版社、中央文献出版社 2010 年版，第 256、257 页。

〔30〕《建国以来毛泽东军事文稿》上卷，军事科学出版社、中央文献出版社 2010 年版，第 258 页。

〔31〕《建国以来毛泽东军事文稿》上卷，军事科学出版社、中央文献出版社 2010 年版，第 262、263 页。

〔32〕《毛泽东年谱（1949—1976）》第 1 卷，中央文献出版社 2013 年版，第 216 页。

〔33〕毛泽东、林彪、周恩来等会见金日成的谈话记录，1970 年 10 月 10 日。参见《建国以来毛泽东军事文稿》下卷，军事科学出版社、中央文献出版社 2010 年版，第 372、373 页。

〔34〕指中国人民志愿军出兵抗美援朝。

〔35〕周恩来在中共中央召开的包括全国人大常委会委员、部分全国政协委员在内的在京上层爱国人士座谈会的讲话，1971 年 12 月 30 日。参见力平：《周恩来一生》，中央文献出版社 2001 年版，第 262 页。

〔36〕1970 年 11 月 13 日，周恩来在同巴基斯坦总统叶海亚·汗的会谈中讲过大致相同的话。他说：朝鲜战争，"美国动员了联合国 16 个成员国参战，最后还是不得不停战。美国人自己也说，那是在错误的时间、错误的地点，打了一场错误的战争"。（见周恩来同巴基斯坦总统叶海亚·汗的第四次会谈记录），参见《周恩来外交文选》，中央文献出版社 1990 年版，第 466 页。

04 制订"一五"计划

1

20世纪50年代初,我国国民经济在重重困难中开始朝着预期目标迅速恢复。为了抓住时机开展大规模的有计划的经济建设,1951年2月中旬,以毛泽东为首的新中国开国元勋们,在中共中央政治局扩大会议上作出了"三年准备,十年计划经济建设"的重大决策,责成中央人民政府政务院财政经济委员会(简称中财委)开始编制第一个五年计划。

为了编制好"一五"计划,周恩来提议并在这年2月成立了一个6人领导小组加强领导,成员是:周恩来、陈云(副总理兼中财委主任)、薄一波(中财委副主任)、李富春(中财委副主任)、聂荣臻(代理总参谋长)和宋劭文(中财委计划局局长)。

自1951年6月以来朝鲜战场战争形势出现新的转机,朝中人民军队经过这五次战役的浴血奋战,歼敌23万之多,犹如铁板钉钉,已把战线牢固地稳定在三八线附近,朝鲜战争一时不可能结束但也不可能逆转,处于相持局势。对此,中共中央和毛泽东在1952年5月决策实行"边打、边稳、边建"的战略方针。

在陈云领导各财经部门分别搞出"一五"计划初步设想的基础上,周恩来、陈云领导中财委加紧研究制订"一五"计划方案。到1952年6月,中财委汇总各大区和各工业部门上报的经济建设指标,为渴望早日告别贫困落后的中国人民,勾画出中国开展有计划的大规模经济建设的第一幅宏伟建设蓝图的初稿——《1953年至1957年计划轮廓(草案)》。

据参加"一五"计划编制的宋劭文介绍:

在这个草案中,对我国钢铁、机械、煤炭、石油、电力、化学、电器制造、轻纺、航空、坦克、汽车、造船等工业,提出了具体建设指标和要求,对重大水利、铁路、桥梁建设也做出总体规划。通过"一五"计划,拟扩(改)建与新建若干个重工业区,即以钢铁和机器制造工业为中心的鞍山、武汉、包头三个区域,以石油化工、有色金属和机器制造工业为中心的兰州区域,以动力设备、重型机械制造工业为中心的哈尔滨、沈阳、齐齐哈尔、西安区域,以化学工业为中心的吉林区域,以煤炭和采矿设备制造为中心的抚顺、大同区域,以及以机器制造为中心的洛阳、成都区域,以初步形成我国工业建设的新框架与大致合理的布局。

"一五"计划轮廓(草案)尽管比较粗略,但作为我国第一个中长期经济发展计划的雏形,不仅为我国政府与苏联政府谈判援助我国第一个五年计划项目提供了基本依据,而且也为我国即将展开的有计划的大规模经济建设,勾画出一幅宏伟的蓝图。[1]

由于中国还没有制订和实施五年计划的经验,有必要就国家"一五"计划制订和实施问题,征求已经领导一个大国胜利进行三十多年社会主义经济建设的苏联党和政府的意见,学习他们的经验,同时还需同苏联政府协商和确定援助中国经济建设的具体项目。

周恩来深感时间已十分紧迫,需要集中一段时间进一步分析中国的经济状况,研究五年建设的主要任务、指导方针和各项指标,以保证访苏期间同苏联方面谈判的效果。于是,他写信给毛泽东、刘少奇、朱德和陈云等。信中写道:

在7月份,我拟将工作重心放在研究五年计划、外交工作方面,其他工作尽量推开。所拟分工计划如下:

对五年计划,当着重于综合工作,俾能向中央提出全盘意见并准备交涉材料。

对旅大问题当准备一新约草案。

对朝鲜停战谈判及反细菌斗争,除过问日常工作外,当令章汉夫接替这两项工作……

外交使节会议已开过一月，现他们在各地参观，待他们在月中回来，我当参加总结，并向中央汇报。

政务会议，当由陈（云）、董（必武）、郭（沫若）、黄（炎培）轮流主持并将议程准备好，即使周、陈不在，仍能按期开会。

…………

维汉同志已商好自7月12日起休假，政务院日常工作只能由齐燕铭处理。这是有若干困难的。如能于7月下旬与邓小平同志商好，先发表他为政务院副总理，并于8月份来京主持一个时期（政务院工作），这是最理想的办法。三反、五反已过，未了事项请子文、一波同志分别主持。量刑之事，将由景范同志主办。

中央一级总党委第一书记，我可不再挂名，提议即以安（子文）为第一书记，杨（尚昆）为第二书记，萧华为第三书记。

上述事项请主席批准，并予传阅。[2]

当天，毛泽东批示同意周恩来提出的各项意见。

7、8月间，骄阳似火，酷暑难熬。在这节骨眼上，负责全盘经济工作的陈云却病倒了。为了使陈云同志能按原定计划一同出访，7月19日，周恩来批准陈云到北戴河休息两个星期，出国的一切准备工作都由他自己担当起来。

究竟该怎样在中国这块960万平方公里的土地上开展大规模经济建设？周恩来想得很深远，即必须保证国民经济的总体平衡、注意各项建设相互间的比例关系。

7月25日，他在政务会议上侃侃而谈："我们要进行大规模的建设，经济建设是我们建设的主要方面。我们各方面的工业、交通事业都将要有大的发展。""现在城市建设、各部门的基本建设都刚开始。""对于贸易，城乡贸易都要有大的发展。我们要进行大规模的经济建设，就需要进出口平衡。""争取贸易平衡，换回我们所需要的东西（主要是机器）来，以发展工业。"

"土地改革已经基本完成，今后农村的中心任务就是生产了。""现在要解决农村的剩余劳动力问题，首先还是把这些剩余劳动力容纳在农村中，不然，它就会自动地往城市中流。因此，首先就是发展农村的主业、副业、手工业。"

"我们国家要进行大规模的建设。这一方面是经济建设，另一方面还要进行文化建设。""而文化建设，又是教育、卫生当先。""今后教育事业要有很大的发展，我们对教育事业的投资要超过任何一个工业部门。"

"当然，我们的建设计划第一是重点，但第二也还要照顾一下不是重点的地区。我们经常说照顾少数民族地区、山区、老区、灾区、落后地区，照顾归国华侨、军烈属等。"[3]

8月11日，周恩来主持制订的《中国经济状况和五年建设的任务》终于完稿。同时，他还起草了《三年来中国主要情况及今后五年建设方针的报告提纲》。这两个文件分析了国内政治、经济、军事等基本情况，提出了五年建设的基本任务、指导方针和主要经济指标。《任务》指出：

> 今后五年是中国长期建设的第一个阶段，其基本任务是：为国家工业化打下基础，以巩固国防、逐步提高人民的物质生活和文化生活，并保证中国经济向社会主义前进。
>
> 五年建设的中心环节是重工业，特别是钢铁、煤、电力、石油、机器制造、飞机、坦克、拖拉机、船舶、车辆制造、军事工业、有色金属、基本化学等工业，以改造中国经济面貌和国防面貌，并为农业集体化打下物质基础。在不妨碍重工业发展的范围内，按人力、物力的可能来发展其他的经济部门。……
>
> 根据中国三年来工业恢复的速度……我们认为，中国工业生产水平在五年建设中，每年递增百分之二十是可能的和必要的。[4]

8月13日下午，周恩来同匆忙从重庆赶到北京就任副总理的邓小平谈话，向他交代了政务院的工作。随后，他在第一百四十八次政务会议上郑重宣布："在我奉毛泽东主席之命赴苏联访问期间，由邓小平代理总理职务。"[5]

2

8月15日，周恩来率领中国政府代表团乘坐三架中苏航空公司的飞机。飞机腾空而起，像三只雄鹰在呼啸声中飞离北京，由东向西，途经苏联伊尔库茨克、新西伯利亚等地，向已经给过并将继续给中国经济建设以更多帮助的友好邻邦——苏联的首都莫斯科飞去。

8月17日，周恩来一行抵达目的地。代表团阵营庞大，共65人，包括了各部门、各行业主要负责人。首席代表为周恩来，代表为陈云、李富春、张闻天（驻苏大使）、粟裕（副总参谋长）；代表团其他主要成员还有：重工业部部长王鹤寿、燃料工业部部长陈郁、中财委计划局局长宋劭文、空军司令员刘亚楼、海军副司令员罗舜初、炮兵副司令员邱创成、一机部副部长汪道涵、邮电部副部长王铮、外交部政治秘书师哲、苏联东欧司司长徐以新和亚洲司司长陈家康。

这次出访活动，是新中国继毛泽东、周恩来1949年底到1950年初访问苏联之后的第二次重大国际活动，是中苏两国经济、军事、科技等方面进行全面合作的一次最重要谈判，为新中国即将到来的第一个五年计划建设创造了良好条件。

在机场，周恩来受到苏联党政领导人莫洛托夫、米高扬、布尔加宁、维辛斯基等的热烈欢迎，并发表了热情洋溢的讲话。他兴奋地说：

> 中华人民共和国在推翻外国帝国主义和国民党反动统治之后的三年时间中，由于中国共产党和毛泽东主席的正确领导，由于全国人民的努力，又由于苏联政府和人民的热情援助，曾不断地克服国内外的种种困难，业已在国家建设的各方面获得了重大成就……
>
> 中华人民共和国政府代表团这次来莫斯科，是为了继续加强两国之间的友好合作，并商谈各种有关问题。中苏两大国的友好合作的继续发展，必然对于中苏两国人民的和平建设事业，都将有更重大的贡献。[6]

抵达莫斯科后，周恩来把代表团成员集中起来，将准备提交苏联政府讨论的有关文件和材料又逐段、逐句地重新讨论修改了一遍。宋劭文在《周总理和第一个五年计划》的文章中谈到上述情况时，感慨地说：

> 审阅当中，发现林业采伐、造林和木材蓄积量计划数字核对不上，总理当即在电话中，严厉地批评了代表团成员中负责计划工作的同志。令人意想不到的是，第二天周总理来到中国政府代表团团员下榻的宾馆，与大家共进午餐。餐厅服务员给总理送来一瓶白兰地酒。周总理亲自斟满两杯，站起身

走到一天前批评过的那位同志面前,递给他一杯,并微笑着说:"昨天我批评了你,以后要细心一些嘛!不要把这么重要的数字搞错!来我敬你一杯酒,祝你今后工作得更好。"就这样,经周总理简单自然的一席话,一杯酒,一下子就缓和了一天前那件不愉快的事情造成的紧张沉闷的气氛。大家深为总理严谨的工作作风和高超的领导艺术所折服。[7]

20世纪50年代初期,中苏关系处于鼎盛时期。中国坚决地投入抗美援朝战争中,并取得辉煌胜利,消除了斯大林对中国走所谓"民族主义道路"的最后疑虑,他决定尽力给中国以经济和技术方面的援助。因此,斯大林对周恩来为首的中国政府代表团的此次来访高度重视,在一个月时间里先后三次同周恩来、陈云、李富春、张闻天、粟裕会谈。

8月20日,周恩来在第一次会谈中详细介绍了中国政府代表团将同苏联商谈的有关问题,接着介绍了毛泽东对朝鲜战局和国际形势的看法。苏联方面有联共(布)中央政治局委员、苏联部长会议副主席莫洛托夫和外交部部长维辛斯基出席。

斯大林始终饶有兴致地仔细听着,不时地向周恩来投以欣赏和信任的目光,并就一些问题不断地插话。

周恩来表示感谢苏联政府给予新中国在经济恢复和朝鲜战争中的各种援助,斯大林笑答:"你们运气好,革命后成功,所以苏联要帮助你们。"斯大林说,中国在朝鲜作战和提供天然橡胶两件事上,"也是援助苏联"。

周恩来提出为保障和平起见,希望延长苏联军队从共同使用的中国旅顺口海军根据地撤退的期限,斯大林说:"客人不好要求多留,只能由主人挽留。这个换文发表将给敌人很大震动。"

周恩来又谈到请求苏联政府帮助研究中国五年经济建设计划,并希望苏联在与之相关联的工业资源勘探、工业企业(包括军事工业)的设计、工业设备与军事装备、技术资料、经济与军事贷款、聘请专家以及派中国留学生到苏联学习或实习等方面提供援助或帮助等一系列问题。

在谈到借款问题时,斯大林毫不含糊地答道:"愿尽力之所及予以帮助。"他特别强调:"你们应着重自己生产飞机,从修理经过装配到制造,从小到大,以利培养干部,掌握技术,否则单有工厂没有人才,绝对不行。""尤其要注意培养自己的干部、工程师及技术工人。"制造坦克,"应从装配和制造汽车开始"。

在周恩来介绍毛泽东对朝鲜战争局势的看法时,斯大林表示完全同意毛泽东关于朝鲜战局的分析和对停战谈判所采取的方针,他说:"毛泽东同志的意见是对的。朝鲜同志也同意中国同志的意见了。美国也了解到朝鲜战争对它不利,迫切需要停战。停战谈判是一大问题,需要忍耐坚持。毛泽东同志主张忍耐坚持是对的。"

在谈到国际形势时,周恩来提出"朝鲜战争推迟了世界战争",并说明毛泽东认为今后"五年、十年、十五年不会爆发(世界)战争"时,斯大林猛地吸了一口烟,然后发表了自己的一番看法。他说:

> 毛泽东同志的估计是对的。美国没有本领进行大战。他的英法朋友更不值钱,人民也不愿打大仗。……美国想征服全世界,但一个朝鲜也拿不下。我们不攻英法,美国是不会打来的。
>
> 公道对美国是不存在的。美国以原子弹、空袭吓人,是不能解决问题的。决定战争(胜负),还要靠步兵。在朝鲜小规模的战争,美国已(被)打哭了,如果打大的战争,美国更要哭了。[8]

正是基于对朝鲜战局和国际形势的正确分析和判断,毛泽东、周恩来等中国党和国家领导人及时地将重心转向国家发展,开始了对新中国建设蓝图的绘制,并为其臻于完善不断地努力奋斗。

最后,斯大林指定莫洛托夫、布尔加宁、米高扬、维辛斯基、库米金组成苏联政府代表团同中国政府代表团商谈各项具体问题。

在融洽、愉悦和兴奋的气氛中,会谈不知不觉持续了三个小时。

8月23日、28日,周恩来先后将《三年来中国国内主要情况及今后五年建设方针的报告提纲》《中国经济状况和五年建设的主要任务》《中国国防军五年建设计划概要》等文件的俄译本送交苏联政府代表团和斯大林。

斯大林、马林科夫、莫洛托夫等苏联党和国家领导人看完这些文件后,约定同周恩来率领的中国政府代表团于9月3日晚上举行第二次会谈。

这天晚上,苏联方面参加的人员有莫洛托夫、马林科夫、贝利亚、米高扬、布尔加宁、卡冈诺维奇、维辛斯基、库米金。

会谈中，周恩来介绍了中国土地改革、镇压反革命、抗美援朝、"三反""五反"运动、国民经济的恢复和军队整编等情况。接着，他着重介绍了第一个五年建设计划的设想。主要内容是：

（一）中国经济状况；

（二）五年建设方针；

（三）五年建设主要指标和主要项目；

（四）长期建设的准备工作；

（五）请苏联援助事项。

斯大林对周恩来的全面介绍给予了积极的回应。他面带微笑地说：中国三年恢复时期的工作，"你们给我们这里的印象很好。中国正在长进，也愿意长进"。

接着，斯大林对中国"一五"计划的经济发展速度，提出了中肯而又宝贵的意见，指出："你们五年计划中工业增长速度，每年为20%，是勉强的。""要按照一定可以办到的（原则）来做计划，不留后备力量是不行的。必须要有后备力量，才能应付意外的困难和事变。"今后产值每增长1%，其增长的总量"总是比过去大的"。"在五年计划中，你们未将民用工业与军事工业和装备计算在一起，这是不应该的。只有将它们计算在一起，才便于掌握情况和调度。""我建议工业建设的增长速度，每年上涨可降到15%"，"留点后备力量，总有好处"。[9]

斯大林在问明中国政府只准备公布编制好的五年计划的方针，而不公布整个具体计划的情况后，说：苏联的"五年计划是发表的"。"应该使人民知道，不能只提方向和方针。看来非公布不可，群众是愿意知道数字的。"

斯大林对中国共产党表现出极大信任，他进一步说明：五年计划究竟公布不公布，"这是你们的事，由你们自己决定"。同时，他明确表示，苏联政府愿意帮助中国制订"一五"计划，愿意为中国实现五年计划提供所需要的技术、设备、贷款等援助，并派专家到中国帮助建设。[10]

斯大林向来一言九鼎，以上所做的承诺，分量之重不言自明。它为中国代表团在苏联顺利开展工作提供了极大的方便；更为重要的是，它是苏联政府向中国"一五"计划建设时期提供数量庞大的经济和技术援助的根本保障。

8月21日、8月27日、9月1日，周恩来偕陈云、李富春、张闻天、粟裕同莫洛托夫、布尔加宁、米高扬、维辛斯基、库米金举行三次谈判,讨论了延长旅顺口海军基地使用期问题、中蒙铁路的修建问题和中苏缔结关于苏联援助中国种植和割制橡胶的协定等问题。双方谈判进展顺利,获得了预期成果。

3

根据同斯大林会谈所获得的实际性进展,9月6日,周恩来两次致信莫洛托夫。

在第一封信中,周恩来提出:中国在从1953年开始的第一个五年计划建设时期,从苏联进口装备、普通货物和非贸易支出所要支付的外汇,同中国对苏联出口和非贸易收入二者之间,将出现46亿多卢布的逆差,因而需要请苏联政府给予中国贷款。

在第二封信中,周恩来提请苏联政府向中国提供经济建设所需的各种技术资料,以帮助中国提高工业生产的技术水准。

同时,周恩来还将中国人民志愿军抗美援朝订货单、委托苏联帮助设计的建设项目名单、聘请各类苏联专家名单等文件资料送交苏联方面。

接着,周恩来把中国代表团工作人员按业务性质、工作关系分为若干相应的组,让他们分头同苏方各有关部门直接商洽,面对面地研究苏联援助中国的具体项目。他认为,这样做,可以使他和陈云、李富春集中精力考虑并同代表团各组分别研究解决一些急需处理的重大问题。

9月10日,周恩来率领中国政府代表团赴斯大林格勒参观。

为什么安排去这里参观呢?据担任此次出访的首席翻译师哲介绍,此行的目的:

> 一是慰问这个英雄城市的居民,他们在卫国战争中蒙受的损失和灾难也较大,但是表现得十分英勇顽强,对扭转整个战局做出了巨大贡献,如史诗般的壮丽;二是为了解当年在这个地区所进行的历史上罕见的、最残酷最猛烈而具有关键性的战役的实际情况;三是就地实际调查战争带来的后果,以及在战后所进行的恢复和重建工作。……

接着,师哲满怀钦佩之情地写道:

这里值得特别一提的是周恩来同志虚心好学的精神和善于调查研究、深入了解情况的好作风。他把参观访问当成一个学习和钻研问题的机会，把游艇变成学习的场所。周总理向陪同参观的当地州、市委负责人详细询问了斯大林格勒保卫战的详细经过，战后城市恢复工作的进展情况，特别是工业生产的恢复情况。在参观拖拉机厂时，周总理对这个厂的重建、扩建和生产情况作了全面的了解。[11]

9月15日，周恩来率领中国政府代表团出席签字仪式。中苏双方签订了《关于橡胶技术合作协定》，交换了《关于延长共同使用中国旅顺口海军基地期限的换文》，通过了《关于中国长春铁路移交中华人民共和国政府的公告》。同时，中、苏、蒙三方签订《关于组织铁路联运的协定》。

周恩来深感这次出访苏联收获巨大，在会上发表了情真意切的致词：

　　三十多年前，中国人民受了十月革命的影响和启发，认识了民族革命的真理，提出了反帝反封建的任务。经过三十年的斗争，中国人民终于取得了全国解放的胜利。反动统治阶级被推翻了，帝国主义的侵略势力被赶走了，中国人民被侵略被压迫的时代已经一去不复返了。

　　近三年中国人民对外抵抗了美帝国主义新的侵略，对内实行了土地改革，恢复并发展了工农业生产，镇压了反革命，巩固了人民民主专政。

　　中国人民的这些胜利，这些成就，是与伟大的苏联人民和政府在斯大林同志领导之下，对于中国人民解放事业和建设事业的亲切关怀和伟大援助分不开的，也是与世界进步人类的同情和支持分不开的。中国人民永远不会忘记这种深切的友谊和援助。

　　这次，我们中华人民共和国政府代表团来到莫斯科，在斯大林同志亲自参加和指导之下，使中苏两国人民的友好合作，又得到了进一步的成就。我在此表示衷心的感谢。[12]

最后，周恩来面带微笑，深情注视着年龄大他近二十岁的斯大林，高高地举起酒杯，激动地说："我现在举杯，为中苏两国人民的伟大友谊获得新成就庆贺，请大家为中国人民最好的导师和朋友，全世界人民的伟大领袖——斯大林同志的健康干杯！"[13]

同样面带喜悦的斯大林，在周恩来话音一停就站了起来，向周恩来点头致意。

9月19日，周恩来第三次同斯大林会谈，双方就朝鲜停战谈判、亚洲及太平洋区域的和平、中苏友好交往、越南人民的抗法斗争等共同关心的问题，坦率地交换了意见。

在中国政府代表团各组的工作大致走上正轨后，周恩来指定主管全国工业建设和生产的李富春代理团长职务，领导各组继续进行谈判。

9月24日晚六时，周恩来、陈云、粟裕一行17人返回北京。随后，他和陈云赶往中南海颐年堂，出席毛泽东主持召开的中共中央书记处会议，汇报这次苏联之行所获得的丰硕成果。

4

回国后，周恩来继续关注中苏双方在莫斯科的谈判进程。每当李富春在谈判中遇到重大问题打电报向国内请示时，周恩来总是及时审阅这些电报，并在与其他中央领导人研究商定后，迅速给予明确指示和答复。

1953年3月4日，中共中央突然收到苏共中央发自莫斯科的加急电，电报说斯大林于3月1日晚由于高血压症和动脉硬化发生脑出血而一直处于昏迷状态。

得知这一情况后，中国党和国家领导人的心情沉痛异常，密切地关注着斯大林的病情。同斯大林见面次数最多的周恩来更是如此。他陪同毛泽东、朱德赶往苏联驻中国大使馆深表关切和慰问后，回到西花厅就立即起草了两封慰问电（其中一封是为毛泽东起草的），并口述了一份新闻稿。

接着，周恩来致信毛泽东说："主席：现送上两个电稿一个新闻稿，请即阅正退回，以便拍发，并广播发报，即送。"毛泽东的慰问电这样写道：

> 敬爱的约·维·斯大林同志：获悉您患重病的不幸消息，中国人民、中国政府和我本人怀着最关切的心情，向您谨致诚挚的慰问，并衷心地希望您病情好转，恢复健康，以慰中国和世界爱好和平人民的祝愿。[14]

然而，周恩来起草的毛泽东代表中国人民所表示的良好祝愿没能成为现实。

3月5日晚九时五十分，斯大林在同病魔进行了近一百个小时的痛苦抗争后，溘然长逝，享年74岁。他的逝世，无论对苏联，还是对社会主义阵营以至整个世界，都将产生巨大的政治震动和强烈的感情冲击。

性格刚毅坚强、正值55岁生日的周恩来也不例外，他获悉这个噩耗后，泪水夺眶而出。据1951年至1957年间在总理办公室任副主任的李琦回忆说："这是我在七年中唯一的一次看到总理落泪。"[15]

这天晚上，中共中央政治局会议决定，由周恩来率领中国代表团到莫斯科参加斯大林葬礼。随后，周恩来准备了《中共代表团赴苏提纲》，说明："代表团的任务——专诚吊唁，表达中国党、中国人民和中国政府的深切悲痛"；同时和苏联党政领导人讨论中国第一个五年计划和朝鲜战争等问题。

3月7日，周恩来致电仍在莫斯科领导谈判的李富春：中共中央决定由中共中央、中央人民政府、全国政协组成中华人民共和国代表团前往莫斯科参加斯大林葬礼。团长周恩来，团员李富春、张闻天、罗瑞卿、叶季壮、伍修权、郭沫若、刘长胜、蔡畅和廖承志等。请通知苏联方面，"代表团此行系专诚吊丧，希望摒除接送仪式，一切从简"。这是新中国派出的一个人数最多、代表面最广的吊唁代表团。它包括党、政、军、工、青、团、妇和民主党派、科技、文化等各界知名人士，连工作人员在内共有数十人。

这期间，周恩来同晚上值班的秘书多次谈到斯大林的功过是非问题。他强调：（一）"斯大林是功大于过的，不能全面否定，要历史地看待人和事；他是一个伟大的马克思主义者，也是一个犯了错误的马克思主义者。"（二）斯大林对中国革命有正面和负面的影响；中国革命受负面影响的"主要责任在我们自己"。因为当时"中国共产党不成熟"。他由此得出结论："每个人，特别是领导干部绝对不能盲从，要学会独立思考"，"要坚持走群众路线"，"群众路线千万不能丢，党一定不能脱离群众"。[16]

3月8日，当周恩来率领中国代表团抵达莫斯科时，整个莫斯科笼罩在一片悲痛的气氛中，到处是泪水和哭泣声。周恩来以低沉而悲痛的声音，对接待中国代表团的苏共中央书记、斯大林治丧委员会主席赫鲁晓夫说："斯大林的去世，对我国人民、对世界人民都是极大的震动，我们感到无比悲痛……他的逝世给世界革命留下的空缺是无法弥补的。"

当晚八时，周恩来在沉重的哀乐声中，率领中国代表团和大使馆工作人员步入工会大厦的圆柱大厅瞻仰遗容，在灵前献花圈，并带领大家列队向斯大林遗体鞠躬再鞠躬……斯大林静静地躺在鲜花簇拥的水晶棺中，身上覆盖着一面鲜红的党旗；棱角鲜明的面孔仍然焕发出庄严的光泽，露出一丝微笑，显得格外的安详、宁静和柔和，就像平时安睡一般。这是一位对苏联革命与建设事业和世界反法西斯战争，做出不可磨灭的历史性贡献的历史巨人。

当然，由于种种原因，造成了对斯大林的个人崇拜和迷信，以致他被大大神化，成了至高无上的权威的象征。

随后，周恩来将全体人员分成6个小队，轮流肃立两旁守灵致哀。

整个吊唁期间，赫鲁晓夫的表现异乎寻常，他活蹦乱跳、有说有笑，与心事重重、垂头丧气的其他苏联领导人形成鲜明对照。

一会儿，赫鲁晓夫同周恩来握手打招呼，献殷勤、套近乎；一会儿，他显得十分虔诚地说："现在首要的是维护中央的团结。"一会儿，他又眼泪汪汪、声音悲切地说："斯大林是我们的父亲。他的死使我们忧虑担心。我们一定要像保护自己的眼珠一样，坚持斯大林的事业。"[17]

赫鲁晓夫在吊唁中的表现，使周恩来感到困惑：他怎么与自己第一次见到的那个赫鲁晓夫完全不一样了呢？在1950年初访问苏联时，即使在气氛轻松愉快的宴会上，赫鲁晓夫也像怕见婆婆的小媳妇似的，总是待在离斯大林较远的地方。

周恩来心中觉得蹊跷，对此开始有所警觉。包括周恩来在内的中共领导人，都希望在斯大林之后苏共领导层内部能够保持稳定。这对整个社会主义阵营和新中国建设是有利的。因此，对赫鲁晓夫的"热情"和"友好"，周恩来应对十分有分寸，听得多，讲得少。[18]

9日九时许，在工会大厦圆柱大厅，周恩来率领中国吊唁代表团随同苏联党政军领导人及各国吊唁代表团，向躺在饰以红缎的水晶棺中的斯大林作最后告别。苏联党政军领导人和治丧委员会成员，把斯大林的灵柩抬到大厅的出口处。花圈和别着斯大林生前所获得的各种勋章、奖章等的红色天鹅绒垫子，也先后移出了工会大厦。

斯大林的灵柩安放在由六匹黑马牵引的炮车上。送殡的行列缓缓地从奥霍特尼·里亚德－曼尼日广场向红场前进。

十时三十五分，红场上响起了抑扬的哀乐。会场一片沉静。人们严肃地起立，注视着送殡的队伍缓缓地从奥霍特尼·里亚德－曼尼日广场进入红场。红场上庄严、肃穆，天空中飘着雪花。

走在最前面的是一长列抬着花圈的队伍。以布琼尼元帅为首的苏军高级将领双手捧着放有斯大林的勋章和奖章的红色天鹅绒垫子。随后，炮车载着斯大林灵柩。灵柩上放着苏联大元帅的军帽。紧接灵柩之后，是长长的送葬行列。第一排是马林科夫、伏罗希洛夫、周恩来、贝利亚、卡冈诺维奇、莫洛托夫、布尔加宁、赫鲁晓夫。跟着他们的是苏联党政军领导人和各国共产党与工人党的领导人，以及苏联各界人士代表和许多国家政府的代表。

十分钟后，送葬队伍在陵墓前止步。斯大林灵柩由炮架移到了一个覆着红黑两色旗子的高台上。

周恩来等随同苏联党政军领导人及各国吊唁代表团登上了主席台。

十时五十二分，斯大林治丧委员会主席赫鲁晓夫代表苏联共产党中央委员会和苏联部长会议，宣布追悼大会开始。马林科夫、贝利亚和莫洛托夫相继发表简短演说。

追悼会结束，葬礼开始。克里姆林宫斯巴斯基塔上大钟的时针渐渐走近十二时。苏联党政军领导人马林科夫、贝利亚、莫洛托夫、伏罗希洛夫、赫鲁晓夫、布尔加宁、卡冈诺维奇和米高扬簇拥灵柩缓步走入陵墓，由红军战士将斯大林的水晶棺放入和列宁并列的墓穴里。陵墓入口处，刻着列宁、斯大林的名字。

红场上的几十门礼炮齐鸣三十响；莫斯科所有的工厂、车辆、船只的汽笛齐鸣；苏联空军编队从空中掠过。礼炮声、汽笛声划破静寂的天空。

接着，雄壮的苏联国歌奏起。人们默念着国歌的词句："斯大林教导我们要忠实于人民，他鼓舞我们劳动去建立功勋。"

苏联党政军领导人和参加吊唁的各国领导人、苏联元帅和将军们一起再次走到台上。

参加葬礼的军人们列队从陵墓前走过，并向自己的统帅致最后的军礼；哀乐声中，送葬的人们从陵墓前走过，向斯大林告别。整个葬礼持续了近两个小时。

在斯大林治丧期间，周恩来挤出时间听取了李富春、叶季壮、宋劭文关于中苏商谈"一五"计划轮廓（草案）的情况汇报，并作了详细记录。回国后，他将李富春等的汇报和李富春关于五年计划的建议等四个文件整理后，分送有关领导人征求意见。

在斯大林治丧期间，周恩来还出席了中苏《关于1953年度货物周转之议定书》《关于苏联帮助中国扩大现有电力站和建设新电力站的协定》的签字仪式；听取了以钱三强为团长的中国科学院访苏代表团的汇报，并帮助代表团联系参观被列入保密范围的苏联核科学研究机构和培养核科学干部的有关大学的专门院系。

3月24日，周恩来一行飞离莫斯科，26日返抵北京。

4月8日，周恩来约见奉命回国汇报中苏谈判最新进展情况的宋劭文，详细询问了苏联政府对中国"一五"计划的意见。

周恩来颇为不解地问道："去苏联谈判为什么拖了这么长的时间？"

宋劭文回答："这是因为苏联方面对计划的平衡工作要求很高，对我国地质资料、技术水平和生产能力询问得很详细，而我们在这些方面的准备工作不足，使项目选址、施工设计、设备分交、技术人员的培训等计划内容的落实，花费了不少时间。"

听了宋劭文的说明，周恩来明白了缘由，赞同道："是啊！确定一百多个援助项目，并要守约按期交付使用，确实不是一件容易的事情！"[19]

为了使周恩来对整体情况有更清楚的了解，宋劭文还将李富春领导的留在苏联继续谈判的中国政府代表团绘制的七八张中国"一五"计划受援项目进度曲线图交给周恩来。从曲线图上，可以一目了然地看清受援建设项目的厂址选择、投资规模、开工日期、施工进度、交付日期、生产能力等情况。

周恩来饶有兴味地仔细审看了这些曲线图，对中国政府代表团的工作感到非常满意。

4月30日，周恩来起草复李富春电：

> 我们同意你在来电（指李富春25日的来电——作者注）和来信中所提的各项意见。请你即向米高扬同志表示：毛泽东同志及中共中央和中国政府完全同意苏联政府提出的《关于苏联政府援助中国政府发展国民经济的协定》《协定的议定书》《协定的第一号、第二号、第三号附件》《议定书附件》及《两

个清单的附注》等八个文件，并完全满意和感谢苏共中央和苏联政府给予中国人民和中国政府这样巨大的全面的长期的援助。中国党和中国政府愿尽一切力量完成这些文件所规定的义务和责任，并即委托李富春同志为全权代表签订这些文件。[20]

5

1953年5月15日，李富春根据中共中央的授权，同米高扬分别在《关于苏维埃社会主义共和国联盟政府援助中华人民共和国中央人民政府发展中国国民经济的协定》等文件上签字。

根据这个《协定》，苏联将援助中国建设与改建91个工业企业项目，加上1950年签约援助中国的50个，总共141个项目。[21] 这些项目，包括钢铁、有色冶金、煤矿、石油炼油企业，重型机器、汽车、拖拉机制造厂、动力机器及电力机器制造厂、化工厂、火力发电站等，还有若干国防工业企业。

自此，历时八个多月的苏联援助新中国"一五"计划建设的谈判，获得圆满成功。

无论是国家主席毛泽东、副主席刘少奇，还是政府总理周恩来、副总理陈云等，对这次谈判所获得的成就，都充满了欣慰。此后，在周恩来直接指导下，在陈云、李富春等编制五年计划纲要八人小组[22]的具体领导和苏联政府的帮助下，国家计委继续进行着"一五"计划的编制工作，并在1954年9月向中共中央提出了《中华人民共和国发展国民经济的第一个五年计划草案（初稿）》。"一五"计划的编制工作进入尾期。

1954年11月，周恩来和毛泽东、刘少奇、李富春等来到广州，虽是初冬时节，但这里却温暖如春。在这里，他们总共花了二十二天时间，审核修改了《第一个五年计划草案（初稿）》。

同时，中共中央通知中央各部门和各省、市、自治区讨论《第一个五年计划草案（初稿）》。

1955年3月31日，党的全国代表大会原则通过《第一个五年计划草案（初稿）》。

6月27日，周恩来在第一届全国人大常委会第十七次会议上，对将要提请全国人大一届二次会议审定的《第一个五年计划（草案）》作了说明。

7月6日，全国人大一届二次会议正式通过新中国党和国家领导人精心绘制的新中国第一幅建设蓝图——《中华人民共和国发展国民经济的第一个五年计划（1953—1957）》。

全国人大会议正式通过的《第一个五年计划》，同制订过程中的几个草案相比较，有一些重要的修改，主要有：根据国力的实际可能，将原来确定的"国家工业化的基础"，修改为"建立我国社会主义工业化的初步基础"。这在实际上是适当放慢了工业化的进程，防止了急于求成思想倾向的发生，有效地保证了国家建设建立在稳妥可靠的基础上；由此对若干重大指标进行了调整，工业生产、农业生产年平均增长速度分别由20.4%、7%调整为14.7%、4.3%，五年基本建设投资由500亿元削减为427亿元；同时，对全国工业布局也进行了适当的调整，克服了工业建设过分偏重沿海而忽视内地的倾向，从而促进了沿海工业与内地工业相互推动和协调发展。

11月9日，周恩来签发国务院命令，将《第一个五年计划》中的各省、自治区、直辖市部分随令下达，指示各地："遵照执行，并领导群众努力增加生产，厉行节约，克服困难，为胜利完成和超额完成第一个五年计划而奋斗。"

"一五"计划的规模是空前的，这期间经济建设和文化建设的总支出为766.4亿元，相当于7亿两黄金，投资之巨，在中国历史上是前所未有的。它的实施，揭开了中国经济发展历史的崭新篇章。

由于"一五"计划是建立在大量调查研究的基础上，从中国国情出发、量力而行、合理规定国民经济发展的比例和速度，同时也得到了苏联政府的大量经济技术援助和资金援助，并有苏联的建设经验可资学习和借鉴，因此，到1957年底，"一五"计划的主要指标大都大幅度地超额完成。

"一五"时期所取得的这些成就，远远超过了旧中国的一个世纪的发展，同世界其他国家工业起飞时期相比，也是名列前茅的。这些成就，为我们年轻的中华人民共和国的国家工业化奠定了初步的却是十分重要的物质基础；同时，也用事实证明了西方帝国主义国家所宣传的"中国一五计划一定要失败"的预言的破产。

注释：

〔1〕宋劭文：《周总理和我国第一个五年计划》，《我们的周总理》，中央文献出

版社 1990 年版，第 154、155 页。

〔2〕《周恩来书信选集》，中央文献出版社 1988 年版，第 474—476 页。

〔3〕周恩来在第一百四十六次政务会议上的发言记录，1952 年 7 月 25 日。参见《周恩来传》，中央文献出版社 2018 年版，第 966—968 页。

〔4〕周恩来主持起草的《中国经济状况和五年建设的任务》，1952 年 8 月 11 日。《陈云传》卷 2，中央文献出版社 2015 年版，第 827 页。

〔5〕周恩来在第一百四十八次政务会议上的发言记录，1952 年 8 月 13 日。参见《周恩来年谱（1949—1976）》上卷，中央文献出版社 2020 年版，第 248 页。

〔6〕《人民日报》1952 年 8 月 18 日。

〔7〕宋劭文：《周总理和我国第一个五年计划》，《我们的周总理》，中央文献出版社 1990 年版，第 156 页。

〔8〕以上内容，均见周恩来给毛泽东并中共中央的报告，1952 年 8 月 21 日。参见《在历史巨人身边——师哲回忆录》，中央文献出版社 1991 年版，第 366 页。

〔9〕〔10〕周恩来关于同斯大林谈话给毛泽东并中共中央的报告，1952 年 9 月 6 日。参见《建国以来周恩来文稿》第 7 册，中央文献出版社 2018 年版，第 113、114 页。

〔11〕《在历史巨人身边——师哲回忆录》，中央文献出版社 1991 年版，第 523—525 页。

〔12〕〔13〕周恩来在签字仪式上的致词，1952 年 9 月 15 日。参见《建国以来周恩来文稿》第 7 册，中央文献出版社 2018 年版，第 136、137 页。

〔14〕《建国以来毛泽东文稿》，第 4 册，中央文献出版社 1990 年版，第 86 页。

〔15〕〔16〕李琦：《回忆与思考》，中央文献出版社 1999 年版，第 180、181 页。

〔17〕李越然：《令人折服的外交风度》，《周恩来和他的秘书们》，中国广播电视出版社 1992 年版，第 208 页。

〔18〕觊觎苏联党的最高权力的赫鲁晓夫，凭借自己的政治手腕，先后于 1953 年 6 月、1955 年 2 月清除了贝利亚和马林科夫这两个阻拦他走向权力最高峰的"障碍"；1956 年 2 月，他作《秘密报告》，开始大肆反对斯大林，并且在这条路上越走越远。

〔19〕宋劭文：《周总理和我国第一个五年计划》，《我们的周总理》，中央文献出版社 1990 年版，第 154、155 页。

〔20〕周恩来复李富春的电报，1953 年 4 月 30 日。参见《建国以来周恩来文稿》第 8 册，中央文献出版社 2018 年版，第 280 页。

〔21〕到1954年10月，苏联政府应中国政府的再次请求又增加15个援助项目。这就是被中国人民所熟知的"156项工程"。以后又经多次调整，确定154项重点工程。因156项公布在先，故仍称"156项工程"，实际施工建设的为150项。同时，苏联政府以优惠条件向中国政府提供了总计17亿卢布的长期贷款。这在中国历史上是没有过的。

〔22〕八人小组于1954年2月12日由中共中央政治局会议决定成立。

05
国际会议上的首度露面

1

1953 年 7 月朝鲜战争停战后，中国采取主动行动陆续从朝鲜撤退了军队，然而美国军队仍然驻扎在那里，继续加剧着远东的紧张局势。法国军队也还在印度支那进行侵略战争。

但是，由于中朝两国政府和人民在争取全面解决朝鲜问题上的坚决斗争，由于印度支那人民抗法战争取得进一步成果，更由于世界范围内准备战争的力量同爱好和平的力量的对比起了根本性变化，法国政府和美国政府也不得不同意召开一次国际会议解决这两个地区的紧张局势问题。

新中国国民经济的迅速恢复、第一个五年计划的迅速开展、抗美援朝战争的胜利，初步显示出了它抵御外来侵略能力的强大。旧中国留给国际社会的软弱可欺的形象正日渐淡去，年轻的中华人民共和国已经成为维护世界特别是亚洲和平与安全的一支不容忽视的重要力量。可以说，没有它的参加，世界上特别是亚洲地区的重大问题，是不可能得到解决或很好解决的。正如周恩来在 1953 年 10 月 8 日的一项声明中所宣告的那样：第二次世界大战之后，法国、英国、美国、苏联和中华人民共和国五大国，对于解决和平与国际安全的重大问题，负有特别重要的责任。[1]

1954 年 2 月，苏联、美国、英国和法国四国外交部部长在德国的西柏林和东柏林交替举行会议，经过苏联的艰辛努力，终于达成一致协议：于 1954 年 4 月 26 日在日内瓦举行会议，讨论和平解决朝鲜问题和恢复印度支那和平问题。除苏联、中国、美国、英国和法国五大国参加会议的全过程外，同这两个问题有关的其他国家也分别参加会议讨论。

有鉴于日内瓦会议的重要性,作为大战略家、政治家的毛泽东、周恩来非常重视。不打无准备之仗,胜利从来就是建立在知己知彼基础上的。根据已有的外交工作经验,坚持"举轻若重"办事原则,周恩来从2月底到3月,挤出相当的时间,亲自挂帅,开始了系统而精心的准备:

——指导有关人员收集、熟悉、研究朝鲜和印度支那问题的情况;

——阅读有关召开日内瓦会议的文件;

——约李克农等商谈和确定中国代表团成员人选等问题,要他提出初步名单,并负责组织模拟会议,对翻译进行考试选拔,然后搞模拟翻译练兵;

——主持拟定关于出席日内瓦会议的方针、原则等问题的各项文件,研究配合日内瓦会议的国际宣传问题。

3月2日晚上,在毛泽东主持,有刘少奇、朱德、陈云出席的中共中央书记处会议上,周恩来提出了经过精心准备的《关于日内瓦会议的估计及其准备工作的初步意见》。《初步意见》提出:

"关于召开日内瓦会议协议的达成,是苏联代表团在柏林四国外长会议上一项重大的成就。单就有中华人民共和国参加日内瓦会议一事看来,它已使缓和国际紧张局势的工作前进了一步"。但是"帝国主义侵略集团,特别是美国政府却故意低估日内瓦会议的作用,并预言日内瓦会议将同柏林会议在德、奥问题上一样得不到任何结果,但美英法三国之间在朝鲜问题上以及在许多国际事务上的意见并非完全一致,有时矛盾很大,他们的内部困难也很多"。[2]

接着,《初步意见》明确而坚定地指出:

鉴于以上情况,"我们应该采取积极参加日内瓦会议的方针,并加强外交和国际活动,以破坏美帝的封锁、禁运、扩军备战的政策,以促进国际紧张局势的缓和。在日内瓦会议上,即使美国将用一切力量来破坏各种有利于和平事业的协议的达成,我们仍应尽一切努力,务期达成某些可以获得一致意见和解决办法的协议,甚至是临时的或个别性的协议,以利于打开经过大国协商解决国际争端的道路"。[3]

3月3日，中国政府复电苏联政府：中国接受苏联根据柏林会议协议发来的邀请，"同意派出全权代表参加日内瓦会议"。

人心齐，泰山移；步调一致才能得胜利。为了使中国、苏联、朝鲜和越南四个兄弟国家代表团在日内瓦会议上心往一处想、劲往一处使，互相支持和默契配合，3月上旬，周恩来在北京两次同朝鲜南日外相商谈出席日内瓦会议的准备工作问题，就和平解决朝鲜问题的方案取得一致意见。

和平解决朝鲜问题的方案的主要内容包括：在六个月内撤退一切外国军队问题；南北朝鲜组织统一委员会准备实施有关和平统一事项问题；废弃统一以前与外国签订的军事条约问题；保证实施民主、自由，在全朝鲜实施普遍选举问题；颁布宪法，成立统一政府问题。

随即，周恩来审改定稿的中共中央致胡志明主席和越南劳动党中央的电报，告诉其日内瓦会议的开会日期，并强调：

"目前国际形势与越南的军事现状，对越南进行外交斗争是有利的。不论日内瓦会议结果如何，我们均应积极参加。""因此，希望你们立即进行准备工作：组织出席会议的代表团；搜集有关的资料；拟定谈判的各种方案。""如果要停战，最好有一条比较固定的界限，能够保持一块比较完整的地区。事实上今天的停战线，也很可能成为将来的分界线，所以这是一个比较重大的问题，而且还要看今后战局的发展。到底这条线划在什么地方，划在哪一纬线，可从两方面考虑：一方面要对越南有利，一方面要看敌人能否接受。这条线最好越往南划越好，北纬十六度的问题，似可作为方案之一来考虑。"[4]

鉴于日内瓦会议对于越南今后的局势走向关系极大，这封电报还邀请胡志明及其他负责人，于"3月底或4月初来北京一谈，并赴莫斯科与苏共中央交换意见"。3月底，胡志明偕越南政府副总理范文同[5]抵达北京。

出席日内瓦会议的准备工作大体就绪后，4月1日早晨五时，周恩来偕少数工作人员启程飞赴莫斯科。

随即，周恩来前往出席有苏联、中国、朝鲜和越南领导人参加的日内瓦会议预备会议，在四国范围内进一步磋商参加日内瓦会议的方针、政策和谈判方案等问题。

4月19日，中央人民政府主席毛泽东正式任命周恩来为出席日内瓦会议的中华人民共和国代表团首席代表，外交部三位副部长张闻天、王稼祥、李克农为代表。

根据内部分工和安排，代表团秘书长为外交部办公厅主任王炳南；代表团顾问为对外贸易部副部长雷任民、中央编译局局长师哲、外交部政策委员会副主任乔冠华、上海外事处处长黄华、亚洲司司长陈家康、欧非司司长宦乡、情报司司长龚澎、军委作战部处长雷英夫、外交部交际处处长王倬如。整个代表团，由中央党政军机关45个单位的180余名工作人员组成；下设朝鲜问题组、越南问题组、综合问题组、新闻宣传组、秘书组、行政交际组和保卫组；各组组长分别为乔冠华、陈家康、柯柏年、黄华、王炳南、王倬如和李广祥。

4月20日清晨六时，在充分准备的基础上，周恩来率领浩浩荡荡的中华人民共和国代表团，肩负中国人民的重托，乘坐中苏航空公司伊尔专机，由北京取道苏联飞往日内瓦。当天晚上，夜宿新西伯利亚。

行前，周恩来主持召开了中国代表团全体成员的"打招呼"会议。他郑重其事地告诫大家：

> 尽管我们过去在国内谈判有经验，跟美国人吵架有经验，但是那是野台子戏，那是无法无天，什么也不怕的，闹翻了也就那么回事；当然我们谈判还不是为了闹翻。就是说，那时我们进行谈判的范围小，有什么就说什么，因为就是双方嘛。板门店谈判也是那样。
>
> 现在，我们到日内瓦是参加"一个正式的国际会议了，我们是登国际舞台了，又是一个大国，你总要唱一点文戏吧，文中也有武戏，但总是一个正规戏、舞台戏。有好几个兄弟国家，都要配合，要有板有眼，都要合拍"。
>
> "那时我们不大合拍，我们自己一个板眼，愿意高也可以，愿意低也可以。这是四个国家了，都要配合。这回是有板有眼的正规戏，又是第一次唱，所以还是要本着学习的精神。"〔6〕

4月24日下午三时三十分，周恩来一行飞抵日内瓦宽特兰机场。

周恩来一下飞机，人们的注意力立即聚焦到这位传奇式人物身上。大批记者蜂拥而至，争先恐后地抢拍照片。中国代表团全体人员的着装差不多一个样，身着中山服，外穿长大衣，头戴解放帽，队伍整齐威武，以致外国新闻媒介形容为"日内瓦来了一连中国军人"，"一个年轻的红色外交家率领了一批更年轻的红色外交家"，"他们穿的衣服都是一样的，连手提箱也都相似……"

这是新中国领导人第一次正式亮相世界舞台。

从此，周恩来成为西方新闻报道的一位中心人物。云集日内瓦的一千多位各国记者以复杂而极感兴趣的心情旁观在国际事务中崭露头角的周恩来，将在这世界舞台上如何表现。

日内瓦是享有"旅游者的圣地"之美称的世界花园名城，位于瑞士西南部，紧邻位于法国和瑞士边境的汝拉山，南倚阿尔卑斯山最高峰——勃朗峰，山上终年白雪皑皑。

这里，花团锦簇，绿树成荫。冬无严寒，夏无酷暑，湖山环绕，山清水秀，一年四季风光各异，各种飞禽来来往往，择林而栖，充满了诗情画意。夜晚五光十色的灯光，照得莱蒙湖畔分外妖娆，另有一番与白天迥异的感觉。

日内瓦被称作"医治国际政治创伤的医院"，又有"世界会议之都"美誉。这里经常召开各种国际会议，并设有许多国际组织的常设机构。1919年第一次世界大战结束后，国际联盟在这里成立，并建造了著名的"万国宫"——国联大厦。日内瓦会议的全部会议就将在国联大厦举行。

日内瓦会议是第二次世界大战后的一次重要国际会议，也是新中国第一次以五大国之一的身份参加并经受复杂的多边外交斗争考验的国际会议。

周恩来走下飞机，面对久经磨炼、身手不凡的各国记者，展现出杰出外交家、政治家温文尔雅、落落大方的风度。他向人们挥手致意，并沉着地在机场发表了热切期望日内瓦会议成功的声明：

> 日内瓦会议就要举行了。这个会议将要讨论和平解决朝鲜问题和恢复印度支那和平问题。亚洲这两个迫切的问题，如果能够获得解决，将有利于保障亚洲的和平，并进一步缓和国际的紧张局势。
>
> 全世界爱好和平的人民和国家都将密切地注视着日内瓦会议的进展，并热烈地期望着会议的成功。中国人民对于这个会议有着同样的期待。
>
> 中华人民共和国代表团抱着诚意来参加这个会议。我们相信，参加会议

者的共同努力和对于巩固和平的共同愿望，将会提供解决上述亚洲迫切问题的可能。[7]

中国代表团新闻宣传组随即广为散发周恩来的中文和英文的书面简历。

这份简历是新中国在对外宣传中第一次公开的新中国党和国家领导人的简历。它是由长期在周恩来领导下工作、熟悉其人生经历的李克农主持起草的，而且是在没经过周恩来过目的情况下，径直报中共中央和毛泽东批准的。

简历有一千八百字左右，从一开始便称：

> 周恩来，生于 1898 年，中国杰出的政治活动家、军事家和外交家，中国共产党杰出的组织者和领导者之一，毛泽东最亲密的战友之一。[8]

为什么要搞这样一个简历，并在其中使用评价很高的词句呢？

据日内瓦会议的参加者熊向晖在他所写的《李克农同志与 1954 年的日内瓦会议》一文中透露："克农同志认为，宣传周恩来就是宣传新中国。据我所知此前尚未用过'最亲密的战友'这种提法。这表明了当时毛主席、党中央对周恩来的评价。"

的确，与会的西方国家领导人和新闻媒体就是通过这个简历，才对周恩来的传奇一生有了一个全面的了解。

在王炳南的陪同下，周恩来和中国代表团代表及主要的翻译、秘书、警卫和机要人员，乘坐苏联方面准备的几辆插有五星红旗的黑色"吉斯"车，来到日内瓦城郊莱蒙湖畔查尔索瓦镇"万花岭别墅"住地。

"万花岭别墅"是一栋乳白色的欧式三层楼房，房子不大，房间不多。别墅的四周是花园，花园里盛开着海棠花、丁香花、玉兰花和迎春花；还有郁郁葱葱的葡萄架和绿茵茵的大草坪；一棵棵樱桃树婀娜多姿，亭亭玉立；藤条顺着木架爬上屋檐，一片碧绿；枝叶茂盛并经过精心修整的各种树木，显得恬静宜人。

法国 19 世纪著名诗人拉马丁曾在此居住。由于别墅门前有一条碎石铺成的小路，叫"花山"，人们因此也常把它叫作"花山别墅"。

2

4月26日下午三时，和平解决朝鲜问题和恢复印度支那和平问题的日内瓦会议第一次全体会议在莱蒙湖畔的万国宫——国联大厦隆重开幕。

会议首先讨论朝鲜问题。出席会议的国家有：中国、美国、苏联、英国、法国五个大国；朝鲜民主主义人民共和国、大韩民国；以及以"联合国军"名义派兵参加朝鲜战争的澳大利亚、加拿大、希腊、菲律宾、卢森堡、新西兰、泰国、土耳其、比利时、哥伦比亚、阿比西尼亚（今埃塞俄比亚）和荷兰，总共十九个国家。

经过苏联部长会议第一副主席兼外交部长维·米·莫洛托夫和英国副首相兼外交大臣安东尼·艾登在会前的充分协商，会议达成一项协议：在讨论朝鲜问题时，会议主席由泰国外交部长旺·威泰耶康亲王、莫洛托夫和艾登依次轮流担任；在讨论恢复印度支那问题时，会议主席由莫洛托夫和艾登担任。

日内瓦会议所要解决的亚洲最迫切的两个问题本来是毫无关联的，实际上是两个会议。只是为了节省时间和精力，而把它们放在同一地点来召开而已。

4月27日下午三时，日内瓦会议第二次全体会议开始讨论第一项议程——朝鲜问题。这是缓和远东乃至国际紧张局势的热点问题。

在发言中，朝鲜外务相南日提出了和平解决朝鲜问题的方案。方案提出：

（一）"在全朝鲜居民表示自由意志的基础上，举行国民议会的全朝鲜自由选举，以组成朝鲜的统一政府"；

（二）"一切外国武装力量，在六个月内撤出朝鲜"；

（三）"有必要创造条件，以促使尽速完成以和平方式把朝鲜统一成为一个统一的、独立的、民主的国家的任务。"[9]

美国国务卿约翰·福斯特·杜勒斯依仗其"金元帝国""超强军事大国"的实力，伙同南朝鲜代表，从会议一开始，就采取了想方设法阻挠会议达成任何协议的立场。南朝鲜代表狂妄地提出，要按照南朝鲜的宪法，由联合国监督在全朝鲜进行选举。美国代表全力支持这一建议，并且强调要由联合国来实现朝鲜的统一。

显而易见，在联合国被美国操纵的情况下，这些建议实际上意味着南朝鲜吞并北朝鲜，美国将支配整个朝鲜。

4月28日下午三时，周恩来在第三次全体会议上首次发言。他开宗明义地指出："这个会议的目的应该是为了缓和国际紧张局势，巩固世界和平。这是一项有着重大意义的任务。"[10]

接下来，周恩来义正词严地驳斥美国和南朝鲜代表的无理主张，表示坚决支持南日提出的恢复朝鲜统一的三项建议。他庄重地指出：

> 根据昨天大韩民国代表的发言看来，李承晚政府是不喜欢这个办法的。他显然无视朝鲜人民的民族利益，企图证明似乎没有外国对朝鲜内政的干涉，朝鲜人民就不能解决自己的内政问题，其中包括举行全朝鲜的自由的、民主的选举。……
>
> 他公然主张美国军队留驻朝鲜。仅仅这一情况就足以表明，所谓南朝鲜的统治是代表朝鲜人民利益的各种说法，它的价值究竟如何了。……
>
> 朝鲜的和平统一，对于维护远东的和平和安全有着重大的意义。朝鲜的和平统一事业的顺利进行，有赖于关心维护远东和平的相应的国家愿意采取措施保证不妨碍朝鲜的和平发展，不容许外国干涉朝鲜的内政。
>
> 综上所述，我们认为，朝鲜民主主义人民共和国代表团首席代表南日外务相的建议，是完全公平合理的。我们希望会议的参加者郑重地考虑这一建议，使这一建议成为和平解决朝鲜问题的协议的基础。[11]

周恩来的这席话，表达了新中国政府维护亚洲地区和平的真诚愿望，合情合理，令西方十六国代表刮目相看。会场不时传来一阵阵窃窃私语声。同时，针对杜勒斯的发言，周恩来义正词严地揭露道：

> 美国政府在朝鲜战争期间即已企图组织所谓太平洋"共同安全"体系。现在，美国政府又对印度支那战争进行进一步的干涉，并借此策动组织所谓西太平洋和东南亚的防御集团，这些集团实际上是在追求侵略的目的，而且是为了要在亚洲建立新的殖民统治，并准备新的世界战争。
>
> 我们认为，美国的这些侵略行动应该被制止，亚洲的和平应该得到保

证……对亚洲各国内政的干涉应该停止，在亚洲各国的军事基地应该撤出，驻在亚洲各国的军队应该撤退……

我希望，参加会议的代表能够本着巩固亚洲及世界和平和安全的利益，共同努力，寻求途径，来解决会议议程上的这些迫切问题。〔12〕

周恩来在第一个回合斗争中的发言，正气磅礴，言简意赅，小试锋芒便旗开得胜。周恩来的发言，是中华人民共和国以一个大国的地位发出的响亮声音。这些话，击中了杜勒斯的要害，他无法辩解，只好铁青着脸，气呼呼地呆坐在座位上；有部分西方国家的代表，觉得周恩来是带着真心诚意来解决亚洲的迫切问题的。这一点，与会者从会场内外的气氛中能明显地感觉出来。

耐人寻味的是：到这个时候为止，除美国和南朝鲜外，其他十四个国家中只有澳大利亚、土耳其、泰国、哥伦比亚四个国家的代表发了言，其中泰国及土耳其代表的发言，连翻译在内，一共只有半个小时，而且他们只是重复了杜勒斯所讲过的话，毫无新东西可言。

3

关注本次会议的西方新闻媒体在中国代表团举行的第一次招待会上，把带到会场去的几十份周恩来发言稿全文一抢而空，并对他的发言给予了普遍好评。

第二天，欧洲各国几乎所有的重要报纸，都把周恩来的发言刊登在第一版最重要的位置，却把杜勒斯的发言放在较次要的位置上。

《日内瓦日报》的评论指出：周恩来的发言代表了亚洲人民的声音。"那里的人民已经觉醒了"，"亚洲广大人民已发出了怒吼，这是历史的一个新现象"。

5月1日，瑞士《大众人民画报》刊登了周恩来在4月28日会议上的半身照片，并配有照片说明词称："中国外交部长周恩来，具有人们对当局者所期望的东西：有毅力，像一个蒙古族领袖那样自信，并且是一个坚强的辩论者。"

同一天，西德出版的《慕尼黑画报》指出："这位代表红色中国的……礼貌、高尚与魔鬼般聪明的'天之骄子'，无疑是我们时代即使不是最重要的外交官，也是最重要的外交官之一。"

周恩来在28日会议上的发言，也引起了来自印度、缅甸等亚洲国家记者的极大兴趣。他们普遍认为，周恩来提出的有关亚洲和平问题的主张，是完全符合他们和亚洲其他各国人民要求和平与安全的愿望的。

也正是在这一天，杜勒斯在内部接见美国记者时，不得不承认事实，他无可奈何地哀叹道："我们在第一个回合中失败了，英国人拆我们的台。"不能不看到，"共产党的宣传做得好，周恩来的讲演稿做得好"。[13]

中国的俗话说，"气可鼓，不可泄。"心里憋着一股苦涩滋味的杜勒斯，也懂得这一个道理。为此，他不遗余力地为美国记者和自己的秘书打气说："希望你们在宣传方面赶上共产党，我希望我的秘书将来写稿子也能写得好些。"[14]

据与周恩来在20世纪40年代相识于重庆的苏联代表团工作人员尼·费德林回忆：

"以杰出的政治家和外交家周恩来为代表的中华人民共和国的参加则尤其令人注目"。

"他首先受到一些西方活动家的注目，他们寻求机会同他接触和会见。唯独杜勒斯宣称，他决不同周打交道。"

"可笑的是，每当杜勒斯见到会议厅里有周恩来的身影便马上绕道而走，避免同他接触。周恩来对这种孩子气或西部牧童式的乖张行为一笑置之。"

"在会议所讨论的问题上，周恩来和杜勒斯的立场南辕北辙。他们是日内瓦会议的主要决斗者。大部分与会者都或明或暗地同情中国代表。在许多人眼里，杜勒斯成了傲慢与无知的专横霸主。"[15]

4月30日，美国官方通讯社——美联社在发自日内瓦的报道中讲道：杜勒斯是一句话也不对他（指周恩来）说的，甚至只当他不在跟前。杜勒斯曾经明白表示：除非在极为不平常的情况下，我是不跟周恩来碰面的。

接近美国官员的人士说："国务卿和他碰面，只有一个办法，那就是他们的汽车在日内瓦街道上撞车。可是他们没有撞车。"[16]

杜勒斯自认倒霉，他做梦都没有想到会在这场大的国际会议上碰到周恩来这样一个难以对付的对手！

让杜勒斯为难的是，会议日期还长着呢，今后怎么办？他苦无良策，下意识地感到：继续待下去，会更丢份子、更令他难堪的。

俗话说："三十六计，走为上。"5月3日，杜勒斯一甩手，就悻悻地离开日内瓦回华盛顿去了。

对此，一位合众社记者不无讽刺地说："中国人来到欧洲，美国人回到美国。"〔17〕

话说回来，鉴于日内瓦会议舆论宣传的重要性和来访人员络绎不绝的情况，周恩来指示：在中国代表团内成立新闻办公室，由熊向晖担任主任，加强舆论宣传。办公室的主要任务为两项：一是协助发言人组织新闻发布会；二是接待包括记者在内的来访者。随后，对于如何接待好来访者，周恩来提出了五条原则意见：

（1）来者不拒，区别对待；

（2）谨慎而不拘谨，保密而不神秘，主动而不盲动；

（3）记者提问，不要滥用"无可奉告"，凡是已经决定的、已经公布的、经过授权的事，都可以讲，但要言简意赅，一时回答不了的，记下来，研究后再回答；

（4）对于挑衅，据理反驳，但不要疾言厉色；

（5）接待中，要有答有问，有意识地了解情况，有选择有重点地结交朋友。〔18〕

经过几个回合的斗争，在以雄辩的事实给美国代表及其大韩民国代表、外务部长官卞荣泰等追随者以有力的驳斥后，为了推动会议的进展，5月22日下午，周恩来又在全体会议上发言：

据此，中华人民共和国代表团建议在南日外务相4月27日的方案第一条之内补充以下一项：

"为了协助全朝鲜委员会根据全朝鲜选举法在排除外国干涉的自由条件下举行全朝鲜选举，成立中立国监察委员会，对全朝鲜选举进行监督。"〔19〕

本着和平解决朝鲜问题的真诚愿望，6月5日，南日在全体会议上作了关于希望与会各国能以朝鲜代表团4月27日的建议和中国代表团5月22日的补充建议为基础达成协议的发言。

紧接其后，周恩来在发言中情真意切地说：虽然与会各国的分歧依然存在，但在"事实上，和平解决朝鲜问题的共同基础是可以找到的"。因为"在我们会议上，没有人反对朝鲜的和平应该得到巩固，并且大家认为，会议的目的是要达到朝鲜问题的和平解决的"。"就是对于从朝鲜定期撤出一切外国武装力量的问题，也只有少数的代表在原则上表示了不同的意见。"

周恩来进一步强调："我们既然有了这些共同基础，我们更应该努力寻求具体解决问题的道路，而不应该让大韩民国代表的建议成为我们在寻求协议的途径上的一个障碍。"为此，中国代表团建议："我们应该在已有的共同基础上，努力达成和平解决朝鲜问题的协议。我们不应该辜负各国人民的希望。"[20]

会上，莫洛托夫不遗余力推动会议取得新的进展。他综合会议开幕以来各国代表所提意见的共同点，提出了关于和平解决朝鲜问题基本原则的五条建议。

但是，由于美国和南朝鲜代表设置重重障碍，极力加以阻挠，本次会议未取得新成果。尽管如此，周恩来、南日和莫洛托夫的默契配合，以及他们立场坚定、通情达理的发言，还是给予了企图中断谈判的美国和大韩民国代表重重一击，迫使对方只有招架之功、无还手之力，陷于被动、尴尬之中。周恩来在会上的不凡表现，赢得了不少国家的代表和新闻舆论的好评与称赞。

6月5日后，美国副国务卿、美国代表团团长比德尔·史密斯决心使朝鲜问题会议无果而终，加快了破裂会议的步伐。他采取软硬兼施的方式，逼迫其他西方国家代表唯美国政府旨意是从，同时在会外到处散布将在15日大会上结束对朝鲜问题的讨论。

据艾登1959年在其所写的回忆录中透露："6月15日，会议好像比以往任何时候都更濒于破裂了。比德尔·史密斯把艾森豪威尔总统的来电拿给我看，其中指示他尽一切力量，使会议尽快结束，理由是共产党人只是故意拖延时间，以符合他们自己的军事目的。"[21]

4

针对以上情况，为争取会议达成某种协议而作最后努力，6月14日，中国、苏联、朝鲜三国代表团召开会议，商议对策，一致认为：我方"必须争取在最后一次会议上把全部牌都打出来，即使不能挽救会议于马上破裂，亦应使对方处于不利地位"。

和往常一样，6月15日下午三时，日内瓦会议第十五次全体会议[22]在旧国联大厦开会。会上，南日、周恩来、莫洛托夫相继发言，发起了又一场维护和巩固和平的强劲攻势。

南日提出《关于保证朝鲜的和平状态》的六项新建议。

周恩来附议南日提出的六项新建议，强调："南日外务相的六项建议提供了保证朝鲜和平发展的基本条件。我们没有理由不可能在南日外务相提出的六项建议的基础上达成适当协议。为此，中华人民共和国代表团建议本会议召开中、苏、英、美、法、朝鲜民主主义人民共和国和大韩民国七国参加的限制性会议，讨论巩固朝鲜和平的有关措施。"[23]

莫洛托夫提议与会十九国共同发表《关于朝鲜的宣言》，以此保证"不得采取任何可能足以对维持朝鲜和平构成威胁的行动"。[24]

在朝、中、苏三国代表持续一个半小时的发言中，会场上一片肃静，大家都在屏息倾听。三国代表所提出的三个建议，一下子打乱了美国的部署，引起对方营垒的一阵恐慌。会场出现短暂的奇异的沉寂。

这时正是下午四时四十分，在美国代表团代理团长比德尔·史密斯的授意下，菲律宾代表提议休息，并得到会议主席艾登的批准。

在长达四十八分钟的休息中，以美国为首的十六国召开了紧张的对策会议。

经过一番"周密"筹划后，十六国统一口径，美国代表史密斯抢先发言，带头反对南日、周恩来和莫洛托夫提出的三个建议。紧随其后，澳大利亚外交部部长凯西、菲律宾外交部部长加西亚、比利时外交部部长斯巴克、韩国外务部长官卞荣泰一个接一个发言附和。

周恩来聚精会神地听着对方代表的发言，两道浓眉下闪闪发光的一对大眼睛在不停地转动着，他留意着每个发言人的神态和语气。

在一阵开台锣鼓之后，由泰国代表旺亲王开始宣读《十六国共同宣言》。《宣言》的结论，实际上就是："由本会议进一步考虑与研究朝鲜问题是不能产生有用的结果的。"[25]对方企图强行结束对这个问题的讨论。

会场气氛达到白热化程度。

这时，场外的警卫部队指挥车扩音器响了："注意！注意！马上散会了，把车开过来。"[26]

在会议陷入绝境的关键时刻,莫洛托夫、周恩来和南日轮番发言,揭露对方不可告人的企图。

被美、英、法等国领导人称为"令人望而生畏"的莫洛托夫首先发言,他临危不惊、沉着镇定地说:"苏联代表团为了使各国代表团意见更为接近的目的而作的建议,已被其他代表团拒绝。"但是,"在朝鲜领土上进行了三年战争的十六个国家的代表们未能对我们所提出的那些建议作出反建议"。"这一个宣言并不构成促成朝鲜统一有所贡献。这一宣言也不会有助于加强朝鲜的和平发展。""我们将依此方向而继续奋斗。我们将为了朝鲜人民,为了统一朝鲜,最后为了全世界和平继续前进。"[27]

周恩来看到,即使会议已经到即将破裂的关键时刻,但十六国绝非铁板一块,绝不能放弃做最后争取的机会。他当机立断,以斩钉截铁的语调说:"《十六国宣言》是在断然表示要停止我们的会议,这不能不使我们感到极大的遗憾。""情况虽然如此,我们仍然有义务对和平解决朝鲜问题达成某种协议。"[28]

为此,周恩来以其过人的机智、敏锐和智慧,一鼓作气地提出了中国代表团建议通过一个"两句话的协议":

> 日内瓦与会国家达成协议,它们将继续努力以期在建立统一、独立和民主的朝鲜国家的基础上达成和平解决朝鲜问题的协议。
>
> 关于恢复适当谈判的时间和地点问题,将由有关国家另行商定。[29]

顿时会场泛起骚动,迅即又恢复了肃静。几乎所有代表都紧紧地盯住周恩来,他们的目光中,有惊讶、感动和赞赏,也有惶恐、不安和窘迫。

周恩来坚持和平解决朝鲜问题的正义立场不退让,站在促成协议达成的道义制高点上,他浓眉耸动起来,大声道:

> 如果这样一个建议都被联合国军有关国家所拒绝,那么,各位代表先生,这种拒绝协商和和解的精神将为国际会议留下一个极不良的影响。
>
> ……
>
> 中华人民共和国代表团是带着协商和和解的精神第一次参加这个国际会议。如果我们今天提出的最后的一个建议案都被参加本会议的联合国军方面

的有关各国所拒绝，那么我们将认为这是最大的遗憾。

全世界爱好和平的人民会判断这件事情。[30]

一石激起千层浪。周恩来不失分寸的一席申辩话语，在与会者心中掀起一阵波澜，又像磁石一样牢牢地吸引人们去思索、去感受：周恩来的风度和魅力实在令人陶醉！

顷刻之间，会场气氛发生陡然变化，泛起短暂的骚动，迅即又恢复肃静。显然，大家被周恩来铿锵有力、合情合理的和解性讲话所感动，都感到他的讲话的真诚和分量。这时，美国代表史密斯却犹如五雷轰顶，惶恐不安。

显而易见，虽然对方在本次会议上宣布了《十六国共同宣言》，但是它们营垒中的意见也并非铁板一块。因为，这个《十六国共同宣言》本来就是在美国的授意和高压下产生的。

5

受良知驱使的比利时外长斯巴克幡然改变自己的主意，起而响应。他解释说："我所说的是，他（指周恩来）的建议是符合于我们起草《十六国宣言》的精神的，并且也是符合于我自己的发言精神的。""因此，我不反对周恩来先生的建议的精神。""而我想，联合王国的代表和我的其他同事们也同意这种态度。"[31]

听到斯巴克的这番出自内心的自我表白，周恩来一眼就看出了对方营垒中的这些差异和矛盾。本着"化干戈为玉帛"的方针，他接过话题，以尊重和协商的口吻说："既然中华人民共和国代表团的最后一个建议案和十六国的联合宣言有共同的愿望的话，那么，《十六国宣言》只是一方面的宣言，而日内瓦会议是十九国的会议。为什么不能使我们的共同愿望以协议的方式表达出来呢？如果连这一点和解精神都没有，还来开会吗？"我必须说，中国代表团是"带着协商和和解的精神第一次参加这个国际会议的"。[32]

有尊重便有回报。这时，斯巴克也坦诚地以更加确定的简洁语言说："为了消除任何怀疑，在这方面，我准备接受一项确认的表决，即我们接受中华人民共和国代表所做的建议。"[33]会后，有记者纳闷地问斯巴克：你为什么会同意周恩来的建议？他不改初衷地爽快回答："周恩来的建议有道理，是可以接受的。"

面对斯巴克"胳膊肘向外拐"的发言，内外交困的史密斯又气又急，但又不便在会上发作，只好干瞪着眼看着斯巴克。

这时，韩国代表卞荣泰也坐不住了。他一边举手一边发出刺耳的尖叫声："比利时不是代表十六国方面的所有国家的，就大韩民国而论，比利时不代表我们。"〔34〕

对周恩来的建议频频点头默认的艾登，这时拿着小锤子，拉长声调，振振有词地宣布道：据我了解，我们面前有一个中华人民共和国代表所提出的建议。如果我的了解是正确的话，比利时代表认为这个建议表达了本会议工作的精神。如果大家同意，我可否认为，这个声明已为会议所普遍接受？〔35〕

史密斯怎么也没有想到作为"盟友"的艾登，不来帮帮自己，反倒拉开脸面，去帮周恩来的忙，力图让会议通过他的"两句话协议"。

艾登的话音打住后，会场又一次出现"怪现象"：西方国家代表居然都装聋作哑，面面相觑，没有人站出来反对艾登的意见。场内寂静无声的时间持续了十多分钟。

眼看周恩来的建议就要通过了，形单影只、面带窘色的史密斯只好自己站起来，招手示意反对。他干咳了一声，身不由己、结结巴巴地说道："我不了解中国代表的决议中所提出的范围或真正目的。""在未与我的政府商谈之前，我不准备表示意见，我也不准备参与方才所建议的决议。"〔36〕

说完，史密斯更陷入手足无措的窘态之中。他在众人面前已把美国政府好战的面目暴露无遗了。与会者谁曾想到呢？一心企图孤立中国的美国反倒被孤立了！

自第二次世界大战以来，在国际政治会议上，美国还从未陷入过如此孤立狼狈的境地。

随后，周恩来以大外交家豁达的气度、平缓有力的语气，对眼前所发生的情况做出十分得体的总结，巩固和发展了已经取得的成果。他说：我对比利时外交大臣所表现的和解精神感到很满意。会议主席要求会议注意到中国代表团所提出的并为比利时外交大臣所附议的建议，我认为也是值得提及的。然而，同时我必须指出，美国代表立刻表示反对并进行阻挠。这就使我们大家都了解到，美国代表如何阻挠日内瓦会议，并阻止达成即使是最低限度的、最具和解性的建议。我要求，我刚才所作的这一发言也作为本会议记录的一部分。[37]

6月15日，多么令人难忘的一天！

由于美国代表蛮横无理的阻挠，日内瓦会议关于和平解决朝鲜问题的讨论，最终以没有通过任何协议而宣告结束。会议共历时五十一天，开了十五次全体会议、一次秘密会议。但在这一天的会议上，朝鲜、中国和苏联三国代表再次向全世界展示了他们无可非议的正义立场，并让美国代表竭尽全力地破坏朝鲜和平统一的顽固立场暴露无遗。

周恩来只能做现实条件所允许他做的事情；但在这个范围内，他尽心竭力去做了。他以原则坚定、策略灵活的高超外交艺术，征服了与会大多数代表，获得了超常的效果。

这场斗争，究竟谁赢得了胜利，结论是不言自明的。

散会后，莫洛托夫疾步来到周恩来面前，兴奋地拍着周恩来的肩膀说："太妙了，太妙了！周恩来同志率领中国代表团参加日内瓦会议，有不可估量的作用。"

朝鲜代表则感慨道："苏联人将外交变成科学，而中国人[38]使外交成为艺术。"

比周恩来年长一岁、有三十多年外交工作经验的艾登，也情不自禁地称赞："我一生搞外交工作，还没有遇到一个像周恩来这样的杰出外交家。"

多数西方国家的代表尽管迫于压力，在会上不敢违背美国代表的意志，要追随美国代表团，但是在会后都或明或暗地同情和赞成周恩来的意见，对他表示歉意。他们对周恩来说："朝鲜问题达不成协议，只要把印度支那和平恢复了，形势就变了。"

6

6月13日，在夜深人静的花山别墅，操劳二十小时以上的周恩来还没有休息，他心怀歉意，给情深意笃的妻子邓颖超写信，用以感谢她对他感情浓烈的关心。他写道：

> 超：你的来信早收到了。你还是那样热情和理智交织着，真是老而弥坚，我愧不及你。

来日内瓦已整整七个星期了,实在太忙,睡眠常感不足,每星期只能争取一两天睡足八小时,所幸并未失眠,身体精神均好,望你放心。陈浩、成元功两同志催我写信数次。现在已经深夜四时了,还有许多要事未办。明日信使待发,只好草草书此,并附上托同志们收集的院花,聊寄远念。

周恩来

6月13日夜[39]

原来,周恩来出发前往日内瓦,没能看到几天后西花厅的海棠花开放。在海棠盛开的日子里,西花厅的女主人邓颖超,看到盛开的姣妍的海棠花,睹花思人,思念起远在万里、酷爱海棠花的周恩来。怎样才能使周恩来稍稍减轻一下工作的疲劳呢?

邓颖超摘下一枝姣美的海棠花,将它和一片同样采自西花厅的红叶,细心地粘贴在一个32开大小的硬纸壳下方,并在红叶的衬纸上方写上了代表自己心绪的诗话:"枫叶一片,寄上想念。"接着,她将衬纸对叠起来,犹如明信片一样。

最后,邓颖超在衬纸的表面上郑重地写道:"请交恩来留念,祝日内瓦会议获得成就",并以"小超"作为落款。

"超"和"小超",是多么亲切的字眼!"超",是周恩来对邓颖超的昵称;而"小超"则是邓颖超自己的谦称。这样的称呼,不正是这对夫妻恩爱深情的真实写照吗?

被周恩来称为"热情和理智"的邓颖超的信,有860余字。信在开头就写道:

今天是中国青年节——五四运动三十五周年纪念日。这个日子,是中国青年、中国人民以及你我二人的一个多么可纪念的日子。回忆当年,回忆三十五年来所经历的过程,又是如何使人引起深长的、复杂的、亲切的心情啊!追昔抚今,我们处在人民胜利的伟大的新时代,又是使人感受到多么愉快和幸福。

……希望你珍贵这样的机会,好好向苏联同志学习。[40]

邓颖超在信的结尾写道:"就此打住,不写下去了。否则,你会怨我写得太长,有占你的时间吧？祝你睡眠好，身体好，工作好！"

当周恩来看到和自己心心相印、患难与共的妻子的来信，看到年年与自己相伴的海棠花，还有寄托相思之情的红叶，心潮起伏，久久不能平静——那分明是正在养病的"小超"的一片由衷祝愿！那分明是时时刻刻关注着自己的"小超"的一片厚意深情！

在日内瓦谈判的周恩来，同样惦记着国内的邓颖超。他将自己的卫士成元功与外交部史华、刘兰云两位女同志采自院中并细心压好的芍药、玫瑰和蝴蝶花，连同所写的短信，一并托信使带给邓颖超。

几天后，邓颖超手捧这封饱含浓浓深情的信，脸上荡起幸福的笑容。她感慨万千，读了一遍又一遍，仿佛看到他日夜操劳的身影；她仔细端详手中来自远方的芍药、玫瑰和蝴蝶花，仿佛他就在自己身旁一道赏花……

情不断，意绵长；这情、这意，伴随了他们一生。

善领"小超"情意的周恩来，再忙也没有忘记自己的妻子，在日内瓦会议休会时委托卫士成元功等人，给邓颖超买一块闻名于世的瑞士表，作为忠贞于爱情的信物。

周恩来嘱咐采买者：一不要太小；二不要金表；三要有夜光的；四是最好选自动的。

他想得多周到啊！表买得太小，年已五十岁的妻子眼花了会看不清时间；若买金表，花钱太多，虽然花的是按国家规定分发的外汇补贴，但国家穷，偌大一个国家外汇储备只有区区几亿美元，而国家要花外汇的地方多着呢；表有夜光，自不待说，晚上不需起身开灯就能掌握时间；自然规律不可抗拒，人上年岁后好忘事，自动表免去了经常忘上发条而误事之苦。

周恩来这一举动，正好忠实地履行了自己所讲的"想念谁深切，则留待后证了"。

邓颖超一直把这块表看作是"恩来"（谐音"恩惠到来"）之物，戴了三十八个年头，直到临终。

此后，周恩来又出访六十多次，他再没用外汇为自己买过东西。

这就是在日内瓦会议期间演绎出来的，并经历四十多年还没有完结的周恩来和邓颖超关于海棠花和瑞士表的故事。不同经历的人，会从中感悟到不同的启示。

这海棠花和瑞士表,现珍藏在天津周恩来和邓颖超纪念馆中。

7

周恩来认为,新中国已迈出了主动走向世界、了解世界的可喜步伐,但他同时也特别注意从对外文化交流入手,有意识地让世界更多地了解新中国,更多地了解中国悠久的传统文化艺术和新中国成立几年来所呈现的新气象、新面貌,他特意指示中国代表团带去了新中国成立以来拍摄的系列影片,其中有刚拍出的第一部彩色越剧电影艺术片《梁山伯与祝英台》,还有《1952年国庆》《锦绣河山》《中国杂技团》《白毛女》《翠岗红旗》《敦煌壁画》《葡萄熟了的时候》《草原上的人们》和《孽海花》等影片。

会议召开不久,周恩来为首的中国代表团所展示的精神风采,已为各国代表团和记者所注目。

但是,这时有的记者却别有用心地说:"从周恩来和他的助手身上,可以看出中国人的自信、乐观和组织能力,他们具有没有大国架子的大国风度。在日内瓦是看不到共产党统治下的几亿中国人民的悲哀和愁苦,更看不到他们对共产党专政的憎恶和仇恨。"

针对这一情况,周恩来立即指示代表团的新闻联络官熊向晖为外国记者举行一次电影招待会,放映纪录片《1952年国庆》,用影片所展示的新中国人民意气风发的精神面貌,来回击这些记者的诽谤。

周恩来特别交代:要选好放映日期,不要在开会的日子,也不要在周末;把请柬分成两种,一种指名邀请,一种不写名,就放在"记者之家",以便让中国台湾、越南国、韩国以及不便邀请的美国记者自取;放映时,根据中文解说词,用英语通过扩音器作简单说明。

5月13日晚上,中国代表团新闻处在圣彼得广场剧院举行电影招待会。放映时,能容纳250人的剧院座无虚席,还有一些人站着看。还真有不少美国记者前来观看。放映过程中,不时响起掌声。

放映结束后,掌声雷动,观众纷纷同中国代表团工作人员握手,表示祝贺。有的说,再不能拿1949年前的眼光看中国了。

事后,一位瑞士记者在报道中写道:"当全副武装的中国军队和手捧鲜花的姑娘们，迈着矫健的步伐，跨过日内瓦的银幕时，西方和东方的无冕之王们都情不自禁地一起发出轻轻的赞叹声。"

心中持有偏见的人，总是要发表诽谤性议论的。这时，一位美国记者说："这部影片说明，中国在搞军国主义。"

针对这种偏见，周恩来再次指示熊向晖："即使个别人这样挑衅，也值得我们注意。"不过"这好对付，我们有梅兰芳的大戏，什么角色都有。再给他们放一部《梁山伯与祝英台》看看"。

这部片子是由电影艺术家桑弧、徐进共同编剧和导演，著名越剧表演艺术家袁雪芬、范瑞娟等主演的。

越剧是流行于我国江南地区的一大地方剧种，它具有清雅脱俗的气质、诗情画意的风格、优美动听的旋律，在全国有较大影响。

此前，周恩来和当时任上海市市长的陈毅对《梁山伯与祝英台》的拍摄给予了极大的关心和支持。1953年11月5日，他曾与邓颖超、陈毅一道前往上海电影制片厂审片。1992年初，桑弧在《追忆周恩来二三事》一文中这样写道：

> 1953年冬，影片摄制完成，夏衍[41]同志邀请周总理、邓颖超和陈毅市长来审看样片。他们看后十分高兴，对袁雪芬、范瑞娟的优秀表演以及摄制组全体的创作劳动给予很多鼓励。
>
> 周总理还详细询问了拍摄情况。他知道舞台上的《梁祝》要演三个多小时，这对电影来说，无疑是一个过量的负荷。因此，如何把影片的长度控制在电影通常所允许的两小时放映时间之内，而又要尽可能地保留甚至突出舞台的精华，这确是一个难题。
>
> 摄制组虽然作了很大努力，仍不能尽如人意。
>
> 周总理沉思片刻，用商量口吻问我们,为了剧情贯串,在"楼台会"和"山伯临终"之后，能否加上一个祝英台思念梁山伯的场面，以衔接下面马家花轿进门,祝公还硬逼女儿上轿的场景。我们觉得总理的建议非常好，于是又补拍了"思兄"一场，增加了短短四句唱词，却把梁山伯与祝英台坚贞不渝的爱情烘托得更浓烈了。[42]

经过精心修改、再创作的电影《梁山伯与祝英台》，突出了电影的表现特点，对原来大段的唱腔进行了压缩、调整，既注意充分发挥越剧艺术唱腔优美动听的特点，又巧妙结合电影视象和运动的艺术手段，运用色彩、场面调度等各种电影表现方法，加强了原剧的抒情特色。经过这样处理，受舞台条件限制无法达到的艺术效果，却在电影中得到了最大限度的展现。

1954年初上映后，《梁山伯与祝英台》以鲜丽的色彩和富有魅力的镜头画面，结合着浪漫而动人的故事，优美而抒情的舞蹈、表演和唱腔，在国内影坛引起了轰动，成为脍炙人口的佳作。

8

日内瓦会议期间，周恩来同中国政府代表团的同志们观看《梁山伯与祝英台》时，对有趣的情节总要发表评论。

比如，当他看到"十八相送"这一段故事时，周恩来竟高兴地发出咯咯咯的笑声。他从前排转过头来对大伙儿说："你们看，这位祝英台小姐的口才，多像一位外交家！可惜生不逢时啊！要是现在，她可能会成为一名出色的女外交家！"

外国人对中国越剧片究竟感不感兴趣？作为中国代表团新闻办公室主任[43]的熊向晖疑虑重重，心中没有把握。为了让外国人看懂这部影片，他将英文影片名翻译为《梁与祝的悲剧》，并请懂得越剧的工作人员将剧情介绍和主要唱段写成共有十五六页的说明书，准备译成英文，发给外国记者。

20世纪20年代在欧洲生活过、对欧洲文化有较多了解，并且喜欢看中国各种民族歌舞尤其是越剧的周恩来充满了信心。他认为，越是具有民族性的，就越有世界性。只要给这部影片取个既恰如其分又有吸引力的别的名字，就能增强外国人观看它的兴趣。

针对熊向晖的疑虑，周恩来凝神沉思了一会儿，说："只要在请柬上写上一句话：请你欣赏一部彩色歌剧电影——中国的《罗密欧与朱丽叶》"，并"在放映前作三分钟的说明，概括地介绍一下剧情，用词要有点诗意，带点悲剧气氛，把观众的思路引入电影，不再作其他解释。你就这样试试，我保你不会失败。不信，可以打赌，如果失败了，送你一瓶茅台酒，我出钱"。

熊向晖说:"说明词写好后,请总理审定。"

周恩来回答:"那是你的事,我不越俎代庖。"[44]

《罗密欧与朱丽叶》,是英国文艺复兴时期伟大剧作家莎士比亚在16世纪末创作的一部悲剧。剧本题材源于意大利古老的民间传说。剧情反映了青年罗密欧与朱丽叶两情相爱,但因生活在两个有世仇的贵族家庭而不能结合,最后两人先后自杀。事后,两个贵族家庭大梦初醒,握手言和。

这个动人的故事,在西方国家是家喻户晓、老少皆知的。

为了招待各国记者,5月20日晚上,中国代表团在湖滨旅馆大厅放映《梁山伯与祝英台》。

果然不出周恩来所料,中国的《罗密欧与朱丽叶》真的受到众多外国记者的喜爱。放映前10分钟,能容纳200余人的旅馆大餐厅已经座无虚席,到场的有250多人。同上次放映《1952年国庆》不同,这次在放映过程中全场肃静,观众个个入戏,全都看懂了。

从"草桥结拜"的欢悦到"英台抗婚"的悲剧,从"楼台会"的哀怨泣别到"坟前化蝶"的忠贞相随,那美丽动情的一幅幅画面,伴随着富有浓郁东方色彩的一曲曲旋律,在观众心中荡起无限的感伤。

当放映到"楼台会"时,一位法国女记者感动得热泪盈眶;当放映到"哭坟"和"化蝶"时,只听得全场一片同情的感叹和哭泣。

电灯复明,放映结束,观众还如醉如痴地坐着,沉默了好一会儿,才突然爆发出热烈的掌声。

这些记者怀着极大的兴趣,全都出席了电影放映后的鸡尾酒会。他们对于这部影片的情节、色彩、音乐以及演员的技巧等各方面,一致给予赞扬。有许多英国、法国和西德的记者称,中国电影把民间戏剧搬上银幕所体现出的中国民间艺术的优美风格和高度艺术水平,给他们留下了深刻的印象:

—— 一位美国记者说:这部电影"太美了,比莎士比亚的《罗密欧与朱丽叶》更感人!"有的说:"想不到电影的色彩这么绚丽。"

—— 一位比利时记者说:"简直忘了在看电影,好像我也在梁祝身边。"

—— 一位印度记者说:"新中国成立不久,就能拍出这样的片子,说明中国的稳定。这一点比电影本身更有意义。"

时近午夜,人们还在兴奋地谈论着,不肯离去。

当周恩来听取熊向晖汇报得知影片放映获得巨大成功时，意味深长地说："问题在于宣传什么，怎么宣传。"

中国的《罗密欧与朱丽叶》，多么贴切的比喻，多么打动人心的比喻啊！

这简简单单的十个字，一下子就把不了解中国文化的外国观众吸引住了；这简简单单的十个字，又蕴含了多么渊博的知识和高超的智慧！

汇报结束后，周恩来满面笑容地请服务员拿来一瓶茅台酒，亲手送给熊向晖，以庆贺演出成功，并嘱咐服务员将酒款记在自己的账上。

9

此后，根据周恩来的授意，《梁山伯与祝英台》还在日内瓦会议的其他场合放映了几次，场场都引起出席日内瓦会议的不同身份的来宾的极大兴趣。

6月8日，周恩来宴请并招待以艾登为团长的英国政府代表团观看《梁山伯与祝英台》。看后，艾登满意地说："影片的色彩鲜艳，服装美丽，女主角表演优异。"他还建议中国向外国出口这部片子。

为此，周恩来不无自豪地说："我们的《梁祝》就超过英国的《罗密欧与朱丽叶》一头……"

有的国家的社会名流，看了后赞许道："这是东方式的细腻的演出。"一位美国教授不请自来，看完后要求购买拷贝。他说：应当把这部片子拿到美国去，让好莱坞那些只会拍大腿片的人看看。

鉴于这部影片在西方国家记者和社会名流中引起的轰动效应，周恩来又将它拿到中、苏、朝、越四国政府代表团举行的联欢会上放映，并在现场配备了第一流水平的俄语介绍，特地安排方祖安和在苏联留学的一位烈士后代欧阳菲女士分别翻译男女主角的对白。

有段剧情是梁山伯到祝家求亲，发现小妹就是祝英台，他仍然像少年时相处同学关系一样，彬彬有礼、不苟言笑，苏联代表团团长莫洛托夫看到这里惊讶了，说："中国的伦理道德太独特了，与欧洲根本不同——看见自己思慕的情人，竟不亲吻，不拥抱，甚至手都不握。"言谈中流露出对东方传统美德的敬意。

再看下去，莫洛托夫又诙谐地说道："中国男女就是这样冷冰冰的，到病倒、到死都不表现自己的爱！我们的青年到了那里非犯错误不可。"

在日内瓦会议期间，播放《梁山伯与祝英台》这一独具匠心的安排，不仅增进了中国政府代表团与兄弟国家的朋友们的友谊，而且在某种程度上融洽了中国代表团与意识形态不同的国家的人们的感情，推动了日内瓦会议的进展。

无论是这部影片的演员抑或导演都没有想到，它在刚拍出不久、被周恩来带到日内瓦后，竟然会产生这样大的外交的艺术效应。

《梁山伯与祝英台》，这部不知使多少人梦绕魂牵、陶醉其中的越剧彩色艺术片，增进过中国同世界许多国家的友谊，为推动日内瓦会议获得进展做出了重要贡献。1954年7月在捷克斯洛伐克第八届卡罗维发利国际电影节上，这部影片荣获最佳音乐片奖。袁雪芬领奖归来后，周恩来高兴地对她说："雪芬啊，向你恭喜！我们两'台'（指《梁山伯与祝英台》和茅台酒）在那里很受称赞。"可以说，这部影片的宣传开了中国文化走向世界，并赢得各界广泛好评的先例。

这一年，《梁山伯与祝英台》进入港澳电影市场，并连续上映一百零七天，轰动了港澳和东南亚地区。1955年，这部影片又荣获英国第九届爱丁堡国际电影节映出奖，中国文化部优秀影片金质奖章。

10

恢复印度支那的和平问题，是会议第二项议程要解决的问题。这是缓和远东乃至国际紧张局势的一个关键问题。

对这个问题的讨论，由中国、苏联、美国、英国、法国、越南民主共和国和法兰西联邦印度支那三成员国——越南国、老挝王国、柬埔寨王国共九个国家参加，由莫洛托夫和艾登轮流担任会议主席。

"印度支那"这个称谓，是法国殖民统治者入侵远东地区的越南、老挝和柬埔寨三国后取的。当时，周恩来解释说："印度支那那个名字，是法国入侵越南以后给它取的，他把三个国家统一起来，归他管，想了一个名字：西边是印度，北边是支那，合起来他（把这个地区）叫印度支那。这以前没有这样一个名字。这样，法国就统治印度支那八九十年。"[45]

日内瓦会议所要讨论的印度支那问题比朝鲜问题更为复杂棘手。因为涉及的国家不仅有越南，而且有老挝和柬埔寨；更有甚者，在每一个国家中还存在敌对的两个政权或武装力量。同时，不但有在印度支那进行殖民战争的法国，而且有存心阻挠会议达成任何协议的美国。和平是交战双方共同的事情，只有双方都有诚意才能达成协议。这时，持强硬冷战政策的杜勒斯预感到他将在会上处于被动孤立地位，已于5月3日悄悄离开日内瓦回国[46]，改由副国务卿比德尔·史密斯代理团长，率领美国代表团继续参加会议。

5月7日，即在印度支那问题会议开始的前一天，从越南战场传来奠边府大捷的喜讯。

这一仗，歼灭16200名法国侵略军精锐部队、法国外籍军团和越南伪军士兵，驻守奠边府的法军指挥官、3个主力团指挥官和空军、炮兵指挥官无一漏网，都成了俘虏或者被击毙，其中包括少将1名、上校3名、中校10名、少校27名、尉官和军士1749名。同时，击落、击毁各种敌机62架，击毁坦克4辆；缴获重炮30门、坦克6辆、降落伞3万多具和大量武器弹药、军用物资。

这是越南人民军进行的第一次大规模的攻坚战，过去进行的都是分散作战。

因此，国际社会大感意外，世界舆论为之哗然。

主战的法国拉尼埃内阁在国内遭到强烈谴责，陷于孤立境地；在体面的条件下宣布印度支那停战，很快成为左右法国政治局势的呼声。

后来，毛泽东称赞：奠边府战役的胜利，"是一个国际性的胜利"。周恩来也说："奠边府的胜利的确是一个大胜利，而且非常的巧[47]。好像是布置好了的，其实并不是。"

的确，奠边府大捷彻底粉碎了法国的"纳瓦尔军事计划"，给法国殖民者以决定性打击，扭转了战场态势。这样，有力地配合了日内瓦会议上的外交斗争，为恢复印度支那和平问题的谈判取得重大成果创造了十分有利的条件。

5月8日下午四时三十分，日内瓦会议开始举行恢复印度支那和平问题第一次全体会议。法国代表团一反过去趾高气扬的派头，全都戴着黑纱、系着黑色领带，垂头丧气地走进会场，以此吊唁法国殖民军阵亡的将士。

11

进行九次全体会议和八次限制性会议后,会议虽无明显进展但已蕴含着转机。5月27日,周恩来在限制性会议上以充满希望、积累共识的口吻强调:各国代表的发言"将恢复印度支那和平问题的讨论向前推进了一步"。从各国代表目前对莫洛托夫和皮杜尔提出的关于印度支那军事停战的各项建议的发言中,"我们不难发现有许多共同点,同时还有许多差异点。我希望本会议能够根据这些共同点达成某些协议,以便作为进一步商谈的基础。同时,对于那些差异点,也应当寻找方法加以解决"。[48]

接着,周恩来阐述了中国代表团对于印度支那停战问题的系统意见,并根据印度支那战场敌我力量对比的实际情况,本着实现这个地区和平的真诚愿望,提出了《关于在印度支那停止敌对行动》的六点建议。

周恩来在解释六点建议的内容时,强调:"在印度支那应该不分哪一个国家,不分正规军和非正规军,都必须同时停火而没有例外。""不能设想,当越南停火的时候,高棉和寮国却不能同时停火;也不能设想,当高棉和寮国停火的时候,越南却不能同时停火。"印度支那作战地区的分散,"这是一个技术问题,并不妨碍同时停火的原则"。[49]

周恩来的六点建议,像和煦的春风,使陷入僵局的会议恢复了生机。此后,会外的秘密会谈和九国代表的准备会议,都是围绕周恩来的六点建议进行的。

从5月31日起,会议双方进入以划区、监察和国际保证为中心问题的实质性讨论。

好事多磨。由于主战的法国约瑟夫·拉尼埃政府对恢复印度支那和平采取拖延政策等复杂因素的影响,谈判在之后的半个月未能获得重大进展。

这时,法国已被持续多年的殖民主义战争拖得疲惫不堪,国内要求结束战争的呼声此起彼伏。

随着国内矛盾的尖锐化,6月12日,即在日内瓦会议第七周的周末,法国拉尼埃政府在民议会议员们的一片谴责声中倒台,内阁集体辞职。

6月17日,法国国民议会以419票的绝对优势通过授权新总理兼外交部部长的孟戴斯－弗朗斯组织新政府。

上台后，孟戴斯－弗朗斯所要做的第一件事就是和平解决印度支那问题。他在当天的就职声明中，要求国民议会给他的政府以足够的信任，并明确宣布：新政府"一定要在一个月内解决这个问题。如果到了7月20日，我们还没有达到目的，如果日内瓦谈判还没有结束的话，我就重新回到这里来，代表我的政府向国民议会辞职"。

孟戴斯－弗朗斯寻求和平的明确态度，无疑使会议出现更大转机有了新的可能。此后，会议进程明显加快。

高瞻远瞩的周恩来，善于洞察新的形势，并顺应和推动形势向前发展。在会议进程中，他同苏联和越南代表紧密配合，尽力争取法国、英国和多数与会国家代表，集中力量反对美国代表的阻挠和破坏，促使会议再次取得进展，并最终达成停火协定。他积极做艾登和法国政府代表团团长、外交部部长皮杜尔的工作，同时也做其他国家代表的工作，晓之以理、动之以情。

在秘密会谈中，周恩来同艾登就老挝和柬埔寨的前途问题交换意见。他对艾登郑重表示：中国对讨论朝鲜问题的会议在没有结果的情况下就结束，"是不满意的，因为没有表现一点点和解精神"。在讨论印度支那问题会议上，希望英国"不要像美国一样"。

接着，周恩来又坦率地说道：中国"不愿看到老、柬成为美国的军事基地来威胁中国的安全，中国对这种情况是不能置之不问的。我们愿意看到老、柬成为像印度那样的东南亚型的国家[50]，我们愿与之和平共处。这对法国、英国也是有利的。在政治上越南民主共和国愿意尊重老、柬的独立、主权和统一。在军事方面应承认有本地的抵抗部队，也承认过去有越南志愿军在老、柬作战，有的已经撤出，如果现在还有，我们认为应按照撤退一切外国军队的办法办理"。

艾登频频点头称是，说道："有希望了。我们的要求也正是如此。""英国也不希望老、柬成为（美国的）军事基地"；周恩来先生的态度"对促进会议有帮助"。他表白："我是主张赶快达成协议早日停战的，法国新内阁也是希望战争快停的。"[51]

6月16日，周恩来以5月27日中国代表团提出的六点建议和5月29日会议的协议为基础，提出了关于解决老挝和柬埔寨问题的六点建议。这个新的六点建议，受到大多数与会国家代表的欢迎。

17日中午，周恩来立即会见了刚从巴黎赶回呼吁继续召开讨论恢复印度支那和平问题会议的皮杜尔。皮杜尔说：既然会议因为莫洛托夫、周恩来先生的"建设性的建议而有进展，就应研究会议如何获得具体结果的可能性，不应在此时使会议结束"。

周恩来接过话茬，表示欣赏"法国使会议继续的意见"，指出"因为我们一向的立场就是使会议有成果"。

同时，周恩来简要介绍了自己16日同艾登谈话的内容，又说明了越南16日提出的《关于解决印度支那政治问题的建议》的合理性，强调："越南民主共和国所提建议是合理的，是寻求达成双方的光荣的和平。要满足老、柬的合理要求，就必须满足越南民主共和国的合理要求。只要法国和越南民主共和国即交战双方的主要部分同意了，便好解决了。我们愿意看到老、柬成为东南亚型的国家，同时又成为法兰西联邦成员国，在柬埔寨应由就地停战双方协商政治解决。"

皮杜尔颇感高兴，认为周恩来的意见是通情达理的，他再次明确表示："不要任何人来对会议加以破坏，要使军事会议能获得好的结果。"[52]之后，皮杜尔也抓紧时间，积极推动会议取得新成果。

在同澳大利亚外交部部长凯西的谈话中，周恩来恳切地说："我们愿意看到老、柬两国成为东南亚型国家"，"任何外国不得在老、柬建立军事基地"。"中国愿与东南亚以及西太平洋的一切国家和平共居，这当然包括澳大利亚和新西兰在内。这是中国对印度的政策，但中国也把这一政策用于其他国家。这不仅是说说而已，而是我们五年来遵循的政策。""中华人民共和国是不会进行侵略的。"

凯西当即表示："在印度支那如能获得某种安排，澳大利亚一定遵守，决不破坏。"

这样，经过周恩来煞费苦心的多方斡旋，在6月19日，会议顺利通过了《关于在柬埔寨和老挝停止敌对行动的协议》。《协议》规定：

甲、双方司令部的代表将立即在日内瓦或在当地会晤；

乙、他们将就有关柬埔寨和老挝境内停止敌对行动的各项问题进行研究，而从撤退在柬埔寨和老挝的一切外国武装力量和外国军事人员的问题开始，并对参加会议的各国代表团所提的意见和建议给与应有的注意；

　　丙、他们将尽早向会议提出他们的结论和建议。[53]

　　这个《协议》是法国代表在综合中国的六点建议和老挝、柬埔寨两个建议的基础上，并经中国、越南和苏联三国代表修正后提出的。会上，除美国代表团外，所有与会国代表团都认为周恩来16日提出的建议是富有建设性和协商精神的。

　　通过这个《协议》时，迫于美国政府的指令，美国代表团团长史密斯有意逃会，让美国代表团成员、国务院远东事务助理国务卿罗伯逊出席会议，并且投了反对票，美国代表团把自己再一次摆到十分孤立和尴尬境地。

　　至此，日内瓦会议又大大地向前迈进了一步，这是继5月29日达成在印度支那迅速停火的协议之后的又一个新成就。可以说，印度支那敌对双方走向和解、达成协议的最大障碍已经被排除，会议形势已经发生根本变化[54]。

　　周恩来在日内瓦会议上所起的重大作用有目共睹。

　　据此，瑞士《斯德哥尔摩新闻》在6月22日的报道中称："周恩来在会议上享有不容置辩的威信。这给人们一个好的印象，即共产党中国在几年当中就变成了亚洲的最有生气的政治中心。"

　　然而，美国的报刊评论却发出一片哀叹，声称："这是一项史无前例的，为美国代表所不能理解的法、英、俄、华协议。"[55]

　　从6月下旬开始，周恩来全力以赴为解决越南南北分界线问题而忙碌和奔波。

　　6月22日中午十一时四十五分，周恩来会见法国代表团副代表、法国驻瑞典大使让·萧维尔，就同新总理孟戴斯－弗朗斯会晤的安排问题交换意见。

　　为了让孟戴斯－弗朗斯了解中国代表团对解决印度支那问题的基本立场，周恩来对萧维尔说：中国代表现已介绍老挝、柬埔寨代表同越南民主共和国代表接触。"我们希望（印度支那）三国能与法国建立友好关系。我们的目的是支持双方能够光荣的停战，我们是推动、促成，而不是阻碍。"[56]

　　6月23日下午二时，周恩来在瑞士首都伯尔尼同孟戴斯－弗朗斯会谈。他询问了法国政府关于实现印度支那和平的新方案，同时开诚布公地谈了自己的意见。他申明：中国政府代表团的条件就是为了实现恢复印度支那和平，就是反对美国干涉，反对美国把战争国际化，反对美国在这个地区建立军事基地。除此之外，没有别的任何条件。如果让美国阻挠达成协议的企图实现，受害的不只是印度支那三国，还有法国政府和人民。

周恩来的以上两次谈话，高屋建瓴，言辞恳切，以情动人、以诚感人，着眼于和平，既照顾到越南、老挝、柬埔寨三国人民的根本利益，也充分考虑到法国在印度支那的切身利益，赢得了孟戴斯－弗朗斯的好感；周恩来坦荡的君子风度使他感动，他的眼睛也潮润了；他感受到："精明的周恩来先生是真诚地想要和平。"这样，两人便有了共同语言。

孟戴斯－弗朗斯也以心交心，明确表示："有些意见我们相当一样。""我同意周恩来总理的说法，我们很希望军事代表的谈判能够迅速进入具体化阶段，并希望越盟[57]方面的代表也能得到明确指示。"他再次表示："我决心以一个月为期实现停火，尊敬的周恩来先生，如果不成，我将提出辞职！"

在同对方最重要国家——法国达成一致后，周恩来同柬埔寨和老挝也交换了意见。从6月下旬到7月上旬，周恩来利用日内瓦会议休会的一段时间开展其他工作：

首先，周恩来前往印度、缅甸进行国事访问。

接着，周恩来把注意力暂时放到苏联、中国、越南三国内部亟待解决的问题上面，这就是要提出一个切实可行的印度支那的划区方案来，以推动谈判获得突破性进展。为此，他赶到广西同越南劳动党中央主席、国家主席胡志明，以及越南其他党政领导人会谈。

随后，周恩来又回到北京同毛泽东、刘少奇等中国党政领导人，前往莫斯科同马林科夫等苏联党政领导人会谈，大力协调三国领导人在越南南北分界线问题上的看法。

日内瓦—柳州—北京—莫斯科，经过周恩来两万余公里的远距离奔波和卓有成效的协调，中、越、苏三国领导人达成共识，这就是：在分界线问题上提出过高的要求，既不现实，又容易使美国破坏会议的阴谋得逞，因此应该力争达成妥协，迅速把战争停下来。

12

7月12日下午三时四十分，周恩来返抵日内瓦。

功夫不负有心人。7月20日，在祥和的气氛中，法国与越南、老挝、柬埔寨代表为了共同的利益，各自都做出必要的让步，终于获得构成停战协议基本框架的七点共识（要点）：

（一）在全境同时全部停火的原则下，越南具体执行停火日期已协议在停战协定签字生效后北部七天、中部十天、南部二十天。

（二）越南军事分界线确定在十七度略南、九号公路以北。

（三）撤军日期，准备从对方地区撤退到集结区以九至十个月为期限。

（四）越南选举期限确定为两年，1955年7月由双方协商确定选举日期和方法。

（五）老挝划区问题，已同意寮国抗战部队集合区，先在十一个点集结，最后集合在老挝东北的丰沙里与桑怒两省。

（六）柬埔寨问题，采取就地停战、政治解决办法。

（七）国际监察，已确定由印度、波兰、加拿大三国担任，以印度为主席。[58]

7月21日凌晨三时三十分，交战国双方代表，即越南人民军总司令部代表及越南志愿人员和寮国战斗单位代表谢光宝，同印度支那法兰西联邦部队总司令部代表及老挝王国部队代表戴尔特尔将军签署了《越南停止敌对行动协定》和《老挝停止敌对行动协定》。

一直坐在沙发上等待签字消息的周恩来，得到喜讯后舒了一口气，然后才进入卧室睡觉。

周恩来的辛劳工作，终于获得了他梦寐以求的丰硕成果——印度支那全境停战的实现。

这天下午三时，周恩来同与会国绝大多数代表一样，怀着欢快愉悦的心情，出席恢复印度支那和平问题的第八次全体会议。这是日内瓦会议的最后一次会议。

在蓝天、白云和耀眼的阳光的映衬下，随着微风飘扬在国联大厦前的与会各国国旗，好像也是在迎接已经到来的丰硕成果似的，显得更加鲜艳夺目。

会场上，当天的会议主席艾登提醒与会各国代表说："现在对于若干文件已达成协议。经建议，本会议应注意到这些协议。"

艾登环顾与会国所有代表说："最后，诸位先生，还有本会议注意到所有这些文件的宣言草案。我想，所有我的同事们面前都有该宣言草案的副本。我愿意请我的同事们一一表示对该宣言的意见。"

随即，法国、老挝、越南民主共和国、中国、英国、苏联、柬埔寨等国代表都表示了赞同意见。

这时，眼睁睁地看着会议马上就要通过宣言而无可奈何，但又顽固到底的史密斯，再也按捺不住他急切的情绪，表态要发表一个单独声明。

在艾登示意同意后，史密斯宣布：我代表我的政府不参加《日内瓦会议最后宣言》签字。但是，他又虚伪地声称"美国将不使用威胁或武力去妨害这些协定和条款"。

在美国代表不参加签字的情况下，会议仍然发表了《日内瓦会议最后宣言》。

接着，苏联、越南民主共和国、中国、老挝、柬埔寨和法国代表相继发言，对会议取得圆满成功表示祝贺。

最受全体与会代表注目的周恩来，充满激情地说：

"日内瓦会议九个代表团经过七十五天的工作，终于克服了最后的阻挠，就恢复印度支那和平问题获致了协议。""本会议曾经一再努力，使印度支那的停战问题和政治问题都能获得解决。我们现在获致的协议规定了停止印度支那战争的具体办法，同时也规定了解决印度支那政治问题的原则。""毫无疑义，我们会议的成就是很大的。"[59]

接着，周恩来强调：为了维护亚洲和世界的和平与安全，世界各国应该根据和平共处五项原则"进行协商和合作"，"巩固亚洲和平的前途是光明的"。"这次在会议上曾经讨论了两大问题，即和平解决朝鲜问题和恢复印度支那和平问题。关于和平解决朝鲜问题，虽然没有达成任何协议，但是，它并没有从议程上去掉。现在，本会议对于恢复印度支那和平问题，不仅达成了停止敌对行动的协议，而且达成了关于解决政治问题的原则协议。""印度支那的停战再一次证明了和平的力量是阻挡不了的。"从中可以看出，"如果有关国家具有和平诚意，国际争端是可以经过协商获得解决的"。[60]

周恩来稍停片刻，用他那炯炯有神的双眼环视会场一周后，特别提到了对达成协议作出重要贡献的几个国家的代表。他说：这次会议中，范文同和孟戴斯－弗朗斯都表现了很好的和解精神。两位主席莫洛托夫和艾登对于推进双方为本会议达成协议的努力也是值得称道的。

最后，周恩来加重语气，大声说道：印度支那敌对行动的停止就要实现了，举世渴望的印度支那和平就要恢复了。正如朝鲜一样，和平又一次战胜了战争。让我们更加坚定信心，继续为维护和巩固世界和平而努力。[61]

日内瓦会议关于恢复印度支那和平问题讨论，历时75天，在总共举行8次全体会议、23次限制性会议和一次审查提案代表会议以后，终于获得了丰硕的成果。

下午五时二十分，日内瓦会议在绝大多数与会国代表共赞会议获得成功的喜庆声中胜利闭幕。

日内瓦会议的成就出乎人们意料。尤其令人意外的是，为会议成功起了特殊作用的竟然是第一次参加重大国际会议的周恩来。他首战就大获全胜，接着一路乘胜前进，狠狠地挫败了美国霸权主义的嚣张气焰，大大地提高了新中国的国际地位，使得这次会议成为新中国在国际事务中发挥重要作用的转折点。全世界通过这次会议认识了这位卓越的政治家和外交家。他的智慧、品德、风度和才华，赢得了广泛的敬佩。

日内瓦会议是新中国和平外交政策成功地运用到国际事务中，并推动国际形势向有利于和平的方向发展的范例。

周恩来的从容不迫、豁达通融和杜勒斯的冷面严酷、僵硬顽固，像不朽的历史巨片中的一组镜头，永远定格在世人的脑海中。难怪人们由此而称新中国外交为"周恩来的外交"，由此而赞誉周恩来"使外交成为艺术"。

印度支那和平的恢复，也使法国卸掉了一个沉重的包袱，孟戴斯－弗朗斯在法国国民中的声望为之大增。

可以说，在日内瓦同中国进行的外交较量，是美国继在朝鲜同中国进行军事较量后，又一次重大失败。

对美国在日内瓦会议上所处的窘境，美国舆论为之哗然。《华盛顿邮报》惊呼："美国在日内瓦会议上已遭到美国历史上一次丢脸的外交失败。"[62]

20世纪50年代后期，享有国际盛誉的英国皇家国际事务学会主持编纂的《国际事务概览》一书，冷静地评价道：在1954年的日内瓦会议上，"这也许是美国因为脱离其他两个欧洲同盟国而感到最孤立的时期"。[63]

13

日内瓦会议闭幕后的两天中，周恩来始终没有忘记酬谢那些为达成印度支那停战协定作出重要贡献或特殊贡献的各国代表。

7月21日中午十一时四十五分，周恩来在花山别墅热情友好地接待了匆忙前来辞行的艾登。艾登诚恳地对周恩来说："英国极重视中、英两国已建立的联系，希望两国抱着信心维持这一联系。"[64]

中午一时，周恩来盛宴款待了孟戴斯－弗朗斯。宴会上，孟戴斯－弗朗斯虔诚而钦佩地对周恩来说：这次日内瓦会议上同你的合作，"使日内瓦会议获得成就，并为法中关系的发展开阔了道路"，"感谢你这次所给予的帮助"。

孟戴斯－弗朗斯问道："停战协定没有按时签字，我是否应该辞职？"周恩来肯定地回答："主要的事都已办了，这点小事不算什么。"

孟戴斯－弗朗斯微笑着说："我在议会报告时就说，周恩来总理不要我辞职。"

道别时，孟戴斯－弗朗斯对周恩来依依不舍地说："再见了，希望不久再见到你。""今天中午承你邀请，非常愉快，中国菜很好吃……"[65]

晚八时，周恩来和中国代表团在花山别墅设宴款待苏联和越南代表团，并一起联欢。

难能可贵的是，7月22日，真诚希望实现印度支那持久和平的周恩来，又在花山别墅设宴隆重招待了对立的印度支那"三国四方"的与会代表。他们是：

越南民主共和国代表范文同，军事代表谢光宝、何文楼、陈林、邓性、黄元；

越南国代表、无任所大使吴庭练（政府总理吴庭艳的弟弟）；

老挝王国代表团团长、外交大臣萨纳尼空，军事代表、国防部部长谷·高拉冯，军事代表泡銮、富尼；

柬埔寨王国代表、外交部部长泰普潘，国王私人代表桑·萨里，军事代表、国防部部长刁隆，军事代表达普春、蒲柴、张达朗赛。

席间，周恩来频频高举斟满茅台国酒的酒杯，同所有来宾共祝：

为印度支那和平而干杯！

为世界和平和增进各国的友好关系而干杯！

为出席宴会的各位的身体健康而干杯!

席间,三国代表都盛赞周恩来为印度支那停战协定的签订所作出的杰出贡献。

泰普潘感言:"日内瓦会议的成功,主要是由于周恩来总理的努力。如果周恩来总理不促成印度支那三国代表的直接交谈,协议是不可能达成的。"

桑·萨里掏出心里话说:"我们到这里来,就好像到了家里。首次我们在这里会面以后,会议的气氛才开始好转,我们发言的口气也改变了,我们甚至把打好字的发言稿加以修改。"

萨纳尼空也情不自禁地说:"过去大家刮目相看,前次周恩来总理组织了宴会,才使协议能够达成。"

7月22日,胡志明为庆祝印度支那停战协定的签订专门发表文告,指出:"日内瓦会议已经结束了。""在日内瓦会议上,由于我国代表团的斗争,由于苏联和中华人民共和国两国代表团的帮助,我们取得了一个伟大的胜利:法国政府承认了我国的独立、主权、统一和领土完整,并同意了从我们的土地上撤退法国武装部队,以及其他。"

还有十几个小时,周恩来就要离开日内瓦这座国际旅游名城。

虽然周恩来置身于名城的美景之中,但却没有也无暇去欣赏和享受。他除了抽空参观开会所在地万国宫——国联大厦外,日内瓦的其他旅游景点一处也没去过。

据他的外事秘书陈浩回忆:

> 他出席日内瓦会议前后近三个月,从未抽空去游览有"世界公园"之称的瑞士的名胜古迹。不在因公外出时游山玩水,是他的一贯作风。他谈起过,他早年在法国勤工俭学时,始终没有顾上去游览巴黎的埃菲尔铁塔。……
>
> 在国外工作是如此紧张,但总理说:"出国对我来说是个休息",因为只干这一件事。其他事可暂时放下。平时在国内,要操劳几亿人口大国的方方面面的大事,更费心血。他曾说,"我是总理,要负全面的责任,上对中央,下对群众,不多管一些怎么行呢?"
>
> ……周总理就是这样争分夺秒地为人民工作了一生,正像他自己常说的:"我们要像蚕一样,尽力吐丝,直到生命止息,春蚕到死丝方尽嘛!"[66]

7月23日上午八时，周恩来率领中国代表团飞离日内瓦。临行时，他在机场发表谈话：

> 印度支那和平的恢复，缓和了国际紧张局势。并为进一步协商解决其他重大国际问题开辟了道路。我深信，只要爱好和平的国家和人民坚持不懈的努力，世界和平是可以得到保障的。中华人民共和国愿意与有关各国为达到这个目的而共同努力。[67]

日内瓦会议的成就大大超过人们的意料。尤其使人感到意外的是，为这次会议获得成功起到特殊作用的竟然是第一次参加国际会议的新中国政府总理兼外交部部长的周恩来以及他的同事们。

周恩来在日内瓦会议上的精彩亮相和在会议期间卓有成效的外交活动，使新中国以令人焕然一新的形象和风格在国际政治舞台上崭露头角。当时流行这么一句话："日内瓦会议的中心人物是周恩来。"

通过这次会议，国际社会真正认识了周恩来这位卓越的政治家和外交家。

印度支那停战的实现，结束了法国在这个地区进行多年的殖民战争，越南的北半部完全获得解放，从而为越南人民在全国范围内赢得独立斗争的胜利，建立了一个可靠的基地。

印度支那停战的实现，推迟了美国企图立即对印度支那进行直接武装干涉计划的实施，使印度支那三国人民后来对付美国武装干涉有了更好的准备。

印度支那停战的实现，再一次打乱了美国从朝鲜、印度支那和中国台湾三条战线威胁新中国的战略部署，巩固了中国南方边陲的安全。

同时，通过日内瓦会议，全世界又一次看到，中国人民为自己国家的安全、世界的和平与人类的进步事业，为通过谈判解决国际争端，做出了重要贡献。

日内瓦会议闭幕前后，西方舆论持续发表赞誉周恩来的评论。

有的称："已有不少人将周恩来喻为印度支那会议的挽救者，已赢得了外交舞台第一流人物的地位。"

有的说，周恩来作为"第一流的外交艺术家成功地开辟了光荣解决问题的道路，把相互敌视的老、柬和越盟拉在一起欢宴。孟戴斯－弗朗斯的拜访，尼赫鲁的邀请给中国带来了与传统的大国无差别的地位，今天没有人能否认周恩来是外交天体中升起的一颗新星，此星不仅对亚洲，而且对整个地球有不可估量的意义"。

美国《商业周刊》更是直截了当地说：美国企图把中国"无限期排斥在世界外交舞台之外"的幻想已经被日内瓦会议所粉碎。

日内瓦会议结束不久，美国历史上最有影响的外交家之一、被称为"冷战斗士"的前国务卿迪安·艾奇逊，赞誉周恩来是"当今世界最能干的外交家"。

但是，来自各个方面的赞誉并没使周恩来飘飘然、昏昏然。三个多月后，周恩来在外交部全体干部大会上冷静地说道："日内瓦会议的成功不是（中国）代表团了不起，而是由于全国人民的胜利、抗美援朝的胜利。代表团只是依据党的政策作了一些工作。"[68]

14

周恩来回国途中应邀顺道先后访问德国、波兰、苏联和蒙古，后于8月1日凯旋——返抵北京。

党和国家领导人朱德、刘少奇、宋庆龄、李济深、沈钧儒、陈叔通、林伯渠、董必武、郭沫若、黄炎培、邓小平等，以及中央人民政府各部门负责人、北京市人民政府、人民解放军代表、政协全国委员会在京委员、各民主党派与人民团体负责人、各兄弟民族代表和各国驻中国外交使节，共八百多人，在西郊机场盛情欢迎凯旋的和平使者周恩来及其他中国代表团成员。

天真可爱的少先队员们跑上前去，向周恩来一行献上一束束馨香扑鼻的鲜花，以表示对他们辛勤工作的崇高敬意。

回国后，中国代表团代表、外交部副部长李克农在关于日内瓦会议的书面报告中总结了四点收获：

第一，"扩大了我方为和平解决国际纠纷及缓和国际紧张局势而努力的影响，促进了国际形势的某些缓和，使我方取得了道义上与外交上的重大胜利。"

第二,"打击了帝国主义特别是美帝在亚洲的殖民主义侵略政策,声援与鼓舞了亚洲民族解放运动,利用并加深了帝国主义阵营的矛盾,使美帝更加孤立,遭到政治上、外交上的重大失败,打击了美帝的战争政策和它建立东南亚集团甚至建立欧洲军的计划,加强了国际争取和平的力量。"

第三,"确立了新中国在国际事务中作为五大国之一的不可动摇的地位,扩大了新中国在政治、外交、经济、文化上的影响,提高了新中国的国际威信,给新中国开辟了在国际事务中更为广大的活动阵地,使之在今后能起更大的作用。此外,还使我国与一些国家之间的关系得到某些改进。"

第四,"使我们取得国际活动的一些经验。"〔69〕

的确,在日内瓦会议后,通往北京的外交之路已成为平坦大道。世界上一些国家的代表团、国家元首和政府首脑接踵而至:

——苏共中央第一书记赫鲁晓夫率领苏联政府代表团来了;

——朝鲜民主主义人民共和国内阁首相金日成率领朝鲜政府代表团来了;

——波兰统一工人党中央第一书记贝鲁特率领波兰政府代表团来了;

——印度政府总理贾瓦哈拉尔·尼赫鲁和他的女儿英迪拉·甘地来了;

——缅甸政府总理吴努来了;

——英国前首相、工党领袖理查德·艾德礼率领英国工党代表团来了;

——日本的有识之士组成各种访华团也接连不断地来中国访问,积极地同中国开展经贸活动和文化交流。

亚非人民自己的历史盛会——亚非会议,这时已经在酝酿之中了。

一个新的更加辉煌灿烂的外交局面和国际关系,展现在新中国人民面前。

注释:

〔1〕《共和国日记(1952)》,河南人民出版社2017年版,第533页。

〔2〕〔3〕关于日内瓦会议的估计及其准备工作的初步意见,1954年初。参见《周恩来传》,中央文献出版社2018年版,第1005页。

〔4〕周恩来修改定稿的中共中央关于召开日内瓦会议致胡志明主席的电报，1954年3月。参见《周恩来年谱（1949—1976）》上卷，中央文献出版社2020年版，第348、349页。

〔5〕1954年4月30日，范文同又兼任越南外交部代理部长。

〔6〕李越然：《思念敬爱的周总理》，《老外交官回忆周恩来》，世界知识出版社1998年版，第324、325页。

〔7〕《中华人民共和国对外关系文件集（1954—1955）》，世界知识出版社1958年版，第20页。

〔8〕熊向晖：《我的情报与外交生涯》，中共党史出版社1998年版，第85页。

〔9〕《中华人民共和国外交档案选编》第1集，世界知识出版社2006年版，第92、93页。

〔10〕《中华人民共和国外交档案选编》第1集，世界知识出版社2006年版，第33页。

〔11〕《中华人民共和国对外关系文件集（1954—1955）》，世界知识出版社1958年版，第21—23页。

〔12〕《中华人民共和国对外关系文件集（1954—1955）》，世界知识出版社1958年版，第26、27页。

〔13〕〔14〕陈浩记录的日内瓦会议《花絮一丛》。陈浩，当时任周恩来的外事秘书。

〔15〕《费德林回忆录——我所接触的中苏领导人》，新华出版社1995年版，第114页。

〔16〕美联社记者评周恩来外长，美联社日内瓦5月30日电。

〔17〕陈浩记录的日内瓦会议《花絮一丛》。

〔18〕熊向晖：《我的情报与外交生涯》，中共党史出版社1998年版，第103页。

〔19〕《中华人民共和国对外关系文件集（1954—1955）》，世界知识出版社1958年版，第36、37页。

〔20〕《中华人民共和国对外关系文件集（1954—1955）》，世界知识出版社1958年版，第37—41页。

〔21〕《艾登回忆录》上，世界知识出版社1960年版，第175页。

〔22〕这是日内瓦会议讨论和平解决朝鲜问题的最后一次会议。

〔23〕《中华人民共和国外交档案选编》第1集，世界知识出版社2006年版，

第 67、68 页。

〔24〕《中华人民共和国外交档案选编》第 1 集，世界知识出版社 2006 年版，第 72 页。

〔25〕〔26〕观察者：《和平的敌人原形毕露了》，《人民日报》1954 年 6 月 19 日。

〔27〕《中华人民共和国外交档案选编》第 1 集，世界知识出版社 2006 年版，第 81—84 页。

〔28〕〔29〕《中华人民共和国外交档案选编》第 1 集，世界知识出版社 2006 年版，第 84 页。

〔30〕〔31〕〔32〕〔33〕《中华人民共和国外交档案选编》第 1 集，世界知识出版社 2006 年版，第 87 页。

〔34〕《中华人民共和国外交档案选编》第 1 集，世界知识出版社 2006 年版，第 89 页。

〔35〕《人民日报》1954 年 6 月 17 日。

〔36〕《中华人民共和国外交档案选编》第 1 集，世界知识出版社 2006 年版，第 88 页。

〔37〕《中华人民共和国对外关系文件集（1954—1955）》，世界知识出版社 1958 年版，第 56 页。

〔38〕这是针对周恩来讲的。

〔39〕《周恩来邓颖超通信选集》，中央文献出版社 2014 年版，第 96 页。

〔40〕《周恩来邓颖超通信选集》，中央文献出版社 2014 年版，第 94 页。

〔41〕夏衍，当时任中共上海市委常委、上海市委宣传部部长、上海市文化局局长。

〔42〕陈荒煤、陈播主编：《周恩来和艺术家们》，中央文献出版社 1995 年版，第 354 页。

〔43〕熊向晖：《我的情报与外交生涯》，中共党史出版社 1998 年版，第 88 页。

〔44〕熊向晖：《我的情报与外交生涯》，中共党史出版社 1998 年版，第 105 页。

〔45〕支那，这是古代印度、希腊和罗马在著述中对中国的称呼。近代日本也曾篾称中国为支那。

〔46〕杜勒斯到 1954 年 7 月 21 日日内瓦会议结束时一直未返回参加会议。

〔47〕指奠边府战役的胜利结束，正好发生在讨论恢复印度支那和平问题第一次全体会议的前一天。

〔48〕《中华人民共和国外交档案选编》第1集，世界知识出版社2006年版，第136页。

〔49〕《中华人民共和国外交档案选编》第1集，世界知识出版社2006年版，第137页。

〔50〕指主张恢复印度支那和平，国与国友好相处，反对美国在东南亚建立军事基地这种类型的国家。

〔51〕周恩来关于访艾登谈话情况给毛泽东、刘少奇并中共中央的电报，1954年6月17日。参见《建国以来周恩来文稿》第10册，中央文献出版社2018年版，第526、527页。

〔52〕周恩来关于同皮杜尔的谈话情况致毛泽东、刘少奇并中共中央的电报，1954年6月18日。参见《建国以来周恩来文稿》第10册，中央文献出版社2018年版，第529、530页。

〔53〕《人民日报》1954年6月21日。

〔54〕[英]科拉尔·贝尔著、F.C.贝纳姆编：《国际事务概览（1954年）》，上海译文出版社1984年版，第79页。

〔55〕[英]科拉尔·贝尔著、F.C.贝纳姆编：《国际事务概览（1954年）》，上海译文出版社1984年版，第74页。

〔56〕周恩来同萧维尔的谈话记录，1954年6月22日。参见《周恩来年谱（1949—1976）》上卷，中央文献出版社2020年版，第379页。

〔57〕指越南民主共和国。

〔58〕周恩来给毛泽东、刘少奇并中共中央的电报，1954年7月20日。参见《周恩来年谱（1949—1976）》上卷，中央文献出版社2020年版，第391、392页。

〔59〕《中华人民共和国对外关系文件集（1954—1955）》，世界知识出版社1958年版，第77、78页。

〔60〕〔61〕《中华人民共和国对外关系文件集（1945—1955）》，世界知识出版社1958年版，第78、79页。

〔62〕新华社记者日内瓦通讯：《"看我公樽俎折强权"——忆周总理在日内瓦》，《人民日报》1978年3月10日。

〔63〕[英]科拉尔·贝尔著、F.C.贝纳姆编：《国际事务概览（1954年）》，上

海译文出版社 1984 年版，第 75 页。

〔64〕周恩来给毛泽东、刘少奇并中共中央的电报，1954 年 7 月 22 日。参见《建国以来周恩来文稿》第 11 册，中央文献出版社 2018 年版，第 113 页。

〔65〕周恩来同法国、柬埔寨等国外交部部长非正式接触时的谈话纪要，1954 年 7 月 21 日；周恩来给毛泽东、刘少奇并中共中央的电报。参见《中华人民共和国外交档案选编》第 1 集，世界知识出版社 2006 年版，第 210—212 页。

〔66〕陈浩《一片公心，永鉴青史》，《我们的周总理》，中央文献出版社 1990 年版，第 532、533 页。

〔67〕《人民日报》1954 年 7 月 24 日。

〔68〕《我们的周总理》，中央文献出版社 1990 年版，第 535 页。

〔69〕《李克农纪念文集》，未刊稿。

06
亚非会议的台前幕后

1

召开亚非会议[1]，最早是在1953年8月由印度尼西亚政府总理阿里·沙斯特罗阿米佐约倡议的。

1954年4月底至5月初，缅甸、锡兰（今斯里兰卡）、印度、印度尼西亚、巴基斯坦五国总理在锡兰首都科伦坡举行会议，表示支持印尼总理的这一倡议，准备发起亚非会议。

这年10月和12月，印度政府总理尼赫鲁和缅甸政府总理吴努先后访问中国，两国领导人在会谈中都热情地提到了邀请中国参加亚非会议的问题。

10月20日，来华访问的尼赫鲁在会谈中，兴致勃勃地提到科伦坡国家将共同发起亚非会议问题。

周恩来十分敏锐地看到：召开这样一次会议不仅在亚非历史上，而且在现代国际关系上都是划时代的创举，标志着亚非国家自己掌握命运的新的历史时代的来临，中国应积极出席这次会议。这正是打开新中国外交局面、增进国际交往和扩大朋友圈的一个好机会。

由于上述原因，周恩来接过话茬儿，也颇有兴致地说道："我们支持印尼总理提议的亚非会议，也支持尼赫鲁总理对亚非会议的赞助，我们愿意参加这个会议，因为这个会议是为亚洲和平和世界和平而努力的，这个会议是为扩大和平区域而努力的，因此有助于和缓紧张局势。"

不可否认，新中国所确定的一个重要外交方针，就是"打扫干净屋子再请客"。但是，周恩来在日内瓦会议期间，已根据自己观察到的国际关系格局变化的情况，意识到一个重要问题，这就是他在中共中央政治局扩大会议上报告日内瓦会议情况时所说："原想再关一年门，现在看来是关不了的！""新中国的声誉是很高的……有欲关不能之势！"

毛泽东十分欣赏周恩来的这个看法，明确表示："关门关不住，不能关，而且必须走出去。"[2]这意味着，新中国领导人"走出去"的外交战略已经形成。[3]

12月2日，来华访问的吴努在会谈中也提到将要召开的亚非会议问题。他恳切地说："五个科伦坡会议国家的总理是一定会参加的，其他国家如何还不能肯定，不过希望周总理能亲自参加。"

周恩来爽快地回答："会议由你们几位总理发起，我们支持。这一会议使向无往来的亚非国家能够会面，这样就可以增加了解，消除误会和隔阂。"为此，我"一定把这一意见告诉政府，并会根据吴努总理、尼赫鲁总理等几位总理的意见来配合"。"对于吴努总理和尼赫鲁总理的意见，我们尤其尊重。"[4]

这年12月底，参加科伦坡会议的五国总理再次聚集在印尼的茂物，就召开亚非会议取得共识，并发表《联合公报》。公报明确声明：正式宣布五国总理一致同意联合发起召开这次会议，召开时间定于1955年4月的最后一周在印尼举行。

1955年1月15日，印度尼西亚总理沙斯特罗阿米佐约代表科伦坡会议五个发起国，热情地邀请中国参加4月将在万隆举行的亚非会议。他在邀请书中殷切地说：五个发起国的政府"已经决定该会议在万隆举行，为时约一星期，即自1955年4月18日至24日"。"如蒙阁下能尽早地、最好是在2月中以前将阁下的政府参加该会议的决定通知我，则会议的发起人将深为感激。""假如像我所深深希望的那样，阁下的政府决定参加的话，那么如蒙您同时将组成贵政府代表团的人数通知我，使我能为他们的住宿等作必要的安排，则我表示感激。"[5]

沙斯特罗阿米佐约还在随函附来关于亚非会议的目的和性质的《备忘录》中，以简洁明快的语言说明：

亚非会议的目的是：

甲、促进亚非各国间的亲善和合作，探讨和促进它们相互间的和共同的利益，建立和增进友好和睦邻关系。

乙、讨论参加会议各国的社会、经济与文化问题和关系。

丙、讨论对亚非国家人民具有特别利害关系的问题，例如有关民族主权的问题和种族主义及殖民主义的问题。

丁、讨论亚非国家和它们的人民今天在世界上的地位,以及它们对于促进世界和平和合作所能作出的贡献。[6]

2

包括中国在内的 29 个亚非国家的代表,将共聚一堂,讨论同亚非国家与人民切身利益密切相关的问题。一时间,在国际社会引起强烈的连锁反响。

但是,亚非会议要实现预期的目的并非易事。

首先,以美国为首的西方某些国家害怕亚非国家和人民的觉醒。

由于亚非会议的宗旨同美国扩张侵略、称霸全球的对外政策是根本对立的,它必然站在敌对立场上设法阻止亚非会议的召开。

1954 年 12 月底,科伦坡五国茂物会议作出召开亚非会议的决定后,美国官方和一些报刊就大肆进行诽谤性宣传,声称"对世界安全和稳定的眼前威胁集中在亚洲",把攻击矛头直指中国;声称茂物会议公报的措辞是"含糊的",开会的目的是"伪善的",并鼓吹这是"反对西方的一个行动",企图煽动一些亚非国家抵制这次会议。诸如,美国《圣路易斯邮报》就直言不讳地说:"美国希望根本就不要召开亚非会议"。[7]

新中国是共产党领导的国家。新中国成立初期,同中国建立外交关系的大多是东欧社会主义国家。在参加会议的 29 国中,印度、缅甸、印度尼西亚、巴基斯坦、越南民主共和国和阿富汗同中国有外交关系,锡兰(今斯里兰卡)同中国只有贸易关系;其余 22 个国家,多数还同台湾国民党当局有外交关系,而且有的国家在政治上受着美国的影响或控制,与社会主义国家有对立情绪。

在阻止亚非会议召开的阴谋破产后,美国转而企图利用亚非各国社会制度和意识形态不同所造成的隔阂大做文章。1955 年 3 月 21 日,杜勒斯在纽约广告俱乐部发表题为《对于中国共产党意图的估计》的演说,诬称中共领袖有"侵略狂热",与希特勒"有某些相同之处",而与苏联的"策略"不同,断定新中国在短期内比苏联"更加危险,更会刺激战争"。[8] 美国政府还竭力挑拨中国和其他国家,特别是中国和印度之间的关系,更不遗余力地宣传中国要"夺取亚非世界领导权",声言"万隆的幕后斗争主要将是印度共和国和共产党中国之间的竞争"。[9] 极力增加这些国家对中国的疑虑和恐惧,使这次会议失败。到亚非会议召开的前一天,美国总统艾森豪威尔在同他的国务卿杜勒斯会谈后,专门就台湾地区局势问题发表声明,公开要求会议"将设法谴责以武力实现国家野心的做法"[10]的共产党政权。

在这错综复杂的形势面前,要完成祖国和人民托付的神圣使命,困难之大,不了解内情的人是想象不到的。

周恩来意识到,制定符合客观实际的正确方针和政策,是妥善处置会议可能出现的变化多端的事态、挫败美国企图、开好会议的根本前提。

为此,从2月中旬开始,周恩来未敢掉以轻心,仍像准备日内瓦会议那样,着手做亚非会议的会前工作。

为了集中精力精心准备,周恩来对参加3月下旬举行的中国共产党全国代表会议的一些省、市领导人说:"一两天就要走,并且说好了,不管内政了。"

周恩来主持研究与制定参加会议的方针和策略,并在4月初向中共中央正式提出《参加亚非会议的方案(草案)》《访问印度尼西亚计划(草案)》和《关于目前中缅两国间一些实际问题的处理方针》等文件。《方案(草案)》指出:

> "亚非会议是没有帝国主义国家参加、而由亚非地区绝大多数国家所举行的国际会议。"大多数国家都有不同程度的要求和平、要求独立、要求发展本国经济的共同愿望。"我们在亚非会议的总方针应该是争取扩大世界和平统一战线,促进民族独立运动,并为建立和加强我国同若干亚非国家的事务和对外关系创造条件。"在和平共处和友好合作问题上,"我们的主张是:保障世界和平、维护民族独立并为此目的促进各国间的友好合作。友好合作应该以和平共处的五项原则和反对侵略、反对战争为基础"。"我们主张通过国际协商和缓并消除国际紧张局势,包括台湾地区的紧张局势在内。""我们主张禁止和销毁原子武器和一些大规模毁灭性的武器。"在严格区分各国内政和共产主义思想问题上,"亚非会议不讨论共产主义问题是对的,但应在适当场合中,如在仰光会谈中,适当暗示我们赞成不讨论共产主义问题,但并不怕讨论这一问题。应该指出:内政不得干涉,但共产主义思想的影响和传播是无法阻止的;强调革命不能输出,但同时任何一国人民所表现的共同意志也不应允许外来的干涉"。[11]

4月2日，国家主席毛泽东、全国人大常委会委员长刘少奇等审核了周恩来报送的中国参加亚非会议的全体人员名单。毛泽东批示："照办。退周恩来。"

4月5日晚上，毛泽东在颐年堂主持中共中央政治局扩大会议，听取周恩来汇报参加亚非会议的准备情况。出席会议的还有刘少奇、朱德、陈云、林伯渠、董必武、邓小平、彭真、陈毅、张闻天、王稼祥等。会议在充分讨论后，批准了《参加亚非会议的方案（草案）》《访问印度尼西亚的计划（草案）》等有关文件，并授权周恩来视会议情况采取灵活的应变策略和办法。

4月6日，周恩来在国务院全体会议上作《关于我国参加亚非会议问题的报告》和《关于提请批准中华人民共和国出席亚非会议代表团名单的报告》。会议通过了周恩来的报告和代表团成员名单。

最后，周恩来宣布：他出国参加会议期间，总理职务由陈云代理，外交部部长职务由张闻天代理。

4月13日，新华社正式发布消息，宣布毛泽东主席任命周恩来为中国出席亚非会议代表团首席代表，国务院副总理陈毅、对外贸易部部长叶季壮、外交部副部长章汉夫、中国驻印尼大使黄镇为代表，国家华侨事务委员会副主任廖承志、公安部副部长杨奇清、外交部部长助理乔冠华、外交部部长助理兼第一亚洲司司长陈家康、西欧非洲司司长黄华、中国伊斯兰协会副主席达浦生为顾问，礼宾司副司长王倬如为秘书长。

这期间，中国政府还通过外交途径同具体筹备亚非会议的印度尼西亚政府，就亚非国家实行和平共处的五项原则交换了意见，并建议把五项原则作为亚非会议的指导思想。

3

4月7日上午，周恩来拖着刚动手术、健康还未完全恢复的病体，和陈毅率领中国政府代表团一行乘坐中国空军苏式伊尔－14飞机，离开北京途经重庆，于8日中午十一时三十分抵达昆明。

对周恩来在1954年日内瓦会议的卓越表现、新中国在国际上的影响扩大感到紧张的蒋介石，在1955年初向国民党高层人士悲叹道：1955年4月至6月乃是"我们外交最危险的时期"。

周恩来在2月10日公开发表关于接受印尼总理邀请参加亚非会议的声明后，蒋介石欲置周恩来于死地，指令台湾当局的保密局局长毛人凤："无论如何，要阻止中共参加亚非会议，这也是美方的意思，他们中央情报局将予以协助。"[12]

这样，毛人凤开始策划谋害周恩来的罪恶计划，并把香港和万隆作为实施其计划的主要地点。

4月11日上午，印度国际航空公司C-69型星座式客机，即"克什米尔公主"号飞机自印度孟买飞抵香港启德机场。

这是一架美国洛克希德公司制造的星座式749A型飞机，飞机状况良好，已经安全飞行11000多小时。

受台湾国民党特务机关指使，在香港启德机场工作的特务周驹，借口为飞机做清洁，在"克什米尔公主"号右翼轮舱附近，放置了定时炸弹。

这天中午十二时十五分，飞机飞离香港。六小时十五分钟后，在大纳土纳群岛附近的南中国海（东经107°59′38″、北纬3°53′12″）18800英尺上空，炸弹击穿飞机的第三号油箱，从而引发无法控制的大火并导致飞机坠毁。中国和越南代表团工作人员以及随同前往的中外记者共11人全部遇难。

由于周恩来应约去仰光同缅甸、印度、埃及等国领导人会晤，事先改变了出国路线，得以幸免于难。

其实，在此之前，周恩来以他对敌情的特殊敏感，曾指示有关方面加强对敌情报工作。

4月7日，周恩来即将从西郊机场登机时，得到了赶来机场的总理办公室副主任罗青长呈交的一份重要情报：国民党特务机关已经收买启德机场地勤人员，准备借"克什米尔公主"号飞机在香港短暂停留，乘为飞机加油之机进行破坏。

站在周恩来身旁的陈毅顿时怒火中烧，愤然地说道："又是阴谋诡计，暗杀破坏！这帮龟儿子，硬是要和我们过不去啊！"

周恩来对此嗤之以鼻，冷冷一笑，说："他们呀，就爱搞这一套吓人战术，真是'江山易改，本性难移'喽！"

周恩来对这个情报极为重视，当即指示李克农和罗青长：继续密切注视香港国民党特务动态，及时向中央有关部门领导人通报情况，并采取相应的处置措施。

4月9日晚上，周恩来在昆明再次指示罗青长，要他转告外交部立即将美蒋特务分子可能对这架飞机进行破坏的情报通知英国驻中国代办杜维廉，并请他电告香港当局；同时要外交部将情况火速转告新华社香港分社和在港乘坐飞机的代表团工作人员，并由新华社香港分社告诉印度航空公司驻港办事处，以便引起各方的高度重视。

很快，香港政府在机场采取了防范措施。但是，香港当局忽视了对飞机的安全检查，导致国民党特务周驹有隙可乘，在飞机右翼轮舱内安放了破坏力很大的小型定时炸弹。

面对险象丛生的局势，周恩来面无惧色，处之泰然。时至当时，在他的人生经历中，身处危局险境、直接威胁到生命的情况，就已达20余次之多，但他都死里逃生，化险为夷，转危为安。真可说是天佑周恩来。

周恩来第一次遇险是在1925年6月23日。这天，在当时中国革命的中心城市广州举行了反对帝国主义的群众示威游行。当密集的游行队伍行至沙基时，突然遭到沙基租界英国军警的排枪射击，与周恩来并排前进的左右两人都饮弹牺牲，当场死亡50余人，重伤170余人，轻伤无数，而他却幸免于难。这就是震惊中外的帝国主义屠杀中国人民的沙基惨案。

这之后的8月20日，周恩来参与处置国民政府财政部部长廖仲恺遇害的案件，途中他的座车突遭国民党军第一师司令部门卫开枪射击，他身旁的司机和警卫都当场牺牲，而他又意外地躲过劫难。

……

1937年4月25日，周恩来一行驱车由延安南下西安途中，在崂山附近遭土匪袭击，同行30余人仅幸存7人。就在第二天，他又赶到西安同国民党谈判，为抗日民族统一战线的形成作出了卓越贡献。

……

4月12日凌晨一时许，全权负责中国领导人出访安全工作的中共中央办公厅主任杨尚昆获悉"克什米尔公主"号飞机失事的消息。二时三十分，他将情况报告刘少奇，随即又给在昆明的章汉夫通电话，要他报告周恩来。

当天，刘少奇分别主持召开了中共中央政治局会议和书记处会议，讨论飞机失事问题。会上，不少领导人考虑到周恩来已成为国民党特务严密追踪的暗害目标，提出是否由陈毅代其出席会议的问题，并决定增派公安部副部长杨奇清做顾问同去。

在杭州的毛泽东也为周恩来和中国代表团的安全焦虑不安。

会后，杨尚昆同周恩来通电话时，周恩来明确表示："临阵不换将。"他还表示：同意中共中央会议最后形成的一致看法，尽管出席会议有很大危险，但从政治上考虑必须去、不能退，否则正中了国民党反动当局的诡计。出事之后，舆论宣传叫得厉害一些，引起全世界注意，反倒可能增加安全保证。

这天，中国政府就"克什米尔公主"号事件向全世界发表声明，郑重宣布："这一不幸事件绝非一般的飞机失事，而是美国和蒋介石的特务机关蓄意制造的谋杀。"[13]他们的这种卑劣行为，"只能加强亚洲、非洲和全世界人民争取和平和自由的共同行动"。"英国政府和香港英国当局对这次不幸事件是负有严重责任的。"同时，声明要求英国方面彻底查处罪犯，将特务逮捕法办。

中国政府的声明发表后，在世界范围内尤其亚非国家中引起广泛反响，舆论纷纷谴责这一卑劣行为。

飞机失事消息传到昆明后，中国代表团成员和云南省党政军领导人也都众口一词地劝周恩来不要再去万隆。他毫不含糊地回答："我们是为促进世界和平、增强亚非人民对新中国的了解和友谊而去的，即使发生了什么意外也是值得的，没有什么了不起！"

也是在这一天，周恩来正好收到邓颖超10日所写关心他和全体同志安全问题的来信。

4

在4月9日晚得知最新情报的邓颖超，深知国民党特务是什么伤天害理的事都干得出来的。10日一大早，她就给周恩来写了一封情意真切的信：

亲爱的人：

别才三日，但禁不住要写几个字给你。这次蒋贼是蓄意决下毒手施行暗害的，他并从各方面的可能着手。因此往返途中停留时，飞机着陆后严加封锁，起飞前的严密检查，是必须而不可疏忽的。在逗留地区对所有交通工具，亦应请看守与检查。你出外活动，必须严密警惕，仔细机警。为了人民的利益，为了人类进步崇高的事业，为了你能做更多的工作，你必须善于保卫你自己。在这方面，亦必须取得对敌斗争的胜利的。我衷心地祝福你胜利平安的归来！热烈地在期待着欢迎你。

……

接着，邓颖超又以诗意的笔调写道："北京的春意已日在增浓了，丁香已开放，海棠正含苞，庭院已改观了。"[14]

知道邓颖超在急切地等待着自己回信的周恩来，尽管很忙，但在4月12日收信的当天就写了回信。周恩来写道：

你的来信收阅，感你的好意和诤言，现将来信捎回，免得失落。有这一次教训，我当更加谨慎，更加努力。文仗如武仗，不能无危险，也不能打无准备的仗，一切当从多方考虑，经集体商决而后行。望你放心。再见。[15]

一封短信，寥寥数语，把周恩来一生都在忠实实践的崇高思想境界和盘托出。正如他经常引用古语所说："青山处处埋忠骨，何必马革裹尸还。""鞠躬尽瘁，死而后已。"

1994年9月，英国牛津大学圣安东尼学院华裔学者曾锐生先生在《中国季刊》上大揭秘，首次披露了国民党特务机关策划"克什米尔公主"号空难事件的始末。

1995年春，台湾《中国时报》周刊予以转载。据《中国时报》周刊介绍：

当时，这件暗杀行动的两位执行者，一位叫周斌成，是保密局敌后部署组组长，此人沉默寡言，工于心计，是早年戴笠得意的学生之一；另一位则是组员陈鸿举。两人都是台湾派到香港从事敌后颠覆的情治人员。

两人的全盘计划是这样的：找人到"克什米尔公主"号上放炸弹，时间一到，炸弹爆炸，将一切都炸得灰飞烟灭，包括所有乘客及犯罪证据。

计划中，放炸弹的人将是个关键人物。问题是谁将执行这个任务？找个陌生脸孔的国民党特务，恐怕混不过机场严密的检查，最好是机场工作人员，尤其是能接近飞机而又不引人注意的"小角色"。周、陈两人在机场勘察一阵过后,终于找到心目中的理想人选——小郑。

小郑是香港人,本名叫周驹。他原是香港启德机场的清洁工,才二十来岁,未婚无家累,只有一位嗜赌如命的父亲;此外,小郑个子瘦小,长相普通,在机场打扫清洁,鲜少引人注意。

在港币六十万的重赏下,小郑"勇敢"接下了暗杀周恩来的危险任务。

计划大致确定后,周斌成与陈鸿举两人特地从香港赶回台湾向保密局长毛人凤"口头报告"。毛人凤一听,觉得"大有可为"……

尽管毛人凤觉得计划可行,可是周、陈两人却不敢向毛人凤提起六十万港币酬劳的事情,怕金额过高,遭毛反对。最后,两人决定央请当时有"地下局长"之称的谷正文,出马为六十万港币游说。

谷正文听计划始末后立刻赞成。他的理由有三:一是暗杀中共领导人物,本来就是特务工作之一;二是想借此给香港政府压力,因为在此之前香港对台湾情报人员不太客气,抓到老是判重刑;三是这个计划"太漂亮"了,可以说是天衣无缝。

谷正文并建议周、陈两人,最好前一天,能带小郑住旅馆,并将他的爸爸一起找来,免得小郑临阵退缩,坏了整个计划。

4月10日,周、陈两人从台湾带着六十万港币利用货船偷渡至香港,与小郑住进旅馆,将现金交给小郑的父亲保管。当时,除了交给小郑炸药外,同时还教他如何使用,并就计划细节反复进行沟通演练。

……

4月11日,小郑跟往常一样上班去了,"平安无事"地通过对工作人员的例行检查。

小郑的炸药是如何通过检查的?原来,台湾人员交给他的炸药,叫做TNT,是一种高科技的产品,一直由美国中情局提供台湾情报网使用。这一次,为了应付机场的安检,特别做成牙膏模样,装进牙膏里,而简易的盥洗用具,机场工作人员是被允许带入的。

就这样,小郑带着TNT成功闯关。

4月11日早晨,小郑负责三架飞机的清洁工作,其中包括为加油而做短暂停留的"克什米尔公主"号。他神色自若地跟着一组工作人员,进进出出，东打扫，西打扫，谁也没有注意到他何时钻进行李舱装了定时炸弹，又何时失踪的。

失踪的小郑是躲到飞虎将军陈纳德停在香港的民用客机里，随时等待飞往台湾。[16]

台湾国民党当局获悉他们爆炸飞机的阴谋得逞后，惊喜若狂，弹冠相庆。

4月14日清晨七时二十分，周恩来率领中国代表团一行27人，另行乘坐印度"空中霸王"号专机，飞离昆明，上午十时三十分[17]抵达缅甸仰光。

15日晚上，缅甸、中国、印度、越南、埃及和阿富汗6国领导人在总统府召开座谈会，讨论"克什米尔公主"号飞机事件带来的影响，商谈即将召开的亚非会议可能出现的形势等重要问题。这时，飞机爆炸事件已经在一些亚非国家中引起思想混乱：有的国家领导人担心亚非会议开不成了；有的国家领导人认为即使开成了，也不一定能取得积极成果。

会上，针对亚非各国领导人中普遍存在的疑虑和恐惧情绪，周恩来分析了召开亚非会议的有利条件，冷静地指出：帝国主义对亚非会议搞示威性破坏，并不说明他们强大，恰恰说明他们害怕我们召开亚非会议。过去亚非国家绝大多数都遭受过帝国主义和殖民主义的剥削和压迫，大家有着共同的遭遇和经历，如今又面临共同建设自己国家的任务，我们从彼此的根本利益上去求大同，一定会把大多数亚非国家团结在一起，我们相信亚非会议就一定能够开好，一定能取得成功的。和平共处五项原则已经开始深入人心，它对开好万隆亚非会议将能发挥巨大的推动和指导作用。我们一定要用五项原则和亚非团结的精神反击帝国主义的挑战，并采取一切有效步骤来粉碎他们的阴谋破坏。[18]

同时，周恩来真诚地建议在座各位领导人，在亚非会议上不提共产主义问题，以免引起不必要的争论，致使会议没有结果。

与会其他国家领导人一致赞同周恩来提出的意见，决心把立脚点放在亚非会议开好上，将会议开成一个在反帝反殖的斗争中，亚非国家团结一致、互相配合、互相支持的大会。

座谈会一直开到深夜。

4月16日凌晨一时十分，周恩来率领中国代表团由仰光飞往印度尼西亚。

飞机途经新加坡上空时遭遇雷雨，被迫暂时降落到与中国还没有外交关系的、国民党特务活动比较猖狂的新加坡机场。在机场，周恩来受到英国驻马来亚高级专员麦克唐纳和机场老板的热情接待。

中国代表团没有按时抵达雅加达，可急坏了中国驻印尼大使黄镇以及使馆工作人员，不安的气氛笼罩在人们心头。

下午六时，中国代表团的专机终于徐徐降落在印度尼西亚首都雅加达玛腰兰机场。

当周恩来出现在机舱门口时，欢迎的群众爆发出了雷鸣般的欢呼声和掌声。随后，他在印度尼西亚外交部部长苏纳约和中国驻印尼大使黄镇陪同下，乘车驶离机场。

一路上，街道两旁、楼台房顶，到处挤满了欢呼致意的人群。凡是中国代表团经过的地方，"和平万岁！""中华人民共和国万岁！""中国、印度尼西亚友好万岁！"的欢呼声此伏彼起，掌声震耳欲聋。

4月17日上午十时，周恩来的专机飞抵印度尼西亚的安第机场，来到这次历史性盛会的所在地——万隆。他在机场发表诚挚友好的讲话：

> 中华人民共和国代表团抱着对于和平和友好的愿望，前来参加即将在万隆举行的亚非会议。
>
> 亚非会议的召开，是同印度尼西亚政府和人民的努力分不开的。在这次会议上，亚非会议的代表们将会获得历史上的第一次机会，在一起讨论共同有关的问题；这个事实就说明了这次会议是有重大意义的。[19]

同时，周恩来有预见性地指出："我不能不指出有些人是不喜欢我们这个会议的。他们正在力图破坏我们的会议。大家知道，中华人民共和国的代表团已经为此付出了沉重的代价。"但是，"我们的会议一定能够克服各种破坏和阻挠，并对于促进亚非国家之间的友好和合作，对于维护亚非地区和世界和平作出有价值的贡献"。[20]

以后发生的事实，证实了这个预见的正确性。

5

4月18日上午,亚非会议在独立大厦[21]隆重开幕。

与会29个国家代表团团长中,有30位是总理或等级相当的人物,还有3位副总理和4位外交部部长。29个国家的代表共有340人,他们肤色不同、种族不同、语言和文化不同,生活习惯也不相同。

他们身着多姿多彩的服装:利比里亚人和黄金海岸人身裹整幅五彩绸缎,头戴绣花小帽;沙特阿拉伯人身披黑纱长袍,头顶用金箍罩住的白纱巾;缅甸人身穿马褂,头戴沙帽;菲律宾人身穿薄纱绣花衬衣,领口系着小领结;也门人身裹紫色布长袍,身插腰刀;印度人身着高领制服,衣服长到膝盖且扣子多;中国人则身穿中山服……

同样是信仰穆斯林,但他们头上戴的帽子则五花八门:土耳其人是红色的;埃及人是白边红心的;印尼人是黑色的……

在人们的记忆里,还不曾有过聚集这么多已经独立的种族、民族、肤色、语言和文化等各不相同的国家的代表参加的国际会议。他们所代表的29个国家,占了世界总面积1/4(3100多万平方公里)和世界人口2/3(14.4亿)。

环顾会场,映入眼帘的是:白色的拱形会议厅布置得朴素而庄严;来宾席和记者席上早已座无虚席;主席台上,29国国旗在巨幅紫红色天鹅绒幕布的衬托下,按照国名第一个英文字母的次序排列着,五星红旗位居左起第五。

九时十五分,在印尼国歌的伴奏下,神采奕奕,身着白色制服、头戴黑色宋谷帽的苏加诺总统,在五个发起国总理的引导下步入独立大厦会场,随后发表了精彩的题为《让新亚洲和新非洲诞生吧!》的开幕词。他情绪激昂慷慨地说:

> 在我环顾这个大厅和在此聚会的贵宾的时候,我内心十分感动。这是人类有史以来第一次有色人种的洲际会议。……
>
> 在我看来,这个大厅不仅容纳了亚洲和非洲国家的领袖们,而且容纳了先我们而去的人们不屈不挠的不可战胜的不朽精神。他们的斗争和牺牲,为世界上最大两洲的独立主权国家最高级的代表的这个集会开辟了道路。[22]

接着，苏加诺总统进一步强调：

> 我们属于许多不同的国家，我们有许多不同的社会背景和文化条件。我们的生活方式是不同的，我们的民族特性、色彩或主旨……是不同的。我们的种族是不同的。甚至我们的肤色也是不同的。但是这有什么关系呢？人类是由于这些东西以外的考虑而分合的。冲突并不起于肤色的不同，也不起于宗教的不同……我们大家是由比表面上使我们分裂的东西更为重要的东西联合起来的。我们是由对种族主义的共同厌恶而联合起来的，我们是由维护和稳定世界和平的共同决心而联合起来的。……
>
> 我希望这个会议将不仅取得谅解，将不仅建立善意。……我希望，会议将证明这样的事实：我们，亚洲和非洲的领袖们都了解到，亚洲和非洲只有在团结起来以后才能得到繁荣，若没有一个团结的亚洲和非洲，甚至全世界的安全和和平也不能得到保证。我希望，这个会议将引导人类，将为人类指出他们为取得安全和和平所必须遵循的道路。我希望，它将证明，亚洲和非洲已经再生了，新亚洲和新非洲已经诞生了。我们的任务首先是彼此取得谅解，从谅解中将产生彼此间的更大的尊重，从尊重中将产生集体的行动。……兄弟姊妹们，让我们记住，为了这一切，我们亚洲人和非洲人必须团结起来。[23]

苏加诺总统长达50分钟的开幕词，引起了各国代表的共鸣。他在一阵热烈的掌声中结束了演说。

开幕式后，大会推选东道国总理沙斯特罗阿米佐约为会议主席，并通过了会议议程。

下午四时二十分，各国代表团团长相继发言。绝大部分代表的发言虽然有所不同，但都表达了一个共同心愿：世界还不稳定，殖民主义还没死亡，会议应当有助于国与国之间的和平共处，有助于促进世界和平，有助于消除殖民主义。

会场上充满着友好与和睦的气氛。但是，在下午的会议上却出现了不和谐的声音。

最后一个发言的伊拉克外交大臣、炮筒子贾马利，大唱反调，发出了"挑战书"。他公然声称："世界上有三股势力扰乱了和平和和谐"，那就是"老式的殖民主义""犹太复国主义"和"共产主义"。他诬蔑"共产主义"是一种"压制反对意见和宗教信仰","在其他国家进行颠覆活动","在阶级和各族人民之间培育仇恨"的学说,是一种"新式的殖民主义"。

正如美国记者所报道那样,众目睽睽下,周恩来却显得那样的镇定自若、不急不躁,显示出"任凭风浪起,稳坐钓鱼船"的大家风度。周恩来静静地听着、思考着。

俗话讲:沉默是金。如果运用得当,沉默本身可以是一件有力的武器,将比立即起而反驳管用得多。因为,它既能使人比较全面地摸清对方的意图,也为自己从容应对争取到足够的时间和空间。

6

这时,周恩来记得最清楚的,莫过于毛泽东把政策和策略放在同等的、极端重要地位的一句话,这就是:"政策和策略是党的生命,各级领导同志务必充分注意,万万不可粗心大意。"[24]

周恩来意识到,在正确的方针和政策的指导下,实施灵活巧妙的策略艺术,已经成为会议能否成功的关键一环。因此,他认为:如果说中国在日内瓦会议上奉行的是联合法国、英国、东南亚国家、印度支那三国,即"团结一切可以团结的国际力量,孤立美国,限制和打破美国扩大世界霸权的计划"的方针,那么,在亚非会议上就不宜采取那种通过揭露批判、置之绝境的斗争办法(哪怕是对其中的个别国家),而只能采取消除分歧、化解矛盾的求同存异的和解办法,才能实现会议的既定目标,即团结与会的所有亚非国家,为达成一致协议而奋斗。

4月19日全天大会,各国代表团团长继续在会上作第一次发言。

19日上午,曾在1953年参加菲律宾总统竞选、有几分辩才并颇为自负的罗慕洛,竭力施展他在联合国会议上所惯用的辩才,他的发言同昨天贾马利的发言遥相呼应。他大肆宣扬美国殖民统治给菲律宾带来的不是灾难而是"好处",竭力颂扬美国殖民统治给自己国家建立了"良好的信用",企图劝说亚非人民不要向殖民主义进行斗争以争取独立,而是要同美国那样的帝国主义国家联合起来反对共产主义。

会场气氛陡然紧张起来。有的代表幸灾乐祸,更多的代表则是同情和焦虑。

他们心里当然清楚,处理稍有不慎,就必将使会议陷入混乱,形成分裂之势。

各国代表的目光始终注视着周恩来,并不时观察陈毅以及其他中国代表的表情和动静。

这时,一向"心直口快"、"有时好感情冲动"的陈毅副总理,已经显得有点不太平静了。他强捺住性子,脸都快要憋红了,时不时转眼瞅一瞅周恩来。

然而,在这种严峻局势面前,周恩来仍然是一副处惊不变的样子,镇定自若,端坐不动,并没有要站起来反驳的表示。[25]

上午的会议休会以后,周恩来同陈毅等中国代表团成员一道,认真研究了两天以来与会代表发言的情况。

在会议可能产生分裂并走上歧途的危险局面下,周恩来设法使亚非国家了解中国的真实情况,消除一些国家对中国的疑虑和恐惧,他以大政治家的远见卓识、大战略家的雄才大略、杰出外交家的机警灵活与纵横捭阖,在认真地审时度势后,当机立断地决定将原来的发言改为书面报告散发,利用中午休会的短暂时间,亲自动笔另行起草一篇补充发言稿,显示出极大的灵活性。

没过多长时间,一篇内容极其精彩的即席讲话稿就准备好了。

在下午大会发言中,泰国外交部部长旺·威泰耶康亲王和土耳其副总理吕斯图·佐鲁也发出了不和谐的声音。威泰耶康亲王声称:中国在边境省份云南设立傣族自治州,使"泰国不得不面对渗入和颠覆活动的威胁"。同时,他还提出了华侨双重国籍问题。佐鲁强词夺理地说:成立北大西洋条约组织和东南亚条约组织是为了和平。

下午四时四十五分,大会主席宣布:"我现在请中华人民共和国的代表发言。"

话音未落,会场就响起了一阵热烈的掌声。

一直等候在走廊外面的数百名记者好似潮水一般,涌进会议厅。这时,会场所有的座位都坐满了人,没有座位的地方也站满了人。许多国家的外交官,包括苏联驻印尼大使、美国驻印尼大使、荷兰驻印尼高级专员都来旁听。

两天来已经同25个国家的与会代表有过直接交往的周恩来,身着整洁的浅灰色的中山装,从容不迫、步履矫健地走上讲台。

转瞬间,水银灯一齐亮起来,照相机一齐动起来。没有人不意识到这一刻的重要。不论是采访记者、与会代表,还是来宾席上的外交官都掏出了笔记本。

首先,周恩来作了极为简短的说明:"我的主要发言现在印发给大家了。在听到了许多代表团团长的一些发言之后，我愿补充说几句话。"

周恩来讲一句，毕业于美国哈佛大学的英语翻译浦寿昌就用柔和、流利的英语翻译一句。

紧接着，周恩来转入正题，以坚定洪亮的声音指出："中国代表团是来求团结而不是来吵架的。"

顿时，会场一片肃静。

周恩来的和解姿态，使担心会议陷入争论的人们顿时松了一口气，使心存歹意的美国记者作出的"会议将在今天碰到难关""周恩来将在今天下午驳斥贾马利"等预言一一落空。

全场都在屏息倾听周恩来下面的发言：

> 我们共产党人从不讳言我们相信共产主义和认为社会主义制度是好的。但是，在这个会议上用不着来宣传个人的思想意识和各国的政治制度，虽然这种不同在我们中间显然是存在的。
>
> 中国代表团是来求同而不是来立异的。在我们中间有无求同的基础呢？有的。那就是亚非绝大多数国家和人民自近代以来都曾经受过并且现在仍在受着殖民主义所造成的灾难和痛苦。这是我们大家都承认的。从解除殖民主义痛苦和灾难中找共同基础，我们就很容易互相了解和尊重、互相同情和支持，而不是互相疑虑和恐惧、互相排斥和对立。
>
> ……
>
> 我们的会议应该求同而存异。同时，会议应该将这些共同愿望和要求肯定下来。这是我们中间的主要问题。我们并不要求各人放弃自己的见解，因为这是实际存在的反映。但是不应该使它妨碍我们在主要问题上达成共同的协议。我们还应该在共同的基础上来互相了解和重视彼此的不同见解。[26]

接着，周恩来心平气和地解释说：所谓认为中国没有宗教信仰自由、害怕中国进行"颠覆活动"和中国的"共产主义威胁"等，是不存在的。他侃侃而谈，指出这是因为：

第一，"亚非国家中是存在有不同的思想意识和社会制度的，但这并不妨碍我们求同和团结。""我们亚非会议既然不要排斥任何人，为什么我们自己反倒不能互相了解、不能友好合作呢？"

第二，"中国是有宗教信仰自由的国家"。"我们共产党人是无神论者，但是我们尊重有宗教信仰的人。"不同的宗教信仰，"并不妨碍中国内部的团结"，"中国代表团中就有虔诚的伊斯兰教的阿訇"。

第三，中国人民"经历了近三十年的艰难困苦的过程，才终于达到了成功"。"所受的苦难是数也数不尽"的中国人民，"最后才选择了这个国家制度和现在的政府"。"中国革命是依靠中国人民的努力得以胜利的，决不是从外输入的，这一点连不喜欢中国革命胜利的人也不能否认。中国古话说：'己所不欲，勿施于人。'我们反对外来干涉，为什么我们会去干涉别人内政呢？""华侨的双重国籍是旧中国遗留下来的"，但是，"新中国的人民政府却准备与有关各国政府解决华侨的双重国籍问题"。至于说"在中国境内有傣族自治区"，便是"威胁了别人"，这也是不能成立的。因为"他们既然存在，我们就必须给他们自治权利。好像缅甸有掸族自治邦一样，在中国境内各少数民族都有他们的自治区。中国少数民族在中国境内实行自治权利，如何能说威胁邻邦呢？"[27]

周恩来宣布：为了不使会议陷入争论，中国决定在会上不提"解放自己的领土和沿海岛屿"以及中国"在联合国的合法地位问题"。

讲话结束时，周恩来诚恳而亲切地说："我们是容许不知真相的人怀疑的。"但是，"中国俗话说：'百闻不如一见。'我们欢迎所有到会的各国代表到中国去参观，你们什么时候去都可以"。"让我们亚非国家团结起来，为亚非会议的成功努力吧！"[28]

据翻译浦寿昌后来回忆说："周总理讲话的整个过程，大厅里鸦雀无声，楼上是记者席，挤满了人，可是没有一点声音。后来他们描述说，如果当时掉一根针在地上都能听见，非常安静地听总理讲话。"[29]

周恩来这篇发言，只讲了短短的18分钟，只有12个段落，除标点以外仅有2000多个字[30]，却具有强烈的感染力和说服力，有效地避免会议陷入意识形态争论成为两天以来会议所公认的高潮。

周恩来充分发挥了一个雄辩家精妙绝伦的外交才干和令人倾倒的个人魅力。

周恩来既从正面有力地阐述了中国政府的立场、观点，表明我们的真心诚意，又从反面驳斥了对中国的攻击与诬蔑，既在与会各国代表面前表现了原则性又通情达理，使他们充分了解了新中国同亚非国家发展友好合作的诚恳与善意和对和平的真诚愿望，让他们看到新中国确实是奉行和平外交政策的。

人们心中的担忧被驱散了，与会各国对会议获得成功又充满了希望。

周恩来的发言刚一结束，会场立刻就爆发出长时间的掌声与欢呼，整个会议大厦为之沸腾了。

记者们如潮水般地冲出会场，以最快的速度去抢发新闻。

印度政府总理尼赫鲁兴奋地走向前去同周恩来拥抱。主持会议的印尼总理沙斯特罗阿米佐约，还有缅甸政府总理吴努等国代表纷纷离席，争相同周恩来握手，还有更多的与会者请他签名留念。

有位美国女记者同周恩来握手后，还十分感慨地说："总理阁下，人民实在太爱你了。"[31]

在接受记者采访时，周恩来受到包括最初对中国持不友好态度的几乎所有国家代表团团长的称赞：

——尼赫鲁说："这是一个很好的演说。"

——吴努指出：这个演说，是"对抨击中国的人一个很好的答复"。

——埃及政府总理纳赛尔称："我喜欢他的演说。"他答复了"我们昨天所说的关于他的问题"。

——阿里强调："这是很和解的演说。"

——敌对情绪曾经很强的罗慕洛真诚而坦率地说道："这个演说是出色的，十分和解，表现了民主精神"。[32]

就连美国记者鲍大可在5月4日所发表的通讯中也不得不承认："这篇发言最惊人之处就在于它没有闪电惊雷。周恩来用经过仔细挑选的措辞，说明了共产党中国对这次会议通情达理、心平气和的态度。他也回答了在他之前发表的演说中，对共产党所作的许多直接间接的攻击。"[33]

7

4月20日，亚非会议转入实质性讨论，由各国代表团团长组成的政治委员会，同已经于19日成立的经济委员会和文化委员会分头举行秘密会议。

政治委员会讨论以下三项议程：人权和自决问题、附属地人民问题、促进和平和合作问题。经济和文化两个委员会讨论的关于经济合作问题和文化合作问题的结果也将由政治委员会批准。这样，政治委员会是三个小组委员会中最重要、最有决定权的委员会。

但是，在会议进入实质性讨论后，一只无形的黑手却要把会议拖向相反的方向。

从20日傍晚开始，亚非会议上再次掀起波澜。有的国家代表甚至放弃了原本已明确表示"愿意和解"的立场，跟着推波助澜。

锡兰总理科特拉瓦拉节外生枝，宣读了一篇关于殖民主义的发言。他宣称："政治委员会要像讨论反对西方殖民主义一样，也讨论反对苏联殖民主义问题。""如果我们一致反对殖民主义，难道我们不应当宣布我们同反对西方殖民主义一样也反对苏联殖民主义吗？"为此，他提议会议正式讨论"新的殖民主义"的问题。

当有的国家代表提出提案要求以和平共处五项原则为亚非国家相互关系的准则时，土耳其副总理佐鲁更是火上浇油，随即抛出一个《九国提案》，强烈要求会议"谴责一切形式的殖民主义，包括凭借武力、渗透和颠覆活动的国际学说"。[34]

两种意见针锋相对，唇枪舌剑，争论愈发激烈。许多代表目睹这一僵局，认为会议再也达不成什么协议了。

这一天，在万隆的一些外国"观察家"幸灾乐祸地预言：会议有"破裂的倾向"。据法新社万隆4月22日报道：

> 自从锡兰总理昨天对"苏联在东欧的殖民主义"进行猛烈攻击后，这里的亚非国家代表团今天仍感到惊慌失措。……
>
> 在整个过程中，共产党中国总理周恩来始终保持冷静并一直在微笑。……
>
> 所谓"亲美"集团——菲律宾、泰国、伊拉克和土耳其——在进行预料中的他们对周恩来的联合"反攻"方面没有取得成功。他们的那些激烈的反共演说，由于火药味太重而丧失了效果。……
>
> 会议中无可比拟的人物是周恩来。[35]

虽然亚非会议再次出现美国政府所希望看到的严重对立和争论不休的形势，周恩来对会议前途仍然充满乐观的情绪。他认为，只要沉着镇定，同友好国家多协商，不接受敌对国家的挑衅，继续坚持求同存异，耐心说理，对所有与会国家包括持敌对情绪的国家表示尊重、做好转化工作，是完全可以继续改变少数国家的不合作立场，而取得一致协议的。周恩来同陈毅、章汉夫等人交换了意见，决定在4月23日的会议上由他再次发言。

4月23日上午九时，政治委员会准时开会。这时几乎已经赢得所有与会国家代表信任的周恩来，在政治委员会上再次发表讲话。这次讲话后来被某些代表称作"亚非会议上最重要的讲话"。

周恩来在大家期待的目光下，以真诚相待、平等协商的语气，阐释了中国代表团对达成一致协议的原则立场：

"目前世界的形势确实是紧张的，但是和平并没有绝望，拥护和平的人一天天多起来。二十九个亚非国家在这里开会，一致呼吁和平，就证明我们所代表的、超过世界人口一半以上的人民是要和平和团结的。这种表示，证明和平愿望是得到世界上多数国家和人民支持的，也证明战争是可以推迟甚至阻止的。"既然要谈和平和合作，亚非国家就应该首先"避开不同的思想意识、不同的国家制度"等问题，在亚非地区"进行国际合作，求得集体和平"。

"我们是共产党领导的国家，我们不赞成在世界上造成对立的军事集团，增加战争的危险。北大西洋公约、马尼拉条约和其他类似的条约，都是我们所不赞成的。"

接下来，周恩来话锋一转，强调：

"我们首先应该确定一些原则，让我们大家来遵守，不进行扩张，也不去颠覆别的国家。如果不确定一些共同的原则，我们如何能够彼此约束？"现在赞成和平共处五项原则的国家"一天天多起来"，但是考虑到"在座的有些代表说，和平共处是共产党的名词，那么我们可以换一个名词，而不要在这一点上发生误会"。

"我们认为，五项原则的写法可以加以修改，数目也可以增减，因为我们所寻求的是把我们的共同愿望肯定下来，以利于保障集体和平。"

"在联合国宪章的前言中有'和平相处'的名词，这是我们应该能够同意的。我们应该能够站在联合国宪章的立场上来谋求和平合作。"〔36〕

周恩来的这番话，无疑成为消除障碍的最关键的几句话。

然后，周恩来提出了中国代表团起草的议案，并加以解释。这个议案将连日来各国代表发言中能为大家所同意的共同点，归纳成七项原则：

（1）互相尊重主权和领土完整；
（2）互不采取侵略行动和威胁；
（3）互不干涉或干预内政；
（4）承认种族的平等；
（5）承认一切国家不分大小一律平等；
（6）尊重一切国家的人民有自由选择他们的生活方式和政治、经济制度的权利；
（7）互不损害。〔37〕

周恩来的发言，持续了一个半小时。这是他出席亚非会议以来最长的一次讲话。

周恩来的发言传达了中国代表团的谋求和平合作的真诚愿望，事实讲得很充分，道理讲得很深透，吸引了会场上的每一个人，引起了极大的共鸣，成为消除障碍的关键因素，与会国家代表紧张的心情一下就松弛下来，从而结束了在"和平共处"问题上的纷争，改变了会场上和会场外的悲观气氛，为会议达成一致通过最终协议扫清了道路。

发言完毕，会场顿时呈现一片欢呼雀跃的场面，周恩来四周已围上了一大群人，纷纷同他握手并致祝贺。

可以看到，在4月19日、24日的会议上，显现出周恩来外交风格的一个突出特点，就是：摆事实，讲道理，以事实为基础，寓道理于事实之中，以事实和道理的有机结合来说服人，使人心服口服。这样做，既坚持了原则性，又体现了灵活性和艺术性，通过求同存异，积累共识、消除异见。

4月24日，各国代表经过反复磋商，终于制定并通过了包括和平共处五项原则全部内容的关于国与国之间和平相处、友好合作的十项原则，并且将其写进《亚非会议最后公报》中，成为《关于促进世界和平和合作的宣言》的基本内容。

会上，尼赫鲁总理发言指出："中国总理今天的发言应该受到最大的重视，中国总理说的话是权威的。"[38]

有人为此感慨道，周恩来"那准确选择时机的外交才能几乎达到炉火纯青的地步"。[39] 他在会议"几乎已经陷入僵局的时刻脱颖而出，成为会议明星，成为排难解纷，平息争端，带来和平的人物。从这一时刻开始，究竟哪一个人的品格才能左右大局就再没有疑问了，那就是周恩来。周恩来并不打算改变任何一个坚持反共立场的领导人的态度，但是他改变了会议的航向"。[40]

四十年来，包括和平共处五项原则全部内容的这十项原则，促进了亚非各国在政治上、经济上的友好合作和团结反殖、反霸的伟大事业，至今仍然产生着巨大的影响。

8

亚非会议为所有与会国家提供了难得的自由接触交往的机会。

周恩来非常珍惜并善于利用这个机会。不管是大国还是小国、建交的还是没有建交的、友好的还是不友好的，他和陈毅、廖承志、叶季壮、章汉夫等一起，根据不同的对象，想方设法与他们接触，探讨相互间所关心的重大问题，倾吐肺腑之言，消除隔阂和疑惧，增进了解与友谊。

周恩来频频的会外接触与赤诚交往，使他结识了几乎所有国家的代表团团长，赢得了亚非各国代表的广泛赞扬。有很多代表团团长包括有对立情绪的人，都同周恩来建立了亲密的朋友关系或友好关系。真可谓："来时素昧平生，去时已成知交；带着误解而来，带着友谊回去。"

开会的头一天，各国代表团都在会场外排队等候入场。突然，周恩来问翻译浦寿昌：站在咱们旁边的那位代表是谁？

当浦寿昌打听到他就是柬埔寨代表团团长诺罗敦·西哈努克亲王时，周恩来随即过去同他攀谈起来。虽然这时柬埔寨同新中国并未建交，而且还与台湾国民党当局有领事关系。

西哈努克出生于柬埔寨皇族世家。1941年4月在外祖父西索瓦·莫里旺去世后，19岁就当上了柬埔寨国王，1955年3月，他又把王位让给了父亲诺罗敦·苏马里特。

周恩来和西哈努克就是在这种场合下相识并成为终生朋友的。后来，西哈努克在中国成为家喻户晓的外国领导人。

西哈努克在回忆录中写道：周恩来"主动地接近我。他那高超的智慧、渊博的学识和文雅的风度，一下子就把我吸引住了。他向我介绍他的助手陈毅元帅，陈也成了我最好的朋友之一"。他"在后来，特别是1970年以后，在我最艰难的岁月里，是我最好的朋友和最强有力的支持者"。[41]

4月20日中午，周恩来在中国代表团住地设宴款待有美食家之称的西哈努克以及柬埔寨代表团的其他成员。西哈努克对中国厨师的烹调技术赞不绝口，但对周恩来敬他的茅台酒却有些畏惧。西哈努克这样回顾当时的感受："我必须当心中国人所欣赏的用米酿制的'茅台酒'。周恩来在私生活上是以严肃刻苦而闻名的，但他又是喝了无数杯茅台酒以后仍保持头脑清醒的很能干的外交家。"[42]

宴席上，周恩来对西哈努克在亚非会议第一天的友好发言表示欣赏，希望在中柬关系中信守和平共处五项原则，赞赏柬埔寨同中国保持良好的合作关系。

西哈努克从大国总理尚礼好客、对小国领导人格外尊重的举动中深深感受到："无需担心他们会来干涉我国的内部事务，中国人是我们的朋友。"[43]于是，他明确表示：柬埔寨拒绝接受任何附加条件的外援，因此所得美援很少；柬埔寨承认和平共处五项原则，严守中立，不参加任何军事集团，不向美国提供军事基地；柬埔寨政府决定不同台湾国民党当局建立正式外交关系……

在和谐愉快、心心相印的气氛中，周恩来以毛泽东和他个人的名义热情地邀请西哈努克在方便的时候访问中国。西哈努克欣然接受邀请，同时他也邀请周恩来能够对柬埔寨进行国事访问。

周恩来在亚非会议上同西哈努克建立的友谊，促成了西哈努克1956年2月出访中国。这年底，周恩来也访问了柬埔寨。中柬两国关系从此逐渐密切起来。

周恩来以德报怨，几天就征服了视自己为"敌人"、成见甚深、当年以滔滔辩才而出名的菲律宾代表团团长卡洛斯·罗慕洛。

1941年12月太平洋战争爆发后，罗慕洛参加美国远东军，先后任太平洋盟军最高司令道格拉斯·麦克阿瑟将军的新闻助理、政治顾问，并取得准将军衔。1945年，率菲律宾代表团出席在旧金山举行的联合国成立大会。1949年9月，当选为联合国第四届大会主席，成为担任该职务的第一个亚洲人。1950年至1952年，任菲律宾外交部部长。

　　1956年，罗慕洛在自己写的《万隆会议的意义》一书中毫不掩饰地说：我参加万隆会议的目的，就是去捍卫自由世界。

　　1985年亚非会议召开三十周年前夕，他在接受《人民日报》驻纽约记者采访时，动情地说："周恩来是我去的时候的敌人。亚非会议上，我发表了反对共产主义的长篇演说，可是周恩来不但没有和我争论，而且还主动和我在会外进行深入的讨论，使我深深地感动。虽然当时菲律宾同中国还没有建交，而我和周恩来从那时起就建立了友谊，成了好朋友！"[44]

　　在会议期间，周恩来还主动接近日本代表团团长高碕达之助，进行了两次使对方终生难忘的会谈，并最先对日本在会上提出的有积极意义的关于和平的宣言给以坚决的支持。

　　4月18日下午，为了表示对对方的尊重，周恩来和同样注重礼节的高碕达之助都提前半个小时来到萨沃·霍曼旅馆，进行了礼节性的交谈。双方最后商定22日上午，由中国代表团专车接高碕达之助到中国代表团住地会谈。

　　4月22日上午七时四十分，周恩来与陈毅会见来访的日本代表团团长、经济企划厅长官高碕达之助和顾问藤山爱一郎。

　　会谈中，周恩来考虑到日本政府追随美国政府的现状，同时也照顾到高碕达之助本人想方设法开展日中交往的良好愿望，于是选择从轻松、有联系、有共同点的话题谈起。

　　周恩来说："我年轻的时候，到日本留学，记得住的宿舍附近有一条河。当时虽然不懂日文，却能读懂日本报纸。通过读报来了解日本和中国的政治动向。所幸的是，一千多年来日中两国都使用同一文字。"又说，"高碕先生，恐怕您也能读懂中国报纸上的汉字。然而中国今后要实行简化字，听说贵国也在搞简化字。"

　　周恩来看着在静心听的高碕，于是试探性地问道："让日中两国的学者聚集一堂研究一些共同的简化字，您以为可否？"

　　高碕觉得周恩来的建议在理，表示愿意回日本后，立即同文部大臣及其他有关人士磋商，设法安排两国学者对话。

接着，周恩来从两国相同的语言文字谈到两国政治制度上。他说："日中两国政治制度不同"，但是，"所幸的是一千多年来都使用同一文字"，"这一点却是在百年、千年之后也能留给两国子孙后代的一笔遗产。日中两国进行这种对话是与美国无关的，日本政府恐怕也能够赞同"。[45]

高碕达之助向周恩来投以赞同的眼光。

周恩来又说："日本国民要求独立的心情对政府会有影响的，日本一定要从半占领下的状态中解脱出来。"

亚非会议以后，高碕达之助同周恩来的友谊逐步加深，成为中日经贸交往的日方负责人，为推动中日关系的改善和正常化做出了重大贡献。

在周恩来逝世十五周年的1991年，高碕达之助在《在亚非会议上见到周总理》一文中写道："这次万隆会议，使我的一生发生了转变。我对政治、外交产生兴趣，实际上是从这次万隆会议开始的。"

在会议期间，周恩来十分重视把出席其他国家代表团团长举行的宴会和邀请其他国家代表团团长出席自己举办的宴会，作为消除隔膜、融洽感情、增进了解与友谊的一种好形式。因此，他总是尽可能多地出席一些国家代表团邀请他参加的宴会；同时，他也在短短的几天内尽可能多地举办一些宴会，邀请其他国代表参加。有的宴会在中午，有的宴会在晚上；有的六七点开始，有的晚至十一二点才开始。

据朱霖回忆：

> 因为邓大姐没有来，所以只要外国代表团有夫人的，总理总是要我参加，帮助他招待客人。我特别记得，总理请来了不少客人，有沙特阿拉伯的国王费萨尔[46]，缅甸政府总理吴努，印度政府总理尼赫鲁带着他的女儿英迪拉·甘地夫人……
>
> 有时一晚上请两次客，六点请了，十一点再请一次。我体会到总理是很有考虑的，他要利用这次会议的机会广泛结识亚非各国的领导人。他请客就是为了广交朋友。像泰国旺亲王夫妇、菲律宾外长罗慕洛[47]、埃及总统纳赛尔、西哈努克亲王，他都请了。巴基斯坦财长在会上对我们的态度不太友好，周总理把巴基斯坦总理阿里和他的财长都请来了，而且盛情地以礼相待。

巴基斯坦总理阿里当着总理的面批评巴基斯坦财长年轻不懂事,总理表示谅解。……

总理同这些亚非国家首脑一起吃饭、交谈,态度都很诚恳、热情,许多人都觉得总理说得在理,表示理解我们国家的政策,对总理非常佩服。总理待人平等、诚恳、热情,这正是他一贯的作风,不要说他的言谈举止,就是他的态度就能争取到人。[48]

4月22日、23日,路透社记者在连续两天的报道中是这样说的:22日晚上,周恩来"设一次十道菜的晚宴招待菲律宾的罗慕洛将军、锡兰总理科特拉瓦拉和印尼总理沙斯特罗阿米佐约"。"这完全是一种社交性的晚宴,没有讨论政治问题。""曾经在这里的亚非会议上激烈攻击共产主义的锡兰总理同周恩来在宴会上十分友好",他"同周恩来还说笑话"。同是宴会客人的罗慕洛告诉记者中国总理"非常谦和"。[49]

周恩来在亚非会议上的一言一行、一举一动,为新中国在全世界树立了一个崭新的形象。

会议结束后,科特拉瓦拉仍念念不忘地说:"我们许多人是第一次与中国总理周恩来见面,我必须这样说,虽然我们不同意他的政治观点,但他使人感到是一个讲道理的人,是一个愿意尊重别人观点的人。"[50]

据美国记者鲍大可报道,"有一个代表指出:周恩来之所以能够给人以耳目一新的形象亮相世界舞台",这是"因为他的国家不但是共产党的国家,而且也是孔子的国家"。他惊叹道:在这种场合下,周恩来"发挥他那著名的个人魅力。我没听说有哪一个人不折服于他的个人品格,即使最强烈反对他的政敌也不例外"。[51]

据不完全统计,周恩来先后邀请了20余个国家的代表团参加他举行的宴会,其效果远远超出预期想象。的确,这种随便、轻松和惬意的会外接触往往能够获得正式会谈所不能获得的效果。

9

4月24日下午四时三十分,各国代表团团长会议讨论修改了即将提交闭幕会议通过的《亚非会议联合公报》。在《公报》中，最终拒绝了那种谴责所谓"一切形式的殖民主义"和"渗透和颠覆性的国际学说"说法。会议采纳了中国代表团提出的一个重要提案，这就是："亚非会议建议五个发起国在同与会国协商之下，考虑召开下届会议的问题。"[52]

晚上六时三十五分，举世瞩目的历史时刻到来了。经过与会各国坚忍不拔的努力，亚非会议在独立大厦举行最后一次全体会议。

会议秘书长鲁斯兰·阿卜杜加尼宣读了《亚非会议最后公报》。紧接着，在暴风雨般、经久不息的掌声中，会议一致通过历史上第一次以亚洲、非洲29个国家的名义发出的《亚非会议最后公报》。

按各国英文字母次序发言排在第三位的周恩来，以流畅欢快的语气说道：

> 我们的会议是有成就的。……
>
> 会议的成就是开始了或者增进了亚非各国之间的了解，并在某些主要问题上达成了协议，这对于我们在反对殖民主义、拥护世界和平、增进彼此之间友好合作的共同任务上将有很大帮助。这个会议相当地满足了亚非人民和世界人民的愿望。
>
> 这个会议反映了我们当中对于许多问题的看法和意见是不相同的，我们也曾为此进行了部分的讨论。但是，这些不同的看法和意见并没有妨碍了我们彼此之间达成共同协议。[53]

最后，周恩来以激越高昂的情绪，大声说道："我希望亚非国家之间的接触和人民的友好往来从此频繁起来。""祝各国代表们健康，回国旅途平安，再见！"[54]

与会各国代表团团长都发表了热情洋溢的讲话：

——缅甸政府总理吴努强调："毋庸讳言，会议有时陷入看来似乎是僵局的局面，但是各位代表所表现的稳健、忍耐、坚韧和熟练的技巧，使我们得以找到脱离这种局面的途径和寻求一致的基础。从这个意义上讲，这个会议正是和平共处的具体体现。"

——埃及总统纳赛尔坦言："我们的会议已经取得了巨大的成就。"

——日本代表团团长高碕达之助指出："这个会议展开了世界史上的新阶段。事实上，它带来了等待已久的亚非两洲复兴的黎明。"

——伊拉克外交大臣贾马利讲道:"这个会议将作为一件世界大事列入史册。"

——菲律宾代表团团长罗慕洛说:"我希望历史会说,虽然我们没有提供建立一个十全十美的世界的计划,但我们的确规定了产生希望的基础。"

——土耳其副总理佐鲁感言:"如果我们想一想在许多问题上存在不同的看法,我相信我们必须认为会议已经非常成功地完成了它的目的,并对全体人类作出巨大的贡献。"[55]

会议主席、印尼总理沙斯特罗阿米佐约满怀喜悦心情致闭幕词。他说:"亚非人民已经表明,我们是能够合作的,我们所需要的是和平,压倒一切的、为了我们的人民和全世界的利益的和平。在我们聚会的期间,我们为我们自己以至为其他千千万万的人已经取得很多的收获。""愿我们在我们已经共同采取的道路上继续前进,并且愿万隆会议成为指引亚洲和非洲前进的灯塔。"[56]

沙斯特罗阿米佐约致完闭幕词后,已经是晚上九点半了。夜色中,获得巨大成功的亚非会议,在经久不息的掌声中落下帷幕。

从17日抵达万隆到24日会议闭幕,一次又一次的会议和事务工作,已经耗去了周恩来相当多的时间,再加上频频的会外接触、交往,使他的睡眠时间少得可怜。据当年跟随周恩来的卫士长成元功说:

> 在这七天的会议中,最忙的是周总理,据不完全的统计,在这七天中,他共参加各种会议十六次,会客约谈十次,参加各种宴请活动十五次。此外,还要参加代表团内部的活动,批阅文件和亲自起草电报等。睡眠最少的也是周总理,他每天白天参加会议和各种活动,晚上办公,有两天只能和衣在床上睡个把小时。当时我曾对他的睡眠做过统计,七天他共睡十三个多小时的觉。
>
> 从万隆回到云南昆明后,一天在驻地的院子里散步,周总理对我说:"这次出去很紧张,比较忙,睡觉少一些,休息几天就补上了。大姐(指邓颖超大姐)身体不好,不要对她讲,免得她担心。"周总理的嘱托在我心底埋了二十二年,直到1977年春天我才告诉邓大姐。[57]

周恩来这种忘我工作和关心他人的精神,深深地感动了陈毅。他深情而风趣地对周恩来说:"总理呀,我对你非常佩服,我不但工作不如你,我熬夜也不如你!"[58]

亚非会议的胜利成果，粉碎了帝国主义在政治上孤立、经济上封锁新中国的企图。虽然会议自始至终仅有短短的一周时间，但局面却一下子打开了。新中国的地位上升了，形象突出了。各种舆论纷纷认为，会议获得重大成功的一个重要原因，是新中国派出了周恩来这个神话般的领袖人物。

一位路透社记者曾报道："大家都承认周恩来才智至高无上地主宰着会议。代表们承认和平攻势像用这样逐步推进的艺术以及非凡的天赋施展出来，是从未有过的。代表们惊叹地说：'他是以怎样的洞悉力能够察觉并道破大家心窝里想说的话啊！'"[59]

美国记者鲍大可也在报道中惊呼："周恩来的发言是中国以和解态度与会的绝好说明。""周恩来在万隆的表演完全证明了他是世界上最有经验、最有才干的外交家之一。""如果低估像周恩来这样的个人在万隆的影响，那就大错了。""他确确实实以他的才干和个人'通情达理'的态度，给哪怕是反共国家的领导人也留下了深刻的印象。"[60]

5月7日中午十一时四十五分，满载着向全国人民汇报的亚非会议的累累果实，周恩来一行乘坐的专机在和煦的阳光照耀下，徐徐降落在北京首都机场。党和国家领导人刘少奇、陈云、林伯渠、董必武、邓小平、李济深、郭沫若、贺龙、李先念等和各国驻中国使节早已等候在那里。

此后，亚非会议所体现的亚非人民反帝与反殖、争取与维护民族独立、增强各国人民间的友谊、保卫世界和平的精神，被称之为"万隆精神"，亚非会议成为亚非人民进行争取民族独立、维护世界和平的伟大斗争的一个重要里程碑，也为第三世界的崛起树立起了一座高高耸立的既具重要历史意义，也具重大现实意义的划时代丰碑。

亚洲和非洲人民在万隆精神的鼓舞下，反帝与反殖的斗争有了进一步发展，并取得了重大成就，迎来了"亚非独立年代"，新独立的国家一个紧接一个诞生。从1955年到20世纪60年代末的十多年里，亚非地区先后有摩洛哥、突尼斯、马来西亚、新加坡、塞浦路斯、毛里塔尼亚、科威特等四十四个国家，获得独立。

这期间，新中国也迎来了它的第二个建交高潮期，相继同尼泊尔王国、阿拉伯埃及共和国、阿拉伯叙利亚共和国、阿拉伯也门共和国、斯里兰卡民主社会主义共和国（原锡兰）、民主柬埔寨、伊拉克共和国、摩洛哥王国、阿尔及利亚民主人民共和国、苏丹、几内亚共和国、加纳共和国、古巴共和国、马里共和国、索马里民主共和国、扎伊尔共和国、老挝王国、乌干达共和国、肯尼亚共和国和法兰西共和国等二十九个国家建立了外交关系[61]，建交国猛增一倍多，新中国走向世界的局面已经初步形成。

注释：

[1] 以后又常称万隆会议。

[2] 周恩来在中共中央政治局扩大会议上的报告记录，1954年7月7日。参见《周恩来传》，中央文献出版社2018年版，第1147页。

[3] 《黄镇传》（上），中央文献出版社2007年版，第348页。

[4] 参见熊华源：《周恩来初登世界舞台》，辽宁人民出版社1999年版，第181页。

[5] 《亚非会议文件选辑》，世界知识出版社1955年版，第4页。

[6] 《亚非会议文件选辑》，世界知识出版社1955年版，第5页。

[7] 《亚洲雄风——团结合作的亚非会议》，世界知识出版社1998年版，第20、21页。

[8] 《杜勒斯言论选辑》，世界知识出版社1959年版，第178页。

[9] 袁守芬、胡家模：《周恩来的风格》，中央文献出版社1995年第1版，第114页。

[10] 李慎之、张彦：《人民的心同亚非会议在一起——亚非会议日记》，《人民日报》1955年6月2日。

[11] 周恩来向中共中央政治局提交的《参加亚非会议的方案（草案）》，1955年4月4日。参见《周恩来年谱（1949—1976）》上卷，中央文献出版社2020年版，第449页。

[12] 《中共党史人物传》第59卷中的《李克农》，陕西人民出版社1996年版，第48页。

[13] 《中华人民共和国外交部声明》，《人民日报》1955年4月13日。

[14] 《周恩来邓颖超书信选集》，中央文献出版社2014年版，第102页。

[15] 《周恩来邓颖超书信选集》，中央文献出版社2014年版，第104页。

[16] 张平宜：《克什米尔公主号空难真相曝光》（上），《参考消息》1995年4月15日，第8版。

〔17〕此为仰光当地时间。下同。

〔18〕黄书海、朱成立：《姚仲明畅谈：和平共处五项原则的产生及其影响》，《世界知识》1983年第24期。

〔19〕《亚非会议文件选辑》，世界知识出版社1955年版，第11页。

〔20〕《人民日报》1955年4月18日。

〔21〕原名为刚果第亚大厦。这是苏加诺总统在亚非会议召开前夕下达命令改名的。

〔22〕《亚非会议文件选辑》，世界知识出版社1955年版，第12页。

〔23〕《亚非会议文件选辑》，世界知识出版社1955年版，第16、23页。

〔24〕毛泽东为中共中央起草的通报，1948年3月20日，《毛泽东选集》第4卷，1991年第2版，第1298页。

〔25〕《亚洲雄风——团结合作的亚非会议》，世界知识出版社1998年版，第46页。

〔26〕《亚非会议文件选辑》，世界知识出版社1955年版，第35、36页。

〔27〕《亚非会议文件选辑》，世界知识出版社1955年版，第34、35页。

〔28〕《亚非会议文件选辑》，世界知识出版社1955年版，第37页。

〔29〕笔者访问浦寿昌录音记录，1997年年底。

〔30〕字符数为2266。

〔31〕朱霖：《大使夫人的回忆：匈牙利、印尼、法国、美国》，世界知识出版社1991年版，第52页。

〔32〕以上内容均见李慎之、张彦：《亚非会议日记》，中国新闻出版社1986年版，第18页。

〔33〕《周恩来在万隆——美国记者鲍大可记亚非会议》，中国社会科学出版社1985年版，第9页。后来，鲍大可成为美国著名的中国问题专家。对中国一直保持友好的态度。直到1999年3月临终前，出于对当时美国反华逆流的忧虑，他在病榻上对美国国家安全委员会亚太地区事务主任李侃如说，美国政府眼光应该放远一点，通过密切往来，推动美中关系向前发展。他还说："我要告诉你，我依然是很乐观的。"

〔34〕李慎之、张彦：《人民的心同亚非会议在一起——亚非会议日记》，《人民日报》1955年6月1日。

〔35〕《参考消息》1955年4月23日。

〔36〕《周恩来外交文选》，中央文献出版社1990年版，第126—129页。

〔37〕《周恩来外交文选》，中央文献出版社1990年版，第130—132页。

〔38〕李慎之、张彦：《亚非会议日记》，中国新闻出版社1986年版，第31页。

〔39〕《周恩来在万隆——美国记者鲍大可记亚非会议》，中国社会科学出版社1985年版，第12页。

〔40〕《周恩来在万隆——美国记者鲍大可记亚非会议》，中国社会科学出版社1985年版，第62页。

〔41〕〔42〕〔43〕《西哈努克回忆录》，黑龙江人民出版社1987年版，第252、253页。

〔44〕李慎之：《万隆精神和周恩来——对亚非会议的回忆》，《人民日报》1985年4月19日。

〔45〕李德安：《忆万隆会议时期的周恩来总理》，《参考消息》1985年1月8日、9日。

〔46〕此处朱霖的回忆有误，费萨尔当时任沙特阿拉伯首相兼外交大臣。

〔47〕此处朱霖的回忆有误，罗慕洛当时任菲律宾总统驻美国特使。1950年至1952年和1969年至1984年，罗慕洛先后两次出任菲律宾外交部部长。

〔48〕朱霖：《大使夫人的回忆：匈牙利、印尼、法国、美国》，世界知识出版社1991年版，第55、56页。

〔49〕路透社报道，《参考消息》1985年4月23日。

〔50〕《印度教徒报》，1955年4月27日，转引自［英］杰弗里·巴勒克拉夫、雪切尔·F.沃尔著：《国际事务概览（1955年）》，上海译文出版社1985年版，第77页。

〔51〕《周恩来在万隆——美国记者鲍大可记亚非会议》，中国社会科学出版社1985年版，第17、67页。

〔52〕《亚洲雄风——团结合作的亚非会议》，世界知识出版社1998年版，第74页。

〔53〕《亚非会议文件选辑》，世界知识出版社1955年版，第58页。

〔54〕《亚非会议文件选辑》，世界知识出版社1955年版，第59页。

〔55〕《亚洲雄风——团结合作的亚非会议》，世界知识出版社1998年版，第76、77页。

〔56〕《亚非会议文件选辑》，世界知识出版社1955年版，第56、67页。

〔57〕成元功：《周恩来总理不避凶险赴万隆》，《人民公安》2006年1月10日。

〔58〕笔者采访成元功记录，1986年4月。

〔59〕《参考消息》1955年4月25日。

〔60〕《周恩来在万隆——美国记者鲍大可记亚非会议》，中国社会科学出版社1985年版，第11、23、28页。

〔61〕《当代中国外交》，中国社会科学出版社1988年版，第476、477页。

07 知识分子问题会议前后

1

作为国务院总理，周恩来相当深刻地认识到：人才是一个极为重要的问题，搞革命需要人才，搞建设、搞科学技术更需要人才。

新中国成立后，国民经济形势好转，各项建设开展，特别是第一个五年计划开始后，时时处处都碰到一个躲不开的严峻问题，这就是建设人才缺乏，尤其需要知识分子积极参与，并且需要及时地、不断地提出解决知识分子有关问题的具体政策和办法。

在繁忙地处理党务、政务、军务的同时，周恩来总是在密切注视着世界科学技术的发展动向，了解最新信息，据此提出我国科学技术的发展方向，并制定相应的政策。他看到，世界科学技术的发展是异常迅猛的。据统计，16 世纪的各种新发现、新发明不过 26 项；17 世纪则有 106 项；18 世纪 156 项；19 世纪就达 546 项；到了 20 世纪，头五十年就已高达 961 项。

同时，周恩来对作为科学技术载体的知识分子在国家建设中的地位和作用一贯给予了高度重视。

早在 1950 年 8 月 24 日，周恩来在中华全国自然科学工作者会议上作《建设与团结》的报告时就明确提出：我们国家的"方向和目标是确定了"，这就是要"建设独立、民主、和平、统一和富强的新中国，要把中国由一个农业国变为工业国"，但我们是在旧中国留下的满目疮痍的"破烂摊子上进行建设，首先必须医治好战争的创伤，恢复被破坏了的工业和农业"。恢复工作"不可能百废俱兴"，只能先从兴修水利、修筑铁路、制造化学肥料这几项工作入手。"单说这几件大事，都需要科学家的努力。现有的专家不是太多而是不够。"

一年后的 1951 年 8 月，周恩来深情地对即将启程的第一批 375 名赴苏留学生说："国家目前很困难，但下决心送你们出去学习，是为了将来回国参加建设。"他在来自全国各条战线的 18 个专业会议和政府部门负责人参加的报告会上，又感叹道：现在，"人才缺乏，已成为我们各项建设中的一个最困难的问题"。"只要我们的工作开展了，中国的知识分子就不是太多，而是太少了。""不论在经济建设、国防建设，还是在巩固政权方面，我们都需要人才。"人才缺乏，"这是旧社会遗留给我们的一个困难，也是中国的一个特点"。[1]

从 1952 年 7 月开始，周恩来参加研究和制定第一个五年计划。一搞五年计划，他更感到建设人才缺乏。1952 年 10 月，周恩来在政务院第一百五十六次会议上指出，我国要建设，人才就成为一个决定性的因素。他把中国知识分子和科技力量称为国家的宝贝，认为"掌握尖端技术，关键在于人才"。[2]

到 1955 年底，以农业合作化为先导的社会主义改造高潮兴起，这预示着全面社会主义建设时期即将到来，与此同时第一个五年计划也将进入有更多的建设项目要铺开的关键性的第四年。各种人才匮乏问题显得更加突出、迫切！

20 世纪 20 年代和 50 年代，周恩来曾两次到欧洲，亲眼看见了科学技术的进步在三十年中给西欧人民的物质生活以及整个社会面貌带来的巨大变化。这使他更清楚地认识到作为科学知识载体的知识分子在国家社会生活中的重要作用。因此，他说："我们现在所进行的各项建设，正在愈来愈多地需要知识分子的参加。""知识分子已经成为我们国家的各方面生活中的重要因素。"

新中国成立后的几年时间里，知识分子从新中国建设事业的迅猛发展中看到了与自己命运紧密相连的中华民族的光明前途，产生了强烈的为把贫穷落后的中国建设成为社会主义现代化强国的内在动力。同时，知识分子的业务水平也有了显著提高。李四光、华罗庚、钱学森、老舍、吴阶平、汪德昭、邓稼先、朱光亚、吴仲华、任新民等许多身居海外的知识分子，也满怀爱国热情，毅然决然地放弃在国外的优越工作条件和丰裕的物质生活，排除重重阻力，奔向祖国，为建设新中国尽心效劳，在各自的研究领域中做出了杰出的贡献。

李四光是新中国地质事业的奠基人，对地质力学理论和中国地质构造的研究做出了卓越贡献。1948 年，他作为中央研究院地质研究所所长到伦敦出席第十八届国际地质学会大会后留居国外。新中国成立那一年，周恩来嘱咐郭沫若借出国的机会，带信给李四光，希望他早日归国参加新中国的建设工作。年底，李四光经意大利秘密回国。

1950年5月,李四光终于冲破重重阻力回到北京。李四光的夫人许淑彬回忆道:

> 到了北京,许多新旧朋友都来迎接。有的老朋友告诉仲揆[3],解放后不久人民政府就曾考虑召开第一次全国地质会议,但周总理指示要等仲揆回国后再开。谁知一直等了五个月还不见仲揆回来。于是有人造谣说:李某人是不会回来的,他去台湾了。周总理听了这话后说:我相信他不会去台湾,现在还没有回来,一定是给什么困难耽误了,我们一定等他回来再开会。仲揆听到总理这样信任他,极为感动,就决定听从党和政府的安排,留在北京工作。李四光住进北京饭店的第二天,周恩来立刻到住处去看他,一见面就说:"你终于回来了,欢迎,欢迎!祖国需要你呀!"[4]

不久,李四光便应周恩来的要求,出任中国科学院副院长、中华自然科学专门学会联合会主席、地质工作计划指导委员会主任委员,领导新中国地质事业全面发展。1952年8月,他又被任命为中央人民政府地质部部长。

在李四光所创立的找油理论——地质力学理论的指导下,从1955年开始,地质部在全国范围内开展了战略性的石油普查工作。新中国成立十周年之际,终于找到了第一个高产大油田——大庆油田。

之后,我国又根据李四光的地质学理论,先后找到并建成了胜利、大港、华北等大型陆上油田;接下来,我国又在渤海、黄河入海口周边和南海发现大型石油矿区,建立了大规模的海上油田。我国已探明的石油资源储量已接近美国,成为世界主要产油国之一。李四光成功地为中国摘掉了"贫油国"的帽子。

研究导弹的著名科学家钱学森,1935年从上海交大毕业后赴美国留学并获得博士学位,遂成为美国力学大师、火箭专家冯·卡门教授的得力助手之一,在美国加州理工学院工作。新中国成立后,他决心回国投身祖国的建设事业,却遭到美国政府的强行阻挠。

1955年春,毛泽东针对美国总统艾森豪威尔发表声言要对中国和其他社会主义国家实行"大规模报复"的核讹诈演说,询问周恩来:"在原子弹和导弹研制方面,我们的人才如何?"

周恩来如数家珍，回答说："我们有这方面的人才优势，钱三强与诺贝尔奖获得者约里奥·居里夫人同在一起工作过，杨承宗和彭桓武是从法国、英国回来的著名放射物理学家，另一位在美国'火箭之父'冯·卡门博士门下工作过的导弹专家钱学森教授，我们正在通过各种途径，争取他早日归国。"[5]

1955年6月，周恩来在得知钱学森通过秘密渠道急切请求中国政府帮助他回国的消息后，立即指示在日内瓦参加中美大使级会谈的王炳南，以中国政府将采取提前释放11名美国战俘的重大行动，要求美国政府取消对钱学森等归国的无理限制。

在王炳南的大力推动下，8月5日，钱学森终于接到了美国移民局的通知，被允许离开美国。

10月8日这天，历尽磨难的钱学森终于冲破美国政府的重重阻挠和迫害，在灿烂阳光的照耀下，跨过了深圳的罗湖桥，回到祖国的怀抱。当他握着中国科学院的迎接代表朱兆祥的手时，滚烫的泪水从眼眶里落了下来。[6]

之后，周恩来说："中美大使级会谈，虽然长期没有积极结果，但是要回来一个钱学森，单就这一件事情，会谈也是值得的，是有价值的。"[7] 其实，新中国政府不仅要回了一个钱学森，而且要回了一批科学家，一批为新中国科技事业献身的楷模。

钱学森回国后，周恩来立刻委托他起草《建立国防航空工业意见书》，组织力量，自力更生地开始了新中国导弹的研制工作。张劲夫回忆说："钱学森从美国回来后，懂得搞导弹关键靠推进器，于是科学院下决心搞新的推进器，靠两条腿走路，很快就搞出来了。没有两条腿，苏联毁约停援，我们就抓瞎了。"[8] 自此，钱学森成为中国航天事业的奠基人。

但是在20世纪50年代中期，在中国共产党内和在社会上，对各种人才匮乏、知识分子太少这个现实和对如何最充分地发挥知识分子在国家建设各个领域中的作用这个极端重要而紧迫的问题的认识却并不一致，存在着严重的不尊重知识分子的"左"的宗派主义倾向。主要表现是：

不少地方出现要求过高过急、不实事求是、不尊重知识分子的问题；在许多人中间还流行着"生产靠工人，技术靠苏联专家"的思想；有的人则对知识分子抱有一种盲目的排斥和嫉妒心理，把他们当作"异己分子"，利用种种机会加以压制和打击。

据当时在中共中央统战部负责联系民主党派工作的于刚回忆：

> 1955年下半年，一天李维汉部长找我和张力之同志去他那里。他说部里近期工作的重点准备抓一抓知识分子问题，要设法摸清党的知识分子政策贯彻执行的情况。
>
> 办法之一，是通过民主党派去摸高级知识分子的情况。考虑到同高级知识分子联系最密切的是中国民主同盟，它的许多盟员是高级知识分子，他们都是"身在其中"的人，对当时知识分子的思想状况，以及他们的愿望和要求，会比我们了解得更清楚、更深透一些。这样，我们议定推动民主同盟去摸情况。随后，我们把民盟中央文教委员会负责人费孝通先生请到统战部，由李老和我在礼堂的一间会议室里同他商议这件事。经过李老的说明，费孝通先生态度很积极。于是，在费孝通先生的串联下，民盟中央文教委员会花了两三个月的时间搞调查，获得了一大批第一手材料。
>
> 这批材料，一份留在民盟，同样的一份交给统战部。我们接到这批材料后，民主党派工作处马上进行分类研究，大体上把问题分成六个方面，反映出我们党对高级知识分子的工作在这些方面做得还不够。我们把这些问题简称为"六不"：一是估计不足，包括对他们的政治进步和业务水平都估计不足；二是信任不够，如他们应该看的资料不让他们看等；三是安排不妥，四是使用不当，该用的，有的没有用或用非所长；五是待遇不公；六是帮助不够。
>
> 材料整理完后，我们就按这六个方面的问题向李老作了汇报，接着李老就向总理面谈了。[9]

几天后，中国民主同盟负责人章伯钧在11月9日也向周恩来反映这方面的情况，说农业合作化了，资本主义工商业改造了，这两翼配合社会主义工业化这个主体都前进了，那么，知识分子的地位和作用也应该讨论一下。

这样，召开一次关于知识分子问题的会议已经非常必要了。

2

1955年11月22日，周恩来向刚从外地回到北京的毛泽东汇报了有关知识分子问题的情况，并陈述了自己的意见。早在年初，周恩来就有过召开知识分子问题会议的设想。

11月23日，毛泽东召集中共中央书记处全体成员刘少奇、周恩来、朱德、陈云和中央有关方面负责人会议，进行商讨，决定采纳周恩来的意见，在全面社会主义建设即将到来的历史转换关头，即在1956年1月召开一次大型会议，全面解决知识分子问题。同时，决定成立由周恩来负总责的，有彭真、陈毅、李维汉、徐冰、张际春、安子文、周扬、胡乔木、钱俊瑞参加的中共中央研究知识分子问题十人领导小组，下设强有力的办公室进行会议的筹备工作。

筹备工作一开始，周恩来首先对知识分子的情况做了全面深入的调查研究，认真收集知识分子问题的材料。

列宁曾经说过："事实是我们政策的基础，我们马克思主义者是应该竭尽全力对种种事实进行科学研究的。"[10] 本着这一精神，周恩来开展了详细周密的调查研究。

1955年11月下旬，周恩来邀请中国科学院、北京市部分大学等具有代表性、知识分子集中的一些单位的有关人员座谈，进行调查研究，并详细研究了北京市26所大学中关于知识分子问题的各方面情况。

同时，周恩来指导十人领导小组对统战部、北京市已经上送的调查材料加以分类整理和分析研究，写出了解决知识分子的工作条件、社会活动过多与兼职过多、待遇问题、发展党员问题等11个专题报告。

周恩来还认为，各省市委、自治区党委是调查研究和解决知识分子问题的基本力量。为了发挥这支力量的作用，11月24日，他在中共中央政治局召集的有各省市委、自治区党委负责人参加的关于资本主义工商业改造问题座谈会上，专门布置了各地如何开展调查研究知识分子问题的工作，要求各地在12月下半月先召开一次知识分子问题会议。他还指示各地也像中央这样成立一个领导小组，认为"这样可以上下通气，收集材料，研究问题，便于党领导这项工作"。当天，他又召集中央和政府各部门负责人开会，布置了这项工作。

应当以什么标准去衡量知识分子，这是关系到能否正确估计知识分子现状的关键。周恩来明确地回答说：在政治思想方面，"对于知识分子衡量的标准，首先应该是爱国主义，其次才是属于世界观范畴的马克思主义"。[11]

为了更好地从理论与实践的结合上解决知识分子问题，周恩来进一步责成十人领导小组从马克思主义关于知识分子的基本观点、中共中央对知识分子政策的基本观点等12个方面，更加系统地、全面地整理和研究知识分子问题的材料。他努力从宏观与微观、正面与反面等各不相同的角度去调查知识分子问题，这样就为制定正确的、新的全面建设社会主义时期的知识分子政策奠定了坚实基础。

在调查研究知识分子问题的同时，周恩来把我国科学技术落后的实际情况同苏联和美国、英国、法国、日本等西方先进国家的科学技术现状进行了严密精细的对比研究，努力寻找切实可行的改变这一落后面貌的方针、政策和办法。

经过紧张而有节奏、科学的调查研究工作，在对知识分子的现状和中国同世界科学技术水平的现状有了更深刻了解后，12月17日、19日，周恩来两次约胡乔木商谈会议的主题报告——关于知识分子问题的报告起草问题，就报告的指导思想和稿子的结构、基本内容、重点提出了系统的意见。

由于起草报告稿的目的和思路明确，可资参考和利用的材料面多量广，质量比较高，加上胡乔木对这一类报告的起草驾轻就熟，因此到1956年1月上旬报告初稿就已写成。

1月6日，周恩来召集中央十人领导小组会议讨论修改报告稿。随后，他一遍又一遍、一丝不苟地，逐段、逐句、逐字地对稿子进行推敲和修改，并增写了一些重要的思想理论观点。修改一直持续到知识分子问题会议召开的这天凌晨。当他写下"印一千四百份　周恩来一·十四"的批示后，才放下已经紧握了数个小时的毛笔，躺到床上，让疲惫的身体和倦乏的双眼得到短暂的休息。

1956年1月14日下午三时，中国共产党中央委员会关于知识分子问题会议在中南海怀仁堂隆重开幕。

怀仁堂建于清光绪十三年（1887），原名为佛照楼，紧靠中南海西口。新中国成立后，这里专门作为党和国家重要会议的会场。中国人民政治协商会议第一届全体会议、第一届全国人民代表大会和最高国务会议都曾在这里举行。

这次会议规模宏大，出席会议的1279人济济一堂。他们中有：

毛泽东、刘少奇、周恩来、陈云、林伯渠、董必武、彭德怀、彭真、张闻天、邓小平、陈毅、罗荣桓、李富春、徐向前、贺龙、蔡畅、李先念、薄一波、王稼祥等57位在京中共中央委员、候补委员。

各省市委、自治区党委和27个省辖市市委书记或副书记，以及这些省市委、自治区党委所属组织部、宣传部、统战部的负责人。

全国重要高等院校、科研机关、设计院、厂矿、医院、文艺团体和军事机关党组织的负责人。

当这天的会议主席刘少奇宣布大会正式开幕后,周恩来便代表中共中央作《关于知识分子问题的报告》[12]。他第一次把知识分子问题、发展科学技术问题作为全党上下都要关注的一项基本工作,郑重地提到了全党面前,并围绕这两个问题进行阐释和论证。

周恩来列举事实,说明"我国知识界的面貌在过去六年来已经发生了根本的变化",明确提出知识分子"已经为社会主义服务,已经是工人阶级的一部分"的著名思想。

在这一认识的基础上,周恩来有针对性地合乎逻辑地提出:"发展社会主义建设,除了必须依靠工人阶级和广大农民的积极劳动以外,还必须依靠知识分子的积极劳动,也就是说,必须依靠体力劳动和脑力劳动的密切合作,依靠工人、农民、知识分子的兄弟联盟。""知识分子已经成为我们国家的各个方面生活中的重要因素。"既然如此,我们就应该做出在知识分子中大量吸收党员的计划,争取"在1962年做到党员占高级知识分子总数的三分之一左右"。

在报告中,周恩来对世界现代科学技术的特点和它在社会发展中的重要地位与作用,进行了深刻的分析,并指出:"在社会主义时代比以前任何时代都更加需要充分地提高生产技术,更加需要充分地发展和利用科学知识。""只有掌握了最先进的科学,我们才能有巩固的国防,才能有强大的先进的经济力量,才能有充分的条件……在和平的竞赛中或者在敌人所发动的侵略战争中,战胜帝国主义国家。"

在这一认识的基础上,周恩来又极有远见卓识,提出了"科学是关系我们的国防、经济和文化方面有决定性的因素"的著名思想。实际上,这就是说,谁想在当今世界的经济、政治、军事斗争中取得主动和赢得胜利,谁就必须依靠科学技术上的优势。因此,科学技术对我们国家国力的强弱盛衰有着决定性的影响。

周恩来提出的知识分子"已经是工人阶级的一部分","科学是关系我们的国防、经济和文化方面有决定性的因素"这两个著名思想,成为中国共产党在全面社会主义建设时期制定知识分子政策和科学技术政策的根本依据,成为中国共产党领导和加强知识分子工作、科学技术工作的指导思想。

但是,周恩来并没有就此止步。在这两个著名思想的指导下,他把报告的重心放到了阐明如何最大限度地发挥知识分子作用的具体政策和措施上,放到了阐明如何大力发展我国科学技术的战略考虑和规划上。

对此,周恩来强调要坚决摒弃对知识分子的"左"的宗派主义倾向,消除让他们学非所用和闲得发慌的"浪费国家最宝贵的财产"的现象,并提出了"最充分动员和发挥知识分子力量"的三项措施:

第一,应该改善对于他们的使用和安排,使他们能够发挥他们对于国家有益的专长。

第二,应该对于所使用的知识分子有充分的了解,给他们以应得的信任和支持,使他们能够积极地进行工作。

第三,应该给知识分子以必要的工作条件和适当的待遇。其中,包括改善生活待遇和政治待遇,确定和修改升级制度,拟定关于学位、学衔、发明创造和优秀著作奖励等制度。

在上述措施中,周恩来尤其重视对知识分子的信任和支持问题。他在1955年11月就曾指出:"信任的中心问题,就是我们要尊重这些知识分子。"所谓尊重,是要尊重他们的知识,尤其是向他们学习,使他们能够心情舒畅地运用其知识,哪怕是一技之长。他说,这样做,对于国家的各项建设,对于国家的今天和明天,都是有用的。对他们的使用应该做到用而不疑。正是从这个认识出发,周恩来在报告中批评了对知识分子所采取的敬而远之的做法,认为"这样,既缺乏了解,也容易形成隔膜"。[13]

周恩来把向知识分子学习,同他们交朋友,作为信任和支持知识分子的一项基本内容,身体力行,努力实践。

1988年底,笔者访问著名科学家、爱国知识分子的优秀代表钱学森时,他曾感慨万千地回忆:"新中国成立后,周总理一直和知识分子交朋友,他也一直是知识分子的朋友。一方面我们对周总理很尊敬,很爱戴;另一方面,我们又觉得在他面前无拘无束,可以无话不说。这是什么原因呢?这是因为周总理懂得知识的真正价值,非常珍惜它。他尊重知识分子,注意倾听他们的意见尤其是逆耳之言,时刻关心他们的疾苦。这样,他和知识分子自然而然地就有了共同语言,就必然地会进行心灵的沟通和交流了。"[14]

1992年初,著名作家老舍夫人胡絜青在《巨人的风格》一文中,深有同感地写道:"周总理虽身为国家领导人,但他总要想方设法把自己置身于这个身份之'外',找机会生活在朋友之中,按普通人的生活方式去交际。……他善解人意,他懂得尊重人。在他那里,找不到强加于人,找不到强迫命令,找不到'我说了算'。他永远以商量的口吻说话。商量了,可以不接受;不接受也不要紧。这便是周恩来!这便是周恩来的魅力!""有这个魅力,多大的艺术天才也对他五体投地,心悦诚服地跟着他走,走得愉快,走得高兴,服服帖帖。"[15]

与此同时,周恩来还高度重视提高知识分子的生活待遇问题。他在1955年11月就曾指出:我国知识分子在生活待遇上的现状,应当说,"比抗战时期好",但"比抗战前差"。就整体情况看,"比旧社会稳"。如果同政府官员的工资比较,现在除极少数教授的工资同司局长差不多外,其他的只相当于副司局长甚至更低。这都是因为等级制度和平均主义倾向影响的结果。因此,"知识分子的工资一定要调整,其中有特殊贡献者的工资还可以超过国家主席。这件事将由中央直接抓"。[16]

据此,周恩来在报告中进一步提出"应根据按劳取酬的原则,适当调整知识分子的工资"问题,并指出:提高的目的是增强他们在业务上的上进心,加强新生力量的培养,刺激科学文化的进步。同时,还是为了使他们"能够把更多的精力用于工作"。他强调:如果他们"为了日常生活琐事,往往不必要地费去太多的时间,这应看做是国家劳动力的损失"。

这年春天,周恩来在中南海紫光阁召开有郭沫若、老舍、曹禺、刘白羽、周立波、艾青、赵树理、李準等参加的小型作家座谈会。座谈会的中心问题是作家稿费问题。当时的稿酬偏低,而文化部还准备取消印数稿酬。

据李準在《清风亮节》一文中介绍:

> 因为要讨论稿酬标准,总理就调查作家们的开支情况,我记得是先算老舍先生的每天开支花销。总理算得很仔细,连茶叶、招待烟都算上。开初我并不了解总理的意图,是要当时的文化部领导,不要把稿酬压得太低。算到我的时候,我说我的工资是65元,有3个孩子,但妻子和孩子都在农村"落户"当农民,所以也够花了。总理马上说:"你这个没有代表性。一个作家的生活标准,不能按农民算。作家的劳动是艰苦的劳动,应该有所照顾。"
>
> 算到最后,大体上得出按当时的物价,每月要300元左右,当时10个人去吃烤鸭,一顿也不过12元左右。所以大家欢呼雀跃。总理在座谈会结束时,还讲了一段……大意是:我们国家还不宽裕,还要过较长时间的艰苦

生活。但对作家、艺术家，不能难为他们，要出大作品、好作品，得有一定物质条件，我们国家现在才有几个作家！应该让他们安心创作，无衣食之虞。

会议开得很成功，都感到有一种祥和畅快的气氛。总理又说："大家今天就在这里，我们没有准备什么好的菜，请大家吃包子。"虽然没有什么山珍海味，但那一顿包子的味道好极了。因为作家们都体会到，什么叫"无微不至"，什么叫"如冬日之阳，人赖之温"。[17]

周恩来对作家、艺术家是如此关心体贴，对科学家、教师和医务工作者等也不例外。

在周恩来的主持和过问下，到1956年的6月间，高级知识分子的工资有了普遍的增加，其中教授、研究员的最高工资由253元提高到364元，增资幅度为36.4%。

接着，深思熟虑的周恩来以战略家的眼光和恢宏气魄，向全党和全国人民发出紧急呼吁："我们必须奋起直追"，必须"认真而不是空谈地向现代科学进军"。

怎样做到这一点呢？

周恩来看到，这意味着既要瞄准世界发展的先进水平又要在务实精神指导下，确定正确的发展中国科学技术的战略决策、制定具体的方针政策。为此，他在报告中提出了追赶世界先进科学技术的战略决策：要在十二年内，即"在第三个五年计划期末，使我国最急需的科学部门接近世界先进水平，使外国的最新成就，经过我们自己的努力很快地就可以达到。有了这个基础，我们就可以进一步解决赶上世界水平的问题"。

为了实现这一决策，周恩来信心十足地强调：国家除了拟定一个大规模培养干部的规划外，还要"集中最优秀的科学力量和最优秀的大学毕业生到科学研究方面"。要"用极大的力量来加强中国科学院"，各高等院校也要"大力发展科学研究工作"，同时政府各部"应该迅速地建立和加强必要的研究机构"，再就是"必须为发展科学研究准备一切必要条件"，如图书、档案资料、技术资料和其他工作条件，"以便尽可能迅速地用世界最新的技术把我们国家的各方面装备起来"。

周恩来具有能够在任何情况下娴熟地运用唯物辩证法分析和解决复杂问题的卓越才干。在报告中，他还认为，应该正确处理基础理论研究和应用科学研究的关系，使之"保持适当的比例"，纠正忽视基础理论研究的偏向。他讲道：如果说，过去我们对这个问题"注意得比较少，这是难免的"，那么，到了现在"我们还不及时地加强对于长远需要和理论工作的注意"，"我们就要犯很大的错误"。目前的主要倾向，"是对于理论研究的忽视"。这在自然科学和社会科学方面都同样存在着。又说："没有一定的理论科学的研究做基础，技术上就不可能有根本性质的进步和革新。"

在报告快要结束时，周恩来停了停，提高了音量，说：我们相信，只要我们坚定地依靠全国工人、农民、知识分子在社会主义事业中所形成的这个联盟，"我们一定可以在不很长的时间内，把我们的国家建设成为一个完全现代化的、富强的社会主义工业大国，一定可以在不很长的时间内，实现毛泽东同志的伟大号召——'我们将以一个具有高度文化的民族出现于世界'"。

周恩来富有鼓动性的结束语，赢得了与会者持久的雷鸣般的掌声。

在会议闭幕的这一天，坐在主席台上的毛泽东，望着1200多位代表，笑容满面地称赞道："这个会议开得很好。"

这次会议在成功地实现预期的目的后胜利闭幕。

3

知识分子问题会议，是中国共产党执政后召开的解决知识分子问题和发展科学技术问题的一次历史性会议，被载入史册。此后，周恩来以很大精力，开始了贯彻执行知识分子问题会议精神的韧性战斗。

周恩来首先抓了有关具体贯彻执行会议精神的指示、决定等文件与材料的修改定稿、下发实施和检查落实工作。

1956年2月24日，中共中央发出了周恩来指导起草的《关于知识分子问题的指示》。4、5月间，中共中央先后转发了中央组织部《关于在知识分子中发展党员计划的报告》《关于高级知识分子入党情况的报告》和中央统战部《关于解决高级知识分子中一部分人社会活动过多和兼职过多问题的意见》等文件。

7月20日，国务院转发了会后由研究改善高级知识分子工作条件小组提出的《关于高级知识分子工作条件问题的情况和意见》和关于这个文件的《通知》。《情况和意见》就有关知识分子工作条件的十四个问题（图书、资料、情报、学术交流、仪器、试剂、实验用土地、研究经费、工作室、助手、工作时间等），提出改进意见和措施。《通知》除规定由新成立的专家局"负责研究有关高级知识分子工作条件问题"外，还开列了一个长长的应由有关部门办理相关事情的目录，要求他们在规定的期限内做出关于工作进行情况的报告。

同时，中央知识分子问题十人领导小组会同国务院专家局，在本年内有计划地检查了高级知识分子较为集中的中国科学院和国务院十多个部委解决知识分子问题的工作进展情况，并深入到这些部门若干有代表性的单位，通过同高级知识分子座谈、对他们进行访问等形式了解情况，总结了成绩，找到了差距，明确了下一步努力的方向。

各项工作有条不紊地开展，使知识分子普遍地感到：知识分子问题会议的召开和会后对会议精神的贯彻执行，使知识分子的地位和作用得到充分肯定，人格得到应有的尊重，工作条件、生活待遇也正在改善中。现在，是知识分子充分发挥聪明才智的时候了！这样，全国迅速掀起一个"向现代科学进军"的高潮。这种形势，当时在中国科学界被赞誉为"兴旺的1956年"。

为了贯彻执行知识分子问题会议的精神，周恩来还抓了制定科学技术发展的远景规划工作。

在科学发展规划制定过程中，不可避免地会碰到一些发展科学的方针性问题。但是，周恩来总是以民主的方式听取意见，全面、系统地考虑问题，明确、果断、及时、妥善地处理和解决了一些繁难而又极其重要的问题。

据参加当年科学规划的武衡回忆："在规划的过程中，周恩来总理听过多次汇报[18]。在一次汇报会上，我们向他介绍了规划中遇到的问题和我们的意见。当汇报到'任务带学科'这一口号时，周总理听后迟疑了一下，然后说，那些'任务'带不动的'学科'怎么办？是不是还应该补充一项发展科学的学科规划？这是远景规划所必须的。"[19]

后来，根据周恩来的主张，在原定56项重大任务中又增加了《现代自然科学中若干基本理论问题的研究》，由此扩张为57项。此外，又在这个基础上专门制定了基础科学研究规划。

在周恩来和国家科学规划委员会负责人陈毅、李富春、聂荣臻等的组织领导下，经过数百名科学家半年多的积极努力，于1956年12月，《中华人民共和国1956至1967年科学技术发展远景规划纲要（修正草案）》顺利诞生了。《规划》全部文件共600余万字，共确定57项全国的、综合性的、长远的国家重要科学技术任务和616个中心问题。在这个基础上，又挑选出对全局有关键意义的12个重点，在人力、物力上优先予以保证。另外，对于某些重要而又紧迫的任务，采取了特殊的紧急措施。例如，为发展计算机技术、半导体技术、无线电电子学、自动化和远距离操纵技术而采取的紧急措施，再加上当时未公开的发展原子弹和导弹研究的两项绝密任务，总共是六项紧急措施。

这些措施，为我国依靠自己的力量在不太长的时间内突破尖端技术，奠定了基础。

不幸的是，由于受旧有意识惯性作用的影响，以及当时国际政治风波的影响，周恩来关于知识分子"已经是工人阶级的一部分"的思想，在中共党内却没能获得稳定的持久的支持，尤其是没能得到毛泽东持久的支持。

就在知识分子问题会议之后不久，中共八大《政治报告》又把知识分子称为"资产阶级的知识分子"，并提出："对他们继续进行团结、教育和改造的工作，使他们利用自己的知识来为社会主义建设服务。"《政治报告》中所提出的仅仅是"利用"他们的力量，而不再是"依靠"他们来"建设社会主义"了。1957年3月，在中共中央召开的全国宣传工作会议上，毛泽东进一步提出：知识分子的"世界观基本上是资产阶级的，他们还是属于资产阶级的知识分子"。

在党内一些领导人的认识发生这种逆转后，周恩来处于十分为难的境地。他只能把自己的工作重心放在采取实际措施来维护和坚持正确的知识分子政策上。

这一做法，可以说是周恩来在当时历史条件制约下所能做的最好选择。正因为如此，才使改进知识分子工作条件、生活待遇的种种规定和措施能够得到进一步的贯彻落实。主要表现在：知识分子学非所用、使用不当的现象有了明显改观；他们六分之五的业务工作时间基本得到保证；许多专家配备了助手和辅助人员；高等院校、科研机构购置图书资料的费用有了增加；高级知识分子得到普遍的增薪和晋级。此外，还吸收了相当数量的高级知识分子入党，这些人中有不少是全国知名的科学家、教授、医务人员和文艺工作者。这些措施的有效贯彻，提高和加强了高级知识分子的地位，激发了他们的积极性和创造性。

由于周恩来大力维护和坚持正确的知识分子政策，由于我国知识分子的艰辛努力，还由于我国科学技术瞄准的是世界先进水平，但又实事求是、方针政策正确、措施具体有力，原定时限为十二年完成的科学发展规划的57项任务，有50项提前五年即到1962年就完成了，使我国科学技术水平大体上达到了世界上先进国家20世纪50年代的水平[20]，有效地解决了一批国家急需的科学技术问题，促进了我国社会生产力的发展。同时，我国科学研究机构由1956年的381个增加到1962年的1296个，各主要学科和技术领域几乎都设置了专门的研究机构。专门从事研究工作的科技人员，从1956年的62000多人增加到1962年的近20万人，其中大学毕业的有5.5万人，副研究员以上的高级人员达到2800多人。[21] 科学技术的各主要领域基本上都有了相应的研究机构和研究人员，建立了门类比较齐全、资源配置比较合理的科研机构体系和管理机构体系，培养了大批科研人员，显著地改善了中国原来科学力量薄弱的状况。

注释：

[1] 周恩来同志在一些专业会议代表及政府各部门负责同志参加的会议上的报告，1951年8月22日。参见《周恩来教育文选》，教育科学出版社1984年版，第34页。

[2]《周恩来文化文选》，中央文献出版社1998年版，第563页。

[3] 这是李四光的字。

[4] 许淑彬：《回忆仲揆》，《石迹耿千秋》，上海文艺出版社1978年版，第41、42页。

[5] 王光明：《历史性的一天——纪念钱学森归国55周年》，《钱学森科学思想研讨会文集》，2011年12月17日。

[6] 朱兆祥：《钱学森先生在力学所初建的日子里》，《科学时报》2005年2月7日。

[7]《红旗》杂志1985年第1期，第34页。

[8] 笔者访问张劲夫谈话记录，1988年10月31日。

[9] 笔者访问于刚谈话记录，1983年12月12日。

[10] 列宁：《政论家札记》，转引自《人民日报》1971年5月8日。

[11] 周恩来在国务院常务会议上的讲话记录，1955年11月25日。参见《周恩来传》，中央文献出版社2018年版，第1082页。

[12] 以下所引用的周恩来《关于知识分子问题的报告》的内容，均引自《周恩来选集》下卷，人民出版社1984年版，第158—189页。

[13] 周恩来在关于资本主义工商业改造问题会议上作的关于知识分子问题的讲话，1955年11月24日。参见《周恩来年谱（1949—1976）》，中央文献出版2020年版，第507页。

〔14〕笔者和铁竹伟访问钱学森记录，1988年12月。

〔15〕《周恩来与艺术家们》，中央文献出版社1992年版，第164、165页。

〔16〕周恩来在关于资本主义工商业社会主义改造问题会议上所作关于知识分子问题的讲话，1955年11月24日。参见《周恩来传》，中央文献出版社2018年版，第1088、1089页。

〔17〕《周恩来与艺术家们》，中央文献出版社1992年版，第220、221页。

〔18〕指周恩来听取以范长江为组长的科学规划的十人小组的汇报。

〔19〕武衡：《充实而有意义的三年（下）——制订第一个科学发展规划》，《中国科学院院刊》，1991年第3期。

〔20〕《聂荣臻传》，当代中国出版社2006年第2版，第313页。

〔21〕薄一波：《若干重大决策与事件的回顾》（上），中共党史出版社2008年版，第362页。

08 与"铁三号"的文化名人

1

在新中国成立前后和知识分子会议召开这两段时期,一大批知识分子从海外归来,其中包括著名的戏剧家欧阳予倩和曹禺等人。

在北京东城张自忠路路北,紧挨著名的段祺瑞府旁有一座院落,院门为近代砖拱门楼,酱红色的大门虽经刷新仍有些斑驳,给人留下历史的回味。1986年,这里被列为东城区文物保护单位。

这座院落现在的门牌是张自忠路五号,当年叫铁狮子胡同三号,简称"铁三号"。

院门外的左墙壁上有一块牌子,牌子上说明这里是我国杰出的戏剧艺术家、戏剧教育家和中国话剧奠基人之一、中央戏剧学院第一任院长欧阳予倩的故居。这块牌子,常常引得路人停下来读一读上面的文字,再好奇地向院内张望一番。

这座院落之所以有名,还因为这里是名人荟萃的场所。著名戏剧家曹禺,词作家光未然,著名导演和表演艺术家、周恩来的养女孙维世及丈夫金山等都曾在此寓居。欧阳予倩几十年的挚友中国话剧的开拓者田汉、著名京剧表演艺术家梅兰芳等也都是这个院子的常客。

这些令人仰视的文化名人,都受到过周恩来的关怀。周恩来是否来过这座小院已经不得而知,但他的关爱如阳光般洒满了这座院落,洒在了这些著名的文化人身上。

欧阳予倩是湖南浏阳人,说起话来,乡音未改。

1949年,他应党的邀请从香港回到内地。4月9日,他与文化界民主人士萨空了、金仲华及音乐家马思聪等,由天津抵达当时还称为北平的北京。

4月21日，欧阳予倩参加了解放区戏剧电影工作者与来自国民党统治区的戏剧电影界人士举行的联欢会，相互交换戏剧电影经验。那天，周恩来来看望大家，并且发表了讲话，指出了解放区和国统区戏剧电影工作者两支大军汇合的意义与作用，并号召戏剧电影工作者到工厂、农村和人民解放军中去，创造为广大劳动人民所喜爱的作品。周恩来的讲话，使包括欧阳予倩在内参会的所有文化界人士感到温暖，也使他们明确了努力的方向。

初到北京，欧阳予倩十分繁忙，参加文化界迎接新中国诞生的各种活动和会议。其中最重要的一件事是他参加了周恩来领导下的新政协筹备会。新政协筹备会常务委员会主任是毛泽东，副主任是周恩来、李济深、沈钧儒、郭沫若、陈叔通。筹备会下辖六个小组，周恩来兼第三小组组长，负责起草《共同纲领》。欧阳予倩参加第六小组，组长是马叙伦，副组长是叶剑英，成员还有张奚若、田汉、沈雁冰、马寅初、郑振铎、郭沫若、翦伯赞、钱三强、蔡畅、李立三、张澜、陈嘉庚。这个小组负责拟定国旗、国徽和国歌方案。7月6日，欧阳予倩又应邀出席了中华全国文学艺术工作者代表大会，再一次见到周恩来，聆听了他的报告。

12月18日，周恩来主持政务院第十一次政务会议，任命欧阳予倩为中央戏剧学院第一任院长。[1]这时，欧阳予倩携全家已经搬进"铁三号"，他在这座院落一直住到1962年9月病逝。

欧阳予倩和周恩来的经历有些共同之处，他们年少时都曾留学日本，接受了西学和民主爱国思想的影响。新中国成立以后，周恩来会见日本文化界朋友时都请欧阳予倩作陪，并经常派欧阳予倩组织文艺代表团赴日本演出，进行文化交流。日本著名芭蕾舞演员松山树子和清水正夫夫妇是他们共同的朋友。欧阳予倩在周恩来的影响下，为中日民间外交做出了独特的贡献。他们两人都喜欢戏剧，都曾在话剧舞台上扮演过女角儿。共同的爱好，使他们有很多共同语言。欧阳予倩的创作得到了周恩来的支持。

欧阳予倩于1889年出生，比周恩来年长九岁。周恩来对欧阳予倩十分敬重。1939年，周恩来到皖南视察新四军途经桂林时，受到桂林文化界包括夏衍、田汉和欧阳予倩等一百多人的欢迎。当时，欧阳予倩的话剧在国统区影响很大，体现了中华民族的抗争精神和勇气。他的名作《桃花扇》锋芒指向就是汪精卫汉奸政府，以及在外敌面前不予抵抗的腐败残暴的反动势力，激发了国统区人民的抗日热情。欧阳予倩曾说：他写此剧"影射时事在所难免，而且有些地方可能过于夸张"。周恩来十分欣赏他的爱国之心和勇气，还有他的创新精神。新中国成立后，《桃花扇》又出现在话剧和京剧舞台上，对《桃花扇》的主人公侯朝宗的刻画，学界有不同的看法，周恩来没有对戏的人物定位表态，而是对欧阳予倩的勇气予以肯定，他说："欧阳老到晚年还给侯朝宗翻案，很有勇气。"

对创作中的不同意见，周恩来总是真诚地提出自己的看法。1957年9月，北京人民艺术剧院为了纪念话剧运动五十年，演出了欧阳予倩、田汉的《潘金莲》和《名优之死》。对"潘金莲"的人物定位，人们也有着不同的认识，有人认为他是为潘金莲翻案。欧阳予倩说："我并没有为潘金莲翻案，我只想起不合理的婚姻制度、封建道德的束缚，有钱有势的男人对女人的压迫蹂躏，可以造成罪恶的悲剧，我不过是想借潘金莲这一人物描绘一下这一矛盾罢了。"

周恩来对这个剧也十分关心，他对田汉说："欧阳老当时这么写是可以理解的"，"作者之意在于同情被压迫的妇女，在写反封建的戏"。同时，周恩来也表达了不同的意见。他指出：这样写《潘金莲》不合适，创作要选真正的典型，而潘金莲由反抗到堕落，与西门庆通奸，杀害无辜的武大郎，如果同情潘金莲就成问题。《潘金莲》有毛病，我看后一晚未睡觉，甚至想到怎样修改。但很难改，有很多矛盾不好解决。我们的戏曲从来就是同情被压迫的女子，如王宝钏、白娘子、祝英台、穆桂英，因而带有人民性、进步性。有些人物是典型，值得同情，但潘金莲这个典型没有找对；"这戏与今天的时代不合"。[2]

周恩来在小范围内谈了自己的意见，请田汉向欧阳予倩转达了这些意见。周恩来还特别嘱咐："不要登批评意见，如果欧阳老自己愿意写，有时间写，也可以写一篇，不写也可以。"[3]

欧阳予倩一生追求进步，在党的影响下，始终坚持进行进步的文化艺术活动；始终秉承"旧的艺术要批判，新的艺术要发展"的创作主旨和方向，对新中国文化事业的发展做出了重要贡献。

1955年6月，欧阳予倩参加了中国共产党。1961年，他被诊断出患有心脏病，此后，一边坚持工作，一边同病魔作斗争。1962年8月2日，他病重在阜外医院住院，这期间撰写了《追念梅兰芳同志》一文。他在文中写道："梅兰芳同志晚年极力争取多演出。他曾对尚小云同志说：'尽量多演吧，千万不要搁下。多为观众服务才对啦。'"其实，这段话也表达了他自己的意愿。

一个多月后，欧阳予倩病逝，离开了他的亲朋好友，离开了热爱他的广大观众和学生。欧阳予倩的灵堂设在首都剧场大厅，灵前两侧和周围，陈列着周恩来等党和国家负责同志以及首都各机关、团体、艺术院校等赠送的花圈和挽联，表达了对他的悼念之情。欧阳予倩的灵柩移至公祭灵堂之前，周恩来、周扬、齐燕铭等还曾去医院亲视入殓，做最后的告别。

对欧阳予倩的去世，周恩来感到十分惋惜。

舞蹈家赵青回忆说："困难时期，我膝盖坏了，总理知道后，在北京饭店舞会上把夏衍公公找去，当时他是文化部副部长，还有当时艺术局局长周巍峙同志，大发脾气。当着那么多文艺工作者说：'我们死了梅兰芳、欧阳予倩，感到十分可惜，可活着的艺术家，我们都不去关心爱护！'"

赵青感慨地说："一位总理心中国家大事又有多少啊！可对一个小小演员的一点点小事却这么无微不至地关怀啊！难道不让人们感叹吗？"[4]

在周恩来的心中，像欧阳予倩这样的艺术界前辈是祖国的财富、中华民族的财富。

2

曹禺，在戏剧创作上是"大器早成"。

邓颖超曾经这样评价曹禺：他"从青年时，就是一位才华出众的剧作家"。[5]他青年时代写出的《雷雨》以及后来的几部有影响力的剧作《日出》《原野》《北京人》等，曾感染了一代又一代观众。1946年，曹禺和老舍同时接到美国国务院的邀请经上海赴美国讲学，后来在周恩来的邀请下，先后回国。1949年，在中共地下党保护下，曹禺顺利回到北平，投身建设新中国的伟大事业中，为新中国戏剧事业的发展做出了重大贡献。

曹禺和周恩来也有相同的经历和爱好。他们都曾在天津南开学校读书，中学时代受到相同的教育和影响。周恩来、邓颖超和曹禺一样，都热爱话剧，1990年，邓颖超在祝贺曹禺从事戏剧活动六十五周年时给他的一封信中专门写道："我在青少年时期同已故恩来同志，就热爱戏剧并有小小的尝试，这是我们俩的共同爱好。"他们相识也得益于对话剧的热爱。邓颖超曾经对曹禺说过："我们相识了几十年，相识是由你的创作作为桥梁的。"[6]

话剧艺术是从国外移植而来，有两条渠道：一条是1907年春柳社从日本将话剧移植到中国，在上海一带流行；另一条是以南开学校校长张伯苓为首的南开新剧团把话剧从欧美移植到我国，在天津一带流行。因此，中国天津南开区成为我国话剧运动的重要发祥地之一。

1913年，周恩来进入南开学校学习，在校参与组织并建立了"敬业乐群会"，南开新剧团成为其中的组成部分。周恩来在南开学校学习期间，积极参加剧团的活动，因为当时不能男女同校，留给人印象最深的是他男扮女装，并且扮相格外俊俏。在校期间，他先后参加了《一元钱》《恩怨缘》《老千金全德》《华娥传》《仇大娘》《一念差》等十多个新剧的编导和演出。他不仅演戏，而且参加改编剧本，写剧评，发表了很多令人耳目一新的观点。他1916年在《校风》发表的《吾校新剧观》一文提出：解决中国"昏聩愚顽"状况的办法，"舍通俗教育无由也"，而新剧则是普及这一教育的"最要之主旨"。主张新剧应达到"纵之影响后世，横之感化今人"的效果，以使"民智开，民德进"。[7]这段经历，使周恩来对戏剧和戏剧界的朋友有一种特殊的感情。

夏衍曾这样说过："周恩来同戏剧界来往，这同他在南开的话剧活动有关。他有空就看戏,看完到后台同演员谈话。我们看他疲劳,他却说：'这才是我的休息，回家还是看公文'。""这是真正的一个人，不是天上的神，合乎人情。"[8]

曹禺比周恩来小十二岁，入南开学校上学时，周恩来已经远赴欧洲寻求救国真理。他进校后就加入了南开新剧团，和周恩来一样，他多半扮演女角儿，头一次是扮演易卜生《国民公敌》的女主角。他的名著《雷雨》和《日出》就是在天津深入生活的基础上创作出来的。他曾深情地说："我很留恋青年时代在天津的这段生活。我从十五岁至今，一直从事戏剧工作，南开新剧团是我的启蒙老师。"[9]

周恩来非常喜欢看曹禺的戏，抗战时在重庆，凡是曹禺的剧本演出，只要有空，他就和邓颖超一起去看。周恩来是曹禺的忠实观众。几十年后，周恩来和邓颖超谈起当年观看曹禺的戏，还记忆犹新，回味无穷。周恩来说："我在重庆时对曹禺说过，我欣赏你的，就是你的剧本是合乎你的思想水平的。"周恩来还说过："我是热爱他作品的一个，推荐他作品的一个。"[10]

新中国成立后，周恩来非常关心曹禺的创作，经常到曹禺任院长的北京人民艺术剧院看戏或座谈，和大家一起探讨剧本。1954年除夕之夜，周恩来到人艺看曹禺新中国成立后创作的第一部话剧《明朗的天》。这部剧他看了好几遍，"每次都受感动"。散场后，周恩来在曹禺等的陪同下到后台看望演员，并了解剧院各方面的情况。他语重心长地讲了一些意见，说：无论编剧还是演员，"只有体验了生活，才会出现有生命的东西，要体验，就要花功夫"。

他特别提出要重视培养年轻人，要珍视青年的力量，国家各个方面都需要人。当时，文艺界正在开展《红楼梦》问题的学习，检讨各方面工作。周恩来问曹禺学习的情况，曹禺说："群众提了意见，正在准备检查报告。"周恩来说："希望你的检查报告放出一点光彩来，你是院长，你要做自我批评，也敢于批评别人，要起个带头作用，过去做得不够，可以赶上的。"

周恩来结合自身的经历继续说道："我是兼外交部长的，自52年初到现在三年了，外交部要我去做报告，总是没有去，官僚主义也很厉害了，后来下定决心去了一趟，报告就是三个钟头，批评了我自己，也批评了别人，也谈到了思想问题，就很有作用。你在剧院的时间，总比我在外交部的时间要多吧，报告还是可以做的，告诉我，我要来听的。"

或许，因为和曹禺比较熟，临走前，周恩来略带玩笑地嘱咐："可不要我出国或开会的日子来做报告呦。"

后来，曹禺根据周恩来的指示做了检查报告。

1958年"大跃进"后，党在指导思想上发生的偏差影响到各个方面，其中也包括文艺领域。用周恩来的话说，文艺上的缺点错误表现在："打破了旧的迷信，但又产生了新的迷信。""新的迷信把我们的思想束缚起来，于是作家不敢写了，帽子很多，写得很少，但求无过，不求有功。"在这种形势下，像曹禺这样的作家思想上十分苦闷。周恩来对这些情况都十分了解，也做了很多努力试图纠正，但直到1962年初"七千人大会"召开后，文艺界"左"的局面才开始得到纠正。

1962年2月17日，周恩来在中南海紫光阁召开的在京的话剧、歌剧、儿童剧作家座谈会时专门讲到这些问题，并以曹禺为例讲了一段话："曹禺同志是有勇气的作家，是有自信心的作家。大家很尊重他。但他写《胆剑篇》也很苦恼。他入了党，应该更大胆，但反而更胆小了。谦虚是好事，但胆子变小了不好，入了党应该对他有好处，要求严格一些，但写作上好像反而有了束缚。把一个具体作家作为例子来讲一下有好处。所以举曹禺同志为例，因为他是党员，又因为他是我的老同学、老朋友，对他要求严格一些，说重了他不会怪我。过去和曹禺同志在重庆谈问题的时候，他拘束少，现在好像拘束多了。生怕这个错、那个错，没有主见，没有把握。这样就写不出好东西来。成见是不好的，意见要从实际出发，否则是谬见，是主观主义。但要有主见，现在主见少了。"

周恩来还说："曹禺同志，今天我讲了你，你身体也不好，不要紧张。"[11]

这里，周恩来多次称"曹禺同志"，因为曹禺在1956年已经加入中国共产党，[12] 他们是真正的同志关系，志同道合的朋友。周恩来的讲话使曹禺十分感动，他事后说："总理对我的批评，我听了心中热乎乎的，我毫无紧张之感，感觉得如释重负。"

1996年曹禺去世，离周恩来去世相隔整整二十年。这二十年间，中国进入改革开放新时期，曹禺继续发挥着他的作用，他曾说："中华民族正处在全面振兴的伟大时期，这个时代是产生巨人和史诗的时代，是创造文艺辉煌的时代。""面对党和人民的期待，面对时代和历史的重托，我们要用赤诚的心、真挚的情、多彩的笔，向党做出回答，向人民做出回答，向时代做出回答，向世界做出回答。"[13]

这也是曹禺对周恩来的回答。

3

在"铁三号"院落中，还住着一位同周恩来、邓颖超非常亲近的人，她就是孙维世。孙维世是孙炳文烈士的女儿，曾留学苏联，学习表演和导演，是新中国成立后第一批著名的话剧导演。

周恩来没有亲生子女，但对所有革命的后代和烈士子女都给予了无私的父爱。从周恩来和邓颖超的通信集中可以看出，孙维世是唯一被周恩来和邓颖超称作"女儿"的人。周恩来对孙维世特殊的关爱缘于她的父亲孙炳文。1922年9月，孙炳文和朱德一起赴欧洲寻求真理，在德国又一起经周恩来介绍参加中国共产党。1927年，孙炳文被国民党杀害，那年孙维世只有六岁。抗战初期，周恩来在武汉八路军办事处意外见到孙维世，将她送往延安学习。从此，孙维世在周恩来和邓颖超的呵护下成长起来。

1939年，周恩来因臂伤赴莫斯科治疗，经毛泽东批准孙维世随行，之后孙维世留在莫斯科学习表演和导演，也经历了苏联卫国战争的洗礼。

从周恩来和邓颖超的通信中，可以深切地感受到他们对"女儿"孙维世的浓浓亲情。1950年1月，周恩来率中国政府代表团赴莫斯科，12日晚，他在火车上写信给邓颖超，信中道："到满洲里不知能否遇到女儿，她回至北京当能告你。"

第二天清晨，周恩来又补充写道："今晨五时起，六时得满洲里电话，萧华、家康[14]已在站等候，大约女儿也在那里了。"[15]

信里提到的"女儿"就是孙维世。

周恩来渴望见到女儿的心情，跃然纸上。

当时，孙维世正在莫斯科为中国青年代表团当翻译，后经中央批准留在莫斯科协助代表团工作。邓颖超得到这个消息很高兴，她给周恩来复信说："女儿未出我料留下了，我很高兴十年后她能在莫斯科有助于你的工作。"[16]

对孙维世，周恩来和邓颖超倾注了深深的父母之爱。1958年，孙维世生病住院，邓颖超多次到医院看望，身在外地的周恩来还多次打电话询问她的病情。邓颖超在给孙维世的信中写道："二十年来，我们老两口对于你的感情和爱，是从多方面结合着的，我们和你之间的真挚无间的父母和女儿之间的高尚的感情和爱，对于革命烈士遗孤的责任感和爱，对于一个女的青年艺术工作者的爱护，以及对你的一些长处的喜爱，加上二十年间，我们和你在相互了解的基础上发展的感情和爱，总之是多方深厚的，亦正如你说的是高尚可贵的。"[17]

孙维世有个妹妹叫孙新世，孙炳文牺牲时，她还在襁褓中，被送到大姨那里抚养，从此和姐姐孙维世分开。新中国成立前夕，周恩来一直在为孙维世寻找妹妹。1949年7月22日，周恩来致电时任中共香港工作委员会书记的乔冠华和龚澎。电报中说：

请在香港报上登一寻人广告，用兰姊名义寻黄粤生（女性），二十二岁，四川南溪人。如找到，请龚澎找她谈下，问她知否兰姊是谁，如她答得出兰姊是孙维世，是她的姊姊，任锐是她的妈妈，孙炳文是她的父亲，则她就是维世的妹妹，承继给她姨母的。如粤生愿来北平，望告刘恕帮助她经大连来平。[18]

这封电报的字里行间体现了周恩来父亲般的关爱和细致周到的工作作风。因姐妹俩很相像，龚澎后来见到孙新世时，什么问题也没有问，说："你就是孙新世。"

在周恩来的关怀下，孙维世姐妹得以团聚。

"文化大革命"中，孙维世在狱中被江青一伙迫害致死，周恩来事后才得到消息。他立即下令解剖尸体，查明死因，但江青一伙公开对抗周恩来的指示，将孙维世的遗体连夜火化，焚尸灭迹。[19] 周恩来没有能够保护住"女儿"，这反映出"文化大革命"中形势的险恶，他的处境的艰难。

1975年，邓小平复出后亲自过问了此事，孙维世终于得以平反昭雪，这对重病中的周恩来多少是一丝慰藉。

注释：

[1] 中央戏剧学院成立于1950年4月2日，参见《人民日报》1950年4月2日。

[2][3]《周恩来文化文选》，中央文献出版社1988年版，第246页。

[4] 赵青：《我心中有位伟大的人物》，《周恩来与艺术家们》，中央文献出版社1992年版，第185、186页。

[5][6]《邓颖超文集》，人民出版社1994年版，第410页。

[7]《校风》第38、39期，1916年9月18日、25日。

[8] 金冲及、方铭和笔者访问夏衍谈话记录，1983年2月10日。

[9]《人民日报》副刊1990年1月10日。

[10]《周恩来文化文选》，中央文献出版社1998年版，第248、249页。

[11]《周恩来文化文选》，中央文献出版社1998年版，第241、246页。

[12]《人民日报》1956年7月22日。

[13]《人民日报》1996年12月28日。

[14] 萧华，当时任中国人民解放军空军政治委员兼政治部主任、中国新民主主义青年团中央委员会委员。家康，即陈家康，当时任中国新民主主义青年团中央委员会委员国际部部长。

[15]《周恩来邓颖超通信选集》，中央文献出版社2014年版，第80、81页。

[16]《周恩来邓颖超通信选集》，中央文献出版社2014年版，第83页。

[17]《邓颖超书信选集》，中央文献出版社2000年版，第174页。

[18]《建国以来周恩来文稿》第1册，中央文献出版社2008年版，第153页。

[19]《人民日报》1978年10月15日。

09

冒进和反冒进

1

在以全心全意为人民服务为出发点和落脚点的中国共产党和中央人民政府的领导下,新中国在其创立后的短短几年时间里,战胜艰难险阻,绕过一个又一个暗礁,克服一重又一重困难,奇迹般地控制了恶性通货膨胀,迅速地恢复了国民经济,胜利地开展了土地改革、工矿企业民主改革、旧婚姻制度改革等各项社会改革运动,并从1953年开始了大规模的有计划的经济建设。

到1955年国民经济一直健康发展,成效显著,尤其是作为国民经济基础的农业,在1955年获得了大丰收。

自日内瓦会议、亚非会议以后,一个有利于中国开展大规模经济建设的和平的国际环境也初步形成。

这一切,都给获得新生、在政治地位上有了根本改变、物质生活水平得到明显改善的中国人民以极大的鼓舞,他们真切感受到新民主主义制度的优越,更增加了对进入社会主义社会的向往。

由此,人们对社会生产力的发展开始产生前所未有的期望。这种期望,从人民群众中延伸到中共领导层。

可以说,是天遂人意,人心思快。

在一派凯歌声中,党的某些领导人的头脑开始发热,表示不相信"搞工业、农业,比打仗还厉害"[1]。同时,还把党内在农业合作化速度问题上主张实事求是、稳步前进的意见,当作"右倾机会主义"加以批判,设想到1956年即可"达到80%到90%的农户入社"。农业合作化即生产关系改变后,就"可以迅速发展农业","在其初建的一二年内,一般可以增产20%至30%,往后还可以保持一定的增产比例，比互助组高，比小农经济的增产率更高出很多"。[2] 有的甚至还提出农业生产"估计七八年后可以增产一倍"。

在以上认识的驱动下，1955年底，在以农业合作化为先导的社会主义改造高潮兴起后，作为政治家和战略家的毛泽东开始关注社会主义建设的发展速度问题，并进而批判在这个方面的所谓右倾保守思想。

为此，1955年11月中旬，毛泽东在南下杭州和返回北京途中抵达天津时，分两批召集华东、中南、华北、东北地区的十五个省、市、自治区党委书记开会，商讨农业合作化和农业生产的前景，并主持制定了"农业十七条"。

"农业十七条"反映了毛泽东对社会主义建设道路，特别是发展农业新道路的有益探索，但却又一次大幅提前了在全国范围内基本实现农业合作化的时间，同时规划了严重脱离实际的十二年农业发展的战略目标，规定到1967年粮食产量比原来设想的产量增加一倍以上。

毛泽东愉悦地迎接"农业十七条"的诞生，并在12月21日为中共中央起草了给中共中央上海局和各省委、自治区党委的通知，征询他们对这个文件的意见。

11月30日、12月1日，毛泽东又主持召开中共中央政治局会议，以不切实际的农业发展的战略构想作为推动力量，要求继续在各项工作中反对所谓右倾保守思想，提前实现社会主义工业化。他提出党的八大的准备工作，应以这个内容为中心，迎接八大，开好八大；同时告诫领导工业建设的同志"不要骄傲，要加油，否则就有出现两翼走在前面而主体跟不上的可能"。[3]

对于毛泽东的上述意见，周恩来和刘少奇、陈云等党和国家领导人最初也是积极跟进，明确表示同意的。

当时，周恩来诚心诚意地说："农业十七条"成为"一个推动力量"，政府的各项工作受到推动后"变化很大"，促使其他部门也开始改变远景设想中的一些指标，如钢由1800万吨修改为2400万吨，我们原来设想在三个五年计划中基本上完成工业化，"现在有可能加快这个速度提前完成"。[4]

刘少奇也曾说过：经济上先要有框子，财政上也要有框子，互相冲突，就把保守主义冲掉了。刘少奇认为，第二个五年计划（财政收支）的盘子定在2800亿到3000亿是可以完成的。

但是在实际上，周恩来、陈云等领导人的思想和行动，在这时是处于被动的跟进状态中的。不久前，他们仍坚持无论是基本上完成社会主义改造还是基本上实现社会主义工业化，都需要十五年的时间。

周恩来在会见日本客人时曾经说：中国"现在很落后，从经济上说、文化上说，比起你们落后得多。但是我们要发展经济，要工业化。目的是使中国人民富裕起来"。"相信有三个五年计划就可以基本上实现工业化，以后再逐步提高，赶上工业发达国家。"[5]

11月16日，周恩来在中共中央政治局会议上又指出："我们可以在大约十五年左右的时间，用和平的方法进行社会主义改造，把资本主义的所有制转变成为全民所有制，把小生产的个体所有制转变成为集体所有制。"[6]

按照周恩来提出的要求，为了全面安排好这项工作，同一天，陈云在《资本主义工商业改造的新形势和新任务》报告中强调："各地方党委和中央有关各部，应该在明年1月底作出一个对本地区本部门的资本主义工商业改造的轮廓计划，规定先改造哪几个行业，后改造哪几个行业，哪一年改造到多少，哪一年完全改造好。"在这个基础上，"中央准备在明年3月，提出一个对资本主义工商业改造的初步规划"。[7]但是，由于资本主义工商业改造高潮迅速到来，在1956年3月就已基本上实现各行业公私合营了，也就无须再搞什么对资本主义改造的规划了。

既然如此，周恩来、陈云等为什么又赞成提前实现社会主义工业化呢？出现这一情况的原因十分复杂，主要有以下原因：

（一）艰难曲折的中国革命的历史证明，但凡在重大战略决策中，作为中国共产党最杰出的革命家、战略家和理论家的毛泽东的主张和意见，总是高人一筹，他多次挽救了革命，挽救了党。周恩来和刘少奇、陈云等对毛泽东的意见，总认为是正确的。

（二）这个重大决策是没有在党中央高级领导层中充分酝酿的情况下提出的，在短时间里，周恩来和刘少奇、陈云等很难提出自己的成熟意见来。同时，党中央在1943年3月曾作出毛泽东对重大问题有最后决定权的决定。新中国成立后，这个决定仍然确定无疑地发生着它的效力。

（三）对国际局势和社会主义的理解存在着历史局限性。在帝国主义对新中国进行军事威胁，并企图通过经济上的封锁禁运来扼杀新中国的严重情况下，周恩来和刘少奇、陈云等一致赞成毛泽东的意见，认为中国应该而且可以通过对人民群众的最广泛发动，充分利用来之不易的国际和平环境和苏联援助等有利条件，提前实现包括工业化在内的过渡时期的总路线和总任务。一旦爆发世界战争，再要实现就困难重重了。

因此，在这种复杂的历史与现实面前，周恩来首先考虑到的是自己的"主观努力落后于客观的需要"，"客观的可能超过了主观的认识"。[8]

正是在这样一种局势面前，中共中央根据毛泽东的意见，正式决定："把反右倾保守思想作为党的第八次全国代表大会的中心问题，要求全党在一切工作部门中展开这个斗争。"[9]

2

但是，反省后的周恩来却无法回避只要坚持实事求是原则就可以看到的这样一个现实：计划是脱离现实的。

在迅速建成社会主义的思想指导下，1956年1月初，由毛泽东主持制定了一个包含内容更广泛、数量指标更高的《1956年到1967年全国农业发展纲要（草案）》。它要求到1967年，粮食、棉花产量分别由1955年的预计数3652亿斤、3007万担增加到10000亿斤、10000万担。这就等于说，要求粮食、棉花的产量每年分别以8.8%、10.5%的速度递增。而实际情况是，在过了三四十年后，即在20世纪90年代中期和新世纪到来后的几年中，才达到并在起伏波动中逐步超过这两个指标[10]，足见当时的战略目标是何等脱离中国的实际！

农业远景计划中的高指标，立即在工业、交通、文教等部门中引起连锁反应，催逼着各部门修改1955年夏国务院在北戴河所确定的接近实际的各项指标，并据此编制整个发展国民经济的远景计划。这时，中央各部专业会议又在"提前实现工业化"口号的鼓动下，纷纷要求把远景计划所规定的八年至十二年的任务，提前到三年至五年内完成。这样，正在编制的1956年国民经济计划受到严重干扰。

在严峻的事实面前，通过理性思考与科学计算，周恩来敏锐地觉察到党内已经滋生急躁冒进倾向，并预感到1956年国民经济计划中的各项高指标的潜在威胁。为此，他的思想比较快地回复到原来的正确认识上，并使之得到初步升华。

在危机感和责任心的驱使下，周恩来和陈云都意识到：当务之急，在于防止冒进。

为了使全党干部能够在持续多年的经济发展大好形势下，保持清醒的头脑，从实际情况出发，按照客观经济规律办事，积极稳妥地进行经济建设，周恩来和陈云行动起来，充分利用各种重要会议进行宣传和呼吁。

1956年2月8日，周恩来在国务院全体会议上一而再、再而三地告诫大家"注意实事求是"。他说：

> 不要光看到热火朝天的一面。热火朝天很好，但应小心谨慎。要多和快，还要好和省，要有利于提高劳动效率。现在有点急躁的苗头，这需要注意。社会主义积极性不可损害，但超过现实可能和没有根据的事，不要乱提，不要乱加快，否则就很危险。……
>
> 绝不要提出提早完成工业化的口号。冷静地算一算，确实不能提。工业建设可以加快，但不能说工业化提早完成。……
>
> 各部门定计划，不管是十二年远景计划，还是今明两年的年度计划，都要实事求是。当然反对右倾保守是主要的，对群众的积极性不能泼冷水，但领导者的头脑发热了的，用冷水洗洗，可能会清醒些。各部专业会议提的计划数字都很大，请大家注意实事求是。[11]

这天，陈云在发言中批评了私营工商业和手工业社会主义改造中的冒进倾向，并指出生产经营中品种减少、质量降低的问题。

在实事求是思想的指导下，2月10日，周恩来主持召开国务院常务会议，会同陈云、李富春等，针对严重脱离物资供需实际和破坏国民经济整体平衡的指标，进行了尽可能的压缩，其中基本建设投资由170多亿元减到147亿元。会后，国家计委依此决定修订《1956年国民经济计划（草案）》。

2月24日、28日，周恩来又两次主持国务院常务会议，讨论经过继续压缩指标的《1956年国民经济计划》。针对各种指标的压缩难以一次到位，仍超过物力的实际可能，各部门间出现了争物资、争钢材的现象，陈云说："过去吵财力，现在进到吵物力了。大家争钢材，表明我们的计划是很紧张的。"[12] 周恩来接过话来，支持道："陈云同志说得好，过去吵财力，现在进到吵物力，我看以后还要吵人力。各方面能够提出问题，只有好处，没有害处。但是，订计划不能只有加减法，还要有乘除，有比例。"[13] 28日，通过经过一再压缩指标的《1956年国民经济计划》。3月25日，国务院下达《1956年国民经济计划（草案）》。

这就是后来周恩来在中共八届二中全会上，从积极意义上所讲的把高指标压下来的"二月促'退'会议"。

由于种种主客观条件的制约，压缩后的一些主要指标仍然很高，没有能从根本上解决物资的供需矛盾。到4月上旬，经济建设急于求成、齐头并进造成的严重后果，已经突出地表现出来。

针对这种情况，周恩来主持国务院常务会议，讨论1956年基本建设和物资平衡问题。

会上，陈云发言谈道：生产与基建的关系，"基建首先决定于生产，而不是决定于财力，钱是用来买材料的，如果材料买不到，钱又有什么用？材料的来源又首先决定于国内的生产，而不是进口。当然，某些特殊的品种，进口也很重要"。计划应该按比例发展，而基建和生产的比例是最重要的，如基建超过了生产就不行。以后订计划应该首先进行物资平衡，再进行财力平衡。[14]

周恩来高兴地说："陈云同志已经把结论做了。"接着，他再次急切地呼吁道，"搞计划必须注意实事求是。""生产是中心，三大改造也要以生产来推动。一切都要靠生产，生产是主要的环节。我们要自力更生，要靠自己，首先就要进行很多平衡工作。搞生产就要联系到平衡。""一定要为平衡而奋斗。数量上平衡以后，还有品种和时间上的平衡问题。"[15]

但是，这时党内领导人的某些急躁冒进情绪依然严重存在。4月下旬，毛泽东在中共中央政治局会议上主张再追加一笔大数额的基本建设投资。与会者除个别人外，都表示不同意这样做。据当年列席会议的胡乔木回忆：

> 1956年各条战线、各省市根据毛主席1955年冬在《中国农村的社会主义高潮》序言的精神，加快速度，扩大了预定计划的规模，增加了预算指标。4月下旬，毛主席在颐年堂政治局会议上提出追加1956年的基建预算二十个亿，受到与会同志的反对……会上，尤以周恩来同志发言最多，认为追加基建预算将造成物资供应紧张，增加城市人口，更会带来一系列困难等等。毛主席最后仍坚持自己的意见，就宣布散会。会后周恩来同志又亲自去找毛主席，说我作为总理从良心上不能同意这个决定。这句话使毛主席非常生气，不久，毛主席就离开了北京。[16]

以这次会议为标志，中国共产党的领导人在建设速度上的分歧开始显现。

各地在工业生产上，冒进的势头仍然很猛。5月6日，陈云在武汉主持召开湖北、湖南两省对资本主义工商业改造汇报会议，他发现武汉的工厂生产的双轮双铧犁过多，且不实用，浪费不少钢铁，便电话到北京，叮嘱李先念报告周恩来，"双轮双铧犁看来太多，可否压少些，省出些钢铁来"。[17]

5月11日，忧心忡忡的周恩来，在毛泽东生气、各地冒进势头正猛的情况下，仍然坚持"只要摸清了实际情况，就要敢于抗大流"的精神，在国务院第二十八次全体会议上言辞恳切地大声疾呼："反保守、反右倾从去年8月开始，已经反了八九个月，不能一直反下去了！"[18]

为此，周恩来同李富春、李先念就再次解决定得过高的1956年国家预算问题交换了意见，并指导起草了1955年国家决算和1956年国家预算报告稿。稿中突出地强调"生产的发展和其他一切事业的发展都必须放在稳妥可靠的基础上。在反对保守主义的时候，必须同时反对急躁冒进倾向"。[19]

6月4日下午四时，刘少奇主持中共中央会议讨论了这个报告稿。出席会议的有周恩来、朱德、陈云、李富春、李先念、薄一波、李维汉和胡乔木等。

会上，周恩来代表国务院系统全面地介绍半年来经济建设中所产生的种种矛盾和出现的不平衡问题，并以令人信服的理由和论据，提出了继续削减财政支出、压缩基本建设经费的意见。据此，中共中央提出了既反保守又反冒进，即在综合平衡中稳步前进的经济建设方针[20]，决定制止冒进，继续压缩高指标，基本建设该下马的要立即下马。会议开到晚上九时才结束。

一周之后，6月10日上午十时，在中南海西楼，刘少奇主持了有周恩来、陈云、彭德怀、彭真、林伯渠、董必武、张闻天、康生、李先念、薄一波、胡乔木等三十人出席的中共中央政治局会议，确认了4日中共中央会议的有关决定。

3

6月5日，即在中共中央提出在综合平衡中稳步前进的经济建设方针的第二天，周恩来便主持召开国务院常务会议，商议贯彻执行这个方针，研究继续压缩不切实际的1956年国家预算问题。

针对有人不同意削减预算一事，周恩来面容严肃，却以协商的和缓的口气说

明,"计划和预算应该是统一的",预算高了就"一定要削减","要打破预算不能修改"的观念。他指出:

> 对预算有两种思想:一是打得很满,让大家设法完成;一是放在可靠的基础上,争取超过。头几年采用第一种方法是对的,因为在经济恢复时期潜力很大,财政收入的底我们摸不太清楚。有计划的经济建设开始以后,我们对情况的估计差不多了,打得过满就完不成,去年的情况就是明证。
>
> 既然认识到不可靠,就应该削减。昨天党中央开会决定了这个精神。今天在会上讨论,把数字减下来。明知原来的预算完不成,又在报告中列出去,对广大人民群众来说,是没有告诉他们实际情况。

接着,周恩来强调:"预算数字一定要削减。""右倾保守应该反对,急躁冒进现在也有了反映。这次人大会上要有两条战线的斗争,既反对保守,也反对冒进。"〔21〕

在说明理由并经过充分民主讨论后,周恩来综合李富春、薄一波在会上提出的意见,确定按5%削减国家财政预算,并把基本建设经费由147亿元削减到140亿元。

有人不同意李先念在《关于1955年国家决算和1956年国家预算的报告》中提出既反保守又反冒进问题,认为这是同去年夏季以来开展反对右倾保守思想的斗争精神相背离的,会引起思想混乱。6月12日,周恩来在国务院全体会议上坚定指出:

> 建设社会主义必须全面发展。去年12月以后冒进就冒了头,因此,现在的情况和去年不同了,已经不是预防而是需要反对了!如果冒进继续下去,又会脱离实际,脱离群众,脱离今天的需要和可能。不能向群众泼冷水,但也不能把少数积极分子的要求当成群众的要求。
>
> 今年的收入不能打得太冒,要打在稳妥可靠的基础上。……
>
> 1956年的国家预算必须放在稳妥可靠的基础上。〔22〕

6月15日,在第一届全国人大第三次会议上,李先念代表国务院作了《关于1955年国家决算和1956年国家预算的报告》。他指出：

> 在当前的生产领导工作中，必须着重全面地执行多、快、好、省和安全的方针，克服片面地强调多和快的缺点。
>
> 生产的发展和其他一切事业的发展都必须放在稳妥可靠的基础上。在反对保守主义的时候，必须同时反对急躁冒进的倾向，而这种倾向在过去几个月中，在许多部门和地区，都已经发生了。急躁冒进的结果并不能帮助社会主义事业的发展，而只能招致损失。[23]

这个报告为全国人大会议完全接受。

为了配合国务院、中共中央自5月以来开展的反对急躁冒进倾向的斗争，6月20日，《人民日报》发表了刘少奇指示中央宣传部起草的《要反对保守主义，也要反对急躁情绪》的社论。社论对周恩来、陈云等主张并为中共中央充分肯定的坚持两条路线斗争、有什么倾向就反对什么倾向的意见做了深入阐述，既充分肯定了国家社会主义建设总的情况是好的、健康的、是在不断前进的，又中肯地分析了经济建设中客观存在的急躁冒进问题。

在社论初稿刚写出后，即6月12日，中央宣传部部长陆定一致信刘少奇："嘱写社论，已由本部王宗一同志写好。我们认为可用，现送上请阅正。"胡乔木、刘少奇对社论初稿进行了一些重要的修改。随后，刘少奇函告毛泽东："主席审阅后交乔木办。"毛泽东审阅社论稿时，只批了"不看了"三个字。

单从字面上看，毛泽东对社论稿未置可否，但在实际上这是他在婉转地表示反对。不过，他当时只是将自己强烈不满的情绪压抑下来。他认为，这篇社论的一些提法是冲着他来的。我们可以从毛泽东在1958年1月召开的南宁会议上，对《人民日报》这篇社论的批语、用笔画的各种线条和多次批评中得到证实。

毛泽东指示把这篇《人民日报》社论的摘要印发与会人员，并在社论上画了许多横曲线、横的单直线与双直线、竖的双直线、三角形符号和问号，并在摘要上批示："庸俗辩证法"，"庸俗马克思主义"。"尖锐地针对我。""既然使干部走到了另一极端，不是方针错了吗？""批了右没有？"[24]

毛泽东在南宁会议上批评说：《人民日报》社论是6月20日发表的，距离李先念同志在第一届全国人大第三次会议上的报告只有五天。那个报告是反冒进的，社论发挥了"反冒进"的思想。这篇社论说的是既反右又反"左"。你不能说它一点马克思主义也没有，好像有一点。社论引用我在《中国农村社会主义高潮》一书序言的话。看来作者的用意一来不要冒犯我，二来是借刀杀人。我写的序言全文的主要锋芒是对着右倾保守的。社论引了我说扫盲用急躁冒进的办法是不对的这些话，用来作为反对急躁冒进的根据。社论表面上既反"左"也反右，没有重点，实际上重点落在"反冒进"上面。

话说回来，这段时间，由于刘少奇、周恩来、陈云、李先念、薄一波等在国务院会议、中共中央会议上所进行的反冒进斗争，全国人大会议对反冒进的肯定和支持，以及《人民日报》社论的宣传，为动员全党尤其是各级领导干部从思想上重视和在经济工作中纠正急躁冒进倾向起了重要推动作用，从而使已经冒进的本年度经济从下半年起开始逐步转向健康发展的道路，并为向八大提出一个比较实际与稳妥的第二个五年计划的建议创造了有利条件。

一言以蔽之，反冒进斗争的开展，使急躁冒进受到抑制，1956年国家经济建设趋于正常。

4

1956年7月以来，周恩来、陈云等国务院主要领导人的精力转向编制第二个五年计划的建议上。

"二五"计划是1955年8月开始编制的，不久便提出了比较接近客观实际的轮廓数字。但由于反对右倾保守斗争的开展，被纳入远景计划的"二五"计划的各项指标也跟着定高了，又由于这些高指标在1956年4月下旬得到毛泽东的认可，因此，使正在编制中的财政收支、物资供应等根本无法平衡。到6月，国家计委继提出各项指标都经过修改的"二五"计划的第一方案后不久，又花了十天时间编制了第二方案。但是，由于第二方案对大大冒进的第一方案指标的改动，都属于非实质性的小修小改，从而使整个编制工作陷入一筹莫展的困境之中。

这时，距离中国共产党第八次全国代表大会的召开只有两个多月了，有关部门却拿不出一个能够提交八大会议的方案来，令人十分心急。

周恩来、陈云等看到：要搞一个切实可行的方案，就必须推翻已有的冒进方案；要推翻已有的冒进方案，就必须做各部委负责人的思想工作，讲冒进之事实，摆综合平衡之道理。只有打通思想、统一认识，才能妥善地把高指标降下来。

7月3日到5日，周恩来主持国务院常务会议，讨论"二五"计划的第二方案，磋商编制一个符合客观实际的新方案。出席会议的有陈云、彭德怀、邓子恢、陈毅、李先念、习仲勋、薄一波等。

周恩来以充足的理由说明"第一方案冒进了"，第二方案确定以1962年粮食产量达到5500亿斤，"其中有很大的虚假"，也是"不可靠的""危险的"，甚至定为5300亿斤"也值得考虑"。他严肃地指出：这是因为，农业合作化后，虽然农业生产的"积极因素增加了，但消极因素并未减少"。我们还"不能排除歉收，水、旱、虫灾总要起作用"，它们天天都在管着农业生产。因此，农业生产在"二五"计划期间也会有丰年、平年和歉年，所以粮食生产每年很难以百分之六以上的速度增长，"搞这个假设不好"。"农业生产一算高了，农业税、轻工业利润、基本建设投资和财政预算等一系列数字都受到影响。这是一个根，而这个根是我们最不容易掌握的"。

农业指标一旦达不到，必然危及整个国民经济计划。对国家财政收支指标和工业生产指标，尤其是钢铁生产指标，也应该进行压缩。钢的生产指标，"设想两千七百万吨到三千万吨，这是高的想法"。"我国工业化的关键不在于钢能否达到这个数字"，只要实现"国内什么机器都能生产，就是个工业国"。〔25〕

为此，周恩来强调：新方案"是为了贯彻既积极又稳妥可靠的方针"。"现在要精打细算，要搞一个比较可行的方案，作为向八大的建议，这就需要打在稳妥可靠的基础上。"〔26〕

经过认真讨论后，与会者一致认为"二五"计划的第二方案仍不稳妥，同意继续"精打细算"，按五年财政总收支2350亿元至2400亿元来安排，相应减少主要工农业产品产量、基本建设投资，在稳妥可靠的基础上，搞一个比较可行的方案，作为向八大的建议。

可以说，这是一次把高指标大幅度降下来的带转折性意义的会议，从思想上反对和清理了离开中国经济建设实际、离开综合平衡的急躁冒进倾向。这样，向八大提出一个接近实际的"二五"计划的建议已经成为可能。

这次会议结束后，在7月里周恩来倾力主持编制了"二五"计划的建议。

8月3日至16日，周恩来和陈云又在北戴河多次主持召开国务院有关部门负责人会议，讨论修改第二个五年计划的建议（草稿），对7月下旬国家计委提出的第三方案和该方案的调整意见中的部分指标又做了适当调整。回到北京后，周恩来同张玺、薛暮桥等最后审定了"二五"计划的建议。据薛暮桥回忆：

> 中央在北戴河起草第二个五年计划，准备提交即将召开的党的第八次全国代表大会讨论。当时李富春和张玺同志都在莫斯科商谈援助项目，国家计委在北戴河参加起草工作的主要负责人只有王光伟委员和陈先局长。总理命令我即去北戴河参加"二五"计划的编制工作。……我在总理和陈云同志领导下起草《关于发展国民经济的第二个五年计划(1958—1962)的建议》。……
>
> 8月我们回到北京，张玺同志也回来了，他和我共同反复修改关于第二个五年计划的建议……修改建议的工作量也是很大的，我们常常工作到深夜。我们修改完毕以后，就送到总理那里去最后修改，连续改了几个通宵。最后一次从晚间到清晨八时才结束，张玺同志和我都已经疲劳得连话都说不出来了。可是总理仍然精神饱满，毫无倦意。他对每一件工作都抓得很细，所以每天通常要工作十五六个小时。他的秘书分两班工作，仍然十分疲劳。总理如此充沛的精力和惊人的记忆、分析能力，是很少有人可以比得上的。
>
> 现在回想起来，"二五"建议是既积极又稳妥的，如果实行这个建议，可以取得比"一五"时期更大的成功。可惜的是，由于1957年底和1958年初的反"反冒进"，使二五计划在开始第一年就夭折，掀起了一个"大跃进"的高潮。[27]

1956年年初以来，由于反对右倾保守思想斗争的持续开展和急躁冒进情绪的严重存在，对"多、快、好、省"这个口号，人们看重和追求的往往是多和快，忽视和忘记的常常是好和省，因此这个口号并未起到预期的积极作用。

鉴于这一情况，周恩来等在对"二五"计划建议草案进行第三次修改时，把不能反映有计划、按比例发展社会主义经济规律的，在重要位置出现的"以多、快、好、省和又安全的精神"一语删掉了。这以后一年多时间里，没有人再提"多、快、好、省"了。

9月初，周恩来在阅读修改八大政治报告稿时，将别人改动后的"到1962年要求生产粮食5200亿斤、棉花5200万担"，又恢复为"到1962年要求生产粮食5000亿斤左右，棉花4800万担左右"。他还以坚定的语气在一旁注明："粮食产量是经过多次商议并与陈云同志谈过的。"〔28〕由于周恩来的坚持，这两个比较实际又很重要的指标才最后确定了下来。

9月16日，周恩来在中国共产党第八次全国代表大会上作《关于发展国民经济的第二个五年计划的建议的报告》。

一个注意到综合平衡，"既积极又稳妥可靠的"《关于发展国民经济的第二个五年计划（1958年到1962年）的建议》，以及初步总结了几年来国家经济建设宝贵经验教训，强调稳步推进国民经济向前发展的《关于发展国民经济的第二个五年计划的建议的报告》，犹如经过较好的营养供给和良好胎教的双胞胎婴儿，就这样幸运地诞生了。它的诞生，为"二五"计划期间的经济建设展示了光明的前景。

5

为了向即将召开的中共八届二中全会提出一个较好的关于1957年国民经济计划的报告，为中共中央安排下年度经济建设提供正确的依据，同时做好"一五"计划和"二五"计划的衔接工作，在中共八大会议结束后，周恩来、陈云等领导经济工作的重心转到了对1957年国民经济计划各项指标的研究和计划的编制工作上。

1957年经济计划的控制数字，是国家经委从1956年7月开始编制的。当时，各部门、各地区向经委提出的基本建设投资额高达243亿元。当经委把投资压到150亿元时，各部门、各地区嗷嗷直叫，反对再往下压了。

看到这一情况，周恩来对学习秘书范若愚说："这样搞计划不行，仍然是冒进的。我要准备在八届二中全会上讲一讲有关问题。"周恩来要范若愚代他查找一下马克思关于"人类始终只能提出自己能够解决的任务"一段话的出处。范若愚找到此话出自《〈政治经济学批判〉序言》中。〔29〕

周恩来认为，必须根据几年来国家经济建设的经验教训，并以苏联、东欧国家不顾人民生活片面发展重工业而酿成比较严重的社会后果为鉴戒，在1957年计划中充分体现"要重工业，又要人民"的思想，正确处理积累和消费的关系，最大限度地满足整个社会日益增长的物质文化生活的需要。

究竟怎样才算正确处理两者的关系呢？周恩来同陈云、李先念、薄一波等达成共识：压缩基本建设投资规模，是使积累和消费关系趋于正常与协调的根本途径。基本建设规模下不来，积累率就下不来，财政也就必然会继1956年之后再度出现较大赤字，物资供需紧张状态在1956年过多地动用储备后会更加严重。因此，要下决心把基本建设投资压下来，而且要压到大大低于1956年投资金额的程度。

基于以上认识，从10月20日到11月9日，在三周时间里，周恩来共主持召开了十次国务院常务会议，检查1956年计划执行情况和磋商1957年计划的控制数字，为即将召开的中共八届二中全会准备1957年度计划的报告。出席常务会议的有陈云、李富春、李先念、习仲勋、薄一波、贾拓夫、谷牧等。

会上，个别同志对1956年急躁冒进造成的危害看得并不清楚，仍旧主张下年度的指标可以定得高一些："1956年的计划，第一是冒，如基本建设投资、劳动计划、招生等；第二是执行计划松，结果形成到处紧张，投资分散，百废俱兴"的局面。为了适应三大改造高潮的需要，计划"出了些冒"，"在执行中也不应该松"。

周恩来当即表示不能同意这种为了政治需要而有意违背客观经济规律的做法，恳切地说道："这四个字（指前一发言人提出的冒、松、紧、分）不能并提，主要是冒了。当时各部提出不能减的理由，就是完不成第二个五年的数字，达不到第三个五年的水平。"结果"不但年度计划冒了，远景计划也冒了，而且把年度计划带起来了"。因此，现在我们"主要应该批'左'"。"今年基本建设投资，从147亿压到140亿费了很多说服。"还说，"农业四十条纲要经过半年多的经验，不可能都搞，要分别轻重缓急。"[30]

李先念发言支持这个意见，并且强调说："今年的成绩很大，但问题不少，如不把今年的经验很好地加以总结，明年仍然铺那么大，就过不了日子。如果不讲今年冒，明年就压缩不了。""搞明年计划，首先把党的思想统一了才行。"[31]

当时任国务院第三办公室副主任兼国家经济委员会副主任的谷牧，在发言中检讨道："中心的问题是基本建设速度和民生如何安排问题。""现在基本建设速度是快了一些。""在讨论过程中，我是最冒进的一个，总想把工业多搞一些。经过这几天的会议，我觉得我的想法是有些片面和主观。"[32]

从统一思想的目的出发，11月9日，周恩来在国务院常务会议上作总结发言，比较系统地陈述了自己对工业建设和人民生活的关系的看法，极其严肃而又情真意切地指出：

"从苏共二十次代表大会批判斯大林以来，暴露了社会主义建设的不少问题。"联系到我们国家，引以为教训的事也不少。……中心就是一条，"搞重工业不要失掉人民，否则就没有了基础，就成了沙滩上的建筑物。"我们"就是要在人民需要的基础上建立重工业，重工业要为人民服务，同时也注意轻工业和农业，使人民的长远利益和目前利益结合起来，否则就要吃亏"。

"我们国家这样大，很落后，人口多，要建设，又要注意人民生活"，现在的速度"已经是了不起了"，不要以为多了一点时间不好。世界上都是以钢来看一个国家的工业化程度，实际上还应看这个国家的技术发展，交通运输现代化的程度和人民生活等。工业增长过去快了，应放慢，"这不是发生'左'倾、右倾的问题。不像政治方面，'左'了就是盲动，右了就是投降。"

"我们现在根据可能把原来设想的放慢，不能算是错误。""明年度的计划必须采取退的方针，指标可能要回到北戴河会议的方案"。不仅工业数字如此，农业也是如此。对于高指标"应该勇于抵抗，敢于修改，这才是马克思主义者"。〔33〕

由于反冒进已经进行几个月了，急躁冒进给经济带来的危害，在各部门特别是国务院领导成员中感受更加深刻，又由于这次会议把重点放在实事求是地总结经验教训，而不是在追究个人责任上，因此使"总想把工业多搞一些"的同志认识到"过去的想法有些片面和主观"。这样做，既团结了同志又统一了思想。

11月10日至15日，中国共产党举行八届二中全会。国务院的几位主要领导人在全会上继续反对急躁冒进。

开会的第一天，周恩来作了题为《关于1957年国民经济计划的报告》。

为了很好地利用这次机会，使全党高级干部从过去经济工作的经验教训中获得更多教益，周恩来列举苏联、东欧某些社会主义国家在经济建设中暴露的弊端，联系中国经济建设中的问题，围绕积累和消费之间的比例关系，再度阐释了"要重工业，又要人民"的思想，总结了"一五"计划的经验教训，继续批评了1956年的急躁冒进倾向，同时从经济建设的全局提出了四个方针性问题：

第一，要注意处理国家关系和民族关系，反对"对外的大国主义，对内的大民族主义"，实行"要重工业，又要人民"的方针。"发展重工业，实现社会主义工业化，是为人民谋长远利益。"但是，"如果不关心人民的当前利益，要求人民过分地束紧裤带，他们的生活不能改善甚至还要降低水平，他们要购买的物品不能供应，那么，人民群众的积极性就不能很好地发挥，资金也不能积累，即使重工业发展起来也还得停下来"。

第二，毛泽东"提出的十大关系是党的八大的指导方针"。"这十大关系问题并不是一提出来就能解决得了的，具体的解决还需要今后在实践中、在采取具体措施中、在反对错误的倾向中不断努力。"

第三，"为了把我国由落后的农业国变为先进的社会主义工业国，我们必须在三个五年计划或者再多一点的时间内，建成一个基本上完整的工业体系"。这是八大规定的建设方针，贯彻这一方针要在发展速度上反对急躁冒进。过去设想的远景规划的发展速度，"经过八大前后的研究，我们觉得可以放慢一点"。"八大的建议和农业四十条，是规定了每年进度指标的。这两个文件经过我们研究以后觉得可以修改。上不去，就不能勉强，否则把别的都破坏了，钱也浪费了，最后还得退下来。凡是不合实际的都可以修改，这样就把我们的思想解脱了，不然自己圈住了自己。"

第四，对第一个五年计划的估计。"第一个五年计划大体上是正确的，成绩很大"，但是，"错误也不少"。比如在建设速度上，"1953年小冒了一下，今年就大冒了一下"。"中央、地方都有冒进。"〔34〕

这天，刘少奇在会议所作的报告中，也就国家经济建设的比例关系和建设速度问题发表了意见。他说：

我们应该注意这么个问题，就是国家的积累、社会的积累，用多少资金投资，积累应该多少，重工业与轻工业和农业发展的比例这么一些问题，以及我们工业建设中的速度，放在一种稳妥可靠的基础上。什么叫稳妥可靠呢？就是群众总不能上马路，不能闹起来，还高兴，还保持群众的那种热情和积极性。昨天陈云同志也讲,他主张宁愿慢一点,慢个一年两年……每个五年计划慢上一年稳当一点,就是说"右倾"一点。"右倾"一点比"左倾"一点好一些,还是"左倾"一点好?……昨天有同志讲,慢一点、"右"一点,还有一点回旋余地,过了一点,"左"了一点,回旋余地就很少了。〔35〕

6

毛泽东对周恩来、刘少奇等的讲话是不满意的,尤其对中共八届二中全会开成一次全面性的"反冒进"的会议,感到震惊和意外。他认为"反冒进"到二中全会已经"到了高峰"。于是,他在11月13日的讲话中谈了七点意见,试图挡一挡"反冒进"之水。〔36〕接着,他再次在15日会议上明确表示:

> 要保护干部同人民的积极性,不要在他们头上泼冷水。我们曾经泼过冷水,在农业社会主义改造问题上泼过冷水,不也是促退吗?那个时候我们有个促退委员会。后头我们说不应该泼冷水,就来一个促进会。本来安排的是十八年,一个促进就很快,四十条上写的是一九五八年完成高级化,现在看样子是今冬明春。毛病也不少,但是比那个促退会好一点,农民高兴,(因为能)增产。没有这个合作化,没有这个增产,这样大的灾荒,就不好增产二百多亿斤。〔37〕

尽管毛泽东在会上提出了相左的意见,但是,周恩来、刘少奇在各自报告中所阐述的重要意见,还是受到了二中全会与会者的关注,周恩来提出的关于制定1957年计划必须坚持"保证重点,适当收缩"的方针,经过充分讨论后,仍然被八届二中全会接受,并且在会后得到认真的贯彻执行。

11月17日,周恩来出访越南、柬埔寨、缅甸、巴基斯坦和印度等国。

在反对急躁冒进和"保证重点,适当收缩"方针的指导下,陈云担负起了主持制定1957年国民经济计划的重担。

根据再次摸底后的情况,1956年12月27日,陈云主持召开国务院常务会议,商讨进一步减少1957年基本建设投资问题。陈云提出:

"今天集中讨论明年投资减不减、减多少、减什么。先把这个问题解决，再讨论其他问题。""首先考虑到民生，建设就不至于摆得过大。"明年投资究竟搞多少，"首先是我们几个人负责，我们肩上担负着六万万人的事，如果搞得天下大乱，打我们的屁股。"把投资压缩好，"我们责无旁贷"，"不要怕别人说机会主义"。明年计划的投资"削了以后，不仅明年平衡，将来也可以平衡"。当然，削减多少要研究。

"明年要削减投资，必须搞些死办法，灵活了不行。"有的项目"不搞就是不搞，人不准增加就是不能增加，要砍就砍下来"。"过去，照顾基本建设多，照顾生产少。应该是首先保证必需的生产，其中主要部分应该保证最低限度的民生，有余搞基本建设。这样基本建设就是冒也冒不了多少。"〔38〕

会议决定再将基本建设投资压缩到114亿元，待进一步算账后提中央讨论。

出访中的周恩来，中途于1957年1月3日回国休息，到1月7日再次踏上出访的征途。这天，陈云前往送行。据薄一波回忆："陈云同志送总理回来后赶紧打电话给我，说：'总理上飞机时同我讲了三次，他要我转告你，基本建设投资不能超过100亿元。'这时我正准备拍板。于是，我在会上说：'不要争了，按总理的指示定为110亿元（因为陈云同志讲的是上海话，我把100亿元听错了，听为110亿元）。'可见，总理反对急躁冒进很坚决。"〔39〕

深入总结1956年经济工作急躁冒进的经验教训，有利于1957年计划的制定和该年经济建设的顺利开展，1957年1月18日，陈云在全国省市委书记会议上做了《关于财政经济工作问题》的重要讲话。

陈云阐释了"建设规模的大小必须和国家的财力物力相适应"的道理："建设的规模超过国家财力物力的可能，就是冒了，就会出现经济混乱；两者合适，经济就稳定。""纠正保守比纠正冒进要容易些。"他还提出应当用财政、信贷、物资三大平衡这样的"制约的方法，来防止经济建设规模超过国力的危险"。〔40〕

1月27日，李先念在全国省市委书记会议上继续强调："1956年国家预算和信贷计划在执行过程中都有若干冒进。"从1956年冒进给财政金融带来的严重的后果中，他得出一条主要经验："就是财政、信贷和物资必须统一平衡。在这里物资平衡是统一平衡的基础，财政平衡则是统一平衡的关键。因为，财政和信贷最后都要归结到有没有物资，矛盾最后都集中到物资是否能够平衡。""只要在正常收入的范围以内安排支出，不要赤字，不要向银行透支，保持这个限度，大体上就可以做到信贷平衡。财政和信贷平衡了，大体上整个物资也就是平衡的。"

全国省市委书记会议之后，国务院进一步对1957年计划中的各项指标和财政支出指标进行了核算和压缩，并在2、3月间召开的全国计划会议上对1957年国民经济计划作出安排。

到4月6日、8日、12日，周恩来主持国务院第四十四次至四十六次全体会议，讨论和批准了对基本建设投资、行政经费、军费、社会购买力、劳动计划和文教卫生等主要指标都做了较大压缩的《1957年国民经济计划（草案）》。《计划（草案）》确定基本建设投资总额为111亿元（比1956年减少20亿元），规定工业和农业总产值分别为比上年增长4.8%、7.1%。

会上，周恩来在谈到五年计划时指出："1957年的计划和预算，一般地说，是平稳、积极、紧张的，今年比去年平稳。""各部对上对下都要注意瞻前顾后，左顾右盼"；"各种比例关系不一定全恰当"，要调整关系，"不恰当的，宁愿放慢步骤"；"材料不足时，首先满足生产和市场的需要，基建只好推迟"；"基建要以较少的钱和物资做更多的事"。"增产节约、勤俭建国是我们的长期方针。"[41]

在1957年国民经济计划的指导下，1957年国民经济稳妥地健康发展，工农业总产值、财政收入稳步增长，基本上实现了财政、物资、信贷三大平衡，保证了市场的稳定，使1957年成为新中国成立以来经济工作最好的年份之一。

注释：

〔1〕毛泽东在南宁会议上听取李富春汇报时的插话，1958年1月20日。参见石仲泉：《艰辛的开拓——毛泽东在"文化大革命"以前对中国社会主义建设道路的探索》，《党史研究》1987年第1期。

〔2〕《农业集体化重要文件汇编》（1949—1957），中共中央党校出版社1981年版，

247—249页。

〔3〕薄一波:《若干重大决策与事件的回顾》上,中共中央党校出版社1991年版,第522页。

〔4〕周恩来在北京市青年纪念一二·九运动二十周年、一二·一运动十周年大会上的讲话,1955年12月8日;周恩来在国务院全体会议上的讲话,1955年12月21日。参见《周恩来传》,中央文献出版社2018年版,第1101页。

〔5〕周恩来在会见日本拥护宪法国民联合访华团成员时讲话,1955年11月15日。参见《周恩来年谱（1949—1976）》上卷,中央文献出版社2020年版,第505页。

〔6〕周恩来在中共中央政治局召开的关于资本主义工商业社会主义改造问题会议上的发言,1955年11月16日。参见《周恩来经济文选》,中央文献出版社1993年版,第226页。

〔7〕陈云同志在中共中央政治局召开的关于资本主义工商业社会主义改造问题会议上的报告,1955年11月16日。参见《陈云文选》第2卷,人民出版社1995年版,第293页。

〔8〕周恩来向调查、公安、监察专业会议代表的讲话,1955年12月24日。参见《周恩来传》,中央文献出版社2018年版,第1100页。

〔9〕周恩来《关于知识分子问题的报告》,1956年1月14日。《周恩来选集》,人民出版社1984年版,第159页。

〔10〕国家统计局国民经济综合统计司编:《新中国60年统计资料汇编》,中国统计出版社2010年版,第37页。

〔11〕周恩来在国务院全体会议上的讲话记录,1956年2月8日。参见《周恩来选集》下卷,人民出版社1984年版,第190、191页。

〔12〕陈云在国务院常务会议上的发言记录,1956年2月28日。参见《陈云传》,中央文献出版社2015年版,第1018页。

〔13〕周恩来在国务院常务会议上的发言记录,1956年2月28日。参见《陈云传》,中央文献出版社2015年版,第1018、1019页。

〔14〕陈云在国务院常务会议讨论国家计委《关于1956年基本建设计划安排和要求增加部分投资的补充报告》时的发言记录,1956年4月10日。参见《陈云传》,中央文献出版社2015年版,第1019页。

〔15〕周恩来在国务院常务会议讨论国家计委《关于1956年基本建设计划安排和要求增加部分投资的补充报告》时的发言记录，1956年4月10日。参见《陈云传》，中央文献出版社2015年版，第1019、1020页。

〔16〕方铭访问胡乔木记录：《谈1956年"反冒进"和1958年批"反冒进"的一些情况》，1982年11月4日。参见《周恩来传》，中央文献出版社2018年版，第1109页。

〔17〕国务院《每日汇报表》，1956年5月7日。

〔18〕周恩来在国务院第28次全体会议上的讲话记录，1956年5月11日。参见《周恩来传》，中央文献出版社2018年版，第1110页。

〔19〕李先念《关于1955年国家决算和1956年国家预算的报告》，1956年6月15日。参见《李先念文选》，人民出版社1989年版，第205页。

〔20〕《关于建国以来党的若干历史问题的决议》在论及中共八大时指出，中共中央提出"既反保守又反冒进即在综合平衡中稳步前进的经济建设方针"的时间是在"1956年5月"。笔者根据在撰写新中国成立后《周恩来年谱》时所收集到的第一手材料，写成《关于既反保守又反冒进经济建设方针的提出时间》的考订文章，先发表在《党史研究与教学》1988年第2期上。但是，当时并未引起《中国共产党的七十年》撰写人员的重视，因此该书出版后仍将"反冒进"方针提出的时间定在"1956年5月"。鉴于此，作者又在原发文章的基础上加以改写和充实，增强了考订的资料内容，经由当时中央文献研究室主任李琦转交室副主任、该书第7章作者龚育之审阅。他认为，我的考订证据确凿、言之有理，并经他建议在《党的文献》1992年第4期上发表。以后，《中国共产党历史》第2卷（1949—1978）采纳了笔者的考订意见，将这个方针提出的时间确定为1956年6月4日。见该书上册第390页，中共党史出版社2011年版。

〔21〕周恩来在国务院常务会议上的讲话记录，1956年6月5日。参见《周恩来经济文选》，中央文献出版社1993年版，第261、262页。

〔22〕周恩来在国务院全体会议第30次会议上的讲话记录，1956年6月5日。参见《周恩来经济文选》，中央文献出版社1993年版，第264页。

〔23〕李先念《关于1955年国家决算和1956年国家预算的报告》，1956年6月15日。参见《李先念文选》，人民出版社1989年版，第205页。

〔24〕毛泽东对1956年6月20日《人民日报》社论《要反对保守主义，也要反

对急躁情绪》的批示，1958年年初。参见《建国以来毛泽东文稿》第7册，中央文献出版社1992年版，第32—35页。

〔25〕〔26〕国务院常务会议记录，1956年7月5日。参见《周恩来传》，中央文献出版社2018年版，第1116、1117页。

〔27〕薛暮桥：《在周恩来同志领导下工作的回忆》，《怀念周恩来》，人民出版社1986年版，第36、37页。

〔28〕周恩来阅读修改的中国共产党第八次全国代表大会政治报告稿，1956年9月。参见《周恩来传》，中央文献出版社2018年版，第1119页。

〔29〕笔者访问范若愚记录，1983年2月16日。

〔30〕周恩来在国务院常务会议上的讲话记录，1956年10月24日、25日、29日。参见《周恩来传》，中央文献出版社2018年版，第1127页。

〔31〕李先念在国务院常务会议上的讲话记录，1956年10月24日、25日。参见《周恩来传》，中央文献出版社2018年版，第1127页。

〔32〕谷牧在国务院常务会议上的讲话记录，1956年10月30日。参见《周恩来传》，中央文献出版社2018年版，第1127页。

〔33〕国务院常务会议记录，1956年11月9日。参见《周恩来传》，中央文献出版社2018年版，第1128页。

〔34〕周恩来在中共八届二中全会上《关于1957年度国民经济发展计划和财政预算控制数字的报告》，1956年11月10日。参见《周恩来经济文选》，中央文献出版社1993年版，第335—345页。

〔35〕刘少奇在中共八届二中全会上《关于目前时局问题的报告》，1956年11月10日。参见《周恩来传》，中央文献出版社2018年版，第1131页。

〔36〕毛泽东在南宁会议上的讲话记录，1958年1月12日；毛泽东在中共中央政治局扩大会议上的讲话记录，1958年2月18日。参见《周恩来传》，中央文献出版社2018年版，第1132页。

〔37〕毛泽东在中共八届二中全会上的讲话记录，1956年11月15日。参见《周恩来传》，中央文献出版社2018年版，第1132页。

〔38〕陈云在国务院常务会议上的发言记录，1956年12月27日。参见《周恩来传》，中央文献出版社2018年版，第1132、1133页。

〔39〕方铭、金冲及和笔者访问薄一波谈话记录，1983年7月23日。

〔40〕《陈云文选》第3卷，人民出版社1995年版，第52页。

〔41〕周恩来在国务院第44至46次全体会议上的讲话记录，1957年4月6日、8日、12日。参见《周恩来传》，中央文献出版社2018年版，第1134页。

10
处理中缅边界问题

1

秋天，是北京最美好的季节。

1956年的秋天，周恩来在北京迎来了中国西南邻邦的友好使者、缅甸联邦反法西斯自由同盟主席——吴努。

吴努这次访华的目的很明确，就是要同中国领导人商谈，如何尽快解决中缅两国的边界问题。

周恩来的答复也很坦率。他对这位老朋友说："与缅甸的边界问题解决得好，作为典范。"[1]

这掷地有声的许诺，扫除了吴努心中的疑虑。

吴努已经不是第一次接触周恩来了。在以往的接触中，他得出这样一个印象："什么人只要见了周总理，谈了问题就放心，愿意和他做朋友，他从来是说话算数的。"

1954年夏，世界瞩目的日内瓦会议结束了，和平的曙光终于冲散战争的阴云。周恩来觉得轻松了许多。几个月来，他一直周旋在国际舞台上，为实现朝鲜和印度支那的和平尽了最大的努力。

回国前，他先到缅甸，这也是他第一次出访缅甸。这个国家是中国通向南亚的大门，它和中国共同倡导了和平共处五项原则。周恩来一直十分重视同缅甸的交往，也始终向往到这个美丽的邻国做客。

在中缅两国之间，存在着一个十分复杂而重要的问题——边界问题。这个问题是1885年英帝国主义侵占缅甸后遗留下来的。新中国究竟会怎样来处理这个问题，一直受到两国人民和全世界的关注。

周恩来这次访缅受到缅甸方面隆重的欢迎，他们希望在谈论边界问题时能有所收获。在最后一次会谈中，吴努直截了当地向周恩来提出："希望能够早些解决两国的边界问题。"

这是周恩来预料到的话题。他曾对中国驻缅甸大使姚仲明说："要清醒地估计到，两国发表和平共处五项原则后，如何先急后缓地解决一些两国关系中的实际问题，像边界问题等势将提上日程。"他交代姚仲明抓紧研究，以便因势利导，避免落后于事态的发展。〔2〕

从周恩来本意讲，他也希望早些解决这个问题，因为，这对稳定周边国家，促进亚洲和平，推动中国的经济建设都是十分有益的。

然而，开国以来短短的几年中，国内外发生了那么多急迫而需要解决的问题，周恩来一时无暇顾及。更何况，边界问题十分复杂，必须先了解情况再想办法。周恩来深知，这是一件必须对缅甸人民也必须对中国人民负责的事情，绝对不可草率！

周恩来直截了当地告诉吴努："希望缅甸能够给我们一点时间，把情况弄清后再正式商谈。"周恩来还说，"我们两国要以友好的精神，通过和平协商的方式来解决好吗？"〔3〕

翻译的话音刚落，吴努立即点头表示赞成。他对周恩来充满了信任。

1954年12月，吴努应邀访问北京。他与周恩来谈话的主题还是中缅边界问题。双方会谈的结果以会谈公报形式正式公布出来。公报提出"在适当时机内，通过正常的外交途径"〔4〕来解决边界问题。这个承诺，无论对中国人民，还是缅甸人民来说，都是一件值得庆祝的事。

然而，正当中缅两国领导人为解决边界问题进行积极努力的时候，1955年底，中缅边境南段未定界的黄果园附近响起了枪声。

这枪声划破了边境的平静。

那天清晨，边界线上雾气浓浓，几步开外就什么都看不清了。像往常一样，中国军队开始了一天的巡逻。他们没想到会在黄果园附近与缅甸军队相遇。雾太大，辨不清情况，双方开了枪。一时间，西方一些国家大做文章，缅甸国内也出现了不利于中缅友好的言论。

边境局势一下子变得异常紧张起来，原本复杂的边界问题变得更加复杂起来。那些日子是缅甸领导人焦虑不安的日子，中国会怎样对待这个问题呢？

正像吴努所言，周恩来说话是算数的。他没有因黄果园发生的冲突而动摇公报的精神；相反，适应形势，把中缅边界问题急迫地提到议事日程上来。从

1956年春天开始，周恩来便主动同缅甸领导人进行接触，拨开了蒙在两国之间的那层阴云。

2

历史上的中国是一个封建大国，它的四围边界从来不那么明确。

那时，作为大国的中国，总想让周围弱小的国家臣服。然而，这种政策遭到了一些国家的抵抗，由于相互之间你争我夺，战事连绵，使边界呈现"出出入入，犬牙交错，分而又合，合而又分"的状况。这种奇特的现象，直到帝国主义侵入东方后才有所改变。为达到对亚洲国家分而治之的目的，帝国主义强迫中国同他所殖民的国家划界，并签订了一些对中国很不平等的边界条约。

中缅边界就是这样一种情况。

缅甸同中国西南边陲的云南省接壤，蜿蜒曲折的边界线呈南北走向，有2700多千米长。放眼望去，绿色的枝叶覆盖着崇山峻岭，非常壮美。近处，湍急的怒江、澜沧江、大金沙江等流入缅甸，带去了中国人民的友谊，它们的支流网状般布满两国交界处。边界两边常常可以看到身着少数民族服装的边民，他们祖辈开始的世世代代的交往，奠定了两国之间深厚的感情。

新中国成立时，中缅边界的大部分已经划定，只有三段存在着未决的问题。

第一段是南段，即佤佤山区的一段。这里一直居住着勤劳的佤族人，他们长期过着部落生活。1885年，英国占领缅甸后，也占领了这个地方，但是英国军队没有到达这里。那时，中国曾经到达这个地区的两个地方，一个叫班洪部落，一个叫班老部落。在班老那个地方还有一点儿银矿，中国政府曾动员民工去开过矿。1894年和1897年，中英两国先后签订的两个关于中缅边界的条约中，对这一段边界都曾经有明文规定，但是，由于有关的条文自相矛盾，这一段边界长期没有划定。为了造成既成事实，1934年初，英国派军队进攻班洪和班老部落所辖的地区，但是没有得逞，他们遭到当地佤族人民的英勇抗击。1941年，英国乘中国在抗日战争中所面临的危急情况，以封闭滇缅公路作为压力，强迫中国政府用换文的方式在佤佤区划定了一条对英国片面有利的边界线，这条线包含着中国人民的屈辱，被称作"1941年线"。不久后爆发了太平洋战争，因此，双方在这条线上并没有树立桩界。

第二段是南畹河和瑞丽江汇合处的勐卯三角地，人们又称它为南畹三角地。这片面积约250平方公里的土地，是属于中国的领土，过去英国在条约中也明文承认了这一点。但是，在1894年中英两国签订第一个中缅边界条约前，英国不经中国同意，强行通过这个地区兴修了一条从八莫到南坎的公路。到1897年中英两国再次签订有关中缅边界条约的时候，英国以"永租"的名义取得了对中国这块领土的管辖权。缅甸独立后，继承了英国对这个地区的"永租"关系。

第三段是北段，即尖高山以北的一段。这一段边界过去始终没有划定，英国曾经在这个地区不断制造纠纷，借机扩大它的殖民领域。最严重的是1911年，英国武装侵占片马。"片马事件"激起了中国人民极其强烈的民族义愤，中国大地掀起了风起云涌的抗议运动。在这种情况下，1911年4月10日，英国政府不得不在给中国政府的照会中正式承认片马、岗房、古浪三处各寨属于中国。然而，事实上，英国却继续侵占着这个地方。

对中缅边界的现状，缅甸政府却不是这么认识的。在他们看来，只有北段存在未定界问题，而南段并不存在这个问题，缅甸与中国在认识上有很大的距离。

究竟怎样缩短两国在认识上的差距呢？

有着丰富谈判经验和对缅甸人民充满友好诚意的周恩来提出，可以暂时避开具体问题，从确立原则谈起。

为了寻找一条公平合理地解决中缅边界的途径，周恩来付出了大量的心血。

从1956年下半年开始，周恩来对中缅边界的历史和现状进行了深入的研究和调查。在那些日子里，西花厅的灯光常常亮到天明。

在周恩来整洁而明亮的办公室内，桌子上、地板上，到处是翻开的书籍和各式地图。后来，毛泽东告诉吴努："周总理读了几本书，我们把过去的文件和书都研究了研究，也把地方干部调到北京研究了一下，又派了一个将军去查了一下，又和法律专家研究了一下，于是才定出一个包括南线和北线的统一解决的方案。"[5]

这年秋天，吴努到达北京。10月的北京，秋高气爽；10月的中南海更是景色宜人。

10月25日下午，吴努乘坐的汽车驶进中南海，在西花厅的台阶前停下。周恩来笑容满面地迎接这位远道而来的朋友。参加这次会见的还有陈毅副总理、章汉夫副部长、章文晋司长、姚仲明大使以及缅甸朋友吴敏登、吴拉茂大使等。

会谈的主题十分明确——中缅边界问题。

周恩来直入主题，说："这个问题本身并不严重，因为这个问题是历史遗留下来的。中缅两国是倡导五项原则的国家，应该根据这些原则来解决这个问题。"短短的两句话，拉近了双方的距离。

周恩来高兴地告诉吴努，已经找到了一个解决问题的途径。这就是：中国政府愿意把中国军队撤出1941年线以西地区。缅甸政府也保证缅军不进入中国军队曾经驻扎的地区。中国政府仍可以对1941年线表示自己的意见，但是这并不等于说缅甸政府取消了对1941年线的要求。同时，在北段，缅甸政府为了友好起见，也同意把军队撤出片马、岗房、古浪三个地方，中国政府也保证中国军队将不进入这些地区，以待最后的划界。中国政府认为，这可以作为解决中缅边界问题的一个公正的途径。

谈话中，周恩来进一步向吴努提出了解决中缅边界问题的几个原则，形成了一揽子解决边界问题的建议。

周恩来在建议中除了重申上述处理南、北段的原则意见外，对勐卯三角地的问题提出："中国人民认为，这块土地最好由中国收回，但是因为缅甸有公路通过，我们愿意提出这个问题来商量，究竟应该如何收回。"他强调，"以上三点联系起来解决，才能改变我在前边所说的情况，这个方式比较好，缅甸的要求可以得到满足，也照顾了中国人民的感情，便于我们进行解释。"[6]

周恩来入情入理的一番话，深深地感动了吴努。他体会到，中国人民确实是缅甸人民的可靠的朋友，周恩来对解决中缅边界问题是充满诚意的。

吴努这次北京之行是同周恩来谈话最多，谈的问题也最多的一次。当时，中缅之间一个较大的分歧是怎样认识"1941年线"的问题，这条线是缅甸从英国手中继承下来的，他们坚持认为以这条线划界是符合国际法的；但是，这条线又是英国在中国抗战处于极端困难的条件下强迫中国政府接受的，中国人民不愿意接受这条线也是在情理中的。

周恩来认为，这两方面的情况都要照顾到，偏到任何一方都会伤害人民的感情。因此，他在第二次会谈中对吴努说："不按1941年线定下来，缅甸就没有其他办法，这种困难，我们是了解的，所以我们并不要求修改这条线，也不反对缅甸坚持这条线的立场。我们的要求只是缅甸军队不忙进去，等到这条线最后确定和要下桩时为止。""如果你们在解释的时候，一方面说这段边界应该是1941年线，另一方面也承认1941年线是英国乘中国之危强加于中国，现在既已成为事实，就应该维持下来，那么你们既向人民做了交代，又向中国表示了友好。"[7]

这的确是一个无可挑剔的"照顾双方利益的公平合理的建议"。用吴努的话来评价："中国的建议是公平的。"他后来对周恩来说："我和缅甸政府的一些人都感到满意，内阁的外交小组也认为周总理的建议是合理的。"[8] 这个建议被写入1956年11月5日中国政府的备忘录中。

经过这次接触，中缅两国在原则上达成一致的意见。在友好气氛中，周恩来表示："愿以缅甸的边界问题解决得好作为典范。"很明显，这个时候，周恩来对中缅边界问题的思考，已经不仅仅是局限在两个国家之间的关系上，而是希望通过解决中缅边界问题来推动我们同其他周边国家的边界问题的解决，使中国获得一个广泛的和平建设的良好环境。正如周恩来对吴努所说："我们不仅以这样的原则来对待中缅边界问题，而且也用同样的原则来对待我们同印度、巴基斯坦、阿富汗、苏联、蒙古、朝鲜、越南的边界问题。"[9]

会谈结束后，周恩来和吴努发表了联合新闻公报，郑重宣布：中缅两国取得谅解，从1956年11月底到1956年年底，中国军队撤出"1941年线"以西地区，缅甸军队撤出片马、岗房、古浪。

1956年年底以前，中缅两国政府分别完成撤军工作，为解决中缅边界问题打开了一个新局面。

3

中缅边界问题提出后，引起了中国人民极大的关注。

1956年11月5日，周恩来向全国人大常委会第五十次会议报告了与吴努会谈的情况。会议批准了他所提出的关于解决中缅边界问题的建议。

但是，对周恩来提出的建议，并不是所有的人都能够一下子理解和接受。在人大代表和政协委员中都有人提出了意见。一些代表写信给周恩来，坦率地说明自己的意见，周恩来感受到，他们总的思想情绪是，认为"失地太多""吃亏太大"，情有难安，希望改变帝国主义侵略政策造成的现状。[10] 这些情况，启发周恩来对这个问题作进一步思考。

1957年2月，周恩来访问亚欧十一国归来后，立即抓紧时间研究边界问题。他听说云南代表尹明德对中缅边界问题很有研究，在20世纪20年代时曾化装到北段江心坡一带调查，立即请他到北京当面讨教。尹明德给周恩来带来许多书籍和地图，这对周恩来研究边界问题很有帮助。尹明德之子尹绍平回忆："我父亲尹明德从1956年开始收集整理中缅边界的资料。1957年，周总理电邀他到北京。他当时比较激动，带了大量的书北上，比较重要的有他到中缅边界勘察后写的《云南北界勘察记》。另外还有三张地图，一张是他们自己勘察的地图，一张是清政府时期地图，还有一张是比较早一点的。父亲到了北京以后，周总理把他请到西花厅，连夜就看这些书和地图，到吃饭的时候，周总理就邀我父亲一起同桌吃饭，一边吃饭还一边在问很多具体问题。"[11]

为了广泛征求意见，周恩来除了同北京有关部门的专家、学者座谈讨论外，还特别邀请了云南省负责人及各界各少数民族代表到北京座谈，认真听取他们的意见，对群众的思想情绪和问题做到了"心中有数"。而与会代表对周恩来"为人民利益而博访周咨搜集资料和周到深刻慎重考虑问题的服务精神"[12]也是十分敬佩的。

经过多方面调查研究后，3月16日，政协二届三次会议举行全体大会，周恩来就中缅边界问题做了专题性报告，正面回答了群众中普遍存在的一些思想问题。

周恩来首先从地图讲起。他为什么以此作为这次讲话的开头呢？原来，会议的前一天，周恩来碰见一位代表，那位代表第一句话就说："根据地图，我感到很大的不安。"周恩来在报告中提到这件事时说：我一下就听懂了，所以我今天从他那里学来，头一个也讲地图。

周恩来依据讲台前挂的示意图，详细分析了清末以来各个时期绘制的几幅比较像样的地图上所发生的变化，说明："我们的地图是一件事，实际情况又是一件事，交涉又是一件事，这三件事不吻合，因为交涉还没有达到。制图时要把实际情况和交涉之间有一个交代，可是我们过去的地图一百年来从刚才说的1849年至1948年没有交代，所以爱国人士看到这样的地图当然很高兴。"[13]

新中国成立以后，中国政府还没有来得及出版一本正式地图。人们通常使用的是1953年由地图出版社委托私人出版的一本地图，这本地图没有经过政府审定。这本地图的基本内容是根据新中国成立前申报馆出版的一本地图发展来的。周恩来在会上说："今天必须跟大家说清楚，这是一种不得已的办法，这个工作还是需要很认真的,又很慎重的,又要站稳民族立场,又要照顾到友好关系,又要划得合乎实际,又要能够不损失我们主权,这的确是一件艰难的工作。"周恩来还讲道:所以,我现在把这个问题提出来,说明我们不能仅仅根据地图办事。可是人民不懂,所以这个问题用一个什么办法向人民去解释比较恰当,解释得恰当,人民了解了,可是又引起了友邦觉得我们是不是还要向外要的太多,还要局势不定。要说得很定了呢?那又等于默认现状,也不完全好,所以这个地图问题,倒是一个难题。

那么,对未定界的地方,我们是不是应该采用"争"的态度呢?这也是人们议论较多的一个问题。有一些人认为,清末以来,历届政府都在力争未定界,大家"印象极深,难以忘怀"。因此,新中国仍旧应该采取这个态度。针对这种思想,周恩来说:"当时与帝国主义争地方,就是说参加到中国大家庭里来总是比被帝国主义压迫要好。所以争地方多一些这样的爱国主义立场是对的,与帝国主义必须寸土必争。但现在新的问题来了,那时没有争到,而现在那块地方已不属于中国,而属于独立后的缅甸。两个国家都发生了根本性的变化,一个变成了民族主义国家,一个变成了社会主义国家,两国彼此的关系是友好关系。""在这个基础上来解决问题与历史上解决问题不能相同,当然不是毫无联系,虽然历史不能割断,但也不能完全相同。"听了这段讲话,使许多人改变了过去只从历史上地图上空谈领土版图要求愈多愈好的错误看法,明确了应该按照社会主义国家的国际原则和和平外交政策来解决这个问题的道理。

对具体方案,人们十分关心"1941年线"的问题,想不通为什么一定要承认这条不公平界线。周恩来解释说:"我们把它否定了,重新定一个新的,当然是修改条约,或者重新废弃这个条约,重订,这使人家感觉过去历史上所有划界的条约都可以改变,绝不是这一个条约为止,那的确四邻不安。所以,这个问题必须慎重考虑。1941年线是乘人之危不公道的条约,但是那已经是签订的边界条约,而这个地方(佤佤)两边都不是直接统治的,划得不很公正。但是,我们如果照这样解决比否定了然后重新划问题要好得多。两个利弊相比,两害相权取其轻。所以1941年线我们顶多提出某一点斟酌,而不是给它来一个否定。"

在报告中,周恩来还明确指出:我国同缅甸的谈判原则是同我们的国策紧密相连的。我们的国策首先是要争取世界局势的缓和,以便进行我们的和平建设;其次是要争取亚非国家,要跟他们真正和平共处,把帝国主义侵略和包围打开一个缺口;第三是因为我们是社会主义大国,我们要时常警惕,预防大国主义情绪,不使人家感觉我们要向外收复多少东西,但应该得到的我们要争取。

周恩来的这个报告有很强的说服力,许多人开始站在更高的角度来认识边界问题。

由于中缅边界问题直接关系到云南地方的利益,因此,3月底,周恩来又风尘仆仆地赶到昆明,同云南省各界和各少数民族代表座谈,耐心地做解释工作。这些工作取得了显著的成效。昆明工学院召集人赵建中说:"总理报告不但具有政治、外交、历史、地理和政策的丰富知识,而且贯穿着历史唯物主义和辩证唯物主义的精神,说服教育的力量极大,听了报告等于上一次政治和教授法的示范课。"[14]

曾经对中缅边界问题的处理有着不同认识的尹明德思想发生了重大变化。他在给时任外交部副部长章汉夫的信中写道:"我两次听了周总理对于中缅界务的报告,分析得极其详细,很全面,很具体,对听众很有说服力。我过去对于边界很重视历史事实,听了周总理的报告后,使我进一步有所认识、了解,对于我的教育意义很大。"[15]

尹明德的切身体会代表了许多人的心声。

经过周恩来的努力,中国人民的思想得到了基本的统一。

7月9日,周恩来在全国人大一届四次会议上做了关于中缅边界问题的报告[16],向人大代表正式提出了解决中缅边界问题的原则性建议。在报告中,周恩来进一步重申:

> 中缅两国之间的边界问题,正像其他亚非国家之间的许多悬而未决的问题一样,都是帝国主义长期侵略政策所造成的。现在,中缅两国都已经取得独立,都在努力为本国的和平建设争取一个和平的国际环境。中缅两国又是同印度一起首先倡议和平共处五项原则的国家,我们都珍视自己的民族独立和民族利益,我们都深刻地认识到,只有通过和平共处和友好合作,才能更好地维护我们各自的民族独立和民族利益。但是,帝国主义者却从来没有停止利用亚非国家的分歧在这些国家之间制造紧张和不和,竭力企图重新对这些国家实行"分而治之"的侵略政策。针对这样的情况,我国政府在同缅甸政府商谈中缅边界问题的过程中,一向强调双方相见以诚,按照五项原则,友好协商,求得一个公平合理解决。这样,中缅边界问题的解决,不仅会使

中缅两国的友好关系得到进一步的巩固和发展,而且还将有利于亚非国家的团结。我国政府在解决中缅边界问题上所采取的立场,是从维护我国的民族利益出发的,同时也是从促进中缅友谊和亚非各国团结的利益出发的。

7月15日,一届人大四次会议召开全体会议,批准了周恩来在报告中提出的解决中缅边界问题的原则性意见。

此后,中缅两国政府关于边界问题的谈判,开始进入具体协商阶段。

4

具体协商阶段,是解决中缅边界问题最艰难的一个阶段。

1957年2月4日,周恩来还在锡兰访问的时候,缅甸一位负责人写给他的一封信已经寄到了北京。

这封信,实际上是这位负责人对1956年10月周恩来与吴努会谈时,周恩来所提出的建议的理解,也是他对解决中缅边界问题的具体设想。

这位负责人提出,希望中国政府能够接受1948年缅甸独立时从英国手中继承下来的边界线。这就是在南段承认"1941年线";在中段把勐卯三角地无条件给缅甸;仅有的修正是在北段,把包括片马、古浪、岗房在内的50平方英里土地交还中国。

这个"希望",中国人民显然是不能接受的。不久,周恩来回到北京。国内开始对中缅边界问题进行讨论。讨论中,舆论普遍要求改变帝国主义侵略政策造成的边界现状。在这种情况下,周恩来对缅方2月4日来信没有马上给予答复。

3月底,周恩来到昆明,同正在那里访问的吴努会晤,对2月4日来信中的划界建议提出了中国方面的对案:在北段,根据地形和双方行政管理的方便,并且根据过去英国致清政府的正式文件中承认中国在小江流域的管辖范围,要求把归还中国的片马、岗房、古浪三地的面积划得比缅方所建议的要大;在中段,中国政府不准备收回勐卯三角地,但要求在"1941年线"上作调整,即换回该线以西的班洪、班老等地区。

这个方案,缅甸方面也是不能接受的。吴努认为,既然双方意见有出入,就以不发表公报为好。

虽然这次会谈后，双方没有发表任何公报，但是彼此认为两国在总的方面还是一致的，周恩来和吴努都希望，在两国边界问题取得最后解决的同时，签订一个体现友好合作和互不侵犯原则的友好条约，双方互相保证不参加针对另一方的军事集团。

6月7日，缅甸驻中国大使吴拉茂要求会见周恩来。他给周恩来带来一封吴努的来信。在这封信中，吴努催促周恩来尽快对缅方2月4日的信做出正式答复。

周恩来对吴拉茂说："中国政府处理中缅边界问题的方针是不会变的。"他还说，"关于中国方面的正式复信，那需要在人大开了会批准了政府的方针后才能回答。因为如果不经过人大的手续，人民代表可提出责问政府。"[17]

不久后，全国人大一届四次会议在北京隆重召开。会议批准了周恩来关于解决中缅边界问题的建议。这样，周恩来立即致信吴努，郑重提出解决中缅边界问题的各项具体建议。这封信实际上也是对缅方2月4日来信的正式答复。信中重申三点意见：第一点意见是关于尖高山以北地区问题。意见提出从伊索拉希山口往北直到底富山口的一段，可以按照双方共同谈定的习惯线划界，从伊索拉希山口向南至尖高山的一段，除片马、古浪、岗房三处各寨地区应该归还中国以外，原则上同意以怒江、瑞丽江、太平江为一方和恩梅开江为另一方的分水岭划界。至于应该归还中国的片马、古浪、岗房三处各寨地区的面积，中国政府根据历史上可以依据的事实和双方行政管理的方便等因素，提出具体建议，希望缅政府能够予以同情和考虑接受。第二点意见是关于佧佤地区和勐卯三角地区问题。意见提出1941年6月18日由当时中英两国政府经过换文在佧佤地区划定的界限，是英国强加于中国而为中国人民所不满的，但是考虑到中缅两国之间现存的友好关系，中国政府除要求对这条线作某些调整以外，同意在佧佤地区基本上按照这条线定界。中国政府所要求的调整是把一直同中国关系密切的班洪部落和班老部落在"1941年线"以西的辖区划归中国。如果缅甸政府同意中国政府的调整建议，中国政府愿意把属于中国而在1897年永租给英国管辖的勐卯三角地永久地移交给缅甸。第三点意见提出中缅边界公平合理地解决后，建议两国签订一个新的边界条约，以代替一切旧的有关中缅边界的条约。[18]

一方要求维持边界现状，一方要求改变不合理的现状，双方思想上的差距一时难于接近，但是，周恩来一点儿不灰心，在后来的日子里，缅甸朋友多次到北京来协商，协商中有时难免出现争论，周恩来始终镇静自若，坚持以和平共处五项原则为指导，摆事实、讲道理，进行疏导，耐心协调双方思路，促使对方进一步考虑，同时不伤害对方的自尊心。因此，边界问题虽然一时达不成一致意见，但缅甸朋友对周恩来始终充满敬意。正如一位缅甸朋友所言，同周总理共事是最愉快的，尽管他的意见总是占了上风，但使人心悦诚服。

5

由于种种原因，中缅边界问题最终在1960年得以解决。

那时，中印边界发生第一次冲突。为了树立一个和平解决边界问题的典范，中缅双方加快了解决两国边界问题的步伐。

1960年初，年轻的奈温将军来到北京。1月28日，周恩来和奈温分别代表各自政府在《中国政府和缅甸联邦政府关于两国边界问题协定》上签字。

接下来，双方加紧对边界的勘察工作。周恩来指示，要同缅方勘界人员友好协作，互相传播技术，共同总结经验，切不可有大国沙文主义情绪，要通过联合勘察搞联欢、搞友好。领导中方边界委员会工作的姚仲明后来回忆："由于贯彻了这一指导思想，双方勘界人员始终在和谐的气氛中互相帮助、合作，勘界、划界、树桩等任务都完成得很圆满。"[19]

在勘界过程中，周恩来十分注意教育参与工作的同志要尊重边境居民的民族感情。

由于中缅边界是多种少数民族聚居的地区，双方的部落关系、家庭关系、亲戚关系，盘根错节，所以，周恩来一再要求他们处理好这个问题，周恩来指出，有的民族被边界线多年分割，这是历史所造成的，想加以改变是十分困难的，但在实际情况允许的条件下，尽量照顾其合理的愿望，设法做一定的调整，也是必要的。如佤族班洪、班老辖区的收回就是一例。

在"1941年线"上，还有不少骑线寨。所谓骑线寨即是指一个村寨同一家族的人，由于住宅的位置不同，被划属两个国家，不仅日常生活不方便，也给双方的行政管理造成了不少困难。

1960年，中缅边界联合委员会开会前，周恩来对姚仲明说：对骑线寨必须进行合理的调整，保持每个村寨的完整，分别划归给中方或缅方，力求平衡，主要看大家方便，搞友谊。8月7日，他在北戴河又向姚仲明提出：可采取交换或补贴的办法，注意切不可伤害少数民族的利益和关系。

由于双方的努力，工作进展十分顺利。

1960年10月1日，喜气洋洋的北京又添一喜，周恩来同前来北京参加国庆活动的吴努总理分别在《中华人民共和国和缅甸联邦边界条约》上签字，为和平解决边界问题画了一个圆满的句号。

1961年1月4日，是缅甸独立节。周恩来率领代表团赴缅甸参加庆祝活动，随同周恩来一起出访的还有陈毅、罗瑞卿、张爱萍等。同时中国政府还派出中国文化艺术代表团，中缅边界委员会中方代表团，中国云南省代表团，中国佛教代表团，中国电影、新闻和体育代表团参加缅甸独立节的活动。这次活动把两国友好关系推上一个新的高峰。

在缅甸期间，周恩来出席了中缅互换边界条约批准书仪式。缅甸总统授予周恩来"崇高、伟大、博爱和光荣的拥护者"最高勋章，以表彰他为解决中缅边界问题做出的杰出贡献。

1980年，姚仲明重访缅甸时，许多缅甸老朋友还在流传着周恩来为两国边界问题所做出的特殊贡献。姚仲明说："有些人认为，作为一个大国的领导人，周总理生前访问缅甸达九次之多，这是中缅友好的重大历史记录，显示了极不寻常的平等精神，许多老朋友把周总理视作新中国的代表，人民外交家的光辉典范。他们特别提到，周总理大力提倡和平共处五项原则，主张大小国家一律平等，坚决反对霸权主义，支持第三世界的独立和发展，努力维护世界和平，是第三世界国家和世界人民的真正朋友。"[20]

伴随中缅边界问题的解决，中国此后又分别与尼泊尔、朝鲜、蒙古、巴基斯坦、阿富汗、老挝等国经过和平谈判顺利解决了边界问题，这为新中国的经济建设创造了一个和平的环境。

注释：

〔1〕周恩来会见吴努谈话记录，1956年11月3日。参见《周恩来传》，中央文献出版社2018年版，第1177页。

〔2〕笔者访问姚仲明谈话记录，1995年8月8日。

〔3〕熊华源、廖心文：《周恩来在50年代》，辽宁人民出版社2017年版，第172页。

〔4〕《人民日报》1954年12月13日。

〔5〕毛泽东会见吴努等谈话记录，1956年11月4日。参见《毛泽东年谱（1949—1976）》第3卷，中央文献出版社2013年版，第22页。

〔6〕参见周恩来会见吴努谈话记录，1956年10月25日。参见《周恩来传》，中央文献出版社2018年版，第1175、1176页。

〔7〕《党的文献》1996年第4期。

〔8〕参见周恩来同吴努谈话记录，1956年11月1日。参见《周恩来传》，中央文献出版社2018年版，第1177页。

〔9〕参见周恩来同吴努谈话记录，1956年10月27日。参见《周恩来传》，中央文献出版社2018年版，第1177页。

〔10〕周恩来在昆明召开的中缅边界汇报会上的讲话记录，1957年4月2日。参见《周恩来传》，中央文献出版社2018年版，第1184、1185页。

〔11〕《走近领袖世界》，重庆出版集团、重庆出版社2011年版，第67页。

〔12〕周恩来在昆明召开的中缅边界汇报会发言记录，1957年4月2日。参见《周恩来传》，中央文献出版社2018年版，第1184、1185页。

〔13〕周恩来在政协二届三次会议上的讲话记录，1957年3月16日。参见《周恩来传》，中央文献出版社2018年版，第1182页。

〔14〕周恩来在昆明召开的中缅边界汇报会发言记录，1957年4月2日。参见《周恩来传》，中央文献出版社2018年版，第1185页。

〔15〕尹明德给章汉夫的信，1957年4月18日。参见中央文献研究室科研部图书馆编《周恩来人生纪实》（下），凤凰出版社2011年版，第1103页。

〔16〕《周恩来外交文选》，中央文献出版社1990年版，第230—239页。

〔17〕周恩来会见吴拉茂谈话记录，1957年6月7日。参见《周恩来传》，中央文献出版社2018年版，第1189页。

〔18〕周恩来致吴努的信，1957年7月26日。参见《周恩来传》，中央文献出版社2018年版，第1189、1190页。

〔19〕〔20〕笔者访问姚仲明谈话记录，1995年8月8日。

11 现代"大禹"

1

中国是一个江河众多的大国,如果把中国的天然河流连接起来,总长度达43万公里,可以绕地球赤道十周有余。在这些天然河流中,著称于世,作为中国象征的是黄河与长江,它们为中国人民带来了丰富的水力资源。然而,这两条河流也给中国人民带来过严重的危害。为了变害为利,几千年来,中华民族世世代代进行了不屈不挠的斗争。

提起治水,中国人常常会想起远古时代的夏禹。

传说中,大禹为了治水,"劳身焦思,居外十三年,过家门不敢入"。终于治平洪水,功留千古。为了纪念这位治水英雄,人们在大禹长年奔波经过的许多地方,为他修建了禹王宫、禹王庙和水德祠。

提起治水,中国人也会常常想起周恩来。

新中国成立后,周恩来做了二十六年总理,治水是他紧抓不放的主要工作之一。水利专家林一山曾经这样说过:"1972年11月21日,周总理在听取葛洲坝工程汇报会上曾讲:'解放后二十年我关心两件事:一个上天,一个水利。'他还说,上天简单,卫星、导弹这些简单,水利复杂。水利在建国后是周总理在生产建设方面抓的重点。总理这么说足见他对关系人民生命财产的水利问题十分重视。"[1]

每当全国发生难以解决的水利纠纷,或是水利建设中出现重大难题,周恩来都亲自出马,认真处理;若是毛泽东交办的治水任务,周恩来更是抓得紧、抓得细。虽然人们没有像对大禹那样,专门为周恩来修庙宇,或竖立石碑,但是,那波涛滚滚的江水,那滔滔江水上立起的一座座大坝、一座座水库无不形象地记载着他的功绩。

绍兴，是周恩来的祖籍；绍兴也是埋葬大禹的地方。据史料记载：大禹"忧民救水到大越（今绍兴），大会计，爵有德，封有功"。"会计"是讨论的意思，讨论的地点茅山因此改称为会稽山。大禹做了皇帝以后，"巡狩大越"，在这里病故，就葬于会稽山下，人们为他在这里安置下舒适的陵墓，供他永远歇息。

1939年4月，在抗日战争的炮火硝烟中，周恩来以国民政府军事委员会政治部副部长的身份回到故乡。在亲友的陪同下，周恩来专程拜谒了大禹陵，像家乡人民一样，他真诚地怀念这位远古的治水英雄。周恩来拾级而上，驻足陵前。背靠大禹的陵墓，周恩来留下了一张英姿勃勃的照片。这张照片后来被收入周恩来画册中，成为永久的纪念。几十年后，人们看到这张照片，透过他那双炯炯有神的眼睛，似乎仍然可以体会出周恩来当时的心情：要像大禹一样治理水害，造福天下。

周恩来的愿望终于实现了。

1949年11月，新中国开国大典刚刚过去一个多月，周恩来就在北京会见了参加解放区水利联席会议的部分代表。他说："古代的人被传得最多最久的便是治水的大禹，他的形象最高大，最受后人颂扬。"他号召大家向大禹学习，以大禹为榜样，努力治水。他还说："我们今天要做的工作，是大禹以来从未做到的。"

在二十六年的总理生涯中，周恩来身体力行，为治水呕心沥血，其功不在大禹之下。

2

1976年1月11日深夜，一架国产小型运输机冒着凛冽的寒风，经北京、天津向山东黄河入海口飞去。在黄河入海口的上空，飞机开始盘旋，脸上还留着泪痕的张树迎和高振普抑制住悲痛的心情，把周恩来的最后一包骨灰撒向黄河那宽阔的怀抱中⋯⋯

选择黄河入海口作为撒放周恩来骨灰的最后一站，也是因为周恩来对黄河有着深切的期望，是因为周恩来对象征祖国母亲的黄河有着无限眷恋的感情。他曾经跟身边的工作人员讲过这样一段话："如有时间，用上两三个月，踏遍黄河沿岸，从源头到入海口，仔细研究如何开发、利用，从根本上改造黄河，变害为益。"[2]

黄河发源于青海省巴颜喀拉山，全长5464公里，流域面积75万余平方公里。

黄河流经青海、四川、甘肃、宁夏、内蒙古、陕西、山西、河南、山东九个省、自治区，最终注入渤海。这条中国的第二大河蕴藏着丰富的水利资源，但是它曾是中国人民的大灾祸。据史料记载，新中国成立前两千多年间，黄河下游溃堤泛滥达1500多次，较大的改道有26次，给人民生命财产带来惨重损失。几千年来，中国人民世世代代想把黄河水害变为水利。汉朝贾让的治河三策中明确提出"富国安民，兴利除害"的见解；近代的改良主义者康有为在《题三门》诗中抒发了"吾欲铲平新巨嶂，扬帆碧海大河源"的理想。然而，他们都没能改变黄河的面貌。

实现治理黄河的理想是在新中国成立之后。1952年10月，毛泽东提出："要把黄河的事情办好。"周恩来开始抓治黄工作，他曾经说："旧中国不能治理好黄河，我们总要逐步摸索规律、认识规律、掌握规律，不断地解决矛盾，总有一天可以把黄河治好。我们要有这样的雄心大志。"[3]

黄河除害兴利的关键工程，是三门峡水利枢纽工程。这项工程于1957年4月13日正式开工。为表达中国人民的心情，在黄河南岸狮子头的岩石上刻着一副对联："根治水害有日，黄河变清有期。"可见，当时，这是一件多么令人激动的事情啊。

周恩来明确指出"三门峡水库的兴建，只是根治黄河的开始"，他要求水利部的同志充分准备，在实践中不断总结经验，认识治黄的客观规律。然而，事实证明，探索治理黄河的路子并不那么平坦。工程完工后，水库开始蓄水，但很快就淤了。这样，在三门峡水利枢纽工程开工前的争论又开始了。

早在1954年10月，黄河规划委员会就提出《黄河综合利用规划技术经济报告》，选定三门峡水利枢纽工程为第一期的重点工程。1955年12月6日，经国务院批准，刘子厚出任三门峡工程局局长，王化云、张铁铮、齐文川任副局长，工作逐步开展起来。由于新中国缺乏修建大型水利工程的经验，三门峡水利枢纽工程委托给苏联专家进行设计。

1957年，国务院根据周恩来的指示，在吸收多方面专家意见的基础上，对技术设计提出意见：大坝按正常高水位360米设计，350米施工，350米是一个较长期的运用水位；水电站厂房定为坝后式；在技术允许的条件下，考虑适当增加泄水量与排沙量，要求大坝泄水孔底槛高程尽量降低。

在讨论设计规划的过程中，三门峡水库的淤积等问题，引起一系列争论。有人说，这个方案，水库容易淤死，那么还有没有修的必要？有人说，是不是把坝再提高一下？还有人说，把全部泥沙都放下去，不发电，不灌溉，就是将洪水拦一些，然后再放出去是不是可能？三门峡水利枢纽工程开工后，这些争论还在继续，包括对工程效益和上下游的关系等问题提出各种看法。陕西省的同志甚至要求重新商议设计方案。

周恩来一直关注着黄河，听到这些声音，周恩来建议对治理黄河的规划进行修改。他认为，这场争论是不可避免的，它反映了修建三门峡水库过程中还存在着没有解决的困难，肯于反映，敢于反映，而且敢于说出来，这是唯物主义者的态度。周恩来还约请彭德怀和习仲勋到三门峡工地参加讨论。

为了把黄河的事情办好，1958年4月21日至24日，周恩来在三门峡工地主持召开了一个别开生面的现场会。这个会本来准备在北京开，为了同实际相结合，吸收持各方面意见的人参加，特别是持反面意见的人参加，周恩来决定改变会址，到三门峡现场开会。

4月的三门峡工地春寒料峭，可是会场的气氛却十分热烈。与会同志畅所欲言，给周恩来许多有益的启发。

4月24日，会议的最后一天，周恩来综合各方面的争论和意见，做了长篇发言。他开宗明义地指出："开会的目的是要听取许多同志的意见，特别是反面的意见，这个会是有意识的要听取许多同志的意见，树立对立面。""如果说这次是一个我们在水利问题上拿三门峡水库作为一个问题，进行在社会主义建设中的百家争鸣的话，那么现在只是一个开始，还可以争鸣下去。"

周恩来认为，通过对三门峡的研究，来更好地总结根治水害，发展水利的问题，并把经验推广到其他的流域，对海河流域、长江流域、珠江流域、松花江、辽河等都有好处。他还具体就上游和下游的关系、一般洪水和特大洪水的关系、防洪和兴利的关系、战略和战术的关系等进行了阐述，提出治水要分主从、先后、缓急，目前以防洪为主，其他为辅，综合利用要量力而行，并对防洪的限度做讨论，提出库容以不损害西安为前提等主张。他还特别指出，不能孤立地修水库，要配合综合治理，即要同时推进水土保持、整治河道和修建黄河干支流水库的规划，不能只顾一点，不顾其余。根据各方面的意见，这次会议决定降低原来苏联专家设计的较高的蓄水位，以限制对水库回水末端的影响，并减少移民数量。[4]

1959年10月，周恩来再次到三门峡大坝工地视察，召开三门峡工程现场会议。黄河的灾害带有突然性，不一定哪年出现特大洪峰，黄河如果决口，四五省都要受害，一淹就是几十万人口，就是不决口，在洪水的威胁下，防汛动员的人力也极大。因此，周恩来在谈到修建三门峡的目标时指出："不能孤立地靠水库来解决防洪问题，必须联系配合各方面工作，最主要的是水土保持问题。"

根据这个原则，周恩来具体提出三点：首先以防洪为主，其他为辅；其次先防洪后综合利用；再次，防洪的限度是确保西安。

周恩来指出：根治黄河必须在依靠群众发展生产的基础上，大面积地实施全面治理与修建干支流水库同时并举，保卫三门峡水库，发展山丘地区的农业生产。水土流失问题，必须做到三年小部、五年大部、八年完成黄河流域七省区的水土保持工程措施和其他措施，逐步控制水土流失。[5]

1960年，三门峡大坝修成蓄水，实践证明，修改原设计方案是完全必要的。然而，黄河确实如一匹难于驯服的野马，问题很多。我们在治理泥沙方面始终没有找到一个完善的办法。

淤积部分迅速向上游延伸，形成"翘尾巴"，为了减少黄河水中的泥沙，人们采取了强化水土保持等各种措施。但是，短期内水库的泥沙量仍然很大，水库如不改建，再过三五年，水库就会淤满，那时如遇上洪水，对关中平原会有很大影响。这时，各种意见又争论起来，有的人全盘肯定，认为应该按原规划继续在上游支流修拦泥库；有的人全盘否定，认为只有废除三门峡枢纽，甚至把大坝炸掉才能有出路。争论中，大家提出了各种修改方案。

1964年12月18日，国务院在北京召开治黄会议。本来三门峡改建的事计委批准就可以了，可是有些意见出入较大，不征求大家意见，周恩来不安心。那段时间，周恩来的外事活动非常繁忙，但他仍旧抽出时间参加并主持了这次会议。

周恩来指出："黄河治理从1950年开始到现在将近十五年了，但是我们的认识还有限，经验也不足，因此，不能说对黄河的规律已经都认识和掌握了。我们承认现在的经验比十五年前是多了，比修建三门峡枢纽工程时也多了，但将来还会有更多的未知数要我们去解答。不管持哪种意见的同志，都不要自满，要谦虚一些，多想想，多研究资料，多到现场去看看，不要急于下结论。"

会议的中心是讨论三门峡水库的改建问题，多数同志认为应将三门峡彻底改建，但又顾虑改建影响不好。周恩来教育大家：要有彻底的唯物主义精神，有了错误要彻底改正。他还从战略的高度提出了意见："改建规模不要太大，因为现在还没有考虑成熟。总的战略是要把黄河治理好，把水土结合起来解决，使水土资源在黄河上中下游都发挥作用，让黄河成为一条有利于生产的河。这个总设想和方针是不会错的，但是水土如何结合起来用，这不仅是战术性的问题，而且是带有战略性的问题。"

周恩来还指出："现在大家所说的，大多是发挥自己所着重的部分，不能综合全局来看问题。任何经济建设总会有些未被认识的规律和未被认识的领域，这就是恩格斯说的，有很多未被认识的必然王国。我们必须不断地去认识，认识了一个，解决一个，还有新的未被认识。自然界中未被认识的事物多过人们已经认识了的。即使有那么多有关黄河的历史资料，当时也许看着比较好，现在再看就不够了，因为情况变了，沧海桑田，要变嘛！即使古书都查了，水文资料积累更多了，也还不能说我们对治理黄河的经验已经够了。这样说是不是永远无法做结论呢？那也不是。一个时期有一个时期内掌握得比较全面、比较成熟的东西，能够做结论的先做，其他未被认识的或未掌握好的，经验不成熟的，可以等一等，可以推迟一些时间解决。推迟是为了更慎重，更多地吸收各方面的意见，有利于今后的规划工作。"[6]

在讨论如何处理三门峡泥沙淤积问题时，周恩来要求到会同志提出方案。他看到林一山后对他说："林一山同志，你有什么好办法么？"林一山认为水库可以长期使用，主张降低三门峡水库水位，以恢复潼关河段原黄河河床，即可解除对关中平原的威胁，同时，打开大坝底孔排沙，使水库泥沙进出平衡，将改造后的三门峡水库变成一个中型水电站。听到这里，周恩来问道："底孔排沙，过去有人曾经提出过，他是刚从学校毕业不久的学生，叫什么名字啊？"有人回答："叫温善章。"周恩来说："要登报声明，他对了，我们错了，给他恢复名誉。"[7]在场的同志都为周恩来勇于自我批评的精神所感动。

为增加三门峡枢纽工程泄流排沙的能力，减轻水库淤积，有关部门提出"二洞四管"方案，即在大坝左岸打两条泄流排沙隧洞，把八条发电引水钢管中的四条改成泄流排沙道。会议讨论这个方案时，大多数人认为增加"二洞四管"还是需要的，但是个别同志仍旧反对这个方案，主张上游修三个拦泥库，只拦泥，不综合利用。为统一思想，周恩来做了大量工作。他在会上明确表态："我看光靠上游建拦泥库来不及，而且拦泥库工程还要勘测试点，所以这个意见不能解决问题。即使说过去水土保持做得不好，上游勘察工作做得不好，黄河水利委员会、水利电力部工作上都有错误，但是眼前的这个病怎么治？要回答五年内怎么办这个问题。反对改建的同志为什么只看到下游河道发生冲刷的好现象，而不看中游发生了坏现象呢？如果影响西安工业基地，损失就绝不是几千万元的事。对西安和库区同志的担心又怎样回答呢？实施水土保持和拦泥库的方案还遥远得很，五年之内国家哪有那么多投资来搞水土保持和拦泥库，哪能完成那么多的工程。那样，上游动不了，下游又不动，还有什么出路？希望多从全局想一想。我也承认三门峡二洞四管的改建工程不能根本解决问题，而是在想不出好办法的情况下的救急办法。改建有利于解决问题，不动就没法解决问题。改建投资可能多一些，但即便需要八九千万元，也不能不花，哪能看着问题不去解决！看问题要有全面观点，要看到变动的情况。三门峡工程二洞四管的改建方案可以批准，时机不能再等，必须下决心。"[8]

林一山评价说："周总理知识很丰富，他内政外交全面管，在水利上，他看问题也很尖锐。"[9]

这次会议后，对三门峡改建问题的争论少了，但是周恩来仍旧没有完全安心。他向有关同志一再强调，一切问题都要到现场去实践，通过实践，不断总结，取得经验，然后再实践再总结。他说：

> 到现在我还担心二洞四管会不会有什么问题，不要把事情想得太满，还可能会遇到困难，还可能发生预料不到的新问题，设计方面要多研究，施工时要和工人多商量，要兢兢业业地做。如果发现问题，一定要提出来，随时给北京打电话，哪一点不行，赶快研究。不要因为中央决定了，国家计委批准了，就不管了。因为决定也常会出偏差，会有毛病，技术上发生问题的可能性更多。我再重复一句，决定二洞四管不是一件轻松的事，既然决定了，就要担负起责任。大家要时常多想想。因为，黄河的规律还没有完全被认识。这一点要承认。我还要再三说一下，不要知道一点，就以为自己对其他都了解了。当时决定三门峡工程就急了点，头脑热的时候，总容易看到一面，忽略或不太重视另一面，不能辩证地看问题。原因就是认识不够。认识不够，自然就重视不够，放的位置不恰当，关系摆不好。[10]

1965年，周恩来在一次会议上谈到治水的问题，特别提到三门峡水利工程的不足："我最担心的一个是治水治错了,一个是林业砍多了。""工业犯了错误,一二年就能转过来,农、林、水犯了错误,多年也翻不过身来。治水治错了,树砍多了,下一代也要说你。我这几年抓了一下水利,心里可是不安。现在证明,三门峡工程调查不够,经验不够,泥沙淤积比我们设想的多得多,背了个大包袱。"[11]

周恩来的这些体会是发自内心的,从一个侧面提醒人们,水利问题是一个关系长远发展的战略问题,要充分调研,掌握情况,谨慎决策。

1968年,三门峡第一期改建任务胜利完成。从1969年开始,三门峡工程进行第二期改建,经过四年的奋斗,到1973年完成,基本上解决了三门峡库区泥沙淤积"翘尾巴"的问题。

3

长江三峡问题,周恩来也很关心。

1958年3月,长江上游两岸仍被寒气包围着。然而,从武汉溯江而上的"江峡轮"上却显得很温暖。当它与迎面而来的船只相遇时,总会骄傲地响起清脆的汽笛声,仿佛向船上的人们问好。谁都没有想到,这艘船上载着周恩来和一些政府部门的主要负责同志。

这年初,中共中央在广西召开了著名的"南宁会议"。因为1956年的反冒进问题,周恩来在这次会上受到毛泽东的严厉批评。然而,批评归批评,一些重要的工作,还需要周恩来挂帅去做。在南宁会议上,中共中央做出重要决议,抓紧进行长江三峡的工程。毛泽东提出,今后长江流域规划和三峡工程由周恩来领导。林一山回忆:"会上毛主席给周总理讲,长江三峡问题你管吧。总理还客气了一下说'还是主席管吧'。毛主席说:'我哪有那么多时间呢?'总理说:'好吧,我就担当。'主席把大拇指伸出来说'一年抓四次'。"[12]

毛泽东要求周恩来每年抓四次,实际上周恩来的工作量远远超过了这个要求。

这个时期正是周恩来内心最痛苦的时候。对反冒进问题,他承担了责任,做了检查,但是,他并没有消沉。南宁会议后,周恩来访问朝鲜归来,立即把全部精力投入到勘测长江三峡坝址上。

2月26日,周恩来在李富春、李先念的陪同下,率领中央各部委、省市负责人以及各方面专家一百多人乘"江峡"号客轮踏上征途,开始对三峡地区的考察。沿途,他对荆江大堤几个险要堤段进行了深入细致的调查研究和视察。

那几天,天气非常冷,还下起了鹅毛大雪。但是,周恩来仿佛什么都不觉得,他专心致志地听取随从人员介绍情况,并且不停地提出问题。一直跟在他身边的长江流域规划办公室主任林一山向周恩来阐述着自己的观点。他说:长江洪水水位高出地面十多米,假如荆江大堤有一处决口,不但江汉平原几百万人的生命财产将遭遇毁灭性的灾害,武汉市的汉口也有被洪水吞没的危险。在大水年,湖南洞庭湖区许多坝子也将决口受灾,长江有可能改道。为了防洪,为了确保荆江大堤,加高培厚堤防只能是治标的办法,当然修堤防汛抢险是当前主要的防洪手段,有了三峡大坝,也还要修堤防汛,但那时的安全程度就不一样了,只有修建三峡大坝,迎头拦蓄调节汛期上游来的洪水,才能从根本上防止洪水可能产生的大灾难。当年陪同周恩来一起考察的王任重在考察日记中写道:"周恩来等人边看边听,频频点头。"[13]

3月1日上午,周恩来率领大家勘察了南津关坝区。下午,周恩来看了三斗坪坝址,在中堡岛上详细观察了坝址,并实地研究对照了工程设计方案。他认真了解了地质勘测工作,观看地质钻探岩心。据王任重回忆:"总理还取了一截花岗岩心说要带回北京放到他办公室里陈列。"

从2月26日启程至3月5日到达重庆,周恩来在船上度过了许多不眠之夜。就在这段时间,就在这条船上,周恩来主持了对三峡工程的第一次充分地论证。论证的中心问题是:需不需要修建三峡大坝,能不能修建三峡大坝;三峡大坝是不是开发长江水利资源的主体工程,这个工程是不是有巨大的经济效益和社会效益,是不是要争取提前修建这工程。船舱内四面挂着规划和设计示意图,气氛十分热烈。周恩来要求大家解放思想畅所欲言。对林一山主张的将三峡工程作为控制利用长江水利资源的主体的意见,李锐提出了不同看法。他认为三峡工程综合效益很理想,但不同意以三峡作为控制利用长江水利资源的主体,他说,应该先开发支流,先小后大,先近期后远期。长江防洪问题不大。加高堤防就可以解决。钱正英支持林一山的意见。她指出,从长江流域的全局出发,以三峡作为规划的主体工程是有道理的。长江的防洪问题关系到千百万人民的生命财产,绝不可掉以轻心,单靠加高堤防是不能解决问题的。在讨论中,王任重、张劲夫、阎红彦、刘西尧、李葆华、刘澜波等同志都发表了意见,周恩来听得十分认真、仔细,脑子里在酝酿着总结报告。

经过几天的讨论，大家基本上统一了思想。

3月6日，周恩来在重庆主持讨论了林一山为中共中央起草的《总结纪要》，周恩来全面总结了几天来讨论的情况："这次会议主要问题是如何积极准备兴建三峡枢纽。""在南宁会议上曾提出兴建三峡的可能性问题，现在就是要听听苏联专家和各部门兴建三峡的意见。要回答这一问题，当然要涉及全江，要谈整个长江流域规划。因为积极准备兴建三峡枢纽，必然地要联系到远景与近期的开发，干支流的关系，大中小型工程的结合，上中下游的兼顾及水火电的比例等一系列的问题，也就必然会涉及长江流域的综合利用、整个工业的部署和电力网的设立等。这次会议的中心虽然是兴建三峡枢纽问题，但同志们的发言中联系到这些问题也是自然合理的。可是这次会议的目的仍是积极准备兴建三峡的问题，并将向中央报告解决有关问题。"

从1954年以来，在三峡工程问题上就存在着争论，在报告中，周恩来充分肯定了"三峡必须搞而且能搞，在政治、经济上都具有伟大意义，技术上也是可能的"意见，充分肯定了长江流域规划办公室所取得的成绩，"尤其是集中力量在三峡研究上有成绩"。他说：两年来的争论也是必要的。"争论只要是不妨碍工作，有利于工作，就应当提倡鼓励，三峡是千年大计，对问题只发展一面，很容易走到反面，为三峡搞得更好，还是可以争论的。"

接下来，周恩来详细地谈了修建三峡本身的问题。关于三峡工程的综合利用问题，周恩来提出"要与干支流、上中下游综合搞，要分担任务配合进行，即使三峡水库能蓄一千亿立方的洪水，还是有些问题解决不了"。他说："三峡枢纽是问题的主体，但是我们不能集中一点不及其他。三峡是重点而不是一切，应有主有从，这样才能全面论证问题。"

关于三峡工程的准备时期和准备工作，周恩来提出可以分为三个阶段。第一是长江流域规划要点阶段，现在已基本完成；第二是规划性设计阶段；第三是初步设计阶段。他说："南津关、三斗坪两坝区都要进行，要进行综合比较。地质部有人怕分散力量，只想搞一个坝段。如果我们要学本事就要搞两个地方，可以吸取经验，训练人才。"这种慎重的态度是周恩来一贯的作风。

在总结报告中，周恩来还提出长江流域规划的方针是"统一规划，全面发展，适当分工，分期进行"。

为进一步推动治理长江的工作向前发展，周恩来决定取消原长江水利委员会，成立长江流域规划委员会。

最后，周恩来提出十六个大字与大家互勉，这就是"鼓起干劲，相互促进，乘风破浪，力争上游"。[14]

经过这一次对三峡的实际考察，周恩来对长江问题有了较为全面的认识。他的工作作风也给随同他一起考察的同志留下了深刻印象。将近三十年后，人们回忆起那些情景仍旧记忆犹新，历历在目。王任重在回忆周恩来的文章中这样写道："在随从总理视察的十天中，我看到总理对工作是那样的认真、细致，对同志那样平易近人，主持会议那样虚心听取各种意见，他的生活艰苦朴素，善于和各方面的群众接触，人们在他面前无拘无束。他有惊人的记忆力，许多和他偶有接触的人，他差不多都能说出名字来。他有超人的充沛精力，每天只睡五六个小时的觉，中午也不休息。我比他年轻二十岁，也不能像他那样夜以继日地工作。总理的高尚品德、认真精神和优良作风是值得我们学一辈子的。"[15]

随后，周恩来从重庆赶往成都，参加3月8日至26日在那里举行的中共中央工作会议。23日，周恩来在大组会上做了关于三峡水利枢纽和长江流域规划的报告。根据这份报告，中共中央做出了《关于三峡水利枢纽和长江流域规划的意见》的决议，为长江流域规划和三峡水利枢纽工程指出了明确的方向。

注释：

[1] 笔者访问林一山谈话记录，1986年7月15日。

[2] 笔者访问周恩来秘书李岩谈话记录，1987年2月26日。

[3]《周恩来选集》下卷，人民出版社1984年版，第433页。

[4]《周恩来年谱（1949—1976)》中卷，中央文献出版社2020年版，第140页。

[5]《周恩来年谱（1949—1976)》中卷，中央文献出版社2020年版，第260页。

[6]《周恩来选集》下卷，人民出版社1984年版，第433、434页。

[7] 笔者访问林一山谈话记录，1986年7月15日。

[8]《周恩来选集》下卷，人民出版社1984年版，第437页。

[9] 笔者访问林一山谈话记录，1986年7月15日。

[10]《周恩来选集》下卷，人民出版社1984年版，第438页。

〔11〕周恩来对出席全国林业工作会议的西北林业建设兵团和有关省、区林业厅负责同志的讲话记录，1966年2月23日。参见《林业资料》第2集，云南省林业厅1980年编，第17页。

〔12〕笔者访问林一山谈话记录，1986年7月15日。

〔13〕王任重：《陪同周总理考察三峡记》，《不尽的思念》，中央文献出版社1987年版，第173页。

〔14〕《在"积极准备兴建三峡枢纽"会议上的总结讲话（1958年3月6日）》，《中国共产党与长江三峡工程》，中共党史出版社2007年版，第37—39页。

〔15〕王任重：《陪同周总理考察三峡记》，《不尽的思念》，中央文献出版社1987年版，第179页。实际上，王任重比周恩来年轻19岁。

12 决策香港问题

1

伴随开国大典隆隆的炮声,新中国成立了。采取什么方式解决香港问题成为中国人民不得不考虑的事情。

其实对这个问题,中共中央在人民解放军渡江之后,便已有所考虑,并做出"暂不收回,维持现状"的慎重决定。

进城前夕,毛泽东在西柏坡曾经告诉来华的苏共中央政治局委员米高扬:"目前还有一半的领土尚未解放,大陆上的事情比较好办,把军队开去就行了。海岛上的事情就比较复杂,需要采取和平过渡的方式,这就要花较多的时间了。在这种情况下,急于解决香港、澳门问题,也就没有多大意义了。相反,恐怕利用这两地的原来地位,特别是香港,对我们发展海外关系,进出口贸易更为有利些。总之,要看形势的发展再做最后的决定。"[1]

中共中央做出这一决定,有着深远的战略意义。

从国际战略的角度看,主要是为了分化帝国主义阵营,争取更多的朋友。新中国建立之初,美国政府对中国在政治上和经济上实行包围和封锁。英国从自身的利益出发,承认了新中国,但是却追随美国,想拉美国一起来防卫香港。在这种情况下,中共中央认为,与其让英国拉美国一起来防卫香港,不如把香港暂时放在英国人手中。周恩来曾这样解释:"我们对香港的政策,是东西方斗争全局的战略部署的一部分,不收回香港,维持其资本主义英国占领不变,是不能用狭隘的领土主权原则来衡量的,来做决定的。我们决定不去解放香港,在长期的全球战略中,不是软弱,不是妥协,而是一种积极主动的进攻和斗争。"[2]

从国内发展的角度看,则是为了充分利用香港在国际上的特殊经济地位。一个多世纪以来,香港一直是我国货物进出的转口港,是我国和外国之间经济、文化、市场信息联系的桥梁。周恩来认为:"那个地方大有可为","我们进行社会主义建设,香港可以作为我们同国外进行经济联系的基地,可以通过它吸收外资,争取外汇"。

20世纪50年代中期,周恩来通过一种特殊方式将中共中央准备如何解决香港问题的信息,传递给英国方面。

1955年10月8日,香港总督葛量洪到北京访问。当时,葡萄牙正在准备庆祝澳门"开埠"四百周年。周恩来在接见葛量洪时有这样一段对话:"葡萄牙准备庆祝澳门'开埠'四百周年,这是对中国人民的一个挑衅,中国人民必须有所答复,否则,葡萄牙会对印度说,中国人都能容忍,为何印度人不能容忍?葡萄牙准备大规模的庆祝,为时一个月,这不仅会刺激在澳门的中国人的感情,也会刺激在香港的中国人的感情。因此,中国会有所答复。"〔3〕

葛量洪问:"如果葡萄牙把庆祝由一个月改为一天,而且是静悄悄地庆祝,则如何?"

周恩来回答:"我们考虑到的是,葡萄牙准备做大规模的庆祝,还没有考虑到其他的可能性。不过,在这个时期,葡萄牙这种做法不仅会刺激中国人民的感情,而且会刺激亚洲人民的感情。在果阿问题〔4〕之后,中国并没有采取行动,不知葡萄牙为何要对中国人民进行这种挑衅?我们愿意在南方能够安静,而且,我们既然主张和平共处,就要用和平的方法解决问题。因此,我们迄今并没有提出澳门问题,但是,这并不是说,我们已经忘记这个问题。"

周恩来对如何解决香港问题进行比较全面的考虑,并传达出有关信息,是在1957年春天。

1957年的春天,中国大地发生了翻天覆地的变化。当时,国内已基本上完成了对农业、手工业和资本主义工商业的社会主义改造,开始进入全面建设社会主义的新时期。然而,三大改造,特别是这场运动中出现的一些偏差,引起了香港产业界一些朋友的疑惧和不安。

为了最广泛地动员海内外一切积极因素投入社会主义建设中来,周恩来在上海发表了关于香港问题的重要谈话,全面阐述了中国共产党对香港的政策。这篇讲话对争取香港各界积极支持国内建设产生了重要影响。

1957年4月28日,和暖的春风吹拂着上海。

在上海延安西路二百号小礼堂内，春意融融，周恩来在这里举行座谈会。受邀请的除了上海市委有关领导外，主要是工商界的朋友们。如盛丕华、胡子婴、盛康年、吴志超、唐志尧、简日林等。

周恩来选择上海来开这个会，是因为香港的资本家许多是从上海去的，香港与上海之间有一种天然的、难以割断的联系。

周恩来宣布：座谈会就从香港问题谈起。他用亲切的目光环视了一下到会的朋友，接着说："我很想了解海外的一些情况，你们各位都是工商界的朋友，与海外有广泛的联系，能不能够帮助我们做一些工作呢？"周恩来希望大家不要拘束，敞开心扉，说出自己的真心话。

短短几句开场白，缓和了大家略微紧张的心情。在轻松、亲切的交谈中，周恩来了解到许多他渴望了解的真实情况，并且有针对性地回答了一些问题。

盛康年谈到荣家（指荣毅仁家）买了两辆新式汽车，不敢坐；洪佐尧很有钱，而没有买汽车，周恩来听后说："工商界应有几辆汽车，否则人家奇怪，汽车全是机关里的。你们有外汇可以自己买，要公家代买也可以。公家汽车可以出卖一些。"

吴志超谈到香港工商界对国内的"五反"运动耿耿于怀，说现在情况好了，但今后情况如何还想再看一两年。周恩来说："太少了，应该多看几年！"

简日林谈到国内的工资改革也搬到香港，工人意见很多，周恩来急忙问："工资后来加了没有？"简日林回答："加了！"周恩来又问："你们厂独立起来行不行？"简日林如实告诉总理："有客观困难。"周恩来毫不含糊地拍板说："可以管得松一些，让港厂独立经营。"

会议结束前，周恩来做了总结性的发言。

周恩来首先表示：今天听到大家反映的情况，很有收获，大家谈得都很好。这些意见，中央要进行研究。

接着，周恩来对一些问题谈了自己的看法。他明确指出："我们不能把香港看成内地，对香港的政策与内地不是一样的，如果照抄，结果一定搞不好。因为香港现在还在英国统治下，是纯粹的资本主义市场，不能社会主义化，也不应该社会主义化。香港要完全按资本主义制度办事，才能存在和发展，这对我们是有利的。香港的主权总有一天我们是要收回的，连英国也可能这样想。"他接着说，"香港是自由港，原料来得容易，联系的范围很广，购置设备可以分期付款，成本低，有市场，技术人才容易训练出来。所以，香港发展生产具备很多有利条件。我们在香港的企业，应该适应那里的环境，才能使香港为我所用。我们不是要动员一切可以动员的力量，化消极因素为积极因素吗？香港应该化为经济上对我们有用的港口。"[5]

当时，国内的社会主义改造已经基本完成，私营企业已经全部公私合营。那么，对香港的企业要不要去变动呢？周恩来态度坚定地指出："不要去变动它！"他说，"没有合营的不要合营，否则在原料、市场、销路上反而吃亏，保持和扩展香港这个阵地有好处。至于将来怎么办？我们不会来个七反八反的，不会像'三反''五反'那样的搞法。我们这样大的社会主义国家，经过几十年的工业化，经济力量会更加强大。所以在香港的人，一般不要回来，在那里发展这个阵地有好处。香港的企业家是我们的朋友，他们搞的是资本主义，不是帝国主义。过去我们同民族资产阶级合作过，将来同香港的企业家还是可以合作的。"

听了周恩来这番话，在座的朋友们非常感动。周恩来在无形中化解了他们心中的疑虑。

最后，周恩来歉疚地检讨了某些部门过去在执行政策上出现的一些偏差，希望得到朋友们的谅解："我们过去对有些事情处理方法上有些问题，但不能说大的方面错了。有偏差可以纠正，如对外贸易，应该管制，但不能管得太严。""我们要打开局面，就得对香港的民族资产阶级讲清政策，使人家有利可图。过去我们搞得比较死，但总的说是对的，否则上不了轨道。现在既上了轨道，有些政策就要根据实际情况有所改变。"[6]

简而言之，周恩来的讲话突出了三层意思：香港的主权总有一天我们是要收回的；香港要完全按资本主义制度办事，才能存在和发展；香港应该化为经济上对我们有用的港口。这三层意思，实际就是周恩来对解决香港问题的初步构想，反映了他从实际出发，善于把握大局的远见卓识。

2

1955年冬天，香港大学以E.C.布兰顿教授（英籍）为首的访问团24人和国民党元老陈友仁之子、香港著名律师陈丕士等5人越过罗湖桥，踏上了新中国的土地。

12月的北京,已是天寒地冻,然而,阳光依然那么灿烂。阳光下,中南海内金碧辉煌的古老建筑越发显得灿烂夺目。12月23日那天,几辆黑色的小轿车缓缓地驶进中南海,沿着柏油路向紫光阁开来。在这座美丽的殿堂里,周恩来接待过无数来自世界各地的朋友。

汽车在紫光阁的台阶前停下,布兰顿等人走下来,周恩来伸出温暖的手,迎接来自香港的客人。

访问团的客人十分复杂,其中大部分是抱着怀疑态度来看看的,他们对新中国很不了解。

周恩来的热忱给了他们最初的美好印象。

陪同周恩来接待访问团的有文化界著名人士楚图南、阳翰笙、沈雁冰、郑振铎、丁西林、张奚若等,以及外交部有关负责人章汉夫、黄华、雷任民等。

谈话中,周恩来说:"香港离北京不远,但是消息不通,有隔阂。你们这次来了,要想法把消息沟通才好!"

周恩来问:"不仅是消息不通,交通也不灵,不通畅,香港到广州,广州到香港很麻烦,把它通起来好不好?"

他的话引起大家的兴趣,布兰顿教授指着原港大毕业生石志仁说:"你们铁道部的副部长,很向往母校,如他愿意的话,一定能想办法把这件事办好。"

周恩来高兴地说:"如果大家都赞成,就请副部长办好了。"这位铁道部副部长正是周恩来在南开学校读书时的同学,三十年前,周恩来赴欧归来途经香港,就住在他的家里。

在热烈而亲切的气氛中,周恩来话锋一转,谈到北京、香港和广州之间的关系,他说:"这个问题是最切身与最现实的问题,我们希望关系更紧一些,更密切一些。"周恩来指出,"过去我们经常经过外交途径,把一些情况告诉英国代办处,我们希望今后不必都经过英国代办处,而和香港政府能够直接接触,这样会便于两个地方关系的增进,也就是香港和北京之间的关系。"

布兰顿表示,回去后会尽量发挥作用。

周恩来还提到,在座很多朋友与台湾有联系,希望他们对中国的统一问题多做贡献。

谈到英国民族的特点,布兰顿说:"在第一次世界大战时,我就在战壕里等待着战争的结束,结果战争还是结束了,我们英国人的特点是有耐心,我们应该忍耐。"

听到这里,周恩来同意地点点头:"英国民族的特点是有耐心,我们要学习英国人的等待和耐心,我们更有耐心等待真理的实现。中国人民等了一百年,一个自由、民主的独立国家还是等出来了。"

布兰顿称赞:中国人的耐心可以得到最高的分数。关于周恩来个人,如果在英国的话是可以得到奖章的。

谈到中国的建设,周恩来表示:一切还刚刚开始,"我们需要一个和平的环境,我们在文化上和经济上都很落后,比起西方国家和苏联都落后得多"。

布兰顿却说:"我觉得中国有这么大的面积,情况并不像总理说的这样。来了以后对中国人民的情绪了解到一些,中国人民有这种思想情绪,任何困难都是可以克服的,当然这是需要时间的。"[7]

这次会谈,使这些过去对中国情况一无所知,或受到帝国主义影响对中国持有偏见的朋友们,重新了解到一些中国的实际。

12月20日、27日,周恩来两次会见了与香港大学英籍教授一同来京的陈丕士等人,并在西花厅家中请他们共进午餐。

在第一次谈话中,周恩来热情称赞陈丕士的家庭是"国际家庭""外交家庭"。陈丕士的父亲陈友仁在大革命时期对革命很有贡献,支持过省港罢工。周恩来向他们详细介绍了省港罢工的情况,并一再赞扬以国民党左派著称的廖仲恺对罢工的历史功绩。

陈丕士很感谢周恩来对他父亲的评价。他说当时自己在武汉外交部工作,曾与英国人谈判,由于年轻,争不过英国人,就去请教父亲。陈友仁告诉他:"你只需要向英国人说一句话就够了,那就是:中国人民不同意。"

在座的有一位年轻姑娘,她是香港大学的学生。

姑娘直率地问周恩来:"香港问题怎么样?"

周恩来坦白地回答她:"香港问题我不能肯定地说,你今年才21岁,到80岁还有六十年,总有一天,你会看到香港问题得到解决的。"[8]

周恩来珍爱香港这颗"东方明珠",对解决香港问题寄希望于香港人民,他说:香港人绝大多数是爱国的同胞,他们愿意看到祖国前进。在第二次谈话中,周恩来着重谈到在香港设立机构问题。

周恩来问陈丕士:"从律师的角度看,在香港用什么方式同香港政府保持接触最合适？"

陈丕士回答："我认为在香港的中国人都愿意看到中国有一个正式机构设在香港，和大陆发生联系。"

周恩来恳切地希望他在香港多做一些和平工作，陈丕士答应一定尽力去做。他不无遗憾地说："六年来我对香港了解得不太充分，注意得不够，工作做得不够，现在接触了一下，知道那个地方大有可为。那个地方有那么多的中国人，都非常关心祖国，而且从来就看成那是自己的地方。"[9]

访问团在中国内地停留了三个星期，对新中国有了更多的了解。当他们踏上归途，再次走上罗湖桥时，不禁留恋地回过头去……

3

对香港实行"暂不收回、维持现状"的方针，是不是对香港的事情就不管了呢？不是。周恩来在会见来自香港的学者和青年朋友们说："维持现状不是永远不管，否则对不起祖宗，对不起子孙。"[10]

1958年，周恩来在武汉出席中共八届六中全会期间，派专机将港澳工委秘书长祁峰接到武汉，在谈话中明确提出对香港"长期打算、充分利用"的方针和一整套正确的政策。[11]

在政治上，周恩来要求，对香港问题要做长期打算："香港的干部如果有等待解放的心理，那是有害的，不要等待解放，而要按英国继续统治香港的情况来布置工作。""英国是不会轻易放弃香港的，对于香港，英是必争，我是可用。在这一点上我与英是一致的。大家不想香港落在美手上。"

在经济上，周恩来进一步强调："香港是自由港，应该让香港起自由港的作用。"

周恩来要求有关部门加强对香港经济工作的研究，比如在出口商品中，哪些与香港工商业家或新界农民有矛盾？哪些与民族主义国家有矛盾？我们出口的商品与香港的织布业、罐头业、文教用品业、玩具业等究竟有多大矛盾，要调查清楚。周恩来说："只有调查清楚，才好解决这些矛盾。"

对于在港机构的工作，周恩来指出，一定要适应在香港的特点，"不能脱离实际，不能脱离群众"。关于在香港办报，周恩来指出："要站稳爱国立场，坚持党的方针，但要灵活，否则办不好。"他还要求，"香港中国银行应该成为海外银行的标兵，不能把海外银行办得和国内一样。"

周恩来还就一些问题提出要求，他强调：港澳工委领导下的企业单位从所有制来说，是社会主义性质的；从经营管理方式来说，是以资本主义为指导的，从劳动关系和人事关系来说，则是统战性质的。有些单位虽然是社会主义性质，但形式上是公私合营或私营。他说在港澳如果不适应资本主义的市场规律，我们能弄到这么多外汇吗？港澳是资本主义占很大优势的地方，经营管理的方式方法不适应这个特点不行。对机构内部的职工教育，周恩来认为基本是爱国主义的要求，爱社会主义祖国，不提"团结、教育、改造"，而提"团结、教育、提高"。对干部在思想作风上要严格要求，但在工作方法和生活方式上也要照顾当地习惯，讲究策略。[12]

为贯彻"长期打算、充分利用"这个方针，周恩来还强调，要帮助香港解决各种困难，不允许影响香港的社会安定。他说：香港90%以上是自己的同胞，对他们遇到的困难，我们一定要帮助解决。

香港前总督麦里浩曾说："在我作为总督的年月中，我发觉中国人民政府及其在香港和广东的官员一贯地和日益增加地（对香港）提供帮助。"[13]

麦里浩的话毫不夸张。周恩来担任总理期间就是这样做的。

大到政治问题，小到物资淡水供应，周恩来倾注了大量的心血，这些工作对香港经济的发展、政治局势的稳定、人民生活的保障都起了积极的作用。

香港同胞很难忘记，1962年秋天至1963年初夏那段旱情严重的日子。在这几个月中，从深圳到香港几乎没下一场雨，土地干裂，淡水缺乏。深圳水库和铁岗水库的水位已降到死水位以下，连有限的死库容水量也被抽上来使用。到处可以看到，水龙头前排着长长的队伍，干旱扰乱了人们正常的生活。

面对无水之苦，香港中华总商会会长高卓雄等知名人士联名给广东省省长陈郁写信，请求协助解决香港用水的困难。香港人民的困难就是我们的困难，广东省人民政府立即采取积极措施提供帮助。当时，广东省人民政府一方面允许香港巨轮驶向珠江口汲取淡水，以解燃眉之急。同时，开始酝酿讨论由东江引水到深圳的石马河供水工程。

香港供水困难的消息很快传到北京，传到周恩来耳中。他非常重视这件事，并且积极支持广东人民政府采取的措施。

1963年12月，周恩来准备访问亚非14国。出访之前，他绕道广东，亲自了解并过问了供水香港的问题。

12月8日，周恩来到了中南局第一书记陶铸家中，听取广东省水电厅厅长刘兆伦汇报石马河供水工程方案的汇报。参加会议的有陶铸、陈郁、曾生等人。

汇报结束后，周恩来做出六点指示：

1. 向港供水问题与政治谈判要分开，所谓事实上连在一起而公开的又不连在一起的做法，是行不通的。供水谈判，可以单独进行。

2. 供水方案，采取石马河分级提水方案较好，时间较快，工程费用较少，并且可以结合农田灌溉，群众有积极性。

3. 供水工程，由我们国家举办，应当列入国家计划。因为香港百分之九十五以上是自己的同胞，工程自己办比较主动，不用他们插手。

4. 工程建好后，采取收水费的办法，逐步收回工程建设投资费用，水费应该实行经济核算，每一吨收一角钱（人民币），可定下来，不要讨价还价。

5. 工程由广东省负责设计和施工，工程费用由广东省按基建程序上报国家计委，由国家计委审查批准。

6. 供水谈判由广东省负责，请港英当局派人进来谈，谈判如何进行，由广东省请示外交部决定。

在周恩来的关怀下，1964年2月，石马河工程全线开工，到1965年春天仅用一年的时间即竣工。这项工程不仅解决了深圳地区的用水，而且年年按协议对港供水，改变了香港长期缺少食用水的局面。

香港人民的"菜篮子"也是周恩来关心的一个大问题。新中国成立后，香港地区绝大多数的日用品和副食品都是由内地供应。因此，搞好对港澳地区的供应工作无论在政治上还是在经济上都有十分重要的意义。周恩来多次指示："香港是个自由港，可以多出口"；"各地凡是有可能，对港澳供应都要负担一些，不能后退。这个阵地越搞越重要，对港澳供应确实是一项重要任务。"

周恩来说："香港70%的日用品，90%的副食品是我们供应。你一退出，日本就占领了市场，台湾也会搞人进去，就更不利。这样就把大本营让给敌人了，对长期斗争不利。"

为了做好对香港地区供应副食品的工作，1962年，在周恩来的关怀下，开行了三趟专门为港澳供应鲜活冷冻商品的快运货物列车，俗称"三趟快车"。当时，国内刚刚经历了三年严重的经济困难，食品极度匮乏，周恩来等党和国家领导人都降低了粮食定量，肉蛋油也很少吃。但是为了保障香港人民的"菜篮子"，周恩来要求各地都要负担一些。

在周恩来指示下，各地将最优质的食品一点一点收集起来，运送到香港。最初的一列快车，是由湖北江岸直达深圳北的751次列车。在这趟车开行一百列时，铁道、外贸两部委联合召开经验总结会。随后，铁道部起草了《关于巩固和推广快运货物列车的经验》。周恩来在这份经验报告上亲笔批示："由上海、南京去深圳也应组织同样的快车。"〔14〕

同年9月，国家经济委员会批准了铁道部的上述文件，使供应港澳快运货物列车运输方式得以正式推广。三趟快车的开通，适应了港澳市场敏感多变和竞争激烈的特点，也起到保障港澳同胞日常生活的重要作用。

除了物质上的关心，周恩来还十分重视两地的文化交流，丰富了香港地区的文化生活。他多次派出各种文化和文艺团体到香港演出，如潮剧、京剧、越剧、昆曲等。他还多次会见赴港演出团，亲自审查剧目。1963年，京剧演员马连良、赵燕侠、张君秋等赴港前，周恩来把他们请到西花厅家中，对他们说："通过演出应该使香港观众看到京剧的新气象，使他们对党的推陈出新的方针有所了解，改变他们对京剧的旧的观念。"〔15〕

在这里，周恩来更深层次的想法是，通过这样的文化交流，加深香港同胞对新中国的感情和增进他们对新中国的了解。

对损害香港同胞利益的事，周恩来都是及时制止，予以纠正。

1956年10月10日，是辛亥革命四十五周年纪念日。然而在这值得纪念的日子里，国民党特务分子在香港九龙制造了大规模的骚乱和暴行。他们纠集了数千名暴徒对多个学校、商店进行袭击、抢劫、纵火，使香港人民的生命财产受到严重危害，周恩来非常气愤，两次会见英国驻中国代办欧念儒，抗议香港当局没有及时制止这一暴行，要求他们保护在港中国居民的安全。

1967年5月6日，九龙新蒲岗的香港人造塑料花厂发生劳资纠纷。香港警方进行镇压，打伤许多工人。香港地下党领导的工会，受到国内正在开展的"文化大革命"的"左"的错误影响，组织工人、市民罢工、罢市，人们手持毛主席语录，冲向港督府，在港督府四周墙上张贴大字报，高呼"爱国无罪，抗暴有理"，情形就像内地发生的红卫兵运动一样。民众和警方发生严重冲突,斗争持续了三个月,最终遭到警方镇压。这就是"文化大革命"中震撼香港的"反英抗暴斗争"。对这种"左"的做法,中共中央是不赞成的,在得到毛泽东批准后,周恩来纠正了这一错误,坚持了对香港"长期打算、充分利用"的方针。

4

和平解决香港问题与中英两国关系的发展是紧密相关的。英国承认新中国较早,但是由于受到美国的影响,一直不肯接受中国提出的合情合理的要求,因此中英建交经历了复杂过程,香港问题也由此长期不能提到两国的议事日程上。

1960年,英国通过蒙哥马利元帅访华向中国试探两国互派大使问题。周恩来在回顾中英关系的历史情况时批评了英国,他说:"我同艾登商定的第一步是互派代办,因为当时英政府一方面承认中华人民共和国是唯一能代表中国的政府;但另一方面又在联合国投票反对我们,支持蒋介石,蒋介石说只有他能代表中国。由于这样的原因,我们只能同英国建立半外交关系。当时艾登曾要求我们给他时间让他推动美国承认中国。他说这需要几年时间,我说我们可以等待,只要他们在联合国反对蒋介石,投我们的票,赞成恢复新中国在联合国的地位,我们就同英国建立正式的外交关系。我还说,不一定要等到美国承认了新中国,这两个问题可以分开。英国可以采取印度在联合国的态度,即不承认蒋介石,主张恢复中国在联合国的席位。甚至联合国不通过也没关系,只要英国采取缅甸和印度相同的立场,问题就解决了。但是不幸的是,我们等了六年,情况更不好了。"[16]

1971年11月,中国恢复了在联合国的合法席位。当时,联合国非殖民化委员会将香港、澳门列在殖民地名单中。周恩来过问此事,中国常驻联合国代表奉命致函该委员会,重申中国政府的一贯立场,指出香港、澳门是被英国和葡萄牙占领的中国领土,解决香港、澳门问题完全是中国主权范围的事,根本不属于通常的"殖民地范畴"。因为联合国非殖民化委员会列举的殖民地,是要使其"获得独立"的,而香港、澳门则是作为一个主权国家的中国要对被占领的领土恢复行使主权。经过斗争,非殖民化委员会不得不将香港、澳门从殖民地名单上删除。这为以后中国通过外交途径同英国谈判解决香港问题创造了有利条件。

1972年,中美关系开始实现正常化,这也推动了中英关系的发展。这年3月,中英正式建交。随后，英国政界人士相继访问中国，香港问题成为他们同毛泽东和周恩来等中国领导人谈话的重要内容。

1972年10月13日，周恩来会见英国保守党上议院议员、汤姆森报业联合公司董事长汤姆森和《泰晤士报》主编丹尼斯·汉密尔顿，对方问："关于香港问题，总理无疑会知道，我们英国关于香港新界的租借期限快要到期了，到期以后，中国的政策如何？"

周恩来明确地回答了两点：第一、作为一个国家来说，租约到期的时候，总是要谈判的。一定要谈判！现在我们和英国建立了完全的外交关系，上了轨道了，那么将来我们总要谈判，这是肯定的。第二、香港是中国的领土，割去的领土总是要收回的嘛。在近代，并不是中国开这一个先例。但是中国有个政策，就是不要急急忙忙搞这些事，这是毛主席的政策。我们要根据时代的发展，总是要在适当的时候，谈到这个问题。

周恩来特别强调："香港问题是要经过谈判，但不是现在，现在还没有考虑这个问题。到1997年，刚好是租借九十九年，世界上在变化，到时候考虑这个问题。"[17]

11月1日，周恩来会见来中国访问的英国联邦和外交事务大臣霍姆时，对解决香港问题做出更明确的回答："香港问题要通过谈判、协商解决。这是历史遗留下来的问题，解决香港问题，要认真谈判，不会采取突然行动。现在也不要谈判。只要亚洲不打大战，香港现状就可以维持。这对我们都有好处。"[18]

周恩来的这些谈话表明，在新的外交格局下，中共中央已经在考虑如何解决香港问题，确定收回香港的时间是1997年；方法是和平解决、谈判协商解决。

注释：

[1]《在历史巨人身边——师哲回忆录》（修订本），中央文献出版社1995年第2版，第276页。

[2]《周恩来》（开国领袖画传系列），辽宁人民出版社2016年版，第232页。

[3] 周恩来会见葛量洪谈话记录，1955年10月8日。参见《周恩来研究资料》，中央文献出版社2013年版，第314—321页。

[4] 果阿是葡萄牙在印度的一个殖民地，1950年代印度试图收回果阿地区，两

国发生争端。1961年印度用武力收回果阿主权。

〔5〕周恩来在会见上海工商界人士座谈会上的讲话记录,1957年4月28日。参见《周恩来统一战线文选》,人民出版社1984年版,第353页。

〔6〕周恩来在上海工商业者座谈会上的讲话记录,1957年4月28日。参见《周恩来统一战线文选》,人民出版社1984年版,第353、355页。

〔7〕〔8〕〔9〕〔10〕〔11〕〔12〕《周恩来对和平解决香港问题的历史贡献》,《周恩来思想研究资料》,中央文献出版社2013年版,第314—321页。

〔13〕《香港文汇报》1984年12月11日。

〔14〕〔15〕〔16〕〔17〕〔18〕《周恩来对和平解决香港问题的历史贡献》,《周恩来思想研究资料》,中央文献出版社2013年版,第314—321页。

13 出访亚洲

1956年11月至1957年2月间,周恩来出访亚欧十一个国家,其中,有八个亚洲国家:越南、柬埔寨、印度、缅甸、巴基斯坦、阿富汗、尼泊尔、锡兰(今斯里兰卡)。周恩来这次对亚洲国家进行友好访问的目的,就像他本人所说:是为了"寻求友谊、寻求和平和寻求知识"[1]。周恩来的亚洲之行,为新中国即将开始的全面建设社会主义的新时期,创造了良好的国际环境。

1

越南

周恩来出访的第一站,是越南。

1956年11月18日,新中国的领导人周恩来、贺龙一行乘坐飞机在越南嘉林机场降落。

热情而欢乐的人群涌向前去,向周恩来递上一束束鲜花……

虽然,这是周恩来第一次到越南,但是,他同越南人民,特别是同越南人民最尊敬的领袖胡志明主席的友谊却是久远的。正如胡志明所说:"周恩来是我的兄弟,我们曾一起共甘苦,一起做革命工作。他是我三十多年来的亲密的战友。"[2]这次访问越南期间,周恩来又见到胡志明,并同他进行了亲切友好的交谈。

中国和越南,山连山,水连水,自古以来建立了亲密的友谊。然而,在中国封建王朝统治时期,这份友谊也曾蒙上过阴影。那是在一千九百多年前,越南民族女英雄征侧和征贰率领民众起义,赶走了统治河内的中国官员苏定。随后,征侧就位，号称"征王"。

公元42年，汉王朝光武帝派马援（马伏波），夺回统治权。征侧、征贰姐妹率兵奋勇抗击，但终因寡不敌众而失败，姐妹俩不甘受辱，双双投入河内西面浪涛滚滚的底江中。

为纪念这两位民族女英雄，越南人民在临江的东仁村修建了一座庙宇，以示纪念。后来，东仁村的百姓害怕江水泛滥冲坏这座庙宇，遂将庙址迁到河内市区的南部。这座庙宇被称作"二征王庙"。

为弥补历史上的遗憾，周恩来到达越南的第四天，临时增加了一个活动，同贺龙一起到"二征王庙"，向两位民族女英雄献花。[3]这件事深深地感动了越南人民。

那天，"二征王庙"内香烟缭绕，钟声回荡。小小的庙内，前方正中是庄严肃穆的锡金牌位，两旁立着两只大锡象。当年征氏二姐妹就是骑着大象抗击马援的军队的。通过两旁的阁门入内是正殿，征侧、征贰的巨大塑像端正地坐落在神台上，两旁并排竖立着许多女将的塑像，个个英姿飒爽，栩栩如生。

在庙中女住持的引导下，周恩来、贺龙走到征侧、征贰的塑像前，献上两束象征中国人民友谊的鲜花。

周恩来参观"二征王庙"还有更深一层的意义。在他这次出访前夕，世界发生了两件大事，一是英法侵略埃及，一是苏联出兵匈牙利，这两件事在国际上引起强烈的震动。一些弱小的民族主义国家，甚至像越南这样的社会主义国家都抱着疑虑的目光注视着中国。他们想知道，日益强大的新中国究竟会怎样对待它周围的小国。周恩来的这个举动，表示了中国人民反对大国主义的立场。

越南《人民报》在《兄弟的情谊》一文中这样写道："今天的中国和过去的中国大大地不同了，大民族主义正在被清除，而代之以兄弟的情谊。"

在越南访问期间，周恩来同越南劳动党中央政治局就双方关心的问题进行了五次深入会谈，周恩来在会谈中特别强调了：中国党在把马克思列宁主义的革命理论同中国的革命实践相结合的过程中，根据列宁主义的原则，贯彻群众路线的重要性和纠正错误的长期性。[4]会谈进一步沟通了双方的思想，增进了两党和两国人民的关系和友好感情。

2

柬埔寨

这是一个阳光灿烂的日子。

11月22日中午,周恩来告别美丽的河内,告别热情的越南人民,乘专机飞往柬埔寨。

静静的湄公河像一条闪闪发光的缎带在机身下铺展开来。迎着金色的阳光,人们可以看到,远方的天空有许多黑点向前移动,并且很有规则地分开,向这架飞机两侧移来。原来,这是柬埔寨王国派来的八架护航机,特地从金边飞来迎接来自北京的贵客。

飞机在波成东机场缓缓着陆。

当周恩来一行走下飞机时,头天夜里才从印度新德里赶回,一早又匆匆赶到机场检查准备工作的西哈努克亲王笑盈盈地走上前来,同周恩来热烈握手。

在这一瞬间,人们或许会想起一千四百多年前,奉国王之命到中国译经的柬埔寨高僧曼陀罗和保婆罗;想起一千二百多年前南行取经路过柬埔寨的唐僧义净;想起著有《真腊风土记》的元朝使者周达观;想起七下西洋的明朝三宝太监郑和;想起1955年万隆会议上周恩来与西哈努克第一次会面的难忘时刻;想起那年春天西哈努克亲王访问中国的动人情景……

那天,柬埔寨首都金边有10万多民众聚集在波成东机场和通往王宫的路上,这座30万人口的城市,有10万人参加欢迎的行列,其盛况是可以想见的。

在机场,主人举行了短暂而隆重的欢迎仪式。柬埔寨国家欢迎委员会主席宾努亲王致欢迎词:"在今天,阁下可以看到整个柬埔寨王国人民,包括社会各阶层人士,聚集在这个简朴的机场上,汇成人海。这象征着向贵国和阁下表示的兴奋和热诚的友谊。这种友谊表现在群众自动地来欢迎阁下,这是由于柬埔寨独立之父西哈努克亲王的睦邻政策所促成的。这种政策萌芽于我们敬爱的亲王到印度访问的时候。之后,大约在两年前,它又逐渐而羞怯地在万隆会议中,与阁下会晤后而滋生,最后,当我们的亲王应邀到贵国访问时,接受了五项原则,并且坚决选择了这个政策。"

第一次来到这个美丽的国家访问的周恩来非常激动。他在答谢词中向柬埔寨人民转达了中国人民真挚的敬意和亲切的问候："我们来到你们美丽的国家，就像到了一个近亲的家里一样亲切。"他希望这次访问能够加深对这个国家的了解，进一步在五项原则的基础上增进两国的友好关系。

当晚，苏拉玛里特国王和王后在克马蓝宫设国宴招待周恩来。

晚宴在充满友好的气氛中开始。

苏拉玛里特国王发表了热情洋溢的讲话。他说："尊敬周恩来有两个理由：首先，作为中国人民的代表，总理带来了把两国联系在一起的友好感情。其次，他是我们皇太子（指西哈努克——著者注）最亲爱的朋友。"他指出，"两国领导人之间的这种友谊是一种最可贵的预兆。它将增进两国的繁荣与世界和平。"

周恩来也很激动，他代表毛泽东和中国政府及人民向国王和王后表达了深深的谢意，并祝愿两国人民永远和平共处，"世世代代生活在友谊之中"。

到达柬埔寨的第二天，周恩来和中国政府代表团的成员参观游览了首都金边。

金边的市容美丽而动人，金边的人民热情而好客。中国总理的来访，使整个金边更加容光焕发，欢腾雀跃。

在城内，周恩来和中国代表团成员要经过的道路两旁到处是金边百姓，他们为了看一看中国贵宾，宁愿在炎热的太阳下，站上几个小时。只要有中国贵宾乘坐的汽车驶过，他们就鼓起掌来。而在街道两旁阳台上的人们则挥手致意。在郊区，数以千计的人拥挤在道路的两旁。甚至在附近没有村庄的地方也是这样。欢迎的人群中，还有许多华侨，他们泪流满面，站在街旁，为的是看一看来自祖国的亲人。

有关欢迎的盛况，当地报纸这样评论："柬埔寨在历史上从来也没有对它的客人给予过这样盛大的欢迎。"

柬埔寨人民把这份特别的感情给了周恩来，因为他是和平共处五项原则的积极倡议者，这五项原则，与柬埔寨人民奉行的和平中立政策是一致的："尊重每一个国家的领土完整和主权，互不侵犯，互不干涉内政，平等互利，和平共处。"

结束访问的那天，这五项原则——著名的"潘查希拉"[5]，再次写入周恩来和柬埔寨首相云桑发表的联合声明中。

3

印度

劈劈啪啪的清脆爆竹声，划破北京的夜空，仿佛提醒人们，1956年的除夕来到了。按中国人的传统习惯，除夕之夜是每个家庭团聚的日子。而1956年的除夕之夜，周恩来却是在印度度过的。

印度是历史悠久的文明古国。在亚洲，印度是第二大国，无论是地域面积，还是人口，都仅次于中国。这两个大国的关系如何，不仅影响到两国的利益，而且关系到亚洲的和平与稳定。正如周恩来所说："印度和中国之间的友谊是保卫世界和平的一个非常重要的因素。"[6]因此，新中国成立后，周恩来非常重视发展两国的友好关系。

1953年12月31日，也是一个除夕，周恩来会见了到北京参加谈判中国西藏和印度关系的印度代表团。在那次会见谈话中，周恩来第一次提出处理不同社会制度国家的关系应遵循"和平共处五项原则"。[7]1954年，日内瓦会议期间，周恩来访问印度和缅甸，同尼赫鲁和吴努分别在中印、中缅联合公报中进一步倡导了这个原则，受到所有爱好和平的人民的拥护和欢迎。

1956年底这次出访，是周恩来第二次访问印度。在尼赫鲁的陪同下，周恩来参观游览了印度著名的城市德里、浦那、班加罗尔、马德拉斯、阿桑克尔、奇特兰詹、辛德利和加尔各答等，到处是欢迎的人群，到处是"印地秦巴，巴依巴依"（印中两国人民是兄弟）的欢呼声。

11月29日下午，周恩来出席联邦院议长和人民院议长为他举行的宴会，宴会在国会大厦举行。担任主席的联邦院副议长向两院议员介绍时说："在印度，谁不知道周恩来总理，事实上，他就像是我们当中的一个人一样。"[8]这确实代表了广大印度人民的心声。

周恩来向印度人民传递了中国人民的友情。他说："当我又一次应邀访问我们伟大的邻邦印度的时候，我感到格外亲切，也感到十分的兴奋。我感到亲切，因为我们已经是老朋友了，我们来到这里就像来到自己的兄弟的家里一样。我们也感到兴奋。因为自从两年多以前我第一次访问印度以来，我们两国之间的友好关系又有了进一步的发展，我们两国所确定的和平共处的五项原则——潘查希拉——已经得到许多亚非国家和其他国家的支持，并且在世界范围内引起了愈来愈大的响应。"

1956年的除夕，周恩来访问巴基斯坦后途经印度。头一天夜里，周恩来在尼赫鲁的陪同下离开喧闹的德里，前往巴克拉—南加尔水闸工程区视察。火车平稳地运行在旁遮普绿色的原野上。

清晨，火车到达被喜马拉雅山外沿三千英尺的高山所环绕的旁遮普邦，这是一个环境宁静，景色优美的小镇。周恩来的出现，使这个1.5万人口的小镇欢腾起来，一群群白鸽飞向清新蔚蓝的天空。

两位总理站在敞篷汽车上，合手答谢五万多从远近村庄赶到这里来的欢迎群众。汽车沿着宽阔的柏油马路，越过小山和溪谷，来到巴克拉水闸；工人和孩子们涌了上来，"印度中国万岁"的口号声响彻云霄。随行人员向周恩来介绍：这座水闸是世界最高的水闸，工程完工后，它将能灌溉千万英亩的土地，发送将近1万千瓦的电力。往前走，是混凝土工厂，尼赫鲁告诉周恩来："去年11月17日，我装满了第一桶水泥。"要完成巴克拉工程，一共需要10万吨水泥。

周恩来和尼赫鲁又来到南加尔水闸区。这个水闸是1954年完成的，建筑十分宏伟、壮观。周恩来不禁赞叹道："印度人民是多么勤劳而有智慧啊！"

火车沿着新开的运河向前行驶。周恩来一行中午抵达苏特里杰河左岸美丽的苏特里杰大厦，他与尼赫鲁在大厦外一间镶着玻璃窗的小屋内进行了三小时会谈，气氛友好而热烈。这真是忙碌而又富有成效的一天。

除夕之夜终于来临。周恩来和尼赫鲁登上返回德里的列车。

餐车灯火辉煌，布置得像在家里一样温馨而舒适。周恩来和尼赫鲁共同切开新年蛋糕，举起酒杯……

欢声笑语传出车窗，留在旁遮普绿色的大地上……

4

缅甸

芒市，是中国云南省德宏傣族景颇族自治州首府，毗邻缅甸，距中缅两国国界只有几十公里路程,在古代,这里就是中国通往缅甸的道路之一。

周恩来访问缅甸期间,和缅甸政府总理吴巴瑞一起到芒市参加了正在那里举行的中缅边境人民联欢大会,把出访活动推向了高潮。

1956年12月15日这天,本来就很美丽的芒市,又增添了一份喜庆的节日景象。街道上,到处红旗招展,各机关、学校纷纷搭起彩门,彩门上挂着"欢迎缅甸朋友"的标语。居民家家户户打扫得干干净净。新近落成的迎宾馆和招待大楼布置得格外漂亮。联欢大会的广场也已经修成,广场两端的水池四周栽上了芭蕉、大青树和松柏等。

从下午开始,在中缅两国交界处的中国畹町镇就欢腾起来,到处是彩旗飞舞,欢声笑语,当两国领导人乘车从缅甸境内缓缓驶上畹町桥,进入畹町镇时,等候在畹町街头的两千多边境各族群众发出热烈而持久的掌声和欢呼声。

吴巴瑞是第一次来到中国,周恩来曾几次到过云南,但是却是第一次来到这个地区。他们立即被两国边境兄弟民族的友好气氛所包围。

在简短的欢迎仪式上,云南省代省长刘明辉致欢迎词,他对两国总理和缅甸贵宾的到来表示热烈的欢迎:"由于我们两国领导人的共同努力,中缅两国的友好关系,在和平共处五项原则的基础上取得了新的发展。我们两国人民亲戚般的密切联系也获得了进一步发展巩固的基础。我深信,这次在芒市举行的中缅两国边境人民联欢大会,在两国总理、副总理和各位贵宾的亲自参加下,一定会大大地增进我们两国边境人民的友谊和我们两国的友好关系。"

接着,由吴巴瑞总理致答谢词,他说:"中缅两国人民历史上有着两千年的传统友谊,而且都是热爱世界和平,反对战争的民族。虽然中缅两国政治制度不同,但我们有着共同的目标,都坚守着由吴努主席和周恩来总理所共同倡导的和平共处五项原则。对于有分歧的意见,我们都主张和平协商解决。因此,当前两国的友谊,将比历史上更为亲密。""在两国的友好关系中,最主要的是两国边境人民的互相谅解和互相友好。希望这次大会能进一步增进两国的友好和团结。"

这时,两侧欢迎的群众一齐挥舞着绸带,敲起象脚鼓。许多人高举起手中的鲜花跳起欢快的舞蹈。一大群身穿鲜艳服装的少女涌向前去,把一束束美丽的鲜花献给两国领导人。

第二天下午,中缅边境人民联欢大会在芒市隆重开幕。

这天,天气格外晴朗,偶尔有几朵白云浮过,金色的阳光洒满坝子。

大会广场上两国国旗和几十面红旗迎风招展，主席台两侧的两条标语上写着："中缅友谊万岁！""世界和平万岁！"按照当地民族的习惯，主席台两侧还栽上了象征和平、友谊和吉祥的甘蔗、芭蕉和松树。主席台正中悬挂着中缅两国国旗和巴宇总统、毛泽东主席的巨幅画像。

赶来参加大会的，不仅有芒市附近的傣族和从三百里外赶来的景颇族人，也有不远千里而来的拉祜族和来自缅甸的掸族、克钦族朋友。中国的傣族和缅甸的掸族，中国的景颇族和缅甸的克钦族，虽分属两个国家，却属相同的民族，他们自古以来就有着亲戚关系。1956年1月，缅甸政府曾经在邻近中国陇川县的雷基镇召开了两国边境人民的第一次联欢大会，为缅中两国的友谊奠下了一块重要的基石，为各族人民提供了交往的机会。而这次大会，又为中缅友好打下了一块基石，使两国人民又重新聚在一起。

在大会上，被友好情谊包围着的吴巴瑞总理发表了热情洋溢的讲话。他说：缅甸有句成语"敬人者，人亦敬之"。这句成语，不仅在人和人的关系中，而且在国际关系中也是我们必须坚决贯彻的。只有这样，才能取得我们所要求的世界和平，才能建立国与国之间的友好关系。他真诚地希望"历史上一向有相同的民族自尊心并成功地保持着民族文化的缅中两个民族，同舟共济地、宽宏大量地处理各项问题，让我们缅中两国人民以友好邻邦的态度和相互信任的精神，一起防止外来阴谋的干涉"。

同吴巴瑞的讲话一样，周恩来的讲话也感人至深，被一阵阵掌声所打断。他说："由于中国是一个人口众多的国家，我们应该采取更多的主动措施，以实际行动来证明，我们对和平共处五项原则一贯信守不渝。对于我们友好邻邦的人民，我们要永远谦虚谨慎和耐心，坚决反对大国沙文主义。"

当晚，云南省代省长刘明辉举行宴会，招待中缅两国领导人。

在轻快的乐曲声中，吴巴瑞总理充满热情地说："当我们来到中国时，我们看到许多民族人民，与缅甸联邦的民族不论从服装上、面貌上和语言上都是一样的。他们之间的相同，不但在表面上，而且在内心里。所以我们称呼中国人民'胞波'。'胞波'就是亲兄弟的意思。"

在掌声中，周恩来含笑走向扩音器。他说：我以中华人民共和国外交部部长的身份，接受藻昆卓[9]邦长的友谊。"我们两国的确是山连山，水连水，地理上把我们连在一起，边界不能够把我们的友谊分开。克钦邦邦长吴赞塔信说过，我们是同一个种族来源的,并且是亲戚关系。吴巴瑞总理说我们两国人民是'胞波',边界是不能把我们的亲戚关系分开的,不能把我们'胞波'关系分开的。"[10]他高高地举起盛满茅台的酒杯,请大家喝一杯浓烈而醇香的美酒。

这次边境人民联欢大会,进一步加深了两国人民的"胞波"友情。吴巴瑞评价说:"周总理对缅甸的友好访问,为中缅友谊大厦增添了另一根支柱","这个大厦是按照五项原则建造的,而周恩来总理是这些原则的主要建筑师之一"。[11]

17日上午八时,周恩来、吴巴瑞一行告别热情而友好的芒市人民,在刘明辉陪同下,乘车经畹町镇到缅甸的首都——仰光,更盛大而热烈的场面在等待他们……

1956年12月20日上午,周恩来在吴巴瑞陪同下,笑容满面地走进仰光明加拉顿机场,他将满载缅甸人民的深情厚谊踏上新的旅程。

5

巴基斯坦

接下来的目的地是巴基斯坦。为迎接周恩来来访,巴基斯坦人民进行了充分而周到的准备。

12月18日,西巴基斯坦首席部长、共和党领袖萨希布汗在西巴基斯坦首都拉合尔发表了一项声明,声明中说:"我们和中国有着非常古老的情同手足的友好联系,它是我们的近邻,我们在北部和它有共同的边界。中国和巴基斯坦在追求共同的目标和愿望上可以在许多方面相互帮助。我们两个国家面临着一些同样的问题,如提高我们人民的生活水准,建设我们的国民经济,对国际和平和正义事业做出贡献。"萨希布汗认为,周恩来的访问无疑地将会有助于促进我们两国之间在各方面的更密切的合作。他指出:"无论周恩来先生到哪里,西巴基斯坦人民将给予他热烈的欢迎。"[12]

东巴基斯坦首席部长拉赫曼和东巴基斯坦穆斯林联盟主席巴沙尼12月17日晚间,在东巴基斯坦首都达卡号召人民给周恩来以有高度纪律性的热烈欢迎,他们号召东巴基斯坦各地所有能够来参加欢迎会的人都来参加。

巴基斯坦首都卡拉奇中央机关决定,周恩来到来的那天下午停止工作,并专门成立了欢迎周恩来招待委员会进行准备工作。

整个巴基斯坦沉浸在喜气洋洋的节日气氛中。

12月20日下午，周恩来抵达卡拉奇。当中国客人走下飞机的时候，欢迎的人群中爆发出热烈的欢呼声，小学生们放出了五彩缤纷的气球。在通往机场的路上，站满了等待一睹周恩来风采的人们。

离开卡拉奇，周恩来访问西巴和东巴的第一段路程是白沙瓦。白沙瓦是巴基斯坦西北边境的一座古老而美丽的城市，这座城市被松树林和白雪皑皑的山巅所环抱。自古以来，这里一直就是一个战略要地，离开白沙瓦十英里的地方就是开伯尔隘口，巴基斯坦人的祖先过去曾在那里同侵入印度—巴基斯坦次大陆的入侵者进行了无数次战斗。白沙瓦的居民有15万以上，绝大部分是勇敢、勤劳、坚强的巴丹人。为了国家的利益，他们曾同殖民主义者进行了不屈的斗争。

从公元5世纪开始，中巴两国就从这里开始了文化和经济交流。中国著名的高僧法显和玄奘先后来到过这里，学到了许多宝贵的知识，丰富了中国的文化。

周恩来到这里来时，又过了十四个世纪，他非常喜欢这个祖先曾经到过的地方。他在访问白沙瓦大学时，对那里的师生说："今天，我们落到法显和玄奘的后面了。他们在学习其他国家，特别是邻国的优秀文化方面树立了光辉的榜样。"[13]他期望，中巴两国的文化交流能够在这一代获得进一步发展，这样，中国青年就可以像法显和玄奘那样到白沙瓦来学习。

白沙瓦大学的副校长亚迪基在学校宽阔的草坪上搭起的帐篷中举行了茶会，他在欢迎词中说：周总理的访问，"恢复和加强了中华人民共和国公民和巴基斯坦伊斯兰共和国公民之间旧有的关系"。他高兴地指出：白沙瓦大学的所在地，就是两千年以前，阿育王和迦腻钯迦王所创立的佛教学术中心，这两种古老文化的重新汇合将会导致东方文明的再生。他深信两国总理的互访肯定将会有助于解决两国面临的问题。

离开白沙瓦，周恩来访问了巴基斯坦第二大城市西巴基斯坦首府拉合尔。这里是西巴基斯坦的政治、学术中心，也是巴基斯坦最古老、最美丽的城市。

这座城市的特点是以莫卧儿王朝建筑的皇堡、寺院及其他历史性的建筑物而闻名。当周恩来乘车穿过市中心向皇堡开去时，在通往皇堡五英里长的路旁，挤满了前来欢迎的人群，许多住宅的阳台和屋顶上也站满了人。

在西巴基斯坦省长的宴会上，周恩来发表了一段非常精彩的讲话："我这次访问的第一个目的就是寻求友谊,中国访问者到处都受到盛大的欢迎,这种友谊是建立在反对殖民主义和建设自己国家的共同愿望基础上的。第二个目的是寻求知识,过去曾经有过中国的学者到过巴基斯坦,现在我们又来了。中国人民要向不论大小的一切国家学习,特别要向邻国学习。第三个目的是寻求和平,中国人民是要和平的,巴基斯坦人民也是要和平的。"〔14〕

周恩来在这段话中提到的"寻求友谊、寻求知识、寻求和平"十二个字,实际也是他这次亚洲之行的根本目的。

12月28日傍晚,周恩来一行告别拉合尔,到达东巴基斯坦首都达卡。在这里,他们受到在巴基斯坦访问期间最盛大的一次欢迎。欢迎的群众突破警察的警戒线,团团围住中国客人,汽车都无法向前开动,他们激动地喊着:"巴依(兄弟)、巴依。""萨拉姆阿勒古姆(伊斯兰教徒见面问候语)。"

第二天下午,达卡举行了独立以来最大的一次集会,到会的有20万人,占全城人口的三分之一。周恩来随苏拉瓦底总理走上主席台后,东巴基斯坦人民联盟主席大毛拉巴沙尼马给他戴上花环。周恩来在讲话中强调了亚非团结的重要性和中巴友谊对巩固亚非团结的重要意义。他的讲话引起阵阵热烈的掌声,周恩来离开讲台时三次用孟加拉语说:"巴基斯坦——秦尼巴依巴依(巴中人民是兄弟)!"坐在地上的20万群众站起来欢呼、鼓掌,挥动着手帕。会场的气氛达到高潮。

在欢迎周恩来的人群中,最活跃的是记者。他们追寻、包围着周恩来,向他提出各种各样的问题。周恩来乘内河轮船"玛丽·安德逊号"前往达勒斯瓦里棉纺厂时,遭到记者"袭击"。当时,他正在看英文报纸,一群巴基斯坦记者前来找他。周恩来对苏拉瓦底总理说:"我被记者包围了。"苏拉瓦底说:"我来救你。"不过,周恩来最终还是友好地回答了他们的问题。

由于巴基斯坦参加了美国操纵下的东南亚条约组织,记者们十分关心中巴是否在政治上成功地取得了谅解。周恩来指出,两国人民都要和平和友谊。无论到哪里,这种看法都得到了证实。他说:"两国的领导人员讨论了范围很广的问题。虽然存在着不同的看法,但是双方很自由地交换了意见,这种不同的看法不会妨碍两国之间的友谊。"

记者关心的另一个问题是台湾问题,周恩来回答说:"我们要尽可能采取一切措施争取和平解放台湾。"他用英语说,"台湾过去是,现在还是中国的一个省份……台湾应该归还中国。"[15]

周恩来的呼声通过记者的笔传向了世界各地……

6

阿富汗

阿富汗位于亚洲的中西部，是个内陆国家。

中国和阿富汗两国之间从来没有发生过战争和冲突，只有团结和友谊。中阿友谊源远流长。公元5世纪，著名的中国旅行家法显曾来到阿富汗首都喀布尔访问；公元7世纪，著名的中国学者和香客玄奘也曾到这个城市访问。与此同时，阿富汗的居民也翻越帕米尔高原到过中国。后来，是殖民主义者的入侵，切断了两国友好的交往。

同中国近代历史所经历的遭遇一样，从19世纪30年代开始，英国侵入这个美丽的国家。同中国人民一样，阿富汗人民对外来侵略者进行了不屈不挠的斗争，1838年至1919年，阿富汗人民三次抗击英帝国主义发动的侵略战争，终于取得了民族独立。

正像周恩来所说的，帕米尔高原不能阻挡中阿祖先的来往，殖民主义统治也不能妨碍中阿人民之间的友谊。当两国人民摆脱殖民主义者的统治后，传统的友好关系又恢复和发展起来。

1957年1月19日至24日，周恩来对阿富汗五天的访问，把中阿两国的友好关系又推向一个高潮。

在1955年召开的万隆会议上，周恩来与阿富汗领导人开始接触，共同成为万隆会议的参加者和万隆精神的拥护者。所以，尽管这一次是周恩来第一次访问这个国家，但他对这个国家却丝毫不感到陌生，反而非常亲切。

1月19日，周恩来一行到达阿富汗首都喀布尔。达乌德首相举行了盛大的晚宴招待中国朋友。在宴会上，周恩来与达乌德彼此倾诉了这种友好的感情。[16]

达乌德首相在讲话中说："阿富汗同中国保持了几百年的密切的贸易和文化联系，我们彼此并不陌生。幸运的是，在我们两国人民之间这几百年的接触当中，我们的关系从来没有被分歧和恶感所损害。在悠久的过去，每当我们会晤和互相访问的时候,我们彼此都得到好处,而且促进了彼此的了解和繁荣。""今天,我们在重新兴起的、觉醒了的亚洲再度会晤了,而且非常幸运,我们又本着友好和睦邻的精神会晤了。"

达乌德在讲话中特别提到:周恩来是"在人们比过去任何时期都更加感觉需要国际友好和谅解这样一个时期来进行访问的"。"我们希望你们会在阿富汗人民心中找到好客的热情,希望友好的光芒会驱散严冬的酷寒,而使你们在我们国家所进行的访问成为难忘的访问。"

周恩来以同样的心情,同样的口吻答谢阿富汗人民的热情接待:"在过去的许多世纪里,阿富汗和中国就曾经有过贸易和文化的密切联系。我们两国之间虽然有着帕米尔高原的阻隔,但是我们的祖先却翻越过险峻的山岭,开辟了历史上著名的'丝路',进行了友好的往来。的确,在我们两国的关系中,从来没有战争和冲突,而只有友谊和同情。""同许多亚非国家一样,阿富汗和中国都热爱和平和正义。我们两国同许多其他亚非国家一起,在万隆会议上,为促进亚非人民的相互了解和合作,为反对殖民主义和维护世界和平,作了共同的努力。中国人民十分尊重阿富汗在相互尊重的基础上同一切国家友好的政策。……我们十分满意地看到,中阿两国的关系在相互尊重的基础上已经有了良好的发展。"

第二天傍晚,喀布尔下了一场鹅毛大雪,整个城市一片洁白,空气格外清新。突然变化的天气,为这次访问增添了新的情趣。

在喀布尔的四天访问中,周恩来除了同达乌德进行会谈外,还参观了索罗比水电站。这座水电站建在离喀布尔东约80公里的喀布尔河下游的峡谷中,车队沿着喀布尔河岸走了两个多小时,经过了被白雪皑皑的小山环抱的喀布尔盆地,经过了为积雪掩盖的田野、房屋,以及由单峰骆驼和毛驴组成的商队。沿途,村民们聚在路边,举起手来向客人们致意,水电站工程工地的工人们也对周恩来一行表示欢迎。这个水电站完工后每年可以发2.2万千瓦电,比阿富汗目前的发电量要多一倍以上。周恩来参观了水闸、隧道和发电站,并向西德工程师提出了许多关于这些工程的实际问题,这时,周恩来心中正在酝酿回国后如何解决在中国存在的类似问题。

留下最后一天时间,周恩来访问了阿富汗南部美丽的城市坎达哈,送去了中国人民的深情厚谊。

对周恩来的访问,阿富汗各界给予了高度评价,这就是"为中阿两国友好关系打开了新的一页"。

<h1 style="text-align:center">7</h1>

尼泊尔

高高的喜马拉雅山,白雪皑皑。

坡北属于中国,坡南属于尼泊尔。象征着中尼两国友谊的喜马拉雅山最高的山峰——珠穆朗玛峰又被称为"中尼友谊峰"。

1957年1月25日中午,迎着灿烂的阳光,周恩来乘坐的飞机在绿色的加德满都河谷降落。

尼泊尔是一个有着美丽风景、优秀文化和热心而友好人民的国家。周恩来一踏上这块土地就深深地体会到这一点。当中国客人登上设在机场的演讲台时,前来欢迎的人们献上了大束的鲜花。在长时间热烈的掌声响过之后,周恩来发表了热情的讲话。

周恩来说:"正如阿查里亚首相三个月前在北京所说的那样,我到这里访问也是把喜马拉雅山那一边人民的友情,带给喜马拉雅山这边的人民。"他回顾了两国人民长期以来的传统友谊,"这种友谊连喜马拉雅山也阻隔不了。"周恩来强调,同历史上的友谊相比,今天的友谊是以和平共处五项原则和万隆会议精神为基础的,因此更稳固。[17]

在阿查里亚首相陪同下,周恩来一行从机场前往迎宾馆。聚集在路旁欢迎他的群众越聚越多,街道两旁挂满旗帜和布幔,群众排成好几行。在沿街房屋的每一层楼窗口,都有一些穿着节日盛装的妇女探身欢迎,他们大把大把地向周恩来和阿查里亚撒鲜花、花瓣、炒玉米,并且按照尼泊尔的风俗撒朱砂粉。有些地方,连屋顶和树枝上也站着人,街道上挤得水泄不通。当周恩来等人到达迎宾馆时,他们从头到脚都被群众抛撒下来的朱砂粉染红了。

在盛大的欢迎宴会上,阿查里亚称周恩来是他"个人的朋友"和"尼泊尔在喜马拉雅山那一边的亲密朋友"[18]。他相信,周恩来对尼泊尔的访问,将大大有助于中国和尼泊尔之间的友谊和亲善精神的发展。

周恩来非常感谢尼泊尔人民和阿查里亚首相的欢迎。他强调,当殖民主义者不甘心失败并且不断想对亚洲和非洲各国人民进行侵略和威胁的时候,中尼两国更有必要在国际事务中加强合作,共同维护世界和平。

当天,周恩来还参加了欢迎他的群众大会。在会上,他谈到对这次出访亚洲的深刻感受:虽然他访问的这些国家在政治和社会制度上,在民族、信仰和文化上都不相同,可是它们都要求世界和平和各国之间友好,要求独立地发展它们的国家。这种亲身经历使他相信,中国和尼泊尔共同为之奋斗的和平事业是得到全世界广大人民群众支持的事业,并且是一定会成功的事业。

第二天上午,周恩来参观了尼泊尔首都加德满都的一所孤儿院,向这所孤儿院捐赠了五万尼泊尔卢比。随后,周恩来一行又到市郊参观了一座寺庙。那天,一群由尼泊尔法林会召集来的佛学家们和男女佛教徒聚集在庙宇外欢迎中国总理。法林会的欢迎词中提到,传说中国到尼泊尔的文殊师利用宝剑劈开南部小山开出水道,并且排除加德满都山谷的水;会上追述了尼泊尔的哈丽塔·塔腊公主和中国唐朝的文成公主在西藏的事迹,以及玄奘对尼泊尔的访问。法林会特别赞赏周恩来倡导的和平共处五项原则,这使他们想起了佛院的五项基本原则。

曾游访过中国的著名的尼泊尔诗人契塔迪尔·赫里达亚在欢迎词中说:"今天,我有机会在尼泊尔的天空之下看到你,我们把它看作一个历史事件。"

在尼泊尔短暂的访问给周恩来留下深刻印象,正像他在访问拉提土尔市时所说:"你们的无法形容的热诚欢迎使我们大家都十分感动,这种情形将永远留在我们的记忆中。"

8

锡兰

1957年1月31日,周恩来开始对这次亚洲之行的最后一个国家——锡兰(斯里兰卡)进行访问。在他所走过的国家中,他同锡兰的关系最久远。

三十六年前,赴欧洲留学的青年周恩来途经锡兰,被这个美丽的国家所打动。三十六年后,这个国家依然美丽,但锡兰已经挣脱了殖民主义的统治,成为锡兰人民的锡兰了。

中国和锡兰自古以来有着传统的友谊。早在公元1世纪初，中锡两国在文化、贸易上就已经有着密切的联系。第二次世界大战结束后，两国之间的友好关系获得了更大的发展。新中国成立之初，锡兰是最先承认中国的国家之一。周恩来的到来，受到锡兰人民的热烈欢迎，班达拉奈克总理对中国朋友说："中华人民共和国总理昨天受到的盛大欢迎一定已经使你们看到，不论我们两国之间存在着什么分歧，锡兰人民对中国是怀有友好感情的，这次欢迎比我国以前对任何其他客人的欢迎都更加热烈。"他重申了锡兰对中国的政策，指出，"在意识形态方面或者其他方面，我们可能有分歧，但是我们没有理由要互相敌视。"他希望不但如此，还应该设法相互了解，了解这些分歧，并且互相保持友好亲密的关系，以保障世界和平。对周恩来的访问，班达拉奈克认为"是在极其需要大家为解决世界纠纷而贡献力量的时候"[19]。他认为中国能够在世界局势中起到伟大的作用。

当天下午，周恩来一行由锡兰首都科伦坡前往康提。这里是锡兰的古都和文化中心。客人们所经过的地方挤满了人，剧烈的爆竹声掩过了欢笑声。当地的乐师打着鼓，吹着喇叭，表达欢快的心情。在离康提五英里的地方，周恩来等人的汽车被群众堵住，车只好停下，他们在人群的欢呼声和纷纷落下的鲜花中受到康提市政府官员的迎接。

周恩来进入康提时，这个美丽的城市人山人海，他立即被引入群山环绕的大广场。周恩来等通过用鲜嫩的椰子叶铺成的小路，走上可以俯瞰广场的用鲜花装饰的阳台。

欢迎的场面十分令人感动，周恩来在讲话中说："我们认为你们的热诚对我们这次目的在于寻求友谊的访问是一种鼓励。"在康提，周恩来还参观了佛牙寺，并向这个寺院赠送了1万卢比。

对几个著名城市访问后，周恩来回到科伦坡。4日下午参加了在科伦坡举行的锡兰独立日庆祝活动。他是第一个被邀请在锡兰独立日庆祝大会上讲话的外国政治家。周恩来在讲话中热烈祝贺锡兰赢得独立。几分钟后，天下起雨来，雨越下越大，周恩来谢绝别人为他打伞，坚持在雨中把话讲完。他的行动感染了到会的广大群众，一些已经躲到附近亭子里避雨的人们也陆续回到会场上。

周恩来对锡兰的访问进一步巩固了中锡两国的友好关系，改变了人们对中国的认识。正如锡兰驻印度尼西亚公使兼驻新加坡和马来亚专员萨拉风纳穆图所说：

"我们必须正视现实，认清谁是真正能代表今日中国广大人民的政府。"

注释：

〔1〕《周恩来外交文选》，中央文献出版社1990年版，第185页。

〔2〕《人民日报》1956年11月22日。

〔3〕《人民日报》1956年11月21日。

〔4〕《周恩来传》，中央文献出版社2018年版，第1138页。

〔5〕"五项原则"在印度被称为"潘查希拉"。

〔6〕《人民日报》1956年12月4日。

〔7〕《周恩来外交文选》，中央文献出版社1990年版，第63页。

〔8〕《人民日报》1956年12月1日。

〔9〕藻昆卓时任缅甸联邦副总理兼外交部部长。

〔10〕《人民日报》1956年12月17日。

〔11〕《人民日报》1956年12月20日。

〔12〕《人民日报》1956年12月19日。

〔13〕《人民日报》1956年12月26日。

〔14〕《人民日报》1956年12月28日。

〔15〕《人民日报》1956年12月31日。

〔16〕《人民日报》1957年1月20日。

〔17〕《人民日报》1957年1月28日。

〔18〕《人民日报》1957年1月28日。

〔19〕《人民日报》1957年2月5日。

14 反"反冒进"中的检讨

1

1957年秋，正当周恩来、陈云等政府领导人同心协力，继续深入了解中国国情，准备在"一五"计划完成后对经济工作的经验教训进行全面总结，为争取"二五"计划取得更大成绩而奋斗的时候，毛泽东的注意力由对苏共二十大否定斯大林和与此密切相关的国际反共逆流、波匈事件的关注和对国内反右斗争的关注，再次转移到对社会主义经济建设速度问题的关注上。

这时，毛泽东等中国共产党内一些领导人不切实际的要求迅速改变中国一穷二白落后面貌的赶超意识，开始以更显著的形式表现出来。毛泽东最为突出。他时常感叹说："我们在人口上是大国，经济上是小国。物质状态没有改变，精神上受压抑，处于被动，抬不起头。"[1]"就是希望我们的国家成为一个大国、一个强国。但现在的情况完全不相称，这么多人口，钢比不上一个比利时。比利时一年生产700多万吨钢，我们只有500多万吨。十五年赶上英国，我看完全可能。"[2]

为此，毛泽东决心要使社会主义经济建设来一个"大跃进"。他认为，只有首先统一全党高级干部对于建设速度这个战略问题的认识，才能在全国迅速形成"大跃进"局面。而要做到这一点，则必须开展彻底清算所谓"反冒进"错误的反"反冒进"斗争。

但是，开展这场斗争，在党内高级领导层内会不会遭到公开的抵制和反对呢？这是毛泽东这时还把握不定的一个重大问题。

基于以上考虑，1957年10月9日，毛泽东在中共八届三中全会闭幕的这一天对反冒进进行了摸底性质的公开批评。他说：

去年这一年扫掉了几个东西。一个是扫掉了多、快、好、省。不要多了，不要快了，至于好、省，就附带扫掉了。好、省我看没有哪个人反对，就是一个多、一个快，大家不喜欢，有些同志叫"冒"了。……我高兴的就是在这个会议上有个把同志讲到这个问题……去年下半年一股风，把这个口号扫掉了，我还企图恢复。有没有可能？请大家研究一下。

还扫掉农业发展纲要四十条。这个"四十条"去年以来不吃香了，现在又"复辟"了。

还扫掉了促进委员会。我曾经谈过，共产党的中央委员会、各级党委会，还有国务院、各级人民委员会，总而言之，"会"多得很，其中主要是党委会，它的性质究竟是促进委员会，还是促退委员会？应当是促进委员会。我看国民党是促退委员会，共产党是促进委员会。[3]

少顷，毛泽东进一步强调："我们总的方针，总是要促进的。""去年那股风扫掉的促进委员会"，"如果大家说不赞成恢复，一定要组织促退委员会，你们那么多人要促退，我也没有办法"。[4]

这时，中共党内的民主生活已经有些不正常，刘少奇、周恩来、陈云等曾经主张过反冒进的领导人也难以正常地发表不同意见了，因此，在会上没有对毛泽东的上述意见再提出异议。

在这种氛围中，会议还根据毛泽东的提议，通过了《1956年到1967年全国农业发展纲要（修正草案）》。这个《发展纲要（修正草案）》，同周恩来、陈云曾经多次指出过各项指标都大大冒进了的《农业四十条（草案）》并无实质性差别。

反过来，当毛泽东看到党的其他领导人对他反"反冒进"和对"农业四十条（修正草案）"采取默认态度时，他由此推断完全可以以逐步加大压力的方式开展反"反冒进"，并且能够获得预期效果。

自中共八届三中全会以后，国内政治形势发生巨变，反冒进逐渐变成了反"反冒进"，批评和指责反冒进成为占据绝对优势的舆论。

一个月后，毛泽东亲自审阅批发了《人民日报》题为《发动全民，讨论四十条纲要，掀起农业生产的新高潮》的社论。社论公开指责"反冒进"：

1956年公布了全国农业发展纲要草案以后，曾经鼓舞起广大农民的生产热情，造成了全国农业生产的高潮。……

有些人害了右倾保守的毛病，像蜗牛一样爬行得很慢……他们认为农业发展纲要草案是"冒进了"。他们把正确的跃进看成了"冒进"。他们不了解所谓"冒进"是没有实际条件，因而是没有成功可能的盲目行动。而我们在1956年的跃进却完全不是这样，是有很多可以实现的条件，因而取得了巨大的成绩。否则，就无法说明，为什么1956年我国遭受了严重的自然灾害，而粮食产量却超过了大丰收的1955年一百多亿斤。[5]

同时，社论号召人们批判所谓右倾保守思想，"在生产战线上来一个大的跃进"。

接着，毛泽东又过问了《人民日报》社论《必须坚持多快好省的建设方针》的起草工作，并把社论初稿随身带到莫斯科，在他参加社会主义国家共产党、工人党会议期间进一步斟酌修改。社论稿在带回北京征求部分中央政治局委员的意见后，于12月12日正式发表。这篇社论以尖刻的语言，对反冒进的人进行了猛烈的抨击："在去年秋天以后的一段时间里，在某些部门、某些单位、某些干部中间刮起了一股风，居然把多快好省的方针刮掉了。有的人说，农业发展纲要四十条订得冒进了，行不通；有的人说，1956年的国民经济发展计划全部冒进了，甚至第一个五年计划也冒进了，搞错了；有的人竟说，宁可犯保守的错误，也不要犯冒进的错误，等等。于是，本来应该和可以多办、快办的事情，也少办、慢办甚至不办了。这种做法，对社会主义建设事业当然不能起积极的促进的作用，相反地起了消极的'促退'的作用。""为什么去年秋天以后，在部分干部中间产生了这种保守的倾向呢？这是因为，他们对1956年的成绩和缺点作了错误的估计。""1956年的主流是经济上的大跃进，是群众的积极性和创造性的高潮。然而，有些人却不这样看。""他们的思想仍然停留在三大改造高潮以前的阶段，而没有认识三大改造基本完成后的新形势，没有充分估计在新条件下大大增长了的生产潜力，结果就背离了多快好省的方针，变成了经济战线上的懒汉。"[6]

社论要求把1958年的各项计划指标定得尽可能先进一些，从而把我国的社会主义建设事业更多、更快、更好、更省地大大向前推进一步。

尽管反冒进从10月上旬起接二连三地遭到指责和批评，但是周恩来等在中共八届三中全会后，并没有马上意识到反冒进已经被毛泽东认为是个严重事件。他们深深地感受到这个问题的严重性，是从1958年初开始的。

1958年新年钟声刚刚敲响，1月2日，周恩来陪同也门王国副首相兼外交和国防大臣巴德尔飞往杭州会见毛泽东。随后，周恩来在毛泽东召集的有部分省、市委书记参加的中共中央工作会议（通称杭州会议）上，汇报了几天前在北京召开的中央政治局常委会会议商讨1958年国民经济计划草案的报告和第二个五年计划的修改问题，并听取毛泽东讲述工作方法十七条。

杭州会议上，毛泽东从治淮工程谈起，用安徽人民1957年一个冬季完成16亿土方，超过过去七年的土方数量这一事例，说明原来的计划指标订低了、订保守了，应该批评右倾保守。还说：批评右倾保守，就很舒服，愈批评愈高兴，要愉快地批评右倾保守。[7]他对前两年的国务院领导的经济工作表示了不满，并再次批评反冒进；还第一次点名批评周恩来等人。[8]

2

虽然毛泽东在会上发了大火，但仍然意犹未尽，并有意再召开一次范围更大的会议解决反冒进问题。随后，毛泽东采纳了周恩来的建议，确定在南宁召开有部分中共中央领导人、中央部委负责人和九省二市党委负责人参加的会议（通称南宁会议），并亲自起草了召开南宁会议的通知。通知说：

> 吴冷西、总理、少奇、李富春、薄一波、黄敬、王鹤寿、李先念、陈云、邓小平、彭真、乔木、陈伯达、田家英、欧阳钦、刘仁、张德生、李井泉、潘复生、王任重、杨尚奎、陶铸、周小舟（已到）、史向生、刘建勋、韦国清、毛泽东，共二十六人[9]，于11日、12日两天到齐，在南宁开十天会，20号完毕（中间休息两天到三天，实际开会七到八天）。谭震林管中央，总司令挂帅，陈毅管国务院。[10]

1月11日至22日，毛泽东主持召开了南宁会议。
会议向与会代表散发的二十二份参考材料中有三份是"反冒进"的：一份是，

李先念1956年6月25日在一届全国人大三次会议的报告中关于反冒进的一段话；另一份是，《人民日报》1956年6月20日社论《要反对保守主义，也要反对急躁冒进情绪》；又一份就是，周恩来1956年11月10日在中共八届二中全会上《关于1957年度计划的报告》的节录。

即使地处亚热带，1月里南宁的平均气温也只有十度左右，仍有几分寒气。但是，位于邕江边的会议室里却火气十足。会上，毛泽东以反对分散主义为话题批评国务院的工作，同时又以"反冒进"为话题尖锐地批评中共中央一些领导人实事求是地纠正经济建设中急躁冒进倾向的"反冒进""错误"。

毛泽东很注意批判的武器。当他把"反冒进"同"右派的进攻"紧密联系在一起的时候，"反冒进""错误"的性质自然就变得相当严重了。毛泽东声色俱厉、接连不断的批评，使会议气氛异常紧张，更使反过冒进的人坐卧不宁。

11日晚，毛泽东在会上首先以反对分散主义为题，批评国务院财经部门强迫他在一些报告上签字，接下来又以"反冒进"为题展开批评，说："管'实业'的人当了大官、中官、小官，自以为早已红了，钻到里边出不来。1956年冒进，1957年反冒进，1958年又冒进。"毛泽东问道，"看是冒进好，还是反冒进好？"他又以治淮为例，说，"治淮河六七年当中花了十二亿人民币，只搞了十二亿土方，安徽今年已经搞了八亿，再搞八亿土方，不过花几千万元。"[11]

毛泽东严厉地批评道："不要提反冒进这个名词，这是政治问题。首先是没有把指头认清楚，十个指头只有一个长了疮，多用了一些人（工人、学生），多花了一些钱，这些东西要反。当时不提反冒进，就不会搞成一股风，吹掉了三条：一为多快好省；二为四十条纲要；三为'促进委员会'。这是属于政治，不属于业务。一个指头有毛病，整一下就好了。""没有搞清楚六亿人口的问题，成绩是主要的，还是错误是主要的？是保护热情，鼓励干劲，乘风破浪，还是泼冷水泄气？"[12]

这天，出席会议的中共湖北省委第一书记王任重在日记中写道："晚上和先念、富春、一波同志谈了主席的讲话，对于这样尖锐地批评分散主义感到一些突然。"[13]

12日上午，毛泽东意犹未尽，继续加重批评反冒进分量，认为反冒进的人把他看成了"冒进的罪魁祸首"。他说：

"《中国农村的社会主义高潮》一书的序言，对全国发生了很大的影响，是'个人崇拜'，'崇拜偶像'？不管是什么原因，全国各地的报纸、大小刊物都登载了，发生了很大的影响。这样，我就成了'冒进的罪魁祸首'。"

"财经工作有很大成绩，十个指头只有一个不好，讲过一万次不灵。工作方法希望改良一下子。这一次，千里迢迢请同志们来一趟，是总理建议的。本来我不想多谈，有点灰心丧志。""我对分散主义的办法是消极抵抗，还要小会批评，当着众人批评。""要事先通一点情报，总是说没有搞好……开会前十分钟把文件拿出来，要人家通过，不考虑别人的心理状态"。"我不是攻击所有的人，是攻击部长以上的干部，攻击下倾盆大雨的人。"

毛泽东加大音量，斩钉截铁地说："右派的进攻，把一些同志抛到和右派差不多的边缘，只剩了五十米，慌起来了，什么'今不如昔'，'冒进的损失比保守的损失大'。政治局要研究为什么写反冒进的那篇社论，我批了'不看'〔14〕二字，那是管我的，所以我不看。那篇东西，格子没有划好，一个指头有毛病，九与一之比，不弄清楚这个比例关系，就是资产阶级的方法论。""攻击一点，不及其余。"〔15〕

南宁会议开会时，周恩来正在北京忙于接待也门共和国王太子巴德尔。13日，他赶赴南宁参加会议时，毛泽东抨击"反冒进"势头仍然处在猛烈阶段。

16日上午，毛泽东在中共上海市委第一书记柯庆施汇报时讲了一大段话，对柯庆施《乘风破浪，加速建设社会主义的新上海》的报告大加称赞："老柯这一篇文章把我们都压下去了。上海的工业总产值占全国五分之一，有一百万无产阶级，又是资产阶级最集中的地方，资本主义首先在上海产生，历史最久，阶级斗争最尖锐，这样的地方才能产生这样一篇文章。这样的文章，北京不是没有也，是不多也。"〔16〕

毛泽东手拿柯庆施的文章，对周恩来说："恩来同志，你是总理，你看，这篇文章你写得出来写不出来？！"周恩来回答："我写不出来。"接着，毛泽东又说："你不是'反冒进'吗？我是反'反冒进'的！"〔17〕

毛泽东在薄一波汇报1958年国民经济计划时插话，生气地说道："中央大权独揽，只揽了一个革命，一个农业，其他实际在国务院。""北京是一种空气，地方又是一种空气。"〔18〕

毛泽东这个批评，无论从哪种角度来看都过分。

柯庆施的这篇急躁冒进味道浓烈的文章，是1957年12月25日他在中共上海市第一届党代会第二次会议上所作的报告。毛泽东曾对这篇文章作过修改，并指示《人民日报》全文刊登。

南宁会议召开二十五周年后的1983年7月，笔者随同方铭、金冲及前往中南海访问了薄一波副总理。他记忆犹新地回忆说："这次会议，毛主席对总理批评得很厉害。毛主席说：你不是'反冒进'吗，我是反'反冒进'的。会上，康生是得彩的，柯庆施、李井泉是很积极了，对总理的批评其态度很是使人难堪的。会议整整开了十几天，大会小会，非常紧张。"[19]

据当时担任周恩来秘书的顾明回忆："1958年1月召开的南宁会议，对1956年的反冒进，进行了严厉的批评。这个会议我也参加了，会议的形势很紧张，开会的头一天，为准备开会在会议桌上放了一台录音机，老人家[20]走进来一看就发火了，说搞什么录音啊，把它给我撤了。会议的气氛一下子就紧张起来。"[21]

17日，毛泽东在会上仍然严厉批评"反冒进"。他拿着1956年6月20日《人民日报》关于"反冒进"的那篇社论，念一段，批驳一段，说："这篇社论针对谁？是针对我的《高潮》[22]序言提出批评。社论提出的方针对社会主义建设不利，没有想到造成这样'反冒进'的空气，挫伤了积极性。这是没有料到的。"

毛泽东所写《中国农村的社会主义高潮》序言的重点本来在批判右倾保守思想，然而《人民日报》社论恰恰没有引用这些话，反而引用了毛泽东另外包含着防"左"内容的一段话。因此，毛泽东愤懑地说："我的文章重点不在此，要引就应引全文，引全文即否定他了。"[23]

这时，犯"反冒进""错误"的国务院主要领导人之一的陈云，因病在上海和四川疗养，没有参加杭州会议和南宁会议。薄一波说："这次会议，毛主席对总理批评得很厉害。……但毛主席实际上（也）是批评陈云同志的。由于陈云同志没有到会，总理作了检讨，承担了全部责任。""随后，毛主席找我、富春和先念三个人谈话，也明确地讲批评主要是对陈云同志的。"[24]

杭州会议、南宁会议在批评"反冒进"的同时，毛泽东开始了对"大跃进"的发动。杭州会议期间，毛泽东十分欣赏已经在各地掀起的生产高潮。他对《浙江日报》社论《是促进派，还是促退派》作出批示，认为这篇社论"很好，可转载，并可广播"；还对《光明日报》刊载的王佩琨写的《十五年后赶上或超过英国》一文大为赞赏，认为文章在比较中英两国在钢铁、水泥、煤炭、机床、化肥生产等方面的差距后,提出的"我国在十五年后赶上或超过英国主要工业产品的产量是可能的",这个看法有道理。

1月底,毛泽东在杭州会议和南宁会议讨论的基础上,提出《工作方法六十条(草案)》。《六十条(草案)》提出:"苦战三年","争取在三年内大部分地区的面貌基本改观";在今后五到八年内,"完成农业发展纲要四十条的规定";在五到十年内,各地方的工业产值(不包括中央直属企业的产值)都要超过当地农业的产值。并再次指出:"不平衡是普遍的客观规律。""不平衡是经常的,绝对的;平衡是暂时的,相对的。我国现在经济上的平衡和不平衡的变化,是在总的量变过程中许多部分的质变。若干年后,中国由农业国变成工业国,那时候将完成一个飞跃,然后再继续量变的过程。"[25]

由于受党的最高领导人批评"反冒进"气氛和《人民日报》等舆论宣传的影响,一些地区和部门开始争相提出一些不切实际的"大跃进"计划。

3

这时,耳闻目睹毛泽东等人批评后的周恩来,才真正明白了问题的严重性。从到达南宁的当天起,他几乎天天都约请参加会议的中央和地方的领导人谈话,了解情况,征求意见,开始准备检讨"反冒进""错误"的发言提纲。

1958年1月19日上午,周恩来飞广州会见泰国外宾后匆匆折回南宁,在尚未适当休息的情况下,就应毛泽东之约,在当晚进行单独谈话。

晚八时,周恩来在会上根据毛泽东在本年初以来批评"反冒进"中涉及的问题,将自己的"反冒进"错误定性为"方针性错误"。他检讨说:"反冒进"是一个"带方针性的动摇和错误"。这个错误之所以产生,"是由于不认识或者不完全认识生产关系变革后生产力将要有跃进的发展,因而在放手发动群众进行社会主义革命和建设中表现畏缩,常常只看见物不看见人,尤其是把许多个别现象夸大成为一般现象或者主要现象,这是一种右倾保守主义思想。"革命派是左派。在这个意义上,"左"比右好。"反冒进"的结果损害了三个东西:促进委员会、四十条、多快好省,使1957年的工农业生产受到了一些影响,基本建设也减少了一些项目。虽然去年增产节约运动和整风运动,对生产和基本建设有所增长,但是如果不经过这一曲折,生产总值和基本建设决不止现在这个数字。并且最重要的损失还不止如此,而在于方针一偏,群众和干部的劲头就得不到支持,反而受到束缚,使我们建设走群众路线这一方针受到某些损害。"这个方针,是与主席的促进方针相反的促退方针。实行这个方针,不管你主观想法如何,事实上总是违背主席的方针的。"

同时,周恩来一一列举了自己所犯"反冒进""错误"的事实,并诚心诚意地承担了责任:"这一'反冒进'的错误,我要负主要责任。"[26]

最后,周恩来深挖了犯"反冒进"错误的思想根源,是由于自己的"资产阶级思想在作怪"。具体表现在:一是"思想上自以为是,经验主义";二是"作风上好管事,形成揽权"。[27]

这天的会议一直持续到20日凌晨一时多。

由于周恩来相忍为党,顾全大局,对毛泽东脱离实际的批评未作任何解释与申辩,而是实实在在地检讨了自己"反冒进"的错误,并主动地承担了责任,这在很大程度上缓解了会议的紧张气氛,未使事态向恶性方向发展。

但是,毛泽东在南宁会议上开展的反"反冒进"斗争,却促进了中共党内急躁冒进"左"倾思想的急剧膨胀,成为1958年"大跃进"的序幕。正如薄一波后来评论所说:"南宁会议在我们党内是一个转折。全局性的'左'倾错误就是从这个时候迅速发展起来的。"[28]

这时,周恩来处于两难的矛盾状态中:一方面,他要在一般原则上和其他领导人一起,表示支持毛泽东提出的争取十五年赶上和超过英国的经济发展战略构想,并检讨"反冒进"错误;但另一方面,作为一个具有清醒头脑的共产党人,他在对经济建设的指导中又尽可能去坚持稳重与谨慎的立场。

就在1月下旬,心情沉重压抑而又善于控制情绪的周恩来,在审改李先念《关于1957年国家决算执行情况和1958年国家预算草案的报告(草稿)》时,对文中所写的他仍不愿意接受的"为了在十五年内在钢铁和其他重工业产品的产量方面赶上和超过英国"一语中的"十五年"之后,增写了"或者更多的一点时间"九个字;同时在"为了在今后十年或者更短的时间内实现全国农业发展纲要"一句中,删去"或者更短的时间内"八个字。[29]

诚然,在当时急躁冒进的大气候下,周恩来此举不会有什么效果,但我们毕竟可以从细微之处看出他同"大跃进"的倡导者和主动参与者之间,在思想上仍然是有一段明显距离的。

毛泽东对南宁会议的结果十分满意,因为这次会议已经直接为发动"大跃进"在政治上、思想上做了相当的准备。但是,他十分明白:只开一两次这样的会议,是不足以把"反冒进""空气改变过来",而成为"大跃进"的空气的;只有连续召开几次小型、中型,再过渡到大型的党的最高领导人主持的会议,才能奏效。

于是,毛泽东提议2月在北京召开中共中央政治局扩大会议;之后,再到成都去开一次中共中央工作会议。

南宁会议结束后的较长一段时间里,平素夜以继日、日理万机的周恩来,每天的工作"节目"一下子少了许多,有时甚至显得无所事事。据当年在国家计委工作的梅行在《纪念许明》的文章中写道:"1958年初南宁会议上总理受到不公正的批判,我和许明就成了可以谈心的朋友,有一天下午,总理值班室通知我去西花厅,总理正在和许明等人打乒乓球。总理向我交代工作以后,我就到许明那里,问她为什么总理竟有时间和他们一起打球。她沉默了一阵,反问我:'你难道不知道他现在在经济工作上已经没有发言权了吗?'随后她又说,他们不忍心看着总理一个人坐在办公桌前发闷,才找了一间旧房子,放上球桌,让他出来活动活动的。我看了一下她那憔悴伤心的脸,无言地同她告别。"[30]

南宁会议结束后,因病疗养的陈云先后在重庆听取中共四川省委第一书记李井泉、在上海听取上海市委第一书记柯庆施向他传达的南宁会议的情况。在这种情况下,陈云已很难再安心疗养了。他赶回北京后,又接二连三地听取周恩来、李富春、李先念、薄一波有关南宁会议情况的介绍,并做"反冒进"的"错误"的检讨准备。

2月18日,这天是戊戌年正月初一,中国的老百姓正在祥和地欢度新春佳节。但是,毛泽东正在中南海怀仁堂主持召开中共中央政治局扩大会议。

根据南宁会议精神,这天会议继续批评1956年的"反冒进"。

陈云作为"反冒进"的主要负责人之一,在会上第一次就"反冒进"的"错误"进行检讨。他说:

> 南宁会议中间讨论的,一个时期在"反冒进"问题上的"方针性的错误","我有这个错误"。"对工业的基本建设投资多用了一些,职工多了一些,工资支出多了一些,有错误的看法。""没有弄清这些缺点、错误、毛病是九个指头与一个指头的问题。""与此有关,我在这个时期的前后,在1957年省

市委书记会议上的报告中,对平衡的看法有右的错误。""这个方针性的错误,在财政、贸易、物资供应这些部门反映得多,就是在我管的方面反映得多。所以,应该说,在这个问题上面,我要负主要的责任。"[31]

在陈云也检讨"反冒进"是"方针性的错误"、"右派也抓住了我们这一点"时,毛泽东插话说:"我说,右派把你们一抛,抛得跟他相距不远,大概50米远,这个时候我就高兴。为什么我高兴呢?是不是幸灾乐祸呢?我的高兴是这样,一抛抛得跟右派相距不远,我们的同志就会生气,噢,你右派把我抓得跟你差不多呀!果然生了气。"[32]

同一天,毛泽东发言说:"如果说'反冒进'叫马克思主义,我不赞成,我赞成这个冒进。""冒是有点冒,而不应该提什么'反冒进'的口号。""有一点冒是难免的。同志们,今年下半年,你们就会看到,要有一个大冒就是了。我看比那一年的冒进还要厉害。"并且提出告诫:"以后'反冒进'的口号不要提,反右倾保守的口号要提。"[33]

由于周恩来正率领中国政府代表团在朝鲜民主主义人民共和国访问,没有参加这次政治局扩大会议。

会上,李先念和薄一波也进行了自我批评,承担了各自在"反冒进"中所犯错误的责任。其中,李先念在检讨中首先承担在领导财贸工作中进行"反冒进"的责任,表示拥护毛泽东提出的在经济建设工作中应保持积极平衡的理论[34],并承认在思想方法上存在着片面性,犯了"反冒进"错误。

4

3月9日至26日,毛泽东在成都主持召开中共中央有关部门领导人和西南、西北、东北地区各省市委书记参加的中央工作会议(通称成都会议)。

会上,毛泽东作了六次讲话。他说:我觉得恩来同志在1956年11月二中全会上的基本观点就是"成绩是有的,肯定是冒了"这两句话。"两种方法比较,一种是马克思主义的'冒进',一种是非马克思主义的反冒进。"究竟采取哪种?"我看应采取'冒进'。"我们没有预料到会发生打击群众积极性的"反冒进"事件。这两件事,都给右派猖狂进攻以相当的影响。"反冒进"是个方针问题,南宁会议谈了这个问题。[35]

周恩来继 3 月 19 日作关于外交问题的报告，23 日作关于三峡枢纽工程和长江流域规划的报告之后，又在 25 日再一次检讨了"反冒进""错误"。他说：

> 在当时就是没有听取多方面意见，没有接触群众和实际，而只局限于在会议室和办公室中，更没有看清在所有制改变后解放了的生产力要求大发展的群众运动正在起来，我们反而只看见死的物、不看见生气勃勃的人，务实而不务虚。我负主要责任提出的"反冒进"报告，就是对群众生产高潮这个主流泼了冷水，因而不是促进而是促退，不是多快好省而是少慢差费，四十条也被打入冷宫，这就是问题的本质。……
> "反冒进"的错误，主要不在于削掉多少亿的基建数字、少招多少学生，而在于将一个指头当作多数指头，没有给群众高潮撑腰、想办法，反而对机械化消极（双轮双铧犁），对人口多担心，对分权给地方有顾虑，对工资福利太看重，于是提出来的计划数字，就是重重限制、层层束缚。这显然不合乎发动群众，多快好省，鼓起干劲，力争上游的方针路线，而是一条脱离群众，少慢差费，大为松劲，甘拜下风的错误方针路线。当时确没有这样认识，等到右派教育了我，主席提醒了我，群众实践更触发了我，才逐渐认识这是在社会主义建设问题上方针性的错误。更深一层说，也就是对社会主义革命最本质的东西——解放生产力，社会主义建设的主流——发动群众发展生产看不到，自然就抓不起来了。[36]

从周恩来所检讨的内容看，这是经过充分准备、发自内心、有深度的沉痛检讨，但是毛泽东依然不满意。毛泽东回应道："马克思主义的理论基础，第一是唯物论的问题，第二是辩证法的问题。我们许多同志对此不那么尊重。""唯物论是世界观，也是方法论。""辩证法是研究本质与现象、主流与支流的。矛盾有主要矛盾与次要矛盾。过去'反冒进'等错误，即未抓住主流与本质，把次要矛盾当作主要矛盾来解决了。把支流当主流，没有抓到本质问题。中央政治局和国务院工作，要抓住本质问题。""'反冒进'不是什么责任问题，不要再谈了，我也不愿听了，不要老自我批评。作为方法问题的一个例子来讲，那是可以的。"[37]

与会者听了心里都很清楚，毛泽东的这番话实际上就是继续要周恩来在下一轮举行的全党范围的中共八大二次会议上,按照毛泽东所主张的从"方法问题"上,即以脱离实际的"多些、快些"的方法为主题再一次检讨。

尽管毛泽东几个月来所批评的主要是针对当时主持经济工作的国务院领导人周恩来、陈云等,并没有点刘少奇的名,但是,主持中共中央日常工作的刘少奇,曾在1956年支持过"反冒进",并参与过制定既反保守又"反冒进"的方针。出于对毛泽东的信服和顾全大局,他同样也在成都会议上反省了自己在社会主义革命和建设中的一些问题上,思想有跟不上毛主席的地方。

3月26日,刘少奇在发言中检讨说:"主席比我们高明得多"。自己的设想"和主席的设想比较起来,主席的设想高得多,自己是折服的"。以前对建设速度估计不足,没有料到水利、生产运动发展得这样快。是否可以再快一点,还是有可能的。在社会主义建设速度究竟是"快一点"还是"慢一点"的问题上,我"没有意识到是一个方针路线的争论"。他进一步说明:"急性病是超过实际可能性的问题,慢性病是落后于运动的问题。人们往往容易看到急性病,而忽视慢性病的危害,应当认识慢性病所造成的损失,绝不亚于急性病。""从当前来讲,右倾保守的危险还是主要的"。[38]

以上中共中央召开的多次小型、中型会议,毛泽东都毫无阻力地开展了反"反冒进"的斗争,这样,就为中共中央召开一次对"反冒进""错误"作总的"清算"的大型会议——八大二次会议,全面发动"大跃进",做了充分的思想、理论和舆论等方面的准备,全国性的你追我赶、"力争上游"的"大跃进"局面即将形成。可以说,是万事俱备,只欠"东风"了。

5

1958年5月5日至23日,中共八大二次会议在北京举行。这次会议,实际上是一次对全国性"大跃进"进行总动员,并对"反冒进"作正式结论的会议。出席这次大会的正式代表977人,列席代表389人。

出席这次会议人员的覆盖范围是相当广泛的,除必须到会的中共中央委员、候补中央委员和需要列席会议的各省、市、自治区党委负责人以外,还吸收了部分市委书记(省级所辖)、县委书记、企业党委书记、基层党委书记和军队负责干部列席会议。出席这次会议的人数,比中国共产党第八次全国代表大会还多了

340人，足见毛泽东对这次会议的高度重视。

在开会的第一天，刘少奇代表中共中央作经过精心准备、被毛泽东称为"真正势如破竹"〔39〕的《工作报告》。这个报告是按毛泽东的思路，并经毛泽东和中央其他领导人反复讨论修改，后经中央政治局会议讨论通过的，对许多问题的提法发人深思。

《工作报告》在充分肯定八大一次会议以来各方面工作取得的巨大成就后，指出："毛泽东同志提出的十五年赶上和超过英国的口号，鼓足干劲、力争上游、多快好省地建设社会主义的口号，要当促进派、不要当促退派的口号，迅速地被几亿人口组成的劳动大军所掌握，成为极其伟大的物质力量。"

《工作报告》把建设速度问题放在异常突出的地位，强调："建设速度的问题，是社会主义革命胜利后摆在我们面前的最重要的问题。我们的革命就是为了最迅速地发展社会生产力。我国经济本来很落后，我国的外部还有帝国主义，只有尽可能地加快建设，才能尽快地巩固我们的社会主义国家，提高人民的生活水平。"同时，号召全国人民"跃进再跃进，多快好省地完成伟大的社会主义建设事业"。

《工作报告》重申了毛泽东提出的"十五年在钢铁和其他主要工业产品产量方面赶上和超过英国"的目标。

《工作报告》再次批评了1956年的"反冒进"，指出：

> 在反对所谓"冒进"的这种空气下面，多快好省的方针，农业发展纲要四十条，竟然受到了某些人的怀疑。其结果是损害了群众的积极性，影响了1957年生产建设战线上特别是农业战线上的进展。

1956年到1958年经济建设出现了"一个马鞍形，两头高，中间低，1956年——1957年——1958年，在生产战线上所表现出来的高潮——低潮——更大的高潮，亦即跃进——保守——大跃进，不是大家都看得很清楚了吗？马鞍形教训了党，教训了群众。"〔40〕

"现在全国的广大群众对于生产的跃进充满信心，而且决心把社会主义建设的速度继续提高。他们迫切地要求摆脱技术落后和文化落后的障碍。鉴于经济战线、政治战线和思想战线上的社会主义革命已经基本上获得胜利的情况，党中央和毛泽东同志认为，现在已经是向全党和全国人民提出新的革命任务的时候了，已经是提出技术革命以及同技术革命相辅而行的文化革命的时候了。"[41]

这样，被认为应该对1956年"反冒进""错误"负主要责任的周恩来、陈云，被再次安排在中国共产党的会议上进行检讨。

5月16日，陈云发言作了检讨。他说：

> 在这里，我要说一下关于1956年发生的反"冒进"的错误问题，因为这是同我的工作有直接关系的。从1956年下半年到1957年上半年的这一段时间内，我对于我国经过农业、手工业和资本主义工商业的三大改造以后，社会生产力的发展形势估计不足，对于1956年生产高潮的伟大成就估计不足，对当时大跃进中出现的个别缺点，主要是由于新职工招收得过多和某些部分工资增加得不适当，一度造成商品供应和财政的某些紧张情况，估计得过分夸大了。我在考虑和提出问题的时候，一般的多从财贸系统的情况出发，而对于中央工业、交通多数部门的情况，对于全国各地党的各方面工作，则注意不够。这种从部分情况出发来解决问题，就不会正确地理解九个指头和一个指头的问题，就不可避免地要犯错误。……
>
> "反冒进"的错误是看不见和低估当时群众性生产高潮的伟大成绩，是夸大估计了当时财政和市场紧张情况。……因为我是财贸工作的主要负责人，对于当时财政和市场紧张的错误看法，首先而且主要是我的看法。因此，对于当时反"冒进"的那个方针性的错误，我负有主要责任，首先在思想影响上负有主要责任。[42]

17日，周恩来作检讨。他在这次会上的发言稿，是他花了十多天时间，经过若干次修改、数易其稿写成的，其中有七天他闭门未出，停止了一切对外活动。在这次会议前后的一段时间里，周恩来内心显得异常苦闷和彷徨。

据当时任中共中央高级党校马列主义基础教研室主任、周恩来的学习秘书范若愚回忆说：

> 1958年在成都会议期间，周恩来同志对我说，回到北京以后，要起草一个准备在八大二次会议上的发言稿，要我到总理办公室的宿舍住几天。回

到北京后，我就到总理办公室宿舍去住，听候周恩来同志给我布置工作。有一天，周恩来同志对我说，他这次发言，主要是做"检讨"，因为"犯了'反冒进'的错误"，在南宁会议上已经被提出来了。……

周恩来同志指示我：过去起草文件，是由他先谈内容，由我记录下来整理成书面材料。这次发言，不能像过去那样，因为这是自己的检讨发言，不能由别人起草，只能他讲一句，我记一句。只是我在文字的连接上，做一点工作。周恩来同志还说，关于他这次"犯错误"的问题，他已经同毛泽东同志当面谈过了，主要原因在于他的思想跟不上毛泽东同志。……

周恩来同志在讲了这些情况后，就开始起草发言稿的开头部分，他说一句，我记一句。就在这个时候，陈云同志给他打来电话，陈云同志讲的什么，我只听到一两句（他们使用的电话机有增音装置）。周恩来同志讲的话，我当然听清了。打完电话之后，他就说得很慢了，有时甚至五六分钟说不出一句来。这时，我意识到，在"反冒进"这个问题上，他的内心有矛盾，因而找不到恰当的词句表达他想说的话。

在这种情况下，我建议，我暂时离开他的办公室，让他安静地构思，等他想好一段再叫我来记录一段。我觉得，这时我如果守候在他的办公桌旁，对他是一种精神上的负担，会妨碍他的构思和措辞。周恩来同志同意了我的意见，当时已经深夜十二时了，我回到宿舍和衣躺在床上，等候随叫随去。

第二天凌晨二时许，邓大姐把我叫去，她说："恩来同志独自坐在办公室发呆，怎么你却睡觉去了？"我把周恩来同志同意了我的建议的情况讲了以后，邓大姐说："走，我带你去和他谈。还是由他口授，你整理成文字材料。"

这样我随邓大姐到了周恩来同志办公室，她和周恩来同志争论了很久。最后，周恩来同志勉强地同意，还是由他口授内容，我回到宿舍去整理记录。

在整理到学习毛泽东思想时，我引了一句成语说："我和毛主席'风雨同舟，朝夕与共'，但是在思想上还跟不上毛主席。……"后来，我把整理后的记录拿去请周恩来同志审阅时，他看到"风雨同舟，朝夕与共"这句成语时，严厉地批评了我。他说，在关于他和毛泽东同志的关系上，在整风以后，还可以用这句成语，但在整风以前，不能引用。我整过毛主席。"这也

说明你对党史知识知道的太少！"〔43〕

周恩来同志讲这些话时，几乎流出了眼泪。最后他逐字逐句地自己动笔修改一遍，又亲自补充了几段，才打印出来，递交政治局常委和书记处传阅。后来稿子退回，周恩来同志看过后，又要我把批在稿纸上的话誊写清楚，再打印一次。我看到政治局常委和书记处提的意见，把"检讨"部分中的一些话删掉了，有些话改得分量较轻了。我看了之后，心里的紧张情绪才缓和下来。但是，我发现周恩来同志在起草这个发言稿的十多天内，两鬓的白发又增添了许多。〔44〕

另据当时担任国务院总理办公室主任的童小鹏回忆："这个检讨稿送给邓小平征求意见，邓小平说，写这么多干什么，他把'离右派差五十米远'划去了。后来事实证明周恩来等同志'反冒进'是正确的，他一再自我批评，写检讨，我觉得这不是他的本意，是为了维护党的团结而在强大压力下作出的违心的行动。"〔45〕

17日这一天，周恩来在发言时，首先表示拥护大会的有关报告和毛泽东的讲话，然后围绕支持"大跃进"这个核心问题进行检讨。他说："这次会议，是一个思想解放的大会，也是一个充满共产主义风格的大会。大会的发言丰富多彩，生动地反映了人民在生产大跃进、思想大解放中的建设奇迹和革命气概。真是一天等于二十年，半年超过几千年。处在这个伟大的时代，只要是一个真正革命者，就不能不为这种共产主义的豪情壮举所激动，也就不能不衷心地承认党中央和毛主席的建设路线的正确，同时，也就会更加认识反'冒进'错误的严重。"〔46〕

周恩来再次承担了"反冒进""错误"的责任。他惟恐与会者听不清楚，于是加大音量反省道："我是这个错误的主要负责人，应该从这个错误中得到更多的教训。"

接着，周恩来着重检讨了"反冒进""错误"的性质及其表现，深挖了犯错误的思想根源，反省了自己在工作作风方面存在的问题，并提出了改进政府工作的五条措施。他沉痛地说道：

毛主席曾反复地教导我们，进行社会主义建设，可以有两种方法：一种是进行得快一些，好一些；一种是进行得慢一些，差一些。前一种方法是多快好省的方法……后一种方法是少慢差费的方法……这两种方法，也是两种不同的方针。犯了反"冒进"错误的人，就是按照后一种方法建设社会主义，这显然是同毛主席所提出的多快好省地建设社会主义的方针相违背的。而且，在过去一段时间内，曾经减低了我国的建设速度，损害了干部和群众的生产和建设的积极性。因此，它不是个别问题上的错误，而是在一段时间内关于社会主义建设规模和速度问题上方针性的错误。对于这一点，我在相当时间没有意识到，问题的严重性就在这里。……

反"冒进"的错误是严重的，幸而由于党中央和毛主席的正确领导和及时纠正……才使这个错误没有继续发展成为更为严重的错误。……反"冒进"的错误，不是偶然发生的。这个错误的思想根源是主观主义和形而上学。在多数问题上表现为经验主义，在某些问题上则表现为教条主义，还有些问题上则表现为两者的混合。思想方法上的这些错误，结果造成了建设工作中的右倾保守的错误。这样，就违背了毛主席一贯主张的社会主义建设的总路线、总方针。……

除了前面所说的认识上和方法上的错误以外，还应特别指出，反"冒进"的错误，是同政府工作中脱离党的领导的倾向分不开的，也是同脱离实际、脱离群众的工作作风分不开的。〔47〕

在陈云、周恩来按照这次会议的意图做了深刻的检讨以后，毛泽东在会上公开宣布："反'冒进'的问题解决了，现在中央是团结的，全党是团结的，中央和地方都很好。

因为在毛泽东看来，国家经济建设还得靠这些人办事，此外没有人。同时，开展反"反冒进"斗争的目标已经实现，在极其广泛的范围内，全党干部尤其是党的高级干部的思想都已经统一到"鼓足干劲，力争上游，多快好省地建设社会主义"的总路线上来了，紧迫地摆在党和国家领导人面前的新的根本性任务是全力以赴领导全国的大跃进运动。

6

在中共八大二次会议上，毛泽东为了预防在"大跃进"全面发动后，在出现较大问题时，党内高层再次出现反冒进同反"反冒进"的原则分歧，因此，从另一角度多次发出要注意"我们党内搞得不好要分裂"的警告。他极其严肃地说道：假如我们党在某个时候，"有些人不顾大局，像莫洛托夫那样，像我们中国的高岗那样，那就要出现分裂"。因此，"代表大会的代表同志们，你们注意一下，中央委员特别要注意，要顾全大局。谁不照顾大局，谁就会跌筋斗。你看莫洛托夫跌了筋斗没有？你看高岗跌了筋斗没有？""结果就是搬了石头打自己的脚。"[48]"我们党有过四次分裂。第一次是陈独秀；第二次是罗章龙分裂党，另立中央；第三次是张国焘另立中央；第四次是高岗，他还没有搞成功就被压下去了。""有人认为讲了分裂，心里就不舒服。我看讲了好，大家有个精神准备。""我们要从团结的愿望出发，经过斗争，在新的基础上达到新的团结。"[49]

毛泽东的这两次告诫，说得都是相当重的。实际上就是说：谁要在经济建设出现急躁冒进的时候，再进行反冒进斗争，谁就是不要党的团结的分裂主义者。"结果就是搬了石头打自己的脚。"这样，就使中共党内的民主气氛再次遭到严重损害。

从1957年9、10月间中共八届三中全会，到1958年5月八大二次会议，我国社会主义经济建设的方向发生逆转。在毛泽东所发动的持久的愈来愈烈的反"反冒进"斗争面前，党内没有人能够再发表不同意见了。"反冒进"从此成为禁区，从而使毛泽东极力倡导的有很大片面性的"鼓足干劲，力争上游，多快好省地建设社会主义"的总路线为八大二次会议所接受。正如薄一波三十多年后所说：

"长达半年多的批评反冒进，造成了一股强大的政治压力。毛主席的威信高，大家都敬仰他。他怎么说，大家就跟着怎么做。这样，一些部门和省市的领导干部头脑就膨胀起来了，反过来又影响毛主席的思想。结果导致了'大跃进'的发动。"

"这次批评反冒进，历时半年多之久，其影响所及，在党内政治生活史上是一件很不小的事情，也可以说是一种标志，它标志着建国以后党内民主生活开始由正常或比较正常向不正常转变。有一位同志曾经说过，南宁会议前后，党内气氛逐渐紧张了。毛主席有些高居政治局之上了，已很难像以往那样经常同政治局的同志坐在一起平等地商讨问题，党内的生活开始不正常了。我同意这种看法。"[50]

中共八大二次会议以后，周恩来内心非常痛苦和矛盾。鉴于毛主席在南宁会议上已有以柯庆施代替他的总理职务的考虑，又鉴于自己在"反冒进"问题上犯了"方针性的"大错误，他觉得应当主动"让贤"，于是便向中共中央真诚地提出：请考虑"继续担任国务院总理是否适当"？

1958年6月9日，中共中央就此专门召开政治局常委扩大会议。出席会议的有毛泽东、刘少奇、周恩来、朱德、陈云、林彪、邓小平、彭真、彭德怀、贺龙、罗荣桓、陈毅、李先念、陈伯达、叶剑英、黄克诚。与会者纷纷表示周恩来应该继续担任总理职务。

6月22日，中央委员会总书记邓小平根据毛泽东的嘱咐起草了会议记录。会议讨论了周恩来的请求，与会者一致认为他应该继续担任现任的工作，没有必要加以改变。随即，邓小平把会议记录报送了毛泽东。毛泽东批示："退尚昆存。"

这样，周恩来继续留在国务院总理岗位上。但是此后的相当一段时间里，周恩来、陈云等再也不能像过去那样在经济建设中发挥其稳妥、求实但又是主动和创造性的作用了。

也正是在中共八大二次会议后，全国立即掀起了一个打破常规、违反常识、追求高速度、超英赶美的形式上轰轰烈烈的"大跃进"运动。

"大跃进"运动的迅速兴起，使本来就底子薄、基础差的年轻的共和国受到了一次客观经济规律的严厉惩罚。在发觉"大跃进"运动造成了重大失误后，通过初步的反思，毛泽东在1960年6月中旬召开的中共中央政治局会议期间写出《十年总结》，着重总结1956年以来社会主义革命和建设的经验。他在《十年总结》中开始认识到：

"管农业的同志，和管工业的同志、管商业的同志，在这一段时间内，思想方法有一些不对头，忘记了实事求是的原则，有一些片面思想（形而上学思想）。""农业方面则犯了错误，指标高了，以至不可能完成。要下决心改，在今年7月的党大会[51]上一定要改过来。从此就完全主动了。同志们，主动权是一个极端重要的事情。""看来，错误不可不犯。如列宁所说，不犯错误的人从来没有。[52]郑重的党在于重视错误，找出错误的原因，分析所以犯错误的客观原因，公开改正。"

与此同时，毛泽东对在一系列中央会议上遭到错误批评、做过多次检讨的周恩来，给予了一定的礼遇。他赞许道："1956年周恩来同志的第二个五年计划，大部分指标，如钢等，替我们留了三年余地，多么好啊！"[53]

正如恩格斯所说："历史最终会把一切都纳入正轨。"[54] 1981年中共十一届六中全会通过的《关于建国以来党的若干历史问题的决议》在论及这段历史时，指出："由于我们党领导社会主义事业的经验不多，党的领导对形势的分析和对国情的认识有主观主义的偏差，'文化大革命'前就有过把阶级斗争扩大化和在经济建设上急躁冒进的错误。"又指出，"由于对社会主义建设经验不足，对经济发展规律和中国经济基本情况认识不足，更由于毛泽东同志、中央和地方不少领导同志在胜利面前滋长了骄傲自满情绪，急于求成，夸大了主观意志和主观努力的作用，没有经过认真的调查研究和试点，就在总路线提出后轻率地发动了'大跃进'运动和农村人民公社化运动，使得以高指标、瞎指挥、浮夸风和'共产风'为主要标志的'左'倾错误严重地泛滥开来。"[55]

这样，历史就为1955年底至1958年经济工作指导思想上冒进——反冒进——反"反冒进"论争中的是非曲直，做出了正确结论，并从中引出了弥足珍贵的历史教训。

注释：

[1]毛泽东在南宁会议上的总结讲话记录，1958年1月21日。参见《毛泽东年谱（1949—1976）》第3卷，中央文献出版社2013年版，第287页。

[2]毛泽东在最高国务会议第十四次会议上的讲话记录，1958年1月28日，参见《毛泽东年谱（1949—1976）》第3卷，中央文献出版社2013年版，第290页。

[3][4]毛泽东在中共八届三中全会上的讲话记录，1957年10月9日。参见《毛泽东年谱（1949—1976）》第3卷，中央文献出版社2013年版，第223页。

[5]《人民日报》1957年11月13日。

[6]《人民日报》1957年12月12日。

[7]薄一波：《若干重大决策与事件的回顾》下卷，中共党史出版社2008年版，第448、449页。

[8]《毛泽东传》，中央文献出版社2011年版，第1732页。

〔9〕应为27人。

〔10〕《建国以来毛泽东文稿》第7册，中央文献出版社1992年版，第11页。

〔11〕〔12〕毛泽东在南宁会议上的讲话记录，1958年1月11日。参见《毛泽东传》，中央文献出版社2011年版，第1733、1734页。

〔13〕王任重日记，1958年1月12日。

〔14〕毛泽东批的是"不看了"三个字。

〔15〕毛泽东在南宁会议上的讲话记录，1958年1月12日。参见《毛泽东传》，中央文献出版社2011年版，第1733、1734页。

〔16〕毛泽东在南宁会议上的讲话记录，1958年1月16日。参见《毛泽东传》，中央文献出版社2011年版，第1733、1734页。

〔17〕薄一波：《若干重大决策与事件的回顾》下卷，中共党史出版社2008年版，第450页。

〔18〕毛泽东在南宁会议听取薄一波汇报1958年国民经济计划时的插话记录，1958年1月12日。参见《毛泽东传》，中央文献出版社2011年版，第1739页。

〔19〕方铭、金冲及和笔者访问薄一波记录，1983年7月23日。

〔20〕指毛泽东。

〔21〕笔者访问顾明的谈话记录，1987年1月9日。

〔22〕指毛泽东主持编辑的《中国农村的社会主义高潮》一书。

〔23〕毛泽东在南宁会议上的讲话记录，1958年1月17日。参见《毛泽东传》，中央文献出版社2011年版，第1738页。

〔24〕薄一波：《若干重大决策与事件的回顾》下卷，中共党史出版社2008年版，第448页。

〔25〕《毛泽东文集》第7卷，人民出版社1999年版，第352、353页。

〔26〕〔27〕周恩来在南宁会议上的检讨"反冒进""错误"的发言提纲，1958年1月19日。参见《周恩来传》，中央文献出版社2018年版，第1237页。

〔28〕方铭、金冲及和笔者访问薄一波记录，1983年7月23日。

〔29〕周恩来审改的《关于1957年国家决算执行情况和1958年国家预算草案的报告（草稿）》，1958年1月20日。

〔30〕《真理的追求》1995年第5期。

〔31〕陈云在中共中央政治局扩大会议上的讲话记录，1958年2月18日。参见《陈

云传》，中央文献出版社2015年版，第1133、1134页。

〔32〕毛泽东在中共中央政治局扩大会议上陈云发言时的插话记录，1958年2月18日。参见《陈云传》，中央文献出版社2015年版，第1137页。

〔33〕毛泽东在中共中央政治局扩大会议上的讲话记录，1958年2月18日。参见《毛泽东传》，中央文献出版社2011年版，第1751页。

〔34〕1958年2月28日《人民日报》发表《打破旧的平衡，建立新的平衡》的社论，正式提出了积极平衡与消极平衡的概念。

〔35〕毛泽东在成都会议上的讲话，1958年3月。参见《毛泽东年谱（1949—1976)》第三卷，中央文献出版社2020年版，第309、318页。

〔36〕周恩来在成都会议上的发言提纲，1958年3月25日。参见《周恩来生平全记录》，中央文献出版社2004年版，第499页。

〔37〕毛泽东在成都会议上的讲话记录，1958年3月25日。参见《周恩来传》，中央文献出版社2018年版，第1250、1251页。

〔38〕刘少奇在成都会议上的发言记录，1958年3月26日。参见《刘少奇传》，中央文献出版社，2011年第2版，第760页。

〔39〕毛泽东在修改刘少奇代表中共中央在八大二次会议上的《工作报告》时的批示，1958年5月24日。参见《毛泽东年谱（1949—1976)》第3卷，中央文献出版社2013年版，第348页。

〔40〕这一段是毛泽东在修改的刘少奇代表中共中央在八大二次会议上的《工作报告》时加写的主要内容之一，1958年5月13日。参见《建国以来刘少奇文稿》第9册，中央文献出版社2018年版，第93页。

〔41〕刘少奇在中共八大二次会议上代表中共中央作的《工作报告》，1958年5月5日。参见《刘少奇传》，中央文献出版社，2011年第2版，第762页。

〔42〕陈云在中共八大二次会议上的发言，1958年5月16日。参见《刘少奇传》，中央文献出版社2011年第2版，第762页。

〔43〕又据当时任周恩来秘书的顾明回忆："范若愚又自作主张添了一段话，他说周总理和毛主席风雨同舟、患难与共等，总理看了很生气，把他批评一顿，说我是主席的学生，怎么能说是风雨同舟、患难与共呢？把我抬高了，要范若愚改掉这句话。"（笔者访问顾明的谈话记录，1987年1月9日。）

〔44〕笔者和李海文访问范若愚记录，1983年2月16日。

〔45〕童小鹏：《风雨40年》（第2部），中央文献出版社1996年版，第359页。

〔46〕〔47〕周恩来在中共八大二次会议上的发言，1958年5月17日。参见《周恩来传》，中央文献出版社2018年版，第1260、1261页。

〔48〕〔49〕参见《周恩来总理生涯》，人民出版社1997年版，第248页。

〔50〕薄一波：《若干重大决策与事件的回顾》下卷，中共党史出版社2008年版，第459、460页。

〔51〕指原准备在1960年7月召开的中共八大三次会议，后因故未召开。

〔52〕见列宁《共产主义运动中的"左派"幼稚病》第4节。原文是："聪明人并不是不犯错误的人。不犯错误的人是没有而且也不可能有的。"(《列宁选集》第4卷，人民出版社1972年版，第192页。)

〔53〕《建国以来毛泽东文稿》第9册，中央文献出版社1996年版，第214、215页。

〔54〕《马克思恩格斯全集》第39卷，人民出版社1974年版，第94页。

〔55〕《关于建国以来党的若干历史问题的决议注释本》，人民出版社1985年版，第14、23页。

15

庐山风云

1

1959年7月2日至8月1日中共中央在江西庐山召开的政治局扩大会议和8月2日至16日召开的中共八届八中全会，在党史上通称庐山会议。这次会议原本是要进一步总结"大跃进"以来的经验教训，落实国民经济计划的各项指标，解决一些具体问题，以实现1959年的继续跃进。但是会议后期因彭德怀给毛泽东的意见书受到错误批评而改变方向，从纠"左"，转而反右。在庐山会议期间，周恩来始终坚持以解决实际问题为主要任务，以自己的方式应对各种问题。

根据中共中央的决定，1959年庐山会议主要是解决两个问题：一是进一步总结"大跃进"以来的经验教训；二是解决"大跃进"以来实际工作中存在的具体问题，将各种计划指标落到实处。前一个问题是务虚，后一个问题是务实。周恩来是抱着总结经验、纠正错误的愿望上庐山的，只是他把主要精力放在了务实上，即解决实际问题。为什么周恩来的精力侧重于务实？主要有两个原因：一是当时客观形势的迫切需要；二是吸取了1956年"反冒进"问题[1]的经验教训。

当时的客观形势是：1959年的计划指标定得偏高带来的问题暴露得越来越充分，越来越清楚，许多工业产品的数量和质量虽然比上一年同期有很大的增长，但是仍没有完成原定的计划指标。如果再不按照生产的客观可能对原来的计划进行必要的平衡和调整，将会打乱全国的生产和建设秩序，给国民经济带来更为严重的后果。对国民经济出现的这种严峻形势，周恩来上庐山前已经看得很清楚，心情一直为之不安。

4月30日，周恩来在中共中央书记处会议上曾经吐露过这种心情，他说，从去年北戴河会议以后,"大跃进"形势很好,但产量指标提高了,打被动仗;总想知道一点情况,摸不到底,心情有些苦闷不安。[2]

6月13日,周恩来在中共中央政治局会议上再一次表露出这种忧虑。当时,经过反复的讨论和修改,1959年的钢铁指标已经降到1300万吨,但是,周恩来仍然感到落在纸上的计划还有许多虚数和不平衡。他后来谈到此时的心情时说:"对在本本上出现的这种关系的比例失调和不平衡的现象是不安的。"[3]

上庐山后,周恩来发现,存在的问题比想象的更多。问题不仅是各种计划指标偏高,而且他还发现财政赤字十分严重。他说:"如果我们现在还是这样,不积极地采取措施……还可能把这五个月又晃过去了,到年底不仅财政、银行、商品上,甚至于生产、基建也会发生一系列新的问题。""我们现在看出这个问题,就应该抓住解决,如果现在还不解决,那就是我们的责任了。"[4]

因此,周恩来一上庐山,就开始调查研究,以务实求真的精神寻找解决问题的办法,其中"算账"是主要办法之一。周恩来强调,不仅是算政府财政的账,而是算国家的总账。他说,我们做工作,总要心中有数,要把账算清楚。

从会议材料看,在会议前期的务虚讨论中,纠"左"的呼声比较强烈,周恩来的发言没有像一些同志那样,对"大跃进"提出尖锐的批评,而更多的是指出存在的具体问题和解决问题的办法。周恩来对"大跃进"等问题有自己的看法,但是,究竟怎样提出问题还没有考虑成熟。

面对严峻的国民经济形势,作为参与中央决策的领导人而且又是具体总理一切事务的当家人,周恩来想到的是如何抓紧解决已经发现的大量具体问题,他以解决实际问题作为自己在庐山的主要任务。另外,他接受了1956年"反冒进"问题的经验教训。

庐山会议召开前一年,即1958年,周恩来因为在1956年提出的反对经济建设上的急躁冒进问题,刚刚受到严厉批判,为此,他在经济建设的大思路上失去了发言权。这样,在庐山会议上,当大家谈到"大跃进"带来的问题时,周恩来必然要联想到1956年"反冒进"的问题,他需要考虑究竟以什么方式提出问题更有效,更能真正解决问题。

对周恩来来说,接受教训,并不是说消极行事,而是以积极的态度解决问题。

从1958年11月上旬毛泽东在郑州主持召开有部分中共中央领导人、各协作区主任、部分省市委书记参加的中央工作会议（通称第一次郑州会议）开始，中共中央一直在为纠正经济建设中"左"的错误而努力，但是，在修正和落实偏高的计划指标问题上却举步艰难。为上庐山能够解决这个问题，周恩来做了充分准备：5月17日，他向中央书记处报告，国务院总理和8个副总理准备在5月20日前后到9个产铁地区视察，"视察的内容，主要是生铁的质量和数量问题，为此，拟到产铁基地，对矿石、煤炭、洗煤、炼焦、耐火材料、炼铁、炼钢、设备、运输、劳动力分配和成本核算等一系列的问题做具体了解，以求实现中央财经小组的要求，先保质量，后争数量。除此以外，对市场供应、农业生产等问题也就近进行一些了解"。[5] 随后，周恩来深入河北地区进行了半个多月调查研究，掌握了大量第一手资料，对生产形势有了更切合实际的认识，对"大跃进"也有了切肤之痛。他在中共中央书记处会议上总结自己下去调查的感受时说，去年"大跃进"，本来是破除迷信，但不讲时间、空间、条件，"打破了客观规律，主观主义大发展"，把主观能动性搞得无限大，造成另一种迷信。[6] 周恩来是带着了解到的问题，及纠正这些问题的决心上庐山的。

到庐山后，周恩来发现问题比原来估计的更多更严重时，又果断地提出："把问题端出来解决"。针对计划指标偏高，基建规模偏大，造成国民经济比例失调的现状，周恩来指出：必须"采取积极的态度，不要避讳。我们中央各个部门来解决了，然后再去跟省市谈"。他还主动承担责任："我们一定要责备自己，因为计划出自中央，任务提自中央，我们管了七八年建设了，当然我们懂得全局。"[7]

然而，像周恩来这样想务实求真地解决一些具体问题也不是一件容易的事情。从庐山会议一开始，他的做法就遭到来自一些方面的阻力。会议召开前就有人提出，不能认为"大跃进"破坏了按比例发展的客观规律，不能认为指标越低越落实。会议前期甚至有人攻击周恩来是以落实掩盖保守思想。对这种意见，周恩来在会议召开前就针锋相对地提出过批评，他说：只要在桌面上，允许怀疑，发表不同意见，养成这种听不同意见的习惯，不要造成这是保守，那是右倾的紧张状态。周恩来坚决主张只有落实可靠，才能跃进。不能违背社会主义的经济规律。他认为落实的目的还是促进，一方面要积极，一方面还要谨慎，研究落实。落实不是泄气，不要说数字稍微降低一点就泄气，落实也是有波浪形的。他还说过："我只是把问题摆出来，并不是散布悲观情绪。我这个人这一点还有一点干劲吧，总是想搞好吧，尽管犯过保守主义的错误，但是，你总是要搞好。现在是机不可失，时不再来"，"总要提出个意见"。[8]

在实践中，周恩来排除干扰，多次召集各部负责人座谈，摆问题，算细账，采取措施，进行新的平衡，取得很大成效。谭震林对周恩来的工作评价说："把经济关键问题都清清楚楚摆出来了。这样，问题就解决大半了。"[9]

事实说明，周恩来务实的做法，是在积极地为抵制和纠正"左"的错误而努力。周恩来以他丰富的经验和灵活的方式，使自己在庐山会议后期的政治风暴中处于主动地位。

2

按照毛泽东的安排，庐山会议原准备7月15日结束。但是，就在会议即将结束的前一天，彭德怀给毛泽东写了一封"意见书"，从总结经验的角度，措辞尖锐地批评了"大跃进"。一周后，7月23日，毛泽东对彭德怀的"意见书"做了错误的结论，认为是"右倾性质"，"方向问题"，动摇了总路线。至此，会议扭转了方向，纠"左"变成了反右，会议开始对彭德怀等人进行错误的批判。面对庐山的疾风暴雨，周恩来同所有与会者一样，需要作出选择，表明自己的态度。周恩来是以自己的原则和方式表明态度的。

周恩来在这期间的态度是，在务虚的同时继续坚持务实。他一方面遵从毛泽东的指示和意图，保卫"总路线"；另一方面保证工作正常进行。用周恩来自己的话说：在政治上要维护"总路线"，同时要坚持实事求是地抓工作。他指出两个问题，"一个是政治方向问题；一个是工作态度问题"。"政治方向是第一位的问题，是思想性、政治性、路线性的问题。工作态度是第二位的问题。"[10]

关于政治方向问题，也就是对总路线的认识问题，周恩来认为是"完全正确"的。他这样解释说：总路线适合群众要求摆脱历史遗留下来的半殖民地半封建的经济不平衡和生活贫困的现象，从这个意义上说，总路线是完全正确。[11]周恩来的这个结论同1981年中国共产党第十一届六中全会通过的《关于建国以来党的若干历史问题的决议》中对总路线正确的一面评价基本是相同的。[12]不同的是,周恩来没有像《决议》那样明确指出总路线"忽视了客观的经济规律"。但是，没有指出问题并不说明没有看到总路线问题的另一面，只是周恩来把这些问题归结为是执行总路线过程中出现的问题，而不是总路线本身的问题。在维护总路线的问题上周恩来始终坚持两点论，反对两种倾向：一种倾向是，认为什么都不行，怀疑总路线，几乎否定一切，或者是得失各半论。他说：这种人没有看到广大人民群众的革命积极性，没有看到群众掌握了总路线成为力量，没有热情，没有投身火热战斗的立场。另一种倾向是：看出在总路线的执行中，发生了一些问题，不去解决，专说空话，可以熟视无睹，可以放心得下，这同样是动摇总路线，也是一种右倾。[13]

关于工作态度问题，也就是如何面对实际工作中的缺点问题，周恩来指出："我们应该采取认真严肃的态度，采取积极苦干的态度，决不被这个困难吓倒。我们不怕面对出现的事实，要敢于面对缺点、困难。问题出现了，你否认它，说没有什么了不起，一下就解决了。不是那么简单的，如果是这样，我们何必把问题提出？"在这里，周恩来坚持了三点原则：一是实事求是地承认困难；二是要采取具体措施来解决困难；三是要把自己放在局内。用周恩来自己的话说："不能熟视无睹，不能坐视不管，不能放心安然处之。"可以说，在面对实际工作中的问题时，周恩来保持了他在八届二中全会上的勇敢精神。[14]

关于政治路线和工作态度这两个问题的关系，周恩来辩证地指出，是"又联系又有区别"。所谓联系，是说有了正确的政治方向才能做好工作；只有做好工作，政治方向才不是一句空话。所谓区别是说，解决政治方向问题，反对右倾思想不能影响工作，不能影响纠正错误。

在当时的形势下，周恩来这样认识问题，这样提出问题很不容易，也需要有一定勇气。周恩来发表这些意见时，毛泽东不仅已经明确指出彭德怀的意见书犯了"方向问题"，同时还将这个问题同1956年的"反冒进"问题联系起来，说是"重复了一九五六年下半年、一九五七年上半年犯错误的同志的道路。他们不是右派，可是自己把自己抛到右派的边缘去了，距右派还有三十公里"。[15]这对周恩来而言，不能不产生巨大的压力。况且，当时会议的气氛已经变得很紧张。彭德怀在他的《自述》中讲到"自主席批判了我的那封信以后，会议的空气就变了，我的情绪也是紧张的"。[16]这时，周恩来自身的处境也很困难，在庐山会议上，有人从"左"的方面进一步指责他一再提倡落实是"机会主义"，是右了。

由于接受了1956年"反冒进"问题的经验教训，周恩来在庐山会议上的发言很谨慎，但是，他处理问题的几个基本原则没有变，这反映了周恩来不同寻常的处事原则和个性特点：坚持党性原则。在他心中，坚持党性最重要的标志是以党和人民的利益为重。

周恩来在庐山算账算了四个星期，发现国民经济不平衡的情况非常严重，再不直面问题，采取措施，经济形势会更加严峻，不仅会影响人民群众的生活，也会影响党的威信。但是，从7月23日以后，庐山会议上"左"的气氛越来越严重，人们很难再发表不同意见。对问题讲多了，也会被看作是对总路线的态度问题而受到批判。周恩来可以有两种选择：一种是顺应会议的气氛，明哲保身；另一种是坚持真理、修正错误。周恩来选择了后者。7月26日，毛泽东开始批判彭德怀的意见书的第三天，周恩来在国务院各部部长、副部长座谈会上谈到这种心情，他说："许多指标不能完成，各个方面紧张。知道了，我们不向中央和各省委书记说，那真是有愧职守，对不住党。"谈到财政问题时，他还说，现在已经看出这个问题，如果还不解决，就有点犯罪的样子。对有的人从"左"的方面攻击"落实"是右了的错误观点，周恩来义正词严地批评指出："如果落实到对总路线泄气，对革命的干劲泄气，这是机会主义。如果落实到实事求是，落在可靠的基础上继续前进，这不是机会主义。"他说，"这一点也要回答，我们的工作要有这个勇气。"周恩来的这份勇气，来自他对党和人民的忠诚，来自他对党和人民事业的高度负责的精神。

周恩来十分讲究工作方法。在他看来，坚持原则也要讲究方法，只有讲究方法，才能取得成效。

在庐山会议上，看到问题不讲，是丧失党性原则，对不起党和人民；一味讲困难，也会"引火烧身"，达不到解决问题的目的。因此，周恩来十分注意方法，讲究策略，提出问题时周到全面，不走极端，体现了他的辩证思维和高度素养。翻开庐山会议期间周恩来的讲话记录，可以举出很多的例子。比如，他提出要维护总路线，但反对说空话；他同意反右倾，且指出要和纠正具体工作中的错误相区别；他坚持落实，反对泄气；他坚持鼓实气，反对鼓虚气；他提倡实事求是摆问题，反对指手画脚；他提倡开展批评，且要把自己放在局内。周恩来强调，必须这样辩证地看问题。

周恩来十分注意讲话的分寸和场合。他摆问题主要是在他领导的国务院系统的一些会议上，这是因为问题主要出现在这些部门。周恩来认为，只要把这些部门的工作做好，问题就容易解决。相反，如果到大会上大讲问题可能会适得其反，不仅不能解决已有的问题，还会产生新的问题。比如，7月23日，周恩来同国务院副总理座谈时，严厉批评了一些部门把计划打得满满的情况，要求当机立断进行调整。彭德怀当时问周恩来："你这个东西为什么不到大会上讲一讲呢？"周恩来回答说："开始讲，好像我这净是诉苦的事，误会成为泄气就不好。""这是方法，不是1956年犯了'反冒进'的错误吗？冲口而出没有准备好，跑到二中全会讲那么一通。应该谨慎吸取教训嘛。"

在会上，周恩来还十分注意引用毛泽东的一些正确意见，来说服大家留有余地，注意平衡。

周恩来坚持原则和讲究方法的高度统一，使他在会上处于主动地位，他坚持"算细账"带来的结果是，会议调整了1959年经济建设计划指标，钢产量从1800万吨调整为1200万吨。如果从1958年11月召开的八届六中全会算起，为降低这个计划指标，周恩来等待了整整九个月的时间。可惜的是，不久后庐山会议发动反右倾斗争，经济建设的指导思想和计划指标又出现新的反复。

3

庐山会议结束后，周恩来于8月19日回到北京。8月24日，他应军委扩大会议主席团的要求，在会上作题为《保卫党的总路线，反对右倾机会主义，坚决粉碎以彭德怀为首的反党阴谋集团的活动》的报告，对彭德怀做出了错误的批评。周恩来作这样一篇报告，原因很复杂。

其实，周恩来同彭德怀对国内经济形势的看法基本是一致的，甚至可以说，周恩来所处的位置，使他对经济形势的严峻情况了解得更多、更清楚。对彭德怀的意见书，周恩来最初并不认为有多大问题，更没有料到后来会引起那样大的一场政治风波。当年参加会议的李锐回忆说："7月19日或20日，晚上跳舞时，我坐在周恩来的旁边，我有意问道：你看彭总的信怎么样？周恩来说：那没有什么吧。意思指只是一种正常的情况。"[17]周恩来在另外的场合也曾讲过：彭总的信确实反映了一些实际情况。直到7月23日下午，毛泽东指出彭德怀的意见书是"方向问题"后，周恩来召集副总理座谈时还对彭德怀说："主席说了，基本是好的，方向不大对。当然，他没有指名。要注意，也没有什么了不起。你还

没有到'反冒进'的那个情况,有那么一个趋势。你停止了,认识了就是了。这个批评也很好。"〔18〕

当然,周恩来也感到问题的严重性,说:这是一个很重要的提醒。此后,周恩来结合毛泽东对1956年"反冒进"问题的批评,对彭德怀的"方向问题"做了这样的解释:"发现这些缺点、错误,我们应该站在局内,解决纠正,这才是拥护总路线。你站在局外指手画脚,你就是客观者态度,是一个旁观者,照主席的话,你是中间派,这就是方向问题了。"

他说:"尽管你指出错误,可能都是对的,那个错误是存在的,可是你这样一个方向是错了。"他表示:同意对这个问题展开争论,"目的是为的辨明是非,达到全党的团结。还是团结——批评——团结,和过去对于犯错误的意见是一样的态度。"他还说:批评动摇总路线的人,我们是一种精神,那应该是同仇敌忾,就是批判敌对思想。当然,这是我们同志中间的错误思想,思想是敌对的,人还是我们的同志。这个必须说清楚。

可以看出,周恩来对彭德怀的批评,完全是同志式的。

那么,为什么周恩来在军委扩大会议上作这篇报告批判彭德怀呢?

周恩来有严格的组织纪律性。

庐山会议结束后,中共中央决定召开军委扩大会议,肃清彭德怀在党内、军内的影响。军委主席团指定由周恩来在会上作《关于彭德怀同志历史问题的报告》。报告的内容是在庐山召开的八届八中全会上确定下来的。一贯遵守组织纪律的周恩来不可能做出其他选择。

周恩来重视维护党的团结。

毛泽东在中共八届八中全会上曾严厉地指出:中央委员会的团结,关系着中国社会主义的命运。在我们看来,我们应该团结,现在有一种分裂的倾向。去年党代会时讲过,危险的无非是,一世界大战,二党的分裂。当时毫无迹象,现在有了显著迹象。毛泽东的这番话,不能不对周恩来产生重要影响。为了维护党的团结,避免分裂,周恩来也不会做其他选择。这种认识应该说是他在长期革命斗争中形成的。周恩来曾经说过:"像中国这样人口众多的国家的党,经过多少次的曲折,革命的历史一直没有割断,原因就是中国人民要革命,党能够团结对敌。"对周恩来来说,从大局出发,维护党的团结,是他处理党在探索过程中发生矛盾时的一个重要原则。在许多场合,他做过必要的妥协,也受过许多的委屈。

周恩来注意国内外局势的影响。

应该说，毛泽东在庐山会议后期发动对彭德怀的批判，除了他们之间对国内经济形势认识的分歧外，更重要的是受到国内外政治形势的影响。当时国内有批评的声音，国际上，除中印边界局势紧张外，中苏分歧日益尖锐。庐山会议期间，苏联《真理报》登载了赫鲁晓夫在波兰视察时对中国人民公社的批评，所用字眼同彭德怀意见书中的表述几乎相同。这期间，毛泽东还得到报告：今年（指1959年）春夏之交，彭德怀出访苏联东欧时，赫鲁晓夫曾对彭德怀说：毛泽东太冒险了，理论观点太保守。彭德怀表示也为此担忧。赫鲁晓夫对彭说：你可以取而代之。毛泽东把这两件原本没有任何关系的事情，联系在了一起，他后来在一次中央常委及有关领导同志参加的会议上说："庐山会议是有外因的。"从这个角度看，毛泽东实际上是想通过批判彭德怀作为对国内外反面意见的一种回答。

在当时的历史情况下，由于对毛泽东指出的一些问题一时也难以看得很清楚，因此，周恩来在处理彭德怀问题上，也不会不考虑"对敌斗争"这个因素。正如周恩来在一次会议上所讲的：是不是党内不能交换意见，不能争论了呢？不是，必须争论才能明辨是非。可是一旦对敌了，我们就必须团结在革命的旗帜下，在对敌斗争中必须行动一致。

他还讲道：一个执行铁的纪律的党，就要有坚持革命、团结对敌的精神。只要这个基本的立场不变，即使犯了错误的人，我们也还要团结他；即使领导一时有错误，也需要等待，要逐步地使其改变。不能因为领导有错误，而造成党的分裂，使革命遭受损失，使对敌斗争瘫痪下来，那样就对革命不利了。

这两段含义深刻的话表明，周恩来在当时为什么采取那样的立场。可以说，"团结对敌"的思想也是周恩来处理党内矛盾所遵循的一个重要原则。

周恩来是一位经历过长期斗争的磨炼的领导人。

在军委扩大会议的报告中，周恩来也有着自己鲜明的态度，对一些攻击他的说法，如对党"驯服"就是"没骨头"；做自我批评是"没有党性"等观点，周恩来明确表示不同意。他说：所有领导同志对党都要"驯服"，否则，如何胜利？周恩来的思想观点，同他的人生经历是分不开的。他从1927年开始进入中央核心领导层，在探索中国革命和建设的漫长岁月中，经受的不仅仅是对敌斗争的严峻考验，而且还有党内斗争的种种磨炼。经过多次党内斗争，周恩来深深地感受到一个正确的意见，往往需要经过许多等待、迂回，才能取得胜利，为大家所接受。他一次次为了这个等待过程忍受了巨大的痛苦。这种不平凡的人生经历，锻炼了周恩来处理各种复杂问题的能力，也历练了他忍辱负重、坚韧不拔、自我牺牲的精神。

周恩来在庐山会议上所采取的做法及产生的结果，可以说明这样一个问题，处理好党内问题，不仅需要坚持原则，也要讲究方法；不仅需要斗争勇气，也需要斗争艺术。在解决矛盾的各种条件不成熟时，还需要耐心等待。周恩来在庐山会议上始终处于主动，因为他正确地吸取了历史经验。在当时的历史条件下，为维护党的团结，维护大局，周恩来没有，也不可能从思想路线的高度对党内的错误进行深刻总结，他可以做的是在实际工作中，尽量纠正错误，减少错误造成的损失。在几年后发生的"文化大革命"中，周恩来基本上遵循了这一原则。

注释：

〔1〕指1956年伴随农业、手工业、资本主义工商业的社会主义改造高潮的到来，国内经济建设出现急躁冒进的倾向，党内对经济建设的方针出现争论，周恩来等坚决反对"急躁冒进"，为此受到毛泽东的错误批评，并在多次会议上作出检查。

〔2〕《周恩来传》，中央文献出版社2018年版，第1316页。

〔3〕《周恩来传》，中央文献出版社2018年版，第1324页。

〔4〕《周恩来传》，中央文献出版社2018年版，第1329、1327页。

〔5〕《周恩来传》，中央文献出版社2018年版，第1317页。

〔6〕《周恩来传》，中央文献出版社2018年版，第1322页。

〔7〕《周恩来传》，中央文献出版社2018年版，第1329页。

〔8〕《周恩来传》，中央文献出版社2018年版，第1333页。

〔9〕《周恩来传》，中央文献出版社2018年版，第1330页。

〔10〕〔11〕《周恩来传》，中央文献出版社2018年版，第1336页。

〔12〕历史决议中这样表述："一九五八年，党的八大二次会议通过的社会主义建设总路线及其基本点，其正确的一面反映了广大人民群众迫切要求改变我国经济文化落后状况的普遍愿望，其缺点是忽视了客观的经济规律。"

〔13〕《周恩来传》，中央文献出版社2018年版，第1337页。

〔14〕在1956年11月10日至15日召开的中共八届二中全会上，周恩来在所作《关

于一九五七年国民经济计划的报告》强调，在发展中不能忽视人民的利益，"计划不合实际就得修改"，"我们缺乏经验和知识，是在不断地发现错误、修正错误的过程中前进的"。

〔15〕《毛泽东年谱（1949—1976)》第 4 卷，中央文献出版社 2013 年 12 月版，第 114 页。

〔16〕《彭德怀自述》，人民出版社 1981 年 12 月版，第 270 页。

〔17〕李锐：《庐山会议实录》，河南人民出版社 1994 年 11 月版，第 119 页。

〔18〕《周恩来传》，中央文献出版社 2018 年版，第 1334 页。

16 / 解决中印边界冲突

1

印度同中国的新疆和西藏接壤,两国过去从未正式划定边界,只有一条根据双方行政管辖所及而形成的传统习惯线。19世纪中叶以前,中印两国人民一直居住在传统习惯线两侧,友好相处,亲密往来。英国殖民主义者入侵后,以印度为基地,向中国新疆和西藏进行领土扩张,在中印边界制造了很多纠纷。周恩来在致印度领导人的信中曾经指出:

> 从很早的时候起,英国就抱着对中国西藏地方的侵略野心。英国曾经不断唆使西藏脱离中国,企图把一个名义上独立的西藏置于英国的控制之下。在这个阴谋不能得逞后,英国又对中国施加种种压力,要求把西藏划为英国的势力范围,而让中国保留所谓对西藏的宗主权。与此同时,英国还以印度为基地,广泛地向中国的西藏地方进行领土扩张。这一切就是中印边界问题长期存在纠纷而悬而不决的基本原因。[1]

印度独立后,在对待新中国的问题上,存在着两面性:一方面,它是第一个同新中国建交的非社会主义国家,在反对帝国主义、促进亚非团结的许多国际事务中同中国进行了积极的合作。特别是,周恩来1954年6月访问印度时,印度政府总理尼赫鲁同他在首都新德里共同签订了两国总理联合声明,声明中共同倡导了著名的和平共处五项原则[2]。另一方面,它在边界问题上继承了英国殖民主义的衣钵,坚持民族扩张主义政策,并于1959年和1962年,两次挑起中印边界武装冲突,严重影响了两国友好关系的发展。

中印边界全长近两千公里[3]，自西向东分为三段：西段是指中国的新疆和西藏同克什米尔、印度控制的拉达克地区接壤的一段；中段是指中国西藏阿里地区同印度旁遮普省、北方省接壤的一段；东段是指中国、印度、不丹三国交界处至中国、印度、缅甸三国交界处的一段。在西、中、东三段，双方都存在争议，但争议的焦点主要集中在西段和东段。

关于西段，印度将历史归由中国管辖，并有一条从新疆到西藏的商路通过的约3.3万平方公里的土地[4]划入印度的版图，并多次派遣武装人员进入这个地区进行侦察和勘察活动。印度的根据是1842年西藏当局和克什米尔当局之间签订的一项条约，他们称这项条约在1847年曾得到中国政府的确认。中国则认为：这段边界从来没有划定过；1842年中国西藏地方当局同克什米尔当局签订的条约中，只是泛泛地提到双方恪守各自的疆界，并没有具体说明这段边界的位置；1847年两广总督耆英在英国驻广东代表要求划定这一段界址的时候，也只表示既有传统的边界可循，无用勘定。

关于东段，1954年印度出版的地图将传统习惯线以北属于中国的9万平方公里土地划入印度版图，并标为"已定界"。他们提出的根据是，1913年至1914年在印度西姆拉由中国政府、西藏地方当局和英国三方面代表所举行的会议共同划定了这条边界线，即是以英国代表麦克马洪命名的所谓"麦克马洪线"。[5]中国则坚持：这段边界是未定界，理由是1929年以前英印出版的地图和中国的地图画法大致相同，以后画法虽有所改变，但还使用"未定界"字样；"麦克马洪线"是在西姆拉会议以外，由英国政府代表同西藏地方当局瞒着中国中央政府代表在德里用秘密换文的方式形成的。无论是西姆拉条约，还是这个换文，中国当时和以后任何一届政府都没有承认过，完全是非法和无效的。[6]

事实上，英国当时也迟迟不敢公布这个条约和换文，"麦克马洪线"以南至传统习惯线以北一直仍由西藏地方政府管辖。英印政府官员米尔斯曾证明："要并入的部落，就天然的条件来说，是属于西藏，而不是属于印度的。他们在种族和语言上属于藏缅语系，与平原上属于亚利安语系的阿萨姆语没有共同之处。因此，在文化和社会的影响上是倾向于西藏的。""部落地区在商业上和文化上都是同西藏而不是同印度联在一起的。"[7]曾于1939年担任印度阿萨姆代理省督的亨利·特威南在1959年9月2日的伦敦《泰晤士报》上投书做证，这条线"并不存在，而且从来没有存在过"。[8]1940年以后，英国军队侵入这一地区的若干点；

印度独立后，特别是在中国西藏和平解放前后，印度军队大规模向"麦克马洪线"以南地区推进，于1951年至1953年逐步侵占了这个地方的大片领土。中国不承认"麦克马洪线"，但为了避免冲突从来没有越过这条线。

新中国成立后最初的几年，中印之间曾发生了一些细小的边界事件，这在双方边界正式划定前是难免的。为了在边界正式划定前尽可能避免发生冲突，周恩来代表中国政府一再强调："作为一种临时性的措施，双方暂时保持边界的现状，即双方暂时保持目前各自在边界上的管辖范围，而不越出这个范围。双方有分歧的问题，当然仍可通过协商求得解决。"[9]

而印度却坚持把过去英国单方面宣布的所谓边界，包括一些不现实的领土要求作为遗产全部继承下来，拒绝就这个问题进行任何谈判。由于中国方面以大局为重，严格遵守暂时维持现状，然后通过谈判协商解决的方针，以友好的态度处理遇到的各种问题，使中印边界在1959年以前基本稳定，保持着良好的气氛，在近两千公里全部未定的边界线上始终没有发生军事冲突事件。

按照中共中央的部署，中国外交部曾制定计划，从1958年以后"五至十年内陆续解决未定边界问题"，中印边界问题放在解决中缅边界问题之后。但是，1959年和1962年中印边界发生两次武装冲突，中共中央不得不把这项工作提前摆到议事日程上。

2

在此之前，中央虽然没有急于解决中印边界问题，但是对这个问题如何解决并不是没有考虑，其基本原则和办法，主要体现在周恩来代表中国政府同印度方面高层互访的谈话和书信来往中。1954年6月，周恩来第一次访问印度时曾就涉及中印边界的"麦克马洪线"问题指出：

> "麦克马洪线"是英国殖民主义者造成的，他们用铅笔从喜马拉雅山画过来，就像瓜分非洲一样。因此这条线中国政府不能承认，但是目前维持现状，双方都不要越过这条线。[10]

他后来又说：

"'麦克马洪线'是英国对中国西藏地方执行侵略政策的产物,曾经引起过中国人民的很大愤慨。从法律上讲,它也不能认为是合法的。""这条线所关系到的印度、缅甸已经相继独立,成为同中国友好相处的国家。由于以上种种复杂原因,中国政府一方面感到有必要对'麦克马洪线'采取比较现实的态度,另一方面也不能不审慎从事,并且需要一定时间来处理这个问题。"[11]

1954年10月,尼赫鲁回访中国时,周恩来在谈话中进一步明确指出:"中印边界全部没有划定,这是首先需要肯定的事实。但是,为了在边界问题全面解决以前维持两国边界久已存在的状况,中国政府对中印边界采取现实主义的态度。"[12]

至于地图带来的问题,周恩来在信中指出:

"中印边界是从未经过正式划定的","正因为两国边界尚未正式划定,并且存在着若干意见分歧,双方地图对边界的画法不可避免地会有出入。我国现行出版的地图对四邻边界的画法是几十年来(如果不是更久的话)中国地图的一贯画法。我们并不认为这一画法的每一部分都有充分的根据,但是我们在没有进行勘察,也没有同有关各国商量,就加以更改,也是不适当的。而且,这样的更改也是有困难的,因为这会引起全国人民的迷惑和对我国政府的责难。"

"事实上,我国人民对于印度出版的地图所画的中印边界,特别是对其中关于中印西段边界的画法,也感到惊奇。他们曾要求我国政府向印度政府提出交涉,但是中国政府没有这样做,我们向他们解释了中印边界的实际情况。等到边界问题解决了——如我国政府历次指出的,这就需要经过勘察和双方协商——地图的画法问题也会随之而解决。"[13]

1959年9月8日,周恩来在致尼赫鲁的信中,第一次比较全面地阐述了中国方面对解决中印边界问题的立场。他在信中写道:

"中国政府一贯主张,中印双方应该考虑历史的背景和当前的实际情况,根据五项原则,有准备有步骤地通过友好协商,全面解决两国边界问题。在此以前,作为临时性的措施,双方应该维持边界久已存在的状况,而不以片面行动,更不应该使用武力改变这种状况;对于一部分争议,还可以通过谈判达成局部性和临时性的协议,以保证边界的安宁,维护两国的友谊。"[14]

此后,由于1959年和1962年两次中印边界武装冲突的发生,中共中央开始着手解决中印边界问题,其原则和具体办法主要体现在周恩来等党和国家领导人处理这两次事件的过程中。

3

1959年发生的第一次中印边界武装冲突与中国西藏形势的变化紧密相关。这年3月,西藏上层反动集团在拉萨发动武装叛乱。为维护祖国统一和民族团结,中国政府迅速而彻底地平息了叛乱,并开始进行西藏人民盼望已久的民主改革。平息西藏叛乱,实行西藏地区民主改革原本是中国的内政,任何国家没有任何权利进行干涉。但是,对西藏的变化,印度一方面在政治上大肆进行反华宣传,攻击中国政府,支持所谓"西藏人的自治";另一方面,在边界采取军事行动,挑起武装冲突。印度采取这种态度,其根本原因如周恩来所分析的:即不愿意西藏实行改革,成为社会主义的西藏,而"最好成为一个缓冲地带"。[15]

西藏叛乱发生后,印度军队越境挑衅,保护叛乱分子。8月25日,印度军队从东段越过"麦克马洪线",向驻守马及墩地区朗久村的中国边防军发动武装袭击;10月下旬又在中印边界西段发动新的武装挑衅。中国边防部队被迫进行自卫还击。

1959年8月,印军从东段越过"麦克马洪线"向中国边防军发起攻击后,这个阶段中共中央主要打的是政治仗。

中共中央的方针十分明确:一方面坚持中印边界全部未经划定的事实;另一方面从实际出发,积极寻求对双方公平合理的解决办法。这一方针,是通过周恩来以致印度领导人的信的方式,向全世界公开宣布的。

周恩来告诉尼赫鲁:

中国政府对于中印边界问题一贯遵循着十分明确的方针，一方面肯定中印边界全部未经划定的事实，另一方面又面对现实，特别考虑到中印之间的友好关系，积极寻求对双方公平合理的解决办法，并且在边界问题解决以前，决不片面改变两国边界久已存在的状况。

周恩来针对印度领导人在"麦克马洪线"问题上宣扬中国"准备接受这条线作为这个地区的中印疆界"的言论指出："中国绝不承认所谓'麦克马洪线'。但是，中国军队从未越过这条线。这是为了维持边境的和睦，以利于边界问题的谈判和解决，丝毫也不意味着中国政府已经承认了这条线。"[16]

周恩来代表中国政府所表达的立场，得到中国人民的支持。

1959年9月11日，二届全国人大常委会举行扩大会议，听取周恩来就我国在中印边界问题的立场、态度和方针等问题的报告后，作出决议，批准他的报告。[17]

在西藏，一些原地方政府的高级官员也用事实说明"麦克马洪线"是强加在中国人民头上的，拥护周恩来代表中国政府表明的态度和立场。著名地理专家曾世英等还撰文列举中外地图说明"麦克马洪线"是非法的。中国政府的立场也得到国际舆论的支持，在政治上完全取得主动。英国《论坛周报》承认："'麦克马洪线'在国际法上没有根据。"[18]一些国家还发表公正言论，呼吁中印边界问题应当协商解决。

1959年10月下旬，印军从西段非法越入中国领土，再次挑起边界的武装冲突后，这个阶段主要打的是军事加政治仗。

面对印度进一步的武装挑衅，中国军队被迫还击。当然，中国下决心还击，是不得已的，被迫的，是为了打击印军的嚣张气焰，但认为归根结底解决边界问题还是要坚持和平谈判的原则。当时摆在中共中央面前的一个突出问题就是，还击后怎样实现边境停火。用王稼祥的话说，这个问题使中央"伤了几天脑筋"。[19]

当时，毛泽东从印度领导人来信中提出的双方从朗久撤出的建议[20]中受到启发。1959年11月3日，他在中共中央于杭州召开的工作会议上说："我有这么一个盘子，就是要和平。""你说撤出朗久，我就扩大成整个边界线。""整个边境线，各退或者10公里，或者15公里，或者20公里。""搞一个无枪地带，只许民政人员照旧管理，以待谈判解决。"[21]

这个建议得到中共中央政治局会议的批准。周恩来称这个建议"是很重要的具体步骤","是一项具体的积极建议"。[22]

这个建议的深远意义，还可以从两方面考察：从国际战略的角度看，1960年代初，我国不仅继续受到以美国为首的西方国家的包围和封锁，而且与苏联的关系恶化。因此，我们特别需要争取和团结包括印度在内的亚非国家的支持，搞好同他们的关系。前述中国政府处理中印边界问题中提出的积极建议和采取的"撤军"等措施，使很多国家改变了对中国的看法，中国为自己赢得了更多的朋友，其中包括一些过去对中国持有偏见和怀疑态度的国家。中国的国际地位在这场集政治、军事和外交为一体的斗争中得到提高。从边界的实际情况出发，提出双方后撤的决策也是必要的。如周恩来所说：在有争论的边境地方，如果不使双方的武装部队脱离接触，就很难避免冲突。[23]

另外，当时仅由中印两国本身谋求直接谈判还不够，还需要有亚非友好国家从旁进行斡旋。从实际效果来看，由于中国政府率先停火并且撤回自己的部队，中印边境的局势和缓下来，为一些关心亚非地区和平的国家在这个基础上进行斡旋奠定了基础。

中央作出中印双方从边界后撤的决定后，打的主要是外交加政治仗。

1959年11月7日，周恩来受中共中央的委托，代表中国政府致信尼赫鲁，提出："中印两国的武装部队立即从东边的所谓麦克马洪线和西边的双方实际控制线各自后撤二十公里；在双方撤出武装部队的地区，双方保证不再派遣武装人员驻守和巡逻，但仍然保留民政人员和非武装的警察，以执行行政任务和维持秩序。"[24]

中国方面的合理建议并没有得到印度方面的积极响应。11月16日，印度领导人在回信中提出一个反建议：在东段和中段只要双方"前哨站不派出巡逻队"就够了；主张中国军队"撤出朗久"，印军"将不重新占领它"。[25]

这个反建议，实际上"是从两国早已同意的暂时维持边境实际存在的状况的原则后退了一大步"[26]，是很不公平的。澳大利亚学者马克斯韦尔评论说："实施尼赫鲁的建议，印度只需撤出一个哨所，即碟穆绰克，它位于争议地区东南端，方圆约50平方英里；而中国方面就要撤出大约两万平方英里的土地。"[27]

中国没有因为印度领导人的态度而改变方针，而是进行了耐心细致的工作。为了维护和平局面，中国方面继续呼吁，通过友好协商的办法解决边界争端，并派周恩来赴印度同印度领导人会晤。周恩来赴印前根据毛泽东和中共中央的指示精神，制定了周密的会谈方案，确定会谈的方针是："争取就某些原则问题，或者具体问题达成协议，使目前的形势进一步和缓下来，为今后继续会谈和向合理解决准备条件。"[28]

方案还对会谈中可能出现的几种情况确定了不同的对策：如达不成任何协议，即采取达成两国总理继续会谈的谅解，并发表一个简单的联合新闻公报；如这一点也办不到，只能由双方分别发表声明，中国的声明中可以表示仍愿遵守五项原则，维护中印友谊，维持边界现状，避免边境冲突，并且愿意继续会谈，寻找解决问题的途径。如达不成协议，对方还愿意保持一个良好的气氛，可争取发表一个互表善意的共同声明，包括重申五项原则和万隆精神，继续发展中印友好关系，继续会谈寻求边界问题的和平解决，避免边境的军事冲突等内容。

如果全面解决边界问题不可能，但也不是完全不解决，除发表上述共同声明外，为防止边境冲突并和缓气氛，争取就具体问题达成若干协议，即成立边界问题联合委员会或者类似组织，寻求解决边界问题的途径，为两国总理继续会谈进行准备；双方武装人员各从实际控制线后撤20公里或者双方同意的一定距离；建议双方对有争执的地点互不驻军。

从这份方案可以看出，中国的态度是真诚地期望能够解决问题。但印度方面在谈判中依然坚持过去提出的观点，总是在具体问题和枝节问题上纠缠，而没有提出任何一个积极的对双方有约束性的合理建议，并把责任推到中国方面。印方强调：中印边界已经划定，如果说没有划定的话，只是没有在地面上标出来，中国方面把不是问题的问题变成问题，因此引起了争论；中国的地图和印度的地图不同，中国的地图是老地图，中国应该修改它的地图；因为中国方面说边界没有划定，所以中国就提出了领土要求。关于边界的具体划定，印方坚持认为，在东段应该承认"麦克马洪线"，不需要再进行任何商谈；在西段硬把属于中国新疆的阿克赛钦地区说成印度的领土，指责中国在那里修建的新藏公路是侵入印度。[29]

谈判"必须寻找共同点，才能把我们引导到合理解决的途径上"。这是周恩来长期领导谈判工作得出的经验。关于边界是否确定问题，他根据双方谈判的情况归纳出五个方面的共同点：

"边界没有确定，要经过谈判确定"，"合理、对等、友好地解决"；双方的边界虽然没有正式划定或确定，但是存在着一条实际控制线，双方可以考虑，把这条线作为划界的根据之一；关于划界的地理条件，分水岭是其中之一，但不是唯一的条件。此外还有河谷和山口，也都应该同样适用于边界各段；不应该对不属于自己管辖的地区提出领土要求；双方要照顾民族感情。[30]

对这五个共同点，印度方面没有提出不同意见。

经过周恩来的努力，这一阶段的谈判虽然没有取得显著的成效，但是，中国在政治上取得了主动。周恩来回国后曾说：尼赫鲁说我们不愿意去谈判，我们去谈判了；说我们提出领土要求，我们没有提出。这样，"把他孤立起来了，证明我们愿意解决问题，他们不愿意解决问题，我们取得了主动"。[31] 中印边界冲突以来的紧张局势在一段时间内缓和下来。

4

为推动中印边界问题和平解决，1960年4月中国军队从东西两段的实际控制线单方面后撤20公里，使双方军队脱离接触，并且在撤出的地区停止巡逻。然而，印度方面却将中国的和平诚意视为软弱可欺。1961年，印军在西段侵占了中国大片领土，在中国军队后撤的地区相继建立了43个军事据点；在中段侵入中国乌热地区；在东段越过"麦克马洪线"向北推进，增设了许多哨所。由于中国单方面撤军和停止巡逻，再加上那里都是一些荒无人烟的地区，直到1962年上半年才发现西段出现的问题，到8月才发现东段出现的问题。中国政府多次要求印军退回实际控制线的印度一侧，印军拒不退出。因此，中国军队先在西段实际控制线中国一侧重建哨所，恢复巡逻。9月8日又在东段派驻了哨所。

1962年10月20日，印军从中印边界东西两段同时向中国军队发动大规模进攻。为什么印军在这个时候向中国军队发起进攻，时任外交部部长的陈毅分析道："首先是由于中国一再忍让，印度政府得到一个错觉，以为中国不会进行反击。同时，印度政府错误地认为中国国内的经济情况很困难，在国际上很孤立，因此妄图用武力来迫使中国屈服。"[32]

在这种严重的局势下，中共中央作出了一系列决策，有理有利有节地回击了对手，争取了国际舆论的同情和支持，在政治上始终保持主动。

为了向印方表明，中国的克制忍让是有限度的，如果想用武力入侵造成既成事实来迫使中国承认边界现状是办不到的，中国军队被迫进行了必要而有力的反击。毛泽东后来向外宾介绍情况时说："他们以为中国人无论如何不会打他们，他们就一步一步地向麦克马洪线以北推进，有时甚至到了我们的后边，随便走来走去。我们的总理、总参谋长生气了，太欺人了，决定打它一下。"[33]

周恩来也曾解释说："尼赫鲁不会放弃大印帝国的思想，不会放弃侵略立场。只有自卫反击，逐渐孤立他，才能使他知难而退，或者暂时缓和。""我们不给他以大的打击，是不能引起大的变化的"，"不给他大暴露也是不能和缓局势的"。[34]

中印边界自卫反击战经历了两个阶段：第一个阶段，中国军队在东段一举全歼侵入中国境内的印军第七旅，越过"麦克马洪线"，进占达旺。在西段，清除印军在中国境内的许多据点，收复大部分领土。第二个阶段，中国军队在东段控制了"麦克马洪线"以南的大片土地，在西段驱逐入侵印军，拔除印军全部侵略据点。

在反击战第一阶段军事上给予印军沉重的打击后，周恩来代表中国政府发表声明，呼吁："中印两国政府都应该以中印 11 亿人民的根本利益为重，以亚洲和平和亚非团结的利益为重，竭尽一切可能，寻求停止边境冲突、重开和平谈判、解决中印边界问题的途径。"

周恩来还主动提出解决中印边界问题的三项建议：

> 双方确认中印边界问题必须通过谈判和平解决。在和平解决前，中国政府希望印度政府同意，双方尊重在整个中印边界上存在于双方之间的实际控制线，双方武装部队从这条线各自后撤二十公里，脱离接触；在印度政府同意前项建议的情况下，中国政府愿意通过双方协商，把边界东段的中国边防部队撤回到实际控制线以北，同时，在边界的中段和西段，中印双方保证不越过实际控制线，即传统习惯线，有关双方武装部队脱离接触和停止武装事宜，由中印两国政府指派官员谈判；中国政府认为，为了谋求中印边界问题的友好解决，中印两国总理应该再一次举行会谈。在双方认为适当的时候，中国政府欢迎印度政府总理前来北京；如果印度政府有所不便，中国政府愿意前往德里，进行会谈。

这三项建议于 1962 年 10 月 24 日在《人民日报》公开发表。

中国政府主动提出这三项建议，对在战场上已经取得重大胜利的中国军队来说，是一个重大让步。印度政府采取了相反的态度，当天就拒绝了中国政府的建议。与此同时，印度方面还积极寻求美国的军事援助，进行战争准备。他们不仅继续在中印边境地区侵犯中国的领土、领空，而且加紧迫害在印的华侨，纵容在印的西藏叛乱分子进行反对祖国的罪恶活动。这样，迫使中国政府不得不再次作出反击印军进攻的决定并取得胜利。

中印边界的紧张局势，引起许多国家的担忧，也引起国际舆论的广泛关注。为了在政治上取得主动，争取各国人民和国际舆论的同情和支持，中国政府在第二阶段自卫反击战取得胜利后，根据中共中央关于和平解决边界问题的一贯原则和方针，决定立刻在中印边界全线主动停火，准备后撤。1962年11月21日零时，《人民日报》以声明的形式公布了这个决定。决定指出：

> 第一，从本声明发表之次日，即1962年11月22日零时起，中印边防部队在中印边界全线停火；第二，从1962年12月1日起，中国边防部队将从1959年11月7日存在于中印双方之间的实际控制线，后撤二十公里。在东段，中国边防部队虽然至今是在传统习惯线以北的中国领土上进行自卫反击，但仍准备从目前的驻地撤回到实际控制线，即非法的"麦克马洪线"以北，并且从这条线再后撤二十公里。在中段和西段，中国边防部队将从实际控制线后撤二十公里。第三，为了保证中印边境地区人民的正常往来、防止破坏分子的活动和维持边境的秩序，中国将在实际控制线的本侧的若干地点设立检查站，在每一个检查站配备一定数量的民警。中国政府将经过外交途径把上述检查站的位置通知印度政府。

这一举动，如周恩来所形容的："就像掌舵的遇到激流应该转舵那样，非常之灵活，非常之迅速，非常之坚决。"[35]

许多国家在感到意外的同时为之称道。香港《明报》评论，这一招使得漂亮之极、潇洒之极。缅甸友人称这些措施"崇高而宽大"，"印度政府应该予以接受，并采取同样措施"。蒙古人民共和国部长会议主席泽登巴尔访华期间对周恩来说："（中国）采取了很大的主动，这是明智的步骤。中国关于通过谈判和平解决中印冲突的建议，我们认为是合情合理的。"[36] 中国在政治上进一步取得主动，而印度完全陷入被动之中。

5

中印边界冲突,引起世界的广泛关注。由于中国率先停火并主动撤回自己的部队,中印边界形势开始显现出转机。锡兰、阿联(阿拉伯联合共和国)、印尼、加纳、缅甸、柬埔寨等亚非六国愿意在这种形势下进行斡旋。

1962年12月10日至12日,亚非六国在锡兰首都科伦坡举行会议,形成了一个六国建议。这个建议存在的问题主要反映在西段,即只要求中国后撤20公里而印度原地不动,仍留在1959年线的中国一侧,并提出要由中印两国来讨论在中国撤出的地区也就是中国的领土上建立双方民政点的问题。这样做的结果实际上是要求,中国从两条线都让步,印度在两条线都不让步。

对科伦坡建议,周恩来的态度十分明确,一方面指出其中的问题:"建议把解决问题的要点放在西段是因为印度提出了强烈的领土要求。实际上东段和中段都存在问题。如果承认争议地区由双方协商来解决,那么东段的扯冬和朗久,中段的九个地点都应该通过双方协商解决。不应该对一部分地区有建议,对一部分地区没有建议。""我们不能让印度进入我军撤出的20公里以内,不论是军事的还是民政的,都不能进来,这是中心之点。"[37]

另一方面,周恩来为解决建议中存在的问题提出了两点解释:"1.在双方官员会晤期间,在东段我们撤出的地区,印军不跟进,而只可派行政人员和民政人员进驻,一直到实际控制线以南;2.中国从西段实际控制线后撤20公里以后,印军在9月8日以前侵占的43个军事哨所也就空出了,但无论是印军事人员或民政人员都不能进去,该地将是空的。"

周恩来表示:如果印度同意中国对科伦坡建议的两点解释,我们可以同意把这个建议作为中印开始谈判的初步基础。

经中共中央批准和毛泽东同意后,这两点解释正式写入周恩来给班达拉奈克夫人的备忘录中。备忘录指出:这"两点只在中印双方官员会晤以前和会晤期间有效,不影响双方官员在会晤中提出的其他建议和作出的最后决定"。[38]

班达拉奈克夫人看了备忘录后很是赞赏,说:"这一备忘录非常公正和准确地表明了中国对六国建议的意见和明确地说明了中国希望锡方转达给尼赫鲁总理的态度和建议。"但是,她在同印度方面接触时却与阿联参加六国会议的代表萨布里和加纳代表阿塔共同提出了一个对科伦坡建议的"澄清文件"。这个文件对科伦坡建议的解释更符合印度的需要。其中对争论的核心即西段问题写道:"中国军事撤退所形成的20公里非军事区将由双方民政点进行管理,这是科伦坡建议的一个实质部分。有待于印中两国政府达成协议的是,关于民政点的位置、数目及其组成";关于东段,"印度军队可以一直开到实际控制线,即麦线以南,除了印中两国政府存在意见分歧的两个地区以外"。[39]

尽管这个"澄清文件"对中国很不公正,但中国仍表示了解决问题的最大诚意。周恩来告诉锡兰驻中国大使佩雷拉:"我们不能撤回我们的两点解释,不然,我们就无法向我国人民交代,也无法向世界舆论交代。"

周恩来同时表示:"我们的两点解释并不是会谈的先决条件。我们认为中印各方对六国建议的不同解释是可以在会谈中解决的。""如果印度坚持先决条件以致双方谈不起来,也不要紧。我们还是要按既定计划主动后撤,因此,我们实际上将同对方脱离接触。只要印方不进行挑衅,不进入我们空出的、在停火安排中有争执的那四个地方,即不进入东段的朗久和扯冬,中段的乌热,西段印度曾侵占过的43个据点,那就打不起来。"[40]

1963年2月28日,中国政府根据上一年11月21日发表的声明完成中印边界全线从1959年11月7日实际控制线后撤20公里的计划。但是,印度方面表示了相反的态度,尼赫鲁说,只有中国政府全盘接受科伦坡建议和"澄清文件",才能开始中印会谈。当时,亚非六国担心形势会重新紧张起来,因此希望以中国的让步,即不提"两点解释"来满足印度的要求,以便重开谈判。在这种情况下,中国的态度是:一方面回答尼赫鲁以最后通牒的方式要求中国接受印度政府对科伦坡建议的解释"是绝对办不到的",谴责他"一向劝别的国家通过谈判和平解决争端,不提先决条件,为什么印度政府对中印边界谈判却采取了截然相反的态度?"另一方面向亚非六国会议表示在印度坚持必须全盘接受科伦坡建议和在新德里产生的"澄清文件"的情况下,中国政府更有必要保留自己的两点解释;但不把接受自己的两点解释作为开始中印直接谈判的先决条件。同时,为了促进边界问题的和平解决,中国政府又一次采取重大步骤。

1963年4月,中国边防部队在中国红十字会协助下,分批释放了在军事冲突中俘获的包括1名准将、26名校级军官、29名尉级军官在内的印军军事人员3200多名,并归还在冲突中缴获的武器、弹药和军用物资。

此后，由于各方面复杂的因素，中印边界问题一直没有得到根本解决。但是，中国政府在解决中印边界问题过程中所表现出的诚意和所提出的积极建议，不仅使边界的形势缓和下来，并为自己赢得了更多的朋友，其中包括一些过去对中国持有偏见和怀疑态度的国家，中国的国际地位得到提高。

亚非六国会议在斡旋中印边界问题上是有积极意义的，但所提出的建议中却表现出对印度的偏袒。印尼外交部部长苏班德里约曾解释说："从公平的观点来说，可能会问为什么提出要中国后撤，而不要印度后撤。从我们的观点来说，我们提出要中国后撤并不是要求中国放弃其领土，而是为了要谋求实现脱离接触作为谈判基础。这是向军事上强的一方面提出的。"[41]

阿联代表萨布里也曾解释说："印度在这次冲突中无论在政治、军事上都打了败仗，而中国无论在政治上、军事上都取得了胜利。因此，我们觉得印度应该比中国得到更多的帮助。"[42]

这些解释反映了一些中间国家对中国普遍的认识和立场。

周恩来对此作出正确的判断，并采取了积极的对应方针，利用其中的正面因素，转变了他们的认识，赢得了他们的尊重和信任。他曾对亚非六国会议作出实事求是的评价，说："科伦坡会议和它的建议，我们认为并不是毫无结果，而是很大的成功。因为，有了科伦坡建议，中国作了积极的响应，并采取了六七次主动措施，其中有的是响应，有的是超过了科伦坡建议的要求。一旦印度真正对中国进行挑衅，科伦坡会议六国就可以起作用，可以去劝阻印度。"[43]这些话，不仅是对亚非六国会议和建议的评价，更是对如何做好争取中间力量工作的重要经验。

注释：

[1]《人民日报》1959年9月10日。

[2] 五项原则是：甲、互相尊重领土主权；乙、互不侵犯；丙、互不干涉内政；丁、平等互利；戊、和平共处。声明指出："两国总理重申这些原则，并且感到他们与亚洲以及世界其他国家的关系中也应该适用这些原则。如果这些原则不仅适用于各国之间，而且适用于一般国际关系之中，它们将形成和平和安全的坚固基础，而现实存在的恐惧和疑虑，则将为信任感所代替。"

[3] 尼赫鲁认为中印边界（锡金和不丹与西藏的边界除外）有3520多公里长，

见《人民日报》1960年1月3日。

〔4〕廖心文：《处理中印边界问题的对策方法：老一辈革命家与边界问题研究之三》，《党的文献》2013年第6期。

〔5〕《周恩来传》，中央文献出版社2018年版，第1347页。

〔6〕《人民日报》1959年9月10日。

〔7〕[澳]内维尔·马克斯韦尔：《印度对华战争》，生活·读书·新知三联书店1971年版，第56、57页。

〔8〕〔9〕〔10〕〔11〕〔12〕〔13〕廖心文：《处理中印边界问题的对策方法：老一辈革命家与边界问题研究之三》，《党的文献》2013年第6期。

〔14〕《人民日报》1959年9月10日。

〔15〕〔16〕廖心文：《处理中印边界问题的对策方法：老一辈革命家与边界问题研究之三》，《党的文献》2013年第6期。

〔17〕《人民日报》1959年9月14日。

〔18〕《人民日报》1959年9月13日。

〔19〕《周恩来传》，中央文献出版社2018年版，第1364页。

〔20〕指印度政府1959年9月10日照会中关于双方都不派遣武装人员到朗久的建议。

〔21〕《周恩来传》，中央文献出版社2018年版，第1364页。

〔22〕周恩来会见印度驻华大使帕塔萨拉谈话记录，1959年11月8日。

〔23〕《人民日报》1962年10月24日。

〔24〕《人民日报》1959年11月10日。

〔25〕廖心文：《处理中印边界问题的对策方法：老一辈革命家与边界问题研究之三》，《党的文献》2013年第6期。

〔26〕《人民日报》1959年12月19日。

〔27〕[英]内维尔·马克斯韦尔：《印度对华战争》，生活·读书·新知三联书店1971年版，第148页。

〔28〕〔29〕〔30〕〔31〕廖心文：《处理中印边界问题的对策方法：老一辈革命家与边界问题研究之三》，《党的文献》2013年第6期。

〔32〕《人民日报》1963年3月15日。

〔33〕〔34〕〔35〕廖心文：《处理中印边界问题的对策方法：老一辈革命家与边

界问题研究之三》，《党的文献》2013年第6期。

〔36〕泽登巴尔和缅甸友人的评价见《周恩来传》，中央文献出版社2018年版，第1508页。

〔37〕《周恩来传》，中央文献出版社2018年版，第1511页。

〔38〕《周恩来传》，中央文献出版社2018年版，第1512页。

〔39〕〔40〕《周恩来传》，中央文献出版社2018年版，第1514页。

〔41〕《周恩来传》，中央文献出版社2018年版，第1510、1511页。

〔42〕《周恩来传》，中央文献出版社2018年版，第1525页。

〔43〕《周恩来传》，中央文献出版社2018年版，第1527页。

17 关怀特赦战犯

1

位于北京西郊德胜门外的功德林一号，最初是一座庙宇，清朝末年才被改建为一座监狱。中华人民共和国成立后，这座监狱直属公安部管辖，被称为北京战犯管理所。

从1959年开始，经历了脱胎换骨改造的战争罪犯们，在周恩来直接关怀下，一批又一批走出这座监狱的大门，走向新的生活，成为普通人。

对解放战争时期被人民解放军俘虏的战争罪犯，中央人民政府一直没有进行正式审判，而是采取了慎而又慎的态度。

真正把处理这批人的问题提到议事日程上来，已经是1956年了。

那一年，是中国大地发生巨大变化的一年。

当时，正在各地监狱接受政府改造的战争罪犯，做梦也不会想到，一项决定他们命运的重大决策正在中共中央和中央人民政府内部悄然酝酿，并且很快在全国人大、全国政协常委扩大会议上讨论通过。

1956年1月30日，周恩来在《中国人民政治协商会议第二届全国委员会常务委员会工作报告》中号召："为争取和平解放台湾，实现祖国完全统一而奋斗。"当天，他在陆定一起草的《为配合周恩来同志在政协所作的政治报告向台湾展开相应的宣传工作问题给中央的报告》的批示中，最早提出了"政协会后，可放十几个战犯看看"的意见。[1] 这项重大决策是伴随争取用和平方式统一祖国的方针而提出的。

中共中央非常重视周恩来的意见，中央政治局就这个问题进行了专题讨论，并对各方面情况做了分析和研究，认为已经具备了释放一批战犯的条件。当时，国内社会主义改造已获得了决定性的胜利；第一个五年建设计划已提前完成，政治、经济出现空前稳定。从战犯本身的情况看，他们虽多有过重大罪恶，但一般身处高位，同人民群众直接接触较少，不像直接压迫人民群众的恶霸地主那样，不杀掉一批不足以平民愤。再说，经过几年的关押改造，他们之中的多数已经有了不同程度的悔改表现，许多人表示愿意重新做人。同时，人民群众对于战犯的愤恨已经逐渐淡薄，可以更冷静地从整个大局来看待这个问题。在这种情况下，如果释放一批战犯，不仅有助于孤立、动摇、瓦解境内外反动分子，并且有助于稳定社会上对共产党抱有疑惧的人的思想，使人民民主统一战线获得进一步的巩固和扩大。另外一个重要因素是，当时，政府根据周恩来阐明的对台方针和中央的部署已经宣布，国民党去台人员只要回到祖国，不管什么人将一律既往不咎。在这种时候，释放一批战犯，有利于加强台湾与大陆的联系。

此后，中央及有关部门加紧了对战犯问题的讨论和研究。为慎重行事，中央在最后做出决定前，广泛征求了各方面意见。3月14日、15日，政协二届常委会第十九次（扩大）会议在北京召开，会议着重讨论了周恩来关于释放战犯的提议。在会上，周恩来根据毛泽东主张的对国内战犯"一个不杀"的原则做了发言，具体说明这一重大决策的目的、方针和步骤。他明确提出：我们的目的就是要"转消极因素为积极因素"。"杀他们是容易的，杀了他们，他们就不能再起积极作用，只能起消极作用。对台湾的影响相反，使他们觉得战犯的下场只是要杀的，增加了台湾的恐慌。这与我们的政策不相符合。"

会议对这个问题展开了热烈的讨论。一种意见认为应该立即全部释放；另一种意见认为应该逐步释放。周恩来主张后一种意见。他说："虽然前一种意见处理起来很简便，但工作不完满，收获也不大，一下子轰动一时，过去后就没有下文可做了。""我们要影响台湾还是一步一步地来做好，先放少数的，试一试，看看有效没有，放出后的工作也要循序渐进。急不得。"[2]

对战犯释放后的安排，周恩来也提出了具体意见，他说：第一步先集中到北京，然后到各地去参观，允许亲友看望他们。等这些人对新生活适应后，对祖国的形势有所了解后，再做第二步工作，即同他们一起讨论如何开展对台湾的工作。周恩来表示："如果我不是总理，倒愿意跟这些人多谈谈。"他还说，"他们出去后，愿意到台湾的到台湾，愿意到香港的到香港。允许来去自由，允许言论自由，我们说话是算数的。"[3]

4月25日，毛泽东在中共中央政治局扩大会议上做《论十大关系》的报告，进一步就宽大战犯的政策问题做了说明。毛泽东提出：党的政策总的精神是化消极因素为积极因素，杀了这些人，一不能增加生产，二不能提高科学水平，三不能帮助除四害，四不能强大国防，五不能收复台湾。[4]

如果不杀或许对台湾还会产生影响。对释放战犯的时间，毛泽东经过反复考虑后，在5月2日的一次会议上表示：目前马上释放，时机尚不成熟，理由是："放早了，老百姓不那么清楚，我们也不好向老百姓说明，还要过几年，老百姓的生活更加过得好了，我们再来放。""不讲清这个道理，一下子把他们放掉了，人家就不了解，也没这个必要。"[5]

经过上上下下的充分酝酿与讨论，对战争罪犯实行特赦的方针终于确定下来。

中共中央的方针确定后，为加强对战犯的统一管理和改造，实行了全国战犯大集中。战犯中的200名国民党高级将领被集中到北京功德林战犯管理所。管理人员向他们宣布，可以与家属自由通信，可以接待来访亲友。

为加强对战犯的改造工作，管理所根据周恩来的指示，采取了多种办法。首先组织他们成立学习委员会，学习党的政策，开展讨论，进一步清理思想。接着，组织他们到东北各大工业城市以及天津、武汉等地参观，让他们亲眼看看祖国社会主义建设的伟大成就。管理所还坚持思想改造与劳动相结合的方针，安排他们到北京远郊五云山下参加劳动。

与此同时，周恩来还委托原国民党高级将领及爱国人士张治中、程潜、邵力子、章士钊、傅作义、蒋光鼐、张难先、郑洞国、侯镜如等先后到功德林看望，做说服开导工作。他们带去了毛泽东、周恩来的问候，并把周恩来的意思转告大家：今后谁愿意留在大陆为祖国建设服务，一律妥善安排，愿意去台湾或海外者，政府也给予方便，保证来去自由。这一系列的工作和措施，推动了战犯们的思想转变。

从1956年6月至1959年10月，这批战犯在功德林一号先后三次给毛泽东写"感恩信"，除表示服罪外，还表示愿在统一祖国的事业中贡献自己的力量。他们在信中写道：

"政府对我们的关怀和教育，使我们万分感谢！我们只有改恶从善，重新做人，才能对政府对人民报恩于万一。""我们谨向敬爱的毛主席保证，认真学习毛主席著作，好好改造自己，彻底转变世界观，改造成一个自食其力的新人。一定坚决听毛主席的话，跟着共产党，永远走社会主义道路。把我们的后半生献给人民，立功赎罪。""我们愿意为解放台湾贡献一切，甚至我们的生命。"[6]

1959年9月14日，国庆十周年前夕，毛泽东代表中共中央向全国人大常委会建议：在庆祝中华人民共和国成立十周年的时候，"对于一批确实已经改恶从善的战争罪犯、反革命罪犯和普通刑事罪犯，宣布实行特赦是适宜的。采取这个措施，将更有利于化消极因素为积极因素，对于这些罪犯和其他在押罪犯的继续改造，都有重大的教育作用"。

毛泽东在9月15日召集的各党派负责人会议上解释了提出这个建议的缘由："人民群众站起来了，有神气了，不怕他们了。"因为"这不仅是他们的问题，还要人民能接受。现在改好了的就赦，是特赦，不是大赦"。9月17日，二届人大九次会议讨论并同意毛泽东提出的建议，决定在国庆十周年之际，对一批罪犯实行特赦。同日，刘少奇主席发布特赦令。

这个消息犹如巨石击水，打破了功德林一号的平静。

由宋希濂起草、邱行湘缮写的第三封感谢信[7]寄向中南海。信中写道：

敬爱的毛主席：

当此伟大祖国国庆十周年之际，党和政府对我们这些罪大恶极的战争罪犯颁布特赦令，对确实改恶从善的给予释放，这是无产阶级崇高的革命人道主义的体现，是中外历史上对于罪犯从来未曾有过的深恩厚德，使我们深深地感到无比的兴奋和无限的感激！

我们过去都是蒋介石集团发动反人民内战的实际执行者，破坏民族民主革命，用各种手段残酷地压榨和残害人民，严重阻碍社会生产力的发展，把国家拖到了绝境，论罪真是死有余辜。十年来在党和政府的耐心教育下，使我们逐渐恢复了人性，明辨了是非，从而树立了认罪服法、改恶从善的思想基础。党不仅宽恕了我们的罪行，而且把我们的灵魂从罪恶的深渊里拯救出来，使我们得有今天的新生，党之于我们，真是恩同再造。

…………

今天当我们将要走向新生活的前夕，我们谨向您庄严地保证，今后在思想上、行动上，积极拥护党的领导和社会主义道路，永远跟着共产党走，在工作和劳动中，诚恳踏实，力争上游，在祖国的社会主义建设和解放台湾的斗争中，贡献出自己的全部力量和生命。

最后，我们谨以无限感恩图报的心情向您致崇高的敬礼！

蒋介石集团战争罪犯
1959年10月2日

两个月后，首批特赦战犯名单确定下来。

12月4日，最高人民法院宣布特赦首批战犯33名，其中在功德林战犯管理所的有10名。

那天，功德林呈现出从未有过的喜悦情景。礼堂上方悬挂着红绸做的大横幅，上面贴着白色的仿宋体字，透着热烈而又肃穆的气氛。

主席台正中，坐着严肃而英俊的法官，两边分坐着中央统战部、公安部等部门的高级干部。台侧面还坐着战犯杨伯涛的儿子杨健华和郑庭笈的女儿郑心楠，他们是亲属代表。

法官开始公布特赦名单，台下死一般寂静，人们唯恐漏听了自己的名字。

"杜聿明——王耀武——曾扩情——宋希濂——陈长捷……"

法官换了一口气，接着念道："杨伯涛——郑庭笈——邱行湘——周振强——卢浚泉。以上人员，改造十年期满，确已改恶从善，现予释放。从宣布之日起，给予中华人民共和国公民权。"

杨健华和郑心楠分别代表亲属们讲了话，向党和政府表示感谢，并希望自己的父亲回家以后继续改造，永远和人民在一起。

第一批特赦的这10位将军，除陈长捷、卢浚泉外，都是黄埔军校的毕业生。根据周恩来的指示，这10个人和从抚顺战犯管理所释放的末代皇帝溥仪专门组成一个小组，集中住在北京崇文门内旅馆，由周恩来总理办公室的同志负责他们的学习和生活。周恩来这样安排有着特殊意义。因为，蒋介石曾任黄埔军校的校长，他的亲信多数来自黄埔系，而周恩来曾任黄埔军校政治部主任，在黄埔同学中也深有影响。依靠这批黄埔军校的毕业生来联络大陆与台湾的关系，的确是再合适不过了。

功德林特赦大会的第二天，全国各大报均以头版头条位置刊登出来，这个消息也随着电波传向海外，传向全世界……

首批特赦战犯释放后，人民政府继续对关押的战犯进行改恶从善的改造和教育，争取他们继续向好的方面转化。

后来，根据中共中央关于每年特赦一批战犯的指示精神，1960年10月17日，公安部党组向中央写报告，提出了49人的特赦和减刑战犯名单，后经周恩来指示增加了李仙洲，共计50名。报告认为："掌握这样分批特赦的一种比例是适当的，既有利于目前的斗争，也适应今后每年都放一点的需要。"毛泽东看后批示："此件送少奇、富春同志阅看，在书记处通过照办。"[8]

从这以后到"文化大革命"之前，特赦战犯的工作，一直在中央直接领导下，有步骤地进行，具体情况是：1961年12月25日特赦释放第三批战犯68名；1963年4月9日特赦释放第四批战犯35名；1964年12月28日特赦释放第五批战犯53名；1966年4月16日特赦释放第六批战犯57名。

"文化大革命"的发生，一度中断了特赦释放战犯的工作，直至1974年年末，在中美关系开始走向正常化的大背景下，和平解决台湾问题又一次被提到重要议事日程上。1974年12月23日，周恩来和王洪文飞抵长沙向毛泽东汇报工作。谈话期间，毛泽东对周恩来说：还有一批战犯，关了这么多年，建议把这批人释放。

周恩来回到北京后，立即通知负责对台工作的罗青长，请他赶快与统战部、公安部联系，传达毛泽东关于释放战犯的指示。[9]随后，公安部召开会议，时任部长的华国锋根据周恩来的指示，要求"各地清理监狱，清理在押原国民党军政人员"。[10]

这年3月17日，四届人大常委会第二次会议召开。周恩来向会议提出对全部在押战犯实行特赦释放的建议，华国锋做了说明，并提出："对这次特赦释放的全部在押战犯每人都给以公民权；有工作能力的，安排适当工作；有病的，和我们干部一样治，享受公费医疗；丧失工作能力的，养起来；愿意回台湾的，给足路费，提供方便，去了以后愿意回来的，我们欢迎。释放时，每人发给新制服和一百元零用钱，把他们集中到北京开欢送会，由党和国家领导人接见，并宴请一次，然后组织他们参观学习。"[11]

经过讨论，代表们一致同意周恩来提出的建议。许多高级民主人士深受感动。董其武激动地说："这次对全部在押战犯实行特赦释放并给以公民权和妥善安置，这只有在伟大领袖毛主席和伟大的中国共产党的领导下才有这样的事情，是毛主席团结一切可以团结的人的伟大政策的体现。"[12]

消息传出后,在台湾方面引起很大反响,被称为:"中共统战的冲击波"。

3月19日,最高人民法院宣布特赦释放战犯名单,共293人,其中蒋介石集团战争罪犯219人,党政人员21人,特务50人,伪满战犯2人,伪蒙战犯1人。至此,在押的战争罪犯全部处理完毕。

2

走出功德林的大门,对这批人来说,意味着新生活的开始,下一步究竟应该怎么走,是每个人不能不考虑思索的问题。

然而,他们做梦也不曾想到,自己的步子还没有迈出,方向还没有选定,就受到了周恩来的关注。

周恩来关心的不仅仅是他们的生活,更重要的是他们的思想。他深深地知道,由于这批人所处的复杂环境,走出功德林后,思想会受到来自各方面的影响。他们能很快适应新的生活吗?他们能紧紧地跟上时代的步伐吗?一切一切都在周恩来的系念中。

这时,周恩来收到曾扩情以学生身份请求"赐教"的来信。周恩来考虑到自己曾是黄埔军校的教官,现在是新中国的总理,无论从旧情还是新谊来讲帮助他们都有不可推卸的责任。因此,他立刻安排了会见。

12月13日,周恩来会见的前一天,曾扩情、宋希濂等11人接到通知,当时,他们并不知道要到什么地方,也不知道究竟是哪位首长会见。宋希濂回忆说:"那时,我住在崇文门旅馆,接到通知后,心情很激动。"[13]他们心中忐忑不安,甚至当天夜里久久都不能入睡。

第二天,载着客人的汽车悄悄地驶进中南海,在西花厅的门前停下。下了汽车,一位干部模样的人迎过来,和蔼地告诉他们,这里就是周恩来的家。

大家先是一愣,反应过来后感到惊喜万分。其中有人后来回忆:"当时,能够见到周总理感到很幸福。但是,想起自己在黄埔军校毕业之后,走了一段漫长的反革命道路,成为罪行累累的战犯,真不知该说什么好,喜悦和羞愧之情顿时交织在一起。"

望着西花厅清洁、简朴的院落,大家慨叹不已,称赞着主人的廉洁。因为周恩来有事，他们被引进客厅等候。大概过了半个多小时，进来一个人，统战部副部长徐冰向大家介绍："这就是末代皇帝溥仪先生。"溥仪向大家频频点头致意。

过了一会儿，周恩来笑容满面地走进客厅，和他一起进来的有陈毅副总理、习仲勋副总理以及中共方面有关负责人以及张治中、邵力子、章士钊等人。宋希濂回忆说："周总理见到我们很亲切，很热情，给我们一种温暖的感觉。"[14]

大家同时站了起来，在他们眼中，周恩来同他们过去印象中的一样，英气不减。

周恩来挥手请大家坐下。他亲切地环视一周，逐一问起每个人特赦后的身体情况和家庭状况。

他对曾扩情说："我在黄埔军校时年龄还不到30岁，当时感到压力特别大。"

曾扩情忙回答说："我那时已30开外了，我这个学生比老师还大几岁哩。"当时，曾扩情在黄埔军校政治部任少校科员。

走到郑庭笈面前时，张治中在一旁介绍说："这是郑介民的堂弟。"郑介民，1946年时任国民党政府军事委员会军令部第二厅厅长，是周恩来、张治中、马歇尔三人小组领导下的北平军调处执行部国民党政府方面的代表。周恩来说："我知道。"接着，他问到郑庭笈的家庭情况。郑庭笈的妻子叫冯莉娟，1948年郑庭笈被俘后，他的朋友们为她准备好了去台湾的船票。但是，当她听到郑被俘后在哈尔滨发表的一篇广播讲话稿后，就决定留在海南岛。1954年她回到北京，因战犯的妻子不能安排工作，无法解决家庭生活问题，就同郑庭笈离婚了。郑庭笈如实把自己的家庭情况告诉了周恩来。周恩来听后沉思片刻，转过头去对张治中说："那你们应该动员他们复婚嘛。"后来，在周恩来的关怀下，不仅解决了冯莉娟调到北京工作的问题，而且促成她和郑庭笈复婚。郑庭笈逢人便讲："如果没有周总理，我们夫妻不会破镜重圆。我的家庭也不会像现在这样幸福。可以说，周总理就是我们的红娘。"[15]

这时，周恩来看到坐在一旁沉默不语的溥仪，这是他第一次同末代皇帝见面，所以问话的时间比较长。他同溥仪说起满族人的习俗礼节，陈毅在旁边风趣地插话说："我当年在北京读书时，还是你的臣民呢。你出来时，我们还想看看你这个皇帝呢。"

周恩来的目光又转向杜聿明，转向杨伯涛，转向宋希濂……

周恩来的问话那么具体，那么周到，使开始有些拘谨的气氛逐渐松弛下来。杨伯涛后来逢人就讲："对我们这样慈祥，这样亲切，就如阵阵暖流，沁人心脾。"[16]

在祥和的气氛中，周恩来话归正题。他说："你们出来几天了，有些问题先谈一谈好。我们党和政府，是说话算话的，是有原则的。我们是根据民族利益、人民利益来释放你们的。"[17]

为使他们在新生活中行为有所遵循，周恩来希望他们着重解决四个问题，这就是立场问题，观点问题（包括劳动观点、集体观点、群众观点），工作和生活问题，前途问题。

谈到立场问题时，周恩来指出："立场是个政治问题，就是人们在民族斗争和阶级斗争中站在哪一边的问题。""你们在这个方面要经得起考验。""从鸦片战争到今天，经过将近一百二十年的斗争，中国人民翻了身，取得了伟大的胜利，这一事实连帝国主义也是承认的。"

周恩来的目光转向溥仪："溥仪先生可证明，现在我们的国家比你们过去搞得好吧，国民党统治二十多年也没有搞好。今天中国六亿五千万人民站起来了。生于斯、长于斯，这样的国家不爱还爱什么？"

周恩来还谈道："民族立场很重要，我们对蒋介石还留有余地，就是因为他在民族问题上对美帝国主义还闹点别扭，他也反对托管，反对搞两个中国。今天美帝国主义要把侵占台湾合法化，想把金门、马祖给我们，把台湾、澎湖留给自己，把蒋介石搞掉。我们认为台、澎留给蒋介石比留给美帝国主义好，将来这些地方总有一天会回到祖国怀抱。两害相权取其轻，我们不给美帝国主义以机会。在这里我们实际上支持了蒋介石。正如章行老所说'现在真正支持蒋介石的是北京'。我们希望蒋介石、陈诚、蒋经国团结起来反对美帝国主义。总之，要坚持民族立场。祖国的领土是完整的，不容许帝国主义分割，损害我们的一根毫毛也不行。"

大家深为周恩来强烈的民族感情、爱国热情所感动。

谈到观点问题时，周恩来首先肯定了他们做新人的愿望，但指出还要继续树立和加强劳动观点、集体观点和群众观点，不要把十年改造所得抛到一边。

接着又谈了他们的工作、生活安排和前途问题，嘱咐徐冰等同志一定要做出妥善安置。他对大家说："与台湾有联系的，可以做点工作。但写信也不要太急，不要挖苦，要以民族利益为重。工作要从长计议"；"有什么不如意的事可以写信与统战部联系"。

宋希濂后来感慨地说："周总理的话听起来使人感到诚恳、亲切，就像在自己家中受'父训'。"[18]

最后，周恩来希望他们今后利用旧的社会关系多来帮助政府改造社会上的死角。他特别对着溥仪说："溥仪先生可能起到我们起不到的作用。对社会上好的影响要接受，坏的影响要挡回去。"鼓励大家接受考验，努力改造，努力工作，不断进步。

周恩来讲完话后，章士钊对大家说："你们各位过去都带过几十万大军打仗，好好干，将来是能发挥作用的。"

张治中在一旁补充道："你们过去都是黄埔学生，你们没有听周主任的话走错了路。现在周主任释放了你们，要好好跟周主任走。"

周恩来笑了笑，接过去说："张文白（治中）是老一套，你们应该感谢毛主席，感谢共产党挽救了你们。"

在一旁沉思良久的傅作义抬起头来有些激动地说："我同你们一样，过去也曾是一名战犯，只不过比你们早觉悟一个时候，也是被迫改造的。"周恩来补充说："是啊，应该承认，对你们是一种特殊环境中的强迫改造，你们应该想想如何从强迫改造进入自觉改造。"

不知不觉中几个小时过去了，周恩来抬手看看表说："哟，这么长时间了。"他转身问工作人员是否准备了晚饭，听说没有准备后，他抱歉地对大家说："本想留你们吃饭，但疏忽了，没有做准备，下次再请你们吧。"[19]

那天的天气很冷，但是大家心里却感到无限温暖。周恩来的谆谆教诲像一阵春风，把党的关怀传送到每个人心中。在陈诚部队成长起来的杨伯涛感动地说："这种对待俘虏的做法自古以来是没有的。我为什么拥护共产党，因为我是过来人，我看到过国民党的兴盛，也看到过它的衰败。我为国民党做过十九年事，又在共产党领导下工作了二十多年，我感到只有共产党才有这种胸怀。而周恩来使我形象化地认识了共产党。"[20]

在西花厅的来客中，内心最惭愧、表情最拘谨的要数杜聿明。

杜聿明是黄埔一期生，深受蒋介石器重。

解放战争时期，他曾任国民党东北保安司令长官，后任徐州"剿总"副总司令。1948年12月17日，毛泽东以中原、华东两人民解放军司令部名义写的《敦促杜聿明等投降书》，没有使他觉悟。他在淮海战役中被俘后，陈毅司令员与他谈话，他也拒绝谈任何问题。一直到他被送到山东济南解放军官教导团，他仍不服罪，动不动就发火。1950年11月他从济南转到功德林时，被戴上了重重的脚镣。

然而，到达功德林后，共产党的干部却对他关怀备至，为他治愈了各种疾病。有一次，杜聿明高烧不退，医护人员为他打针、服药。管教处的姚处长彻夜守在他身旁，悉心照料。这一切深深感动了杜聿明。他激动地对姚处长说："没有你们为我治病，我早完了，共产党是我的再生父母。"[21]

或许正是这些令人难忘的情景，使他走出功德林后，在周恩来、陈毅面前不得不低下头，面有愧色地说："学生对不起老师，没有听老师的话。"

周恩来的回答是："这不怪你们，怪我这个当老师的没有教好。"

无论是杜聿明的忏悔，还是周恩来的自责，都是真诚的。

在西花厅会见之前，周恩来和杜聿明没有见过面，但是，他们之间却有过一次鲜为人知的"合作"。

那是1957年，杜聿明的女婿、美籍华裔物理学家杨振宁在美国获得诺贝尔奖。消息公布后，几乎在同一时刻，周恩来派人到功德林与杜聿明联系，而蒋介石则在台北召见了杜聿明的夫人曹秀清。双方的目的都是为了争取杨振宁。

不久，在大洋彼岸，美国普林斯顿研究院的物理学家杨振宁的夫人杜致礼收到父亲杜聿明的来信，看着这熟悉的字迹，她当着丈夫和孩子的面大哭起来。当晚，杜致礼给在台北的母亲写了封信，起句是："您的老朋友非常关心您。"这句话曹秀清心领神会。但是，她必须按台湾方面的委托赶往美国。

在曹秀清启程前，周恩来也派出了他的使者。这位使者就是杨振宁当年的老师，中国科学院高能物理研究所所长张文裕。行前，张文裕受周恩来嘱托走进功德林一号，请杜聿明以岳父的身份给杨振宁写封信，由他前往瑞典首都斯德哥尔摩，在授奖仪式上代表中国政府向杨振宁祝贺时面交。

杜聿明欣然从命。他的信是这样写的："亲爱的宁婿：我祝贺你获得诺贝尔奖金，这是民族的。你要注意政治。杜聿明即草"。

这封信的地址落款不是功德林，而是他过去在北京的家庭地址："弓弦胡同二号"。

杜聿明很快收到杨振宁的复信，最后一句话是："我非常感谢您对我的关怀。"

后来，杨振宁到日内瓦讲学，他的父亲、复旦大学教授杨武之奉命前往日内瓦探望儿子。行前，他也走进功德林一号，按照周恩来的嘱托，请杜聿明给杨振宁写信，杜聿明在信中再次强调了"民族"的意义。

周恩来与杜聿明真诚"合作"最终的结果是，杨振宁于1971年回到中国内地探望。

由于周恩来的关怀，杜聿明在政治上进步很大。走出功德林后，周恩来经常请他参加一些外事活动。1960年，周恩来在人民大会堂宴请蒙哥马利元帅，杜聿明作陪。当时，蒙哥马利问杜聿明："你的百万大军到哪里去了？"杜聿明指指陈毅，笑笑说："都送给他了。"蒙哥马利又问："一个也不剩？"杜聿明望了一下回答："就剩我一个。"这时，周恩来在一旁插话说："你也进入了社会主义。"[22]蒙哥马利从杜聿明身上看到了新中国的力量，他不能不由衷地感到佩服。

1964年11月，中央统战部根据周恩来的提议，特邀杜聿明、溥仪、宋希濂、范汉杰、王耀武、廖耀湘六人为全国政协委员。这是杜聿明政治生命的新起点。如果说，在解放战争的战场上，失败并未使他真正降服的话，那么，在新中国的怀抱中，在周恩来的面前，他确实彻底地折服了。

在周恩来的关注下，一批又一批战犯，切实改恶从善，走出功德林大门，走进人民之中。甚至像康泽这样反动的国民党特务头子也不例外地选择了这条道路。

抗日战争期间，周恩来作为中共方面的代表与国民党谈判时同康泽交过手，在两党协商过程中，康泽处处设置障碍，起了很坏的作用。像这样一个两手沾满鲜血、罪行累累的特务头子要被特赦，许多人是想不通的。1956年，毛泽东谈到康泽问题时指出，像他这样的人也不杀，"不杀他们不是没有可杀之罪，而是杀了不利"。后来，周恩来见到康泽时告诉他："像你这样的人获特赦，我们党内也不是容易说通的。但我们坚持了毛主席的方针，有毛主席和党的威信，只有人民中国才能这样做。"

1963年，最高人民法院特赦第四批战犯，其中包括康泽。康泽走出功德林后，被安排到全国政协文史资料委员会任文史专员。

这年11月10日，周恩来会见康泽以及在京特赦战犯和家属。同每次会见的情况一样，周恩来在谈话中重点强调立场问题。他说："在阶级社会里，不同的阶级有不同的立场，这也是客观历史的发展。但是，人是可以改造的，不同的阶级对立的人，是可以改变的。"[23]"一个人的改造必须先把自己的过去否定，'矫枉必须过正'，对过去的错误有认识，肯悔改，先过正一点，才能适得其中。""有句老话：'苟日新，日日新，又日新。'要不断革命。你们已经50岁以上的人了，但是不要以为年老了，不要衰老。'苟日新，日日新，又日新'虽然是句老话，今天新的解释是要天天反省，不断检查自己，总是有好处的。"

谈话中，周恩来还详细介绍了台湾方面的情况，周恩来再次表达了希望蒋氏父子和陈诚团结一致，共同对美，早日回到祖国怀抱的真诚愿望。周恩来还说："台湾现在面临美帝要把它变成独立国，我们和蒋介石都不同意，这是共同的观点。""美国逼到最后，希望他们能和平归来。只要他们取消中华民国的招牌，台湾还是可以交给他们管，这个决心什么时候下，阶级性限制他，但形势也逼着他。"

这段话对特赦人员有特别强的感染力，促使他们愿意为这一天的到来而尽自己最大的努力。

周恩来最后总结说："世界总是要改变的，我们不要妨碍青年人前进，中心是共同前进，不断学习改造，精神焕发。谈一次大家要有所得有所帮助，不要怀念过去。有句老话：好汉不谈当年勇。过去的已经过去了，人要不断前进，才跟得上时代。"

人民政府的宽大和信赖，对每一位特赦人员都是巨大的鼓舞。他们通过书信、广播、撰写回忆录等各种方式为祖国统一大业积极工作。1985年，侨居美国而赶回国参加政协会议的宋希濂说："几十年过去了，许多事淡忘了，惟有同周恩来会面的情景仍记忆犹新。周恩来生前最关心台湾问题，希望我们发挥作用，我要尽最大的努力去实现他的遗愿。"[24]

对战犯的宽大政策，也使台湾方面出乎意料，许多人一直认为，共产党对这批人不是杀头也要长期关押。1984年，郑庭笈到香港探亲，与在台湾的老部下通电话。对方听到他的声音又惊又喜。这位老部下告诉他，许多战犯在台湾的亲朋好友都入了教会，每天到教堂祈祷，请求神灵保佑他们在大陆的亲人平安。当得知他们不仅获释而且受到良好的待遇时，深受感动，希望台湾当局能做出相应的表示。[25]

如今，功德林已经面目全非，那些走进功德林，又走出功德林的人们也已逝去，但他们的后人及受到他们影响的人，还在为周恩来最后的心愿——祖国统一而奔忙……

注释：

[1][2]《关于特赦国内战争罪犯问题文献选载》，《党的文献》1995年第2期。

[3]周恩来在全国政协第二届常委会第十九次扩大会议上的讲话记录，1956年3月14日。参见《共和国日记1956》，河南人民出版社2017年版，第153页。

〔4〕《毛泽东文集》第 7 卷，人民出版社 1999 年版，第 38 页。

〔5〕《关于特赦国内战争罪犯问题文献选载》，《党的文献》1995 年第 2 期。

〔6〕黄济人：《将军决战岂止在战场》，解放军文艺出版社 1982 年版，第 229 页。

〔7〕黄济人：《将军决战岂止在战场》，解放军文艺出版社 1982 年版，第 363、364 页。

〔8〕《关于特赦国内战争罪犯问题文献选载》，《党的文献》1995 年第 2 期。

〔9〕笔者访问罗青长、童小鹏谈话记录，1985 年 7 月 4 日。

〔10〕《关于特赦国内战争罪犯问题文献选载》，《党的文献》1995 年第 2 期。

〔11〕〔12〕《人民日报》1975 年 3 月 19 日。

〔13〕〔14〕笔者访问宋希濂谈话记录，1985 年 4 月 5 日。

〔15〕笔者访问郑庭笈谈话记录，1985 年 4 月 2 日。

〔16〕笔者访问杨伯涛谈话记录，1985 年 4 月 7 日。

〔17〕《周恩来统一战线文选》，人民出版社 1984 年版，第 396—400 页。

〔18〕〔19〕笔者访问宋希濂谈话记录，1985 年 4 月 5 日。

〔20〕笔者访问杨伯涛谈话记录，1985 年 4 月 7 日。

〔21〕黄济人：《将军决战岂止在战场》，解放军文艺出版社 1982 年版，第 154 页。

〔22〕周恩来会见蒙哥马利谈话记录，1960 年 5 月 25 日、26 日。参见黄济人：《将军决战岂止在战场》，解放军文艺出版社 1982 年版，第 395 页。

〔23〕《周恩来年谱（1949—1976）》中卷，中央文献出版社 2020 年版，第 578 页。

〔24〕笔者访问宋希濂谈话记录，1985 年 4 月 5 日。

〔25〕笔者访问郑庭笈谈话记录，1985 年 4 月 2 日。

18 谋求国家统一

1

1949年,在新中国解放的隆隆炮声中,蒋介石集团逃往台湾。当时,由于人民解放军海上作战经验不足,第一次武装登陆金门岛的战斗遭到严重挫折,解放台湾的问题拖了下来。

1950年6月,朝鲜战争爆发。与此同时,美国军事力量进驻中国领土台湾。这使原本属于中国内政的台湾问题变得国际化,复杂化了。

由于正在进行抗美援朝战争,中共中央没有更多力量来解决台湾问题。直到1953年朝鲜停战后,特别是1954年日内瓦会议和平解决朝鲜和印度支那问题后,台湾问题才被中共中央郑重地提到重要的议事日程上来。

日内瓦会议结束后,美国加紧对台湾地区的控制。它一方面积极策划订立美蒋共同防御条约;另一方面积极拼凑包括台湾在内的太平洋反共军事集团,对中国内地形成极大威胁。1954年7月,中共中央召开政治局会议,研究日内瓦会议后的形势。中央认为,如果美蒋阴谋得逞,我们与美国的关系将会长期紧张下去,"更难寻求缓和与转弯的余地"[1]。因此,中央决定发动一场声势浩大的解放台湾的运动,从政治上揭露美国的意图。毛泽东提醒说:"这不是一件小事,而是很复杂的","这里面有军事工作、外交工作、宣传工作、政治问题"。[2]

这时,沉浸在日内瓦会议胜利喜悦中的周恩来尚在国外。邓小平代表中共中央起草了一封致周恩来的信,信中写道:"在朝鲜停战之后,我们没有及时(约迟半年时间)地向全国人民提出这个任务,没有及时地根据这个任务在军事方面、外交方面和宣传方面采取必要的措施和进行有效的工作……"这是不妥当的。[3]

中央请周恩来考虑回国后以外交部部长名义发表一个声明。

8月1日，周恩来回到北京。

第二天，周恩来发表了一篇关于台湾问题的声明。声明严正指出："台湾是中国的领土，中国人民一定要解放台湾。""台湾是中国的内政，决不容许他人干涉。"[4]

8月11日，周恩来在中央人民政府第三十三次会议上的报告重申了这一立场。同日，中共中央批准了这个报告。这年庆祝国庆五周年的阅兵和游行队伍中，"我们一定要解放台湾"的呼声进一步高涨。

然而，美国政府不顾中国人民的警告，于12月2日同台湾订立了"共同防御条约"。面对美国政府的猖狂挑衅，中国政府进行针锋相对的两方面斗争。

12月8日，周恩来以外交部部长身份发表声明，强烈谴责"美国政府企图利用这个条约来使它武装侵占中国领土台湾的行为合法化，并以台湾为基地，扩大对中国的侵略和准备新战争"[5]。这是外交上的斗争。另一方面是在军事上为解放台湾做准备。

台湾海峡的紧张局势引起国际上的广泛关注，主张和缓紧张局势的呼声甚高。中共中央决定加紧开展外交活动，进一步争取国际舆论的支持。

当时，国内外局势十分复杂。

在国内，有人担心解放台湾会导致美国干涉。因此，肃清恐美思想是一件重要的事情。周恩来等在许多场合阐述了解放台湾的意义，主要是三点：美国侵略集团派第七舰队已经侵占台湾，如果我们不去解放台湾，那么，美国的侵略不仅不会停止，而且还要扩大；根据人民解放战争、朝鲜战争和日内瓦会议等三个斗争的经验，只要我们的斗争是正义的，只要我们坚决进行斗争，胜利是属于我们的；台湾是我国领土，这是世界公认的，美国侵略集团侵占我国领土，侵犯我国主权，干涉我国内政，不论在法律上、政治上或道义上都是站不住的。

在国际上，虽然许多国家都主张和缓台湾地区的紧张局势，但不同的国家出于不同的目的，提出了不同的解决办法。

周恩来在同各国朋友的接触中提出：谈和缓远东局势，首先要研究紧张局势从何而来，这是一个是非问题。美国同蒋介石策划共同防御条约目的是要霸占台湾和沿海岛屿，第二步就要发动新的战争。因此，台湾问题的中心是要美国放弃侵略。对苏联、印度、缅甸等国提出召开国际性会议的主张，周恩来表示需要确定两项原则："1.蒋介石集团不能参加；2.联合国无权过问。"

周恩来还提出：如果美国政府愿意坐下来谈，我们也是不会拒绝的。

在同英国驻中国代办杜维廉的谈话中，周恩来批评了英国政府在这个问题上的不公正态度。周恩来的一系列外交活动，打破了美国的舆论封锁，增进了世界各国人民对台湾问题的认识，也增进了中立国对中国的支持与同情。

1955年2月，印度提出在召开国际性会议之前中美两国可以进行一些外交试探，可由苏联、英国、印度来进行沟通，目的是在中美之间寻找一些初步的共同点。周恩来接受印度的建议，同意在会前进行不公开的外交接触。

这年4月，第一次亚非会议在美丽的印度尼西亚的小城万隆举行。会议期间，周恩来同七国[6]代表团团长进行会谈，全面介绍了台湾问题的历史背景和中国人民的严正立场。根据与会国的要求和在国内已经确定的"可相机提出在美国撤退台湾和台湾海峡的武装力量的前提下，和平解放台湾的可能"[7]的精神，周恩来临时决定发表了一个声明："中国人民不要同美国打仗，中国政府愿意同美国政府坐下来谈判，讨论和缓远东紧张局势的问题，特别是和缓台湾地区的紧张局势问题。"[8]

周恩来的这份声明，把中国推上完全主动的地位，赢得了国际舆论的普遍支持，也迫使美国政府重新考虑对中国的政策。

万隆会议后，苏联、英国、印度等国加紧在中美之间进行斡旋。

为了巩固已经取得的胜利成果，周恩来回国后加紧了外交活动。从5月13日至20日短短的几天中，他仅同印度驻联合国首席代表梅农就进行了六次会谈。在会谈中，周恩来告诉梅农："谈判的关键问题是美国必须从台湾和台湾海峡撤走一切武装力量，从而使中国人民可以和平解放台湾。谈判的原则是必须严格区别两种性质的谈判：中美之间进行的是国际性谈判，为的是要美国放弃干涉。中国政府同蒋介石集团之间的谈判属于内政性质，台湾问题可以用武力解决，也可以争取用和平的方式解决。"[9]

周恩来的谈话对澄清一些人的错误认识很有帮助。

这时，国际和平舆论也影响到美国国内舆论的变化，许多有识之士呼吁美国政府对和缓台湾地区紧张局势采取一个现实的做法。7月，英国驻中国代办杜维廉向中国政府转交了美国关于在日内瓦举行中美大使级会晤的建议。8月1日，中美大使级会谈在日内瓦正式举行，中美之间终于踏上漫长而艰巨的谈判道路。虽然，在较长的时间内，中美谈判没有能够取得实质性进展，甚至几经波折，但是中美两国政府毕竟开始了正式的外交接触，为扫除争取和平解决台湾问题的障碍创造了必要的条件。

2

中美会谈开始后，周恩来抓住有利时机，逐步开展促进和平解决台湾问题的工作。

实际上，日内瓦会议结束后，这项工作就在周恩来的筹划下有步骤地开始了。当时，工作的中心放在政治宣传上。

1954年8月12日，周恩来在统战部召集的民主人士座谈会上提出："凡愿从台湾回到祖国的，我们是既往不咎。"他说，"大家都有朋友在台湾，可以向他们做宣传工作，经济上要加强建设，从而加强解放台湾的物质力量。"8月15日，他在宴请英国工党代表团时强调了这一精神："跑到台湾去的人是愿意回来的"，他们"如果回来，我们都将以宽大政策对待他们"。[10] 9月25日，中共中央关于解决台湾问题的宣传方针明确提出：任何人都允许弃暗投明，回到大陆来与家属团聚。

1955年万隆会议前夕，周恩来访问缅甸。在与吴努总理会谈中，吴努表示想调解中共与蒋介石的关系。吴努的兴趣集中在两个问题上：一是如何和平解放台湾，特别是怎样对待蒋介石；二是和平解放台湾后，中国是否愿意同美国签订友好条约并接受美援。

周恩来回答："台湾问题包含两个方面：一方面是中国（大陆）同蒋介石集团的关系，这是国内问题；另一方面是美国对中国的侵略和干涉，这是国际问题，二者不应混淆起来。中国（大陆）同蒋介石集团间的战争是内战的继续，过去没有，现在也不容许外来干涉。如果美军撤退，我们是可能用和平的方式解放台湾，如蒋介石接受，我们欢迎他派代表来北京谈判。只要蒋介石同意中国的和平和统一，同意和平解放台湾，并且派代表来北京谈判，我们相信即使蒋介石本人，中国人民也可以宽恕他。但蒋介石必须承认中央人民政府，不能自称代表中国。"[11]

后来，周恩来在外交场合谈到台湾问题时，继续强调中国人民有权用一切方法解决台湾问题，包括和平解决的方法，作为中央政府不仅不拒绝而是提议同蒋介石集团进行谈判。7月30日，全国人大一届二次会议召开，周恩来在会上明确了这一方针。他说：

> "中国人民解放台湾有两种可能的方式，即战争的方式和和平的方式，中国人民愿意在可能的条件下，采取用和平的方式解放台湾。""如果可能的话，中国政府愿意同台湾地方的负责当局协商和平解放台湾的具体步骤。"但需要说明的是，"这是中央政府同地方当局之间的协商"。[12]

1956年，中国即将进入全面的社会主义建设时期，这不仅需要一个和平安定的环境，而且要调动一切积极因素参加进来。在这种形势下，中共中央对台湾的政策相应地发生了进一步变化。争取用和平方式解放台湾，并且愿意同蒋介石进行第三次合作的思想更加明确起来。

这年1月，毛泽东对周恩来拟在政协二届二次会议上的报告进行修改，修改稿上写道："我国政府一年来曾经再三指出：除了用战争方式解放台湾以外，还存在着用和平方式解放台湾的可能性。这样我国大陆人民和台湾人民就有一项共同的爱国的责任，这就是除了积极准备在必要的时候用战争方式解放台湾以外，努力争取用和平方式解放台湾。""凡是愿意走和平解放台湾道路的，不管任何人，也不管他们过去犯过多大罪过，中国人民都将宽大对待，不究既往。"[13]

1月30日，周恩来代表中共中央在政协二届二次会议上正式宣布对台的方针和政策。他强调："凡是愿意回到大陆省亲会友的，都可以回到大陆上来。凡是愿意到大陆参观学习的，也都可以到大陆上来。凡是愿意走和平解放台湾道路的，不管任何人，也不管他们过去犯过多大罪过，中国人民都将宽大对待，不究既往。"

周恩来号召："台湾同胞和一切从大陆跑到台湾的人员，站在爱国主义旗帜下来，同祖国人民一起，为争取和平解放台湾、为实现祖国的完全统一而奋斗。"[14]

此后，对台政策的突出变化不仅表现在将蒋介石集团包括在团结之列，而且明确了解放台湾的方式是要力争和平解决。中共八大肯定了这一方针。

为将中国共产党和中国人民和谈的愿望传递到台湾，3月16日，周恩来在会见即将赴台的英国人马坤时，请他捎话给海峡对岸的蒋介石："我们从来没有把和谈的门关死，任何和谈的机会我们都欢迎。我们是主张和谈的，既然我们主张和谈，我们就不排除任何一个人，只要他赞成和谈。"

周恩来还强调："蒋还在台湾，枪也在他手里，他可以保住，主要的是使台湾归还祖国，成为祖国的一个组成部分，这就是一件好事。如果他做了这件事，他就可以取得中国人民的谅解和尊重。"〔15〕

到了6月，中央争取和平解放台湾的政策又有新的发展。周恩来在一届人大三次会议上代表中国政府正式提出："愿意同台湾当局协商和平解放台湾的具体步骤和条件，并且希望台湾当局在他们认为适当的时机，派遣代表到北京或其他适当的地点，同我们开始这种商谈。"

周恩来重申了在政协二届二次会议上提出的对台政策。他表示："祖国的大门对于所有爱国的分子都是永远敞开着的。"〔16〕这是他在公开场合第一次正式表达了中国共产党和中国人民愿意同国民党进行第三次国共合作的真诚愿望。至此，和平解决台湾问题的工作从一般号召进入具体寻求接触和协商的阶段。

中共对台湾的和平呼吁得到国内外广大爱国人士的拥护。许多人主动提出愿从中斡旋，推进大陆与台湾的统一。毛泽东和周恩来在会见一些朋友时对国共和谈问题提出了具体的设想和办法。

1956年10月，在香港为新加坡《南洋商报》写通讯的曹聚仁来到北京。10月3日，毛泽东在中南海勤政殿会见了他。陪同会见的有原国民党高级将领、民革中央副主席张治中，民革中央常委邵力子，中共中央统战部副部长徐冰，中共中央统战部秘书长童小鹏。

曹聚仁告诉毛泽东："台湾方面了解第三次世界大战已经没有可能，反攻大陆也不可能；他们表示，国共和谈，条件成熟时，可能在一个晚上成功。"

毛泽东听后说：台湾只要同美国断绝关系归还祖国，其他一切都好办。现在台湾的连理枝是接在美国的，只要改接到大陆来，可派代表参加人民代表大会和政协全国委员会，台湾一切照旧。台湾何时进行民主改革和社会主义改造，则要取得蒋（介石）先生的同意后才做；台湾现在可以实行三民主义，可以同大陆通商，但是不要派特务来大陆破坏；谈好了可以订个协定公布。"台湾可以派些人来大陆看看，公开不好来可秘密来。"〔17〕

10月7日，周恩来会见曹聚仁时，曹聚仁进一步就这个问题询问道：将来对蒋经国等的安排是否放在人大或政协？周恩来说：

> 蒋介石当然不要做地方长官，将来总要在中央安排。台湾还是他们管，

如果陈诚愿意做台湾地方长官，蒋经国只好让一下做副的。其实陈诚、蒋经国都是想干些事的。陈诚如果愿到中央工作，不在傅作义之下，蒋经国也可以到中央工作。

周恩来还真诚地表示：如果目前台湾方面有难处我们可以等待，希望蒋氏父子和陈诚也拿出诚意来。

当场，周恩来指示陪同他会见的中央对台办公室负责同志罗青长、童小鹏通知有关方面，对蒋介石、陈诚等人的祖坟加以保护，对其尚在大陆的亲属注意照顾。[18]

台湾方面也作出了一些回应。为了进一步摸清中共对台政策的底，国民党方面于1957年春派"立法委员"宋宜山（在押战犯宋希濂的哥哥）到北京做实地考察。中央统战部部长李维汉、罗青长会见了他。中共提出国共两党通过对等谈判，实现和平统一。统一后，台湾作为中国政府统辖下的地区，实行高度自治；台湾的政务还归蒋介石领导，中共不派人前往干预；国民党可派人到北京参加全国政务的领导。但外国军事力量一定要撤离台湾海峡。[19]

宋宜山将有关谈判情况写了一份15000字的报告呈交蒋介石。蒋介石本无谈判诚意，派人到大陆不过是摸情况、制定对策，况且这份报告并不合他的心意，也就不了了之。

中共中央为争取和平解放台湾而采取的一系列措施逐步影响到台湾内部，引起了美国政府的严重不安。为达到继续占有台湾的目的，美国政府加紧推行"两个中国"的政策。但这项政策不仅遭到中国政府的强烈反对，也遭到蒋介石集团的反对。

3

1955年，因躲避蒋介石的迫害而出走香港的卫立煌收到一封奇特的信，这封信是他妻姐的女儿韩德庄写来的。信中说："姨夫曾在太原结识的朋友叫她写信，请姨夫姨母回来。""太原的朋友？"卫立煌愣了一下，旋即，脸上浮现出难以掩饰的激动。[20]

这位"太原的朋友"就是周恩来。

1937年秋，抗日战争的熊熊烈火从平津向山西大地燃去。经历了十年内战的国共两党在山西战场开始了最初的，也是最好的一段军事合作。

这个时候，周恩来和卫立煌抱着同一个目的——抗战，到了山西前线。周恩来的任务是以中共中央代表的身份同第二战区司令长官阎锡山协商合作抗日事宜，卫立煌的任务是以第二战区前敌总指挥的身份带领部队开赴前线迎击日军。

他们第一次见面是在太原阎锡山官邸。那时，正处在著名的忻口战役前夕。能在这特殊的地点、特殊的环境下见到自己在北伐时期就十分仰慕的黄埔军校政治部主任周恩来，卫立煌感到非常高兴。

双方谈话的主题很快就归于前线的战事。周恩来听说卫立煌决定去忻口迎敌，很钦佩。他告诉卫立煌，近两个月在庐山、南京两地同蒋介石谈判，国民党政府在抗战问题上还存在很大的弱点。他说："目前全国广大的工人、农民、士兵、城市各界朋友及其他许多爱国同胞还没有被唤起，这是最严重的情形，直接影响到前线不能打胜仗，挽救危机的惟一道路就是实行孙中山先生的遗嘱，即'唤起民众'四个字。"

卫立煌提出希望中共调八路军第一二九师到忻口参加阵地战，共同保卫太原。

周恩来表示了不同意见。他指出：八路军在决战问题上不是主力，但在敌后游击战中将起决定作用。现日军向太原方面进攻，我们不能把所有兵力都放在正面打阵地战，应该给第一二九师独立自主的活动机会，使它能迂回日军后方，寻找有利条件打击敌人。

卫立煌一时没有完全理解和接受周恩来所讲的道理。

1937年10月5日，忻口战役迫在眉睫。

周恩来同阎锡山、卫立煌等共同商讨忻口战役作战计划。周恩来提出应以忻口周围山地为固守阵地，诱敌深入，求得侧面出击消灭敌人。处于左右两翼地区的八路军主力部队同时向宁武南北、代县以东侧击敌人，协同友军作战，力争在忻口以北取得胜利。

忻口战役打响后，为配合国民党军队作战，八路军第一一五师协同友军袭取平型关、大营镇，相机攻取浑源、应县；第一二〇师主力位于代县（今山阴县）以西山地，完全断绝大同与雁门关之间交通，以第三五八旅主力配合友军夹击宁武以南之敌；第一二九师以一部进至正太路之寿阳等地，积极钳制与打击西进之敌。八路军的有力援助深深感动了卫立煌。

11月初，忻口最终失守。

卫立煌败退太原。作为一名军人，战场上的失败，对他来说无疑是一个打击，沮丧和懊恼交织心头。周恩来十分体谅卫立煌此时的心境，他安慰卫立煌说：胜败不在一城一池之得失，只要我们继续抗战，实行全民总动员，进行民主改革，最后定能改变不利形势，在战场上取得主动。

经历失败后，卫立煌才真正感受到忻口战役前，周恩来提出的种种意见的正确。

太原时期的短暂交往，使周恩来和卫立煌结下深厚的友情。难怪这位"太原朋友"的来信会激起卫立煌珍藏心中的情感。

几十年的戎马生涯中，卫立煌曾经为蒋家王朝屡建战功。由于他不是蒋的嫡系和亲信，所以，尽管他战功赫赫，仍然受到蒋的排挤和猜疑。这使卫立煌深感苦恼和愤懑。

解放战争末期，卫立煌终于下定决心脱离蒋的阵营，出走香港。

新中国成立前夕，中共中央曾通过"民革"的关系争取卫立煌回国，卫立煌曾郑重回答："我是一个中国人，我将来一定要回新中国，等等再说吧。"

在新中国诞生后的第三天，卫立煌起草了一份致毛泽东的电报，电报全文如下：

北京毛主席：

　　先生英明领导，人民革命卒获辉煌胜利，从此全中华人民得到伟大领袖，新中国富强有望，举世欢腾鼓舞，竭诚拥护。煌向往衷心尤为雀跃万丈。敬电驰贺。

　　朱副主席、周总理请代申贺忱。

卫立煌　江[21]

1955年1月，中国人民解放军解放一江山岛。

1月24日，周恩来发表反对美国干涉中国人民解放台湾的声明，引起卫立煌的共鸣。他向友人表示：解放台湾、统一中国大业是每一个中国人的态度和愿望。卫立煌的政治态度受到周恩来的重视。他认为，卫立煌的爱国心思很好，现在是欢迎他回来的时候，将会对海外国民党人士起一个榜样作用。因此，他请韩德庄发出了那封令卫立煌激动不已的信。

这封来自祖国的信件，坚定了卫立煌投向新中国怀抱的决心。

3月15日，卫立煌从香港抵达广州。在这里，他发表了一生中最庄严的一个文件《告台湾袍泽朋友书》[22]：

台湾袍泽们、朋友们：

　　祖国近五年来，在共产党和毛主席领导下，凡百设施，突飞猛进，为有史以来所未有。对外在国际上国家声望日高，对内使各民族融洽共处，形成空前未有之大团结，以西藏数十年之离异，现又重回祖国。祖国经济建设一日千里，达到由无而有，自少而多，如钢、铁、煤、油等重工业之大量开发与建设，治淮、荆江分洪以及各地水利之兴修，康藏、青藏两公路及成渝铁路之筑成，宝成、陇海铁路之增筑，包兰、成昆铁路之测建，中蒙国境铁道之完成，以及自造飞机、火车头、轮船等等。尤其在人事方面，不论过去如何，凡对国家有所贡献者，均能奖励扶植，一视同仁（如程颂云、翁文灏、张治中、傅作义、陈明仁、郑洞国等等）。以视蒋介石时期，在外交上俯仰随人，厚颜谄媚；在政治上视国为家，排除异己；经济方面则将国家经济命脉置于四大家族之手；人事上嫉贤忌能，非亲莫用。真乃泾渭分明，善恶立判。凡此铁的事实，无论为爱为憎，都是不能加以否认的。

　　……

　　台湾是中国领土，乃是历史上和外交上文献所具载，任何人不能歪曲事实，加以否认。美国欲以武力强据台湾，乃其别具帝国主义者侵略野心，无论他如何颠倒是非，混淆视听，也不能掩盖天下人的耳目。台湾之于中国，正如夏威夷之于美国，如有其他国家舰队霸占夏威夷领海，他们美国人民又将作何感想？何况解放台湾，是讨伐中国的罪人蒋介石，纯是内政问题，是世界上主持正义者所同情的。今蒋介石乃与美国订立美蒋防御公约，图借外力负隅拒抗，真是出卖主权，引狼入室，这种行为不但为六亿同胞唾弃，更为具有天良，心存爱国者所切齿！各位已看到了韩战时祖国坚强军力迫使美国停战之事实，台湾最后必定解放，无论按哪一方面说，都是必然之理，既成之势。

　　……

　　我自辛亥年投笔从戎以来，即决心献身革命，希望有所助益于改革腐旧社会，建设现代国家。只因蒋介石窃据领导地位，利欲迷人，背叛革命，只图千方百计巩固私人权势，置国计民生于不顾。以致数十年光阴虚耗，未能如愿以偿，既恨且愧。自从我在香港住了五年以来，闭门阅读各种书报杂志，站在客观的立场观察实际，寻求革命真理。回想过去蒋介石几十年来的所作所为，比起共产党和毛主席领导下五年来的建树，使我更为明白是非功罪，何去何从。所以我觉得这几十年误随了祸国殃民的蒋介石，实在愧对国家愧对国人。现在祖国正在进行解放台湾，予我们大家一个效忠革命，为人民尽力的机会，以赎前愆。遥念在台数十年共患难的袍泽们、朋友们还在蒋介石魔掌之下，不忍坐视诸位随蒋沉沦毁灭。故特掬诚坦告，深望诸位及早醒悟，对于有功于解放台湾者，在有形无形中，各自乘机量力而为，则台湾解放之日，祖国及国人必不有负于诸位。肺腑之言，敬希谅察！责任艰巨，诸位珍重！

卫立煌
1955年3月15日

3月16日，卫立煌从广州给毛泽东发来电报，说道："立煌昨日返回祖国，平安抵穗，谨电致敬，并问候刘委员长、周总理、朱副主席及中央各位先生。"

第二天，毛泽东看到来电十分高兴，在信上批示中央办公厅主任杨尚昆："应发一电表示欢迎。由华南分局派适当干部好好护送来京。如他愿意在广州、长沙、武汉、郑州等处（或走上海、天津）看看建设情况，应先电告各处好好引导招待，并表示热情欢迎态度。"〔23〕

同日，毛泽东复电卫立煌：

卫俊如先生：

  三月十六日电报收到。先生返国，甚表欢迎，盼早日来京，借图良晤。如有兴趣，可于沿途看看情况，于本月底或下月初到京，也是好的。

毛泽东三月十七日〔24〕

1957年4月16日，周恩来在北京饭店举行盛大酒会，宴请苏联最高苏维埃主席团主席伏罗希洛夫。他特意邀请卫立煌作陪。伏罗希洛夫对卫立煌说："只要我们团结一致，我们是无敌的。"周恩来说："对。国共两党过去已经合作了两次。"

毛泽东紧接着说："我们还准备进行第三次国共合作。"[25] 这句话包含了中国共产党争取卫立煌回国的全部含义。

卫立煌的行动受到党和人民的赞扬和鼓励，他先后担任政协全国委员会常务委员、国防委员会副主席，还被选为全国人大代表、民革中央常委，参与党和国家的重要工作。只是由于无情的疾病突然袭来，卫立煌没有能够更充分地发挥作用。在他住院治疗期间，周恩来等党和国家领导多次前去探望。卫立煌病势沉重，说不出话来的时候，周恩来握着他的手鼓励他同疾病做斗争，使他感动地流下热泪。

1960年1月17日，寒风伴着哀乐而起，卫立煌逝世，终年64岁。周恩来亲往中山公园内的中山堂为他主持公祭。

张治中在悼词中说："卫立煌不愧为一个爱国军人，为至今还徘徊歧途的台湾国民党军政人员树立了一个良好的榜样。"[26]

这是人民对他的最高评价。

一位曾经在他身边工作过的人士说："从卫立煌的转变，再一次看到中国共产党政策的伟大、正确，它吸引了千千万万群众进入民族统一战线，组成浩浩荡荡的革命大军，连原先蒋介石的重要台柱、得力的左右臂、反共最有名和红军打仗打得最厉害的剽悍先锋也成了共产党的好朋友，最后也自己跑到人民这一边来了。"

4

1960年初，美国对华政策有所变化，它一方面继续从政治、经济方面压迫台湾，力图借此打开缺口，推行"两个中国"的政策；另一方面设法增加与中国内地的接触，寻找新的折中方案。美国的做法加深了美蒋之间的矛盾，这种局面十分有利于中共开展和平解放台湾的工作。5月22日，在中共中央政治局常委会上，周恩来与毛泽东对这个问题进行了商讨。中共中央坚持对台湾问题的总方针是："台湾宁可放在蒋氏父子手里，不能落到美国人手中。中央认为，对蒋我们可以等待，解放台湾的任务不一定要我们这一代完成，可以留交下一代去做。要蒋现在过来也有困难，问题是要有这个想法，逐步地创造些条件，一旦时机成熟就好办了。"

为把中共的诚意传递到台湾，促进海峡两岸关系的发展，周恩来通过各种渠道，采取各种办法开展工作。

他委托原国民党高级将领，对台湾当权派深有影响的张治中、傅作义多次致信蒋氏父子和陈诚，转达中共对台的方针和政策，每一封信写好后，周恩来都要认真阅读。在20世纪60年代初，张治中等的信向台湾转达了中共中央提出的更为宽松的四点意见[27]：

  1. 台湾回归祖国后，除外交必须统一于中央外，所有军政大权、人事安排等悉委于蒋，陈诚、蒋经国亦悉由蒋意重用；
  2. 所有军政及建设经费不足之数悉由中央拨付；
  3. 台湾的社会改革可以从缓，必俟条件成熟并征得蒋之同意后进行；
  4. 互约不派特务，不做破坏对方团结之事。

这些信对国民党当局晓以大义，陈以利害，动以感情，反映了中国共产党人以民族大义为重的宽阔胸怀。

抓住机会做国民党元老的工作是争取台湾人士的一条重要渠道。

1961年3月中旬，曾参加和谈的国民党方面代表章士钊从香港回到北京。他给周恩来写了一封信，信中说"胡子"最近给香港的一位朋友写信说："今年是我老伴的80寿辰，可惜我不在大陆，今年她的生日一定会很冷落，不会有人理睬她的，想到这点我十分伤心。""胡子"指的是国民党元老于右任，他在抗日战争时期同周恩来建立了比较深的关系。章士钊在信中最后说："胡子的这种心情，请总理予以注意。"

周恩来接到信后，立即通知于右任的女婿中共党员屈武，要他以女婿的名义为于夫人做80大寿，周恩来自己也准备了一些礼物。当时，于夫人的寿辰已经过了一个星期，但陕西的风俗可以补寿。周恩来听说后马上指示：陕西既然有此风俗，可以给于夫人补寿，还让人转达他的话："决不能为这件小事使于先生心中不安。"

屈武后来回忆说：事后，我决定写封信，把这件事辗转告诉于先生。在准备写这封信的时候，思想上出现了一个问题，就是必须使他知道周总理对他和他留在大陆上家庭的关怀。这就必须在信里写上周总理的名字。那么这封信到台湾，如果被特务们发现，对于先生将产生什么后果呢？反复思考，无以为计，于是我就到邵力子先生家里向邵老请教。邵先生和于先生有几十年的深厚友情，这是许多人所知道的；周总理对于先生的关怀，也是邵老先生所了解的。我把问题向邵先生提出后，邵先生非常机智地想出了办法，他说："你在给于先生的信里，把周总理三个字改成'廉溪先生'四个字就行了。"他接着说，"抗战时期在重庆的时候，我和于先生住在一起，我们经常谈论历史名人，特别是多次谈到北京名儒理学的奠基人周敦颐，周的别号本来叫茂叔，他在庐山莲花峰下的小溪上，筑室讲学，人称廉溪先生。当年我同于先生谈到周总理的时候，总是称他为周先生，你在信里写廉溪先生，于先生一看就晓得指的是周总理，而别人看到是不会联系到周总理身上的。"我就照邵的说法把信写好，连同祝寿时的照片等物清点后转交于先生。后来吴先生（吴季玉）给我来信说，于先生收到我的信、照片等，高兴到了极点，真是喜出望外。特别是周总理对他的关怀，他非常感动。他要吴先生告诉我向周总理表达他诚挚的谢忱。他对总理的称呼也用廉溪先生。足见邵力子先生的设计和判断是很高明的。就在我接到这封信的第二天的一次晚会上，我把吴先生来信的内容报告了总理。总理听了很高兴地说："只要于先生高兴，我们也就心安了。"

于右任逝世前写了一首诗："葬我于高山兮，望我大陆。大陆不见兮，只有痛哭！"可见他盼望祖国统一的强烈情感。屈武说："这固然与于先生一贯的为人和思想有关，也是周总理长期工作的结果。"[28]

周恩来还嘱有关人士将"奉化庐墓依然，溪口花草无恙"的照片寄往台湾，请统战部门安排住在上海的蒋介石的内兄毛懋卿做浙江省政协委员，并要他们照顾蒋介石在浙江奉化的亲属和陈诚在浙江青田的姐姐，这一系列工作对台湾方面产生了影响，大陆和台湾的关系有了相当的发展。

据有关人士透露，台湾当局的一个重要负责人曾表示：他们不再派人到大陆"进行扰乱公共安宁和破坏地方秩序的事"，并说："进一步派人到大陆去谈谈是不可避免的，也是必须的。"

1961年下半年，美国邀请陈诚访美，企图在是否从金门、马祖撤退的问题上离间蒋氏父子和陈诚的关系，扩大他们之间的矛盾，实现搞"两个中国"的目的。周恩来决定以促进他们之间的团结来击破美国"拉陈抑蒋"的阴谋。章士钊曾说："现在真正支持蒋介石的是北京。"周恩来表示："我们希望蒋介石、陈诚、蒋经国团结起来反对美帝国主义。"他认为陈诚"还有些民族气节，看来不会被美国牵着鼻子走"。陈诚赴美前，周恩来请人提醒台湾当局要加强内部团结，即蒋、陈、蒋的团结，把军队抓在手里，美国就不敢轻举妄动了。周恩来申明：只要他们一天能守住台湾，不使它从中国分裂出去，那么，我们就不改变目前对他们的关系。希望他们不要过这条界。8月，陈诚访美，美国国务院将1955年以来中美大使级谈判的记录拿给他看，想以此进行拉拢。陈诚看后对人说："中共拒绝美国一切建议，而坚持美舰队及武装力量退出台湾的做法，不受奸诈，不图近利，是泱泱大国风度。"陈诚还表示，他们也要向历史做交代。

鉴于此，周恩来进一步抓紧了争取台湾的工作。1963年初，周恩来请张治中、傅作义致信陈诚，阐明台湾的处境与前途，说明今日反台者并非中共，实为美国，而支持台湾者并非美国实为中共。中共这样做是为了维护国家主权与领土完整之不可侵犯性。谈到对台湾的政策时，信中除重述过去对台湾回归祖国后的建议外，并做了更具体的说明。概括起来就是毛泽东提出，并由周恩来归纳的"一纲四目"。用张治中等的话来说：

"一纲"就是"只要台湾归还祖国，其他一切问题悉尊重总裁（指蒋介石）与兄（指陈诚）意见妥善处理"。"四目"是：(1) 台湾归回祖国后，除外交必须统一于中央外，所有军政大权，人事安排等悉由总裁与兄全权处理；(2) 所有军政及建设费用不足之数，悉由中央拨付；(3) 台湾之社会改革可以从缓，必俟条件成熟并尊重总裁与兄意见协商决定然后进行；(4) 双方互约不派人进行破坏对方团结之事。[29]

后来，周恩来又请有关人士转告陈诚：

台湾归还祖国以后，可以行使更大的自治权利，除外交以外，军队、人事均可由台湾朋友自己来管。周恩来表示过去送去的信件虽然是一些朋友个人写的，但政府是支持的；我们个人在政府中担负的工作可以变更，但对台政策是不会改变的。[30]

这个时期，周恩来代表中共表达的和谈诚意和提出的具体建议对台湾当局深有影响。他们表示：只要一息尚存，决不会接受"两个中国"。

1963年7月，周恩来获悉陈诚提出辞职的消息后，于9月约见张治中、傅作义商议此事。周恩来分析陈诚辞职不外三个原因：美国压力、内部矛盾或真的有病。他说："不管台湾形势如何，我们的政策只要老小合作。"年底，周恩来出访亚非十四国期间绕道广东，会见去台的有关人士，希望他转告陈诚及台湾当局：美国正采取更多的行动，要把台湾变成一个独立政治单位。而国共两党可以在反对"两个中国"问题上形成统一战线。我们不会因自己强大而不理台湾，也不会因有困难而拿原则做交易。如果单从我们方面看，台湾归还祖国固然好，既然暂缺那也无损于祖国的强大地位。我们是从民族大义出发，是从祖国统一大业出发。今天祖国的四周边界问题已解决，惟独东南一隅尚未完满，这个统一大业应该共同来完成。〔31〕

1965年3月，陈诚病逝。他留下的遗言中既没有提"反共"，也没有提"反攻"。他向蒋进言：对中共不能反潮流；不能为外国动用台湾兵力；不能信任美国；不能受日本愚弄等。这表明，对陈诚所做的工作是有成效的。台湾的国民党右派想在陈诚的遗言中，加上"反共反攻"的内容，陈诚夫人不同意，她找到蒋介石，蒋介石同意不修改。这说明，蒋介石当时的态度也是耐人寻味的。曾深受陈诚信任的部下杨伯涛说："陈诚去世后留下遗嘱，其中两点很重要：一是没有提反共；二是指出对美国人不能再抱幻想。这两点证明他已心向祖国，向共产党靠拢了。"〔32〕

陈诚去世后，周恩来继续坚持不懈地对台进行争取工作，他不止一次讲道：对台工作急是无用的，今后可能会拖下去，我们这辈子如看不到祖国统一，下一代或再下一代总会看到的，"我们只要播好种，把路开对了就行"。〔33〕

注释：

〔1〕廖心文：《周恩来和平解决台湾问题的方针》，《党的文献》1994年第5期。
〔2〕毛泽东在中央人民政府委员会第33次会议上的讲话记录，1954年8月11日。参见《建国以来毛泽东军事文稿》中卷，中央文献出版社2010年版，第228页。
〔3〕廖心文：《周恩来和平解决台湾问题的方针》，《党的文献》1994年第5期。
〔4〕《人民日报》1954年8月3日。
〔5〕《人民日报》1954年12月9日。

〔6〕指印度、缅甸、印度尼西亚、巴基斯坦、菲律宾、泰国、锡兰7国。

〔7〕周恩来《参加亚非会议的方案（草案）》，1955年4月4日。参见《中国共产党统一战线史》，华文出版社2017年版，第282页。

〔8〕《周恩来外交文选》，中央文献出版社1990年版，第134页。

〔9〕〔10〕〔11〕〔12〕廖心文：《周恩来和平解决台湾问题的方针》，《党的文献》1994年第5期。

〔13〕《毛泽东年谱（1949—1976）》第2卷，中央文献出版社2013年版，第522页。

〔14〕《周恩来年谱（1949—1976）》上卷，中央文献出版社2020年版，第529、530页。

〔15〕《周恩来年谱（1949—1976）》上卷，中央文献出版社2020年版，第545页。

〔16〕《周恩来年谱（1949—1976）》上卷，中央文献出版社2020年版，第574页。

〔17〕《毛泽东年谱（1949—1976）》第3卷，中央文献出版社2013年版，第4、5页。

〔18〕《周恩来年谱（1949—1976）》上卷，中央文献出版社2020年版，第607、608页。

〔19〕童小鹏：《风雨40年》第2部，中央文献出版社1996年版，第274页。

〔20〕笔者访问卫立煌夫人韩权华谈话记录，1984年。

〔21〕"江"按韵目为三，这封电报是1949年10月3日发出的。

〔22〕卫立煌《告台湾袍泽朋友书》，1955年3月15日，《人民日报》1955年3月17日。

〔23〕《毛泽东年谱（1949—1976）》第2卷，中央文献出版社2013年版，第354页。

〔24〕《毛泽东书信选》，中央文献出版社2003年版，第453页。

〔25〕《人民日报》1957年4月17日。

〔26〕《人民日报》1960年1月18日。

〔27〕《周恩来年谱（1949—1976）》中卷，中央文献出版社2020年版，第314页。

〔28〕参见《人物》1981年第4期；笔者访问屈武谈话记录，1981年3月28日。

〔29〕《周恩来年谱（1949—1976）》中卷，中央文献出版社2020年版，第511页。

〔30〕〔31〕廖心文：《周恩来与和平触台湾问题的方针》，《党的文献》1994年第5期。

〔32〕笔者访问杨伯涛谈话记录，1985年4月7日。

〔33〕廖心文：《周恩来与和平触台湾问题的方针》，《党的文献》，1994年第5期。

19

战胜饥荒

1

1958年发动起来的、完全违背客观经济规律的"大跃进"和人民公社化运动，仅仅运行两年多时间后，便产生了严重后果。从20世纪60年代的第一年开始，我国国民经济已经陷入重工业畸形发展、农轻重比例失衡、财政赤字和通货膨胀严重、商品短缺、人民生活水平下降的严重困境之中。

造成粮食紧张的主要原因，一是"大跃进"以来的瞎指挥和对粮食产量的浮夸风、高指标和高征购；一是从1959年起连续两年的严重自然灾害。

1958年北戴河会议公布粮食产量将达到6000亿至7000亿斤。这年年底，各省、市、自治区估计的粮食产量则被夸大到8500亿斤，也就是全国平均每人占有粮食1300多斤。1959年，各地上报的粮食产量更是高达1万亿斤，也就是全国平均每人占有粮食1500多斤。这样就在全国范围内造成了粮食已经过关的假象。周恩来当时就指出：产量没有那么多，有虚数。[1]后来落实的结果，1959年粮食的实际产量只有3300多亿斤，只是上报数字的三分之一。这样高估产带来了高征购。1959年到1961年三年粮食平均征购数占到粮食总产量的35.3%，其中1959年高达39.7%（正常年景一般占20%多），大大超过农民的承受能力，农民的一部分口粮和种子也被征购。

1959年初春，在河北、山西、内蒙古、陕西、甘肃、宁夏、青海、山东、江苏、安徽、福建、河南、湖北、湖南、江西15个省、自治区出现春荒，加上在大办食堂中一度出现的"吃饭不要钱"、"放开肚皮吃饭"等现象，在河北、山东等5个省已经出现严重缺粮的现象。

1959年4月17日，周恩来收到中央救灾委员会办公室送来的两件灾情报告，震惊之余，他立即送给毛泽东等传阅。同样觉得事态严重的毛泽东阅后，建议：在三日内，用飞机将这两个文件送到15个省、自治区的第一书记手中。为引起各省的注意，毛泽东还在两份文件上安了一个总题目："十五省两千五百一十七万人无饭吃大问题"。[2]

4月18日，周恩来给各个省委、自治区委第一书记写了一封信，指出：

> 这两个文件中反映的情况，有些地方一定已经处理，或者正在处理；可能有些地方的当地领导人还不知道，因而还未处理；也可能有些地方的实际情况与反映的情况不尽符合。请你们收到这两个文件后，迅速核实情况，采取措施，调运粮食，以解除两千五百一十七万人暂时缺粮的紧急危机。[3]

4月19日，周恩来召集15个省、自治区在京出席全国人大会议的代表商议解决这些省区春荒中的粮食问题。但是由于1959年的灾荒所影响的是农村的一些地区，人们对它的严重程度还没有引起足够注意。

进入1960年后，灾情来势更加猛烈，遍及全国大多数地区。令人纳闷的是，由于浮夸风的影响，一些放过"卫星"的省、市、自治区领导人却不承认粮食减产，致使中央对全国粮食产量的底数不清。1960年1月26日，中共中央批转的一个报告认为：国家粮食库存在1959年6月底343亿斤的基础上，1960年6月底将增加到500亿斤。报告设想，今后每年征购和销售各增加200亿斤，购销差额每年在150亿至200亿斤左右，至1963年底，国家库存可达1000亿斤贸易粮。显然，这是浮夸的估计。

据已掌握的确实情况，到1960年初各省市粮食部门已纷纷告急，粮食征购上不来，国家粮食库存接近底线，面临断粮危机。1月13日，李先念不顾自己不久前因"反冒进"遭到的错误批评，斗胆写报告给毛泽东和中共中央："据部分省区反映，在农村人民公社的基本核算单位中，约10%到20%缺粮。"[4]

面对这两种不同情况的报告，为了准确掌握情况，3月上旬，周恩来同李富春、陶铸和部分中央部委负责人在广东从化学习《政治经济学（教科书）》结束后，特意批准参加学习的总理办公室主任童小鹏回他的家乡福建省长汀县童坊乡去了解一下他家乡的真实情况。据童后来回忆："一到家，就发现问题很严重，大食堂里很少粮食，（大家）主要靠青菜充饥，还饿着肚子去修公路，因'大炼钢铁'和烧大锅饭,把老祖宗种在后龙山上的大松树都砍光了,群众有怨言又不敢公开说。但当地干部仍在当面说大话、空话、假话,说每人每月有30斤谷子。我除向当地党委同志反映情况外,回北京后即向周恩来同志报告。他特别重视,要我立即把情况报告省委,请省委采取措施解决群众必要的粮食供应。"[5]

3月29日,周恩来又收到习仲勋转来的一封自称"一位不愿署名的政协委员"的来信,反映了安徽省和县铜城闸和无为县发生"饿死人事件"和"田地荒芜"的情况。这封信引起周恩来的警觉,他立即将信批给中共安徽省委第一书记曾希圣,要求他派人前往两县调查。周恩来在信中指出:"转上一信,请阅后派人前往两县一查,也许确有此事,也许夸大其词。但这类个别现象各省都有,尤其去年遭灾省份,更值得注意。主席在批转山东省六级干部会议文件上,也曾着重指出这一点。请查明后复我一信。"[6]

到1960年秋后,局势更加地严峻起来:全国仅受旱面积就达到9亿多亩,水灾面积有1亿多亩,再加上虫、风、雹等灾害共9亿多亩,颗粒无收的高达六七千万亩,全国许多地方出现农民生活极端困难状况。

妥当安排全国人民的吃饭问题,已经成为事关全国政治、经济大局的第一位问题。对此,周恩来在中共中央政治局扩大会议上痛心地说:"这样大的灾荒那是我们开国11年所未有的,拿我们这个年龄的人来说,20世纪记事起,也没有听说过。"[7]

这个时候,农村应付灾荒的能力已经十分虚弱。天灾和人祸叠加在一起,使这一年的全国粮食总产量只有2870亿斤,比"大跃进"前的1957年还减少了26%以上。

农村粮食大幅度减产,势必引起城镇粮食供应紧张。在相当长一段时间里,国家粮食库存降至最低点,粮食调拨供应吃紧,北京、天津、上海和沈阳等大城市纷纷告急,即将出现脱销。

据国务院财贸办1960年6月份的报告统计:入夏以后,北京、天津、上海等大城市和作为重工业省份辽宁的10个主要城市的粮食,以及工矿区的库存粮食已经很少,粮食供应不断告急:北京只能供销7天,天津只能供销10天,上海几乎没有大米库存,辽宁省10个城市只能供销8至9天;山东、山西、河南、安徽等重灾区每人每天只有几两原粮,多地出现浮肿病、饿死人等异常严重的情况。

10月30日，周恩来接到李先念打来电话。电话反映：粮食调出省湖北粮食情况很紧张，原来商定的明年夏季外调8.5亿斤有困难；河南灾情严重，全省十余县、四五百万人已经断粮，现正在开展救灾工作。他将有关电话记录批送李富春、薄一波、谭震林、姚依林阅办，再转报毛泽东阅。[8]

及时果断地采取全方位措施解决粮食问题，成为这一时期战胜困难、渡过难关的最为关键的步骤。

2

在严峻的形势面前，忧心忡忡、心系人民、不畏艰难险阻的周恩来，自觉而果断地担起了战胜饥荒的总指挥的担子，尽心竭力解决全国性的粮荒问题。他深入基层了解实情，统筹全局，果断决策，力求找到综合解决粮食问题的有效办法。

1960年11月，周恩来提醒国务院领导人要注意农业尤其粮食对国民经济全局的极端重要性，强调"农业是国民经济的基础，也就是说农业的发展水平是国民经济首先是工业发展速度的决定因素"，因此，在安排国民经济计划时，必须首先考虑到："农业能够提供多少粮食给工业和城市，农业能够提供多少劳动力给工业和其他各行各业，农业能为工业提供多少原料，农业能为工业提供多大购买力。"[9]

大幅度地精简城镇人口，包括城镇职工和居民，既是调整工作中的一项关键性措施，也是缓解粮食供应紧张的一项有效措施。在"大跃进"的浪潮中，全国职工人数急剧增加，到1960年增加到5000万人，比1957年的2450万人增加了一倍以上，相应地农村劳动力则减少了2300万人，原来生产粮食的人变成了吃商品粮的人，大大超越了国民经济发展水平，特别是农业生产水平所能承受的程度。因此，必须在进口粮食的同时精简城镇人口。

1961年3月20日，周恩来在广州召开的中共中央工作会议上，介绍了粮食问题的情况，并提出了解决粮食供应紧张的措施，第一次提出了压缩城镇人口的意见。他说："我们必须认识，由于灾荒的严重，全国的粮食库存，最有粮食的地方，现在的库存也挖空了。比如西南的四川粮食比较多，现在的库存也挖得差不多了,黑龙江经过去年十年一遇的灾荒,库存也空了。"因此,要"坚决压缩城市人口",这样"有利于迅速解决粮食问题"。"如果城市人口不压缩,继续增加,明年的粮食还会有赤字。""在不妨碍生产、而且有利于生产的情况下,要压缩一批城市人口回乡,这项工作应该立即着手准备,而且要有计划有领导有步骤地去做。我们希望从今年麦收开始到明年,争取在一年半的时间内压缩一千万以上的人口回乡,这对于减少城市的粮食压力,促进农业生产的发展,会起很好的作用。"[10]

1961年5月21日到6月12日,中共中央在北京举行工作会议,讨论怎样从根本上解决粮食问题。5月31日,周恩来在会上就粮食问题做了专题报告。他解释说:由于1959年、1960年连续两年灾荒的影响,加上今年夏荒(比受灾严重的去年又减少夏粮200亿斤左右),更增加了我们粮食供应的困难,"所以,我要做粮食问题的报告"。

接着,周恩来对1960至1961粮食年度的形势作了初步估计和总结,他抓住粮食问题的五个关节点,即产、购、销、调、存展开论述,指出:"在南方和北方各省的工作组都反映,不论农民家里或食堂里,或生产大队、生产小队里存粮都不多,就算总产比2800亿斤多一些,也已经被吃掉了。""统购统销以来的经验证明,购粮总数不宜超过(总产量)百分之三十。""1960—1961粮食年度是从去年7月1日算起的,如果把去年5、6两月购的加上去,再把今年的47亿斤也加进来,实际上多购了60亿斤,即总共购了894亿斤商品粮,或者是1075亿斤原粮。""从产、购、销、调、存这五个方面的情况中可以看出,我们的粮食形势是紧张的。"尤其是国家的粮食库存"已经减到最低限度",这是新中国历史上从来没有过的。为了弥补粮食赤字,一是从去年12月起,中央"下了决心进口一部分粮食,以后进口计划数又逐步有所增加";再就是继续挖库存。因此,今后"粮食形势将继续紧张,城市严重于乡村"。[11]

在目前局势下,究竟怎样才能从根本上解决粮食供应紧张问题,从根本上缓解已经在很多省市出现的浮肿病、饿死人等令人痛心的严重局面?周恩来设想了这样几种办法:

第一,"不留20亿斤救灾粮"。但是这样做,既"不能解决问题",也是"不负责任"。"救灾粮非留不可,去掉不得。"

第二,"是否可以多征购一些?按照今年的形势,我觉得不行"。因为"要多征购"，就要"把农民的口粮、种子、饲料挖空"。"要不就挖库存，而库存是没有办法挖了。"

第三，"大家努力，多增产一点。这当然是好事，当然要增产"。"但是，这总有一定的限度，因为是灾荒年度"，"有灾害等气候方面的影响"。因此，"对增产不能寄予希望太多，不然又会变成高指标"。

第四，"能不能平均压低城市的口粮指标？现在城市按人头平均只有商品粮400斤，实际有的地方没有400斤"。这个人均数量还包括了酿酒、炸油条、做点心等商品用粮。"这已是低指标，不能再压了；再压城市里的浮肿病等等就会多起来，那就比农村更紧张、更严重。""总之，平均压低城市口粮指标不能解决问题，带来的后果很大。"

第五，"能不能再多进口？肯定不行"。"不仅外汇挤不出来"，而且粮食出口国"没法出口那么多，我们也没法进口那么多"，因为我国"现在一年进口500万吨（已经）是个很大的数字"，"再多港口吞吐不了"。

第六，"可不可以向苏联多借一些粮食？"我看不行。

第七，"能不能再多挖库存？""只能少挖一点，到第三季度、第四季度还要补上，不然没有办法周转。"

第八，"从城市压人口下乡，这是最后一个办法。前七种办法，只有一个挖库存作为周转还可以。除此以外，根本的一条方针，只有压人下乡"。"根本的办法还是要压人下去"。怎么压呢？"第一，有一个最重要的方针，就是从哪里来的，回到哪里去。第二，三年压缩2000万人，这是一个艰巨的工作。这次会后，还要拟一个文件，经中央批准后实施。"

接着，周恩来逐一介绍了政府工作在当前阶段的任务："第一是放慢建设速度。第二是缩短战线，打歼灭战。第三是提高劳动生产率。第四是发展农村经济。第五是多生产日用百货。第六还有一个集中技术力量，解决高、大、精、尖、新的问题。"[12]

陈云在当天会上讲话，表示完全赞成周恩来的意见。

下午，根据周恩来、陈云等人的报告精神，出席中共中央工作会议的各大区负责人分组讨论了周恩来所作的《关于粮食问题的报告》。

6月初，根据各大区负责人讨论《关于粮食问题的报告》提出的意见，周恩来召集国务院有关方面负责人研究并主持起草了中共中央工作会议《关于减少城镇人口和压缩城镇粮食销量的九条办法》。

6月5日晚十时，周恩来同李先念商议之后，不顾一天辛勤工作后的疲劳，在6日零点到毛泽东处汇报，上午八时又向刘少奇等中央常委和中央书记处成员报告了《九条办法》的内容。

6月6日上午，毛泽东主持中央工作会议。十时，周恩来在会上就《九条办法》的形成、内容和实施问题做了说明，并征求与会代表的意见。他的这个说明想得全面周到、深入细致，具有切切实实的可操作性。他说：

"为在今后三年（1961—1963）达到恢复1957粮食产量的目的，中央和地方应在整风整社的同时拟定工业和商业支援农业的计划。"这就存在一个问题，"就是三年能不能恢复？一种是可能，一种是很困难，不能实现"。

"工业支援农业，不能简单地把钢材一分，拖拉机多少，排灌多少，运输工具多少，就解决了，因为有的东西在底下不完全适用。""因此支援农业的钢材跟铸造生铁的分配，农业机械部跟农业机械厅只能管大的，那只是少数；多数的铸造生铁、钢材、竹子、木头等等，还是要分给各省、市，让他们机动，因地制宜，自己制造。省、市也不能都包了，还得分给各县。这样制造出来的东西才得用。分配错了的，要退回来。这样才算真正支援。""工业支援农业，当然不仅这一项，比如化肥，也是工业支援农业；水利上的一些措施，也要有计划地搞。"

"商业支援农业，包含内贸和外贸，我们打算在会中、会后好好地抓一抓，研究一下。这是中央负责的，但也要跟各大区、各省合作。"[13]

6月12日，周恩来在中共中央工作会议上做了《九条办法》的修改说明。

6月16日，中共中央正式发出《关于减少城镇人口和压缩城镇粮食销量的九条办法》。《九条办法》规定：

（一）"城镇减人，必须迅速造成声势。"各级党委"必须亲自领导，进行充分政治动员"。

（二）"全国城镇只许减人，不许加人，特殊需要加入的必须得到中央和中央局的批准。减少城镇人口，必须同压缩粮食销量结合进行。"

（三）"中央和地方共同核实城镇首先是大中城市的人口，清查黑人黑户，做到人、粮相符。严禁虚报冒领和营私舞弊。"

（四）"今后三五年内，全国口粮一般地仍应实行低标准、瓜菜代的方针。1961至1962年度，城镇口粮标准不许提高，只许适当降低。"

（五）"1961年7月到1962年6月粮食的产、购、销、调、存的数字，这次只供各地研究讨论之用，待8月中央工作会议再作决定。"

（六）"职工的升级、转正和工资的调整，推迟到今年下半年城镇人口减到一定程度以后，再进行。"

（七）"中央各部门在这次会议以后，应即会同有关省、市、自治区党委提出中央各部在各该地区的直属企业、事业、学校、机关单位的精减计划。"

（八）"在城市征兵，重点放在大中城市适龄的中等学校学生、青年工人和机关团体的青年职工（包括干部子弟）。"

（九）"中央和地方应在整风整社和贯彻十二条、六十条、中央指示信以及其他文件的同时，拟定工业和商业支援农业的计划。"[14]

从此以后，《九条办法》成为指导城市精简工作和解决粮食困难问题的纲领性文件。

3

1961年初，三年"大跃进"给国民经济带来的严重困难已经明显地暴露出来。这年4月下旬到5月中旬，时时牵挂着人民群众的温饱，为近期广大农民的困苦生活而焦虑不安的周恩来，响应中共中央和毛泽东发出的"今年要搞个实事求是年"、"大兴调查研究之风"的号召，到河北邯郸地区调查研究。

位于河北省南部的邯郸，是一座具有近三千年悠久历史的文明古城。距今七千多年的磁山文化及稍后的仰韶文化、龙山文化，展示了远古人类在这里留下的文明足迹。战国时期，邯郸是赵国的都城，这里产生了一些青史留名的历史人物，其中中国第一个皇帝秦始皇就生于邯郸。燕赵古国的豪侠遗风，在这片土地上一直薪火相传、绵绵不绝。

解放战争时期，邯郸地区属于晋冀鲁豫解放区，有着光荣的革命传统。当地群众为支援八路军打击日本侵略者，做出过重大贡献。在这块土地上，曾掩埋了许多为中国人民解放事业壮烈捐躯的革命先烈。

新中国成立后，为了世世代代纪念这些烈士，缅怀他们的业绩，邯郸市人民政府拨款修建了烈士陵园和纪念堂。1954年，应邯郸市人民政府之请，周恩来挥毫题字两幅，一为"邯郸烈士陵园"，一为"烈士纪念堂"。

5月3日上午十时许，在朝阳春风的伴送下，周恩来身穿半旧藏青色中山服，脚踩一双半旧圆口布鞋，带着几位工作人员和近些年来身体一直欠佳的妻子邓颖超，精神抖擞地悄悄来到原晋冀鲁豫军区所在地武安县伯延村。解放战争期间，刘伯承司令员和邓小平政委在这里工作和生活过。

为了获得第一手真实情况，在邯郸伯延公社调查期间，周恩来不辞辛劳，走村串户，奔波忙碌，主要就广大农民最关心的食堂、供给制和包工包产问题找公社、生产大队、生产队的干部和社员谈话、开座谈会，认真听取社员对党的农村政策的反映。

同时，周恩来无论工作多忙、身体多么疲乏，都要挤出一些时间，到田间地头实地看看，在不同地点的食堂吃吃饭，到社员家里走走。俗话讲："眼见为实，耳听为虚。"用他自己的话说："这既是实地考察，又是呼吸新鲜空气，驱散疲劳。"

这时的伯延村是公社所在地，有十多个自然村落，共2700余人，办公共食堂比较早。伯延受灾面积大，正面临严重饥荒。

"周总理来了！周总理来了！"很快，周恩来到伯延的消息不胫而走。在5月4日的走访中，有不少社员群众涌到街道两旁，欢迎他的到来。在邓颖超的陪伴下，周恩来一面向群众频频招手致意，一面同身边的群众亲切握手。

站在人群中的女社员郭仙娥，三步并作两步，大胆地走到周恩来面前，热切地向周恩来问候。周恩来握着她的手，和蔼地问道："你家住哪儿？去你家看看行吗？"郭仙娥激动地回答："好，好。"说罢，便引着周恩来往她家走去。

周恩来走进她家，看见炕上睡着一个人。她向周恩来介绍说："那是俺小孩子他爹，有点病，耳朵还有点聋。"说话声惊醒了她的爱人王连生。他睁开眼睛一看，见屋里站满了人，直愣愣地好一会儿都没弄清是怎么回事。他的大女儿贴近他耳朵说："周总理来了！"王连生一听周总理来了，惊讶地连连说："总理快坐！快坐！"随即，他噌的一下，从炕上坐了起来，伸手从地上捡起一只鞋就穿。没等他把那只鞋穿好，周恩来已弯腰从地上捡起另一只鞋，送到了他的手边。

顿时，王连生眼泪夺眶而出，一时不知说什么好。一个国家总理亲自给他这个旧社会过来的穷孩子、普普通通的社员拾鞋，怎么叫他不流泪呢？他紧紧地握着周恩来那双温暖的手，半晌才说出："总理您辛苦了，我们贫下中农欢迎您。"

周恩来怕他听不清自己的话，便加大声音，询问他的身体状况，问找医生看过没有，吃的什么药，一再叮嘱他安心养病。还问："在家吃饭好，还是在食堂好？"王连生激动不已，一时答不上话来，郭仙娥抢着回答："我们不敢说食堂赖。"周恩来又不解地问："为啥在家吃饭不浮肿，在食堂吃饭就浮肿？"顿时屋子里鸦雀无声，在场的人没有人敢吭声。[15]

周恩来走到桌子边，仔细地看了又看刚从食堂打回来的代食品窝窝头，噙着泪水，转过身来，迈着沉重的步子走了。

在周恩来所走访的社员家里，他总要到社员存粮的房间走一走，到厨房看一看。由此，他发现一个普遍问题：社员家里除了树叶、咸菜、野菜以外，就没有别的东西了，更是没有什么存粮。

每当看到这种情况时，周恩来的心情沉甸甸的，常常自责作为共和国总理的工作没有做好。

4

周恩来初到伯延公社时，强迫命令、浮夸风和"共产风"仍很严重，广大社员还不敢讲真话。

"周总理是大官啊，可不能胡说八道的。"社员群众私下嘀咕说。他们虽然不知道国务院总理是多少级干部，但却知道"宰相"在中国的地位和分量。

5月3日、5日，周恩来主持召开两次生产大队和生产小队干部座谈会。

5月4日，周恩来主持召开社员代表座谈会。发言的许多社员不敢说食堂不好，不少人违心地说食堂好，因为谁说食堂不好，就是挖社会主义的墙脚。

针对这个情况，周恩来指着墙上挂着的自己的像，和蔼可亲地说："我叫周恩来，你们看跟墙上挂的像一样吧？我这次来就是要听你们的心里话。有话只管说，有问题只管提，错了也不要紧的。"

周恩来请坐在一边的一位年近50岁的社员张二廷发言。张二廷猛地站起来，以坦诚的态度说："总理，你叫我说真话，还是假话？"周恩来答道："当然是说真话。"

于是，张二廷便根据伯延公社所遭受的严重灾情和针对农村人民公社在公共食堂、评工记分等方面存在的问题，并针对已发言的社员所说的话，毫无顾忌地说："要说真话，那刚才说的食堂好的那些话，都是假话。食堂好，食堂吃不饱。"

"为什么吃不饱？"周恩来严肃地问。

"总理，你算算，一共几两指标？司务长、炊事员多吃一点，他们的孩子、老婆、爹娘老子再多吃一点，干部再多吃一点，还能剩几两？最多剩三四两，还能吃饱吗？要是自己做，糠糠菜菜、汤汤水水就能糊弄饱。你别看我死了老婆，孩子们又多，我也愿意自己做着吃。"

周恩来细心地听着，不时地向张二廷投以赞许的目光。

随后，张二廷像吃了豹子胆似的，指着周恩来说："总理，这样糊弄下去，你再迟二年不下来，连你也吃不上饭了！"

张二廷这番听着尖刻刺耳但却是情真意切的话，在周恩来心中掀起一阵波澜："多好的一个社员啊！""多好的一个社员啊！"他仰着头，好一阵子一句话也不讲，会场格外寂静。

随后，从沉思中回过神来的周恩来，还想探明缘由，问道："你为什么说再过二年不下来，我也没饭吃？"张二廷答道："我们吃不饱，干活没有劲，地里就不打粮食，长的那点粮食还不够俺都在地里生啃着吃，哪有粮食交国家？一年不交国库有，二年不交国库有，三年不交国库也就没有了。你还能不挨饿？"[16]

在场的地委干部万万没有料到会从张二廷口中冒出这么一番他认为是对党和国家领导人"极不恭敬"的话来，显得十分尴尬。他满脸不高兴地对周恩来说："这个人是个落后分子。"

周恩来不以为然，看了看这个干部，和颜悦色地说："这样看不对。张二廷说的是真理。只有当他把我们看作是自己人时，才会说这样的话，这是一针见血的话。"[17]

周恩来说："二廷，你是我下来遇到的第一个敢讲真话的人，你们批评很对，我很难过。上边不了解情况，下边乱指挥，搞得你们减了产，生活困难，怎么不难过。""我周恩来走南闯北很少有人说住我，今天是你说住我了。好，二廷，咱俩交个朋友吧。"周恩来就这样交了一个忠厚耿直、性格开朗的农民朋友张二廷。

座谈会后,有的社员忠告道:"你的嘴没把门,乱放炮,总理在没事,总理走了,还不把你抓起来?"

座谈会后的第二天上午,周恩来走访社员家庭。他走进张二廷住的院内,就亲切地高声叫着:"二廷,在家没有?"

这时,张二廷正躺在炕上,回想昨天开会和会后有的社员忠告他的事。话声一落,周恩来就走进了屋里,拍着他的腿说:"二廷疲劳了,二廷疲劳了。"

周恩来就像久别重逢的亲人同张二廷拉起了家常。

张二廷的爱人1960年病故,留下四个孩子,大的才13岁,小的只有3岁。周恩来看到他孩子多,生活困难,又没家庭主妇料理家务,同情之心油然而生。他对张二廷说:"你又当爸,又当妈,顾不过来。这样吧,这样吧,我给你带走个女儿,养大后再送回来。"为周恩来着想的张二廷,激动地回答:"总理,哪能麻烦你,我养得过来。"

人非草木,孰能无情。一股暖流涌上张二廷心头,不由自主地掉下热泪。张二廷见到这位要自己称他作"老周"的国家总理是这样的平易近人、关心人,内心充满了感激之情。[18]

二十多天后,周恩来在中共中央政治局会议上仍颇有感触地说:这个社员"劳动很好"。"老婆死了,家里还有三个孩子都不进学校,全部在家劳动。""这句话对我教育很大,我很受感动。"这是我在调查中所听到的"最生动的一句话"。接着,他说:"这个地方是个老区","小平同志曾在那个地方住过"。言外之意,这里的人民群众觉悟是高的。

经过几番深入细致的调查研究,善于发现问题和解决问题的周恩来终于弄清了社员们对食堂非常不满。于是,周恩来对跟随他来的调查组的同志说:是不是找一个食堂试一试,宣布采取自愿原则入食堂,不愿入的可以把口粮领回去。根据周恩来的指示,调查组在一个生产小队宣布了这个决定,谁也没有料到,除了炊事员外,社员竟然全部退出了食堂。

在同周恩来离别前的最后一次交谈中,张二廷深情地说:"总理,您今后一定抽空回伯延看看呵。"周恩来久久地凝视着他,微笑着说:"有机会一定回来,如果我来不了,也一定派人来看你。"周恩来的肺腑之言,深深地打动了张二廷。他打心眼里感到:周总理真是个好人啊!

这以后,周恩来忠实地履行着自己的诺言。一年、两年、三年、四年、五年、一直到"文化大革命"前,周恩来没有失约,年年都委托人去伯延公社看望这位使自己"很受感动"、"说的是真理"的农民朋友张二廷。

5

周恩来深入实际,调查研究,同伯延人民建立了鱼水般的情谊。在伯延的几天中,他主持召开有生产大队和生产队干部、社员群众、农机站和修配厂工作人员参加的座谈会,并调查和走访了几十户社员家庭,问寒问暖,问今问昔,了解社员的实际生活状况,把党的关怀直接送到社员心窝。

纯朴厚道的伯延公社社员也以心交心、以情换情,把主张取消公共食堂和供给制、粮食应该包产到生产队等心里话,全都掏了出来,说给了周恩来。

在社员群众敢于说真话的情况下,周恩来在伯延先锋大队第四生产队就包产问题召开了一次座谈会。

会上,周恩来问社员群众:你们这个队每亩包产304斤粮食能够达到吗?

话音一落,社员们就像炸了锅似的,争先恐后地说:"包得多了。"因为咱们这个地方"旱得厉害,夏田每亩平均产量只能有70斤左右,有的只有40斤,还有的连种子都可能收不回来"。"夏荒这样严重,全年平均亩产304斤不可能。"

周恩来的目光转移到生产队长身上,质问道:"为什么要包这样高的指标?"生产队长当即回答:"这是任务。公社党委、县里头要这个任务,实际上不可能。"

听到社员们的这番议论,周恩来心想:夏荒这样严重,是不可能啊!这个地方是产棉区,县里规定还要调出粮食,这怎么能行呢?于是,他对大家说:"你们自己讨论好了。"

于是,社员们七嘴八舌地议论起来,最后一致认为每亩包产200多斤合理。

一个社员心有余悸地要求周恩来把包产产量定死。他说:"你们现在不定死,谁晓得到秋天会不会又要多征。要是那个时候,把我们的口粮又挤掉了,自留地的收成也顶口粮,结果还是我们落空。"

当着地委、县委和公社负责人的面,周恩来爽快地说:"我可以保证。""分下去的自留地不要再收回了,再不要拿自留地顶口粮指标了。"[19]

听到以上明确的答复,与会社员深情地望着周恩来,长时间地沉浸在幸福的遐想之中。

通过对伯延公社的调查，周恩来掌握了大量第一手情况。他发现 1960 年 11 月 3 日中共中央发出的《关于农村人民公社当前政策问题的紧急指示信》（即"十二条"），和 1961 年 3 月中央工作会议通过的《农村人民公社工作条例（草案）》（简称"农业六十条"）中关于开办食堂和保持部分供给制的规定，都不符合农村实际情况，是广大农村干部和社员群众意见比较集中、反映比较强烈的两个问题。

一天，周恩来正在伯延公社的公路边走着，他察觉怎么正是春天时节，公路两边的树都是光秃秃的，见不到树叶，满心疑窦。于是他问："树叶到哪儿去了？"随行干部随口应付道："让羊给吃了。"这时，正好让路边一个放羊的女孩听见了，以为这是在责怪她没管好羊，就歪着头辩驳："羊还能上树吗？"大人们不约而同地发出笑声。不用说，这都是让社员们采下来充饥了，只是干部们怕挨批评不敢说真话而已。[20]

5 月 6 日下午，周恩来主持召开了最后一次座谈会。会上，他亲自告诉大家：伯延公社先锋大队第四小队共 63 户人家，有 58 户要退出食堂，有 5 户还留在食堂[21]。我们要积极办好食堂，也要积极散好，不要一哄而散。他指示食堂做好发给退出社员口粮的准备，到 10 日就给退出社员发粮。[22]

6 日座谈会结束后，周恩来就要离开伯延了。伯延人民听说他们爱戴的周总理就要走了，村里上千名社员群众来到街头，依依不舍，挥泪相送。按理讲，管理着偌大一个国家的总理，在伯延公社一待就是四天，从时间上说并不算短了。可是伯延人民却都觉得时间过得太快，殷切地期望周恩来再多同他们待上几天。

周恩来边走边跟社员群众交谈。他走到村北的一棵杏树前停下来，手拉住一枝挂满新杏的树枝，高兴地大声说道："果园要种好。几年之后，伯延村一定会建设得更好，到时候我一定再来看你们。"[23]

伯延人民噙着幸福的泪水送别周恩来后，仍久久地不肯离去……

为了保证大大偏离农村实际情况的党的农村政策能够得到及时调整，调动广大农民战胜严重自然灾害，努力恢复和发展农业生产的积极性，周恩来一直工作到 5 月 7 日凌晨三时，将自己在邯郸调查所了解到的一些真实情况，向毛泽东作了电话汇报：

现在有下面四个问题简要地向主席汇报一下：

（一）食堂问题。绝大多数甚至于全体社员，包括妇女和单身汉在内，都愿意回家做饭。我正在一个食堂搞试点，解决如何把食堂散好和如何安排好社员回家吃饭的问题。

（二）社员不赞成供给制，只赞成把五保户包下来和照顾困难户的办法。现在社员正在展开讨论。

（三）社员群众迫切要求恢复到高级社时评工记分的办法，但是已有发展。办法是：包产到生产队，以产定分，包活到组。这样才能实现多劳多得的原则。因此，这个办法势在必行。只有这样，才能提高群众的生产积极性。

（四）邯郸专区旱灾严重，看来麦子产量很低，甚至有的颗粒不收，棉花和秋季作物还有希望。目前最重要的问题是恢复社员的体力和恢复畜力问题。[24]

周恩来所提出的在当时仍然是禁区的食堂问题和供给制问题，引起了毛泽东的高度重视。当天，他在周恩来的电话记录上写下批语："此报发给各中央局，各省、市、自治区党委参考。"随即，中共中央将这个报告转发各地。

5月21日到6月12日，中共中央在北京召开工作会议，会议根据刘少奇、周恩来、朱德、邓小平等中央领导人和各地负责人在调查研究后所提出的意见，对3月中共中央工作会议上通过的解决农业生产严重问题的《农村人民公社条例（草案）》进行了修改，并形成了《农村人民公社条例（修正草案）》。《条例（修正草案）》取消了原草案中关于供给制的规定，并提出公共食堂办或不办完全由社员决定，口粮分配到户，由社员自己支配。这个文件的诞生，是毛泽东提出"大兴调查研究之风"所结出的第一个丰硕成果，是全党集体智慧的结晶，其中包含了周恩来的一份重要贡献。

周恩来根据在邯郸调查时所获得的真实情况，还在这次大会上大力提倡并在会后积极推行了粮食包产的办法。之后，《农村人民公社条例（修正草案）》在全国的贯彻实施，在广大农民中引起强烈反响，他们从事农业生产的积极性有了很大提高，推动了农村形势在三年内全面好转。

6

中央工作会议后，周恩来认为：更为艰巨的任务，在于把精简城镇人口的方针政策落实好，真真正正地把它落到实处。为此，他紧紧抓住不放。

1961年8月24日，周恩来在庐山召开的中共中央工作会议上，再次作关于粮食问题的报告。在讲到减少城镇人口问题时，他强调指出：为了解决城市问题，必须精简城镇人口。"现在粮食情况很紧张，中央各部要帮助各省、市把厂矿的人员压下去，压人的事情要抓紧，城市长期这样多人是不行的。"〔25〕

8月30日，会议通过了周恩来改定的中共中央《关于1961年到1962年度粮食工作的几项规定（草稿）》。《规定（草稿）》强调："全党同志必须动员起来，根据城乡兼顾的方针，及时征购，同时安排，踏踏实实地做好粮食分配工作，保证完成粮食征购计划和粮食调拨计划，加紧压缩城市人口和城市粮食销量，切实安排好城乡人民生活，这是摆在全党面前的一项迫切的重大的经济任务和政治任务。"〔26〕

1961年6月中共中央工作会议后，党中央郑重决定：操劳过度、缺少足够营养的周恩来，半天工作，半天休息。但是，为了克服严重的经济困难，解决六亿多人民吃饭问题，周恩来仍一如既往地通宵达旦、殚精竭虑、坚韧不拔、周到细致地工作着。

周恩来就是这样为国民经济的恢复和粮食问题的解决而工作。他极少表白自己辛劳工作情况，但有一次他情不自禁地对外国客人说："三年来我就没有休息过。1959年，我参加苏共二十一大，当时病了一场，回来后也没有休息，很难抽出时间，所以只能让我在家半天休息。"他又说，"每天都有外宾来，你不来我也做事情，看文件，每天都要超过八小时。"〔27〕

其实，周恩来连半天休息也没有能够做到。1961年10月，周恩来应邀参加苏共二十二大后，回国前在莫斯科郊外苏联政府别墅同赫鲁晓夫进行长达九个多小时的谈话。席间他说："目前，我们国内还很困难。去年遇到了那么大的灾荒，这一年我的头发白了很多，这次一定要赶回去。"〔28〕

当年的粮食部党组书记、副部长是陈国栋。1981年12月，他在上海接受力平、朱同顺和笔者的采访时回忆道：

> 当时全国人口6亿左右，城市人口1.2亿多，"大跃进"多了2900万人进城，粮食供应数量大量增加，国家掌握的粮食负担不起。许多地方纷纷告急，形势很紧张。
>
> 我一个礼拜要去总理那里好几次，主要是谈粮食问题。他一般都是晚上

找我们去，地点经常是在他的办公室。有时是晚上九十点钟或深夜十一二点钟去，谈到第二天凌晨三四点钟；有时是凌晨两三点钟才去。

在全国粮食供应最困难时，总理处理事情仍非常沉着冷静，着急也不溢于言表。他了解情况，问得很细、很深入。他问我们全国哪些地方最困难？有多少生产队人均口粮八两？对河南、安徽、甘肃、四川等困难省，总理还要我们统计好的、比较好的、中等的和差的生产队各占多少。俗话讲："糠菜半年粮。"总理连糠菜都要过问。因此，我们搞生产队生活安排时，把糠菜都考虑进去了。[29]

童小鹏在《风雨四十年》中也回忆道：

在三年困难时期，城市人民因缺乏粮食和副食品，普遍发生浮肿病，饿死了不少人，各地要粮食的电报像雪片飞来，堆满了周恩来的办公桌，使他难于应付。他只好要粮食部和铁道部准备好几列装着粮食的火车，哪里急需，火车就往哪里开。有一次，上海库存只够供应三天，这个全国最大的城市，一旦缺粮，后果是不堪设想的。周恩来就用这个办法解决了上海的燃眉之急。[30]

（1961年）周恩来在这一天已经连续工作十七小时了，一进卧室便戴起老花镜聚精会神地计算起来。保健护士郑淑芸前去送药，心疼地忙向总理建议说："总理，像这样具体的技术工作，不能让别的同志帮你做一下吗？"周恩来严肃地说："你说这是具体的技术工作，怎么能这么看呢？这可不是小事，它关系到亿万人民吃饭的大问题。""我不亲自算一算，怎么能知道底细？作为一国总理，那怎么行呢？""我们所做的一切都是为了人民嘛，所以都应该为人民着想。"周恩来就是这样苦思焦虑和辛劳操持，带领全国人民渡过难关。郑淑芸感动得忍不住流出了眼泪。[31]

1987年1月，当年任外贸部副部长的雷任民噙着泪花向访问人讲述了周恩来为解决粮食危机而操碎心的情况：

由于三年"大跃进"所造成的恶果，从1960年暴露出了全国范围内的粮食供应极端困难的局面，京、津、沪、沈等大城市市民粮食库存只够供应几天了，甚至有的城市发出告急，市民只有一天的用粮了。在这种形势面前，经周总理、陈云同志建议，党中央决定进口一定数量的粮食以渡危机。

这年12月底，我随周总理前往缅甸访问。行前，在飞机场，周总理、陈云、叶季壮同志还在商量进口多少粮食的问题。当时确定的进口粮食数量是一百五十万吨。我们到昆明后，外贸部给我打来电话，说中央决定进口二百五十万吨了。我当即把这一情况报告总理，他说这件事我不知道。随后，周总理马上打电话问陈云同志，陈云同志说粮食太紧张了，要进口这么多才能渡过难关。周总理见一向精细稳重的陈云同志都主张增加粮食进口数量，足以说明国内粮食紧张的程度，心里非常着急，很久没有说话。在访缅期间还多次研究进口粮食问题。

在访问结束前一天，周总理对我说：访问结束后，你不要再回北京，直接去香港，确实搞清楚三个问题：一是能不能买到粮？二是运输问题能不能解决？三是中国银行能不能解决资金问题？

因为当时台湾海峡局势比较紧张，美蒋对我实行海上封锁，我国船只进出这里，他们是要劫持的。这样，运输和资金显得特别重要。我到香港召集华润公司、中国银行等单位了解情况，进行研究。我们一致认为：货源是有的，美国、澳大利亚存粮很多，资本家急着要找出路，我们向他们买大批粮食，他们可以影响政府，把粮食卖给我们。至于运输船只问题：第一，尽量买FNB（货到中国口岸付款）；第二，可以租到外国商船，外汇中国银行可以周转透支解决。

回到北京后，我向周总理汇报了上述情况，总理表现出喜悦而又怀疑的神情，向我提出了许多反面的问题，经答复后，他的心情似乎才踏实了。

在货源、运输、外汇问题基本解决后我们立即开始了购粮、运输工作。那时大城市粮食供应状况仍有恶化，周总理每天晚上都把我叫去向他汇报粮食订购、运输、到货情况，船只航行情况。为了粮食，总理真是到了呕心沥血的程度。[32]

7

到1965年12月，从周恩来总理办公室退给粮食部办公厅的，现在仍保存着的32张粮食计划报表上，留下周恩来笔迹的计有994处，其中用红蓝铅笔做标记639处，调整和修改计划数字207处。在《1962年至1963年度粮食包产产量和征购的估算》表上，他用红蓝铅笔做标记145处，调整和修改数字40处。在表格边上进行计算6处，批注文字7处，整个表格密密麻麻地留下了他的手迹。[33]这些数字生动体现了周恩来公而忘私、勤政为民的精神。

为了做好全国粮食调运工作，周恩来别出心裁地设计了《中央粮食调拨计划表》，记载各省、市、自治区的粮食收购、库存、销售、调拨的收支等情况。一看这张表格，就能够一目了然地知道各地粮食调拨和中央粮食收支的具体情况。因为这张表格相当长，人们戏称它为"哈达表"。

周恩来通过这张"哈达表"，随时掌握全国粮食调运动向，检查粮食政策执行情况，部署粮食工作。他对"哈达表"上的统计数字看得很细，记得很牢。他到各地视察时，对当地的粮食情况有时比当地领导同志了解得还清楚些。

这些粮食报表现已作为珍贵的历史文献被保存下来，它真实而生动地记载了周恩来在国民经济困难时期，为解决全国人民的吃饭问题所付出的心血！

当时各地包括一些产粮地区的粮食供应都很紧，外调粮食不仅要摸准摸清实际情况，而且需要有的放矢地做深入细致、入情入理的思想说服工作。为此，周恩来常常主动找一些省、市、自治区委的领导人谈话，希望他们顾全大局，支持国家调拨粮食。

在这段艰难的日子里，周恩来总是要求粮食部门及时将粮食购销调存表等报表送去，他一张一张地审阅，一旦发现问题立即解决。

根据周恩来的工作台历记载，那时，他每周要几次约粮食部门的负责人和有关人员谈话。据杨少桥、赵发生后来回忆："一次，周恩来同李先念同志、陈国栋同志和杨少桥同志商量粮食调拨计划，谈到夜里十一点，他说，你们先回去休息吧，这个计划表今晚要弄好，一会儿让你们计划司司长来就行了。说完，总理又忙于其他政务。当计划司司长周伯萍次日凌晨将这份材料送到总理办公室时，总理仍在伏案工作。他不顾通夜劳累，仔细审查了这份材料，连每一个附注都同周伯萍同志讨论一遍，然后才同意印发。"[34]

另一次，周恩来同杨少桥、赵发生研究分省的粮食计划调拨安排，当排出表格后将数字相加时，发现有5000万斤差数不能平衡，一时查不出原因。周恩来戴上老花镜，在表格上一个省一个省地核对，一个数字一个数字地计算后，沉思了一会儿，问道："当时研究调出时，给浙江省增加了5000万斤，加了没有？"啊，问题正出在这里，是杨少桥等把这个数字漏记了。周恩来在表上加上这个数字后，再打算盘，果然收支平衡了。〔35〕

据不完全统计，从1960年6月到1962年9月，在这两年零四个月的时间里，周恩来关于粮食问题的讲话和谈话就多达115次，有几十次就是同省、市、自治区党委的领导人谈话，其中：一次是在江西南昌同江西省委领导人杨尚奎、刘俊秀等谈话；一次是同中共黑龙江省委主管财贸工作的省委书记处书记杨易辰的谈话。

1961年9月17日，周恩来在江西庐山参加中共中央工作会议后，还是身穿一身半新旧的灰色中山装，在主管农业的副总理谭震林和主管国防工业工作的副总理罗瑞卿的陪同下，风尘仆仆，来到省城南昌视察。他在视察时告诫省委负责人要认真抓好农业，要注意节约，要关心群众，并说："江西是个好地方，是毛主席创造的第一个革命根据地，山好，水好，群众好。工作好了，江西有希望。"〔36〕

18日晚，周恩来一行同中共江西省委第一书记杨尚奎、省委书记处书记刘俊秀等省委领导班子成员在其下榻的江西宾馆共进便餐，同议国事。

坐在首席的周恩来，不时打着手势，谈论着怎样尽快恢复和发展国民经济，加快江西革命老根据地的建设等重大问题，特别强调了搞好商品粮和经济作物基地建设的重要意义。他风趣地对江西省委一班子人说："你们不是有一个《江西是个好地方》的歌子吗？这个歌儿不错，江西确实是个好地方，三面环山，还有鄱阳湖，既是鱼米之乡，又是革命老根据地。这些年，你们工作抓得不错！粮食也比较多嘛！"

"总理，我们工作做得还很不够。"杨尚奎等谦虚地回答道。

长期主管江西农业生产，并被毛泽东誉为"农业专家"的刘俊秀站起来说："南昌是总理领导八一起义的英雄城，人民解放军的诞生地。总理离开南昌三十四年了，今天到南昌视察工作，我们心里格外高兴，为总理的健康敬一杯酒！"

听了刘俊秀这番简短祝酒词，周恩来立即站起身来，双手交叉抱在胸前，乐呵呵地说："江西对国家的贡献是大的，特别是这几年困难时期，又多支援了国家粮食，应该受到人民的表扬。"接着，他诙谐地加重语气说，"俊秀同志，你要敬我一杯可以，但得有个条件！"

"什么条件？"刘俊秀惊奇地问。

周恩来深情地看着他，颇为欣赏地望着这位文化水平不高，但事业心重、责任感强、领导江西农业生产有方、成绩卓著的工农干部，叫服务员拿酒来，亲自斟上茅台酒，轻快地回答说："干一杯酒，要增加外调粮食1亿斤！我们干三杯，增加3亿斤好不好？"

在江西以豪爽出名、粗中有细的刘俊秀，此时此刻，在外调粮食这个大问题上也不敢有半点儿疏忽大意，他沉思片刻，面带为难地说："总理啊！国务院给我们的外调粮食任务12亿斤，我保证一粒不少，坚决完成，再增加3亿斤就是15亿斤了，怕有些困难啊！……"

这时，谭震林、罗瑞卿不约而同地趁机起哄，给处于为难中的刘俊秀鼓劲："老刘啊！总理多年没有来南昌了，看到你们江西形势比较好，心里高兴，你既然敬总理的酒，敬三杯，3亿斤就3亿斤嘛！"

其实在事前，周恩来对江西本年度粮食产量和人均粮食占有量等情况已经有了清楚的了解。因此，他十分肯定地说："我有调查，江西老表口粮水平比较高，还有储备粮，比严重缺粮的晋、冀、鲁、豫好多了。增加3亿斤虽然有困难，但还是可以增加的！"

国家正处在极度困难中，周恩来的一番恳切的言辞，深深地打动了刘俊秀的心，他设身处地想了想："国家面临这么大的困难，周总理是我国6亿人民的当家人，今天亲自向我们要粮食，再困难也要想办法拿出3亿斤粮食来。"

于是，刘俊秀说："可以，就按总理的意见办。总理的心情我们理解，国家有困难我们应该大力支援，3亿斤就3亿斤！"

听了刘俊秀爽快的回答，周恩来满面春风，欣喜地举起酒杯，同江西同志连干了三杯。[37]

19日上午，周恩来带着江西为国家增加3亿斤外调粮的喜讯动身飞回北京。

据童小鹏回忆："由于种种原因，福建每年都要从外省调入粮食，恩来同志对此十分关心，1959和1961年两次庐山会议后，他都到南昌向江西省委的领导同志表示，感谢他们完成了向国家外调粮食的计划，并特别关照要首先保证福建军民粮食的供应。"[38]

之后不久，中共江西省委研究决定，同意增加3亿斤外调粮，作为光荣的政治任务来完成。在江西省完成14.6亿斤外调粮时，中央来电说："现在到了7月，新粮已上市了，另外4000万斤不再调了。"这充分体现了周恩来的实事求是和体谅地方的精神。

1962年6月，周恩来到辽宁沈阳召集东北三省领导干部会议，部署粮食问题。他提出：中央已经向黑龙江省下达调拨28亿斤粮食的重大任务，但全国的粮食危机仍很严重，黑龙江还要增调2亿斤支援外地。

中共黑龙江省委主管财贸工作的省委书记处书记杨易辰听了，感到压力很大，他认为黑龙江作为全国重要的产粮基地，已为国家做出了很大贡献，这次国家新的调粮任务实在难以完成。他对全省的缺粮情况是再清楚不过：人吃马料，马代人死，不少人全身浮肿，患肝炎的十分普遍。在这种情况下，再多调出2亿斤粮食，困难和压力实在太大。如果省内粮食出了问题，将无法向全省人民交代。于是，直性子的杨易辰同周恩来争了起来，直接表示对再调拨2亿斤粮食有意见，要求中央考虑黑龙江的实际困难。

周恩来听后异常冷静，他心平气和、循循善诱地对杨易辰说："要树立全局观念，服从大局。黑龙江有困难，但其他省份更困难，很多省死了不少人，国家要拿出粮食来帮助他们。在这种情况下，只有全国上下团结一致，同心同德，才能渡过难关。每一个党员干部，尤其是领导干部，一定要顾全大局，以党和人民的利益为重，坚决支持和执行中央的统一部署。"〔39〕

听了周恩来这番为党为国为人民的掏心窝的话，杨易辰解开了思想疙瘩，而且坚决完成了调粮任务。他后来回忆说："总理的一席话，使我深受教育，我感到自己确实是考虑本地区的利益多了，想整体利益少了。思想通了，在行动上我坚决执行了中央的调粮计划，想办法做好各方面的工作，与全省人民一道完成了调粮30亿斤的任务。"〔40〕

8

在国家粮食上调的工作中，周恩来十分体谅地方的困难，对确有难处的省份，他尽力给予最大的帮助。新中国成立以来，一直是粮食外调最大省份、素有"天府之国"美称的四川省，从1953年到1960年的八年时间里，总共外调粮食283亿斤，平均每年外调35亿多斤，其中1958年、1959年平均每年外调高达42亿斤。

1958年，四川省由于抽调数百万劳动力"大炼钢铁"，误了庄稼的收割，再加上严重的自然灾害，粮食大幅度减产，又由于过多地调出粮食，因此到1961年初四川省终于支撑不住了，出现了粮食紧张的局面。

此前，四川照顾大局、大力支援兄弟省市的无私举动，深深感动了包括周恩来在内的国务院领导人和受惠省、市、自治区的负责人，他们常常称赞说："这是共产主义风格。"

在全国粮食开始紧张的1960年夏，四川省委领导人在北戴河会议上踊跃地上报调出粮食31亿斤。这个数字，占了当时全国各地上报粮食调出总数的六分之一。对此，周恩来"很担心能不能调出来"，认为"四川是可以压缩的"。尽管全国的粮食仍然极度紧张，但是，从四川人民的切身利益着想，他好言相劝：不要报31亿斤了，报30亿斤就行了，"那个1亿斤不写了"。[41]

当四川省也发生粮荒的消息传出后，周恩来立即发出指令：四川省停止外调粮食。

随后，周恩来特地派童小鹏赶往四川南充市火花公社蹲点调查，全面了解情况，寻找解决困难、渡过难关的有效办法。

1962年初，四川省粮荒更加严重。周恩来心情十分沉重，在同主管财贸工作的李先念副总理、陈国栋和杨少桥等计算研究后，他当即做出了立即向四川省调拨2.5亿斤粮食的决定，在一定程度上缓和了四川省粮食供应极度紧张的状况。

这年年初，周恩来在一次中共中央会议上检讨说："这几年把四川这样一个出商品粮最多的省调亏了，这是只顾眼前、影响长远的错误，我们是要负责的。"[42]

由于周恩来等党和国家领导人和全国人民的共同努力，同舟共济，在中共中央和国务院一系列调整农业和粮食政策的指导下，农民得以休养生息，农业生产量在1961年止住了下滑趋势，粮食产量开始略有回升，到1962年秋收后粮食形势开始好转。1962年粮食产量，从1960年的2780多亿斤回升到3090亿斤，比上一年增产350亿斤，农业总产值比上一年增长6.2%，结束了持续三年下降的状况，国家终于渡过了粮食困难关，全国人民最困难的吃饭问题基本上得到解决。

在此基础上，1962年9月23日，中共中央发布《关于粮食工作的决定》，提出了今后五年粮食工作的方针，要求在逐年增产和农民生活逐步改善的基础上，逐年增加粮食的征购和上调，严格控制粮食的销量，逐年补充粮食的库存。计划粮食总产量到1967年达到3800亿至4000亿斤，征购数上升到800亿至815亿斤，粮食上调量达到140亿至150亿斤。同时，《决定》要求库存每年增加10亿至20亿斤，进口粮食数量每年递减70万吨。由于调整时期贯彻执行了正确的粮食政策，1967年粮食总产量达到4350多亿斤，较多地超过了预期的目标，农业生产重新步入正常发展轨道。

注释：

〔1〕杨少桥、赵发生：《周恩来与我国的粮食工作》，《不尽的思念》，中央文献出版社1987年版，第229页。

〔2〕毛泽东致周恩来的信，1959年4月17日。参见《毛泽东年谱（1949—1976)》第4卷，中央文献出版社2013年版，第161页。

〔3〕周恩来致河北、山东等15个省委、自治区党委第一书记的信，1959年4月18日。参见《周恩来传》，中央文献出版社2018年版，第1407页。

〔4〕《李先念传（1949—1992)》（上），中央文献出版社2009年版，第467页。

〔5〕童小鹏：《周总理和福建人民心连心》，《福建党史通讯》1986年第1期。

〔6〕周恩来致曾希圣的信，1960年3月29日。参见《周恩来书信选集》，中央文献出版社1998年版，第566、567页。

〔7〕周恩来在中共中央政治局扩大会议上的发言记录，1960年10月29日。参见《周恩来传》，中央文献出版社2018年版，第1407、1408页。

〔8〕国务院周恩来总理办公室《每日汇报表》，1960年10月30日。

〔9〕周恩来在副总理汇报计划工作会议上的讲话记录，1960年11月16日。参见《周恩来经济文选》，中央文献出版社1993年版，第415、416页。

〔10〕周恩来在广州召开的中央工作会议上的讲话记录，1961年3月20日。参见《周恩来传》，中央文献出版社2018年版，第1433、1434页。

〔11〕〔12〕参见《伟人年谱编纂背后的故事》，辽宁人民出版社2018年版，第357—359页。

〔13〕参见《伟人年谱编纂背后的故事》，辽宁人民出版社2018年版，第359、360页。

〔14〕《中共中央文件选集（1949.10—1966.5)》第37册，人民出版社2013年版，第73—75页。

〔15〕武延文：《伯延的春天》，《河北日报》1977年1月16日。

〔16〕《武安县志》，第142、143页。

〔17〕周恩来在中共中央工作会议上关于粮食问题的报告，1961年5月31日；参见武延文：《伯延的春天》，《河北日报》1977年1月16日。

〔18〕《武安县志》，第142、143页。

〔19〕以上均见周恩来在中共中央工作会议上关于粮食问题的报告，1961年5月31日。参见《周恩来传》，中央文献出版社2018年版，第1439页。

〔20〕中共河北省委党史研究室：《领袖在河北》，中共党史出版社1993年版，第171、172页。

〔21〕几天后，这几户也退出食堂。

〔22〕《武安县志》，第142、143页。

〔23〕武延文：《伯延的春天》，《河北日报》1977年1月16日。

〔24〕《周恩来选集》下卷，人民出版社1984年版，第315页。

〔25〕中共中央工作会议记录，1961年8月24日。参见《周恩来传》，中央文献出版社2018年版，第1450页。

〔26〕1961年9月8日，中共中央工作会议正式通过并下发中共中央《关于1961年到1962年度粮食工作的几项规定》。见《中共中央文件选集（1949.10—1966.5）》第38册，人民出版社2013年版，第1页。

〔27〕〔28〕参见《伟人年谱编纂背后的故事》，辽宁人民出版社2018年版，第372页。

〔29〕力平、朱同顺和笔者访问陈国栋同志记录，1981年12月29日。

〔30〕童小鹏：《风雨四十年》第2部，中央文献出版社1996年版，第359页。

〔31〕童小鹏：《风雨四十年》第2部，中央文献出版社1996年版，第316、317页。

〔32〕笔者访问雷任民谈话记录，1987年1月23日。

〔33〕《当代中国的粮食工作》，中国社会科学出版社1988年版，第113页。

〔34〕〔35〕杨少桥、赵发生：《周恩来与我国的粮食工作》，《不尽的思念》，中央文献出版社1987年版，第235页。

〔36〕高景春：《周总理和井冈山儿女心连心》，《人民的好总理：纪念敬爱的周恩来同志》中册，人民出版社1977年版，第570页。

〔37〕刘俊秀：《总理爱人民　丹心照千秋》，《怀念周恩来》，人民出版社1986年版，第67、68页。

〔38〕童小鹏：《周总理和福建人民心连心》，《福建党史通讯》1986年第1期。

〔39〕〔40〕杨易辰：《深情的怀念》，《我们的周总理》，中央文献出版社1990年版，第115页。

〔41〕〔42〕参见《伟人年谱编纂背后的故事》，辽宁人民出版社2018年版，第380、381页。

20 / 调整国民经济

1

因为经济建设"左"的指导思想、"大跃进"运动和严重自然灾害的影响，从20世纪60年代的第一年开始，我国国民经济就陷入重工业畸形发展、农轻重比例失衡、财政赤字和通货膨胀严重、商品短缺、人民生活水平急剧下降的严重困境之中。这是新中国成立以来从未有过的困难时期。

据当时任国务院副总理兼国家经委主任的薄一波回忆：当时，"不仅干部和群众焦虑不安，处于第一线的经济综合部门更是紧张"。[1]越来越严重的经济情况，使中共中央领导人的头脑逐渐冷静下来。

在严峻的经济形势面前，1960年6月8日至18日，中共中央在上海举行政治局扩大会议，着重讨论了"二五"计划后三年（1960年到1962年）的补充计划。

7月5日至8月10日，中共中央又在北戴河召开工作会议，分析国家经济发展的形势，研究如何扭转工业生产被动局面，如何加强农业生产特别是粮食生产问题，同时初步商讨了对国民经济实行整顿的问题。会议讨论通过了中共中央《关于全党动手，大办农业，大办粮食的指示》《关于开展以保粮、保钢为中心的增产节约运动的指示》，确定坚决压缩基本建设战线，集中力量保证重点产品、重点企业的生产和重点基本建设项目；认真清理劳动力，加强农业第一线，保证农业生产等措施；并决定以后计划不再搞两本账，只搞一本账，不搞计划外的东西，不留缺口。

根据这两次中央会议的精神，从8月中旬起，国家计委开始讨论重新编制1961年国民经济控制数字。这时，即将出国访问的国务院副总理兼国家计委主任李富春,在谈及对1961年国民经济计划的意见时强调:"1961年是经过大跃进的一年,根据中央上海会议和北戴河会议的精神,国民经济应着重进行整顿、巩固、提高。"接着,国家计委在关于请各大区计委主任来京开会的电报中也指出:"编制明年计划的方针,应以整顿、巩固、提高为主。"[2]

8月30日至9月5日,国家计委顾卓新等几位副主任到西花厅向周恩来汇报1961年国民经济计划。在第一天汇报时,周恩来明确地说:应该在"整顿"之后增加"充实"两个字,从而补充发展成为"整顿、充实、巩固、提高"八个字。[3]

第一天汇报结束后,周恩来又开始考虑:究竟用"整顿"还是用"调整"更符合当前的国民经济形势?

据薄一波回忆:"大家赞成这些设想。周总理认为,对方针的提法,与其讲整顿,不如提调整,并建议增加'充实'二字,从而形成了'调整、巩固、充实、提高'的八字方针。这个方针的基本内容是:以调整为中心,调整国民经济各部门间失衡的比例关系,巩固生产建设取得的成果,充实新兴产业和短缺产品的项目,提高产品质量和经济效益。"[4]

9月6日,顾卓新在国家计委党组会议上传达周恩来听取汇报时的指示说:"在总理处谈了三个半天,总理意见,礼拜六政治局谈一次",1961年计划的方针是"调整、巩固、充实、提高"。从这个时候起,八字方针开始以更为完整、准确的形式出现。[5]

9月30日,周恩来签发了国家计委党组上报的《关于1961年国民经济计划控制数字的报告》。他在审阅这个报告时指示:即送李富春交龚子荣办。"此件已经书记处原则通过,并商定先行批发,以使各地各部据此进行编制计划草案的工作。另将计委党组口头汇报要点送中央常委审阅。"《报告》以中共中央文件的方式首次提出了对国民经济实行"调整、巩固、充实、提高"的八字方针。

11月3日,在讨论钢铁生产问题的中共中央书记处会议上,周恩来发出呼吁:国务院各部门的负责人要积极贯彻执行调整国民经济的八字方针。

11月16日,在听取国务院有关副总理汇报1961年经济计划的会议上,周恩来作了主题为"摸清情况,总结经验"的讲话。他说:"从总的方面看,国内形势大好,但有暂时困难和一个指头的问题。"接着,他进一步指出了困难的严重性:

361

虽然是暂时困难，但"暂时困难是全面的，不仅农业有困难，工业也有困难"，农业"遭受八十年来未有的严重自然灾害"，"两年农业歉收，底子亏了。今年粮食库存比去年同期减少了近三百亿斤，其他经济作物，如棉花、烤烟、糖、油、麻等，底子也亏了"。

进而，"农业影响工业，影响城市"。"由于经济作物歉收，农业原料不足，今年纱、布、针织、纸、烟、糖、油、盐八种轻工业生产指标，均不能完成"。"工业反过来又影响农业。首先是过多地从农村调动劳动力。其次，工业支援农业的实效还未充分发挥。"

"总起来看，困难是全面的，不仅农业有困难，工业也有困难。产生暂时困难的主导原因是农业落后于工业，而又主要是由于自然灾害。但也有人为因素……也就是毛主席指出的五风不正（共产风、浮夸风、命令风、干部特殊风、瞎指挥风）。"[6]

据此，周恩来得出结论：这些情况证明，"做计划，搞建设，必须有大跃进的速度，又要按比例地发展。只有大跃进的速度与按比例地发展相结合……才能波浪式地、有节奏地持续跃进。否则，就会违反客观规律，就会受到客观规律的惩罚。"

12月中旬，周恩来在西花厅连续三天主持召开由副总理和国务院各口负责人参加的国务院常务会议，剖析了"大跃进"以来经济工作中出现的一系列问题，强调要贯彻执行调整国民经济的八字方针。他说：

我们做了错事，看来有一半是由于经验不足。打仗不就是这样么？没有经验就打败仗。经济工作，看来我们仍是没有经验，连我们在座的各位在内。许多事情都是我们提出来的嘛。今后必须慎重，要很好地总结经验，吸取教训。改变目前的情况，关键在于领导，在于决策，在于我们这些人。

高指标几年了，这次允许我们试一次低指标。低了怕什么？超产么！如果低错了，我们承认错误就是了。明年减低速度，这决不是什么消极的措施。这是为了经过调整、巩固、充实、提高之后，使我们经济工作有更大的改进，是我们主动搞的"马鞍形"。许多错事中，人为的因素占三分之一以上。既然这样下去不行了，就不得不主动地搞"马鞍形"。[7]

2

1961年1月中旬，中共八届九中全会在北京举行。会议的指导思想就是毛泽东提出的"大兴调查研究之风"和"今年搞个实事求是的一年"。会议听取和讨论了李富春《关于1960年国民经济计划执行情况和1961年国民经济计划主要指标的报告》，正式通过对国民经济实行"调整、巩固、充实、提高"的八字方针，强调1961年全国必须适当缩小基本建设的规模，降低重工业发展速度，集中力量加强农业战线，贯彻执行国民经济以农业为基础，全党全民大办农业、大办粮食的方针。这标志着党领导经济建设的指导思想的重要转变，对于后来大规模的国民经济调整工作起了巨大作用。

周恩来勇挑重担，参与部署和领导了国民经济调整的全部工作。

"一个篱笆三个桩，一个好汉三个帮。"会后，中共中央书记处决定成立协助周恩来、陈云等贯彻执行八字方针的十人小组。成员是：薄一波、谷牧、王鹤寿、张霖之、赵尔陆、彭涛、陈正人、孙志远、吕正操和刘澜波。周恩来指示十人小组在位于中南海北门马路斜对面的养蜂夹道设立一个办公室，小组成员白天在各部委上班，晚上集中在养蜂夹道办公室开会，研究并提出解决问题的措施和办法。

周恩来经常派他的秘书顾明出席会议，以便及时掌握情况。有时，他听了顾明的汇报后，还要立即进一步追问相关情况。谷牧后来回忆："经常有这样的事情，我夜深回到家里，刚吃了安眠药睡下，案头的红机子又响了。一接电话，原来是周总理打来的；再看看手表，已是凌晨两三点了。"[8]

1961年3月20日，在中共中央工作会议上，周恩来忧心忡忡地说：现在，"全国粮食库存不到100亿斤，这是从来没有过的"。"目前的问题，最集中的表现就是农村到底能供应城市多少商品粮、劳动力和工业原料，解决多大的市场问题，在这个基础上城市能搞多大的工业。"

从这一认识出发，周恩来提出了要坚决压缩城市人口，加强农业战线的主张。他指出："城市人口太多，对供应工作压力很大，对发展工农业生产不利。""我们现在的工业水平，根本不需要这样多的城市人口。"因此，"在不妨碍生产，而且有利于促进生产的前提下，要压缩一批城市人口回乡"。"我们希望从今年麦收开始到明年，争取在一年半的时间内压缩一千万以上的人口回乡。"[9]

4月初,周恩来在全国人大常委会上作《关于国内外形势和当前任务的报告》,强调1961年、1962年"我们经济建设的方针打算放在调整、巩固、充实、提高上面",并对八字方针的含义作了深入浅出、言简意赅的解释。他说:

> 用简单的语言说,调整,"就是要调整我们各部门已经变化了的相互关系";"巩固,就是要把现在的生产力和生产关系取得的成果巩固下来";"充实,就是现在我们的各种生产事业中有很多缺门、薄弱环节,要把它配套成龙,填平补齐,充实起来";"提高,(就是包括)提高质量,增加品种"。
>
> 总而言之,八字方针,"就是调整关系,巩固成果,充实内容,提高质量"。[10]

这个政策性极强的解释,对于各级领导干部吃透调整国民经济的八字方针的精神实质,产生了积极的影响。

但是,直到这年夏天,党的领导层内对形势的认识仍不统一,有人继续坚持"左"的设想,在北戴河会议后对工业和基本建设的指标还没有退够,致使工业生产无法完成较高的计划指标,调整收效不大。党内有人认为,工业生产任务完不成,是松劲造成的,要反对人们的松劲情绪。

周恩来明确地表示不能同意这种意见。他明确指出:"经济建设要全面调整。"农村经济需要恢复,城市的各个方面也要根据八字方针进行全面调整。"现在的问题集中表现在速度上,中心是三年内要放慢建设速度。"他斩钉截铁地指出:"现在光有冷静不行,还要有勇气。"[11]

十人小组在广泛的调查中也切实感受到农业对工业的制约作用,薄一波、谷牧等贯彻执行八字方针的十人小组成员将有关情况向周恩来作了详细汇报。听后,周恩来心情沉重地说:"问题已经成了堆,不动大手术是不行了。"[12]所谓"动大手术",就是要下决心根据农业所能承受的实际水平对工业进行全面调整。

9月下旬,在中共中央召集的民主人士座谈会上,周恩来进一步强调:"八字方针是有机联系的。""调整本身,就是为了巩固、充实、提高。调整,首先是调整各种比例关系。""调整是我们现在整个国民经济的中心问题,不管农业、轻工业、市场、文教、财贸,都是个中心问题。"

周恩来进一步说明当前调整的主要任务是:

第一，坚决退够，留有余地。农业、工业、教育、财贸等等，都是如此。凡不合理的指标，一定退够，退够再不退了，然后留有余地，好调整。……

第二，重点调整，打歼灭战。调整要有次序、要排队。首先抓农业，因为农业是基础。经过三年灾荒，要把它恢复起来，增加供应城市的粮食、劳动力、运输、原料。其次是市场。再次是采伐业。煤、钢是工业（生产）上的两匹马，煤比钢还重要。首先要把煤调整了，集中力量打歼灭战。……

第三，全面安排，综合平衡。一定要在新的比例关系上进行新的平衡。要提高劳动生产率，实行经济核算。[13]

本月，周恩来还在给毛泽东的信里提出："要将重点调整煤炭生产和重点支援农业两项工作抓紧进行。"[14]

由于周恩来等的大力提倡和呼吁，此后，中共中央开始认真考虑对国民经济进一步进行全面调整、综合平衡的问题。

1961年8、9月间，周恩来出席中共中央在庐山举行的工作会议。这次会议通过了反映周恩来、陈云、邓小平等人的正确意见，并得到毛泽东赞同的中共中央《关于当前工业问题的指示》。《指示》指出："我们已经丧失了一年多的时机。现在，再不能犹豫了，必须当机立断，该退的就坚决退下来，切实地进行调整工作。如果不下这个决心，仍然坚持那些不切实际的指标，既不能上，又不愿下，那么，我们的工业以至整个国民经济就会陷入更被动、更严重的局面。"在今后三年内，"都必须毫不动摇地切实地贯彻执行调整、巩固、充实、提高的方针"，"必须以调整为中心。只有经过一系列的调整，才能建立新的平衡，才能逐步地巩固、充实和提高，为工业和整个国民经济的进一步发展做好准备"。[15]

会议期间，周恩来在中共中央政治局常委会上提出了关于落实调整国民经济的八字方针的具体安排，这就是："坚决退够，留有余地；重点调整，打歼灭战；综合平衡，全面安排；集中统一，分级管理。"[16]这一安排得到毛泽东等与会者的一致赞同。

据谷牧在文章中回忆说：

在这一次庐山会议上，周总理是最忙、最辛苦的人。除了大会上已经安排的日程外，他还经常在午间或晚上召开有关会议，研究生产建设中的问题。据我的笔记记载，仅从8月30日到9月14日这半个月里，他就找我和十人小组的其他同志以及有关综合部门的同志，开会研究煤炭生产、矿山机械问题达六次之多。写到这里，我不禁回忆起在那段岁月里，十人小组在总理的具体领导下辛勤工作的幕幕情景。为了解决当时经济工作中的一系列难题，大家忘我地工作，多方了解情况，充分估计各种实际困难，深入研究各种办法和措施，简直绞尽了脑汁。在讨论问题时，大家有时也会因认识角度不同而争得面红耳赤，但最后总能够从大局出发，把意见集中统一起来，拿出办法，报总理裁定。[17]

1961年12月11日，周恩来在中央书记处会议上强调明年是"关键年"，"关键在于调整，关键在于集中统一，关键在于领导，关键在于从全面出发，综合平衡"。他说："对困难应有足够的认识，并应想方设法去克服困难。""在工作方法上要抓重点，以问题为中心抓，要抓煤、木材、有色金属及其他，基建要认真排队，集中力量解决问题，不能分散。"注意做好七抓，即要抓中心，抓定额，抓减人，抓生产和维修，抓基本建设排队，抓增产节约，抓品种质量。[18]

12月15日，周恩来在国务院全体会议上继续强调："我们有些搞急了，搞多了，基本建设战线拉长了。""调整期间今明两年是关键。调整的目的是为了再进，使今后十年生产能大步上去。"今后一定要有重点，所有各部门对不是当务之急的工程都要下马。归根到底是要集中统一，要听中央、国务院的决定。[19]

自12月20日至1962年1月10日，中共中央在北京召开工作会议。会上，周恩来对国内的总体形势作了十分明确的判断："形势已在好转，农村先于城市；困难仍然很多，城市大过农村。"

基于对形势的判断，周恩来提出了1962年进行全面调整必须切实做好的八项工作：

（一）放下架子。也就是说，要对那种架子大而又不实在、原料和物资都不够的经济结构坚决调整，实行关、停、并、转。

（二）坚决减人。要下狠心，首先是各部，按工交、基建、财贸、农林水、行政各个口子摸，非要把综合生产能力跟减人的数目定下来不可。

（三）争取农业丰收。"今年为了缓农民的气，在庐山把粮、棉、油的征购数目搞低了，那个时候只能是这个数目。但是，不能说明年还是这样。农村明年就得回升，要保证争取明年农业增产。"要多种多吃豆类作物；多种多打山区的食品和饲料，"把上山搞粮食当作一个方针"。

（四）保证木、煤、钢、矿、运五件事，这是"现在工业上最迫切的而且是关键性的"。

（五）清理物资。

（六）保证市场。

（七）贯彻各种政策、条例。

（八）建立新秩序。[20]

3

针对"大跃进"开展以来的错误和缺点，曾经因为大力开展反对经济建设上的急躁冒进而受到严厉批评的周恩来，不计前嫌、敢于担当，率先垂范，对于自己所领导的政府工作出现的失误，总是首先引咎自责，真心诚意地作发自内心的、有着深入思考的自我批评，绝不文过饰非，更不诿过于人。即使错误是别人犯的，他"站在中央工作岗位上也觉得自己有失察之咎"[21]。

1962年1、2月间，在北京先后召开了中共中央扩大的工作会议（七千人大会）和政治局常委扩大会议（西楼会议）。这两次会议，对于统一全党对严重形势和艰巨任务的认识，加强团结，起了重大的积极作用，使国民经济由被动转为主动，并进入到全面调整的决定性阶段。

在扩大的中央工作会议期间，周恩来先后两次发表重要讲话。一次是在福建小组会上，一次是在大会的闭幕会上。

针对当时党内严重存在的时弊，周恩来在福建小组会上围绕"说真话，鼓真劲，做实事，收实效"这样一个主题讲了话。他说：

> 这几年来，党风不纯，产生了浮夸和说假话的现象。我们要提倡说真话。怎样才能做到这一点呢？要大家讲真话，首先要领导上喜欢听真话，反对说假话。如果你乱压任务，结果像同志们所说的，他就会准备两本账，揣摩一下才讲，看你喜欢听什么再讲什么。这的确是一个党风问题。大家都说假话，

> 看领导的颜色说话，那不就同旧社会的官场习气一样了吗？你们反映的情况我听起来觉得很痛心。你们说假话当然不对，但更重要的是我们压你们。从现在起，不要乱压任务、乱戴帽子了。要提倡讲真话，即使是讲过了火的也要听。唐代皇帝李世民，能听魏征的反对意见，"兼听则明"，把唐朝搞得兴盛起来。他们是君臣关系，还能做到这样，我们是同志关系，就更应该能听真话了。
>
> 鼓真劲。有的劲就不是真劲。像你们所说的两个工厂，一个厂踏踏实实地干，说他"没劲"，"冷冷清清"，一个厂在那里造假，却说他是"轰轰烈烈"。这是庸俗地理解了毛泽东同志讲话的精神。……
>
> 我们党内正常的民主生活要尽快恢复起来，毛泽东同志的建党思想要恢复起来，现在被搁在一边的党的优良传统和作风通通都要恢复起来。党内要有正常的民主生活，要实事求是，要按照党章办事。[22]

周恩来发自肺腑而又鞭辟入里的讲话着实感动、震撼了与会者。据当年参加会务工作的杨波回忆："周总理这一篇具有重要历史意义的讲话，引起了到会各地同志的极大反响，一致认为说出了他们的心里话，反映了他们的内心要求，表示坚决拥护。"[23]

扩大的中央工作会议闭幕的这天，周恩来心情沉重地专门就"大跃进"的错误问题作了检讨：

> 对于缺点和错误，在中央来说，国务院及其所属各综合性的委员会、各综合口子和各部，要负很大责任。国家计划和具体政策、具体措施，有许多是由政府部门提请中央审核和批准的。……（因此）国务院及其所属部门，都是有责任的。……
>
> （作为国务院总理）我个人所犯的错误，也可以举两个例子来说一说：
>
> 第一个例子，就是1959年8月26日在人大常委会上我所作的关于调整1959年国民经济计划的主要指示的报告中，错误地、片面地规定工农业每年增产的跃进速度。这个报告，本来是在1959年庐山会议调整指标后。想降低一点增长的速度，可是提出来的意见，是五十步对百步。在这个报告里提出，农业每年超过百分之十就是跃进，超过百分之十五就是大跃进，超过

百分之二十就是特大跃进；工业每年超过百分之二十就是跃进，超过百分之二十五就是大跃进，超过百分之三十就是特大跃进。就农业来说，这种提法，比1958年要求农产品翻一番、翻几番，比1959年要求粮食增长百分之四十，达到一万零五百亿斤，好像是比较接近实际了，其实并不接近实际，并不科学。因为农业受自然条件的限制较大，既不可能年年以相同的速度递增，也不可能以这样高的速度递增。我们只要研究一下世界农业生产发达国家的情况，就可以懂得，每年按照百分之十、百分之十五、百分之二十这样的高速度递增是不可能的。……

不切实际地规定跃进的速度，就使人们只注意多、快，不注意好、省；只注意数量，不注意品种、质量；只要当前要求，没有长远打算；不从整个历史时期来计算大跃进的速度，而要求年年有同样的高速度。……结果欲速不达。我们这两年就从不可靠的高指标上被迫跌落下来。必须认识，如果不按比例，不综合平衡，不认识客观规律，不按客观规律办事，就要受客观规律的处罚。

第二个例子，就是在这次选印的中央文件第二部分第一篇关于权力下放的文件[24]中，首先提到："为了加快建设速度，使地方工业的产值在工农业同时并举的方针下，几年之内超过农业产值，逐步地在全国形成若干个具有比较完整的工业体系的经济区域，并且充分发挥全党办工业、全民办工业的积极性。"当时为达到这一目的，就限期将轻工业下放百分之九十八点五，重工业下放百分之七十六。接着，财政、金融、贸易、文化、教育、科学技术的管理权也跟着下放。现在看起来，权力下放过多过散，这是形成分散主义的根源之一。这个文件是由我主持起草的，经过中央通过的。这种不切实际的要求，就必然造成地方上各搞一套和盲目追求产值的严重后果。

在这几年的政府工作中。有许多缺点和错误。由于这些缺点和错误，浪费了许多民力，消耗了许多国家资财，造成不少损失，给大家很大压力，我借这个机会代表我们做政府工作的同志向大家认错、道歉。[25]

有人颇为不解地说："总理，你不能把什么事都担在自己身上！"周恩来坦然地回答："我是总理，中央、国务院决定的事，我都有责任。"

周恩来这样做，既是他真实想法的自然流露，同时还有他深层的考虑。因为，国难当头，首先在中国共产党内不允许出现推诿过错、互相指责的情况，必须同舟共济，共挽危局。其次，上级领导理所当然地应当主动为下级干部承担责任，使他们轻装上阵，做好调整工作。

正是基于以上认识，此后，周恩来又在最高国务会议、全国人大会议、全国政协会议和各种专业会议等不同场合多次进行检讨。他说："要说责任，还在我身上，你们是负次要的责任。工作中缺点错误的责任在中央、国务院，还有国务院的各部。你们回去，可以向下面传达这一点，减轻大家的负担。"[26]

周恩来这种坦荡无私的博大胸怀感动和教育了许许多多的党内外同志！

4

1962年年初西楼会议后不久，繁重的经济工作使身体一向不好的陈云病倒了，遵医生嘱咐他到南方休养，领导中央财经小组的重担实际上又落到周恩来肩上。

3月上旬，周恩来在中央财经小组讨论调整1962年国民经济计划的会议上说："今年计划还需要大调整，是我向中央提出来的。原来还想慢慢转弯，现在看来不行，要有一个一百八十度的大转弯。如果说，过去是改良的办法，那么，现在就要采取革命的办法。当然，步子一定要踩稳。"他进一步强调，"讲到经济形势，就应该说，目前财政经济的困难是相当严重的，而且有些困难我们可能还没有看到，没有预计到。""多说一点困难，也没有多大害处，要鼓励各种不同意见都说出来。有不同意见，可以争论，争论以后，由中央做决定。个人还有不同意见，可以保留，但在行动上必须一致。""从现在起就要搞综合平衡。国家计委要搞综合平衡，各个部门、各个地方都要搞综合平衡。"[27]

当陈云在会上发言提出经济调整"不要拒绝'伤筋动骨'"时，周恩来感触颇多，他立即插话："可以写一副对联，上联是先抓吃穿用，下联是实现农轻重，横批是综合平衡。"[28]

究竟怎样转弯呢？周恩来提出了八条办法，其中有："经济计划工作要从以工业、交通为重点，转到以农业、市场为重点"；"按照当前最急需的安排生产"；"工业要按短线安排生产，使生产的东西配套"；"国防工业要循序前进"；"基本建设规模还要缩，投资还要削"。[29]

3月28日，周恩来在第二届全国人大第三次会议上作《政府工作报告》，详细介绍了1958年以来社会主义建设中的成绩和缺点，总结了工作中的经验教训，强调："我们必须十分重视从缺点和错误中取得经验教训。""这些反面的经验就能够同正面的经验一样，成为对我们极为有用的财富。从正面经验和反面经验的比较中，我们就可以深切地懂得，什么是应该做的事，什么是不应该做的事，事情应该怎样做，就应该怎样做，这样，我们就有可能更快地学好建设的本领。"

周恩来有着高超的从事经济管理工作的才干、开拓进取和实事求是精神，尤其善于在危难险恶的局势面前审时度势，提出转危为安的正确措施和办法。因此，他在《政府工作报告》的第二部分中，以《国民经济的调整工作和当前任务》为标题，娓娓道出了自己的全盘意见和主张：

"我们应该在今后几年中，把调整作为经济工作的主要任务"，"恢复和发展农业生产是一个中心环节"。因为"没有农业的恢复和发展，就不可能有国民经济的协调发展。多年的经验完全证明，农业是我国国民经济发展的基础"。因此，"在1962年，我们必须采取更有力的措施，切实按照农业、轻工业、重工业这样的次序，对整个国民经济进行全面调整，合理安排，以便集中主要力量，逐步地解决人民的吃、穿、用方面的最迫切的问题，并且逐步地在国民经济各部门之间建立新的平衡"。具体任务是：

"第一，争取农业增产，首先是争取粮食、棉花、油料的增产。""恢复和发展农业生产，首先必须增产粮食。有了粮食，才能比较迅速地恢复经济作物的生产，才能保护和增殖耕畜，发展家畜和家禽。在努力增产粮食的同时，要适当安排棉花、油料等经济作物的播种面积。"

"第二，合理安排轻重工业生产，尽一切可能多增产日用品。""我们安排工业生产的时候，应该首先注意安排日用品的生产。""重工业部门，凡是有条件的，也应该尽可能增产适合市场需要的日用品。"以此，"满足城市人民生活的需要，扩大城乡之间的商品交换，改善市场供应状况"。

"第三，进一步缩短基本建设战线。""目前基本建设战线仍然过长，对国民经济的调整是不利的。我们计划再减少一些不是十分必要的基本建设项目。"

"第四，压缩城镇人口，精简职工。""这是调整工作的一个重要环节。

目前城市人口仍然过多,农业可能提供的商品粮食和其他农产品,供给现有的城镇人口还有困难。""我们计划在1962年继续压缩城镇人口和精减职工。"

"第五,彻底清理仓库,重新核实资金。""清查出来的物资,由有关部门按照国家的统一规定,分别处理。"企业多余的资金,"一律收归国库"。"这样,就可以使积压的物资和资金活动起来,用在当前调整工作的最必需的方面。"

"第六,改善市场供应状况。""国营商业对于日用品要及时地进行收购,按照国家的规定统一调度。""在商品不足的情况下,合理地分配商品是一项很重要的工作。"

"第七,保证完成对外贸易任务,偿还外债,努力承担国际义务。""为了有计划地偿还外债,承担必须承担的国际义务","为了换取我国所需要的进口物资,尽管国内工农业产品不足,我们还是应挤出一些来出口"。

"第八,提高文化、教育、科学研究、卫生等工作的质量。"

"第九,节约支出,增加收入,加强现金管理,保证财政收支平衡。"

"第十,进一步改进计划工作。""国务院责成政府各级计划机关,把主要的注意力,从工业交通方面转移到农业和市场方面来,切实按照农业、轻工业、重工业的次序和调整的具体任务安排国民经济计划。"[30]

周恩来的上述意见,得到与会者的肯定和赞同。4月24日,中共中央发出《关于传达周恩来同志在人大所作的〈政府工作报告〉的通知》。《通知》指出:下发《政府工作报告》,可以"使广大干部都能清楚了解当前的形势与任务,团结一致,同心同德,奋发图强","为克服困难,更好地贯彻执行国民经济的方针和任务,争取社会主义事业的新胜利而斗争"。

可以说,周恩来的《政府工作报告》,为动员全国人民实行"伤筋动骨"的国民经济的全面调整,奠定了重要的思想基础。

4月2日,为了引起有关财经部门领导人对于城市调整工作的高度重视,周恩来在中央财经小组召集的财经各部党组负责人会议上说:"各个部都要按行业提出企业排队的计划",下决心"关一批、并一批、转化一批、缩小一批"。过去是在高指标下被迫进行调整,现在是主动进行调整。他提醒大家:做好调整工作的关键,是把情况"向干部群众讲清楚,把有利条件转化为力量"。[31]

5月7日至11日，中共中央在北京举行工作会议。参加会议的有在京的中央政治局常委、政治局委员、书记处成员、各中央局书记和中共中央、国务院各部委负责人在内的105名党的高级干部。会议由在中央第一线负总责的刘少奇主持，讨论中央财经小组《关于讨论1962年国民经济调整计划的报告（草稿）》。

5月11日，周恩来在会上向全党高级干部解释"为什么说目前情况还很严重呢？因为我们主观上造成的经济发展的不平衡的后果，不是短时期能够扭转好的，只能逐步扭转"。灾荒面积这么大、影响这么深，也不是一时能够扭转的。他发出呼吁："在这个农业基础上，我们的工业必须有一个大幅度的调整。"他陈述道：

"调整时期要成为一个阶段，主要的内容就是恢复。不仅农业要恢复，工业也要恢复。因为不仅农业生产力被破坏了，工业也是这样，有些生产设备被破坏了，部分的生产秩序弄乱了，规章制度也不存在了，都要重新恢复起来。教育方面也有这个问题。现在看，这个调整时期要相当长。一般设想，第三个五年计划时期恐怕就是个调整阶段，甚至于还不够。"

"农业要增产"，"首先是抓粮食。粮食抓两头：一头是商品粮食基地，另外一头是灾区"。"第二是棉花。""棉花不能再退了，总要每年都有增产。""总之，农业的恢复要排队，先是粮棉，其次是油料。""工业的调整，我们现在的政策是采取关厂、并厂、缩小规模、改变任务、转业这样五个办法，全国六万多个工业企业，可能关掉一半以上。"

"我们调整的目的，就是为的精兵简政，增产节约，保证市场，整顿秩序。缩短工业生产和基本建设的战线，相应地缩短其他方面的战线，精兵简政，减少城市人口，减少职工，达到增加农业生产和工业生产的目的。这是一个积极的方针，是一个经过调整、改组，然后前进的方针。"[32]

周恩来告诫与会者："我们这样一个人口多、经济落后的国家要在经济上翻身，这是一个艰巨任务。我们应该有临事而惧的精神，这不是后退，不是泄气，而是戒慎恐惧。建设时期丝毫骄傲自满不得，丝毫大意不得。"并且说明"现在经过政治局常委讨论，下了更大的决心，就是下乡职工超过一千万，下乡城市人口相应地可能争取超过两千万人"。"这个决心，就比今年2月中央发布的那个精简城市人口的指示进一大步了。"

为了使与会者感受更为深刻一些，会后各层级领导调整的自觉性更强一些，周恩来十分形象地比喻说："这是一个中等的国家搬家，这是史无前例的，世界上没有的，也可能是空前绝后。""下这个决心，目的就是要把我们的经济生活来一个大幅度的调整，使它在新的发展基础上来一个大改组。这是领导的决心，也是全民族的决心，几乎要震动我们全民的生活，不是一件简单的事情。"〔33〕

这天，刘少奇在最后的总结发言中说："我同意周恩来、邓小平同志以及其他一些同志的讲话。中央财经小组的报告，我看是好的，要修改一下发出去。"

接着，刘少奇极其严肃地指出："目前的经济形势到底怎么样？我看，应该说是一个很困难的形势。从经济上来看，总的讲，不是大好形势，没有大好形势，而是一种困难形势。一部分地区的经济形势比较好，但那是部分的。总的来讲，是一种困难的形势。这一点，我看应该跟干部讲清楚。""'左'了这么多年，让我们'右'一下吧。"

进而，刘少奇告诫与会高级干部们："减少两千万城市人口，调整国民经济，行动要迅速。各省市都要有指挥部，经常通消息，哪里发生了什么事情，情况怎么样，立即处理，这样很有必要。""我觉得，减少两千万人比大跃进的工作更困难，把调整工作、精简工作做好，要有更大的本事。"〔34〕

这次工作会议对国民经济存在的问题的认识，比本年初的认识更深入了一步。会议根据周恩来、刘少奇等的意见，作出了全面贯彻执行八字方针，对国民经济进行大幅度调整的重大决策，要求切实按照农、轻、重次序对国民经济进行综合平衡。

鉴于周恩来在会上的讲话对调整工作具有普遍的指导意义，因此会议决定，将他讲话要点发给与会者带回各地，作为开展宣传教育和进行调整工作的依据。

会后，周恩来派国务院副总理兼国家计委主任李富春前往上海向毛泽东汇报会议的情况，并委托李带去他主持起草的中央财经小组《关于讨论1962年国民经济调整计划的报告》和中共中央批发中央财经小组《关于讨论1962年国民经济调整计划的报告》的指示稿，报送毛泽东审阅。5月24日，毛泽东批示："退周总理，照办。"26日，中共中央将《指示》和《报告》下发全国。

从此，国民经济的全面调整工作有声有色、大刀阔斧地展开。到1962年底，调整工作初见成效，国民经济最困难时期已经度过，走出了低谷，出现了从两年连续下降到上升的决定性转折。主要农产品产量开始增长,粮食总产量达到3088亿斤,比上年增长11.3%,刹住了连续三年下跌的势头,生猪存栏数达近1亿头,比上年增长32.3%;油料总产量达到4006.6万担,比上年增长10.5%;农业总产值达到584亿元,比上年增长6.2%;基本建设规模受到有效抑制和压缩;重工业生产的发展速度比上年降低16.6%;轻工业产值在工业总产值中的比重由上年的42.5%提高到47.2%;财政收支实现平衡,并结余8.3亿元,扭转了连续四年的赤字局面。市场商品供求紧张状况有所缓和,集市贸易价格比上年下降约35%。城乡人民生活开始有了一定程度的改善。[35]

这段时间,是周恩来在新中国成立后领导经济工作最繁重、最活跃的一个时期,也是发挥其经济思想和卓越才干的又一个比较充分的时期。

注释:

[1] 薄一波:《若干重大决策与事件的回顾》(下),中共党史出版社2008年版,第625页。

[2][3] 吴群敢:《关于周恩来1960年审定调整经济方针的考证》,《党的文献》1990年第6期。

[4] 薄一波:《若干重大决策与事件的回顾》(下),中共党史出版社2008年版,第625页。

[5] 吴群敢:《关于周恩来1960年审定调整经济方针的考证》,《党的文献》1990年第6期。

[6] 周恩来在听取国务院有关副总理汇报1961年国民经济计划的会议上讲话记录,1960年11月16日。参见《周恩来与中共党史重大事件》,中央文献出版社2001年版,第356页。

[7] 周恩来在国务院常务会议上的讲话记录,1960年12月12日—14日。参见《周恩来传》,中央文献出版社2018年版,第1404、1405页。

[8] 谷牧:《回忆敬爱的周总理》,《我们的周总理》,中央文献出版社1990年1月版,第12页。

[9] 周恩来在中共中央工作会议上的发言记录,1961年3月21日。参见《周恩来传》,中央文献出版社2018年版,第1434页。

[10] 周恩来在第二届全国人大常委会第37次扩大会议上所作的《关于国内外

形势和当前任务的报告纪要》，1961年4月3日。参见《周恩来生平资料研究》，中央文献出版社2013年版，第414页。

〔11〕周恩来在中共中央工作会议上的发言记录，1961年5月31日。参见《周恩来传》，中央文献出版社2018年版，第1448页。

〔12〕谷牧：《回忆敬爱的周总理》，《我们的周总理》，中央文献出版社1990年版，第13页。

〔13〕《周恩来与中共党史重大事件》，中央文献出版社2001年版，第359页。

〔14〕周恩来致毛泽东的信，1961年9月15日。参见《周恩来年谱（1949—1976）》中卷，中央文献出版社2020年版，第422页。

〔15〕中央档案馆、中央文献研究室编：《中共中央文件选集》，人民出版社2013年版，第17—20页。

〔16〕《周恩来年谱（1949—1976）》中卷，中央文献出版社2020年版，第431页。

〔17〕谷牧：《回忆敬爱的周总理》，《我们的周总理》，中央文献出版社1990年1月版，第13页。

〔18〕薄一波传达中央书记处会议情况记录，1961年12月13日。参见《周恩来与中共党史重大事件》，中央文献出版社2001年版，第361页。

〔19〕周恩来在国务院第114次全体会议上的发言记录，1961年12月15日。参见《周恩来与中共党史重大事件》，中央文献出版社2001年版，第361页。

〔20〕周恩来在中共中央工作会议上关于国内外形势和1962年八项工作的报告，1961年12月28日。参见《周恩来与中共党史重大事件》，中央文献出版社2001年版，第366页。

〔21〕《周恩来选集》下卷，人民出版社1984年版，第127页。

〔22〕周恩来在中共中央扩大的工作会议福建组会上的讲话记录，1962年2月3日。参见《周恩来选集》下卷，人民出版社1984年版，第349页。

〔23〕杨波：《共产党人的崇高风范》，《我们的周总理》，中央文献出版社1990年1月版，第179、180页。

〔24〕指1958年6月2日中共中央关于企业、事业单位和技术力量下放的规定。

〔25〕周恩来在扩大的中央工作会议的讲话记录，1962年2月7日。参见《周恩来与中共党史重大事件》，中央文献出版社2001年版，第362页。

〔26〕周恩来在接见出席全国冶金、水利、水产、华侨农场、手工业、青年团、

华北山区等七个专业工作会议代表时作的《吸取经验教训,做好第三个五年计划的工作》的报告,1962年12月24日。参见《周恩来年谱(1949—1976)》,中央文献出版社2020年版,第508页。

〔27〕周恩来在中央财经小组会议上的讲话要点,1962年3月8日。参见《周恩来经济文选》,中央文献出版社1993年版,第457—460页。

〔28〕陈云在中央财经小组会议上的讲话和周恩来的插话,1962年3月7日,《陈云文选》第3卷,人民出版社1986年版,第210页。

〔29〕周恩来在中央财经小组会议上的讲话要点,1962年3月8日。参见《周恩来经济文选》,中央文献出版社1993年版,第460页。

〔30〕周恩来在第二届全国人大第三次会议上的《政府工作报告》,1962年3月28日。参见《周恩来经济文选》,中央文献出版社1993年版,第467—480页。

〔31〕周恩来在中共中央财经小组会议上的发言记录,1962年4月2日至4日。参见《周恩来与中共党史重大事件》,中央文献出版社2001年版,第367页。

〔32〕〔33〕周恩来在中共中央工作会议上的讲话记录,1962年5月11日。参见《周恩来经济文选》,中央文献出版社1993年版,第482—490页。

〔34〕刘少奇在中共中央工作会议上的讲话记录,1962年5月11日。参见《刘少奇论新中国经济建设》,中央文献出版社1993年版,第506、507页。

〔35〕参见《新中国五十五周年统计资料汇编》,中国统计出版社2005年版。

21 / 为知识分子"脱帽加冕"

1

在1956年知识分子会议之后，仅仅一年多的时间，周恩来对知识分子的基本估计就在党内受到怀疑，进而被彻底否定。短短的时间内发生这样的变化，原因很复杂，既有国际背景，也有国内问题。

从国际背景看，主要是1956年秋发生在东欧的匈牙利事件影响了中国国内的政治局势，也影响了中国共产党对国内外一些问题的认识。匈牙利事件后，国内一些城市和乡村的工厂和学校有少数人闹事，这些现象引起中国共产党的极大关注，毛泽东开始对如何正确解决人民内部矛盾，特别是如何处理党与知识分子的关系进行有益的探索和思考，提出了许多正确解决问题的办法。但是，在对知识分子的基本估计上，他却得出大多数是资产阶级知识分子的结论。

从国内问题看，主要是反右派斗争严重扩大化，把一批知识分子、爱国人士和党内干部错划为"右派分子"，造成了不幸的后果。反右斗争加重了毛泽东对知识分子问题的错误认识，并直接影响到全党对知识分子问题的基本分析。1957年9月，党的八届三中全会断言，我国大多数知识分子世界观基本上是资产阶级的，还属于资产阶级知识分子。1958年5月，党的八大二次会议接受了关于我国目前还存在"两个剥削阶级"的错误意见，把知识分子的绝大多数划入剥削阶级的范围中。周恩来对知识分子的正确估计由此受到严重挫折。

这个时期中，虽然周恩来没有再从阶级属性的角度来谈知识分子的作用和地位，但是，他对知识分子总的认识依然坚持自己在1956年讲话的基本原则，不但强调知识分子有进步的一面，也提醒他们有改造的一面。他明确反对在知识分子问题上的两种倾向：一种倾向是低估知识分子的进步性和他们在社会主义建设中的作用；另一种倾向是只看到知识分子的进步性而看不到他们的缺点，盲目信任，不去对他们进行教育和改造。周恩来认为：这两种"形式相反"的倾向，"都妨碍着我们正确地解决知识分子问题和科学文化问题，都妨碍着我国社会主义事业的发展"。[1]

经过反右运动扩大化的冲击后，周恩来在讲话中继续坚持了这些基本原则。他在一些会议上反复强调："经过解放后的六七年，知识分子已经起了根本变化，正在为社会主义服务，但是仍需要改造。""知识分子有两面性，有积极的一面，使他们有可能参加革命，并且在参加革命以后有可能接受改造。但是，还有阴暗的一面，如果不自觉地进行改造，或者虽然改造，但是却还留恋过去，他们的阴暗面就妨碍他们进步，特别是知识分子的改造在现阶段比过去要经受更严重的考验。"[2]

周恩来所坚持的这些基本原则，与他1956年讲话的内容相比，不同之处在于，谈到知识分子的两面性时，对知识分子落后的一面，需要改造的一面强调得过多、过重。这一方面是受到当时气氛的影响，另一方面是为了纠正一些人对他1956年讲话精神的片面理解。

周恩来后来不止一次就这个问题作过解释，他说："中国的知识分子有它特殊的作用，正是因为这样，所以我们去年的关于知识分子问题的报告才特别提出应该重视知识分子，改善关系，改善待遇。同时也提出知识分子还要经过改造，特别强调自我改造。……不过当时的情况不可能把重点放在改造方面，因为当时有很多的缺点，我们应该先纠正这方面缺点，但是报告内容是指出来的。……而现在我们应该把这方面多说几句，多讲一点。"因为"发生了1957年的反右派斗争，这就警惕了我们"。[3]

尽管如此，周恩来并没有因为少数人的错误而全盘否定广大知识分子的积极性和进步性；并没有因为形势的变化而对知识分子的根本认识偏向极端。

1957年6月，在反右斗争最激烈的时候，周恩来对知识分子，主要是对在政府各部门任职的一些知识分子进行了严肃的批评，指出他们错误的言论甚至公开点了一些人的名字。但是，他始终认为这些人中，"反社会主义的还是极少数，不论是政治斗争或者思想斗争，绝大多数尽管见解不同，还是好意，这是主要的方向"[4]。因此，他对大多数知识分子，特别是对其中一些知名人士采取了保护过关的措施。

反右运动开始后，为严格执行党的政策，防止扩大化现象的发生，周恩来曾召集各部门的负责人开会，就划分右派问题制定了两条原则："第一，全国人大代表、政协委员要划右派须报国务院批准；第二，对海外、国外有影响的人，包括一些知名知识分子要划右派须把材料送给他看。"

当时，在文化部分管这项工作的夏衍回忆：周恩来"用这种办法来保护，少划一点"，"救了好多人"。[5]

在反右运动期间，周恩来还主持制定了一些政策性文件。例如1957年9月8日，中共中央关于自然科学方面反右派斗争的指示，就是经周恩来亲自修改审定后下达的。在这份文件的批示中有这样一段话："对于自然科学方面的反右派斗争应该按照不同的情况区别对待，特别是对那些有重大成就的自然科学家和技术工作人员，除个别情节严重非斗不可者外，应一律采取保护过关的方针。"这类指示，对于一定范围的知识分子起到了保护作用。

1957年底，中央决定对右派分子作出处理，周恩来主张"批判从严，处理从宽"。他曾广泛接触大专院校、文艺、教育、民主党派等方面的知识分子，征询对右派分子处理的意见。周恩来对持"左"的意见的同志进行耐心说服，指出只要犯错误者有悔改，处理就要宽。他特别强调在科学方面、教育方面、出版方面还能做工作的，在艺术上还能搞表演的，只要态度好一些，要更加注意使用他们。

对在反右派斗争中受到严重冲击的知识分子及文艺界朋友，周恩来给予很大的关怀，在力所能及的范围内予以保护。

当年，被划为右派的评剧演员新凤霞，就是在周恩来的督促下摘了右派帽子，去掉处分的。有一天，周恩来在人艺看戏时，遇到评剧院一位同志，这位同志向他反映，新凤霞也被戴了右派帽子。周恩来听后对他说："新凤霞是贫苦出身的民间艺人，我们了解。你赶快回去告诉你们院的负责人，让他们赶快摘去帽子，去了处分。"

后来，市文化局派人找新凤霞谈话，说："总理很关心你。"中央统战部部长徐冰还特意到家里看望新凤霞。徐冰说："我来看看是总理的指示，以朋友的情分应该去看看新凤霞，问问吴祖光可有信？他有什么困难。"

那时，新凤霞的爱人吴祖光因右派罪被遣送到北大荒农场改造。新凤霞谈起这段经历，感动地说："总理好细心。当时我婆婆抱着孙女流了泪，我的眼睛也湿了。"[6]

对著名作家萧乾，周恩来用请他参加座谈会的方式进行保护。萧乾的夫人文洁若在回忆录中写道："当时报纸上已公开点了亚（指萧乾）的名。12日《人民日报》八版也登出了何谷润写的《萧乾所争的是什么样的自由？》，批判他的《放心·容忍·人事工作》一文。当时他已绝望，认为在劫难逃了。7月中旬的一天，亚回家时，突然十分兴奋，那像是被确诊为患了癌症、束手等死的人，忽然得到通知说，那是误诊，他的病是可以治好的；又像是死囚被无罪释放。亚告诉我，那天开会时，老友巴金坚持坐到他身边。总理讲话中间问：'萧乾同志来了没有？'亚应声站起来。总理宽慰他说：'你不是右派。要认真检查，积极参加斗争。'后来又问：'吴祖光同志来了没有？'并对他也热情地照样说了一遍。"[7]

对著名经济学家马寅初，周恩来也予以保护。1956年，马寅初在全国人大会议上做的"新人口论"报告受到攻击，有人指责他是"反动的马尔萨斯思想"。周恩来当场表态说："这个问题不能一概驳掉，说他是马尔萨斯思想。马尔萨斯思想在分析人口的规律上有它一定的客观性。"

反右派运动中，这件事又被提出来，马寅初受到不点名批判，甚至有人主张把他定为右派。周恩来知道后，明确指出："马寅初这个人有骨气，有正义感，是爱国的，他是我国有名的经济学家，国内外都有影响，不能划为右派。"[8]

由于周恩来的干预，马寅初得以幸免。

在周恩来身边工作的几位工作人员的亲属，在反右运动的浪潮中，也受到冲击，被划为右派。这些同志并没有为此受到牵连，依然留在周恩来身边工作。据周恩来的秘书周家鼎回忆："反右运动开始后，人人自危，许多人不再敢讲话。而我们在周恩来身边还可以发表意见，他总是鼓励我们讲真话。"[9]

如果说，反右斗争扩大化的错误是党对知识分子问题发生"左"的偏差的开始，那么，周恩来在知识分子问题上纠"左"的路程实际上也是从这个时期开始的，尽管他的努力没有能够从根本上阻止"左"的错误的发生和发展。

2

从全党范围来说，纠正1957年以来对知识分子阶级属性的错误估计，摘掉他们头上"资产阶级"这顶帽子是在1962年召开的广州会议上，但是，党着手纠正由于这一错误估计所导致的在实际工作中执行知识分子政策上的"左"的错误,却是从 20 世纪 50 年代末就开始了。

1958 年底到 1959 年中,周恩来试图在一些领域和部门纠正一些错误的做法,但在继续"跃进"的形势下,周恩来纠"左"的呼声得不到回应。

反右运动扩大化之后,接踵而来的"大跃进"运动使以"高指标、瞎指挥、浮夸风、共产风"为主要标志的"左"倾错误严重泛滥开来。这一错误也影响到科研、教育、文艺、体育、卫生等部门对知识分子的政策,主要表现是知识、人才得不到尊重,一些专家学者被当作"白旗"拔掉,严重地挫伤了知识分子的积极性。这些做法直到 1958 年底才有所遏制。

1958 年 12 月 22 日,毛泽东在中宣部内部刊物上看到,反映北京某大学一个党支部对待教师宁"左"毋右的材料后,给中宣部部长陆定一写了一封信,建议将这份材料印发全国一切大专院校、科学研究机关的党委、总支、支委阅读并讨论,以"端正方向,争取一切可能争取的教授、讲师、助教、研究人员为无产阶级的教育事业和文化科学事业服务"[10]。毛泽东的信为周恩来纠"左"工作开了绿灯。

12 月 28 日,毛泽东的信发出一周后,周恩来抓住时机,召集主管意识形态,包括宣传、教育等部门的负责人陆定一、康生、张际春、杨秀峰、周扬、钱俊瑞、张子意、胡乔木、刘芝明、夏衍、陈克寒、林默涵、徐运北、张凯、黄中、荣高棠、沙洪、邵荃麟、吴冷西、姚溱等到西花厅开会,以漫谈的方式研究、分析各部门在"大跃进"中出现的问题。

在这次会上,周恩来同错误思想直接交锋,以鲜明的态度批评了执行知识分子政策上"左"的做法。对教育方面的问题,周恩来批评在大学教授中"拔白旗"的错误做法,反对学校中一切成绩归学生不提教师的做法。他认为业务职称不应取消,要给知识分子工作。对卫生部门的工作,周恩来指出要尊重和保护医务界的老专家。对文艺方面的问题,周恩来批评文艺战线过分夸大文艺的政治作用,颠倒文艺与经济基础的关系,指出精神产品不能放卫星,"人人写诗""人人作画"的口号是错误的。他还带头检讨了工作中的问题,要与会同志保持清醒的头脑。回去后"要研究知识分子问题,注意纠正在知识分子问题上'左'的偏向"。

那期间,周恩来在很多场合做了自我批评。著名电影人桑弧回忆:

> 周恩来"曾倡导电影界的编剧、导演和演员,拍摄一些'艺术性纪录片',

以纪实文学的形式,使创作人员多接触工厂、农村的实际,来弥补生活底子不厚实的缺陷。可是当时正处于大跃进的热潮,电影界的领导和创作人员都不免头脑发热,跟着工农业'放星',强调产量和速度。摄影棚内用闹钟来限制每个镜头的拍摄时间,甚至一天要拍一百多个镜头,根本顾不上艺术质量。因此出现了大量粗制滥造的作品。这股风虽然不久就被刹住了,周总理却深自负疚,在很多场合做了自我批评。我们都明白这个现象是在当时的大气候下形成的,我们都为周恩来勇于自己承担责任的襟度所感动"。[11]

为及时解决一些问题,纠正一些偏向,周恩来采取了各种灵活的方式。魏巍从 1954 年开始当选全国人大代表后,有了各种机会同周恩来近距离接触,他回忆:"我常常参加总理召开的各种报告会、座谈会和文艺界的集会。有时是在紫光阁,有时是在怀仁堂,有时是在新侨饭店、北京饭店,有时是在青年艺术剧院。总理的正式报告郑重些,而小型的会议则很随便。记得有一次在青年艺术剧院,他披着大衣坐在那里,谈笑风生,讲得很轻松。谈到某项工作有关的问题,便问某某同志来了没有?下面便回答来了。会场显得很活跃。总理的这种工作方法,使得一些问题及时得到解决;一些偏向及时得到纠正。"[12]

1959 年 4 月,周恩来在病中约集参加全国人大二届一次会议和全国政协三届一次会议中文艺界的代表陈荒煤、陈鲤庭、沈浮、郑君里、赵丹、张瑞芳等谈话,进一步分析了"大跃进"中产生这些问题的根本原因是思想方法和工作方法上的片面性造成的。他觉得:通过几次会议,发现文艺工作中有几个问题,总是两条腿走不好。

怎样才能走好呢?周恩来说:不管做什么事,都要学会两条腿走路[13],都要设想一下对立面,否则就容易片面。尤其在艺术问题上,它是精神产物,有一个指头的错误就容易引起意见。两条腿走路要有主导的方面,就是引导到正确的方向上来,像国庆献礼片,既要鼓足干劲,又要心情舒畅,不能搞得过分紧张。艺术不能跟工农业一样地要求多快好省,要量力而行,不能勉强;在工作中既要理智,又要热情,作为艺术家,两方面都要兼备;在创作上,既要有独特的风格,也要兼容并包,独特的风格是主导方面。这就是两条腿。

周恩来关于"两条腿走路"的方针,不仅对文艺界,并且对各个领域、部门都有普遍指导意义。这是周恩来运用辩证唯物主义的认识论来纠正"大跃进"中

"左"的偏差的具体体现。[14]

但是,由于当时全国的形势处于继续跃进情况下,纠"左"的工作在实践中没有取得太大的进展。周恩来提出的一系列反"左"的主张常常得不到重视,甚至不予传达,更谈不上组织讨论和研究贯彻。这就是后来周恩来回顾这个时期时所讲的:"我在一九五九年关于文艺工作两条腿走路方针的谈话,从今天水平来看,也不一定都是对的,里面也会有过头或不足的地方。使我难过的是,讲了以后得不到反映,打入'冷宫'。"[15]

更为严重的是,这年夏天,以纠"左"为初衷的庐山会议却以"反右倾"而告终。庐山会议的导向,使周恩来纠"左"的工作被迫中断,以后一年多的时间中,执行知识分子政策上的"左"的错误又有新的发展。

3

经过三年"大跃进"的挫折,人民吃尽苦头,"左"的危害愈来愈充分地暴露。1960年冬,中共中央适时作出对国民经济实行全面调整的方针。1961年上半年,在中央全面调整方针指导下,文化、教育、科技等战线也开始纠正工作中存在的问题,着手制定做好知识分子工作的各项具体政策。

根据毛泽东大兴调查研究之风的精神,周恩来决定从文艺界入手深入调查研究,摸清情况。1961年6月,由中宣部、文化部分别召开文艺工作座谈会和故事片创作会,检讨总结几年来文艺工作中的问题,研究改进工作的有关政策。周恩来利用这个机会,进行了三天深入细致的调查研究,"抓住问题,对症下药"。他不仅调看了大批文字材料,同时深入会议代表驻地听取意见。从这个侧面,周恩来敏锐地察觉到一种普遍的情绪——人们不敢讲话了,不敢讲的原因"和领导有关"。周恩来认为这是需要解决的关键问题。

经过充分的准备后,6月19日,周恩来为两个会议作了十分重要的讲话。他开篇就尖锐地指出:"现在有一种不好的风气,就是民主作风不够。我们本来要求解放思想,破除迷信,敢想敢说敢做。现在却有好多人不敢想、不敢说、不敢做。""几年来有一种作法,别人的话说出来,就给套框子、抓辫子、挖根子、戴帽子、打棍子","五子登科"。"这种风气不好。"[16]

为什么会这样呢?周恩来指出,是"一言堂"造成的。他说:"'一言堂'从何而来？是和领导有关的","现在要把这种风气反过来","我们要造成一种民主风气"。

周恩来强调改变作风的关键要从领导干部做起。他指出："改变干部的作风首先要改变领导干部的作风；改变领导干部的作风首先从我们几个人改起。我们常常同文艺界朋友接触，如果我们发表的意见不允许怀疑、商量，那还有什么研究、商讨呢？我们的讲话又不是党正式批准的。即使是党已经研究通过的东西，也允许提意见。""民主作风必须从我们这些人做起。"

周恩来要求参会的领导同志回去后，要多做一些工作，深入调查研究，遇到问题要多负一些责任，勇于自我批评。他说：只有这样，"健康的风气才能造成，社会主义的文艺才能得到更好的发展，活动的天地就可以非常广阔"。

在这次会上，周恩来还就知识分子问题专门讲了一段话，他说："有一个时期好像觉得1956年关于知识分子的那些问题可以不讲了，不是的，那些原则仍然存在，只是三年来由于忙，这方面有所疏忽，现在经过反右派，有了三年大跃进的经验，彼此更了解了。"

这段话表明了周恩来恢复这些原则的决心。

周恩来这次讲话后不久，7月6日，中共中央政治局召开会议，讨论国家科学技术委员会党组和中国科学院党组《关于自然科学研究机构当前工作的十四条意见（草案）》，这是一次十分重要的研究知识分子政策的会议。对此周恩来说："这个文件，财经、文教等系统也都可以发。要向我们的干部讲清楚，我们为科学家服务好了，科学家就为社会主义服务得好。总而言之，都是为了社会主义。"[17]

7月19日，中央在批转这一草案的批语中提出："做好知识分子工作，很关紧要"，"近几年来有不少同志，在对待知识，对待知识分子的问题上，有一些片面的认识，简单粗暴的现象也有所滋长，必须引起严重的注意，以端正方向，正确贯彻执行百花齐放、百家争鸣的方针和理论联系实际的原则"。

周恩来6月19日讲话精神和这个文件的下达，对解决知识分子问题起到两方面作用：一方面，引起广大知识分子的反响，对解除他们的思想顾虑，调动积极性很有益处；另一方面，推动了各级领导进一步检讨工作，扫除思想障碍，抓紧制定改进工作的各项措施。应该说，周恩来等在这一阶段的努力，为1962年广州会议在阶级属性问题上，为知识分子"脱帽加冕"奠定了重要基础。

4

1962年初,由于国内政治形势开始向更好的方面发展,1月11日至2月7日,中共中央在北京举行扩大的中央工作会议(又称"七千人大会")。这次会议为检讨与纠正1958年以来各项工作中"左"的错误,统一全党思想创造了一种团结、民主的气氛。这种气氛对从指导思想上纠正知识分子问题上的错误是极好的机会。同时,经过1961年以来解放思想的工作,广大知识分子要求摘掉"资产阶级"帽子的呼声日益强烈。在这种情况下,广州会议于1962年3月召开。

广州会议从严格意义上讲是两个会议,即"全国科学技术工作会议"和"全国话剧、歌剧、儿童剧创作座谈会"。这两个会议事前都经过认真的准备。

"全国科学技术工作会议"是由主管科学技术工作的国务院副总理聂荣臻主持,2月16日开始,参加会议的有各专业、各学科有代表性的科学家310人。这个会议最初是想借"科学十四条"贯彻后的东风,制定出一个新的科学规划。但是,聂荣臻到广州后发现,虽然半年多来曾在北京、上海等地多次召集科学家们开会,征求意见,"在知识分子政策上,的确下了工夫",但代表们的顾虑仍然很大。经过同少数科学家谈心后他了解到,是"资产阶级"这顶帽子使他们感到十分压抑。有人直截了当地问他:"对资产阶级知识分子这个提法如何理解?"还有人对他说:"一提起知识分子就是资产阶级的,叫做资产阶级知识分子,使子女也因此受到歧视,从没听到有人提谁是无产阶级知识分子。"[18]

会议开始后,声学家马大猷首先提出了这个问题。他后来回忆当年的情况时说:"总觉得我们解放已经十多年了,大家都认真工作,并且作出相当的成绩,但是一直老称为资产阶级知识分子,对这个很不了解,很不理解。"[19]

当时,马大猷的意见被登在会议简报上,引起了许多人的共鸣。聂荣臻认为这个问题应该解决,因此报告了周恩来。周恩来对他说:"知识分子就是知识分子,人民的知识分子。"[20]

得到周恩来的支持后,聂荣臻将会议的主题改为两点:一是继续按照原定计划搞出新的科学规划;二是进一步深入贯彻"科学十四条",突出地调整与知识分子的关系问题。

"全国话剧、歌剧、儿童剧创作座谈会"是由文化部和中国戏剧家协会筹组,周恩来亲自指导召开的。会议的目的是要解决作家和文艺部门领导之间的关系，对一些反映人民内部矛盾而受到错误批判的作品重新作出评价，以便总结经验，团结队伍。

由于当时国家的财政经济还十分困难，中央制定了一项特殊规定：各类全国性会议的批准权一律集中到国务院。所以剧协代表张颖受大家委托直接去向周恩来汇报。周恩来不仅批准了他们的计划，并且对张颖说，陈毅早就提出文艺界的情况不应该再继续下去了，开个会是好意见。他还说，届时陈毅将到会讲话。陈毅作为副总理长期分管科技和文化工作，这时，他已经兼任外交部部长，主要精力放在了外事工作上，但依然兼管科学和文化领域的工作，也就是做知识分子的工作。

张颖在汇报中还告诉周恩来，广州的经济形势比较好，中南局书第一记陶铸邀请他们去那里开会。周恩来表示同意并且说："既然陶铸同志欢迎你们去广州，你们可以去，但准备工作要做充分，你们应该把全国剧作家的情况，及各级领导的情况做个比较详细的调查，问题搞清楚后再来向我汇报一次。"[21]

根据周恩来的指示，文化部和剧协立即组织几个调查组分赴几个大区、省、市了解有关情况。在调查中他们发现，确实存在不少问题：有的领导不按艺术规律办事，瞎指挥，批评简单粗暴，乱扣帽子；有的作家在运动中受到过分的批判和斗争，一些艺术问题被当作政治问题处理，一些人民内部矛盾被当作敌我矛盾处理。胆子大一些的人在谈话中还涉及知识分子的阶级属性问题，说"资产阶级"这顶帽子压得他们"喘不过气"。有的人甚至还说："资产阶级知识分子这顶帽子是给科学家的，给文艺界戴的帽子比这厉害得多，动不动就是右派分子，要不然就是右倾分子。"[22]

各调查组的报告最后汇集到周恩来处，他深深地感到解决知识分子的问题必须提到议事日程上来。当张颖再一次走进中南海汇报会议的筹备工作时，周恩来态度坚定地说："你们去广州，请陈老总打头炮。会上，大家可以畅所欲言，造成百花齐放、百家争鸣的气氛，振奋一下人心。"[23]

为了使广州的会议能够顺利召开，经过一段时间的考虑，周恩来决定，先召集在北京的话剧、歌剧、儿童剧作家开个会，统一思想。

会议于1962年2月17日在中南海紫光阁召开，有一百多位在京的艺术家参加。周恩来在讲话中要大家进一步破除迷信、解放思想，努力纠正文艺工作中"左"

的偏向。周恩来指出：1959年以来文艺上的缺点错误主要表现在打破了旧的迷信（如厚古薄今），又产生了新的迷信（如厚今薄古），因此，"要破除新的迷信，再一次解放思想"。

周恩来认为，纠正这些偏向的关键在于党的领导，只有正确的领导才能真正地贯彻党的文艺政策、党的知识分子政策。他诚恳地说："政策上的偏差，中央是第一位的责任，我代表党向大家道歉。"他最后充满信心地说，"新的局面来了，从经济形势上看还会有一个时期的困难，但已开始好转；从政治条件看，会出现一个生动活泼的局面。政治上出现了新局面，文艺上也一定会出现新局面。希望大家到广州去，把座谈会开好。"

这次会议可以说是为广州会议做准备，也可以说是广州会议的预备会。周恩来在会上没有谈到知识分子的阶级属性问题，说明这次会议同广州科学大会一样事前都没有把解决这个问题作为会议的主题。

5

广州会议召开时，周恩来正在北京忙于主持起草全国人大二届三次会议的政府工作报告，他本来不准备去广州，而是委托陈毅去讲话。聂荣臻反馈回来的全国科学工作会议上知识分子要求"摘帽"的呼声，使他下决心亲赴广州了解情况，解决问题。

2月25日，周恩来给毛泽东写了一封信，汇报人大报告起草情况：

"我在人大、政协的报告提纲，已组织了一个小组在起草，我已与他们谈了一次，定于3月3日交出初稿。待我与他们再次审议后，预定3月10日交出二稿，那时就可送中央传阅。""我和陈毅同志明日飞广州，林、聂两同志约我谈军队转业十万干部的安置问题和科学机构的精简问题。同时也准备同科学家见见面（他们正在广州开科学工作会议），听听他们的意见。准备3月3日回京。"[24]

第二天，周恩来和陈毅飞抵广州。当天，聂荣臻、郭沫若等向周恩来汇报了与会代表对知识分子阶级属性问题的种种顾虑，强调这个问题严重阻碍知识分子政策的进一步贯彻和知识分子积极性的调动，希望能够在这个会议上予以解决。

其实，这个问题在中南地区已经提出并得到了中南局第一书记陶铸鲜明的回答。1961年10月11日，陶铸在中南区高级知识分子座谈会上提出："对高级知识分子要做重新估价，高级知识分子是不是经过了考验，能不能同我们一起搞社会主义建设，应该有一个肯定的总的估计。"他说，"我们不能老是讲人家是资产阶级知识分子，我看要到此为止了。现在他们是国家的知识分子，民族的知识分子，社会主义建设的知识分子。""从总的方面看，同志们都是希望把我国建设成为一个社会主义强国，大家不仅是口里讲，而且实际在做，这就算不错了，就是经过考验了，就算及格了。因此，我建议今后在中南地区一般地不要用'资产阶级知识分子'这个名词了，那个名字伤感情。谁有什么毛病，实事求是，是什么，讲什么，不要带这个帽子。"[25]

这个讲话在党内外引起强烈反响，据《广东宣教动态》反映，许多知识分子为此欢欣鼓舞，对"今后一般地不再叫他们'资产阶级知识分子'最为高兴"。[26] 但是，正如陶铸所说的，他的话只是"地方粮票"，中央领导人说了，才是"全国粮票"。

为掌握第一手资料，周恩来到达广州后看了科学工作会议的全部《简报》，他在几天后的讲话中说："《简报》上反映了这样的情况，大家工作努力，生活上克服困难，甚至遇到心情不怎么舒畅的事情还能克制自己。你们热爱祖国，使我们很受感动。""从《简报》中还看到大家提出了一些善意的批评，不能不使我高兴。"[27]

在调查研究的基础上，周恩来确实感到摘掉知识分子头上"资产阶级"这顶帽子的必要性和急迫性。

为统一思想，3月1日，周恩来约两个会议的党内负责人陶铸、聂荣臻、于光远、张劲夫、林默涵、范长江等座谈，着重讨论知识分子的阶级属性问题。座谈会决定，在会上增加关于知识分子阶级属性问题的讨论，由周恩来做关于知识分子问题的报告。由于这个问题事先没有经过中央集体讨论，也没有请示过毛泽东，所以周恩来十分谨慎，要大家一个一个表态。大家都表示赞成。他说："那我们在这次会议上就讲这个问题，你们大家都表示赞成，这是我们大家一起讨论通过的，我们大家共同负责。"[28]

最后，周恩来明确地作出结论："从总体上讲，知识分子不能再说是资产阶级知识分子。"这个结论为他第二日在广州会议讲话的主题最后定调。

3月2日,两个会议的代表齐聚广州羊城宾馆,周恩来作题为《论知识分子问题》的报告。同他1956年《关于知识分子问题》的报告相比,这个报告着重从中国所处的特定历史环境的角度,分析了中国知识分子的特点。周恩来指出:中国半殖民地半封建的社会性质,决定中国知识分子的大多数常常站在民族立场上反对外国殖民者和本国卖国贼,成为革命的爱国的知识分子。

周恩来充分肯定新中国成立以来中国大多数知识分子"已有了根本的转变和极大的进步"。他在讲话中引用了列宁《"关于用自由平等口号欺骗人民"出版序言》中的一段话:"无产阶级专政是劳动者的先锋队——无产阶级同人数众多的非无产阶级的劳动阶层(小资产阶级、小业主、农民、知识分子等等)或同他们的大多数结成的特种形式的阶级联盟……是最终为建成并巩固社会主义而成立的联盟。"

周恩来对列宁关于"非无产阶级的劳动阶层"的说明中包括知识分子这一点引申说:这是讲的无产阶级同其他劳动者的联盟,而中国的革命性质决定这个联盟可以扩大到同民族资产阶级的联盟,而"同民族资产阶级的联盟是无产阶级同非劳动者的联盟"。他认为:"坚持这两种联盟是我们的战略方针和长期的历史任务,在我国的统一战线中将长期起作用。对知识分子的估计要以这个为纲。"

周恩来在讲话中还指出:"两种联盟的矛盾性质不一样。无产阶级同其他劳动者之间不存在对抗性的矛盾,同非劳动者之间还存在着对抗性矛盾的一面。"所以"我们同知识分子的联盟与同民族资产阶级的联盟是有根本区别的"。他将知识分子大多数同工人、农民并列在一起,说他们是热爱祖国的,一样经得起考验。

周恩来特别提到,毛泽东对民主党派领导人曾经讲过:现在资本主义的经济基础消灭了,"皮之不存,毛将焉附",资产阶级知识分子不要做"梁上君子",这部分知识分子应该投到无产阶级方面来,承认共产党的领导,这才有出路。他说,毛泽东的这段话是有所指的,"是在1957年五一前后说的,但是到6月,右派还是进攻。当时反击是必要的,但这决不会动摇我们党在整个历史时期对知识分子的根本政策和战略方针,决不会改变无产阶级同其他劳动人民的与此同时，周恩来继续坚持两点论的观点，要求知识分子要加强自我改造。但他批评了1957年以来对知识分子改造问题的片面理解，指出改造是长期的，要靠自觉，方法要和风细雨，不能粗暴，这样气才能顺，心情才能舒畅。他说："过去对同志们批评错了的、多了的、过了的，应该道歉。党内我已道过歉，现在利用这个机会，再作个总的道歉。"[29]

周恩来的这篇报告给与会者带来意外的惊喜，因为"事前大家并没有这种思想准备"。[30] 但是，也有一些人感到不满足，觉得周恩来的话似乎意犹未尽。[31]

因为要准备即将召开的人大会议的政府工作报告，周恩来未等会议结束便提前返京。他把还要说的话留给了陈毅。

3月5日和6日，陈毅分别向两个会议的代表转达了周恩来的嘱托，对周恩来的意见作出进一步阐述，明确提出要为知识分子"脱帽加冕"。

陈毅指出："同志们听了周总理的报告很满意。但有的同志说周总理没有明确脱帽子。那么我今天明确一下：是劳动人民的知识分子。"[32]

陈毅又说："周总理前天动身回北京的时候，我把我讲话的大体意思跟他讲了一下，他赞成我这个讲话。他说：'你们是人民的科学家、社会主义的科学家、无产阶级的科学家，是革命的知识分子，应该取消资产阶级知识分子的帽子。'今天，我给你们行'脱帽礼'。十二年的改造，十二年的考验，尤其是这几年严重的自然灾害带来的考验——孔夫子三月不知肉味，有些人是两三年不知肉味，还是不抱怨，还是愿意跟我们走，还是对共产党不丧失信心，这至少可以看出一个人的心。十年八年还不能考验一个人，十年、八年、十二年还不能鉴别一个人，共产党也太没有眼光了吧。"

陈毅认为，这是做了一件"蠢事"。他引用毛泽东在七千人大会上讲的一段话："同志们啊，你们要相信，过去三年有时候我们是做蠢事啊！我们是很蠢的啊！"陈毅说："我看这是慨乎言之、痛乎言之。我能够体会毛主席这个精神。他有这个精神，我敢于这样大声讲这个话，大声疾呼：我们有些事是做得很蠢嘛。"[33]

陈毅形象地将工人、农民、知识分子比喻为"国家的三只脚"，说：知识分子"是三大部分之一，是国家的一只脚"。对知识分子的思想改造问题，陈毅指出"不能搞运动，最好的方式是学习，和风细雨，引人入胜，使人感到如沐春风"。[34]

陈毅还尖锐地批评了少数干部的错误做法,强调"要以平等态度待人,不要以改造者自居。自己也在改造中,谁也没有赋予你权力,充当改造者"。[35]他说,我们有些党的领导机关同科学家、剧作家之间产生了矛盾,伤了感情,伤了和气,这是个严重的内部矛盾,现在一定要解决这个矛盾。

周恩来的讲话温和而谨慎,陈毅的讲话鲜明而透彻,因此,尽管陈毅在会上说他的讲话代表了周恩来的意见,但在很长一段时间内,许多人都在猜测他们的意见是否真正一致。张颖后来回忆说:"总是有人来问我陈老总的讲话是不是总理让他讲的,我也总是答说不知道,但我相信这种猜测。后来我在陈老总的儿子陈昊苏那里得到证实,他在父亲的日记里读到这样一段话:我在广州要发个言,这个发言是总理让我这样讲的。我想周总理是以他的方式,做了他想做和能做的事。"[36]

3月5日,陶铸在话剧、歌剧、儿童剧创作座谈会上讲话,明确指出:"绝大多数知识分子现在已经是属于劳动人民的知识分子,应该给脱下资产阶级知识分子的帽子。"[37]

会议代表对周恩来、陈毅、陶铸的讲话进行了深入讨论,普遍认为"很全面,很透彻,感情充沛,听来很亲切,使人深受感动,心悦诚服"。[38]北京的历史学家周谷城听到为知识分子"脱帽加冕"的消息后十分激动,他说:"知识分子过去认为自己是资产阶级知识分子,觉得自己是被改造的,始终是做客的思想,积极性还没有发挥出来。"如今,"得到一个光荣称号,是劳动人民了,对这一点特别高兴。我对这一点也很兴奋。我觉得只要有这些感觉,精神就活跃起来了"。[39]

这不仅仅是周谷城一个人的肺腑之言,也代表了广大知识分子的心声。

陶铸在会上曾提出:"这次会议应该搞出这样一个局面:是温暖的春天,不是料峭的春寒;是和煦的春风,不是肃杀的秋风;也就是毛主席所讲的心情舒畅、生动活泼的局面。"他希望"不要再刮秋风了,多刮一点温暖的春风吧!秋风一来,树叶脱尽,还有什么百花齐放呢?"[40]

广州会议后的情况,正如陶铸所希望的那样,党和知识分子的关系得到全面改善,知识分子的积极性普遍高涨。聂荣臻回忆说:那时候"中国科学院、国防部五院、二机部九院等许多科研单位,晚上灯火通明,图书馆通宵开放,一片热气腾腾,我国真正出现了科学的春天。至今我还认为:如果没有那几年的实干,'两弹'也就不会那么快地上天。我们常说,中国人民是很聪明的,并不比别的民族笨。事实证明了这一点。我们有些科学家的确有才干,要有正确的政策,要关心他们的生活"。[41]

文化艺术界也取得了令人可喜的成绩,创作出一大批深受人民喜爱的文艺作品。

广州会议上的强烈反响,进一步坚定了周恩来对知识分子问题的认识。在党内对知识分子阶级属性问题存在分歧,甚至少数人明确反对的情况下,他坚持把为知识分子"脱帽加冕"的精神写入这年3月底召开的全国人大二届三次会议的政府工作报告中。

这份报告旗帜鲜明地提出,中国的绝大多数知识分子是属于劳动人民知识分子。报告说:

> 知识分子中的绝大多数,都是积极地为社会主义服务,接受中国共产党的领导,并且愿意继续进行自我改造的。毫无疑问,他们是属于劳动人民的知识分子。我们应该信任他们,关心他们,使他们很好地为社会主义服务。如果还把他们看作是资产阶级知识分子,显然是不对的。

关于知识分子的自我改造,报告中强调说:

> "应该创造条件,使他们能够心情舒畅地、自觉地、逐步地进行,而不应该采取任何简单粗暴的方式。""对知识分子的改造要求过高过急,是不适当的;把某些学术问题当作政治问题来处理,更是错误的。"[42]

由于这份报告送中央政治局审阅过,这些内容又是在全国人民代表大会上的政府工作报告中郑重提出来的,并且得到大会的通过,所以它的分量比广州会议讲话要重得多。用《关于建国以来党的若干历史问题的决议》中的话来评价,它"在当时和以后都有重大的意义"。

这个报告坚持了党对知识分子问题的马克思主义观点,从根本上恢复并发展了周恩来在1956年代表中共中央对知识分子的地位和作用作出的正确估计,在实践中对改善党同知识分子的关系,调动广大知识分子建设社会主义的积极性产生了重要影响。

6

广州会议召开时,最明显的"不一致"来自上海。由于主管上海文艺界的市委宣传部副部长张春桥的阻挠,上海市文化局局长吕复直到会议临近尾声时才露面,临来以前还被告知,他要做的事只是听听发言,而且回去以后不许传达。

由于党没有从根本上对1957年反右运动扩大化以来指导思想上的"左"的错误进行清理和纠正,党内对知识分子阶级属性问题认识上的不一致并没有真正消除,因此广州会议后不久,事情很快发生波折,争论重新展开。

1962年9月,毛泽东在中共中央召开的八届十中全会上,把社会主义社会中一定范围内存在的阶级斗争扩大化和绝对化,发展了他在1957年反右运动后提出的无产阶级同资产阶级的矛盾仍然是我国社会主要矛盾的观点,进一步断言资产阶级在整个社会主义历史阶段都将存在和企图复辟,并成为党内产生修正主义的根源。在这种背景下,党内围绕知识分子的阶级属性问题重新展开争论。

当时,中宣部内对这个问题一直有意见分歧,陆定一坚持"资产阶级知识分子"的提法。[43] 广州会议后,在中宣部召开的全国各省、市宣传部长会议的一份简报上还批评了"摘掉资产阶级知识分子帽子"的观点,说这是赫鲁晓夫的论调。中宣部有一位副部长不同意这样的做法,说:"给资产阶级知识分子摘帽子是周总理提出的,中宣部不能这样乱扣帽子,这样做同中央的精神不一致,简报发下去会造成很坏的影响。"[44]

八届十中全会召开前后,在北戴河召开的中央工作会议中心小组会和在北京召开的中央书记处会议上,也对这个问题进行过多次讨论。一些人批评周恩来为知识分子"脱帽加冕"是"没有阶级观点",说陈毅在广州会议上的讲话是"上当"。

面对这种压力,周恩来没有沉默,11月26日,他在中央书记处讨论宣传文教工作的会议上对这些指责进行了反驳。他说:广州会议上关于知识分子问题的报告不能说没有阶级观点,在列宁的著作和刘少奇关于宪法的报告中都是这样提的,"我是代表中央作报告的"。

主持这次会议的邓小平支持周恩来的意见,他最后作结论时说:"总的提法,一切按总理人大报告所说,把那段话再印一下,统一语言,那是中央批准的。"〔45〕

但是,这些努力都没有能够阻止党内在知识分子问题上"左"的错误的发展,广州会议对知识分子阶级属性的正确估计再次被否定。这种错误在"文化大革命"中达到登峰造极的地步。周恩来对知识分子阶级属性的正确估计再次被否定。

注释:

〔1〕《周恩来选集》下卷,人民出版社1984年版,第167页。

〔2〕〔3〕〔4〕参见《中央重大决策背后的故事》,辽宁人民出版社2018年版。

〔5〕笔者和方铭、金冲及访问夏衍记录,1983年2月10日。

〔6〕新凤霞:《和文艺界的人做朋友,他高兴》,《周恩来与艺术家们》,中央文献出版社1992年版,第209、211页。

〔7〕文洁若:《迟来的蜜月——我与萧乾》,《人物》1992年第2期。

〔8〕朱正直:《马寅初传》,北京出版社1986年版,第207页。

〔9〕笔者访问周家鼎谈话记录,1996年3月4日。

〔10〕《毛泽东书信选集》,人民出版社1983年版,第554页。

〔11〕桑弧:《追忆周恩来总理二三事》,《周恩来与艺术家们》,中央文献出版社1992年版,第146页。

〔12〕魏巍:《怀念一位伟大人物》,《我们的周总理》,中央文献出版社1990年版,第442页。

〔13〕周恩来关于两条腿走路的讲话,谈到10个问题:既要鼓足干劲,又要心情舒畅。既要力争完成,又要留有余地。既要有思想性,又要有艺术性。既要浪漫主义,又要现实主义。既要学习马列主义,又要和实际相结合;既要学习政治,又要和生活实践相结合。既要有基本训练,又要有文艺修养。既要政治挂帅,又要讲物质福利。既要重视劳动锻炼,又要保护身体健康。既要敢想、敢说、敢做,又要有科学的分析和根据。既要有独特的风格,又要兼容并包(或叫丰富多彩)。

〔14〕周恩来:《关于文艺工作的三次讲话》,人民出版社1979年版,第1—5页。

〔15〕《周恩来选集》下卷，人民出版社1984年版，第324页。

〔16〕《周恩来选集》下卷，人民出版社1984年版，第323—348页。

〔17〕《聂荣臻回忆录》（下），解放军出版社1984年版，第826页。

〔18〕《聂荣臻回忆录》（下），解放军出版社1984年版，第832页。

〔19〕笔者访问马大猷谈话记录，1997年。

〔20〕《聂荣臻回忆录》（下），解放军出版社1984年版，第832页。

〔21〕〔22〕〔23〕笔者访问张颖谈话记录，1986年4月。

〔24〕《周恩来书信选集》，中央文献出版社1988年版，第574页。信中所提"林"，指林彪；"聂"，指聂荣臻。

〔25〕参见《中央重大决策背后的故事》，中央文献出版社2001年版，第189页。

〔26〕转引自龚育之：《周恩来和建国以来党的知识分子政策》，《周恩来百周年纪念——全国周恩来生平和思想研讨会论文集》（下），中央文献出版社1999年第1版，第781页。

〔27〕《周恩来选集》下卷，人民出版社1984年版，第362页。

〔28〕笔者访问龚育之谈话记录，1997年。

〔29〕《周恩来选集》下卷，人民出版社1984年版，第353—369页。

〔30〕笔者访问张庚谈话记录，1986年4月。

〔31〕笔者访问张颖谈话记录，1986年4月。

〔32〕〔33〕〔34〕〔35〕陈毅：《我们是社会主义的，劳动人民的知识分子（一九六二年三月五日）》，《党的文献》2002年第2期。

〔36〕笔者访问张颖谈话记录，1997年。

〔37〕廖心文：《1962年广州会议前前后后》，《党的文献》2002年第2期。

〔38〕全国话剧、歌剧、儿童剧创作座谈会会议简报第1期，1962年3月。

〔39〕《周恩来传》，中央文献出版社2018年版，第1471页。

〔40〕廖心文：《1962年广州会议前前后后》，《党的文献》2002年第2期。

〔41〕《聂荣臻回忆录》下册，解放军出版社1984年版，第834页。

〔42〕《建国以来重要文献选编》第15册，中央文献出版社1997年版，第309、311页。

〔43〕笔者访问林默涵谈话记录，1986年4月17日；《陆定一文集》（1992年出版）中，有两篇文章提到那个时期，党内在知识分子问题上的意见分歧，陆定一诚恳地

做了自我批评,表示要努力向周恩来学习,赢得大家的尊重。

〔44〕笔者访问林默涵谈话记录,1986年4月17日。

〔45〕《周恩来传》,中央文献出版社2018年版,第1473页。

22 走进非洲

1

1963年底至1964年初周恩来出访亚非欧14国，其中有10个非洲国家。这是新中国领导人第一次走进非洲。这次大规模出访，为推动中非关系的发展树立了一个新的里程碑。

周恩来对非洲问题的关心其实从一建国就开始了。作为新中国第一任外交部部长，他需要经常对这个问题做一些分析和思考。周恩来和毛泽东等老一辈革命家对非洲问题的分析和思考，决定了新中国对非洲政策的基本走向。

历史上，非洲国家长期受到西方资本主义国家和帝国主义国家的侵略和压迫。15世纪到20世纪初，以英国、法国、比利时、葡萄牙等国为代表的欧洲资本主义国家从贩卖黑奴开始，对非洲进行了四百多年的殖民主义统治。据美国黑人学者杜波依斯的统计，从15世纪到19世纪初，由于殖民者贩卖黑人，非洲损失了1亿左右的人口。当资本主义发展到帝国主义阶段时，除了这些国家外，以美国为代表的新殖民主义者也开始插手非洲事务，到20世纪初第一次世界大战前夕，非洲已基本被各帝国主义国家瓜分完毕。

当时，只有埃塞俄比亚和利比里亚两个国家保持了名义上的独立。之所以说是名义上的独立，是因为埃塞俄比亚独立后依然受到英国、法国、意大利三国种种不平等条约的束缚，利比里亚独立后则受到美国的控制。第二次世界大战结束时，非洲独立国家仅为三个，即埃塞俄比亚、利比里亚和埃及，绝大多数非洲国家和地区仍然处在英国、法国、比利时、葡萄牙等国的统治之下。

第二次世界大战结束后，非洲出现的新情况是：在战争中得到极大发展的美国以新的殖民方式加紧向非洲进行扩张和渗透，并设法维护那里的殖民主义统治。同时，受十月革命影响，非洲国家和地区民族解放运动已经蓬勃兴起。

非洲民族解放运动的蓬勃兴起，主要有两方面因素：首先是英国、法国、比利时、葡萄牙、西班牙、意大利等国在非洲的殖民势力因战争而减弱，为非洲人民开展斗争创造了有利的条件。正如周恩来所分析的："殖民主义的体系在这种斗争的反复的冲击下开始解体了。"[1] 其次是第二次世界大战后东欧和亚洲地区出现一系列人民民主国家，特别是中国革命的胜利，改变了世界政治力量的对比，以苏联为首的社会主义阵营，对非洲国家的民族独立和解放运动给予巨大的支持和鼓舞，也为非洲人民做出了榜样。桑给巴尔一位朋友曾经说过："我们非洲人与帝国主义进行了长期的斗争。我们看到中国解放了，中国人民的斗争给了我们很大鼓舞。"坦噶尼喀一位朋友也曾说过："中国对非洲的解放起了很大作用。"

新中国成立之初，周恩来等新中国领导人虽然对非洲国家和地区的具体情况还不太熟悉，没有形成具体的对非政策，但周恩来在关于如何对待国际范围内的民族解放运动的论述中，已经表达了新中国的基本立场。在1951年的外交学会年会上，他说："革命者要善于在事物的发展当中找出其中的新因素，并且应该有勇气去发展新的因素，使这种新的因素成为新的力量。"[2]

周恩来在这里讲到的所谓"新的因素"和"新的力量"，就包括非洲国家和地区正在进行的民族解放运动。为此，他在很多场合都强调："我们的任务就是支持、推动民族解放运动的发展。"[3]

周恩来具有这样的认识，缘于他看问题具有的高度和深度。

从非洲民族解放运动的性质看，周恩来认识到这个运动虽仍属资产阶级民主革命性质，但已成为人民民主革命的后备力量。列宁曾经指出，18世纪的民族独立运动是资产阶级民主革命的后备力量，20世纪以后的便不是了。

周恩来赞成列宁的这个观点，并具体分析认为："法国的革命、美国的独立，都属于前一范畴。那时是资本主义发展的时期，民族革命在当时还是资产阶级民主革命的一部分。到了资产阶级已在许多国家取得胜利、建立了它自己的国家以后，它就对外压迫别的民族，把别的民族和国家降为它的殖民地和半殖民地，任意地去压迫和剥削别的民族。它不仅对外压迫和剥削别的民族，还对内压迫和剥削本国的无产阶级和少数民族，这样就不可避免地形成尖锐的国际对立和国内对立，也就不可避免地使资本主义国家的无产阶级革命和殖民地、半殖民地国家的民族革命发生了密切关系。"[4]

周恩来认为，十月革命胜利后，包括非洲在内的民族解放运动虽然还属于资产阶级民主革命范畴，但已"不再是资本主义革命的一部分，而是社会主义革命的一部分了"，"我们不能低估这个力量，也不能认为这个力量只是辅助的力量"。[5]

从中非之间的关系看，周恩来认识到中非之间有许多共同点，可以互相支持。国际斗争总是彼此支持的，需要在国际上寻找朋友。而中非之间有许多共同点，这些共同点是：它们有着共同的遭遇，长期受到外来的侵略和干涉；有着共同的敌人——帝国主义和殖民主义者；有着共同需要解决的问题和奋斗目标，这就是反对帝国主义和一切殖民主义者，争取民族独立和解放，发展民族经济和民族文化。周恩来说："由于同样的原因而受到的灾难和为了同样的目的而进行的斗争，使我们亚非各国人民容易互相了解，并在长期以来就深切地互相同情和关怀。"[6]"当我们能够自由地站起来寻找友谊的时候，我们很自然地把极大的热情寄放在我们曾经同过患难的兄弟的身上，这是一种极其可贵的历史感情，它应该永远受到我们的珍爱。"[7]

中非之间的这些共同点，奠定了双方之间能够发展友好关系的基础。

从新中国外交战略的角度看，周恩来认识到非洲是需要争取的重要力量。周恩来是具有世界眼光的外交家，他总是站在国际战略的高度上就对外关系中依靠谁、团结谁、反对谁做出准确判断。新中国成立之初，周恩来就指出："在国际战场上，有朋友，也有敌人"；"开辟外交战线，首先要认清敌友"；"对兄弟国家战略上是要联合"，"对帝国主义国家战略上是反对的"；但是，世界格局"不是简单的两大阵营对立，没有什么工作可做"，"我们要团结世界各国的人民，不仅兄弟国家的人民，就是原殖民地半殖民地国家和资本主义国家的人民，我们也都要争取"。[8]

周恩来这里所强调的两大阵营之外的力量就包括非洲国家和地区的人民。由于这支力量的绝大多数国家在美、苏两大阵营之间采取中立立场，一些人对争取它们不理解。对此，周恩来指出，这些国家"如果在同帝国主义的战争中保持中立，对我们是有利的"。[9]他十分赞成毛泽东所说的话："民族主义国家的这种中立也就是一种独立自主、不受控制的立场。我们社会主义阵营欢迎这些国家的这种中立的立场，因为它有利于和平事业，不利于帝国主义的侵略计划和战争计划。"[10]

突尼斯总理布尔吉巴在周恩来访问突尼斯时曾告诉他：中国支持不结盟国家，不把这当作是社会主义国家的敌人，这很重要，这样使我们更放心。

周恩来的这些认识，为他在实践中积极开展对非工作，广泛团结和争取非洲朋友，奠定了重要的思想基础。

2

1955年4月，在印度尼西亚万隆召开了第一次亚非会议（即万隆会议）。会议召开前，中共中央确定以埃及作为打开中非关系的突破口。周恩来回国后向中央报告说："同埃及、叙利亚初步建立的友好关系，是有可能使和平中立地区伸展到中东去。""今后如果能再发展同它们之间的事务性关系，它们对中国的态度是有可能逐步改变的。"[11]

万隆会议后的形势，确如周恩来所估计和期待的那样。回国后的纳赛尔于1955年5月20日在首都开罗宣布：埃及"不向任何形式的外国压力屈服"，"执行独立的外交政策"。[12]他们拒绝了美国政府关于"埃及不要把战略物资（包括农产品）卖给共产主义国家"的要求，指出"履行这些条件会使得埃及的经济完全从属于美国"。他们认为"中国是埃及最好的顾客"[13]。这年8月，埃及派贸易代表团访问中国，中埃之间签订了贸易协定和第一个协定年度议定书。1956年5月16日，埃及政府正式承认中华人民共和国，这一举动得到阿拉伯国家政界领袖和舆论的广泛认可，他们认为："承认人民中国不只是正义的和合法的，而且是一定得这样办的。"[14]

苏丹于1956年1月宣布独立，声明："万隆亚非会议的决议中所规定的原则是苏丹外交政策的基础"；"苏丹将实行中立政策"。[15]随后，苏丹同中国开始了经济合作和贸易往来。

至1960年万隆会议召开五周年之际，有近20个国家获得了独立。非洲国家领导人相继应邀访问中国，与中国建立外交关系。

万隆会议后，中央加强了对非洲情况的研究，毛泽东曾不止一次对非洲朋友说："我们对非洲的知识太缺乏了，需要好好研究。"[16]为此，他建议："应该搞个非洲研究所，研究非洲的历史、地理、社会经济情况。"他说，"我们对于非洲的历史、地理和当前情况都不清楚，所以很需要出一本简单明了的书，不要太厚，有一二百页就好。可以请非洲朋友帮助，在一二年内就出书。内容要有帝国主义怎么来的，怎样压迫人民，怎样遇到人民的抵抗，抵抗如何失败了，现在又怎么起来了。"[17]根据毛泽东的指示，在周恩来具体指导下，世界知识出版社于1962年编辑出版了第一本介绍非洲情况的入门书——《非洲手册（概况部分）》[18]。这本书的编辑出版，对新中国进一步了解非洲，制定正确的对非方针政策，为周恩来后来出访非洲10国，提供了有益帮助。

对周恩来而言，通过万隆会议他已经同4个非洲国家的领导人有了交往，但只是初步的，对非洲国家的具体情况仍然不太熟悉。万隆会议以后，周恩来通过来访的非洲朋友和我驻非洲国家使馆增加了对非洲情况的了解，但仍感不够。他主张，应该走出去，亲眼看看。

1963年12月14日至30日、1964年1月9日至3月1日，周恩来历时55天访问的10个非洲国家是：阿联[19]、阿尔及利亚、摩洛哥、突尼斯、加纳、马里、几内亚、苏丹、埃塞俄比亚、索马里。10个国家的总面积占整个非洲面积的三分之一；总人口1亿多，占非洲总人口的五分之二。其中苏丹是非洲最大的国家，比较小的突尼斯只有十多万平方公里；阿联、苏丹、突尼斯、阿尔及利亚和摩洛哥是阿拉伯国家，加纳、马里、几内亚、索马里是撒哈拉沙漠以南的非洲国家，埃塞俄比亚人口的大多数为阿拉伯人和非洲黑人混血种。可以这样说，被访问的虽然只有10个国家，但有很大的代表性。其中8个国家已同中国建交，突尼斯正准备同中国建交，埃塞俄比亚是非洲国家首脑会议的发起国，同蒋介石集团没有外交关系。这次出访是中国政府首脑第一次访问非洲，周恩来认为，这是我们国家对外关系中的一个重大事件，具有重大的国际意义和影响。

周恩来出访非洲10国，对发展中非关系具有里程碑意义。

它增进了中国对非洲国家的了解，由此形成一些新的认识，使对非工作的开展更加切合实际。周恩来在出访各国过程中，除了通过参观对非洲空前高涨的革命形势、丰富的矿产资源、人民的热情友好留下深刻印象外，还通过高层会谈了解到更多的新情况，形成了新的认识。

周恩来了解到，非洲民族独立和统一的愿望是并存的。在访问几内亚时，杜尔总统告诉周恩来："亚洲是在根据民族系统形成国家以后，西方殖民者才入侵的，因而他们不得不照顾当时的实际情况。而非洲就不一样，许多国家是人为划分的，不是按民族系统划分的。"[20]如几内亚[21]、葡属几内亚、塞拉勒窝内[22]和利比里亚都是一个民族,却被分成4个国家。西边的塞内加尔、南边的象牙海岸、北边的毛里塔尼亚的一部分都是同一民族,但都被法国分割。加纳、多哥、达荷美[23]也都是一个民族,但加纳被英国占领,多哥和达荷美被法国占领。这些都是周恩来访问非洲之后才了解的。

这些新情况使周恩来认识到,帝国主义和殖民主义对非洲的祸害超过了亚洲;这种人为的分割,是非洲国家独立后至今相互之间还存在边界和民族纠纷的根源。从这个情况出发,周恩来提出:在支持非洲人民的解放斗争中,要根据绝大多数国家和人民的愿望,先按帝国主义划分的地区取得独立,然后逐步争取全部非洲国家独立。"如果不这样做,而要求依照民族系统独立,那就会纷争不已,正中帝国主义的诡计。"[24]

周恩来争取非洲国家统一和团结的主张,得到非洲大多数国家首脑和人民的认同。在反对新老殖民主义的问题上,周恩来发现许多国家,只提反对殖民主义,不大愿意提反对新殖民主义,避免影射美国。他们不能不考虑同美国的关系。针对这种情况,周恩来一方面在谈话中揭露美国新殖民主义行径,另一方面同意在两国公报中不直接提反美口号。

在经济技术援助方面,周恩来发现,提高施工的机械化程度才能降低成本,减少劳动力使用,并提高效益;机械设备需要适应热带的潮湿和干燥气候,等等。他指出这些新问题要解决。

在访问埃塞俄比亚时,海尔塞拉西皇帝谈到同索马里、肯尼亚之间的民族争执问题,提醒中国方面要考虑援助索马里的方式。周恩来说,这"对我们是一个新问题",提出对非洲国家之间的争端"采取不介入的立场","支持非洲各国和平解决彼此的争端"。[25]

在谈到召开第二次亚非会议问题时,摩洛哥国王哈桑二世告诉周恩来:"参加国的积极性比1955年第一次时是减低了",因为"万隆会议时主要讲各国解放",会后这些年,"亚非许多国家独立了,如再开,已经没有什么动力来推动会议讨论什么问题"。如果要开,"现在可以谈非殖民化,解决不发达国家的经济发展等问题。现在如再谈解放问题,也许只有两三个国家感兴趣,如不解决不发达的问题,就不可能有和平共处,会引起对别人的干涉"。周恩来赞成哈桑二世的两点意见,并在访问过程中建议:第二次亚非会议如果召开,一定要使"一些原则更加具体化,特别是促进亚非各国相互之间的了解、帮助和经济合作"；他指出"非洲国家的问题相同：摆脱殖民统治，在国家形式在政治上和经济上都要非殖民主义化"。[26]

出访中，周恩来还针对各国关心的问题阐明中国政府的立场，增进了非洲国家对中国的了解，消除了他们的疑虑和误解。

20世纪50年代末60年代初，国际形势激烈动荡，美国和苏联利用旧殖民主义体系的瓦解，从各自国家的全球战略出发，加紧了对非洲的研究。1958年，美国国务院建立了第一个由一位助理国务卿领导的单独的非洲司；同一年，苏联外交部也建立了一个专门负责非洲事务的机构。美、苏在加快从政治、经济等方面渗透和侵入非洲的同时，还挑拨这些国家同中国的关系。与此同时，中、苏两党意识形态分歧已经公开化，中印边界也出现了两次武装冲突，引起包括非洲国家在内的世界范围的广泛关注。美国的援助使一些国家产生幻想，苏联和南斯拉夫的援助对一些国家也起了一定作用。因此有些国家对中国的对外政策产生了误解或疑惑。为此，周恩来在出访中，就中美关系、中苏关系、中印边界冲突等问题的真相及中国政府的态度和立场作了详细的解答和说明。这对减轻我国来自美、苏、印方面的压力有重要意义。

在访问非洲十国的过程中，周恩来向全世界公布了"中国处理同阿拉伯国家和非洲国家关系的五项原则"和"对外经济技术援助的八项原则"。公布这两个重要文件，是因为我国同非洲国家的关系与同亚洲国家的关系有所不同，主要面临两个问题：

一个问题是同阿拉伯国家的关系问题。阿拉伯国家一般指居民以阿拉伯民族为主的国家，主要分布在亚洲西部和非洲北部地区，有统一的语言（阿拉伯语）、统一的文化和风俗习惯，绝大部分人信仰伊斯兰教。主要的国家从北非算起有摩洛哥、阿尔及利亚、突尼斯、利比亚、苏丹、阿联；中东地区是叙利亚、黎巴嫩、约旦、伊拉克、沙特阿拉伯、也门、科威特、阿曼等。这些国家彼此之间制度不同，受帝国主义控制的程度不同。它们同许多非洲国家一样，形成民族国家之前已经被帝国主义国家所分割，所以内部也有很大冲突。面对这种情况，中央认为：如果能把这些国家"统一在反帝特别是反美的斗争下，是可以成为一个积极因素，推动民族运动"。因此，周恩来出访第一个国家阿联时，"就考虑了这个问题，把我们原来平常所发表的主张，集中成为五点"。[27] 这五点内容是：

> 支持阿拉伯各国人民反对帝国主义、争取和维护民族独立的斗争；支持阿拉伯各国政府奉行和平中立的不结盟政策；支持阿拉伯各国人民用自己选择的方式实现团结和统一的愿望；支持阿拉伯各国通过和平协商解决彼此之间的争端；主张阿拉伯各国的主权应当得到所有其他国家的尊重，反对来自任何方面的侵犯和干涉。[28]

后来，周恩来在同其他非洲国家接触中，感觉"非洲对联合的要求更大"，因此这五条原则对非洲其他国家"同样适用"。这五条原则得到了阿拉伯各国和非洲各国人民的赞同，他们都觉得这样的主张是公正的，有利于自己的独立和革命，有利于自己的联合。

另一个问题是对非洲的经济技术援助问题。新中国成立后，我国一直十分重视对亚非国家的经济技术援助。周恩来曾说："我们对亚非国家的援助，对于我们同帝国主义、修正主义争夺中间地带具有重要意义。这是很重要的一环，这是物质援助，没有物质也不行。"[29]

在对亚非国家援助过程中，我国确定了不少原则。毛泽东、周恩来、刘少奇在同外宾谈话中常常谈到这些原则。在这次出访中，各国领导人都同周恩来谈到美国、苏联、南斯拉夫等对他们的援助情况。周恩来发现问题主要突出表现为两方面：这些国家对非洲国家的援助，实际上是企图利用经济援助的名义来控制非洲国家，使非洲国家的经济继续单一化。

如何使我国的援助区别于美、苏等国的援助，如何通过经济技术援助帮助非洲国家建立起独立的民族经济，如何体现援助是相互平等等问题，都需要有新的解释，以争取和影响更多的阿拉伯和非洲国家。于是有了周恩来在出访加纳时提出，到马里后正式公布的中国对外经济技术援助的八项原则：

> 中国政府一贯根据平等互利的原则对外提供援助，从来不把这种援助看作是单方面的赐予，而认为援助是相互的；中国政府在对外提供援助的时候，严格尊重受援国的主权，绝不附带任何条件，绝不要求任何特权；中国政府以无息或者低息贷款的方式提供经济援助，在需要的时候延长还款期限，以尽量减少受援国的负担；中国政府对外提供援助的目的，不是造成受援国对中国的依赖，而是帮助受援国逐步走上自力更生、经济上独立发展的道路；

中国政府帮助受援国建设的项目，力求投资少，收效快，使受援国政府能够增加收入，积累资金；中国政府提供自己所能生产的、质量最好的设备和物资，并且根据国际市场的价格议价，如果中国政府所提供的设备和物资不合乎商定的规格和质量，中国政府保证退换；中国政府对外提供任何一种技术援助的时候，保证做到使受援国的人员充分掌握这种技术；中国政府派到受援国帮助进行建设的专家，同受援国自己的专家享受同样的物质待遇，不容许有任何特殊要求和享受。[30]

这八项原则，是针对前述两方面问题提出来的，目的在于尊重主权国家，发展独立经济，不干涉内政，不是造成依赖经济。

在出访非洲10个国家过程中，周恩来同非洲国家领导人广泛接触，友好坦率地进行会谈，增进了彼此间的感情。周恩来认为，"各国领导人之间的来往很重要"。因此，每到一个国家，他都同对方领导人谈三四次，有的多达六次，最少也有两次。每一次谈话都是两三个小时，有时到三四个小时。周恩来说：这次出访"要说累一点，就是谈话费了一点精神"。因为面对的国家情况不同，领导人的情况也不同，要有所界限；对不同意见还要有所回应，"总是有来有往，因为我们不能失掉我们的立场，要找机会把我们的原则说清楚，阐明我们的原则"。

交谈中，周恩来很讲艺术，在苏丹，他同阿布德主席只谈了一次，因为阿布德主席是军人，很爽直，他有问题提出来，周恩来一回答，就解决了。在阿联，纳赛尔总统有意避而不谈苏联和南斯拉夫问题，周恩来就不谈。在突尼斯，布尔吉巴总理在中美关系、中苏关系、中印关系等问题上不理解中国的做法，周恩来就花了很多时间阐明我们的道理。

为了充分了解各国情况，周恩来在会谈中几乎有一半多的时间是在倾听；为了使同各国的会谈取得更大成效，周恩来事前做了充分准备，留下很多谈话内容的提纲手迹。他在加纳谈的中国对外经济技术援助八项原则，就是他亲笔拟写的。坦率友好的会谈，加深了彼此之间的了解和信任。

通过这次深入非洲的访问，中国开始了解到一些地区的政治、经济情况，虽然时间短，但起到"探路"作用。周恩来后来说："访问非洲以后，我们同非洲的接触才更多一些，了解多了一些。"他还说，"这个探路工作，可以为以后的政府的、民间的、从各方面去的人打开一个关系"；"这个影响会跟着以后的工作越来越发展"。[31] 中非关系后来的发展历程，证实了周恩来主张的正确。

注释：

[1]《周恩来外交文选》，中央文献出版社1990年版，第207、208页。

[2]《周恩来外交文选》，中央文献出版社1990年版，第37页。

[3]《周恩来外交文选》，中央文献出版社1990年版，第36、37页。

[4]《周恩来外交文选》，中央文献出版社1990年版，第34、35页。

[5]《周恩来外交文选》，中央文献出版社1990年版，第35、36页。

[6]《周恩来外交文选》，中央文献出版社1990年版，第113页。

[7]《周恩来外交文选》，中央文献出版社1990年版，第208页。

[8]《周恩来外交文选》，中央文献出版社1990年版，第2、3、16、52、54页。

[9]《周恩来外交文选》，中央文献出版社1990年版，第52页。

[10]《毛泽东外交文选》，中央文献出版社、世界知识出版社1994年版，第336、337页。

[11] 廖心文：《开启和发展中非关系的两个里程碑》，《党的文献》2013年第2期。

[12]《人民日报》1955年5月21日。

[13]《人民日报》1955年9月18日。

[14]《人民日报》1956年5月20日。

[15]《人民日报》1956年1月23日；1956年2月2日。

[16] 廖心文：《开启和发展中非关系的两个里程碑》，《党的文献》2013年第2期。

[17]《毛泽东外交文选》，中央文献出版社1994年版，第465页。

[18] 这本书经补充增加内容后于1981年由世界知识出版社重新出版，书名为《非洲概况》。

[19] 即阿拉伯联合共和国。1958年2月埃及同叙利亚合并而成，1958年3月，也门穆塔瓦基利亚王国（后来的阿拉伯也门共和国）以合众的形式加入，整个联盟因此更名为"阿拉伯合众国"。1961年9月叙利亚宣布退出，12月北也门也宣布退出，但埃及仍然保留这个国号直到1972年为止。

[20]《周恩来外交文选》，中央文献出版社1990年版，第398页。

[21] 指今几内亚比绍共和国。

[22] 指今塞拉利昂共和国。

〔23〕指今贝宁人民共和国。

〔24〕《周恩来外交文选》，中央文献出版社1990年版，第398、399页。

〔25〕〔26〕〔27〕廖心文：《开启和发展中非关系的两个里程碑》，《党的文献》2013年第2期。

〔28〕这是周恩来访问阿联期间在会谈时所表明的中国政府的立场，并写进了《中华人民共和国政府和阿拉伯联合共和国政府联合公报》中。公报全文刊载于1963年12月23日《人民日报》。

〔29〕廖心文：《开启和发展中非关系的两个里程碑》，《党的文献》2013年第2期。

〔30〕这是周恩来访问加纳共和国时答加纳通讯社记者问的节录，后正式写入中国同马里共和国两国政府的联合公报中。参见《周恩来外交文选》，中央文献出版社1990年版，第388、389页。

〔31〕廖心文：《开启和发展中非关系的两个里程碑》，《党的文献》2013年第2期。

23

领导研制第一颗原子弹

1

20世纪50年代，国际斗争尖锐激烈，美国依仗手中的核武器，横行霸道。抗美援朝战争中，美国国务卿杜勒斯曾叫嚣："如果不能安排停战，美国将不再承担不使用核武器的责任。"[1] 1954年12月，美国还同蒋介石签订《共同防御条约》，提出假如台湾海峡安全受到威胁，他们有权使用原子弹。有的好战分子甚至叫嚣要对中国发动核战争，进行核恐吓，在东方乃至整个世界的上空掀起阵阵乌云，人类和平受到核战争的威胁。

美国已经有过投掷原子弹的先例。1945年8月6日、9日，美国先后在日本广岛、长崎投下了原子弹。顷刻间，两座城市化为废墟，数十万人伤亡。继美国之后，苏联、英国也先后于1949年、1952年成功爆炸了第一颗原子弹，成为拥有核武器的国家。

为了抵御帝国主义的武力威胁，并打破大国的核垄断，世界和平人士提出建议，真诚地希望中国掌握核武器。1951年10月，法国科学家约里奥-居里，就语重心长地对准备离开法国回中国的放射化学家杨承宗说："你回去后，请转告毛泽东主席，你们要反对原子弹，你们必须要有原子弹。原子弹也不是那么可怕的。原子弹的原理也不是美国人发明的。"约里奥-居里夫人还将亲手制作的10克含微量镭盐的标准源送给杨承宗，作为对中国开展核科学研究的一种支持。[2]

面对美国的核威胁和国际正义力量的坚决支持，毛泽东、周恩来等党和国家领导人明确而坚定地宣称："我们不愿意搞原子弹，我们反对使用原子弹"，但是"要反对原子弹，必须掌握原子弹"。我们掌握了原子弹，"如果帝国主义敢于挑衅，那毁灭的将是他们自己"。[3]

1955年1月14日下午二时，著名科学家李四光、钱三强来到中南海西花厅周恩来总理办公室。他们二人是应周恩来的邀请来商谈发展中国原子能科学事业的。在座的还有薄一波、刘杰。

他们的身影刚出现在办公室门口，周恩来便快步迎上去，微笑着欢迎他俩的到来。

周恩来同他们是相交甚久、知之甚深的老熟人了。在互致问候、稍事寒暄后，周恩来便开门见山，转入谈话的正题。李四光、钱三强向他介绍了中国铀矿资源勘探情况和原子能科学技术研究现状。

时光在专注而热烈的谈话中悄然流逝，不知不觉，谈话持续了整整三个小时。

最后，周恩来略带几分庄重的神情，告诉了钱三强、刘杰一个好消息，说："明天，毛主席和中央其他领导人要听取这方面的情况汇报，请做好准备，简明扼要，通俗易懂。还可以带点铀矿石和简单仪器，做一下现场演示。"[4]

送走客人后，周恩来马上致信毛泽东：

> 今日下午已约李四光、钱三强两位谈过。一波、刘杰两同志参加，时间谈得较长，李四光牙痛先走，故今晚不可能续谈。现将有关文件送上请先阅。最后，可能在明日下午（15日）三时后约李四光、钱三强一谈，除书记处（的同志）外，彭（真）、邓（小平）、富春、一波、刘杰均可参加。……请主席明日起床后通知我，我可先一小时来汇报一下今日所谈，以便节省一些时间。
>
> 明日下午谈时，他们可带仪器来，便于说明。[5]

第二天下午三时，在中南海颐年堂会议室，毛泽东主持召开中共中央书记处扩大会议，听取李四光、钱三强和刘杰关于中国原子能科学的研究现状、铀矿资源情况的汇报以及有关核反应堆、原子武器、原子能和平用途等的讲解，讨论发展原子能事业问题。李四光当时任中国科学院副院长、地质部部长，钱三强当时任中国科学院副秘书长兼近代物理研究所所长，刘杰当时任地质部副部长。

毛泽东面带笑容，开宗明义地说："今天，我们这些人当小学生，就原子能有关问题，请你们来上一课。"

周恩来做出安排："先请他们做一下现场演示，有点感性印象，再听情况汇报。"

李四光手上拿着一小块黄黑色的发出黯淡光泽的铀矿标本，介绍铀矿资源与发展原子能的密切关系。随后，与会者一个一个传看铀矿标本。

钱三强将自制的盖革计数器[6]放到桌子上，并熟练地通上电源，然后将铀矿石装进上衣口袋，慢慢接近计数器。顿时，计数器发出"嘎、嘎、嘎"的响声，这意味着计数器已经接收到铀矿石放射出的射线。钱三强离开后，响声戛然而止。

全场的人都为那神奇般的巨大能量感到新奇，情不自禁地发出感叹。

在兴奋与惊喜中，有的领导人还亲自做试验，有的领导人则提出这样那样的问题，询问国内国外的情况。

接着，李四光、刘杰对中国的铀矿资源作了全面汇报。他们讲解了铀矿资源同发展原子能的密切关系，介绍了1954年上半年中国铀矿资源第一次在广西发现的情况，还提出准备同苏联签订中苏合营在中国勘探放射性元素的议定书。

钱三强汇报了西方几个主要国家原子能发展的概况和中国科学界近几年来所做的工作。然后，他又根据周恩来头一天要"通俗易懂"的嘱咐，介绍了原子弹和氢弹的原理以及美国、英国和法国等西方国家研制的情况。他深入浅出、绘声绘色地介绍道："原子极为微小，肉眼看不见它。原子的直径只有1厘米的一亿分之一左右。如果把一个原子放大100亿倍，它就像一个直径1米的圆球。通常一个只有芝麻粒那么大的小东西，里面有10000亿亿个原子。""后来科学家研究发现，原子还不是最小的，它本身的构造还很复杂，像个小小的'太阳系'，每个原子中间有个微小的'太阳'，这就是原子核。原子核更是小得惊人。打个比方，假如把一个原子放大到怀仁堂那么大，那么其中的原子核就像一粒黄豆放在礼堂中央。"[7]

钱三强讲到这里，悄然无声的书记处会议室爆发出阵阵笑声。

钱三强又挂出两张示意图，介绍了原子弹和氢弹的基本结构及其杀伤力等。

临末，毛泽东点燃一支烟，作了总结讲话。他说："过去几年，其他事情很多，还来不及抓这件事。这件事总是要抓的。现在到时候了，该抓了。只要排上日程，认真抓一下，一定可以搞起来。"[8]

会议结束后，毛泽东设下晚宴招待与会者。房间摆了三张四方桌，每桌六个普通家常菜。毛泽东环顾所有进餐者后，举起酒杯，用洪亮的声音说："来，为我国原子能事业的发展，大家共同干杯！"

从此，历史将1955年1月15日记录为"中国正式下决心研制原子弹的开始之日"。

2

1955年1月31日,周恩来在国务院第四次全体会议上,围绕"关于和平利用原子能的问题",激动地向到会的副总理和各部负责人介绍中共中央和国务院发展中国原子能工业的缘由、信心和如何开展工作。他平缓而有力地说:

"苏联帮助中国和平利用原子能","这是一件很好的事情。过去我们在这方面没有基础,科学院懂得一些,我们就不懂。曾经请李四光部长、钱三强所长给我们讲过几次,也只能看懂文件上的名词。"

"对中国来说,这是个新问题。现在是原子时代,原子能不论用于和平或者用于战争,都必须懂得才行。我们必须要掌握原子能。在这方面,我们很落后,但是有苏联的帮助,我们有信心、有决心能够赶上去。"

"帝国主义在叫嚣原子战争,我们要把它戳穿,应该使全世界的人民知道,原子能如果为和平建设服务,就可以造福人类;如果为战争服务,就是毁灭人类。""如果连对原子能的认识都不够,哪里有信心和勇气来制止原子战争、促进原子能的和平利用呢?""美国想用恐怖吓倒我们,但是吓不倒我们。"

"从积极方面说,我们要使广大人民了解原子能,要进行广泛的教育和认真的工作。""从消极方面说,的确可能造成一种力量来反对使用原子武器,因为现在美国和苏联都掌握了原子武器。……因为都掌握了,你用我也用,战争就无法进行了。所以,现在也有可能禁止使用原子武器。"

"在这方面,我们应该对人民很好地进行教育,一方面要反对使用原子武器,另一方面我们要掌握原子能。如果帝国主义敢于挑衅,那毁灭的将是他们自己。"[9]

接下来,周恩来提出了应马上开展的工作,一是开展"拥护苏联帮助中国和平利用原子能","反对制造和使用原子武器"的签名运动;二是进行有关原子能的科学教育,注意对现有的物理学家的使用,科学院录用留学生"有优先权";三是认真进行原子能的研究工作。他特别强调:"要把现在的原子物理专家逐渐从行政工作中抽出来。物理专家的组织才能都很强,钱三强是科学院的秘书长,又是青联的副主席，钱伟长是清华大学的教务长，周培源是北京大学的教务长，在浙江大学有个物理专家，叫胡济民，担任副教务长，调了好久调不来，这次要下命令调来，从行政部门把他们'解放'出来。""总之要号召专家归队，各位如果知道有专长的人可以推荐，不要瞒起来。"[10]

这次会议，根据中共中央书记处扩大会议的精神，做出了中国要"迅速掌握、使用原子能技术"的决定[11]，并通过了《国务院关于苏联建议帮助中国研究和平利用原子能问题的决议》。从此，中国原子能工业建设开始起步，并稳步开展。

周恩来看得远、想得深，用心良苦。他认为，在坚持自力更生发展中国原子能科学技术的同时，应该不失时机地尽可能地争取已经掌握原子弹的友好邻邦苏联"老大哥"的各种援助，以增强在薄弱的基础中起步的中国原子能事业的技术条件，使其以更快的速度发展。

1955年初，经过周恩来同苏联驻中国大使尤金的多次谈判，中苏政府签订了《关于在中华人民共和国进行放射性元素的寻找、鉴定和地质勘察工作的议定书》。

4月，周恩来指派刘杰和钱三强、赵忠尧等组成代表团到莫斯科，就促进原子能的和平利用进行谈判，4月27日中苏两国签订了《关于苏维埃社会主义共和国联盟援助中华人民共和国发展原子能核物理研究事业以及为国民经济需要利用原子能的协定》。协定内容包括由苏联援建一座7000千瓦的重水反应堆和一台磁极直径为1.2米的回旋加速器。

1956年下半年，周恩来主持制定的中国十五年科学发展的远景规划，又把利用原子能列为第一项重点科学研究任务，摆在科技发展的突出地位。同时，他领导筹建了具体负责实施中国原子能工业的建设和发展工作的领导机构——第三机械工业部（不久改为第二机械工业部），相继建立了比较完整、相互衔接与配套的科学研究机构。

1957年9月，周恩来抓住国际形势有利于进一步争取苏联援助的大好时机，以更高的规格，派遣负责实施中国科学远景规划的国务院副总理聂荣臻为团长，副总参谋长陈赓、二机部部长宋任穷为副团长，组成中国政府工业代表团前往苏联谈判，经过紧张谈判，于10月15日签订了中苏《关于生产新式武器和军事装备以及在中国建立综合性的原子能工业的协定》（简称《国防新技术协定》）。

中苏关系虽好，但是，有二十多年同苏联打交道经历的周恩来知道，在尽可能争取苏联援助的同时，绝不能单纯地依赖苏联和苏联专家，而要努力消化、吸收人家的先进科学技术，力求做到不仅知其然，而且要知其所以然。

果然不出周恩来所料，在《国防新技术协定》顺利执行一年多后，中苏关系开始恶化。1959年6月，苏联走出了撕毁帮助中国发展原子弹合同的第一步——拒绝向中国提供原子弹教学模型和技术资料。1960年7月，苏联又单方面撕毁援助中国研制原子弹的所有协定和合同。7、8月间，苏联下令撤走了在中国核工业系统工作的全部233位苏联专家，带走了重要图纸，中止了设备和材料的供应。

这时，中国所面临的国内形势也极为严峻。"大跃进"的失误加上接连发生的自然灾害，使国民经济进入严重困难时期。

苏联制造的困难和国内严重的灾害交织在一起，的确成为中国原子能工业发展的巨大障碍。有些讲话极具分量的外国人士断言：中国的核工业已遭到"毁灭性打击"，中国核工业已"处于技术真空状态"，中国"二十年也搞不出原子弹来"。[12] 有的甚至还说："再过上两年，中国只能卖废铜烂铁了。"[13]

疾风识劲草，岁寒知松柏。此时此刻，具有高度民族自尊心和自信心的周恩来，以沉着坚定的语气向二机部部长宋任穷、副部长刘杰传达了中共中央的决策："不理他那一套，我们自己动手，从头摸起，准备用八年时间搞出原子弹。"[14]

豪迈自信、不信邪、说话风趣的副总理兼外交部部长的陈毅，此时随口道出一句语惊四座的话来："即使当了裤子，也要把原子弹搞出来！"[15] 后来，他又对聂荣臻说："我这个外交部长的腰杆现在还不太硬，你们把导弹、原子弹搞出来了，我的腰杆就硬了。"[16]

苏联政府1959年6月撕毁合同，为了记住那个令人心寒的日子，激励全体科研人员自力更生、艰苦奋斗、发愤图强的拼搏精神，新中国研制第一颗原子弹的工程代号就定为"五九六"工程。

以钱三强、王淦昌、彭桓武、赵忠尧、郭永怀、朱光亚、邓稼先、程开甲、陈能宽、周光召、王承书、于敏、黄祖洽、陆祖荫、张沛霖、胡仁宇等为中坚力量的一大批搞理论物理、实验物理和高能物理以及理论化学的科技精英，汇集在一起，成为我国核科学研究的领导者或各个领域的带头人，直接承担起各个重要环节上的攻坚任务，向原子能科学堡垒发起了可歌可泣的持久的猛烈攻击。

周恩来确定了"独立自主、自力更生、立足国内"的方针，并对原子弹研制进行具体部署,要二机部缩短战线,集中力量解决最急需的工作,并调动各地区、各部门的力量支持原子能事业。对掌握原子能科学技术,他提出四个字:要、学、买、钻。他强调:"不管要到、学到、买到与否或者多少,主要还靠自己钻研。自己不钻,不仅不能有独特的创造发明,而且也不能把要到、学到、买到的用于实际和有所发展。"〔17〕

1961年春节期间,周恩来根据国际形势的发展,进一步明确提出:要集中力量,突破国防尖端,争取三年到五年过关。〔18〕

经过1961年和1962年上半年的努力,原子能工业建设和核武器的研制均取得大进展,但仍有一些重大技术难关尚待突破。

3

中国原子能工业是一个庞大的系统工程。

为了抢时间、赶进度,1962年10月19日,中共中央政治局常委会议听取国防工业办公室关于原子能工业生产建设和原子弹研制情况的汇报。

会上,刘少奇说:各方面各部门的配合很重要,中央要搞个委员会,以加强这方面的领导。现在就搞,不要拖拉,抓紧了,就有希望。现在不搞,将来再搞就耽误了时间。世界各国也都是这样搞起来的。要为他们创造条件,使其顺利前进。你们提出个方案和名单,报告中央批准。〔19〕

根据刘少奇的指示精神,10月30日,当时身兼中共中央军委秘书长、国务院副总理兼国防工业办公室主任和解放军总参谋长等数项重要职务的罗瑞卿,向毛泽东、中共中央提出了《关于加强原子能工业领导问题的报告》。

这个报告,是经过罗瑞卿深思熟虑、反复斟酌后写出的,逻辑缜密,理由充分,句句动人心扉。

报告说:"从总的轮廓来看,如果各项工作都能按期完成,那么,实现在1964年爆炸第一颗原子弹是可能的。""现在,离预定的日期只有两年的时间,为了抓紧时机,更有力地保证实现这个目标,建议在中央直接领导下成立一个专门委员会,加强对原子能工业的领导,随时检查、督促计划执行情况,并在必需的人力、物力上进行具体调度,及时解决在研究设计和生产建设中所遇到的问题。"

报告又说,之所以要这样做,是因为:"实现原子弹爆炸,这是全国科学技术和工业生产水平的集中表现,绝非哪一个部门所能单独办到的。因此,除了二机部本身要作艰苦努力外,还必须取得各工业部门、科学研究单位的密切配合,以及全国在人力、物力方面的大力支援。"

报告强调:"这个建议,在10月19日国防工业办公室向中央常委汇报时,少奇同志已原则同意。""我们考虑最好是总理抓总",以加强对原子能工业建设和原子弹研究、试验工作的领导。[20]

11月3日,最高决策人毛泽东在罗瑞卿的报告上作出重要批示:"很好,照办。大力协同做好这件工作。"[21]

11月7日,中央15人专门委员会(简称中央专委会)宣告成立。共和国的"好管家"、对国际国内的一切重大事情都能操办得十分妥帖的周恩来,就任发展中国原子能事业最高权力机构的主帅——中央15人专门委员会主任。

中央专委会成员有:贺龙(副总理兼国防工委主任)、李富春(副总理兼国家计委主任)、李先念(副总理兼财政部长)、聂荣臻(副总理兼国家科委主任、国防科委主任)、薄一波(副总理兼国家经委主任)、陆定一(副总理兼中共中央宣传部部长)、罗瑞卿(副总理兼国防工办主任、中央军委秘书长、总参谋长)、赵尔陆(国防工办常务副主任)、张爱萍(副总参谋长兼国防科委副主任)、王鹤寿(冶金工业部部长)、刘杰(二机部部长)、孙志远(三机部部长)、段君毅(机械工业部部长)、高扬(化学工业部部长),他们都是中央政府、军队、工交、财贸、科研、文教等方面的负责人。

中央专委会下设办公室,罗瑞卿兼办公室主任,赵尔陆、张爱萍、刘杰、郑汉涛兼副主任。

中央专委会由国务院总理挂帅,7位副总理、7位部长级干部参加,其阵势之大,涉及面之广,能力之强,都是新中国历史空前未有的。由他们担纲,就可以不折不扣地遵照中央专委会的决定,去分头动员和领导各方面的力量参加原子弹的研制攻关,有效地保证到1964年爆炸中国的第一颗原子弹。

周恩来上任后,以高屋建瓴之势,排除重重困难,着手建立起空前庞大的具有高度权威性的协作体系,统一指挥调度共有20多个部、委、院和20个省、市、自治区的900多家工厂、科研机构、大专院校参加的研制原子弹的科技攻关工作。

从1962年11月7日中央专委会成立到1964年10月原子弹爆炸,周恩来主持召开了九次会议和若干次专委会小型会议,及时解决了建设、科研和生产中的一百多个重大问题。这期间,中国原子能事业的发展进入突飞猛进时期。

早抓,及时抓,抓住不放,是周恩来领导科学技术工作的一个显著特点。在中央专委会成立的三周时间里,周恩来就主持召开了三次会议。

11月29日下午三时,周恩来在中南海西花厅主持召开专委会第二次会议,讨论了第二机械工业部请示解决的几个问题。他申明:委员会是行政权力机构,决定就是法律,不能讲价钱。同时强调:要培养大学生去当配角,当徒弟嘛。

针对原子能工业存在的薄弱环节,周恩来干脆利索地拍板决定大力加强第二机械工业部的科技力量,加强党组织和行政领导力量,限令有关部门、部队、科研单位在12月底以前,为二机部选调各类科技人员和领导干部500多名,调配1100多台仪器设备,并决定从资本主义国家引进一部分重要的技术设备。同时,他明确地提出了"先抓原子弹"这个战略重点,使与会者豁然开朗。

当时任中央专委会办公室副秘书长的刘柏罗后来回忆:"那时林彪曾提出一个使人捉摸不透的口号,叫做'两弹为主,导弹第一',这实际上等于没有重点,或者把重点的先后放颠倒了。周总理明确了先抓原子弹,使大家的心情豁然开朗,一下子就把思想集中到原子弹这个重点上来了,中央其他领导同志也都很赞同。"[22]

在第三次会议上,周恩来原则批准刘杰提出的《1963年、1964年原子武器、工业建设、生产计划大纲》(简称"两年规划")。他强调:二机部对原子能工业的生产、建设和原子武器的研究、试验,要做到实事求是,循序而进,坚持不懈,戒骄戒躁。在工作中必须按照客观规律办事。实事求是,既是思想方法,又是指导原则。要认识客观规律,也不能怕失败。在科学研究工作中,要循序而进,努力认识和遵循客观规律;同时要不怕失败,有时必须经过失败,甚至多次,才能成功。要循序而进,想超越阶段跳过去是不行的。"我们大可在现有的工业基础上,自力更生,立足于全国,搞出一点名堂来。"

转眼到了1963年春天。3月21日,周恩来主持召开第五次中央专委会会议,听取刘西尧对二机部工作检查情况的汇报。他对二机部全体职工处于国民经济严重困难的条件下能取得很大的成绩,给予热情鼓励,指出《两年规划》的提出是了不起的成绩,是二机部全体职工努力的结果。

根据《两年规划》所提出的顺排计划、倒排措施的方法,周恩来用他炯炯有神的目光环顾了出席会议的每一个成员后,大声告诫说:"二机部的工作必须有高度的政治思想性,高度的科学计划性,高度的组织纪律性。"这就是后来人们说的"三高"要求。

进而,周恩来对这三条要求作了具体解释:高度的政治思想性,就是"要求有平凡而伟大的风格,要有终身为这门事业的思想,向雷锋同志学习"。高度的科学计划性,就是"要求一环扣一环,采取科学的态度和科学的方法,要按进度表进行工作,不能拖。有了问题,要下决心,赶快解决"。高度的组织纪律性,就是要"克服松、散、乱、慢的现象。党组要很好分工,严格督促检查,发现问题早作处理。有些问题发现了,要从组织纪律上解决"。"改得要快,要彻底。"[23]

周恩来关于"三高"的要求,就像一股清新的春风,吹遍了二机部和其他国防尖端部门的所有单位,迅速地得到贯彻执行,并成为中国国防尖端队伍建设的一项重要指导思想。专委成立后半年左右,核工业的各条战线上都形成了能打硬仗的队伍。这不仅保证了原子弹的研制和生产成功,而且对发展我国核工业有着深远的意义。

这年7月和12月,周恩来又进一步提出了新的更高要求,这就是:不仅要爆炸一个核装置,而且要进一步解决武器生产问题。"核武器的研究方向,应以导弹头为主,空投弹为辅。"[24]

4

周恩来不仅是宏观决策的战略家,而且是微观指挥的好领导。从战略规划的具体组织实施,到试验基地中广大科技人员、工人、部队官兵的衣食住行,他都一一过问。

20世纪60年代初期,全国人民都在困难中苦斗,在戈壁大漠中的核试验基地里,这群"国之骄子"生活得更艰苦一些。

周恩来早就注意到这个问题。他指示有关部门,想方设法从全国各地调拨生活用品支持核试验基地,给他们送去了大米、面粉和治疗浮肿病的药品;逢年过节,还让他们能够吃上云南宣威火腿,喝上贵州茅台醇酒。他在电话中对主管基地工作的解放军副总参谋长、国防科委副主任张爱萍千叮咛万嘱咐:"要让科学家、技术工人、军队的干部战士们吃饱,不能让他们饿着肚子研制原子弹。"[25]

在周恩来领导和关怀下,在最困难的1960年,粮食部一次就调拨给试验基地数百万斤黄豆,青海省人民政府调拨4万只羊,商业部和中国人民解放军总后勤部在甘肃兰州成立二级批发站,以加强对西北地区特种部队和核工业部门的生活资料的供应。

在戈壁荒漠中的这群"国之骄子",对他们的这位主帅充满了由衷的钦佩和敬意,更加坚定了他们在自己神圣的岗位上忠于职守、默默地无私奉献的信念。

这期间,聂荣臻在征得周恩来同意和支持后,以元帅的名义,又向各大军区、海军"募捐"副食品,希望以此解决国防科技战线广大科研人员的营养问题。他的"募捐"行动,获得广泛的响应,一时间,从海军和北京、广州、济南、沈阳等军区送来了比预料的要多得多的猪肉、海鱼、海带、黄豆、水果等副食品。[26]

由于周恩来出色的协调指挥和中央专委会其他成员尽职尽责的工作,由于全国各行各业的大力协作,各项措施切合实际,上下内外形成合力,中国原子能事业的发展捷报频传,胜利一个接着一个,原子弹研制的每个环节的进展都比预期的要好。

1963年3月,中国科学工作者正式拿出第一颗原子弹的理论设计方案。

12月,在大西北大漠深处的试验基地进行1:2的聚合爆轰产生中子试验获得成功。

1964年1月,兰州浓缩铀厂攻克种种技术难关,生产出可以作为原子弹装料的高浓铀合格产品。接到报告后,周恩来指示秘书:"请转告刘杰同志,庆贺他们提前完成关键性生产和解决了关键性的技术试验,仍望他们积极谨慎,坚持不懈地继续完成今后各项任务。"[27]

在原子弹装置的研制工作进入最后完成阶段之时,4月11日下午,周恩来主持召开第八次中央专委会会议,会议决定:第一颗原子弹装置爆炸试验采取塔爆方式,要求在9月10日以前做好试验的一切准备,做到"保响、保测、保安全、一次成功"。至于是否进行试验和何时试验,待请示毛泽东和中央常委后再定。[28]

1964年6月,西北核试验基地进行1:1的核装置聚合爆轰试验,达到了预期目的。

以上科学研究的进展清楚地表明:设计和制造原子弹的整套技术,对中国科技工作者已经不再神秘。也就是说,中国已经掌握了原子弹的设计原理和制造技术,原子弹的研制工作已经基本完成,中国原子弹试验的准备工作提到议事日程。

有许多迹象表明,在中国研制原子弹期间,美国总统肯尼迪和苏联部长会议主席赫鲁晓夫曾合谋企图对中国的核设施实施"外科手术",阻止中国掌握核武器。[29]

面对这种严峻的形势,1964年9月16日下午、17日上午,周恩来主持了第九次中央专委会会议,研究第一颗原子弹正式试验的时机和继续发展核武器问题。在听取了核试验现场的正副总指挥张爱萍、刘西尧关于第一颗原子弹试验的准备情况和正式试验的工作安排汇报后,周恩来同与会的贺龙、李富春、李先念、薄一波、陆定一、罗瑞卿副总理等综合分析了国际国内形势,慎重地研究了正式爆炸试验的时机。[30]

9月21日,周恩来将罗瑞卿根据会议意见在9月20日写成的《关于首次核试验时间的请示报告》报送在外地的毛泽东审批。他在附信中说:"关于核爆炸及其有关问题,急需待主席回后,当面报告,以便中央早作决定,时间以不迟于24日为好。因为如决定今年爆炸,以10月中旬到11月上旬为最好,而事前准备时间至少需20天","如需从战略上进行考虑,推迟爆炸,使之与第二套新的基地的建设和导弹及核弹头生产相衔接,也需要有方针上的决定"。当天,毛泽东阅后批示:"已阅,拟即办。"[31]

9月23日上午,周恩来在三座门中央军委办公厅会议室召集贺龙、陈毅、张爱萍以及刘杰、刘西尧、郑汉涛、刘柏罗开会,传达中共中央常委扩大会议的决定。他兴奋地对大家说:"我向毛主席和少奇等同志作了汇报","他们同意第一方案"。原子弹"的确是吓人的",主席更大的战略想法是,"既然是吓人的,就早响"。这样,"任务是更重了,不是更轻了"。"试验的时间看来需在20天以后了。10月有四次好天气,中旬可能赶上也可能赶不上,还有下旬一次;11月上旬还有一次,到11月下旬就不好了。""要把风向、放射性微尘飞散距离详细计算,搞出资料。""原子弹响了,影响就大了。万一不响,后果如何,还要找参加核试验的专家进行专门研究。"[32]

同时,周恩来周密地、一项一项地、全方位地部署了核试验的准备工作:(一)为了防备敌人万一进行破坏,由总参谋部和空军研究,做出严密的防空部署;(二)由刘杰负责组织关键技术资料、仪器设备的安全转移;(三)由陈毅组织外交部进行对外宣传工作的准备;(四)张爱萍、刘西尧赶赴试验现场组织指挥;(五)除他和贺龙、罗瑞卿亲自抓以外,刘杰在北京主持由二机部、国防科委组成的联合办公室,负责北京与试验场的联络;(六)要规定一些暗语、密码。他还特别叮嘱："一定要保护好我们自己的专家……不是破釜沉舟，一锤子买卖。"[33]

中国进行第一次原子弹试验，是有一定风险的，万一试验不成功，将在国际上造成不利影响。

为了绝对保证原子弹试验的秘密，周恩来在这次会议上对几位老帅说："保密问题，不能假手许多人。我这次小病[34]，传得很广。""希望你们对家里人也不说，不要一高兴就说出去。邓颖超同志是老党员、中央委员，不该说的我不向她说。任何人不该知道的，不要知道。前几天开会的人[35]，不一定通知。""我们决定这件事也只是常委，军委两位副主席，彭真同志。""这个时期就根本不要写信了。你们自己除公事以外，也不要为私人打电话。上梁不正下梁歪。你们今晚要开个紧急会，具体规定几条，从现在起就搞好保密，什么消息也不要漏出去。"[36]

周恩来特地对担任核试验正副总指挥的张爱萍、刘西尧讲："你们两人从今天起不要接见外宾了，埋头苦干，是无名的工作，决定了松不得。"

周恩来还叮咛后来到会的陈毅："你可不能讲啊！"

陈毅心领神会，他知道周恩来的这番苦心，是提醒自己在以外交部长身份接待外宾时不能说漏了嘴。

周恩来严守纪律的行为，也深深地感动了同甘共苦几十年的妻子邓颖超。周恩来逝世后十多年的时间里，在她为数不多的回忆文章中，有一篇专门以《一个严格遵守保密纪律的共产党员》为题，娓娓道出了周恩来模范遵守纪律的许许多多的动人事迹：

> 建国以后，我们的党在整个国家生活中居于领导地位，处在新的历史时期，所肩负的任务更加重大了。保守党和国家的机密，更是每一个共产党员特别是中、高级干部的神圣责任。恩来同志知道的党和国家的秘密多得很。我们之间仍是信守纪律，他不讲，我不问；我不讲，他也不问。我们之间相互保密的事情是很多的。例如，我国第一颗原子弹爆炸时，他也向我保密。当时他向主管的负责人说，这次试验，全体工程技术人员都要绝对注意保守国家机密，有关工程、试验的种种情况，只准参加试验的人员知道，不能告诉其他同志，包括自己的家属和亲友。他说：邓颖超同志是我的爱人，党的中央委员，这件事同她的工作没有关系，我也没有必要跟她说。主管的同志

到试验现场传达了恩来同志的讲话，要求大家严守保密纪律，因此事先没有任何透露。[37]

从10月11日开始，周恩来开始了极为紧张的工作。凌晨一时三十分，他写信给毛泽东、刘少奇、林彪、邓小平、彭真、贺龙、聂荣臻、罗瑞卿，报告核试验准备工作已经就绪：

> 送上张爱萍、刘西尧两同志从现场经飞机送来的10月10日三时报告，请予审阅。现一切已经准备好了，拟经保密有线电话以暗语告他，同意来信所说的一切布置，从10月15日到20日之间，由他们根据气象情况决定起爆日期时间，并告我们。
>
> 另外，送上刘杰同日报告请阅。防空方面请罗总告总参负责检查、联系和指挥，转移资料、设备、仪器和保密工作，由刘杰负责督促进行。
>
> 关于起爆有效后的宣传和政治斗争，正在进行准备，当另报。[38]

这一天，周恩来还召集总参谋部、二机部、外交部负责人杨成武、刘杰和乔冠华，磋商原子弹爆炸后的宣传工作和有关国际问题。

为了慎重起见，周恩来特地邀请在北京的王淦昌、彭桓武、邓稼先、郭永怀等核物理学家乘专机飞往试验现场，直接观看原子弹的爆炸实况。

10月13日，周恩来召集有关部门领导同志开会，商讨和起草有关中国第一颗原子弹爆炸的中国政府声明、新闻公报和中共中央的通知等一系列文件。周恩来提出他设想的政府声明的要点是：

> 一、要全面阐明我国政府对核武器的政策，我们的目标是全面禁止、彻底销毁核武器。二、要说明我国进行核试验和发展核武器是被迫的，为了自卫的，是对付帝国主义的核威胁和核讹诈的。三、要宣布中国在任何情况下决不首先使用核武器。四、要提出召开各国首脑会议的建议，首先要有核武器国家承担不使用核武器的义务。[39]

10月14日上午九时十九分，第一颗原子弹被轻轻地吊上铁塔顶端，各项准备工作圆满结束,这样气象条件成为确定原子弹爆炸时间的首要因素。这正是常人所说:"万事俱备,只欠东风。"

晚七时,周恩来习惯性地拿起毛笔飞快地给毛泽东等党和国家领导人写信,通报了有关情况:

主席、少奇、林彪、小平、彭真、贺龙各同志:
　　有关爆炸原子弹的宣传和政治斗争的工作,昨天已在书记处、后来又向主席,做了报告,并得到同意。现在先将已拟好的三个文件,即政府声明、新闻公报、中央通知的草稿,送请审阅。其他还有致各友好国家的政府首脑信、外交部通知、对外宾外国记者谈话要点,将陆续送审。我国这次试验,决定采取公开宣传办法,以主动击破一切诬蔑和挑拨的阴谋,并利今后斗争。
　　爆炸时间,前方还在作最后研讨,今晚当能定夺,当另告。[40]

晚八时三十分,周恩来在得到试验现场总指挥部正副总指挥张爱萍、刘西尧关于气象情况分析的报告后,庄严地下达原子弹装置就位的命令。随即,他同中央专委会成员商定了原子弹爆炸的时间。

为了使准备工作万无一失,10月15日,周恩来又打电话给留守北京、负责现场同中共中央联系的刘杰,严肃地问道:"试验可能会发生什么结果?"

"有三种可能,第一是干脆利索;第二是拖泥带水;第三是完全失败。第一种可能性最大。"刘杰回答。[41]

顿时,周恩来心中有了几分喜悦,但他还是再三叮嘱道:"要做好以防万一的准备工作。"同时告诉刘杰,党中央正式决定将原子弹的爆炸时间定在10月16日十五时。

中共中央政治局、中央专委会的全体成员,参与原子弹研制的全体科研人员和试验基地的全体官兵盼望已久的日子,就要来临了!他们在紧张而繁忙的工作中,期盼着这个最重要时刻的到来。

5

10月16日清晨,新疆罗布泊戈壁荒漠晴空万里。"只许成功,不许失败"

的政治责任感，使核试验基地笼罩在紧张、肃穆的气氛之中。102米高的铁塔在金色的阳光的伴随下傲然挺立。在它的顶端金属结构的小屋里，由几十万人的心血凝聚而成的第一个原子弹就静卧其间。

16日中午十二时，周恩来打电话给刘杰："在十二时后，当张（爱萍）、刘（西尧）回到指挥所时，请你与他们通一次保密电话，告以如无特殊变化，不必再来往请示了。零时〔42〕后，不论情况如何，请他们立即同我直通一次电话。"〔43〕

16日十五时以前的十秒钟，中国第一次原子弹试验的总控制室里呈现出死一般的寂静，人们都屏住呼吸全神贯注地看着一排排彩色灯钮依次迅速闪烁着，发出庄严的充满历史感的声音。

一名年轻端庄的女军人明亮的眸子随着红灯移动，口齿清楚地读着人们非常熟悉的倒计时数字：十、九、八、七、六、五……当读到零时，现场总指挥张爱萍一声令下："起爆！"

顷刻间，辽阔的戈壁大沙漠出现一道红色的强烈的闪光；随即，腾空而起出现一个翻滚着、膨胀着的火球，一阵惊天动地的巨响震耳欲聋，飓风般的冲击波以万马奔腾、锐不可当之势，从爆炸中心向四周飞驰，巨大的火球在震耳欲聋的爆炸声中，化作团团烟云与焰火，剧烈地翻滚着，五颜六色，光彩夺目，徐徐升上高空，最后形成拔地而起的参天的蘑菇云。

眼望高耸蓝天的蘑菇云，远离爆心30多公里山梁上的全体参试人员，顿时激动万分，热泪盈眶！有的欢呼，有的雀跃，有的忘情地向天空抛掷帽子和衣服，还有的三五成群拥抱在一起。总指挥部里的人，眼中也都涌出了喜悦的泪花。他们为此曾付出了多少代价，戈壁大沙漠曾给了他们多少希望和辛酸……此时此刻，大家沉浸在无比幸福的欢乐之中。

戴着黑色保护镜、面对爆心的张爱萍兴奋不已地抓起电话，向周恩来报告说："核爆炸成功了！"

周恩来追问道："是不是真的核爆炸？"

张爱萍侧身询问身旁的王淦昌后，做出明确的回答："肯定是核爆炸！"

周恩来又问："怎么证明是核爆炸？"

这时，防化兵部队报来了由有线遥测站最早测得的地面放射性污染数据，确认原子弹爆炸成功。于是，张爱萍望了又望已经形成的壮观奇丽的蘑菇云，欣喜地报告："总理，防化兵测得放射性污染数据证实，确实是原子弹爆炸，很理想，很成功！"

周恩来说："很好！我代表毛主席、党中央、国务院、中央军委，向参加原子弹研制和试验的全体同志们表示热烈的祝贺！毛主席现在在人民大会堂，我马上去向他报告！"[44]

之后，布置在爆炸中心周围的近100项效应工程和3000多台各种各类测试仪器，都充分反映出这的确是一次核爆炸，爆炸中心的核污染非常严重，常规炸药不会有如此巨大的威力和严重的核污染。这证明了王淦昌在原子弹爆炸后观察的完全正确。[45]

随后，周恩来接到国防科技事业的主管聂荣臻打来的电话，两位相识、相知四十余年的战友对来之不易的这项重大成就感慨万千，互致祝贺。

经过对各种测试结果的仔细分析后，晚七时三十分，张爱萍、刘西尧将核爆炸成功的结果正式电报周恩来、林彪、贺龙、聂荣臻、罗瑞卿并报毛泽东、中共中央和中央军委。

晚九时，监听到美国的电讯："中国在西部地区爆炸了一颗原子弹。"这时才放心的毛泽东指示说："可以公布消息了。"

随后，毛主席、刘少奇、周恩来、朱德等党和国家领导人，健步来到人民大会堂，接见大型音乐舞蹈史诗《东方红》的3700多名演职人员。周恩来满面春风，兴奋地向大家宣布："主席让我告诉大家一个好消息"，"大家高兴可以，可不要把地板给震塌了！"接着他提高嗓音宣布说，"今天北京时间十五时，我国第一颗原子弹爆炸成功了！"

顷刻间，大会堂充满了震耳欲聋的庆贺胜利的呼喊声、笑声和掌声，经久不息……

当晚十点钟，中央人民广播电台播发了新华社发表的中国在西部地区成功地爆炸了第一颗原子弹的新闻公报；同时播发了中国政府关于核武器的严正立场的声明。声明指出："中国爆炸了一颗原子弹，成功地进行了第一次核试验。这是中国人民在加强国防力量、反对美帝国主义核讹诈和核威胁政策的斗争中所取得的重大成就。保护自己，是任何一个主权国家不可剥夺的权利。保卫世界和平，是一切爱好和平的国家的共同职责。"声明郑重宣布，"中国在任何时候、任何情况下，都不会首先使用核武器。"

世界上真有巧事。就在中国原子弹爆炸的这一天，莫斯科也传来一个震惊世界的消息：苏共中央第一书记、一心想卡死中国发展原子能事业的赫鲁晓夫被赶下台。在中国自力更生、艰苦奋斗，核试验一举成功之日，赫鲁晓夫下台，这岂止是历史的巧合，难道不也是历史的绝妙讽刺吗？世界舆论议论纷纷："中国原子弹爆炸！赫鲁晓夫下台！"

这两件事的巧遇，使整个北京，整个中国欢腾起来！

几天后，周恩来偕中共中央政治局委员、中央书记处书记彭真和中央军委秘书长、解放军总参谋长罗瑞卿前往八一电影制片厂，调看原子弹爆炸的原始资料样片。当他看到蘑菇云冉冉升起的时候，动情地鼓起掌来："我们胜利了。毛主席讲要奖给赫鲁晓夫一吨重的大勋章，感谢他促使我们搞出了原子弹。"

中国第一颗原子弹的爆炸成功，打破了美国和苏联对核武器的垄断地位，在国内外引起了巨大的反响。中国人民无不欢欣鼓舞，中华民族精神为之大振；世界友好国家舆论普遍认为，中国有了原子弹，使世界力量的对比发生了深刻变化，从而使亚洲和世界的和平得到了有力的保障。

不得不说，中国第一颗原子弹的爆炸成功，强有力地推动着中国核工业的进一步创新，并以更快的速度发展：

1966年10月27日，中国发射导弹核武器试验成功，核弹头在预定的距离，精确地命中目标，实现核爆炸。

1967年6月17日，中国第一颗300万吨级的空投氢弹爆炸成功。从第一颗原子弹到第一颗氢弹爆炸成功，美国用了七年三个月，苏联用了四年，而中国只用了两年八个月。中国第一颗氢弹研制的起点之高、速度之快和试验次数之少，创造了一个世界奇迹，其技术水平超越了美国、苏联首次试验的氢弹水平。

1970年12月26日，中国第一艘攻击核潜艇下水。

这些重头的核武器的研制成功，使中国在世界高科技领域占有了一席之地，夯实了中国的世界大国地位，撑起了中华民族自立于世界民族之林的脊梁。正如邓小平所说："如果60年代以来中国没有原子弹、氢弹，没有发射卫星，中国就不能叫有重要影响的大国，就没有现在这样的国际地位。这些东西反映一个民族的能力，也是一个民族、一个国家兴旺发达的标志。"[46]

注释：

〔1〕［美］J.W. 刘易斯、薛里泰著：《大漠深处》，国防科技大学出版社1990年版，第12页。

〔2〕《当代中国的核工业》，中国社会科学出版社1987年版，第4页。

〔3〕葛能全：《钱三强传》，山东友谊出版社2003年版，第311—315页。

〔4〕〔5〕《周恩来书信选集》，中央文献出版社1998年版，第512页。

〔6〕盖革计数器，是一种用于探测电离辐射的粒子探测器。

〔7〕葛能全：《钱三强传》，山东友谊出版社2003年版，第317、318页。

〔8〕葛能全：《钱三强传》，山东友谊出版社2003年版，第322页。

〔9〕《周恩来军事文选》第4卷，人民出版社1997年版，第357—359页。

〔10〕《周恩来军事文选》第4卷，人民出版社1997年版，第362页。

〔11〕《国务院关于苏联建议帮助中国研究和平利用原子能问题的决议》，1955年1月31日。

〔12〕刘杰：《我国原子能事业的决策者和组织者》，《不尽的思念》，中央文献出版社1987年版，第319页。

〔13〕张开善：《究竟谁是中国原子弹之父？——记参与中国第一颗原子弹研制的功勋科学家》，《中共党史资料》2006年第4期。

〔14〕中国核工业总公司党组：《周恩来与中国核工业》，《周恩来百年纪念——全国周恩来生平和思想研讨会论文集》（上），中央文献出版社1999年版，第565页。

〔15〕刘杰：《我国原子能事业的决策者和组织者》，《不尽的思念》，中央文献出版社1987年版，第319页。

〔16〕《聂荣臻回忆录》下册，解放军出版社1984年版，第812页。

〔17〕参见《中国共产党与156项工程》，中共党史出版社2015年版，第530页。

〔18〕《当代中国的国防科技事业》上册，当代中国出版社1992年版，第64页。

〔19〕高健民、宋炳寰：《周恩来与我国第一颗原子弹》，《百年潮》2014年第11期。

〔20〕国防科工委档案馆档案，参见高健民、宋炳寰：《周恩来与我国第一颗原子弹》，《百年潮》2014年第11期。

〔21〕《建国以来毛泽东军事文稿》下卷，军事科学出版社、中央文献出版社2010年版，第155页。

〔22〕刘柏罗：《我国尖端科技事业凝聚着周总理的心血》，《不尽的思念》，中央

文献出版社 1987 年版，第 344 页。

〔23〕《周恩来传》，中央文献出版社 2018 年版，第 1582 页。

〔24〕刘杰：《我国原子能事业的决策者和组织者》，《不尽的思念》，中央文献出版社 1987 年版，第 321 页。

〔25〕张爱萍：《追随麾下四十年》，《我们的周总理》，中央文献出版社 1990 年版，第 103 页。

〔26〕《聂荣臻传》，当代中国出版社 2010 年版，第 339 页。

〔27〕刘杰：《我国原子能事业的决策者和组织者》，《不尽的思念》，中央文献出版社 1987 年版，第 322 页。

〔28〕周恩来在中央专委会第八次会议上的讲话记录，1964 年 4 月 11 日；《当代中国核工业》，中国社会科学出版社 1987 年版，第 54 页。

〔29〕1997 年 4 月 27 日，邓稼先的夫人许鹿希在致张爱萍等的信中说："关于 1964 年 10 月以前，美苏合谋动用外科手术，即炸毁我国的基地之事，由于美国文件解密，已由 Seabong 和 Loeb 写入书中，书名 Stemming the tide《逆潮流而进》。"（参见刘柏罗：《从手榴弹到原子弹——我的军工生涯》，国防工业出版社 1999 年版，第 18 页。）

〔30〕《罗瑞卿传》，当代中国出版社 2007 年版，第 255 页。

〔31〕《毛泽东年谱（1949—1976）》第 5 卷，中央文献出版社 2013 年版，第 409 页。

〔32〕〔33〕《周恩来传》，中央文献出版社 2018 年版，第 1586 页。

〔34〕指 1964 年 8 月 10 日至 20 日周恩来因病住院做手术。

〔35〕指出席 1964 年 9 月 16 日下午、17 上午中央专委会第九次会议的人员。

〔36〕《周恩来传》，中央文献出版社 2018 年版，第 1587 页。

〔37〕《不尽的思念》，中央文献出版社 1987 年版，第 600 页。

〔38〕《周恩来军事文选》第 4 卷，人民出版社 1997 年版，第 486 页。

〔39〕吴冷西：《严师的教诲》，《我们的周总理》，中央文献出版社 1990 年版，第 429 页。

〔40〕《周恩来书信选集》，中央文献出版社 1998 年版，第 582 页。

〔41〕刘杰：《我国原子能事业的决策者和组织者》，《不尽的思念》，中央文献出版社 1987 年版，第 322 页。

〔42〕指中国第一颗原子弹爆炸的时间，1964 年 10 月 16 日 15 时。

〔43〕宋炳寰:《我国第一颗原子弹爆炸决策的经过》,《中国军工报》,1994年11月1日。

〔44〕参见东方鹤:《张爱萍传》下卷,人民出版社2000年版,第783—786页;陆其明、范敏若《张爱萍与两弹一星》,解放军出版社2011年版,第214—216页;刘柏罗:《从手榴弹到原子弹——我的军工生涯》,国防工业出版社1999年版,第20页。

〔45〕张开善:《究竟谁是中国原子弹之父?——记参与中国第一颗原子弹研制的功勋科学家》,《中共党史资料》2006年第4期。

〔46〕《邓小平文选》第3卷,人民出版社1993年版,第279页。

24 策划和导演史诗《东方红》

1

大型音乐舞蹈史诗《东方红》自1964年10月2日在人民大会堂正式上演后，连演十四场，场场爆满，盛况空前，不仅在国内引起强烈反响，而且赢得了参加国庆十五周年观礼的各国宾客的赞誉。

这年10月5日，周恩来在接见缅甸政府代表团客人时说：你们看过的《东方红》革命歌舞，便是叙述中国革命的历史故事。

在座的国务院副总理兼外交部部长陈毅抢过话来，带着敬意和钦佩的心情向缅甸客人介绍："革命歌舞剧是由周总理任总导演的。周总理领导过中国革命，现在导演革命的歌舞。"

顿时，曾被这台节目所倾倒的缅甸客人向周恩来报以热烈的掌声。自此，参加创作和演出这部史诗的文艺工作者们都纷纷述说："周总理是《东方红》的总导演。"显然，这个"总导演"的含义，绝非一般艺术上的职衔所能涵括得了。

时间回溯到两个多月前。

那是在1964年7月13日晚，访问缅甸刚刚回到上海的周恩来被自己的得力助手、亲如兄弟的陈毅拽着，拉到上海文化广场欣赏上海文艺工作者曾在第五届"上海之春"音乐周开幕式上演出过的大型歌舞《在毛泽东旗帜下高歌猛进》。

这台大型歌舞，是由上海的专业乐团、合唱团、歌剧院和音乐、舞蹈、戏剧院校以及部分业余合唱团、童声合唱团共同参加演出的，人数多达两千余名。它以不同形式的歌、舞为主，用幻灯投影为背景，辅之以在舞台两侧的大合唱队和舞台前的管弦民乐混合大乐队演唱演奏，运用舞台艺术的崭新手法，表现了在毛泽东思想指引下，中国共产党领导人民群众进行新民主主义革命的历史。

目睹亲身经历过的一幕幕艺术化的革命历史的再现，加之两年前还看过、感觉也相当不错的空军政治部文工团演出的《革命历史歌曲表演唱》，周恩来开始酝酿着一个别人不曾想过，但却一直是他的心愿的大胆的创作构想：在举国欢度国庆十五周年之际，上演一部大型的歌、舞、诗结合的史诗性作品，通过人民群众所喜闻乐见的艺术形式来生动而形象地反映中国共产党的光辉战斗历程。这该是一件多么有意义的事情！

平时沉稳镇定的周恩来此时也按捺不住激动的心情，对陈毅耳语道："你看，这不正是长时间以来咱们想要寻找的一种艺术形式吗？这种史诗般的作品，正好能反映出我党几十年走过的光辉历程，你说是吗？我们亲身经历过的伟大事件，正需要这样的伟大作品来表达出来。"深有同感的陈毅，一个劲儿地点头，表示完全同意他的看法和想法。[1]

当晚十一时许，周恩来和陈毅在上海锦江文艺俱乐部会见了这台大型歌舞的组织领导者——上海市文化局局长孟波和副局长、大歌舞艺术指导许平，祝贺大歌舞的成功演出。

这天夜里，周恩来失眠了！他长时间地沉浸在这场大歌舞的演出场面中，和一部新的革命历史大歌舞的创作构想的冲动中。

回到北京后，周恩来召集主管文学艺术的中央宣传部副部长周扬和文化部、总政治部有关负责人开会，详谈了他的想法，得到与会者的一致赞同。

7月20日，周恩来在人民大会堂召集国务院外办、对外文委和文化部负责人研究"北京音乐节"问题时，再次提出要搞一台反映中国共产党革命历史的大歌舞。他提出现在很需要表现革命的精神和新的气象，这个大歌舞非搞不可。他还认为，时间虽然紧了些，但有上海的大歌舞、空政文工团的革命历史歌曲演唱，还有飞夺泸定桥等表现革命历史题材的舞蹈，以这些为基础进行加工，是有可能搞出一台大歌舞来的。

下定决心要做的事情，说干就干，抓到底，抓出成果来，这是周恩来一贯的工作作风。

根据周恩来的意见，很快，周扬召集文化部、总政治部、北京市委宣传部和中国音协负责人进行了研究和布置。

7月24日，周扬向陆定一、康生并周恩来、彭真提出了《关于国庆期间演出大型歌舞〈东方红〉问题的请示》的报告。报告对大歌舞内容编排的原则和对整个演出的要求等提出了具体意见：

（一）政治内容方面应以我国革命的几个主要发展阶段为基础，比较概括地加以表现。如各次重大革命事件都来表现，就不免挂一漏万，很难平衡。

（二）这一大歌舞既要在政治上正确地表现出中国革命历史发展阶段的特点，充分体现出在毛主席领导下从一个胜利走向一个胜利，同时也要在艺术表现上尽可能做到统一和谐，有起伏，有发展；做到结构紧凑，风格鲜明，气氛强烈，能给观众以很深的感染力。

（三）在编排新的章节时，音乐方面尽可能选用当时富有代表性的诗词和歌曲（从党成立到第一次国内革命战争时期材料较少，但也还有些革命歌曲可用）。舞蹈方面也尽可能利用现有的成品加以改编。不足的地方，以及用歌唱或舞蹈难以表现的部分，拟用朗诵诗来弥补。

（四）这一节目的演出，在台上排的人数多，中间无法休息，因此时间不宜过长，以两小时为限。

7月30日，周恩来在西花厅召开有关方面负责人会议，最后商定大歌舞立即上马，争取在国庆节上演。他同意将这台大歌舞名称定为《东方红》，指出："这个题目好，既精练又切题。"会上，他指出必须军民合作，中央与地方合作，互相学习，群策群力，特别强调："在已有的革命歌曲和舞蹈的基础上，加以发展、创造"，"要敢于创造"。

8月1日，周恩来还就大歌舞的组织领导工作亲自点将，最终确定了一个由13人组成的领导小组名单和由6人组成的组织指挥工作小组名单。

领导小组，以周扬为组长，总政治部副主任梁必业、中宣部副部长林默涵、上海市委书记处候补书记张春桥为副组长，总政文化部副部长陈亚丁、国务院外办副主任李一氓、文化部副部长齐燕铭、文化部艺术局局长周巍峙、中国对外文委副主任张致祥、中国音协主席吕骥、北京市文化局局长赵鼎新、上海市文化局副局长许平、总政文工团团长丁里为组员；组织指挥工作小组，以陈亚丁为主任，周巍峙、许平、赵鼎新、丁里等为副主任。后来，工作小组又称为大歌舞指挥部。

这天，周恩来仔细地审阅并批准了周扬提出的报告，并批示应"与有关同志当面谈定下列原则"：

一、全力争取搞好，并在国庆节上演；如届时还搞不好，或新排时有大缺点来不及改正，就推迟上演，以现代京剧代替。

二、演出队伍以解放军各文工团为主，政府所属文艺单位为辅，并与上海一部分编、导、演人员合作。

三、领导小组13人和组织指挥人员6人名单附后。

四、这一工作另行成立组织，不要影响文化部和各协会领导人员的整风。

五、朗诵词和歌词在确定后，需送彭真、陈毅、定一、康生四人最后审定。

周恩来之所以提出"以解放军各文工团为主"的意见，主要是考虑到毛泽东当时发出了全国学习人民解放军的号召，而且解放军各文工团具备在时间紧迫情况下高水平完成任务的卓越能力。

同时，周恩来着力策划这台大型音乐舞蹈史诗《东方红》，邀请政府所属中央歌剧团、中央乐团、东方歌舞团等文艺单位的知名演职人员参加编导、排练和演出，也包含了他的一些良苦用心。

周恩来清楚地知道，作为意识形态重要阵地的文艺领域，这时已经受到"左"的错误估计的影响。江青、康生等人利用这种"左"的错误估计，对文艺界大张挞伐，一大批优秀作品和作家、艺术家因此受屈甚至遭到批判和打击。

周恩来策划并推出一个有3000多人参加的大型歌舞，其用意是想通过这次活动，让一些优秀的艺术家、文艺界知名人士参与，给他们加上一层保护色。因为《东方红》是以歌颂中国共产党、宣传毛泽东思想为主题的，而他们是主要参与者。

2

在《东方红》的创作与排练中，周恩来是名副其实的总导演。他尽管日理万机，忙于国家大事，但总要挤出时间，亲临现场，从作品主题的确立到艺术表现手法和原则的把握，从某些细节的处理到道具的使用、服装颜色的选择等，提出了鞭辟入里的修改意见，并且集合起一支全国最优秀的创作演出队伍。

主题是一部作品优劣最为重要的一环，具有核心和统帅的作用。《东方红》要表现什么样的主题？

这是周恩来尤为重视的。他明确指出：要学习和传播毛泽东思想。这是总的指导思想，也是作品的主题思想。"整个作品要贯穿一条红线——毛泽东思想。"为此，周恩来对编创人员说，毛主席在总结我党的历史经验时曾经指出："党的建设、武装斗争、统一战线是我党战胜敌人的三个主要的法宝。""正确理解了这三个问题及其相互关系，就等于正确领导了全部中国革命。"[2]因此，对《东方红》所要表现的内容的选择和情节的安排，都应围绕正确表现这三个法宝及其相互关系。

主题确定后，在艺术上如何表现，如何实现寓教于乐，仍然是一个不小的难题。

周恩来看到，用艺术形式，特别是歌舞这种形式来简要地表现中国革命的历史，还处于刚刚起步的探索阶段，有相当的难度。他明确提出要大胆地破除各种框框："在创作上有许多框框，我们要打破。洋的有框框，中国的也有框框，30年代有框框，解放后十几年搞的也有框框，如果被这些框框框住，怎么搞好史诗《东方红》？"他强调，"史诗要有史诗的写法，不是写故事性的剧本，是粗线条的，又要很深刻，要能打动人。"[3]

为了紧扣主题，使《东方红》的创作真正做到艺术真实与历史真实有机地高度统一，周恩来亲自或邀请熟悉党史的党政军负责人给编创和演出人员作报告。同时，他时刻以一个总导演的敏锐洞察力和鉴赏力，审视着、指导着《东方红》的整个排练过程。

周恩来经常观摩彩排，现场办公，听取汇报，发现问题及时解决，一时半会儿解决不了的，就嘱咐人一条一条地记录下来，之后尽快解决，办事效率快捷迅速。

在排练队伍集合之初，周恩来语重心长地对编创和演出人员说："中国革命本身就是一首壮丽的革命史诗，是在毛主席领导下写出来的，是一个伟大的创作。参加大歌舞工作，是一次革命化的实践，是一次党史学习。我们这样年纪的人，都要活到老，学到老，改造到老，何况大家这么年轻，更要好好学习，努力做到用艺术形式将这首史诗再现在舞台上。"

在《星火燎原》一场戏中，原来只表现了共产党人在蒋介石叛变革命后大义凛然、视死如归的英雄气概，没有提及陈独秀的右倾机会主义错误。针对这一情况，周恩来明确指出："对于我党来说，蒋介石的叛变只是轰轰烈烈的大革命失败的外因，而陈独秀的右倾错误才是内因，否则，蒋介石举起了屠刀，我党也能组织有效的抵抗，情况会大不相同。""这是血的教训。""写清楚这一点，不仅是为了正确地表现历史，而且对国际国内都有重大的现实意义。"对此，在解说词中加写了："陈独秀投降主义路线，使党和人民在遭到敌人突然袭击的时候，不能组织有效的抵抗，大革命失败了。"[4]

在《秋收起义》舞蹈排好后，周恩来从既要有革命内容，又要有抒情的艺术形象原则出发，谆谆开导："这场戏，要着重反映毛主席建立革命根据地的思想，但必须用优美的画面来反映。因此，开头可以用火把形象地象征毛主席点燃了武装斗争的火炬；结束时，换成多面红旗，引导群众前进，浩浩荡荡，形成燎原之势，然后从四面下场，象征毛主席建立革命根据地的思想传播到全国各地。"

后来，周恩来发现剧本中没有最能反映主题思想的遵义会议这场戏，只是用几句朗诵词一带而过，当天深夜，他赶到导演组召集会议，给导演们讲述反对党内"左"、右倾错误的历史，严肃地说：遵义会议确定了毛主席在全党的领导地位。毛主席在革命的危急关头，挽救了革命，挽救了党。没有遵义会议的胜利，没有毛主席的革命路线，也就没有今天的胜利。因此表现遵义会议是个原则问题，一定要用专场来表现。

周恩来的明确意见，促使编导人员更加努力、更加大胆地去探索、创造。但在初排《遵义会议》这场戏时，只有舞蹈，有些像哑剧。对此，周恩来又提出要增加歌曲来渲染气氛。于是，编导人员想出《红军战士想念毛泽东》的歌，来表现红军战士们渴望毛泽东出来领导中央红军的迫切心情。他马上加以肯定，说这个设想好。在以后的排练过程中，他亲切地对演员说："要把我们热爱毛主席的心情充分表达出来！"

编导人员还顺着周恩来的思路增加了《遵义城头霞光闪》等优美的抒情歌曲。周恩来一一加以肯定，说这样设计好。当他发现舞台上红军战士太少，气氛仍显不够时，又提出要增添人民群众，而且必须有少数民族群众。

经过不断地加工修改，《遵义会议》这场戏的容量大大地扩充了，成为整台节目中的第二个高潮。定稿时，周恩来颇为欣慰地点了点头，说："历史就是这样嘛！机会主义者把革命引入歧途，在毛主席的领导下，又拨正了船头，把革命引向胜利。"

一天，已经接近午夜，可是《东方红》排练场上仍然是灯火通明。在最后一场展示"民族大团结"的欢乐歌舞中，各少数民族的舞蹈都几近完美无瑕；相比之下，汉族舞蹈总是千篇一律地打腰鼓、跑旱船，显得黯然失色。于是，产生了争论，大家都在耐心等待周恩来的裁决。

时针指向零点时，周恩来果然出现在排练现场。当他得知争论的情况后，并没有就事论事，以一两句话裁决了事，而是循循善诱，从借鉴与创新的关系来启发大家的创作思路与灵感，使在场的创作人员茅塞顿开。

最后，大家一致赞同用传统京剧中"闹龙宫"的表现形式代替这段汉族舞。形式确定后，周恩来立即打电话找来中国京剧院负责人，连夜落实了"闹龙宫"的排练方案。

当周恩来离开时，晨曦已经照进了排练场的舞台。

史诗《东方红》的整个剧本，周恩来都反复多次审阅、修改过。可以说，从每一句歌词到每一段解说，都浸透着他的心血。据当时担任歌舞文学组组长的乔羽回忆：

"那时，几乎每晚周总理都来，常常搞到深夜。我们每拟好一段稿子都要送给他看。他都非常认真仔细地修改，并很快退回来，从不耽搁。周总理经常拿着修改好的稿子问我：这个问题查到没有？毛主席著作中是怎么谈的？有时，我说没查到。他就说：我已经查到了，你看这样改行不行？望着他那疲倦、但依然炯炯有神的眼睛，我真是感动极了。"[5]

总政治部歌舞团演员林中华还记得：

"朗诵词都是经过周恩来总理逐词逐句修改过的，花费了很多心血。那时，我和白慧文的朗诵还有些直白，缺少内涵，为了显得有气势，我特意地大声朗诵，总理就针对这一点指出来对我们说，不要总是大声嚷嚷，我就是没有时间哪，要是有时间，我真想试一试，你们来看看。我给你们朗诵，你们在下面听着，怎么朗诵出感情来。……"

周总理说："在朗诵台词的时候，要在理解的基础上进行，朗诵的感情很重要。你们年轻，没有经历过红军长征艰辛和旧社会的苦难，对过去的生活没有体验，为此我建议你们去访问一些老红军和苦大仇深的老工人。从中就能够丰富内在的感情，还可以丰富以往的知识。"[6]

林中华和白慧文遵照周恩来的意见，拜访煤矿工人和参加过长征的老红军，还借来《包身工》《童工》《红旗飘飘》等图书阅读，通过读书和面对面的交谈，了解他们在旧社会的苦难和红军长征的艰辛。经过这番经历和反复排练后，他们两人的朗诵有了长足的进步，终于得到周恩来的认可。

3

在一次审查歌剧的过程中，人们惊奇地看到周恩来突然从座位上站了起来，径直地向二楼走去，不断地变换着角度和位置，大家感觉到他是在看什么，仿佛又在听什么。他返回一楼后，又像先前那样尝试了一遍。当排练结束后，人们才恍然大悟，原来周恩来是在体验剧场的音响效果，琢磨如何才能让庞大的管弦乐队不至于压倒演员的歌声……

周恩来熟悉旧体诗词并有颇高鉴赏力，亲自选定了脍炙人口、气魄雄伟的毛泽东的三首诗词——《井冈山》《长征》《人民解放军占领南京》，放入大型音乐舞蹈史诗《东方红》。

因为这三首歌象征着中国新民主主义革命历程中的三个伟大转折点。周恩来多次叮嘱创作人员："毛主席的诗词，一定要写出最好的曲子，用最好的演员来演唱。"[7]但在最初审排二十多位作曲人的曲子时，三首诗词曲子的气势和效果都不理想。对此，周恩来立即动员北京所有著名作曲家都来参加创作，并择优选用。

不几天，劫夫、晨耕谱曲的《井冈山》和沈亚威谱曲的《人民解放军占领南京》脱颖而出。在彦克、吕远分别谱曲的《长征》难分伯仲之时，周恩来又委托音乐组负责人、著名作曲家时乐濛各取其精华，合二为一，将其有机地糅合为一首曲子。

就这样，在周恩来的指导下，这三首诗词的政治内容与歌曲的艺术性完美地结合在一起，以其震天撼地的磅礴气势，极富感染力地再现了当年的历史，并画龙点睛地深化了《东方红》的创作主题。

越是有民族性，就越有世界性。周恩来非常珍爱自己民族的优秀文化艺术遗产，主张尽可能地将相关的思想性和艺术性都很优秀的民歌放到这部大型音乐歌舞史诗中去。他亲自审查了《东方红》《咱们的领袖毛泽东》《浏阳河》《山丹丹开花红艳艳》《军民大生产》等人民群众所喜闻乐见的民歌。

但是，不得不提，周恩来也为《东方红》这部传世之作留下了一个深深的遗憾，这就是他把中国革命历史上的重要一页——他亲自领导的在中国共产党历史上开辟了一个新的时期的八一南昌起义删掉了！有的中央领导人不止一次提到要有南昌起义的场面，甚至说这是广大群众的意愿。

当时，周恩来对编创人员说：八一起义的方向不明确，大军到潮汕后就失败了。只有秋收起义后上井冈山、建立革命根据地才是正确的。因此，"有秋收起义就行了"。最后，他只勉强同意在朗诵词中加写一句："听，南昌起义的枪声，响起了第一声春雷。"

人们兴许还曾记得1961年7月，周恩来招待参加电影创作会议的代表到香山休息时的情景。

当时任八一电影制片厂厂长的陈播回忆：

"他（指周恩来）也和大家一起去逛香山，和大家边走边谈。我当时也趁机和他同走一段路，询问他，八一厂打算将江西话剧团演出的《八一风暴》改成电影，是否可以？他却回答说，戏已经演过了，何必再拍电影呢？南昌起义的历史功绩，已有历史记载了，可是限于当时的认识水平，起义后还是想找海口，争取外援，由于敌人强大，难以实现，起义失败了。要写电影，就要写这支部队在朱老总领导下，上了井冈山，才走上了中国革命武装斗争的正确道路。"[8]

到1965年1月，周恩来就如何拍好电影《东方红》问题征求创作人员的意见时，又有人提出："《东方红》既表现了第一次国共合作的大革命，也表现了国民党反动派破坏国共合作，屠杀共产党人和革命大众，这些是应该肯定的，但影片中没有表现'八一南昌起义'这一具有历史意义的大事，是一处不足。"他坚持说："不必要增加这一场。"

这时，参加会议的彭真感动地说："总理呀，八一南昌起义是革命的历史，应当增加，不要因为是您领导的，您就谦虚。"周恩来笑了笑，也不再多作解释，只是重复说："还是不要加这一场。"[9]

在排练《东方红》的六十多个日日夜夜里，这其中的每一场戏、每一段舞，甚至每一个细节，都浸透着周恩来的智慧与心血。每一次分场排练，他都亲临审看；正式公演前预演了八场，他完整地观看了五场。每场结束后，他都亲自主持座谈会，征求并发表意见，争取每一个节目的完善。同时，还邀请工人、解放军战士和学生观看，听取来自人民群众的建议。

辛勤的耕耘，终于赢来了丰硕的劳动果实。周恩来作为"总策划"、"总导演"的大型音乐歌舞史诗《东方红》，仅仅用了四十五天时间就排练成功。

10月2日晚，夜幕降临，华灯初放。刘少奇、董必武、朱德、周恩来、邓小平等党和国家领导人出席在灯火辉煌的人民大会堂举行的国庆十五周年盛大晚会，观看有全国优秀的音乐家、舞蹈家、诗人参加的，演职人员共计3700多人的大型音乐舞蹈史诗《东方红》。出席晚会的中外来宾1万多人。两个多小时的演出，全场观众无论中外，从始至终沉浸在高亢激越氛围之中，不断报以一阵又一阵的热烈掌声。

这以后，《东方红》连续上演十四场，场场爆满，盛况空前。这是新中国文坛空前的盛举，得到社会各界的一致赞扬和外国宾客的普遍好评。

4

10月6日晚，周恩来特地邀请毛泽东出席中国人民解放军总政治部举办的国庆晚会，同驻京陆海空军、公安部队指战员八千多人一起观看音乐舞蹈史诗《东方红》。彭真、贺龙、柯庆施等党和国家领导人作陪。毛泽东对演出的成功报以热烈掌声，并充分肯定这部作品对人民群众的形象化的教育作用和由此产生的积极影响，以及它将产生的深远的社会意义。

10月15日晚，周恩来陪同日本芭蕾舞代表团团长清水正夫及其夫人、副团长、著名芭蕾舞演员松山树子观看《东方红》。

在客人的恳求下，周恩来陪同他俩到演出后台参观。尽管演出刚刚结束十五分钟，但他俩来到后台时，三千多名演员已经全部撤离，所有的道具服装都像解放军营房里的枪支和被褥一样，整整齐齐地摆放在固定的位置。他俩感叹道："中国的文艺工作者真幸福，有国家总理亲自关心文艺工作。我们多么盼望有这么一天啊！"他俩还提出许多文艺方面的专业性问题——这部史诗的主题、内容、场景、道具、灯光设置、音响处理、舞台调度等。周恩来便当上"义务解说员"，犹如行云流水，侃侃而谈，一一作了答复。清水正夫瞪大双眼，惊奇地问："总理，你怎么会这样清楚地知道这些事情？"

没等周恩来回答，在场的一位演员自豪地说："周总理是我们的总导演啊！"

顿时，清水正夫和松山树子泪光闪闪，深情地说："你们是幸福的，只有你们中国有这样的总理！"[10]

10月16日下午，周恩来陪同毛泽东以及刘少奇、朱德、邓小平、董必武、彭真等党和国家领导人，在人民大会堂宴会厅接见参加演出史诗《东方红》的16个专业团体，3700多名创作、演出人员，并合影留念。他向毛泽东逐一介绍了近300人的主创人员。毛泽东赞叹道："总理，你真是好记性啊！"[11]

《东方红》上演期间，北京电视台[12]、中央人民广播电台进行了多场实况转播。

在这台大型音乐舞蹈史诗引起轰动之时，周恩来已经有了更为深远的新的设想——应该将《东方红》拍成一部可以让全国人民都能看到的电影，让它广为流传，传之后世。

基于以上考虑，周恩来在陪同毛泽东接见参加史诗《东方红》演出的全体人员后，仍然不顾一天的劳累，同八一电影制片厂、北京电影制片厂和中央新闻纪录电影制片厂负责人和创作人员进行了彻夜长谈，就把史诗《东方红》拍成电影问题交换意见，并且强调："这部影片拍摄成功，对于全国人民和世界人民都有教育意义。"

1964年12月，电影舞台艺术片《东方红》摄制组正式成立。

1965年1月，周恩来主持召开电影舞台艺术片《东方红》导演团座谈会，并发表重要讲话。讲话中，他提出几点原则指示：第一，把《东方红》拍成电影，指导方针还是学习和传播毛泽东思想；第二，把《东方红》搬上银幕，要进行再创作，不要急于赶任务，不要怕再三再四地修改；第三，要敢于标新立异，敢于突破，敢于打破框框；第四，走群众路线，提倡艺术民主，原领导小组可扩大一些，吸收一些舞蹈、音乐、导演、摄影、灯光、美工等方面的人进来，从各个角度进行讨论，然后分各专业小组进行讨论；第五，电影《东方红》拍摄到1949年新中国成立止。

周恩来的这个讲话，对于拍摄电影前的各项筹备工作的顺利进展，起了关键性作用。

此后，在周恩来精心设计与关注下，以八一电影制片厂为主，北京电影制片厂和中央新闻电影制片厂参加摄制，经过近10个月的艰苦奋斗，1965年9月16日，电影艺术片《东方红》终于杀青，并于10月1日在全国上映。从此，全国各地更多的观众,都能从银幕上欣赏到这台大型的舞台演出了!这是一部震撼了亿万中国人心灵,也感动过不少外国朋友的影片。

抚今追昔,周恩来对大型音乐歌舞史诗《东方红》的辛勤指导,对艺术规律深刻的理解和驾轻就熟的把握,在艺术上所表现出来的民主的领导作风等,至今仍然令当年参加创作和演出的作家和表演艺术家难以忘怀。他们中的每一个人,至今都能说出许多感人肺腑的事情来。

注释:

〔1〕中央新闻电影制片厂(集团)主编、刘澍编著:《东方红——从舞台到银幕》,中央文献出版社2014年版,第31、32页。

〔2〕〔3〕〔4〕周巍峙:《周总理是执行和捍卫毛主席革命文艺路线的光辉典范》,《人民音乐》1977年第5期。

〔5〕笔者访问乔羽谈话记录,1986年5月13日。

〔6〕中央新闻电影制片厂(集团)主编、刘澍编著:《东方红——从舞台到银幕》,中央文献出版社2014年版,第143、144页。

〔7〕《解放军报》1977年1月15日。

〔8〕陈播:《激励我前进的力量》,《周恩来与电影》,中央文献出版社1995年版,第184页。

〔9〕陈播:《激励我前进的力量》,《周恩来与电影》,中央文献出版社1995年版,第185页。

〔10〕周巍峙:《周总理是执行和捍卫毛主席革命文艺的光辉典范》,《人民音乐》1977年第5期。

〔11〕中央新闻电影制片厂(集团)主编、刘澍编著:《东方红——从舞台到银幕》,中央文献出版社2014年版,第92页。

〔12〕北京电视台,中央电视台的初名。1978年5月1日,更名中央电视台。

25 / 争取李宗仁回国

1

1965年7月18日,一架波音707客机在上海虹桥机场徐徐降落。机舱的门打开,一位神情激动、眼含泪花的老人步下舷梯。

他,就是旧中国最后一位总统李宗仁。

早已在此等候的新中国总理周恩来笑容满面地迎上去,热情而真诚地伸出他的手,亲切地说:"你回来了,我们欢迎你。"当两双手紧紧握到一起时,摄影师按下快门,留下这历史的瞬间。

整个中国轰动了,整个世界轰动了。人们不仅为前者的明智选择欢呼,也为后者的宽宏接纳慨叹不已。这时,只有李宗仁心里最清楚,没有周恩来的真诚召唤,何以有自己今天的叶落归根!

1955年4月,阳光明媚,鸟语花香。

第一次亚非会议正在印度尼西亚美丽的城市万隆召开。这是一次具有深远历史意义的会议。大会期间,中国代表团团长周恩来就中美关系问题发表了一篇令世界瞩目的声明:

> 中国政府愿意同美国政府坐下来谈判,讨论和缓远东紧张局势的问题,特别是和缓台湾地区的紧张局势问题。[1]

这时,没有人能够想到,这则声明发表后,竟如此强烈地震撼了一位栖身异乡的老人的心。他,就是前国民党代总统——李宗仁。

1949年1月,蒋介石被迫通电下野后,李宗仁任代总统。但是,他上台后,没有能够挽救国民党失败的命运。他带着失败的耻辱离开大陆,远赴美国。

在美国,李宗仁曾经企图依靠美援寻求第三条道路。但是,没过多久,他就意识到这是一项错误的选择。新中国成立短短几年,已经显示出巨大的生命力,它犹如一条巨龙,在东方腾空而起。李宗仁不能不承认眼前的事实。他曾指着报纸上的大陆新闻对朋友赞扬说:"共产党真了不起!"当然,最令他折服的还是周恩来的这篇声明,此文导致他改变人生道路,实现"落叶归根"的夙愿。

万隆会议后,李宗仁异常兴奋地致信在香港的旧部程思远,要他代为起草一份关于台湾问题的具体建议。

程思远收到信后,立即找到在台湾中央大学任教的罗梦册商议此事,由罗梦册起草了一份解决台湾问题的建议大纲。李宗仁根据这份大纲,亲自写出了"解决台湾问题的建议",分别提交美国总统艾森豪威尔、英国首相艾登和印度政府总理尼赫鲁,并于6月11日在纽约公开发表。

这份建议指出:"台湾是中国领土的一个完整部分","在中国人之间,如假以时日,没有不可能解决的事。经过一段和平共处的时间,就可召开一个全国会议,由自由中国人士与中国共产党试行解决他们之间的一切问题。""所谓联合国托管,中立化或两个中国的理论,作用在使台湾与中国分离。这正与一般的统一倾向,如德韩及越南的情况背道而驰。"[2]

这个建议可以说包含着李宗仁复杂的个人考虑,但也反映出他在政治立场上的重要转变。

李宗仁的政治动向立即引起中国有关部门的重视。8月14日,李克农在向中央的报告中分析,李宗仁提出这一建议主要有两层原因:一是周恩来在亚非会议期间发表了关于中国愿与美国直接谈判的声明后,国际舆论主张和平解决台湾问题的呼声日高;二是我国政府对蒋介石集团分子的宽大政策和这年原国民党高级将领卫立煌返国的实际影响。李克农认为:鉴于此种状况,加上我方的争取工作,"李宗仁靠拢新中国的可能性是存在的"。[3]

周恩来看到李宗仁的建议后,也给予中肯的评价,他说:"这个建议反对搞'台湾托管',反对'台湾独立',主张台湾问题由中国人自己解决。这是李先生身在海外,心怀祖国的表现。我们欢迎李先生在他认为方便的时候回来看看。"[4]

这番话是对李宗仁发出的真诚召唤,也是对一切身居海外的爱国人士的真诚召唤。从此，争取李宗仁回国的工作，在周恩来直接领导下，秘密而稳步地开展起来。

2

有段时间，周恩来反复思考，李宗仁身边究竟哪一位能对他起作用？究竟从哪里开始着手工作呢？

周恩来召集有关方面的负责人研究这件事，谈话中，有人提到李宗仁请程思远起草建议大纲的情况。

程思远？好熟悉的名字。周恩来思索着，追寻着……

那是1938年，广西军队出师抗日，途经武汉。当时，周恩来在国民政府军事委员会政治部任副部长，经常被各方面部队请去做政治报告或出师动员。桂系将领白崇禧得知周恩来在武汉，立即派程思远去请他为广西学生军训话。那时，程思远年轻有为，受到李宗仁的重用。

想到这里，周恩来眼睛一亮，拍板决定，工作就从程思远做起。

经过反复慎重商议，工作计划定了下来。周恩来的心也定了下来。他令有关人员一定要把程思远请到北京来。

不久，居住香港的程思远获得一个口信，原国民党桂系元老，现任中华人民共和国全国人民代表大会常务委员会副委员长的李济深来了电报，请他到北京一叙。这个口信中允诺：这件事绝对保密；来去自由。

后来，程思远回忆起这段往事时说："策动我回国这件事只是以李济深的名义，而实际是周总理亲自过问的。"[5]

事关重大，程思远不能不反复权衡利弊，周密思考。在他举棋不定时，1956年初，周恩来在大陆发表了著名的《关于知识分子问题的报告》，他在报告中全面阐述了中国共产党对知识分子的政策，呼吁海外知识分子要为统一祖国大业做贡献。这篇讲话犹如细细春雨，滋润着程思远的心田，他深深地感动了，在事先没有征求李宗仁意见的情况下，独自做出了赴北京与共产党接触的决定。

程思远说："我认为，共产党讲话算数，特别是这些话，由周恩来公开讲出来，那么我感觉回国时机是适宜的，心底是踏实的，因为我信任周总理。如果不是周总理讲这个话，我也许不会回来。"

程思远的选择,得到许多老朋友的赞许。1965年,屈武陪同李宗仁到国内各地参观考察时对程思远说:"1956年周总理的号召只是一个普遍的号召,而你这件事却办成了,居然做到了,真了不起啊!"〔6〕程思远不无激动地说:"如果没有周总理对我的关怀,结果还不一定是什么样子。"〔7〕

正如程思远所感受的那样,在争取李宗仁回国近十年的艰苦过程中,他五次北上京城,每次都是周恩来亲自安排、部署。周恩来工作之细致,设想之周密,是程思远始料不及的,他亲身体会到,是周恩来为李宗仁平安回到祖国铺设了一条平坦的大道。

1956年4月28日,古老的北京迎来了一位身负重任的客人。这是程思远第一次进北京。

虽然,周恩来和程思远上次见面已是十八年前,但他还是一眼认出了这位高个子的使者。十八年的岁月风尘在每一个人脸上都留下了不可磨去的印迹,但是,在程思远眼里,周恩来像十八年前一样目光炯炯,神采奕奕。不同的是,在周恩来身上又看到了一个大国总理所应具有的不凡风度。

5月13日,在中南海紫光阁大厅中,周恩来同程思远进行了亲切、愉快的交谈。周恩来深知,这些身居海外的朋友对我党的政策并不十分了解,而这又是他们选择道路、决定人生命运的重要依据。因此,第一次交谈,他就坦诚地向程思远阐明了中共的内外政策,说明当前中共的基本方针是调动一切积极因素,团结一切可以团结的人,为建设一个繁荣、富强的新中国而奋斗。按照这一方针,周恩来指出:我们主张爱国一家,团结对外,以诚相见。他恳切地对程思远说:"过去,中国共产党人和国民党人曾经两度并肩作战,反对帝国主义,我们希望将来有第三次的国共合作。"

这是周恩来第一次把新中国争取李宗仁的工作提到国共再度合作的高度。接着,他话锋一转,落到争取李宗仁的工作上。周恩来就李宗仁关于台湾问题的建议指出:他的意见很好,只有一条我不同意,即主张台湾非军事化。他说:"这怎么可能呢?就是台湾回归祖国后,还需要军队保卫嘛。我们一贯主张全民团结,一致对外。"他还说,希望李宗仁先生回国看看。周恩来请程思远将这一信息转达给海外人士和李宗仁。程思远为周恩来的深情所打动。他后来回忆:"当时,我内心十分兴奋,尤其是周总理让我把他谈话的精神转达给海外人士,并且邀请李宗仁先生在适当的时候回来看看,这是周总理给我的光荣任务,我当即表示愿为此而努力。"[8]

1958年，正在美国哥伦比亚大学就读的程思远的女儿林黛回香港探亲。她向程思远提起李宗仁在美国的生活情况："李先生在美国住不惯，所以总想回国。"不久，程思远又接到李宗仁的来信，说他保存着一批文物，希望能献给祖国，并吐露了叶落归根的心愿。据说李宗仁要送来的这批文物当时在北平买下时花了11万美金，后经故宫博物院的专家鉴定，都是假的，最多值3万美金。罗青长把这个情况报告周恩来，周恩来说，可以付给他5万美金。事情汇报到毛泽东那里，毛泽东开玩笑说："恩来同志，你一辈子做统战工作，这是人家以此做敲门砖，投石问路，又不是做买卖。他要11万，就叫财政部长李先念拨给他12万美金。"罗青长后来回忆："这一步棋很高明，对李宗仁很有影响。李宗仁讲：'共产党是识货的。'"[9]

这是李宗仁的思想有了进一步发展的重要信息，周恩来非常重视。1959年国庆节前夕，周恩来召见程思远，充分肯定了他这个阶段的工作成绩，并布置了下一步的工作。

10月24日下午，在中南海紫光阁，周恩来又一次见到程思远。他在谈话中对程思远说："李先生出于爱国热诚，要向国家贡献一些文物，政府表示赞赏。关于他有落叶归根的意愿，估计他当前回国的时机尚未成熟。"他提出，要李宗仁先到欧洲与程见面，然后再做决定。

"时机尚未成熟"，周恩来的估计是正确的。当时，国内形势比较复杂，"大跃进"带来的后果已见端倪，国民经济已出现困难。更重要的是，李宗仁虽然有了归国的意向，但思想准备不充足，主要表现在政治上仍对美国抱有幻想。另外，李宗仁的处境也很险恶，他一直受到美国中央情报局和台湾特务的监视，稍有不慎，便会造成难以挽回的损失。

这些情况说明，工作的难度还是相当大。周恩来嘱咐程思远，一定要从思想上帮助李宗仁摆脱对美国的幻想，靠拢新中国。

1960年底，美国大选揭晓，年轻的海军军官肯尼迪当选为总统。这使李宗仁产生一种错觉，他认为麦卡锡时代已经过去了，美国国会中援蒋集团的头目诺兰也失去政治影响了，应该鼓动肯尼迪改变对华政策。因此，他给肯尼迪写了一封信，一方面祝贺他当选总统，一方面促进他同新中国建立外交关系。但肯尼迪在回信中并没有接受他的建议。

周恩来知道这个情况后，邀请程思远到北京商谈。1961年8月，程思远应邀到达北京。周恩来请他传话给李宗仁："目前肯尼迪政府困难重重，不能期待其对华政策有任何转变。李先生的立场应当超然一点，不要对肯尼迪政府抱有幻想。总的说来，肯尼迪不可能对中国采取新的立场。"[10]

周恩来希望李宗仁坚持民族气节，不必急于近利，注意晚节，将来会得到人民的谅解。

事实的教育和周恩来的提醒，使李宗仁的思想日渐靠拢新中国。1962年11月，中印边界自卫反击战时，李宗仁发表了《对中印边界问题的进一步探讨》。文中对尼赫鲁的思想做了比较客观的分析。文章指出，尼赫鲁第一想利用边界问题解决印度内部矛盾；第二想利用中印冲突来争取美援。文中同时指出：美国抨击中国对西藏行使主权的做法对美毫无裨益，只能伤害中国人的感情。

1963年夏，李宗仁会见意大利米兰《欧洲周报》女记者奥古斯托·玛赛丽。谈话中，他声称："我不是共产党，我甚至也不喜欢共产党，但是我不否认今天共产党为中国所做的事情。我宁愿继续做一个诚实的人和可怜的政治家，但我不能不说实话。"接着，李宗仁承认，"我像蒋介石和国民党一样，是一个失败者。惟一的区别是，我完全不把这件事放在心上。作为个人来说，我自己无关紧要，我不能妨碍中国的前途和它的进步。我由于自己的失败而感到高兴，因为从我的错误中，一个新中国正在诞生。"[11]

3

根据周恩来的建议，李宗仁回国的准备工作也在悄悄地进行。

1960年秋天，李宗仁派他的夫人郭德洁赶到香港与程思远商定在欧洲会面的地点、日期以及联络办法。为躲避美蒋特务盯梢，最后会面地点选定在瑞士的苏黎世。那里是中立国，又是著名的风景游览区。另外，还有郭德洁女士的弟弟所开的中国餐馆做掩护。李宗仁以旅游名义前往，不致引起外人的怀疑。为了这次会见，从周恩来提出建议算起，用了整整三年时间。动员李宗仁欧洲之行的意义，直到1965年才真正为人们所理解。

1963年11月，程思远赴欧洲之前，又一次赶赴北京，同周恩来在紫光阁彻夜长谈。他向周恩来倾诉了李宗仁"回国心情甚为急迫"的近况，谈道："去年4月，李宗仁函告张发奎,他死后希望把骨灰扬于祖国东海;今年9月又致信黄旭初,说他已感到气喘,想到港居住;最近又公开表示要去法国。说:'只要对祖国有所裨益,即使赴汤蹈火在所不辞。'"程思远又说,"这些都表明,李宗仁有老年人的一种自然变化,怀念祖国,不愿老死异域;叶落归根,向历史最后交代,希望中共给予考虑。"

周恩来仔细听完程思远的话后,首先肯定李宗仁的爱国之心,接着,详细分析了李宗仁的基本情况,指出他目前还受到美国、中国台湾、第三势力和中美关系的影响。周恩来说:"我们看他是有影响的爱国人士,但要劝他摆脱以上四个方面的关系。"周恩来认为,李宗仁对美对台两个方面的关系可能已经断了,这次经香港去欧洲要注意防止第三势力的纠缠。至于第四个方面可能还未完全摆脱,周恩来坦率地说:"李先生总想在中美之间做点事情,这不符合我们的国策。美国武装力量不从台湾地区撤退,就谈不到中美恢复邦交问题。""我们对李先生向往祖国表示欢迎,但不强求,'归国万事足,无累一身轻。'"[12]

对李宗仁到欧洲的选择,周恩来设想了四种可能:1.重回美国,料理些事情,如他有这个意思,不必勉强;2.回来看看,住一个时期,然后再出去,我们保证他来去自由,保守秘密;3.留在欧洲,他考虑留在外边为祖国做一点事情,我们欢迎,如生活上有困难,我们可以帮助;4.如决心回来,我们表示欢迎。"总之来去自由,不加拘束。"

周恩来的考虑十分周到,他继续说:如果李宗仁决心回来,我们一定要从各方面替他设想周到。祖国已经解放十四年了,各方面变化很大,需要过"五关"。什么是"五关"呢?这就是思想关、政治关、家族关、社会关、生活关。

周恩来强调:"一定要把国内的实情告诉李宗仁,告诉他国家还存在许多困难和不足,这不是使他失望,也不是条件,而是言之在先,让他做好思想准备。"

在一旁聆听的程思远望着周恩来真诚的目光,胸中涌动起一股暖流,眼睛不禁湿润了……

谈话从深夜到黎明,程思远告辞出来,心里既踏实又充实,一夜的疲倦仿佛消失殆尽。

圣诞节前一天,他带着周恩来的嘱托满怀信心飞往苏黎世。

程思远已经十几年没有见到李宗仁了。但是见面后,他顾不上畅叙怀念之情,立即详细地转达了与周恩来彻夜长谈的内容。话未尽,李宗仁已感动不禁,仿佛置身于新中国温暖的怀抱中。他坚定地说:"树高千尺,叶落归根,人到晚年,更思念祖国。我只要选择一条路,回祖国定居,安度晚年。"〔13〕

经过充分的准备,李宗仁回国的时机逐渐成熟。

1964年10月16日,中国第一颗原子弹爆炸了。这振奋人心的消息传到美国新泽西州时,再一次震撼了李宗仁的心。回想起国民党统治中国多年,连一部像样的自行车都造不出来,他对新中国由衷地折服。如果说,1955年周恩来在万隆发表的那则声明,使他萌发了回归祖国的想法,那么这则消息更坚定了他回国的决心。

在这一年,李宗仁犯了一个小小的错误。当时,中法建立外交关系,李宗仁为此写了一封公开信,在美国报纸发表,要求美国政府追随法国同中国建交。但在信中,他错误地断言朝鲜战争是中国发动的。不过,很快他承认了自己的错误言论。

1965年2月3日,毛泽东在一份关于李宗仁的动态上批道:

> 似应欢迎李宗仁回国,去年向美报投书问题,无关大局,不加批评,因他已自己认错了。〔14〕

毛泽东的态度加速了李宗仁回国计划的实施。

这年3月,李宗仁致信程思远,表示急于回国参加建设。程思远接到信后,立即向周恩来汇报。根据毛泽东的批示,周恩来果断决定:"李宗仁先生多年的宿愿可以如愿以偿了。"〔15〕

1965年6月13日,李宗仁离美飞欧。这是他回国的第一程。由于有1963年欧洲之行的"预演",李宗仁这次离美几乎没有受到美国情报系统的怀疑而很快获准了。直到这时,许多人才深深体会到周恩来1963年要李宗仁先到欧洲商谈的良苦用心和深远意义。

4

程思远前往欧洲迎接李宗仁。临行前,周恩来请他立即赴京一商。程思远因办手续耽搁了到达北京的时间。

1965年6月18日,程思远赶到北京的当天,周恩来刚好离京赴阿联访问。

中央统战部部长徐冰、国务院秘书长周荣鑫、国务院办公室主任童小鹏、全国政协秘书长平杰三等接待了程思远。周荣鑫对他说："周总理对非洲国家进行的友好访问是早就安排好的，他等不及了，已经在上午起飞。但是，对李先生回归祖国的有关经费、技术、路线等各方面的问题，都做了详细、周密的安排。"

周恩来确实想得很周到，他留下的意见是：送程思远一笔去欧洲的旅费，同时也带给李宗仁一笔旅费；有什么问题可以找统战部这几个同志商量，他们可代总理做答复；要程思远立即返港赴欧迎接李宗仁回国。

周恩来特别提到，在苏黎世有什么事情可以找中国大使馆帮助，那里已做了安排。[16]

周恩来出访回国后，不顾旅途劳顿，立即着手迎接李宗仁回国。

这时，又出现了一个新问题。在民主人士中，有一些人不理解国家为什么花这么大气力来争取李宗仁，因此提出了不同意见。就在李宗仁飞离苏黎世的当天，周恩来召集原国民党和谈代表团及桂系有关人士进行了座谈，[17] 借此机会进行了耐心的说服工作。他说："我们是历史唯物主义者，我们看人，关键是看本人的表现和转变。"

座谈会上，中央统战部部长徐冰介绍了准备迎接李宗仁回国的情况。章士钊先生插话问道："现在是否最后定了，李先生是否会转去台湾？"周恩来立即肯定地回答："李宗仁不会去台湾。"他说，"李宗仁这次回来是自觉的，过去他就提出要回来，我怕他回来生活过不惯，劝他以后回来。毛主席高瞻远瞩，欢迎他回来，来去自由嘛。"

周恩来提出：李宗仁到京时，希望大家都去迎接。谈到这里，他转向张治中说："这次我是否去迎接还未报中央，你回来时，我没有去接，因为你先去奉化才来北平。这次我如果去接李宗仁，你可能会有意见吧？"张治中连忙解释："总理愿意就去接，我没有意见。"

周恩来满意地点点头，转身对大家说："这不是个人问题，也不是愿意不愿意的问题，这是政治问题。对李宗仁的安排要商量，你们同他如何相处，如何影响他，也请议论议论。我工作虽多，也要抽时间见他。你们工作不多，可同他多谈谈。"

周恩来的耐心工作，统一了民主人士的不同认识。一些人十分感慨地说：无论是法国的资产阶级大革命，还是俄国的无产阶级革命，被推翻的统治者不是被送上断头台，就是被送上绞刑架，只有在新中国出现了这样的奇迹。

1965年7月13日，李宗仁经雅典、贝鲁特飞抵巴基斯坦首都卡拉奇。

当时，确保李宗仁的安全是第一位的事情。罗青长回忆："当时重点工作是安全保卫，目的是防止美蒋搞破坏。另外，飞机要经过缅甸上空，也要防止中缅边境上蒋残匪的活动。事后获悉，蒋确实派飞机追踪李宗仁的飞机。"[18]

为确保李宗仁归国途中的安全，周恩来特意叮嘱中国驻巴基斯坦大使丁国钰一定要取得巴方的支持。丁国钰谈起当年的情况时说：

"李宗仁是从日内瓦经雅典、贝鲁特到达巴基斯坦首都卡拉奇。李宗仁到卡拉奇之前，我们收到国内通知，要我们在李宗仁到后立即将他接到大使馆，并要确保他的安全。根据国内指示，我们立即召集使馆的工作人员开会，进行动员和布置，并且组织了内部安全保卫小组。我们讨论了如何同巴方交涉配合，如何接李到使馆，如何完成祖国交给的任务。使馆内安排了昼夜值班。当时巴方航空公司总经理叫罗尔汉，我对他说，我有一个私人朋友要来卡拉奇，这人因年老体弱要我亲自到机场去接，希望他允许我的汽车开到舷梯口，他同意了。我和李宗仁互不相识，国内告诉了李的特征，因此接他那天，我和两位同志经小旁门一直到了停机场。当李宗仁、郭德洁夫妇和程思远一出现我就认出了他们。我走上前去告诉他们，我是中国大使，请他们同乘我的车回大使馆休息。""到大使馆后，李宗仁开始同我们接触比较紧张，不大说话。郭德洁比较活跃，善于交际。我对他们说，为了不引起国民党方面注意，请他们就在使馆休息，不要到外面去。李宗仁和我住一栋楼，在一起生活。为了使他不过于紧张，我们和他聊天，请他看画报，看电影。他的精神状态慢慢好多了，话也多了。他在使馆大概住了三四天。"[19]

在此期间，丁国钰接到国内关于台湾方面准备搞破坏的信息，立即交底巴方，说明李宗仁不仅是他私人的朋友，也是国家的朋友，需要送他返回祖国，希望取得巴方的帮助。问题谈开后，巴方也很紧张，经双方商量，决定采取两项措施：一是严格检查飞机；二是严格检查上飞机的旅客，特别是检查中国人。当时，巴航有两条航线：一条是国际航线，飞机从欧洲来经卡拉奇到中国；一条是国内航线，飞机从卡拉奇直飞中国。双方决定走国内航线，并决定由巴方检查外国旅客和飞机的安全；由中国方面检查中国旅客。所采取这一系列措施，保证了李宗仁回国的安全。

7月17日深夜，在丁国钰陪同下，李宗仁、程思远一行登上了巴航公司的一架飞机飞往广州，开始了回归祖国的最后一程。

就在这天深夜，已到上海迎候的周恩来接到情报：台湾方面已获悉李宗仁回国的消息，在缅甸边境某地区布置了截击机，准备不惜一切代价打下李宗仁的座机。

周恩来彻夜未眠，静候在电话机旁。当接到报告：李宗仁乘坐的飞机已平安进入我国境内后，他才上床去休息。对周恩来的工作精神和作风，罗青长非常感慨，他说："周恩来对每个环节都悉心指导，整个运筹过程都体现出他那博大精深的政治智慧和谨慎精细的工作作风。"[20]

当丁国钰把飞机已进入中国国境的消息告诉李宗仁夫妇时，李宗仁和郭德洁都高兴地鼓起掌来。

5

1965年7月18日，李宗仁到达上海虹桥机场。

7月19日，周恩来会见了李宗仁、程思远一行，向他们重申了"来去自由"的原则。谈话中，周恩来特别强调了李宗仁与"四种关系"问题。谈到美国时，周恩来说："经过抗美援朝，美国已经知道中国的力量。"他详细回顾了中美十年谈判的情况，说明中国共产党从不拿原则做交易，这一点，连陈诚也不能不为之动容。据台湾方面资料记载，陈诚去世前的遗嘱中没有再提"反攻（大陆）"和"反共"，这或许与中共在对美问题上表现出的民族原则与立场是分不开的。关于蒋介石，周恩来根据几个重要历史时期的接触，认为他"没有一句真话，不以信义待人"。"然而蒋虽不可信，但台湾保存在蒋手里还是比让美国霸占去好。"周劝李宗仁"对台湾问题不要干预"。至于第三势力，周恩来认为是没有前途的，中美关系还不是解决的时机，他希望李宗仁认清美帝国主义的本质，对其不要再抱幻想。[21]

这是周恩来同李宗仁第一次长谈。

李宗仁回国的消息随着电波传向海外，传向世界各地。深深震撼了许多人的心。台湾《天文台》报社社长陈孝威评价说:"李宗仁这个抉择,聪明而正确,李的勇气是应该佩服的。"他还说,"数天下人物,毛泽东确是第一人。毛在中国,其成就实非过去许多人所能预料得到。难能可贵者,他的许多做法都是新的创造。新创造有好的一面也有不好的一面,毛能发扬好的,消除不好的,这就是他的成功处。我一向骂共产党,但现在内心也不得不佩服共产党。"

遗憾的是,李宗仁回国的第二年,中国发生了"文化大革命"。周恩来对李宗仁竭尽全力进行了保护,得到了他的理解。

1969年,李宗仁病逝前,在病榻上口授了一封给毛泽东和周恩来的短信。信中有这样一句话:

在我快要离开人世的最后一刻,我还深以留在台湾和海外的国民党人和一切爱国的知识分子的前途为念。他们目前只有一条路,同我一样回到祖国的怀抱。[22]

周恩来称这封信是一个"历史文件"。这封信包含了中国共产党争取李宗仁回国的全部意义。

注释:

[1]《人民日报》1955年4月24日。

[2] 笔者访问程思远谈话记录,1985年2月4日。

[3][4] 廖心文:《周恩来与和平解决台湾问题的方针》,《党的文献》1994年第5期。

[5] 笔者访问程思远谈话记录,1985年2月4日。

[6] 笔者访问屈武谈话记录,1984年3月28日。

[7][8] 笔者访问程思远谈话记录,1985年2月4日。

[9] 笔者访问罗青长谈话记录,1985年12月17日。

[10] 笔者方问程思远谈话记录,1985年2月4日。

[11] 廖心文:《周恩来与和平解决台湾问题的方针》,《党的文献》1994年第5期。

[12] 笔者访问程思远谈话记录,1963年11月15日。

[13] 笔者访问程思远谈话记录,1985年2月4日。

〔14〕《毛泽东年谱(1949—1976)》第5卷,中央文献出版社2013年版,第476页。

〔15〕《周恩来年谱（1949—1976)》中卷,中央文献出版社2020年版,第716页。

〔16〕笔者访问程思远谈话记录,1985年2月4日。

〔17〕《周恩来年谱（1949—1976)》中卷,中央文献出版社2020年版,第723页。

〔18〕笔者访问罗青长谈话记录,1985年12月17日。

〔19〕笔者访问丁国钰谈话记录,1985年12月17日。

〔20〕罗青长:《周总理是我党我军隐蔽战线的创始人和领导者》,《在周恩来身边的日子》,中央文献出版社1998年版,第48页。

〔21〕廖心文:《周恩来与和平解决台湾问题的方针》,《党的文献》1994年第5期。

〔22〕《人民日报》1969年2月2日。

26

被动卷入"文化大革命"

1965年初夏,旱情严重地威胁着北方大地。

在组织有关部门负责同志研究第三个五年计划,并将基本方针确定下来后,周恩来把主要精力转到领导北方八省(市、区)抗旱的工作上。他深入一线,调查研究,多次召集有关地区领导汇报座谈,形成一系列重要的指导性意见。

他很想下去多走一些地方,但总不能如愿。在一次工作汇报会上周恩来说:"我也想下去,不过有时有点身不由己,说来还是决心不大。我到附近跑一跑还是可以的。我们不比主席,要留他一些时间考虑大问题。"

在一旁的谭震林说:"你已经跑得不少了。"李先念也插话说:"你下去我们不反对,但是,你一天工作十几个小时,对身体还要注意。"[1]

这段对话很能反映周恩来当时工作的着重点和繁忙的程度。

1965年3月7日上午,周恩来参加中央书记处会议,下午,又参加了北方八省、市、自治区会议,传达了中央书记处会议关于改变"南粮北调"的奋斗目标。周恩来在会上指出:邓小平同志给了我们十年期限,如果第三个五年计划期间不打仗,就可以实现初步要求。[2]

当天,中共中央、国务院发出关于成立北方八省(市、区)农业小组的通知,宣布由周恩来担任组长,并由他兼任河北组和北京组组长。

忙了一天的周恩来,在3月8日凌晨三点多才上床休息。五时二十九分,河北邢台发生强烈地震,周恩来在睡梦中被惊醒。他立刻做出全面部署,并亲自赴灾区指导抗灾工作。经过一个多月的忙碌,基本上解决了地震灾害带来的各种问题。周恩来又按计划投入指挥北方八省(市、区)抗旱的工作中。

这时,他没有想到的是,一场比自然灾害更令人揪心的政治灾难,正在悄悄地酝酿,并且很快铺天盖地,席卷全国。

在缺乏思想准备的情况下，周恩来被动地卷入了这场灾难之中。

这场灾难，是由毛泽东发动和领导的"文化大革命"。

毛泽东为什么会犯这样的错误，是与"文化大革命"前十年探索中出现的问题分不开的。党的十一届六中全会通过的《关于建国以来党的若干历史问题的决议》，对此做了明确的回答："这个期间，毛泽东同志在关于社会主义社会初级阶段斗争的理论和实践上的错误发展得越来越严重，他的个人专断作风逐步损害党的民主集中制，个人崇拜现象逐步发展。党中央未能及时纠正这些错误。林彪、江青、康生这些野心家又别有用心地利用和助长了这些错误。这就导致了'文化大革命'的发动。"[3]

说周恩来是被动卷入"文化大革命"，是因为导致"文化大革命"发生前后的一些重要事情，周恩来或事前一无所知，或对毛泽东的意图并不了解。

其中，典型的一件事情，是批判"海瑞罢官"。这件事被称为"文化大革命"的导火索。

1965年11月10日，上海《文汇报》突然发表姚文元的《评新编历史剧〈海瑞罢官〉》，对北京市副市长、著名历史学家吴晗进行政治批判。

文章中特别提道："看完这出戏，人们强烈地感到：吴晗同志塑造的这个英雄形象，比过去封建时代许多歌颂海瑞的戏曲、小说都塑造得高大多了。尽管吴晗同志在剧本的单行本前面特地写了历史说明，还在'海瑞罢官本事'中摘录了许多条史料，企图使人们得到这样的印象：他是完全根据历史事实来写戏的；但是，人们仍然不能不发出这样的疑问：封建社会的统治阶级当中，难道真的出现过这样的英雄吗？这个'海青天'是历史上那个真海瑞的艺术加工，还是吴晗同志凭空编出来的一个人物呢？""我们不是历史学家。但是，根据我们看到的材料，戏中所描写的历史矛盾和海瑞处理这些矛盾时的立场，是违反历史真实的。戏里的海瑞是吴晗同志为了宣扬自己的观点编造出来的。"[4]

姚文元的文章，是江青同张春桥暗中策划的，除了毛泽东，其他中央领导同志都不知道。用江青的话来说：张春桥同志、姚文元同志为了这个担了很大的风险啊，还搞了保密。对外保密，保密了七八个月。春桥同志每来北京一次……暗中藏着评《海瑞罢官》这篇文章。因为一叫他们知道，他们就要扼杀这篇文章了。

毛泽东在一次接见外宾时的讲话中也谈道："开头写我也不知道，是江青他们搞的。搞了交给我看。"[5]

文章发表后,学术理论界出现不同意见,在江青操控下,张春桥等围绕姚文元的文章,利用《文汇报》发动了一场大辩论,打击不同意见。对姚文元的做法,吴晗十分愤慨,他说:"我不准备写答辩文章,正在给市委写个报告,直接送给彭真同志,只要领导了解就行了。我不怕,这样牵强附会的批评,乱扣帽子,这种风气很不好。谁还敢写东西!谁还敢写历史?!"可是,毛泽东在《光明日报》总编室编印的情况简报上了解到这一情况时,却"一夜无眠"[6]。

北京各报刊是在二十天后才转载的。这让毛泽东非常不满意。此前,他已指示上海将姚文元的文章出单行本,向全国征订,并说:他们不登,你们就出小册子。[7]

12月21日,毛泽东在同陈伯达等的一次讲话中更为明确地表示:"姚文元的文章也很好,点了名,对戏剧界、史学界、哲学界震动很大,但是没有打中要害。要害是'罢官'。嘉靖皇帝罢了海瑞的官,1959年我们罢了彭德怀的官,彭德怀也是'海瑞'。"第二天,毛泽东在同彭真、康生的讲话中再次谈到吴晗的《海瑞罢官》要害是"罢官",彭德怀也是"海瑞"。毛泽东态度明确,这使吴晗和《海瑞罢官》问题的性质变得越来越严重。

对这篇文章的背景及有关情况,周恩来事前一点儿都不知道。《人民日报》转载前,文章和准备同时发表的一篇编者按送到他的案头。周恩来和时任中央书记处书记、北京市市长的彭真修改审定了这篇编者按。

编者按说:

> 姚文元同志在《文汇报》上发表的这篇文章,对海瑞这个历史人物和《海瑞罢官》这出戏,提出了很重要的批评意见。我们认为,对海瑞和《海瑞罢官》的评价,实际上牵涉到如何对待历史人物和历史剧的问题,用什么样的观点来研究历史和怎样用艺术形式来反映历史人物和历史事件的问题。这个问题,在我国思想界中存在种种不同的意见,因为还没有进行系统的辩论,多年来没有得到正确的解决。
>
> 本报过去也发表过吴晗同志的《海瑞骂皇帝》(笔名刘勉之,一九五九年六月十六日)、《论海瑞》(一九五九年九月二十一日),还发表过其他有关历史人物评价的文章。我们准备就《海瑞罢官》这出戏和有关问题在报纸上

展开一次辩论，欢迎史学界、哲学界、文艺界和广大读者踊跃参加。

毛泽东同志在《在中国共产党全国宣传工作会议上的讲话》一文中说过，"我们的政权是人民民主政权，这对于为人民而写作是有利的环境。百花齐放、百家争鸣的方针，对于科学和艺术的发展给了新的保证。如果你写得对，就不用怕什么批评，就可以通过辩论，进一步阐明自己正确的意见。如果你写错了，那末，有批评就可以帮助你改正，这并没有什么不好。在我们的社会里，革命的战斗的批评和反批评，是揭露矛盾，解决矛盾，发展科学、艺术，做好各项工作的好方法。"

我们希望，通过这次辩论，能够进一步发展各种意见之间的相互争论和相互批评。我们的方针是：既容许批评的自由，也容许反批评的自由；对于错误的意见，我们也采取说理的方法，实事求是，以理服人。正如毛泽东同志所指出，"我们一定要学会通过辩论的方法、说理的方法，来克服各种错误思想。"

毛泽东同志又说，"这个方法可以使我们少犯错误。有许多事情我们不知道，因此不会解决，在辩论中间，在斗争中间，我们就会明了这些事情，就会懂得解决问题的方法。各种不同意见辩论的结果，就能使真理发展。对于那些有毒素的反马克思主义的东西，也可以采取这个方法，因为同那些反马克思主义的东西进行斗争，就会使马克思主义发展起来。这是在对立面的斗争中的发展，是合于辩证法的发展。"〔8〕

从这篇编者按可以看出，周恩来、彭真的意见与江青等人的看法是完全不同的，他们巧妙地借用毛泽东以往提到的一些思想和方法，试图把问题限制在学术讨论的范围内来解决，但这并没能阻挡更大的风暴袭来。

1966年2月3日，中央文化革命五人小组〔9〕召开会议，讨论批判吴晗的《海瑞罢官》以来学术界的形势、性质、方针、队伍等。会议根据讨论情况写成《文化革命五人小组关于当前学术讨论的汇报提纲（草案）》（简称《二月提纲》）。

这个提纲草案，将吴晗的问题归到"学术领域"中的问题，指出：要坚持实事求是，在真理面前人人平等的原则，以理服人；要准许和欢迎犯错误的人和学术观点反动的人自己改正错误，不要不准革命；在报刊上点名给以重点批判要慎重，对于吴晗这样用资产阶级世界观对待历史和犯有政治错误的人，在报刊上的讨论不要局限于政治问题，要把涉及到的各种学术理论的问题，充分地展开讨论。如果最后还有不同意见，应当允许保留，以后继续讨论。

在对吴晗和《海瑞罢官》问题上，彭真始终采取保护态度，坚持是学术问题。他曾在毛泽东面前说过：据调查，没有发现吴晗同彭德怀有什么联系。[10]这使毛泽东更不满意，认为彭真主持下的北京市委是"针插不进""水泼不进"的"独立王国"，下决心要打倒彭真。

周恩来在河北指导抗旱救灾期间，多次回北京参加会议，听取汇报。他赞成彭真的意见，即吴晗问题是学术问题而不是政治问题，吴晗和彭德怀没有任何联系。在毛泽东批评彭真搞"独立王国"，并问他"感觉怎么样"时，周恩来说："我还没有什么感觉。"毛泽东几次点名批评彭真、陆定一等，甚至警告说：如果再包庇坏人，中宣部要解散，北京市委要解散，"五人小组"要解散。此时，周恩来对彭真仍然表示了信任。

很显然，周恩来这时并没有意识到问题的严重性，也不知道毛泽东已下决心打倒彭真。

毛泽东批评彭真的火药味越来越浓。

3月底，毛泽东连续同康生、张春桥、江青等谈话，针对彭真指责上海发表姚文元的文章时不跟中宣部打招呼问题提出批评。他让康生告诉彭真，不要包庇坏人了，要向上海道歉。在3月30日的谈话中，毛泽东又说："为什么吴晗写了那么多反动文章，中宣部都不要打招呼，而发表姚文元的文章却偏偏要跟中宣部打招呼呢？你是阎王殿，小鬼不上门。打倒阎王殿，解放小鬼！"[11]他强调学术界、历史界、文艺界也要搞阶级斗争："文化革命能不能搞到底，政治上能不能顶住，中央会不会出修正主义？没有解决。文化革命是长期艰巨的任务，我这一辈子完不成，必须进行到底。"[12]

形势变得越来越复杂，越来越紧张。

周恩来不得不改变原定"每隔十日回北京一次"[13]的工作计划，频繁回北京参加讨论学术批判的中央书记处会议。

4月9日至12日，周恩来连续出席邓小平主持召开的三次中央书记处会议，会上，康生向周恩来等传达了毛泽东3月底的一系列讲话精神，并对彭真进行批判。彭真被迫做了检讨。

根据毛泽东谈话精神，会议决定：(1) 拟以中央名义正式起草一个通知，彻底批判"二月提纲"的错误，并撤销这个提纲；(2) 拟成立一个以陈伯达为首，江青、刘志坚为副组长的文化革命文件起草小组，为中央起草关于文化革命的文件并报毛泽东和中央政治局常委批准。

会后，周恩来与邓小平、彭真联名写信，将会议情况报告毛泽东。

4月16日，周恩来、邓小平、彭真乘飞机飞上海转赴杭州，参加毛泽东于4月16日至25日在杭州召开的中共中央政治局常委扩大会议。这次会议集中批判了彭真，同时讨论了撤销"二月提纲"和文化革命五人小组、重新设立文化革命小组等问题。会议基本通过周恩来、邓小平、彭真送审的，经毛泽东多次修改审定的《中央关于撤销"文化革命五人小组关于当前学术讨论的汇报提纲"通知稿》和以陈伯达为组长、江青等为副组长的中央文化革命小组名单。

5月16日，在北京召开的中共中央政治局扩大会议正式通过了这个通知稿，通知稿正式名称为《中国共产党中央委员会通知》，统称"五一六通知"〔14〕。

"五一六通知"，标志着"文化大革命"全面发动。

注释：

〔1〕〔2〕《周恩来传》，中央文献出版社2018年版，第164页。

〔3〕《关于建国以来党的若干历史问题的决议注释本》（修订），人民出版社1985年版，第26页。

〔4〕《人民日报》1965年11月30日。

〔5〕《关于建国以来党的若干历史问题的决议注释本》（修订），人民出版社1985年版，第373页。

〔6〕《毛泽东年谱（1949—1976)》第5卷，中央文献出版社2013年版，第541、542页。

〔7〕《毛泽东年谱（1949—1976)》第5卷，中央文献出版社2013年版，第542页。

〔8〕《人民日报》1965年11月30日。

〔9〕该小组是根据毛泽东的提议于1964年7月设立的，成员是彭真、陆定一、康生、周扬、吴冷西。

〔10〕《毛泽东年谱（1949—1976）》第5卷，中央文献出版社2013年版，第548页。

〔11〕1966年8月13日《人民日报》把这句话作为"毛主席语录"发表。

〔12〕《毛泽东年谱（1949—1976）》第5卷，中央文献出版社2013年版，第572、573页。

〔13〕《周恩来传》，中央文献出版社2018年版，第1659页。

〔14〕这个通知1967年5月17日在《人民日报》发表。

27
保护民主人士

1

就毛泽东发动"文化大革命"的初衷来讲,这场革命的重点是整那些所谓"走资本主义道路的当权派"。可是,斗争的范围很快超出了这个界限,冲击到党外朋友,也冲击到许许多多普通的家庭。

1966年的夏季格外炎热,到了8月,更是酷暑难耐。这时,红卫兵运动也进入高潮。

那些日子,在校园里、机关中、大街上,到处可以看到,一群群身着绿军装,腰系武装带,臂挂红袖章的年轻人。他们举着毛主席语录,狂热地喊着:"横扫一切牛鬼蛇神!""破四旧,立四新!"他们的表情是那样的冲动和激愤,喊出的话句句充满火药味。

8月29日深夜,北京东城史家胡同内一阵喧嚣,在一座标准的四合院的大门外,云集着一群红卫兵。他们"咚!咚!咚!"地敲打着红色的院门,随后蜂拥而入。

这所住宅的主人是全国人大常委会委员、全国政协常委会委员章士钊。强行入院的则是北京大学经济系的30多名红卫兵。

霎时间,整个院落气氛紧张起来。一个负责人模样的红卫兵高声宣布要对院子的主人采取"革命行动"。随即,他们开始乱抄、乱翻,四处搜寻。转瞬间,整洁、典雅的居室被抄得一塌糊涂。直到他们发现毛泽东与章士钊的合影和写给章士钊的信札后,情势才稍稍缓和下来。

章士钊是毛泽东的同乡,也是毛泽东的好朋友。对红卫兵突如其来的行动,他感到十分震惊。8月30日晨,章士钊给毛泽东写信,反映了红卫兵抄家的粗暴情景。信中，他恳请毛泽东帮助，"在可能范围内稍稍转圜一下"，"最要紧在不发生重复搜索"。[1]

毛泽东阅章士钊这封信后，即在信上做了如下批示：送总理酌处，应当予以保护。[2]

当天，章士钊的信和毛泽东的批示一起送到周恩来手中。

周恩来严厉地批评了有关人员，并对章士钊采取了三条保护措施：把抄走的东西送还章士钊；派警卫部队的两位同志立即赶到史家胡同，劝阻再来抄家的红卫兵；将章士钊秘密送往解放军三〇一医院，加以保护。

由于周恩来采取有力措施，章士钊平安度过了红卫兵运动高潮的日子。

章士钊的问题出来后，周恩来心急如焚，在保护章士钊的同时，周恩来想到了与章士钊处境相同的大批党内外干部和统战朋友。对这些人，也需要采取相应的保护措施。

就在接到毛泽东批示的同一天，周恩来亲笔开列一份"应予保护的干部名单"[3]。

这张名单上，首先提到了13位高级民主人士。他们是：宋庆龄、郭沫若、章士钊、程潜、何香凝、傅作义、张治中、邵力子、蒋光鼐、蔡廷锴、沙千里、张奚若和李宗仁。保护范围还包括国务院、人大常委会、政协等首脑机关的主要领导干部。

为了把这批高级民主人士保护好，周恩来进行了一场特殊的斗争。

其实，从"文化大革命"一开始，周恩来就密切关注着民主人士的安危，他凭借多年革命斗争的经验，有意识地做了一些工作。当时，正值酷暑，张治中等几位老先生在北戴河疗养，周恩来马上想到他们若回到北京，可能会碰上红卫兵抄家这类事情，因此，及时派中央统战部一位负责人到北戴河去，向几位老人打招呼，让他们在思想上有所准备。张治中的秘书余湛邦回忆："周总理考虑到张老个性刚强，回北京后恐怕会出事，便通知统战部派专人赶往北戴河向张老打招呼，解释毛主席为什么发动'文化大革命'，实际上是让张老他们这些人做好思想准备。我们8月底回到北京，刚到家，红卫兵就来了。幸好周总理早已采取了措施，卫戍区派了一个连和一个营部驻扎在张老家附近（东城区西总布胡同）担任警卫任务。当时住在这一带的还有李宗仁、马寅初、刘文辉、章士钊等高级民主人士。这些警卫战士身穿便服，佩戴红卫兵袖章，遇到外面来的红卫兵，就主动跟他们交涉，不让他们在张老家里胡作非为。'破四旧'期间，共有五批红卫兵找到张老家，由于事先有了准备，外来的红卫兵始终没能动张老一下。"[4]

这实际是对民主人士保护工作的开端。

毛泽东关于保护章士钊的指示下达后，周恩来还多次找有关人员商量具体办法，根据被保护人的不同情况，对他们采取了不同形式的保护措施。

周恩来考虑问题细致而周到。他想到这些人年事已高，体弱多病，性格倔强，不堪受辱，若在家中万一出现差错，发生意外，会给党带来很坏影响。因此，他委托一些可靠的同志去做说服工作，动员他们暂时离家避一避。

周恩来在开列保护名单不久，请秘书告诉军委后勤部的一位负责人，通知三〇一医院准备接收他们住院。原因一则这些人年老多病，二则免得为红卫兵斗争打死。这些人都是高级民主人士，又是政府人员，不是当权派，又没有现行反革命的根据，政府还有责任保护其生命。

在医院里，周恩来派部队的同志作警卫，安排医务人员，照顾他们的生活。

为防止红卫兵跟踪骚扰，周恩来特别嘱咐有关人员要秘密护送。总理办公室的同志到被保护人家中接人时，不告诉其家属到什么地方去，只允许一名秘书跟随照顾，并要被保护人改用假名字。程潜的夫人郭翼青后来回忆："那天，一个陌生人来到我家，他不报姓名，不讲工作单位，不允许家人相随。因为不认识这个人，外边又那么乱，我很害怕，就悄悄地请程老的司机去看看，因为他常陪程老活动，认识人多。司机回来说，那个人是总理办公室的人，我们全家才放心下来。临出门时，那位同志又叮嘱程老将名字改一改，后来就用了程老的小名。当时，我们不知道他将程老护送到了三〇一医院保护起来。这个时期，我们不能和程老见面，衣服、用品有人来取。"[5]

除程潜外，周恩来还对张治中、章士钊、李宗仁都采取了这样的保护办法。对郭沫若等亦采取类似措施，护送其到外地，直至形势稍稍好转，才将他们送回家中。

对思想不通或其他原因不肯离家的人，周恩来改换方式加以保护。他派一些解放军战士或公安人员身着便装，臂戴红袖章，装成红卫兵的样子，住在被保护人家中，劝阻前来抄家的红卫兵。同时，他们还同当地派出所和所在机关的同志取得联系，请他们予以协助。对傅作义、邵力子、蔡廷锴、蒋光鼐、沙千里等都采取了这种保护措施。邵力子的夫人傅学文回忆说："当时，周总理派来四名解放军战士住在我家负责保护，大概住了三四个月。邵先生一直住在家里。以后形势慢慢好转，警卫人员才撤走。"[6]

2

列在保护名单第一位的是宋庆龄。

对这位伟大的女性，周恩来十分了解。在第一次国共合作时期，宋庆龄一直追随孙中山，坚持联俄联共扶助农工的主张；在反帝反封建的旗帜下，她和共产党人结下了深厚的友情；南昌起义枪响后，她领衔发表《国民党中央执行委员会宣言》，愤怒谴责蒋介石的背叛行径；抗日战争爆发后，她为民族解放奔走呼号，促进国共两党开诚合作……

她被周恩来称为"国之瑰宝"。像这样的人，怎么不应该保护呢？

1966年9月1日，周恩来对那些缺乏历史知识的红卫兵们进行了说服工作。他这样讲道："宋庆龄是孙中山的夫人。孙中山的功绩，毛主席在北京解放后写的一篇重要文章《论人民民主专政》中就肯定了的。他的功绩也记在人民英雄纪念碑上。南京的同学一定要毁掉孙中山的铜像，我们决不赞成。每年'五一''十一'在天安门对面放孙中山的像是毛主席决定的。孙中山是资产阶级革命家，他有功绩，也有缺点。他的夫人自从与我们合作以后，从来没有向蒋介石低过头。大革命失败后她到了外国，营救过我党地下工作的同志，抗日战争时期与我们合作，解放战争时期也同情我们，她和共产党的长期合作是始终如一的。我们应当尊重她。她年纪很大了，今年还要纪念孙中山诞辰一百周年，她出面写文章，在国际上影响很大。到她家里贴大字报不合适。她兄弟三人姐妹三人就出了她一个革命的，不能因为她妹妹是蒋介石的妻子就要打倒她。她的房子是国家拨给她住的。有人说：'我敢说敢闯，就要去。'这是不对的，我们无论如何要劝阻。"[7]

那时，国内形势非常乱，宋庆龄在北京、上海的住宅都受到红卫兵的冲击，这使周恩来焦急万分，他恳切地劝宋庆龄住到北京来。为确保她的安全，周恩来指示杨德中主管宋宅的保护工作，并决定由公安部、公安局、派出所三方面协同警卫。这一系列措施逐渐平息了上海、北京两地冲击宋宅的风波。

然而，事情不仅如此，在"破四旧"的口号下，上海农民砸毁了宋家的祖坟。这件事使宋庆龄感到非常伤心。周恩来获悉，立即责成上海有关部门妥善解决。

在周恩来的干预下，宋氏墓地很快得到修复。当周恩来令人把修复后的墓地照片送到宋庆龄手中时，她非常感激，落下泪来。

3

在那动乱的岁月中，这些民主人士有谁能在家或医院中真正"静心养病"呢？社会上、家庭中、朋友里发生的一桩桩、一件件令人难以理解的事情和变幻莫测的形势，使他们中的一些人终日缄口不语，积郁成疾。

蔡廷锴的夫人罗西欧后来回忆道："十年浩劫兴起的时候，蔡先生身体不大好，患有脑动脉硬化症和白内障。但在那动乱的年月里，他很难静心养病。一贯爽直乐观的他，终日里缄口不语，苦苦沉思，有一天，他的患难知交蒋光鼐先生家被抄了，蒋先生知道他脾气急躁，惟恐他和红卫兵冲突起来吃亏，就让蒋夫人给我家挂电话，嘱咐蔡先生不要轻易动火。听到这消息，蔡先生气得在房间里踱来踱去，一言不发，后来，周总理亲自派公安人员对我们家进行了保护，红卫兵才没能进我们家的大门。然而，蔡先生的心情却更加郁闷了。我手里还存有他晚年的一张照片，他一个人坐在沙发上，双目无神，一副麻木不仁的样子。沙发后面，本来摆着不少他所喜爱的摆设，由于'破四旧'，都撤去了，变得空空荡荡。在那样的情况下，他的心情怎么能好呢？"[8]

周恩来将这一切看在眼里，挂在心上。他的工作没有停留在安全保护上，而是从各方面关怀他们。周恩来不仅邀请他们参加各种社会活动，对他们在政治上给以信任；在病时积极组织力量治疗和抢救；在他们之中有人去世后妥善处理后事，并且对他们的遗属关怀备至，使党的温暖浸透到他们每一个家庭。

1968年初，程潜在家中不慎摔了一跤造成骨折，送到北京医院治疗，周恩来亲自过问了治疗方案。但因时局混乱，北京医院发生变动，4月份，程潜由于肺炎引起大出血而去世。

周恩来非常关心程潜的安葬问题。郭翼青谈到当时的情况说："程老原来一直想用棺木，在湖南老家已为自己准备好了一副棺木。'文化大革命'中，棺木的一角被造反派劈坏了，但修一修还可以用。我劝程老不要迷信棺木，还是火葬为好，给他做了不少工作。他想了想觉得有道理就同意了。因此程老去世后，我家提出了火葬。但周总理是了解程老心思的，他派人来与我们商量说：'听说程老生前一直想用棺木,这是可以的。你们不要有什么顾虑,我们给湖南方面拍个电报让他们送来。'我对他们说:'已和孩子们商量妥了,我们都同意火葬。'周总理一直不放心,四次派人来商量,最后一次才决定火葬。我们全家为此感动。"[9]

同在这一年4月,蔡廷锴抑郁而终。周恩来亲自到他家问候亲属。蔡廷锴夫人回忆:"总理进我们家门时,已是午夜时分了。在那魑魅横行的年月里,周总理日理万机,处境又是那样困难,还挂念着我,赶来看望我们全家,真使我感动万分。总理的面容消瘦多了。他详细地询问我们生活上的安排,为我们想得特别周到。总理还劝慰我'贤初兄76岁了,也算高寿了'。让我不要过分悲伤,并安排我参加人大、政协的参观和学习活动,鼓励我积极从事蔡先生未竟的事业。临出家门,总理对我说:'颖超和你是老朋友了,她这两天有病,过些时候再来看你。'不出一个星期,邓大姐就到了我们家。在那阴霾蔽日的时候,总理和邓大姐的关怀,使我心头充满了温暖。"[10]

提起周恩来的保护工作,傅作义的夫人刘芸生总是泪流满面,泣不成声。

傅作义年轻时患上了胃病,一直没有得到很好的治疗。1973年8月的一天,他在进餐时突然感到咽不下东西。家里送他到医院检查,发现胃里有一肿块,病情已相当严重。

周恩来得到报告后非常着急,立即劝他住院治疗。周恩来指示有关部门选择有经验的大夫组成医疗小组为傅作义诊治,尽可能地延长他的生命。为使傅作义心情愉快地配合大夫工作,周恩来请傅作义以个人名义邀请国民党元老商震回国;安排他会见美籍专栏作家赵浩生等。周恩来通过这些活动,使傅作义精神振奋,让他在去世前度过了一段舒畅而有意义的时光。

1974年初,傅作义病情恶化,周恩来指示卫生部组织医疗小组抢救。他常常在深夜找大夫去,询问傅作义的病情,商量医疗方案。在医生决定为傅作义做腹部开刀插管术时,他叮嘱医生一定要仔细,不要引起感染。这一时期,正是周恩来处境最困难的时期。一方面,江青、王洪文等发动所谓"批林批孔运动",将矛头指向周恩来;另一方面,周恩来的病情日益加重,身体十分虚弱。但是,为了党的工作,他全然不顾自己。

后来,傅作义病情转危。周恩来闻讯后立即赶到医院。刘芸生看到面容憔悴、重病缠身的周恩来,非常感动。她俯下身去在傅作义耳边呼唤:"宜生,宜生,你醒醒，周总理看你来了。"

傅作义睁开眼睛，周恩来握住他的手说："傅先生，毛主席说，你对和平解放北平立了一功。"

此时，傅作义已经不能说话。只见他的嘴角微微颤抖了几下，眼眶里滚动着泪花。〔11〕

在这位即将辞世的老人心中，有什么比得到这样公正的评价更为宝贵的呢？

傅作义去世后，周恩来抱病主持了追悼会。

会后，邓颖超代表周恩来看望了处于极度悲痛中的刘芸生，鼓励她战胜悲痛，勇敢地面对未来的生活。

在以后的日子中，周恩来帮助她解决了生活费和住房问题，并且在政治上关心她。

1974年9月，周恩来卧病于床时，还亲自给王洪文和中共中央政治局写信，提议邀请傅作义等四位起义将领的夫人参加国庆招待会。他在信中写道："昨晚你交我国庆节招待会拟见报的名单，并告我已经主席一一听过，主席当即提出要加萧华、李立群、侯宝林三人，又问及商震是否列入。经政治局昨晚讨论，你告我遵照主席精神，又加刘志坚一人。昨夜我匆匆看过名单，便想到齐燕铭。""今晚又将两千多见报名单细细翻阅。在第十七类爱国人士方面，据统战部提出起义将领四夫人韩权华（卫立煌夫人）、郭翼青（程潜夫人）、洪希厚（张治中夫人）、刘芸生（傅作义夫人）及张学铭（张学良之弟、张学思之兄，因吕案解案〔12〕被禁多年，去年已无罪释放）五人。我看四夫人对国内外影响也不小。"〔13〕

周恩来的关怀，使刘芸生度过了最艰难的岁月。"文化大革命"结束后，她为和平统一祖国事业做了大量有益的工作，以此来报答周恩来的恩情。

4

"文化大革命"中，林彪、江青反革命集团不仅疯狂地迫害大批老干部，而且疯狂地迫害民主人士。他们利用造反派和红卫兵的"无知"和"愚昧"，唆使批斗民主人士，想通过整倒一批民主人士来获取打倒一批老干部的口实。为了保护这些民主人士，周恩来多次发出指示，他曾致信国务院直属口的核心小组负责人转人大、政协军代表："机关革命造反派的任务是清理机关干部的队伍，而不要去斗批民主党派的领导人，即他们的中央委员、省市党部委员。"[14]

民革中央副主席张治中因所谓"新疆叛徒集团"受到牵连，周恩来对其给予保护就是一个典型事例。

"文化大革命"初期，林彪、江青反革命集团多次唆使红卫兵到张治中家中查抄，逼他交代"反动历史"，但他们的行为受到周恩来强烈的干预，加之有毛泽东的批示，他们不好再公开找"岔子"，只得策划其他阴谋活动。

1967年初，全国开始了"揪叛徒"的运动。其中一例骇人听闻的冤案是"新疆叛徒集团案"。江青、康生咬定这批同志勾结张治中，隐瞒历史回到延安潜伏下来为国民党做事。为了找到证据，他们继续在张治中身上做文章，抓不到本人，他们就追查张治中的秘书。

事情的真相又是怎样呢？

抗日战争爆发后，中共在新疆与盛世才建立了统战关系，陆续派出一批干部到新疆工作。

1942年，在国民党发动的第二次反共高潮声浪中，盛世才投靠蒋介石，逮捕了一大批在新疆工作的中共党员。1945年，抗日战争胜利后，国共两党在重庆举行谈判，达成"双十协定"，其中有一条是释放政治犯。1946年春，张治中被蒋介石派往新疆任西北行营主任。根据中共中央的决定，周恩来在张治中离渝前夕，亲自到上清寺张公馆，请他依照协定精神，释放在新疆的被捕同志。当时，张治中欣然答应。到新疆后，在屈武协助下，张治中派专人护送这批同志回到延安。为此，朱德还写信给张治中表示感谢。

对林彪、江青反革命集团这种无视历史事实的做法，周恩来非常气愤，他挺身而出，指出新疆这批同志出狱是党中央提出的，由他出面向张治中要求，由张治中的部下送回延安的。

为说服受蒙骗的红卫兵，周恩来耐心向他们宣传党的政策，列举张治中在重庆谈判时，迎送毛泽东到延安，说明张治中与中共团结合作的关系，对张治中竭尽全力予以保护。周恩来所做的这些工作，使张治中的处境稍有好转。[15]

在那极"左"思潮疯狂泛滥的年代，周恩来开列的这份保护名单，以及围绕这张名单开展的种种活动凝结了他的智慧与艰辛。周恩来保护的不仅仅是一批高级民主人士，他还保护了党的统一战线政策。或许，这正是许多朋友经过那场"史无前例"的浩劫，依然还能理解和原谅我们党失误的重要原因。

注释：

〔1〕1966年9月1日，毛泽东给章士钊写了一封回信。信中说："来信收到，甚为系念。已请总理予以布置，勿念为盼！"参见《建国以来毛泽东文稿》第12册，中央文献出版社1998年版，第116页。

〔2〕《毛泽东年谱（1949—1976）》第5卷，中央文献出版社2013年版，第619页。

〔3〕《周恩来选集》下卷，人民出版社1984年版，第450页。

〔4〕笔者访问余湛邦访问记录，1982年4月7日。

〔5〕笔者和方铭访问程潜夫人郭翼青谈话记录，1982年8月27日。

〔6〕笔者和方铭访问邵力子夫人傅学文谈话记录，1982年8月16日。

〔7〕《周恩来选集》下卷，人民出版社1984年版，第451页。

〔8〕《蔡廷锴自传》（上），黑龙江人民出版社1982年版，第5页。

〔9〕笔者和方铭访问郭翼青谈话记录，1982年8月27日。

〔10〕《蔡廷锴自传》（上），黑龙江人民出版社1982年版，第6页。

〔11〕笔者和方铭访问傅作义夫人刘芸生谈话记录，1982年8月。

〔12〕指吕正操和解方案，即林彪、江青反革命集团残酷迫害曾在东北军和东北各界工作过的吕正操、解方、刘澜波、张学思、万毅、严宝航、高崇民、贾陶等人而蓄谋制造的一个所谓"东北叛党集团"的假案。

〔13〕《周恩来选集》下卷，人民出版社1984年版，第457页。

〔14〕《周恩来选集》下卷，人民出版社1984年版，第454页。

〔15〕笔者访问余湛邦谈话记录，1982年4月7日。

28 苍松护英华

1

在北京以及全国各地掀起揪斗"走资派"的浪潮中，许多为革命立下赫赫战功的党内、军内领导干部，遭到林彪、江青反革命集团的迫害，周恩来领导的国务院各部门负责同志也未能幸免。周恩来一方面苦口婆心地做造反派和红卫兵的工作，向他们阐释党的政策；一方面在力所能及的范围内采取各种措施予以保护。

煤炭工业部部长张霖之就是在此期间被迫害致死的。

1966年底，张霖之从哈尔滨乘飞机返回北京，造反派得到消息后，立即派人到机场守候抓他。那天，沈阳下了一场大雪，一尺多深，飞机到沈阳后再也无法起飞，张霖之改乘火车回到北京，躲过了造反派的抓捕。但不久，他还是被造反派带走，非法关押在北京矿业学院。此间，他被造反派整死，死状很惨。造反派拒不认账，诬说他是自杀。周恩来得到消息后哭了[1]，他悲愤地说："这个同志死得不明不白，我怎么向党中央交代啊！"[2]周恩来责成煤炭部军代表追查此事。段君毅回忆，周恩来曾向他询问张霖之死亡的情况，他把听说的有关情况向周恩来做了汇报，说张霖之是被打死的，验尸时，上身连件衣服都没穿，下身穿了一条短裤，满身是血，遍体鳞伤。[3]

在周恩来督促下，有关部门经过艰苦努力，终于得出了结论。在周恩来为国务院起草的给煤炭工业部的通知中是这样写的："张霖之同志的历史是清楚的。张霖之同志在矿院全校广播中听到戚本禹反革命分子这种威胁和煽动的语言，而身体已受到重伤，自不能不陷入极度紧张状态，因此，致张在武斗和逼供的混乱中死去。根据当时情况，矿院专案组的报告只涉及各项经过的表面现象，还需要依照煤炭工业部所掌握的全面材料，认真地予以澄清。兹决定，张霖之同志的死亡，应按人民内部矛盾处理。张霖之同志家属和他的子女不受任何牵连，应按革命干部家属对待。"[4]

对张霖之被迫害致死事件，周恩来非常痛心，他在一次国务院会议上讲道："我是总理，你们（指造反派）把一个部长抓去四十七天就没有给我报告一下。他是八届中央候补委员，下届党代会上人家问我，张霖之候补委员到哪里去了，我怎么回答呢？！"周恩来又问，外面还有哪个部长被抓？李先念副总理回答了有关部长被抓的情况。周恩来要求立即派联络员把他们接出来。根据周恩来的指示，一些受到冲击的国务院的部长和各省负责人被接进中南海，中南海内的工字楼成为他们的"临时避难所"。

但是，这些干部总不出去也是不行的。李富春副总理就同周恩来商量，做出一个规定：这些干部每周二次，至多三次出去跟群众见见面。时任国家建委主任的谷牧回忆："那个时候有个说法，这样做，可以'缓和一下群众敌对情绪'，而且跟联络员讲好，每次出去不要超过两个小时，要文斗，不要武斗，不要让别人抢跑，两个小时完了送回来。'但是，造反派根本不听这些要求，一批斗，至少都是四五个小时，手段非常粗暴，什么'喷气式''下跪''揪头发'，都用上了。""我也真受不了了。李富春同志就向总理建议，说这样的话，谷牧身体受不了，也耽误工作呀，说好多事要他干，是不是改为一星期出去一次吧，或者是经过批准出去两次吧。总理对这个情况很清楚了，他说：'什么一次、两次，不出去了！以后谁要叫谷牧出去，必须我批准。'"[5]

铁道部原副部长刘建章1968年被捕入狱，历经五年审查。他在监狱的生活条件很差，每天只给三杯定量的饮用水，"放风"也只有三十分钟时间，家属探视时看到他"体质很坏，面黄肌瘦，连说话有时也咬字不清"。

1972年10月刘建章的妻子刘淑清给毛泽东写了一封信，反映刘建章无辜被捕及在狱中受到迫害的情况，请求改变目前这种审查方式。

毛泽东批示周恩来："请总理办。这种法西斯式的审查方式，是谁人规定的？应一律废除。"[6]

周恩来接到批示后，立即给公安部、交通部和国务院办公室负责人写信，要求他们联合起来办三件事：第一件事，将刘建章保外就医。按他身体病状，或送阜外医院，或送工农兵医院，并通知其妻刘淑清及其子女家属去看望刘；第二件事，将刘建章全案结论抽出送国务院李先念、纪登奎同志批；第三件事，请公安部会同卫戍区将我在国务院当面提出过的要清查北京监狱待遇问题，再在年内做一次彻底清查。凡属毛主席指出的"这种法西斯式的审查方式"和虐待、殴打都需列举出来，再一次宣布废除，并当着在押犯人公布。如有犯者，当依法惩治，更允许犯人控诉。[7]

在《周恩来选集》下卷中，我们还可以看到几件这样类似的保护干部的文献[8]：

周恩来听说中共安徽省委第一书记李葆华和省委书记处书记李任之被连续批斗的情况后，立即作出批示：请陶铸同志以电话找安徽省委一谈。如情况属实，请找八二七造反团负责人以电话交涉，无论如何要放出李葆华、李任之两同志，让他们回家休息。

周恩来得悉因康生等人制造"六十一人"案件，诬陷刘澜涛等一大批老干部的情况后，致信毛泽东，明确指出：刘澜涛同志等出狱"当时确为少奇同志代表中央所作决定，七大、八大又均已审查过，故中央必须承认知道此事"。

周恩来同时为中共中央起草给西北局的电报："请向南开大学红卫兵和西安炮打司令部战斗队同学说明，他们揭发的刘澜涛同志出狱的问题，中央是知道的。如果他们有新的材料，可派代表送来中央查处，不要在大会上公布和追查。"

周恩来看到送来的中央政治局常委、国务院副总理陶铸病情报告后，即在上面批示：拟同意送入三〇二医院，进行保密治疗。即呈主席批阅。我是看了4月3日警卫局的报告才知陶的病状较重，经追问后，送来这一报告。

这些批示或电报文字虽然不长，却体现了周恩来对造反派行为的坚决抵制和对这些干部的深厚感情。周恩来处理这些事情时，尽力争取毛泽东的支持，以此对付林彪、江青反革命集团。

在保护干部的过程中，周恩来的工作非常艰难。一天深夜，周恩来和李富春在国务院小礼堂召集造反派头头开会，会上一些人一直顶撞他，周恩来耐心劝导，他们不但不听，反而大吵大闹，致使会议延长至深夜不能结束。此时，周恩来心脏突然不适，医生让他离会休息，但造反派头头们就是不让他离开。李富春看到周恩来实在有些撑不住了，生气地站起身说："有什么事情，我代替周总理处理，是不是可以呢？！"这样才为周恩来解了围。[9]

2

在当时的情况下，保护干部并不是一件容易的事情。周恩来尽管做了多方面努力，但是他说的话，也常常算不了数。没有保住贺龙，这在周恩来心里留下深深的伤痛。

1966年夏，"文化大革命"初起。同周恩来一道领导南昌起义，并为中国革命的胜利作出巨大贡献的贺龙，遭到林彪一伙的陷害，被诬为"黑线人物"，"要篡党夺权"。康生、江青等分别到北京师范大学和清华大学煽动学生造贺龙的反。贺龙的家被抄了，孩子们躲到亲友同事家里。从此，贺龙的家就没有安宁过。

这年12月24日，体委造反派要批斗体委主任荣高棠。那天，分管体委工作的副总理贺龙到西花厅接周恩来一起去体委。见面后，周恩来对贺龙说："你血压高，还是休息吧。"实际上，周恩来是担心体委造反派见到贺龙后会纠缠不休。贺龙开始不理解，觉得自己革命一辈子，为什么怕见群众？一定要去。从贺龙疑惑的眼神中，周恩来知道他是想工作，于是耐心说服他："工作我替你顶着，不要紧。你休息吧，保重身体第一。"为了贺龙的安全，周恩来委托有关同志把贺龙、薛明夫妇保护起来。

开始，贺龙被安排到钓鱼台，刚住了一个晚上，贺龙就接到周恩来办公室打来的电话，让他们马上离开。原来负责安排贺龙的同志只考虑到钓鱼台条件好，而忽略了康生、江青等人也住在那里。贺龙夫妇又被转到新六所，但体委的造反派很快知道了贺龙新的住处，跟踪而来，并且进驻贺龙在东交民巷的家，要揪斗贺龙，闹得不可开交。看见情况紧急，薛明请警卫人员报告周恩来。周恩来打电话到东交民巷贺龙家中，严厉地批评造反派，要他们立即搬出来，并说，晚上在人民大会堂见他们。造反派只好从贺龙家撤出。

转眼，过了1967年元旦。夺权风暴从全国袭来，社会上十分混乱。1月11日，中共中央在人民大会堂河北厅召开政治局会议，这次会议由周恩来主持。在会上，周恩来当着毛泽东的面特别谈到，外面有很多关于贺龙的大字报。毛泽东说："只是要贺龙去登门听取大家的批评，不公开点名。我们政治局的同志和常委同志不要在公开的场合点他的名，当然，也不要让红卫兵去揪他。"[10]

尽管毛泽东说了这番话，周恩来仍不放心贺龙夫妇的安全，把他们接到西花厅家中，住在西花厅前厅。薛明回忆："在西花厅居住时，我和贺龙亲眼见到周总理日夜操劳的情景。他天天夜间出去工作，我和贺龙都睡不着。每天黎明前，我和贺龙都趴在窗台前，盼着总理早点回来。当时正值隆冬，分外寒冷。每天天快亮时，才看见总理的汽车缓缓地从外边开回来。我们看到，总理每次回来，下汽车时，好困难啊！腿沉得都抬不动。每逢下车时，都有个同志上前扶总理下来。总理太疲乏了！太劳累了！看到这些，我们难受极了。"[11]

但是，很快夺权风暴也刮进中南海。1月19日，周恩来与李富春同贺龙谈话，说："毛主席是保你的，我也是保你的。"周恩来还告诉贺龙："我想把你留在这里，但中南海这个地方也有两派，也不安全，连朱德的箱子都被撬了。"周恩来告知，准备给他另找一个隐蔽的地方休息。这说明，周恩来的处境也越来越艰难，已经不能确保贺龙夫妇的安全。谈话结束后，周恩来紧紧握住贺龙的手说："你先走吧，到秋天时我去接你！"稍事停顿，周恩来又说，"家里的事，我顶着，你就别管了，我已安排好了。由杨德中同志护送你，夜间再走。"当时，周恩来和贺龙都没有想到，这竟是他们的永诀。

贺龙最终还是落到了林彪一伙手中。1969年6月9日，他被迫害致死，直到1974年底才恢复名誉。在举行贺龙骨灰安放仪式前夕，邓颖超受周恩来委托两次约见薛明，带去周恩来的问候。邓颖超对薛明说："你不要太难过，要向前看。"讲话中还引用了毛泽东的一句诗："暮色苍茫看劲松，乱云飞渡仍从容。"薛明理解，邓颖超的意思是，今后还会有更尖锐的斗争，应该坚强面对。邓颖超还对她说："举行贺龙骨灰安放仪式，不登报，这是中央的意思。"薛明表示：中央怎么决定，就怎么办。

1975年6月9日，在贺龙逝世六周年的日子，中共中央举行了贺龙骨灰安放仪式。

那天，已身患重病住院治疗的周恩来拖着虚弱的病体来到现场。薛明回忆："事先，我不知道总理会亲自来参加。我和孩子们刚进休息室不久，休息室外，突然响起了总理的声音。他大声喊我：'薛明，薛明啊！'门被推开了，总理走进来，我急忙迎上去。总理抚摸着我的肩膀，声音颤抖地说：'薛明，我没有保住他啊！'说着，眼泪簌簌地流了下来。我望着总理那被病魔折磨得消瘦的脸颊，激动地只说了一句话：'总理，我感谢你对我们全家的关怀——'就再也说不出话来了。这时，我的大女儿晓明走过来说：'周伯伯，你要保重身体呀！'总理抬起头来，缓缓地说：'我的时间也不长了！'顿时，整个休息室里一片哭声。"[12]

这是周恩来生前最后一次参加悼念活动。能够亲眼看到贺龙平反，亲身参加他的悼念活动，对周恩来来说，心里多少是一个安慰。

在"文化大革命"特定的历史条件下，周恩来尽了最大的努力保护干部，由于受到历史条件的限制，能做到这样已经是非常不易。

注释：

〔1〕笔者访问周恩来秘书顾明谈话记录，1987年2月26日。

〔2〕吴庆彤：《周恩来在"文化大革命"中》（增订本），中央文献出版社2002年版，第27页。

〔3〕笔者访问段君毅谈话记录，1987年4月25日。

〔4〕《周恩来选集》下卷，人民出版社1984年版，第456页。

〔5〕笔者访问谷牧谈话记录，1997年。

〔6〕《建国以来毛泽东文稿》第13册，中央文献出版社1998年版，第334页。

〔7〕《周恩来选集》下卷，人民出版社1984年版，第456、457页。

〔8〕《周恩来选集》下卷，人民出版社1984年版，第452—454页。

〔9〕笔者访问段君毅谈话记录，1987年4月25日。

〔10〕《毛泽东年谱（1949—1976）》第6卷，中央文献出版社2013年版，第31页。

〔11〕〔12〕笔者访问薛明谈话记录，1986年1月9日。

29

维护经济运转

1

在"文化大革命"期间，林彪、江青反革命集团在全国各地煽风点火，挑动武斗，破坏生产，中断交通，使国民经济受到巨大损失。

周恩来一方面顶着林彪、江青反革命集团的压力，另一方面也是带着严重的病痛，为维护国民经济的运转而殚精竭虑。

1967年2月，经医生会诊，周恩来患有心脏病，这是因为经常通宵达旦地工作，长期疲惫不堪所致。这年9月24日那天，周恩来曾对邓颖超说："我一到早晨八时左右，精神就不行了，手发抖。"[1] 心脏出现异常后，周恩来经常需要吸氧，办公时均有医生和护士在外面守候，随时准备抢救。周恩来的心脏病随着繁重的工作一天天严重，而为他分担工作的人却一天天减少。到1968年，周恩来身边只剩下两个秘书，一个是老秘书钱嘉东，一个是新调来的年轻人纪东。周恩来对来访的阿尔巴尼亚客人说：我现在只有两个秘书，其他都支工支农去了。每天24小时，一个人得工作12小时，我不能不让他们休息。晚上我让他们走，有些事情我自己写，自己办。

在"文化大革命"初期的日子里，周恩来夜以继日地做红卫兵和造反派的工作，劝说他们回到工作岗位上去。据周恩来工作台历所记载，他在"文化大革命"开始后最初的半年，仅接见北京和来自全国各地的红卫兵及群众组织代表这一项工作就有160余次；他被诊断患有心脏病后的2月份（1967年）一个月内接见中央、地方、军队负责人谈各类问题43次，接见群众组织代表27次；3月份接见红卫兵及群众组织代表有31次，接见各地负责人谈各类问题49次。谈话中，他要求红卫兵、造反派，要成为一支具有社会主义觉悟和严格组织性、纪律性的战斗队伍；要学习和掌握政策；要懂得团结大多数。

为了职工队伍的团结和局面稳定，周恩来亲自修改和审定以国务院名义发给成都拟来北京请愿工人的电报，电报指出："请你们认真考虑：成千的工人同志来北京请愿，既不便于接待和会谈，也会影响你们工厂的生产。如果另一方面工人同志也照样来京，那将更影响生产。"电报希望在省、市领导方面，"要保证不得解雇工人，不得扣工资，不得打击报复，不得用党籍、团籍来威胁工人"。在工人方面，"要保证安排好生产，不要妨碍生产和交通运输"。[2]

周恩来要求红卫兵串联不要干扰工农业生产，多次指出：

"搞好工农业生产关系很大，它关系到我国社会主义建设，关系到第三个五年计划，关系到城乡人民生活。广大的工人、公社社员、科学技术人员和机关干部，都应坚守生产岗位，不失时机地掌握生产环节。""红卫兵和革命学生不要到工厂、企业单位、县以下的机关、农村人民公社去串联，工厂、农村不能像学校那样放假，停止生产来闹革命。"[3]

当年在周恩来身边工作的谷牧印象深刻的点，周恩来亲自主持讨论《人民日报》社论稿《再论抓革命促生产》时，反复强调生产建设不能中断停滞的重要性，严肃批驳只强调"抓革命"而根本不讲生产建设的错误论调，坚持按他的意见定稿，并决定社论稿下一日立即见报。

对红卫兵和造反派因派性争执引发的武斗，周恩来亲自拟定制止武斗的措施，要求：1. 取消武斗专业队。2. 按系统归口接受革命大联合三结合。3. 不许重拉队伍另立山头，革委会、军管代表要保证任何时候工人职员不得被赶离本生产工作岗位。凡自动脱离不回厂者要限期回厂，逾期不归的扣发工资，半年不回的开除。4. 凡回厂者要由革委会、军管代表保护，被打的，要追查凶手，送医院治疗，按期送工资。5. 停止脱离生产和工作岗位的自由串联。6. 不容再运再抢武器弹药。7. 不许攻夺建筑物，建立据点。8. 不许抢夺任何公家仓库商品物资。9. 更不许杀人放火。形势危急时，他立即组织相关领导予以制止，避免酿出大事端。

谷牧回忆说：

在这一段时日里，哪里发生了武斗、打砸抢事件，总理就派联络员去调查，进行干预处理。哪位部长被揪斗了，总理就指示有关同志和我采取措施加以保护。[4]

周恩来的劝说所表达的坚定原则和耐心细致的工作，对红卫兵和造反派发挥了教育作用。

2

为了分担周恩来的工作，经副总理李富春提议、毛泽东批准，余秋里、谷牧调国务院抓经济工作。周恩来对他们两人说：

"你们可得帮我把住经济工作这个关啊！经济基础不乱，局面还能维持，经济基础一乱，局面就没法收拾了。所以经济工作一定要紧紧抓住，生产绝不能停。生产停了，国家怎么办？不种田了，没有粮食吃，人民怎么能活下去？还能闹什么革命？"[5]

余秋里回忆说："周总理这些深谋远虑，忧国忧民而又语重心长的话，使我深为感动。"[6]

对铁路、轮船等全国交通命脉，周恩来格外关心。1966年8、9、10三个月，是学生们来北京大串联的高潮阶段，给铁路运输造成很大的压力和困难，严重打乱了全国工业生产和交通运输的正常秩序。周恩来焦急万分，他多次指示余秋里等同志："无论多么困难，都要妥善处理好学生串联与生产建设的关系。首先，必须安排好维持生产建设所必须的货运力量，然后，安排好客运计划，在客运计划中留有一定余力以应付学生串联之需。总之，无论如何不能让生产受到影响。"[7]在受到林彪、江青反革命集团干扰的情况下，周恩来在向毛泽东报告的同时，致信"中央文革小组"，及时做出坚决不许中断铁路、轮船等交通的命令。周恩来在信中说："送上铁路中断情况电讯八份，请阅。今天在主席处，已说明铁路轮船关系到全国交通命脉，决不能中断。"[8]他还要求军管会采取必要措施，各派联合行动，保护海港运输。对被造反派破坏的合理的规章制度，周恩来要求

"马上恢复",他说：

> "改革不合理的规章制度,合理的还要保留,一概取消是不符合毛泽东思想的,是不尊重科学的。不能违背科学。""有些人要把一切制度砸烂,这是极左思潮。""二十年来,毛主席的红线还是主要的,不能否定一切,要一分为二,不然二十年的工业生产怎么能发展起来呢?"

九一三事件后,周恩来为了消除林彪一伙对经济造成的破坏性影响,要求"把九大以来林彪一伙破坏经济的情况编个材料,供大家批判"。强调:"一定要批透,把破坏性后果消除掉。"〔9〕

3

1972年9月,周恩来两次发生心绞痛,其中一次伴有早跳,同时脉搏较快,脉压差较大。经做心电图发现,他的脉状动脉供血不足情况有加重。11月11日,中南海门诊部组织心脏科医生会诊,大家一致认为,周恩来的心脏病发展是比较重的,要随时注意。

周恩来患心脏病后,中南海门诊部在给叶剑英的报告中说：平时虽随时研究病情,调整治疗,但药物的力量毕竟有限,宜特别注意休息,增加睡眠,采取减轻工作和其他一些可行的办法,希望中央领导考虑,并给以指示。

叶剑英将报告报送毛泽东,毛泽东立即批示:"应当休息、节劳。不可大意。"〔10〕

就在这一年,癌症又悄悄地向周恩来袭来。

从1971年6月开始,周恩来便中不断发现潜血。1972年5月19日晚,卞志强大夫接到周恩来保健医生张佐良的电话,说周恩来的尿液中发现红细胞,请医疗组负责人吴阶平大夫约几位医生研究一下;5月25日晚又接到北京医院(病理)医生马正中的电话,说尿标本中找到高度可疑之癌细胞,几位医生看过口头上说,可以基本确定为癌细胞。随后几天,经京津沪三地专家会诊,意见基本一致,临床医生认为"有泌尿系肿瘤以膀胱癌的可能性大"。

在"文化大革命"那样艰难的环境中,按照周恩来的身体状况,他完全可以放下所有的事情，专心治疗、养病。但是，他没有这样做，而是以重病之躯，撑起共和国大厦，为党分忧，为党担责。

谷牧有一段刻骨铭心的记忆，他说在"文化大革命"最混乱的日子，周恩来曾参加由他主持召开的公交座谈会，在会上做了长篇讲话。讲话中，周恩来对当时的形势概括为"方兴未艾，欲罢不能，大势所趋，因势利导"四句话，要大家抱着"我不入苦海谁入苦海"的态度，挺身而出，善于因势利导，为了保护党和国家的利益，个人被冲垮了也要毫无抱怨。每当回忆起这段经历，谷牧都会感慨地说：

> 这是总理的伟大心声，这是总理身体力行的崇高实践。敬爱的周总理晚年，不正是在"苦海"中度过的吗？他自己被迫入了"苦海"，心里仍然时刻惦记着同入"苦海"的广大干部和亿万同胞，日日夜夜操劳着为这些人们分忧解难。[11]

注释：

[1]《周恩来年谱（1949—1976）》下卷，中央文献出版社2020年版，第186页。
[2]《周恩来选集》下卷，人民出版社1984年版，第458页。
[3]《周恩来年谱（1949—1976）》下卷，中央文献出版社2020年版，第63页。
[4]《我们的周总理》，中央文献出版社1990年版，第24页。
[5]《我们的周总理》，中央文献出版社1990年版，第18、19页。
[6]《我们的周总理》，中央文献出版社1990年版，第43页。
[7]《我们的周总理》，中央文献出版社1990年版，第45页。
[8]《周恩来选集》下卷，人民出版社1984年版，第460页。
[9]《周恩来选集》下卷，人民出版社1984年版，第464页。
[10]《毛泽东年谱（1949—1976）》第6卷，中央文献出版社2013年版，第455页。
[11]《我们的周总理》，中央文献出版社1990年版，第25页。

30

处理九一三事件

1

1971年9月13日,在中共九大上以毛泽东的接班人写入党章的林彪,叛国出逃,摔死在蒙古温都尔汗的荒原上。

这突如其来的消息,把许多人惊呆了。

这究竟是怎么回事?

第二天深夜,中国驻越南大使王幼平在北京的家中已经睡着。突然,一阵急促的铃声惊醒了他。对方说:"周总理请你两点赶到人民大会堂东大厅开会。""什么事如此急切?"不容细想,王幼平披上衣服,立即赶往人民大会堂。守门的战士对他说:"周总理已经五十多个小时没有睡觉,现在正在外边散步,马上就回来。"王幼平进入东大厅等候。不一会儿,周恩来返回。他的表情十分严肃。大家落座后,周恩来环视一周,看到王幼平,微微点了点头。他宣布道:现在出了件大事情,出在意料之外,也在意料之中,林彪叛逃了。[1]

室内一片沉寂,这是令许多人难以置信的消息。

说在意料之外,是因为没有人能想到毛泽东选的接班人会出现这样的问题;说在意料之中,是因为早在1970年夏召开的中共九届二中全会上,林彪集团的问题已有所显现。

庐山,挺拔秀丽,高耸入云。山顶上总是云雾缭绕,给人一种神秘之感。千百年来,这座美丽的山峰以其独具的风采,吸引了无数文人墨客,也吸引了无数政治家。国共两党的一些重要会议,都曾在这里召开。1937年抗战爆发前后,周恩来曾两次上庐山同蒋介石会谈。

1970年夏季,这里召开了中共九届二中全会。

8月20日，周恩来又一次飞抵庐山，参加九届二中全会。

庐山美景依旧，而周恩来却没有心情去欣赏它。会议开幕后不久，就出现了令他始料不及的局面。

8月22日，九届二中全会召开的前一天，周恩来到毛泽东的住所参加中央政治局常委会，商定会议的会期。参加这次会议的还有林彪、陈伯达、康生。

九届二中全会原定要做三件事：一是讨论和修改将要在四届人大提出的新宪法草案；二是讨论国民经济计划；三是讨论备战问题。在那天的讨论会上，毛泽东围绕修改宪法和设国家主席的问题，谈了看法。他说："设国家主席，那是个形式。我提议修改宪法，就是考虑到不要国家主席。"他提出，要把这次全会开成一个团结的胜利的会，而不要开分裂的失败的会。他还提出，要加一项内容，就是讲形势问题，这是大家都有兴趣的。会议决定，由周恩来在第一次全体会议上讲形势。〔2〕

毛泽东对国家主席问题的态度由来已久。自从刘少奇被开除党籍，撤销党内外一切职务，以至被迫害致死后，国家主席的位置一直空缺。

毛泽东有他的想法，他的打算。1970年3月8日，毛泽东提出召开四届人大和修改宪法的意见，并提出关于改变国家体制和不设国家主席的建议。对毛泽东的意见，政治局立即着手进行准备，由周恩来等五人组成了一个工作组，负责起草一个关于四届人大代表名额和选举问题的决定稿；由康生牵头组成宪法修改小组。其他工作也做了相应部署。毛泽东表示"同意中央的部署"。〔3〕

然而，毛泽东的建议从一开始就遭到他的"接班人"林彪的反对。

林彪也有他的想法。自从"文化大革命"以来，他同中央文革小组的江青等"既互相勾结又互相争夺"，矛盾日趋尖锐。林彪集团原准备利用召开四届人大和修改宪法的时机抢班夺权，实现由林彪担任国家主席的企图。4月11日，林彪提出，还是要设国家主席，并竭力要说服毛泽东担任国家主席。

第二天，中共中央政治局将林彪的意见向毛泽东提交了请示报告。毛泽东看后在报告上批示："我不能再做此事，此议不妥。"〔4〕

但是林彪坚持己见，一意孤行。林彪对叶群说："国家还得设主席，一个国家没有主席不成。"叶群没有林彪那样含蓄，她曾更直截了当地对吴法宪说："如果不设国家主席，林彪怎么办？往哪里摆？"一句话，道破了问题的实质。

毛泽东一再表明不要设国家主席。

4月下旬，毛泽东在一次政治局会议上以三国的故事又一次提醒大家，不要再提这件事。他说："孙权劝曹操当皇帝，曹操说，孙权是要把他放在炉火上烤。我劝你们不要把我当曹操，你们也不要做孙权。"

为了达到设国家主席的目的，上庐山前，林彪、叶群等背着毛泽东、周恩来紧锣密鼓地进行准备。陈伯达和"文化大革命"以来追随林彪结成死党的总参谋长黄永胜、空军司令员吴法宪、海军第一政委李作鹏、总后勤部部长邱会作等积极配合。他们搜集了关于"天才"的材料，并布置人为林彪起草了关于宪法问题的讲话提纲。

8月20日，林彪一行是带着他们的纲领、意见上庐山的。

或许，毛泽东有所预感，所以在8月22日的政治局常委会上向常委们讲了那么一番话，提出警告。

然而，陈伯达不知是听不出毛泽东的警告，还是有些忘乎所以，在8月22日的会上再次触及令毛泽东反感的设立国家主席的问题。他说："主席做主席的那个时候，咱们这个国家搞得很好，后来'叛徒'刘少奇做主席，这个国家弄得有修正主义。"

毛泽东十分震怒，他说："你们愿意要主席你们要好了，反正我不做。"他决定亲自主持九届二中全会来解决这个问题。

8月23日，九届二中全会在庐山人民剧院正式开幕。

下午，毛泽东主持召开九届二中全会第一次全体会议。开会前，中央政治局常委在小会议室集合，毛泽东问周恩来和康生："你们谁先讲啊？"在一旁的林彪回答说："我要讲点意见。"毛泽东说："那好，你们三人讲吧。"

周恩来向大会宣布了九届二中全会的议程：第一项议程是修改宪法问题，昨晚已把有关的五个文件发给了大家，包括1954年的宪法；关于修改宪法的请示；关于7月20日的通知；反映各地讨论修改宪法意见的综合简报；修改稿三十条8月15日稿。今天上午在阅读。第二项议程是讨论国民经济计划提纲，着重在1970年计划的实施情况和报告，这个将在今天晚上和24日晚上政治局讨论，然后提交全会通过。第三项议程是战备工作。另外一项，昨天毛主席指示要谈一谈形势。

毛泽东问："哪位同志先讲？"一向不大主动表示意见的林彪拿出一份讲稿，抢先发言，打乱了政治局常委会事先拟定好的会议议程。

林彪的讲话最初较为含蓄。他说:"昨天下午,主席召集了常委会,对这次会议做了重要指示。这几个月来,主席对于宪法的问题和人代会的问题都是很关心的。宪法的修改、人代会的召开问题,都是主席提出的。我认为这很有必要,很合时宜。在国内、国外大好形势下开人代会和修改宪法,对于巩固无产阶级文化大革命的成果,巩固和加强无产阶级专政,对反帝反修斗争,对国际共产主义运动,都是有深远影响的。"随即,他直接切入主题,"这次,我研究了这个宪法草案,表现出这样一个情况特点:一个是把毛主席的伟大领袖、国家元首、最高统帅的这种地位,毛泽东思想作为全国人民的指导思想,用法律的形式固定下来,非常好!非常好!很好!可以说是法律的灵魂,在三十条中间在我看来是最重要的一条。我们说毛主席是天才,我还是坚持这个观点。"

林彪面前放着一个稿子,他的讲话显然是有准备的。在讲话中,林彪既没有讲形势,也没有讲其他新的问题。虽然台下有热烈的掌声,但毛泽东听得越来越不耐烦,明显不高兴。周恩来、康生也表现出着急的神态,陈伯达则听得很认真。

林彪讲完后已经四点半了。毛泽东对周恩来、康生说:"你们讲吧!"语气中流露出不悦的声调。

接下来,康生介绍修改宪法中的一些情况。其中讲到:宪法的序言和总纲没有再写毛泽东担任国家的主席,林彪担任国家的副主席。而下边的广大人民的讨论,还是热烈地希望,毛泽东不仅是党的主席,也要做国家主席,林彪不仅是党的副主席,也要做国家的副主席。当然,他们也考虑到领袖的意见,说如果是毛泽东不当主席,那么请林彪当主席。如果毛泽东、林彪都不当的时候,那么主席这一章就不设了。

康生讲话后,毛泽东宣布散会。毛泽东的机要秘书回忆:"林彪本来说不讲话,临时他说有几句要讲。下了会场,主席就很不高兴。去开会,他本来很高兴,没想到第一天开会就不顺。"[5]

当天晚上,周恩来主持中央政治局会议。本来应该讨论国民经济计划,但是,吴法宪转移话题,提出要中央全会明天收听林彪的讲话录音。那时,林彪是党中央的副主席、副统帅,毛泽东的接班人。大家对吴法宪的提议不好提反对意见。这样,原来的计划难以进行下去。政治局会议通过了吴法宪的提议。

周恩来让汪东兴向毛泽东报告,毛泽东听后十分不悦,他问政治局的意见怎样,并表示:"大家同意我就同意。"

8月24日，陈伯达、叶群以及军队中追随林彪的军委办事组成员吴法宪和李作鹏、邱会作，按照事前商量好的口径，分别在全会的华北组、中南组、西南组、西北组同时宣讲经林彪审定的"天才论"的材料[6]。叶群在会上气焰十分嚣张，大讲要设国家主席和"天才论"，她说：关于"天才"的观点，"坚决不收回，刀搁在脖子上也不收回"。

整个庐山被闹得乌烟瘴气。陈伯达参加的华北组会议闹得最凶。当年华北组的组长是李雪峰，副组长是北京市革委会副主任吴德、天津市革委会主任解学恭、山西省革委会党的核心小组成员陈永贵、内蒙古军区副政治委员吴涛、北京军区司令员郑维山。编在华北组的还有汪东兴。

二十多年后，吴德在《庐山会议和林彪事件》一文中这样写道：

> 8月24日下午的华北组讨论会，陈伯达迫不及待首先发言，说：在宪法中肯定毛主席的伟大领袖、国家元首、最高统帅的地位，非常重要，是经过很多斗争的。他讲了一通"天才论"和设国家主席问题，并闪烁其词地提出有人[7]反对毛主席，利用毛主席的谦虚，妄图贬低毛泽东思想。并且说有人听说毛主席不做国家主席了，就高兴得手舞足蹈了。这个讲话很有煽动性。
>
> 汪东兴跟着讲了话，主要的意思是同意设国家主席，由毛主席担任国家主席。他也讲了有人反对毛主席的问题。
>
> 当时，陈伯达讲话，大家还有疑惑，汪东兴一讲就不同了，他是毛主席身边的人，别人更多的是相信他的讲话。
>
> 散会后，吴忠告诉我发言的情况，他说陈伯达、汪东兴讲了话，提出有人反对毛主席。
>
> 我急忙问，是谁反对毛主席。
>
> 吴忠说，他们没有点名，不知道是谁。
>
> 这时，大家已经议论纷纷了。
>
> 晚上，我和李雪峰在会场碰到了汪东兴，我问汪东兴：有人反对毛主席，是什么人。
>
> 汪东兴说："有人，枪杆子，笔杆子。"
>
> 我问李雪峰，李雪峰说他也不清楚。
>
> 我更不明白这是指什么人了。

晚上11点多钟时，我和李雪峰、解学恭吃夜餐，李雪峰的秘书黄道霞在华北组的简报组，他参加了整理简报的工作，他把整理好的简报稿子拿来送审。简报的内容就是陈伯达和汪东兴的讲话内容。解学恭拿着稿子看了一遍，改了几个字。我没有参加会，发言的具体情况也不了解，我对李雪峰说，印发简报你们签字就行了，我就不签字了。

李雪峰说，简报是本着有文必录的原则整理的，签字付印是照例工作，你就签个字吧。

这样，我也就在要付印的简报稿子上签了个"吴"字。

我们签完字后，简报就送中央办公厅了，很快印好就发了。[8]

吴德在回忆中提到的这个简报，就是华北组的第二号简报、全会的第六号简报。

简报送到林彪处，林彪看后称赞："听了那么多简报，数这份有分量，讲到了实质问题。"

刊登有陈伯达等人发言的华北组第二号简报印发全会后，各小组会上要求设国家主席，提出要"揪人"（反对毛主席的人）的呼声更加激烈。许多中央委员在不明真相的情况下，做了附和陈伯达、叶群的发言，纷纷建议在新宪法中恢复设国家主席一章，赞成毛泽东担任国家主席。

当天晚上，汪东兴在汇总各组发言材料时，看到有几个人的发言引用了陈伯达交给他印发的关于"天才"的语录，即电话请示周恩来，问：发不发？周恩来明确地说："这个语录不能发，封存吧。"

这份简报和陈伯达等在庐山的种种不正常活动，进一步使毛泽东警觉，更深刻地看到问题的严重性。他认为，是应该让林彪一伙清醒的时候了。

8月25日下午，周恩来参加了毛泽东召开的中央政治局常委扩大会。毛泽东在会上说："刚才，我和几位常委商量，认为现在各组讨论的问题，不符合全会原定的三项议程。设国家主席的问题不要再提了，谁坚持设国家主席，谁就去当，反正我不当。"讲到这里，毛泽东对旁边的林彪说："我劝你也不要当国家主席！"转过头来，毛泽东继续说："本来我们这个会议，方针嘛，是开好的会议、团结胜利的会议呢，还是开不好的会议，变成了分裂失败的会议呢？还是要争取开一个团结的会，争取更大的胜利。如果开不成，仍要分裂，那也没有什么了不起。过去党是经过挫折的，千锤百炼。如果搞不好的话，那我就下山，你们去开，开完了会我再上山，就不下山去了。再不然，我就辞掉党中央委员会的主席。"

对陈伯达，毛泽东在会上提出了严厉的批评，说："我们共事三十多年，你阴一套，阳一套，当面一套，背后一套，政治局在山下商议不设国家主席，大家没有发表不同意见。上了山，你就变了卦，搞突然袭击。我毛泽东是不当国家主席的，要当，你陈伯达去当好了，你们去当！"〔9〕

会上根据毛泽东的意见决定，立即停止讨论林彪讲话，并收回华北组第二号简报。

周恩来在发言中强调要团结在毛泽东为首的党中央身边，"要一心一德，不能再离心离德"。与此同时，周恩来看到吴德的一封信，信中反映，北京组的聂元梓也在到处搞串联活动，要揪反对毛泽东的人，因此，当晚，他找到吴德，指示他组织代表中的工人同志开个会，批评聂元梓，解决她串联的问题。

那几天，周恩来非常紧张，常常忙得不能休息。他连续找陈伯达、吴法宪、邱会作、李作鹏等谈话，批评他们的做法，并要他们做出检讨。

8月31日，毛泽东在陈伯达搞的《恩格斯、列宁、毛主席关于称天才的几段语录》上写了一段批语，即《我的一点意见》。意见中写道：

"这个材料是陈伯达同志搞的，欺骗了不少同志。第一，这里没有马克思的话。第二，只找了恩格斯一句话，而《路易·波拿巴特政变记》这部书不是马克思的主要著作。第三，找了列宁的有五条。其中第五条说，要有经过考验、受过专门训练和长期教育，并且彼此能够很好地互相配合的领袖，这里列举了四个条件。别人且不论，就我们中央委员会的同志来说，够条件的不很多。例如，我跟陈伯达这位天才理论家之间，共事三十多年，在一些重大问题上就从来没有配合过，更不去说很好的配合。""这一次他可配合得很好了，采取突然袭击，煽风点火，惟恐天下不乱，大有炸平庐山，停止地球转动之势。""庐山能否炸平，地球是否停转，我看大概不会吧。上过庐山的一位古人说'杞国无事忧天倾'。我们不要学那位杞国人。最后关于我的话，肯定帮不了他多少忙。我是说主要地不是由于人们的天才，而是由于人们的社会实践。"〔10〕

这是毛泽东下决心反击林彪集团的重要信号。

此后，全会主题转到讨论毛泽东的《我的一点意见》上来。

9月初，周恩来分别参加了全会华北组、华东组和西南组的会议，对陈伯达及其干将进一步提出了严厉批评，责令他们向党中央做出检查。这时，在会议前一直留守北京的黄永胜刚上山不久，见势不好，赶忙销毁了他按林彪旨意准备好上庐山"开炮"的讲话稿。

在这场斗争中，周恩来可以说是最忙的一个人，他的秘书顾明后来回忆："那次我们计委去了三人，住在旅行社恩来同志的楼上。他已经预感到要出事，就对我说，顾明你不要乱跑，就在家里待着。政治局开会时，我就待在钱嘉栋的房子里，等着总理派人叫我去参加计划报告的讨论。等到夜里，还没有人叫我，并说不讨论计划了。后来一问是出了'华北组二号简报'的问题，毛主席识破了陈伯达等人的真面貌。总理那时身体已经很不好了，心脏病非常严重，可他不顾自己的身体，接连找陈伯达、吴法宪、汪东兴等人谈话，做工作。医生、护士通宵守在门外，拿着氧气袋准备随时救护，北京阜外医院最有名的医生胡旭东也在外面守着。总理三十多个小时不休息，就是为了制止分裂。"[11]

9月6日，党的九届二中全会闭幕。

在闭幕会上，毛泽东谈到庐山会议这场斗争时说："庐山是炸不平的，地球还是照样转。极而言之，无非是有那个味道。我说你把庐山炸平了，我也不听你的。你就代表人民？我是十几年以前就不代表人民了。因为他的认为代表人民的标志就要当国家主席。我在十几年以前就不当了嘛，岂不是十几年以来都不代表人民了吗？我说谁想代表人民，你去当嘛，我是不干。你把庐山炸平了，我也不干。你有啥办法呀？"

毛泽东继续强调全党团结的意义。他说：不讲团结不好，不讲团结得不到全党的同意，群众也不高兴。所谓讲团结？当然是马克思列宁主义基础之上的团结，不是无原则的团结。提出团结的口号，总是好一点，人多一点嘛。党内党外都要团结比较多数，事情才干得好。对于陈伯达同志还要看一看，有些问题再研究一下，我赞成同志们的意见，只保留他的中央委员。"[12]

毛泽东的讲话深得出席会议同志们的拥护。

中央决定，对陈伯达进行审查。周恩来在全会上周密布置了批陈整风的三项战斗任务：(1)首先加强中央委员会的成员一直到全党的学习；(2)继续进行斗、批、改；(3)要抓革命、促生产、促战备。

在庐山会议闭幕会上,还通过了宪法修改草案和中央全会公报。

由于毛泽东和党中央及时识破林彪集团的阴谋活动,平息了他们在庐山掀起的这场巨大风波。

2

1970年9月9日,周恩来告别庐山,返回北京。

庐山的风波暂时平息下来,然而,斗争还没有结束。

还在庐山时,陈伯达已觉察到事情败露,并预感到后果的严重。8月29日,他给林彪打电话,说:"林副主席讲话很好。不过那里面有没有讲到主席多次强调的这样的原话:是开一个团结的会议,还是分裂的会议,是开一个胜利的会议,还是失败的会议。如果还没有讲到,最好想办法在录音里面加上去。"

但是,经过庐山的一场较量,林彪也看清了形势:阴谋掩盖不住,陈伯达也保不住了。自从陈伯达被点名后,林彪寝食不安,竭力同陈伯达划清界限。他说:"我和陈伯达过去没有接触。军队的几个同志过去同陈伯达也没有共过事。"

对此,毛泽东对叶群书面检讨的一些批注做了说明。

叶群在检讨中写道:"主席讲过'矛盾,以揭露为好。要揭露矛盾,解决矛盾'。掩盖矛盾是不符合辩证法的。由于自己没有提到政治原则和组织原则来认识这个问题,总以浮浅之见劝林彪同志不生气,和稀泥,力求息事宁人,结果帮了倒忙。"毛泽东在一旁批注:"一个倾向掩盖着另一个倾向。九大胜利了,当上了中央委员,不得了了,要上天了,把九大路线抛到九霄云外,反九大的陈伯达路线在一些同志中占了上风了。请同志们研究一下,是不是这样的呢?"

叶群检讨说:"自己虽然没有参与搞那个语录","但由于自己嗅觉不灵,不加分析部分地引用了它,这就间接地被坏人陈伯达利用了"。毛泽东在"间接地"后面打了"?",并批注:"直接地利用材料,所以不必加以分析。材料是一种,无论谁搞都是一样。难道别人搞的就不算上当吗?"

毛泽东这些话,针对的是叶群,但实际上是指向林彪的。

在叶群检讨中说到的过去与陈伯达"斗争不够有力"旁,毛泽东批注:"不提九大,不提党章,也不听我的话,陈伯达一吹就上劲了,军委办事组好些同志都是如此,党的政策是惩前毖后,治病救人,除了陈待审查外,凡上当者都适用。"[13]

周恩来回到北京后,领导了批判陈伯达的斗争。

这时,周恩来的身体状况很让邓颖超担心,她不断提醒他注意劳逸结合:"希望你的节目不要安排得太紧了为宜!如何,请你善自掌握。"[14]

邓颖超还叮嘱他:"蒲老要我告你两件事:第一、保护肝脏和心脏不上火,必须从注意睡眠入手,保证睡眠时间。第二,保护肠胃系统,消化好,大便好,仍宜继续调整服保和丸和桑葚膏。此外,天冷,注意保暖。"[15]

周恩来和康生、李德生组成三人小组负责陈伯达专案组。

为了争取大多数,牢牢把握军队的大权,1970年12月16日,毛泽东在三十八军党委会12月10日关于揭发陈伯达反党罪行给中央军委办事组的报告上批示林彪、周恩来等:"此件请你们讨论一次,建议北京军区党委开会讨论一次","讨论为何听任陈伯达乱跑乱说,他在北京军区没有职务,中央也没有委托他解决北京军区所属的军政问题,是何原因陈伯达成了北京军区及华北地区的太上皇?"[16]

这个举动,毛泽东称为是"甩石头";随后,他从中央和各大军区调人加入军委办事组,称之为是"掺沙子";他又派李德生、纪登奎到北京军区,称为"挖墙脚"。

根据毛泽东的指示精神,周恩来多次主持政治局会议,讨论如何开好北京军区党委会(历史上称为华北会议)的问题。12月18日,周恩来在政治局扩大会议上向列席会议的北京军区党委常委传达了毛泽东对三十八军报告的指示。会议认为,应集中讨论北京军区和华北地区对陈伯达问题的认识和揭发,人要多一些,时间要长一些。为开好这个会,打通思想,更好团结,会议决定,在人到齐,开大会之前,先用三天时间开北京军区党委扩大会,初步统一认识。

12月19日,毛泽东在周恩来写的关于开好华北会议的请示报告上指示:"要有认真的批评,从批评达到团结的目的。""这次会议在全军应起重大作用,使我军作风某些不正之处转为正规化。同时对两个包袱和骄傲自满的歪风邪气有所改正。"[17]

12月22日,华北会议召开,批判揭发陈伯达的斗争拉开帷幕。

会前,周恩来找吴德、李雪峰、解学恭、郑维山等谈话,谈了毛泽东对三十八军报告的指示,并要他们几个在会上做检查,揭批陈伯达。

对华北会议的情况,吴德这样回忆:

我们几个人在会议上检讨了，华北组在庐山时有两个问题，一个是6号简报，一个是跟着陈伯达起哄。吴忠等人也在华北会议上检讨了在庐山上的错误表态等问题。

华北会议开得好紧张！江青在会上点了李雪峰的名字，还说他把河北省会由保定搬到石家庄是个阴谋。

李雪峰调任河北省委书记、省革委会主任时，陈伯达与他一起去了河北。陈伯达在唐山发表了诬陷中共冀东党组织的讲话，使很多人受到迫害，一些人死亡，制造了一起大冤案。

陈伯达问题株连到李雪峰、郑维山。李雪峰紧张极了，派他的秘书回石家庄去烧有关的文件、档案。李雪峰派秘书回去的情况，不知怎么被人知道了，他的秘书还没把文件、档案销毁，就被紧跟而来的人将这些材料全部没收，并把李雪峰的家也抄了。事情更闹大了。

周总理让我们去帮助李雪峰，我到京西宾馆去看了他，这是我在"文化大革命"中最后一次见李雪峰。

华北会议上说李雪峰与陈伯达有关系。根据当时情况，我认为李雪峰与陈伯达没有特殊关系，他在北京市工作不到七十天，他的思想状态我知道一些，他与陈伯达为首的中央文革小组在有些问题上有对立情绪。

……

在华北会议前期，我主要是检查了我被陈伯达的讲话所迷惑和在6号简报上签字等问题。因为我没有参加8月24日的小组会，我也没有在8月25日的小组会上表态，所以也检讨不到更多的问题。后来在抄李雪峰家的材料中发现了李雪峰写的一本庐山会议日志，他在日志上记叙了8月25日他与我在河北的几位同志发言一事上有不同意见。

纪登奎告诉我发现李雪峰的日志后，中央认为我和陈伯达、李雪峰这些人没有关系，也没有参加8月24日的小组会。这样，周总理找我谈话了，周总理批评我没有参加会议为什么要在简报上签字，他要我在大会上做一个发言，揭批陈伯达，要我不必再做检讨。[18]

在华北会议上，一些同志过于激愤，不够冷静，使周恩来很焦虑。他认为，不正确引导，达不到预期效果，反而破坏了团结。

1971年1月4日，周恩来主持中央政治局会议,听取黄永胜、李作鹏、纪登奎、李德生关于华北会议情况的汇报。会议认为，现华北会议已进入高潮，在这种情况下，需注意加强领导，减少对立，以利团结。听取汇报后，周恩来连夜致信毛泽东、林彪，汇报政治局讨论情况，进一步提出对郑维山同志和北京军区仍应一分为二，在经过"认真的批评"之后，"从批评达到团结的目的"；"否则，定性在先，非打成'三反'不可，那就不会实事求是"，不合主席对"这次会议在全军应起重大作用"的要求。[19]

1月5日晚，毛泽东在中南海游泳池召集周恩来等开会，谈了如何开好华北会议以团结全军的问题。谈话中，对李雪峰、郑维山进行了批评。

1月20日，周恩来又致信毛泽东和林彪，再一次汇报华北会议的情况，他在信中说：军队的团结、军民的团结，各地方、各单位的群众关系，都需要很慎重地加以处理。

周恩来密切关注着华北会议的局势，悉心指导批陈斗争。周恩来认为，陈伯达是支一派压一派，挑动群众斗群众，是支持武斗的祸首。陈伯达问题涉及北京军区的一些干部，周恩来认为应该区别对待，不要混同起来。

1月19日，周恩来主持召开中央政治局会议。在这次会议上，周恩来认为华北会议可以准备结束，要大家注意自我教育。会议研究了对北京军区领导进行调整的问题，提出拟换李德生任司令员。

第二天，周恩来给毛泽东、林彪写报告，汇报政治局讨论情况。报告中写道：即使中央指出原北京军区负责人的错误，也不应与陈伯达放在一起成为陈、李、郑"反党集团"，要用二分法清理他们的错误在华北所遗留的后果。华北会议之后，部分机构仍需"进行一段艰苦的教育工作"，如北京军区、华北局旧机构、河北省革委会和河北省军区、天津市革委会。而军队的团结，军民的团结，各地各单位的群众关系，连山西、内蒙古在内，都需要很慎重地加以处理。因此，中央的发言和会议的传达，要很好地掌握分寸，有步骤地进行。报告建议：李德生任北京军区司令员，河北以郑三生去加强，内蒙古前指以尤太忠主持，总政主任调张才千担任。

毛泽东在报告上批示："照办。"[20]

1月24日，周恩来代表中共中央在华北会议上做了总结性讲话，系统地揭露了陈伯达，并严肃指出了北京军区领导人所犯的错误。在这次会上，他宣布了中共中央关于改组北京军区领导班子的决定，任命李德生为北京军区司令员，谢富治为第一政治委员、纪登奎为第二政治委员的决定。李雪峰、郑维山调离原职，继续学习检查，待有成效后，再由中央另行分配工作。

华北会议期间，中央军委也召开了座谈会。毛泽东多次指示，要黄永胜、吴法宪、叶群、李作鹏、邱会作做检讨。但是，他们却按兵不动，既不批陈也不检讨。毛泽东非常气愤。2月20日，军委办事组为毛泽东批评军委座谈会不批陈的问题写了一个报告，毛泽东在这个报告上指示："你们几个同志，在批陈问题上为什么老是被动，不推一下，就动不起来。这个问题，应该好好想一想，采取步骤，变被动为主动。"[21]

然而，军委办事组在讨论毛泽东批评他们的指示时，仍不悬崖勒马，黄永胜在会上念了唐人章碣的一首诗："竹帛烟销帝业虚，关河空锁祖龙居。坑灰未冷山东乱，刘项原来不读书。"以此来对抗毛泽东的批评。

尽管如此，中共中央对黄永胜等仍旧采取了挽救态度。周恩来多次分别约他们谈话，进行耐心的说服工作，敦促他们认识错误。但是，他们不思悔改。

为打破林彪的山头，4月，中共中央从各军区派负责同志参加了军委办事组。

4月15日开始，中共中央召开批陈整风汇报会。4月29日，周恩来代表中共中央在会上做总结性发言。周恩来指出，黄永胜等人在政治上犯了方向路线错误，组织上犯了宗派主义错误，站到反"九大"的陈伯达分裂路线上去了。会后，经毛泽东批示同意，中共中央印发周恩来的《在批陈整风汇报会上的讲话提纲》，并发出《中共中央关于把批陈整风运动推向纵深发展的通知》。

几乎与此同时，林彪借口养病，携妻子叶群、儿子林立果到苏州，随即他又派林立果从苏州赴上海，接着去杭州策划反革命政变。林立果一伙制定出代号为《"五七一工程"纪要》的反革命行动纲领。

斗争的形势愈来愈复杂，愈来愈尖锐，真是"山雨欲来风满楼"。

3

1971年8月14日下午，毛泽东离开北京，到南方视察。

此行，毛泽东是为下一步斗争做准备。正如毛泽东在不久前对前来汇报工作的总参二部副部长熊向晖所言："他们的检讨是假的。庐山的事情还没有完，还根本没有解决。这个当中有'鬼'。他们还有后台。"[22]

毛泽东所说的后台，指的就是林彪。

毛泽东在武昌、长沙、南昌、杭州等地，分别同湖北、河南、湖南、江西等省的负责人谈话，着重谈了庐山会议的斗争，并且点名批评了林彪、陈伯达、黄永胜、吴法宪、叶群、李作鹏、邱会作等人。他谈道：

> "庐山会议，他们搞突然袭击，搞地下活动。为什么不敢公开呢？可见心里有鬼。""我看他们的突然袭击、地下活动，是有计划、有组织、有纲领的，纲领就是设国家主席，就是'天才'，就是反对九大路线，推翻九届二中全会的三项议程。有人急于想当国家主席，要分裂党，急于夺权。""林彪同志那个讲话，没有同我商量，也没有给我看。他们有话，事先不拿出来，大概总认为有什么把握了，好像会成功了。""我同林彪同志谈过，他有些话说的不妥嘛。比如他说'全世界几百年、中国几千年才出现一个天才'，不符合事实嘛！马克思、恩格斯是同时代的人，到列宁、斯大林一百年都不到，怎么能说几百年才出一个呢？中国陈胜、吴广，有洪秀全、孙中山，怎么能说几千年才出一个呢？什么'顶峰'啦，'一句顶一万'啦，你说过头了嘛。一句就是一句，怎么能顶一万句？有时半句也不顶，陈伯达的话，一句顶一万句。另一个问题，要培养接班人的问题。我说我们都是六十岁以上的人了，要培养六十岁以下，三十岁以上的人，像李德生、纪登奎同志等。这次谈话后，至今还没有什么反应。不要把自己的老婆当自己工作单位的办公室主任、秘书。林彪同志那里，是叶群同志当办公室主任。要自己动手，不要靠秘书，不要把秘书搞那么大的权。"[23]

毛泽东还特别提到："庐山这件事还没有完，还不彻底，还没有总结。光开不到一百人的会议[24]不行，军队可以扩大到军长、政委参加，地方也要有相当这一级的同志参加。现在我要管军队的事，我不相信军队要造反。军队要统一，军队要整顿。对林彪还是要保。"[25]

毛泽东通过一系列讲话，为下一步斗争做好了准备。

毛泽东在南方的谈话内容，经过两条渠道传给了正在北戴河避暑的林彪、叶群。一条渠道是，广州军区空军参谋长顾同舟通过林立果"联合舰队"成员于新野、周宇驰上报林、叶；另一条渠道是刘丰通过李作鹏、黄永胜上报林、叶。

毛泽东离开北京后的第三天，8月16日，周恩来根据毛泽东行前的指示，同张春桥、黄永胜、纪登奎到北戴河，向林彪汇报工作。周恩来说，毛泽东提议在"十一"前后召开九届三中全会，然后召开四届人大。他还告诉林彪，现在各项准备工作正在逐步就绪。林彪就战备工作谈了一些意见。

9月10日清晨四时，周恩来给毛泽东报送了关于召开九届三中全会的请示报告，报告说：在四届人大召开前，有几件事要请主席批示，方好着手准备。一是国庆节前是否需要先开一次党的九届三中全会？二是在三中全会上可否宣布永远开除陈伯达的党籍？或先将他的国民党右派、叛徒、特务的罪证写好备用。三是三中全会上可否补选几名中委（如姬鹏飞）？报告还说，四届人大的《政府工作报告》已经写出初稿，拟从11日起由政治局确定几位同志用十天时间改好送主席、林副主席审阅。

毛泽东在报告上批示："都同意。还要补选常委。"[26]

林彪担心九届三中全会要解决他的问题，因此加紧了反革命叛乱的步伐。9月7日，林立果向"联合舰队"下达"一级战备"指令。第二天，林彪亲笔写下手令："盼照立果、宇驰同志传达的命令办。"

一场谋害毛泽东的行动在悄悄地进行。

林彪集团被粉碎后，参与阴谋活动的空军司令部副参谋长兼办公室主任王飞在供词中写道：

> 1971年9月8日晚，林立果、周宇驰要我去空军学院，林立果说，现在情况紧张，有人要害林副主席，火药味已经很浓了。我说，我们坚决保卫林副主席。然后，林立果拿出一张纸给我看，上面写着："希望按着立果、周宇驰传达的命令办事。林彪9月×日"（具体话记不准了）。林立果说，要坚决把反林副主席的人除掉。有一坨在南方，有一坨在北京，要同时干掉。南边的由江腾蛟负责，北京的由你和周宇驰负责。他们都在钓鱼台，好搞。估计南边江腾蛟那里没有什么问题，就看你们这里了。

他在供词中还写道：

11日下午，林立果、周宇驰找江腾蛟和我，中间又加关光烈，在西郊机场进一步策划谋害毛主席和中央首长。林立果说，林副主席的决心已定，提出"南线"先搞，北京接着搞，并提出了通信联络的方法和密语。

另一位参与阴谋活动的鲁珉的供词也谈到当时的情况，供词中说：

1971年9月11日晚约八点半钟，我被江腾蛟用汽车拉到西郊机场的平房里，林立果看到我就说：现在要进攻啦，副统帅有命令，拿出来给他们看看，周宇驰就拿来一张硬白纸，林立果递给了我，我看到是用红铅笔写的："盼照立果、宇驰的命令办。林彪　月　日。"林立果还对我说：现在情况很紧张，马上要召开三中全会，会一开，林副主席就不占优势了，副统帅下了命令，要主动进攻。[27]

然而，毛泽东似乎察觉了什么。9月12日下午，他在没有通知中央有关部门的情况下，突然返回北京，先停在丰台站，同李德生、纪登奎、吴德、吴忠等谈话，并单独向李德生交代，从三十八军调一个师到南口。

对毛泽东的行踪，周恩来事前未闻，后来是随行的汪东兴把毛泽东到京的情况报告给他的。

毛泽东的突然归来，打乱了林彪集团企图政变的计划。谋害毛泽东的阴谋败露了，他们于是决定破釜沉舟，南逃广州，另立中央与北京对峙。

林彪在北戴河的别墅位于西海滩两公里处的联峰山松林丛中。为了掩盖阴谋，叶群耍了一个花招。9月12日晚，她宣布当天晚上要为女儿林立衡举行订婚仪式。为了稳住客人，叶群与林立衡等一起在小放映厅看电影。八点多钟，林立果也赶到这里，向林立衡祝贺。随后，他与叶群一起退出，到林彪室里密谈。林立衡与叶群一向有矛盾，叶群有事经常背着她。林立衡从弟弟焦灼的神态中似乎感觉到什么。所以他们一离开，她也从电影厅溜出，躲在林彪的外间屋偷听。她隐隐听到他们要离开北戴河到什么地方去。林立衡立即向北戴河保卫处报告了情况。

那天傍晚，周恩来离开西花厅，准备去人民大会堂主持讨论四届人大政府工作报告。秘书赵炜回忆:"由于那天睡眠时间较充足,周总理走的时候精神挺好,临出门时,邓大姐提醒他别忘了吃药,他笑着说:'你放心吧。'当时,在场的人没有一个想到,一件震撼世界的重大历史事件在几小时后发生,周总理也因此三天三夜没有回过西花厅。"[28]

晚间,人民大会堂内的福建厅灯火通明,玻璃窗都紧紧地闭着,并拉上深色的帷帘。周恩来正在主持讨论四届人大《政府工作报告》草稿。周恩来的卫士高振普记得:

> 当会议进行到十点四十分左右,张耀祠(中央办公厅副主任、中办警卫局副局长兼中央警卫团团长,分管毛主席的警卫工作)来电话,有紧急事情要向总理报告。周总理离开会场,接通了电话。张耀祠向总理报告说,接张宏(中办警卫局副局长兼中央警卫团副团长)从北戴河打来的电话:林豆豆(林立衡,林彪的女儿)来部队报告说,叶群和林立果要挟持林彪出逃,先去广州,再去香港,晚八时已从北京调来了林彪的专机"二五六"号。周总理紧锁眉头,对张耀祠说:请告张宏同志,派人密切注意动向,及时报告。并问张耀祠现在什么地方,张回答说在中南海游泳池。周总理实际在询问毛主席在哪里。总理放下电话,进入会场,向开会的人宣布,今天的会议结束,政治局的成员留下,其他人员请回。[29]

事起突然且重大,周恩来不得不停止讨论会,处理北戴河发生的急情。他首先查问北京飞去的这架专机的具体情况。周恩来秘书纪东记得:"八三四一部队的领导很快回电话说,已经查问了山海关机场,的确有一架专机,机组人员正在休息。山海关机场隶属海军管辖,总理马上向政治局委员、海军第一政委李作鹏查问。李作鹏了解情况之后,把电话打到了西花厅秘书的值班室,这个电话是我接的。李作鹏说:'请报告总理,他查问的二五六号三叉戟飞机在山海关机场。'我立即通过三十九局电话总机找到跟随总理去大会堂的卫士张树迎,结果接电话的是总理。他问我:'什么事?'我报告说:'刚才李作鹏同志来电话,说您查问的二五六号三叉戟飞机在山海关。''知道了。'总理只说了三个字,便放下了电话。我从电话中没有觉察到总理的声音、情绪与以往有什么不同,但意识到总理没有在会场,而是守在电话机旁,这是很反常的。"[30]

为了掩盖南逃的阴谋，晚上十一点来钟，心虚的叶群同周恩来通了电话。

叶群说："林副主席想动一动。"

周恩来问："是空中动还是地上动？"

叶群答："空中动。"

周恩来问叶群是否知道北戴河有专机。叶群开始蒙骗周恩来说她不知道。纪东回忆："九一三事件后，我听总理讲过，林彪是副主席，调一架飞机是不用谁来批准的，问题是叶群不承认调动了，这就引起了总理的警觉。"

稍停片刻，叶群又补充说："有一架专机，是送我儿子来的。他父亲说如果明天天气好，要上天转一转。"

周恩来又问叶群："是不是要去别的地方？"

叶群反应很快，回答周恩来说："原来想去大连，这里的天气有些冷了。"

周恩来说："晚上飞行不安全。"

叶群赶忙说："我们晚上不飞，等明天早上，或上午天气好了再飞。"

周恩来又说："一定要把气象情况掌握好。需要的话，我去北戴河看一看林彪同志。"

听到周恩来说要到北戴河来，叶群有些慌，她赶忙推辞："你到北戴河来，林彪就紧张，更不安。总之，总理不要来。"

通过这次对话，周恩来证实了北戴河发生的情况确实不简单。

周恩来立即打电话给李作鹏："山海关机场的专机不要动，要动须有周恩来、黄永胜、吴法宪、李作鹏四人一起下令才能放飞。"

可是，李作鹏没有按照周恩来的要求去做，他给山海关机场下达的命令是："四个首长其中一个首长指示放飞就放飞。"

9月13日零时三十二分，汪东兴办公室的电话急促地响起，这是山海关机场打来的，对方报告，林彪一行已强行起飞了。

周恩来接到报告后，立即发出命令："关闭全国机场，所有飞机停飞，开动全部雷达监视天空。"

空军司令部调度指挥室的雷达立即行动起来，追踪林彪的飞机，并随时把情况向周恩来汇报。

周恩来问调度人员："用无线电向256号飞机呼叫，他们能不能听到？"调度人员说："能听到。"周恩来说："那好，请给我接上，我要和驾驶员潘景寅讲话。"调度人员说:"他开着机器,但不回答。"周恩来说:"那请你向256号飞机发出呼叫,希望他们飞回来。不论在北京东郊机场或西郊机场,我周恩来都到机场去接。"

但是,飞机没有做出任何回应。

事情到了这种地步,必须向毛泽东汇报。周恩来立即驱车前往中南海游泳池毛泽东住处。

周恩来正向毛泽东报告时,吴法宪打来电话,报告飞机在向北飞行,即将从张家口一带飞出河北,进入内蒙古。他请示,要不要派歼击机拦截。

毛泽东摆摆手说:"林彪还是副主席嘛,天要下雨,娘要嫁人,不要阻拦,由他去吧。"叶剑英做过一个解释:本来可以用导弹打下来,为什么毛泽东不同意呢?他说:"如果打下来,解释不清楚;如果叛逃成功,也会增加麻烦。机毁人亡的结果最理想。"[31]陈毅也讲过:"这样的结果最妙,林彪自我爆炸,消除了党内的隐患。"[32]

随后,毛泽东批准发出全国禁空令,并要周恩来在人民大会堂召开在京中央政治局成员紧急会议,通报林彪外逃情况并研究部署应变措施。[33]

9月13日凌晨一时五十分,256号飞机飞出国境,进入蒙古人民共和国境内。为了毛泽东的安全,周恩来立即送他到人民大会堂一一八厅暂住。

这时,又出现新的情况。林立果的死党周宇驰接到林立果要他出逃的命令后,立即同江腾蛟、王飞、鲁珉等撕毁原来准备南逃的人员名单和会议记录。周宇驰伙同于新野、李伟信以执行任务为借口,窜到北京沙河机场劫持了一架直升机"直-5",携带林彪一伙盗窃的大量机密文件和美元向北飞去。驾驶员陈修文发现了周宇驰等人的阴谋,机智地骗过他们,将飞机开回北京郊区上空,最后在怀柔县境内降落。不畏强暴的陈修文同周宇驰等人进行了殊死的搏斗,不幸中弹身亡。周宇驰和于新野畏罪自毙,李伟信被当地军民捕获。

周恩来是在人民大会堂新疆厅处理林彪叛逃事件问题的。

凌晨三时,根据毛泽东的指示,周恩来主持召开了中央政治局会议,宣布林彪叛逃事件,并紧急布置了应付各种可能出现情况的措施。他要求所有在京的政治局委员,一律集中到人民大会堂办公。

早晨八时左右赶到人民大会堂的纪东回忆:"从13日清晨到当天下午,周总理亲自打电话给11个大军区和29个省、市、自治区的主要负责同志,通报林彪外逃情况。他使用的是经过斟酌的语言:'庐山会议第一次全会上第一个讲话的那个人,带着老婆、儿子,坐飞机逃往蒙古人民共和国方面去了!你们要听从党中央、毛主席的指挥。从现在起,立即进入紧急战备!'我听到有的领导一下子没有领悟过来,还让总理重复一遍,总理只好耐心地一字一句地又重复了一遍。""总理指示外交部,要密切注意外电报道,抓紧确定和提出因林彪事件可能引起的对外交涉和所需的应对方案。毛主席不会在一线具体指挥,总理当然工作很紧张,嗓子都沙哑了,但谁能代替他呢?"〔34〕

周恩来忙得三十几个小时没有吃饭,中间警卫人员给他送过糖水、花生米和玉米面粥等,但都不能顶饭吃。高振普等商量着怎样能让周恩来好好吃顿饭。这时,周恩来接到一个电话。高振普回忆:"是南京军区许世友司令员打来的,找总理亲自听话。他的嗓门很大,在我把话筒递给总理的瞬间,听他说出了关键的一句话:'报告总理,我已派参谋长带部队占领了南京的全部机场,辖区内的其他机场也已同时出动部队全部占领,请总理放心,请毛主席放心。'总理微微一笑,放下话机。""据我们的经验,已到了可以劝他吃饭的时候。于是先请厨师做好了一碗热汤面,几个小包子,一盘小菜。一边请他吃,一边送上去。他接受了,吃了一碗面,一个包子。看着他吃剩的包子,看着他吃空的面碗,我心酸了,眼睛湿了。如果是以往,我会觉得轻松很多。因为总理忙起来,不睡觉不吃饭是常有的事。可今天我轻松不起来,只是深深地吁了一口气。"〔35〕

饭后,周恩来召集总参、空军、通信兵等有关部门带相关资料和地图到人民大会堂东大厅开会,研究应急方案,做出相应部署,"重点是应付国外势力的入侵"。参加这次汇报会的纪东记得:"总理对我方和蒙方的兵力部署、雷达分布看得非常仔细。经分析,初步认定:这里蒙军雷达活动异常,与林彪座机出境有关。当时总理好像有一种预感:虽然没有飞机的消息,但蒙军这个地域的雷达联络频繁,说明这一地域有重大情况发生,他提出,加强这个地域的资料收集工作,认真进行分析,有什么异常情况及时报告。我参加这个汇报会时心里有些紧张。与会人员都不认识,而且只有总理一人听取汇报,我一个人在里面招呼。我没有忘记张树迎的提醒,打破常规,坐在了总理身后离他最近的位子上。他看地图时,我也站在他的身边。一是怕他太累,身体支撑不住,一旦有事,我可以快速反应;二是怕有心怀叵测的人有什么动作。后来,随着林彪叛逃专案审查的逐步深入,从有关材料中看到,那天参加汇报的人员里,还真有空军的一个与'小舰队'有关

系的人。"〔36〕

会后,忙碌了近五十个小时的周恩来已经十分疲倦,他在工作人员的督促下,服了安眠药上床休息。

下午二时左右,电话铃又急促地响起,是外交部王海容打来的。她对接电话的纪东说:"外交部收到一份我驻蒙使馆的特急报告,要立刻送总理。"高振普叫醒周恩来,告诉他王海容电话的内容。高振普回忆说:"总理叫她马上来大会堂,并让我到门口等王海容。"〔37〕王海容没有进来,她在人民大会堂北门把报告资料交给纪东。

纪东回忆:"我拿着这份装在牛皮纸大信封里的报告急奔北小厅。总理已经起床了,穿着睡衣正在卫生间洗脸,看我进来,马上甩了甩手上的水珠,用毛巾擦了擦手。这时,我已把信封内的报告掏了出来,递到总理手上。开始,只见总理眉头紧皱,随着目光在文字间移动,脸上的紧张神情逐渐舒展开来。我看到他拿着报告的双手在微微颤抖。突然,他像是自言自语又像是对着我,兴奋地说:'好!好!你看,摔死了!摔死了!'我见总理这么兴奋,马上从他手里接过报告粗略地看了一遍,记住了如下内容:一架中国喷气式军用飞机,于13日凌晨二时三十分左右坠在肯特省贝尔赫里县境内,机上共有9人,全部死亡。——在我看报告的时候,总理对我说:'我要到一一八号房间主席那里去报告,你也跟着我。'说完,总理换了衣服,带着高振普和我向大会堂一一八号毛主席住处走去。"〔38〕

向毛泽东报告有关情况后,周恩来代表外交部起草致中国驻蒙古国大使许文益特急电,要求许文益即约见蒙外长,告以奉命通知:对中国失事飞机误入蒙境表示遗憾,请蒙方协助中国使馆人员前往失事现场视察,交还死者骨骸和其他遗物。

随后,周恩来主持起草了中共中央关于林彪叛国出逃的通知稿。9月17日,周恩来到中南海游泳池向毛泽东报送这篇通知稿,主要内容是:中共中央正式通知,林彪于1971年9月13日仓皇出逃,狼狈投敌,自取灭亡;林彪叛党叛国,是长期以来,特别是党的九届二中全会以来阶级斗争和两条路线斗争的继续,是林彪这个资产阶级个人野心家、阴谋家的总暴露、总破产;我们党是从阶级斗争和两条路线斗争中壮大起来的;当前全党必须提高革命警惕,防止敌人破坏,必须继续加强战备;林彪叛党叛国问题,根据内外有别、有步骤地传达的原则,目前只传达到省市自治区党委常委以上的党组织。

毛泽东阅后，批示："照发。"〔39〕

9月15日下午，秘书接到电话，说周恩来马上返回西花厅。秘书立刻把消息告诉邓颖超，大家都十分高兴。

赵炜回忆："四点多钟，周总理回来了。这时，站在门口迎接他的邓大姐一见面就心疼地说：'老伴呀，我看你的两条腿都抬不起来了。'虽然脸上透着掩不住的疲劳，周总理还是笑着说：'那是自然的。'说着话，老两口进了周总理的办公室，谈了一会话，我就听到邓大姐劝周总理好好睡一觉，而周总理居然不比往常，痛痛快快答应了。这在我的印象中是不多见的事。"〔40〕

对林彪事件的发生，周恩来讲过这样一段话："出了林彪事件，出现这么一个结局，谁也没有料到，谁也无法导演。林彪之死，真是天造地和，是必然的结果，偶然的出现。""林彪这个人一辈子不能批评，一批评就消极。所以林彪摔死了是偶然的，但他的失败是必然的。"〔41〕

"副统帅沉沙折戟"这条爆炸性新闻，成为"文化大革命"的一个重要转折点。许多干部和群众由此觉醒，重新审视"文化大革命"，并开始认真思索一些问题。

九一三事件后，林彪集团的重要成员黄永胜、吴法宪、李作鹏、邱会作被抓了起来。周恩来主持中央专案组，继续进行审查林彪反党集团的工作。他不失时机地举起批判极"左"思潮的大旗，迅速落实党的各项政策，解放了大批受到林彪反党集团迫害的老干部，纠正了许多冤假错案。国内形势开始出现新的转机。

注释：

〔1〕《人民日报》1992年1月8日。

〔2〕《毛泽东年谱（1949—1976）》第6卷，中央文献出版社2013年版，第320页。

〔3〕《建国以来毛泽东文稿》第13册，中央文献出版社1998年版，第83页。

〔4〕《建国以来毛泽东文稿》第13册，中央文献出版社1998年版，第94页。

〔5〕《毛泽东年谱（1949—1976）》第6卷，中央文献出版社2013年版，第321—323页。

〔6〕根据林彪、叶群在会前的布置，陈伯达同吴法宪商量后整理出一份《恩格斯、列宁、毛主席关于称天才的几段语录》，还有一份收集了林彪关于称天才的几段语录《林副主席指示》。这些事情毛泽东、周恩来都不知情。

〔7〕陈伯达这里实际上指的是张春桥。

〔8〕《当代中国史研究》1995年第2期。

〔9〕《毛泽东年谱（1949—1976）》第6卷，中央文献出版社2013年版，第326—327页。

〔10〕《建国以来毛泽东文稿》第13册，中央文献出版社1998年版，第114、115页。

〔11〕笔者访问顾明谈话记录，1987年1月9日。

〔12〕《毛泽东年谱（1949—1976）》第6卷，中央文献出版社2013年版，第334页。

〔13〕《建国以来毛泽东文稿》第13册，中央文献出版社1998年版，第143—147页。

〔14〕《周恩来邓颖超通信选集》，中央文献出版社2014年版，第114页。

〔15〕《周恩来邓颖超通信选集》，中央文献出版社2014年版，第115页。

〔16〕《建国以来毛泽东文稿》第13册，中央文献出版社1998年版，第161页。

〔17〕《建国以来毛泽东文稿》第13册，中央文献出版社1998年版，第188页。

〔18〕吴德：《庐山会议和林彪事件》，《当代中国史研究》1995年第2期。李雪峰当时所任职务是河北省党的核心小组组长。

〔19〕《周恩来年谱（1949—1976）》下卷，中央文献出版社1997年版，第415、416页。

〔20〕《毛泽东年谱（1949—1976）》第6卷，中央文献出版社2013年版，第367页。

〔21〕《建国以来毛泽东文稿》第13册，中央文献出版社1998年版，第298页。

〔22〕熊向晖：《历史的注脚——回忆毛泽东、周恩来及四老帅》，中共中央党校出版社1995年版，第33页。

〔23〕《建国以来毛泽东文稿》第13册，中央文献出版社1998年版，第242—250页。

〔24〕指1971年4月15日至29日周恩来主持召开的批陈整风汇报会议，参加会议的共99人。

〔25〕《毛泽东年谱（1949—1976）》第6卷，中央文献出版社2013年版，第398页。

〔26〕《建国以来毛泽东文稿》第13册，中央文献出版社1998年版，第268页。

〔27〕《毛泽东年谱（1949—1976）》第6卷，中央文献出版社2013年版，第400页。

〔28〕赵炜：《西花厅岁月》，中央文献出版社2004年版，第244页。

〔29〕高振普：《周恩来卫士回忆录》，上海人民出版社2008年版，第162页。

〔30〕纪东:《难忘的八年——周恩来秘书回忆录》,中央文献出版社2007年版,第122页。

〔31〕熊向晖:《历史的注脚——回忆毛泽东、周恩来及四老帅》,中共中央党校出版社1995年版,第36页。

〔32〕熊向晖:《历史的注脚——回忆毛泽东、周恩来及四老帅》,中共中央党校出版社1995年版,第35页。

〔33〕《毛泽东年谱(1949—1976)》第6卷,中央文献出版社2013年版,第405页。

〔34〕纪东:《难忘的八年——周恩来秘书回忆录》,中央文献出版社2007年版,第125、126页。

〔35〕高振普:《周恩来卫士回忆录》,上海人民出版社2008年版,第167、168页。

〔36〕纪东:《难忘的八年——周恩来秘书回忆录》,中央文献出版社2007年版,第127页。

〔37〕高振普:《周恩来卫士回忆录》,上海人民出版社2008年版,第169页。

〔38〕纪东:《难忘的八年——周恩来秘书回忆录》,中央文献出版社2007年版,第128、129页。

〔39〕《建国以来毛泽东文稿》第13册,中央文献出版社1998年版,第269、270页。

〔40〕赵炜:《西花厅岁月》,中央文献出版社2004年版,第248页。

〔41〕纪东:《难忘的八年——周恩来秘书回忆录》,中央文献出版社2007年版,第130、131页。

31

小球转动大球

1

1971年三四月间,是樱花盛开的时节。日本著名城市——名古屋正在翘首迎接前来参加第三十一届世界乒乓球锦标赛(简称世乒赛)的各国健儿们。

在人群中,人们看到了很久没有在国际乒坛上露面的中国运动员矫健的身影。他们是享有世界声誉的庄则栋、李富荣、徐寅生、林慧卿、郑敏之……

当时,还在"文化大革命"中,中国运动员能够参加这次比赛非常不易。每当提起这场赛事,熟悉内情的人们都会想到周恩来,想到他为这次赛事而呕心沥血的日日夜夜。

周恩来十分喜欢乒乓球运动,工作劳累时,会请身边工作人员或子侄陪着打一会儿球,缓解一下精神压力和身体疲劳。他重视乒乓球运动不仅因为喜欢这项运动,更重要的是他认为"乒乓球乃至体育都是民间外交,民间外交是传递友谊的",可以通过这项运动联系和争取更多的朋友。

中国乒乓球队能不能参加第三十一届世界乒乓球锦标赛,存在很复杂的国际因素。

早在20世纪60年代,周恩来就向日本方面提出了贸易三原则和政治三原则。政治三原则的内容是:日本政府不能敌视中国;不能追随美国,搞"两个中国"的阴谋;不要阻碍中日两国关系向正常化方向发展。[1]但是,1970年3月,台湾加入了亚洲乒乓球联合会(简称亚乒联合会)。新华社对此发表了批评文章,这使亚乒联合会会长后藤钾二感到十分为难,称"这等于把他送上了刑场"[2]。这时,中国正处于"文化大革命"时期,不仅与日本的体育交流,与世界各国的友好交流都受到很大干扰,这种情况使各方舆论认为,中国不会参加这次比赛。

后藤钾二决定做一次努力。

1971年1月,后藤钾二专程来到中国,同有关方面磋商邀请中国乒乓球队参加第三十一届世乒赛的问题。会谈最初进展并不顺利,谈得很艰难。日方准备的会谈基础文本中,提到应遵守"中日关系政治三原则",而中方人员坚持要将台湾问题写入纪要,把遵守"中日关系政治三原则"的文字放在第一条。谈判情况汇报到周恩来那里。

1月29日,周恩来约见了参加起草中日乒乓球协会会谈纪要的中方人员,对此提出批评。周恩来指出:"后藤的会谈纪要草案已经很好了嘛!后藤先生很早就想来中国,你们对这样的朋友要求太过分了!你们不要那么'左'嘛!"

周恩来在约谈中对会谈纪要提出指导性意见,他说:会谈要看具体对象,台湾问题对后藤没有必要提,你们不要给他出难题。"三原则"还是按日方原来提出的,放在第二条,而不必改为第一条。并要求他们把纪要中"所有吹嘘的话通通去掉"。[3]后藤钾二的儿子、日中友好协会名誉副会长后藤淳几十年后谈到这件事还十分感慨,说:"周总理的指导,迅速推动了会谈的进展,形势一片明朗。"[4]

这次北京之行,特别是周恩来的会见和谈话中体现出的宽厚和友好态度,对后藤钾二产生很大影响。不久,他在新加坡召集亚乒联代表开会,提出恢复中国在亚乒联的席位,驱逐台湾代表。许多代表当场反对,后藤钾二坚定地说:"如果这样,我就辞去会长,日本乒协也退出亚乒联。"他用这种方式实现了对中方的承诺。

由于日本国内局势复杂,对是否参加这次比赛,国内也有两种意见:一种认为应该去,另一种觉得不应该去。周恩来让运动员们讨论一下,讨论得很激烈。乒乓球世界冠军郑敏之回忆:"讨论的时候,大部分人都不同意去,因为当时正处在'文化大革命'中,那时的口号是,国际比赛靠边站,谁还敢说要参加国际比赛啊。"[5]

当天夜晚,体委、外交部有关领导和乒乓球队负责人去向周恩来汇报,说讨论的结果是不参加这次比赛。[6]周恩来听后沉思片刻,说:"不去怎么能行?我们怎么能不守信用呢?"他耐心地向大家阐明中国队要去的理由,表示:"我们要信守诺言,参加第三十一届世界乒乓球锦标赛。"

因事关重大,3月15日,周恩来给毛泽东送去了关于中国乒乓球队赴日参加第三十一届世乒赛的请示报告。报告中说：此次出国比赛，已成为一次严重的国际斗争，也是我向日本反动派的一次动员日本群众发展中日友好的示威。我方提出"友谊第一、比赛第二"，败了也不要紧，反正政治上占了上风。我球队如去，当做好各种警戒准备。毛泽东在报告上批示："照办。我队应去，并准备死几个人。不死更好。要一不怕苦，二不怕死。"[7]

毛泽东所批示的意见传达给运动员后，一些人当时并不理解。郑敏之说："当时我有点奇怪，'死几个人，不死更好'，什么意思呢？打乒乓球怎么会有牺牲呢？现在回过头来看，我能理解了，因为那个时候中日还没有建交，而且日本国内的形势非常复杂。"[8]

3月21日，中国乒乓球队启程抵达名古屋。

出征前，周恩来抽出时间观看了球员练球，并接见了他们，说："你们就本着'友谊第一、比赛第二'的精神去打比赛，主要是到日本之后多交朋友，而且打出你们的风格，打出你们的水平，你们输了球，我去机场接你们。"[9]

由于周恩来的关心和鼓励，"文化大革命"中第一次出国比赛的中国乒乓球队，在这次比赛中取得了很好的成绩，圆满完成任务。

第三十一届世乒赛，为打开中美关系提供了一个契机。

2

比赛期间，美国乒乓球队听到中国队邀请南斯拉夫球队访华的消息。在名古屋比赛休息大厅内，美国乒协主席斯廷霍文，国际乒联理事、美国乒协国际部主任罗福德·哈里森碰见中国乒乓球队负责人宋中，忙问他还准备邀请哪些队访问中国，并说："如果有机会，美国队可以到中国参加比赛。"斯廷霍文还说："中国的乒乓球运动水平很高，如果美国选手去一次中国，一定能学到许多有益的技术，也希望中国乒乓球选手到美国去。"

这个信息，随着电波传向中国。

然而，事情并不那么简单。外交部和国家体委就这个问题进行了讨论，由于种种原因，他们向中央报告的结论是："现在访华时机还不成熟。"

这时，名古屋又爆出比世乒赛更加爆炸的新闻。

4月4日这天，世乒赛五个单项比赛全面展开。经过充分的准备活动，中国运动员提前乘车赶往爱知体育馆。当汽车就要发动时，一位长头发的西方运动员也跳上了车。车上的人一下就认出，他就是美国男队第三号选手格伦·科恩。原来，他因为练球耽误了时间，找不到自己队的车子了。当年参加比赛的中国著名选手庄则栋回忆："我们的大巴要开往体育馆去参加比赛，中国运动员都上去了。就在快要关门的时候，从外面'噌'一下就上了一个外国人。我们看他是黄头发、蓝眼睛。他一看我们是亚洲人，看了我们戴着中国国徽，就知道坐错车了。这时，门也关上了。他一转身，脸冲外，衣服上的U.S.A醒目地进入我们视野。他是一个美国球员。他很自觉地站在车门口，也不动。汽车一直向前开，路上大约走了十几分钟，他就站了十几分钟，也不跟中国人说话。中国运动员也没有一个人主动同他说话。我坐在车的最后面，心里一直在想要不要去理他，思想斗争很激烈。"

这时，车快到站了。看到科恩很窘迫，庄则栋站了起来，从挎包里拿出一块折叠好的东西递了过去，并说："我们中国人民和美国人民一直是友好的，今天你来到我们车上，我们大家都很高兴。我代表同行的中国运动员欢迎你上这辆车，为了表达这种感情，我送给你一件礼物。"〔10〕

科恩打开一看，是一幅一尺多长的杭州织锦，上面是黄山风景图。

庄则栋曾经连续三届获得世界男子单打冠军，能够得到他的礼品，科恩十分高兴。他们相拥着走下车。这时，迎面走过来一群记者，记者们看到这新奇的现象，看到科恩手中拿的中国织锦，十分兴奋，也感到非常惊奇。顿时，闪光灯中快门频频按下，抢拍下这具有历史意义的镜头。

第二天，日本新闻媒介争先恐后地报道了这条令世界瞩目的新闻。当天，科恩在地铁站买了一件运动衣回送庄则栋，并又拉他一起拍照。中美两国运动员的亲密接触，具有象征意义，引起各国极大的关注。名古屋传来的信息，也引起毛泽东和周恩来的注意。虽然，他们都在那份认为美国运动员访华的时机尚不成熟的报告上画了圈，但是，这并没有影响他们对形势的新判断，一个新的决定正在他们头脑中悄悄地酝酿。

新闻工作者钱江在他的《"乒乓外交"始末》一书中写道："星光闪烁，灯光如水，映照出毛泽东的高大身影。在他的办公桌上，关于不邀请美国乒乓球队访华的报告已经放了几天了。对于这份报告，周恩来持非常慎重的态度。他在报告中加进了一段话：可留下他们的通讯地址，但对其首席代表在直接接触中应表明，我们中国人民坚决反对'两个中国'、'一中一台'的阴谋。在文件末端，周恩来写了三个字：'拟同意'。他本人不做最后决定，没有把报告批下去，而是于4月4日将它呈送毛泽东主席。毛泽东看了报告后没有当即批示，但也没有让秘书把它拿走。这个情况说明，报告引起了毛泽东的思考。因为等不到毛泽东的批示，名古屋的赛事就要结束，外交部就把周恩来批过的文件内容告诉了中国乒乓球代表团。"

周恩来提醒毛泽东：结束比赛的日子即将临近，各国代表团将于4月8日纷纷离开名古屋回国。

毛泽东的护士长吴旭君还清楚地记得毛泽东下决心时的情景：

> 毛主席在4月6日那天给我看了份文件，这是什么文件呢？这是由外交部和国家体委联合起草的一份关于不邀请美国乒乓球队访华的报告。这上面，毛主席在他自己的名字上圈阅了。我当时想，这么看来，不邀请美国乒乓球队访华这个大局已定，因为大家的意见都一致。主席让我看完文件退给外交部办理，办完这件事后我觉得主席有心事，因为我跟他相处久了，看得出来。至于有什么心事，我不知道。
>
> 就在4月6日那天，毛主席要提前吃安眠药，他要提前睡觉。晚上十一点多了，他就坐在床边。我坐在床前面的桌子上吃饭，就坐在他对面。他因为吃了大量的安眠药，困极了，他就脑袋这么低着，就在那儿这么低着睡，就是不肯躺。过了一会儿，他突然间说话了，嘟嘟囔囔的，听不清说什么。听了半天，我才听出来，他要我去给王海容同志打电话，当时王海容同志是外交部副部长，他说要邀请美国乒乓球队访华。我的天哪，我一听这话当时就愣了，我想这跟白天退走的文件正好相反，如果我按他现在说的去办，那跟文件的精神不符合呀，那总理和他都划了圈的，那可能就会办错了。再有，主席曾经跟我交代过，他说他吃了安眠药以后，讲的话不算数。那么现在他跟我交代的这件事就是他吃了安眠药后讲的，那算不算数呢？我如果照他现在说的去办，那不就是错上加错了吗？我在提醒自己，这么大的事可不能轻举妄动。我得想一个办法来证实主席现在到底是清醒还是不清醒。
>
> 用什么办法呢？我想，那就是我得让他再主动地讲话。过了一会儿，主席勉强地抬起头来，使劲睁开眼睛看着我说：小吴，你怎么还坐在那吃呀？我叫

你办的事你怎么不去办呢？我想这下可对了，主席可说话了。我就很大声地问他，我说：主席，你刚才都跟我说了什么啦？我尽顾吃饭了，没听清楚，你再跟我说一遍。不错，他又断断续续，一个字一个字地，慢慢吞吞地又把刚才交代的事重新说了一遍。我就反问了一句，我说：你现在都吃了安眠药了，你说的话算数吗？主席就向我这么挥了一下手，说：算，赶快办，要不就来不及了。

这个时候我意识到，毛主席做了最新的决定。[11]

4月7日，周恩来根据毛泽东的最新决定，嘱咐外交部以电话通知在日本的中国乒乓球队负责人，对外宣布正式邀请美国乒乓球队访问中国。

消息传到日本，名古屋震动了。人们对这件事的关注，远远超过了对第三十一届世乒赛结果的关注。

小球终于转动了大球。有人称赞庄则栋在这一重大历史转变关头所做出的贡献，而庄则栋却说了这样一句寓意深刻的话："我只是把乒乓球从球台的这一边打到那一边，而周总理是把友谊之球从地球的这一边打到了那一边。"[12]

4月10日，美国乒乓球队经香港飞抵北京。

4月14日，周恩来在庄严的人民大会堂接待了来自美国、加拿大、哥伦比亚、英国、尼日利亚的乒乓球代表团。他亲自为这次会见设计了椭圆形会场。

周恩来秘书钱嘉东回忆："通常我们接待的方式是面对面的两排，不能把美国代表团放在首位，因为美国代表团是最后一个邀请的。最后，还是总理出了一个主意，就是把整个会场所有的座位摆成一个大的椭圆形，分成五截，每个代表团坐一段。"[13]

在热烈、亲切而友好的气氛中，周恩来同美国朋友进行了长时间的会谈[14]。

周恩来问团长斯廷霍文："团长先生是第一次到中国来吧？"

斯廷霍文答："是的。我们代表团每个成员都是第一次到中国来。"

周恩来问："对中国有点生疏吧？"

斯廷霍文答："是的。对中国完全不熟悉，但对你们的好客很熟悉。"

周恩来说："中国有句古话说：'有朋自远方来，不亦乐乎。'"

斯廷霍文说："在美国也有这样的说法，不论在哪个地方都可以找到很好的朋友。我们欢迎中国朋友去美国访问。"

接着，周恩来仔细询问了几天来他们对中国的印象。

会见中，调皮的科恩向周恩来提出了一个问题："总理对目前在美国青年中流行很广泛的'嬉皮士'运动有什么评论？有什么看法？"

周恩来亲切而耐心地回答他："第一，我对这个运动不很清楚。第二，如果要问的话，我只能说一点我的粗浅的、表面的观察。可能现在世界青年对现状有点不满，想寻求真理。青年思想波动时会表现为各种形式。但各种表现形式不一定都是成熟的或固定的。因为，寻求真理的途径总要通过各种实践来证明是对还是不对，这在青年时代是许可的。各种思想都要通过实践检验一下。我们年轻的时候也是这样，所以我们懂得青年人的心理：特别好奇。别的国家的青年来访问时，我们发现他们不一定和你们同一派，但是我们看到也有这样的形式，比如留长头发，等等。我碰到过英国青年也有留长发的，碰到过日本青年也有这样情况的。"

科恩很有兴致地插话道："对，总理先生。这些表现形式是许多日子思索的结果，它比表面上看到的更深刻。这是一种新的思想，没有很多人熟悉它，可能有少数人熟悉。"

周恩来继续说："按照人类发展来看，一个普遍真理最后总要被人们认识的，和自然界的规律一样。我们赞成任何青年都有这种探讨的要求，这是好事。要通过自己的实践去认识。但是有一点，总要找到大多数人的共同性，这就可以使人类的大多数得到发展，得到进步，得到幸福。我只能回答这些了。"

"周总理理解这些，所以他们交流得不错。"在场的另一位美国球员蒂姆·博根三十五年后这样谈论。

周恩来的坦诚使科恩深受感动，回国后，他的思想发生了很大转变。为此，科恩的母亲非常感谢周恩来对她这个青春期有些叛逆的儿子的影响。

最后，周恩来请美国朋友把中国人民的问候转告给美国人民："中美两国人民过去往来是很频繁的，以后中断了一个很长的时间。你们这次应邀来访，打开了两国人民友好往来的大门。我们相信中美两国人民的友好往来将会得到两国人民大多数的赞成和支持。"

中美两国人民友好的大门就这样终于打开了。

3

其实，远在"乒乓外交"发生之前，中美两国为抵御苏联扩张势力的威胁，基于自身外交战略和国家安全利益考虑，已经相互开始试探。

1969年2月1日，尼克松入主白宫。他决定以从越南撤军和同中国建立正常的外交关系两步棋来巩固自己的统治。12月3日，在波兰华沙举行的南斯拉夫时装展览会上，美国驻波兰大使斯托塞尔试图同中国驻波兰临时代办雷阳接触，因雷阳已坐车离去，他把一封信交给中国大使馆工作人员，并表示，根据华盛顿的指示，愿意恢复已经中断了两年的中美华沙会谈。时任中国驻波兰大使馆第二秘书李举卿回忆：那次活动结束后"斯托塞尔正在门口等着，马上就迎上来自我介绍，说我是美国大使，他就把尼克松总统致周恩来总理的一封信递给我们。他还说，他愿意会见代办"。[15]

促使美国方面做出这一举动的一个重要原因是，1969年9月周恩来在北京机场会见苏联总理柯西金，以及随后举行的中苏边界谈判。[16]

在波兰发生的事情之前，巴基斯坦总理叶海亚曾向中国驻巴基斯坦大使张彤转达尼克松愿与中方接触的口信。当时，周恩来在向毛泽东的报告中说："尼克松、基辛格的动向可以注意"，"如何回答叶海亚，待与外交部研究后再报"。随后，周恩来在接见巴基斯坦驻中国大使凯瑟时，请他转告叶海亚总统：尼克松如要同我接触，尽可利用官方渠道。有了这个前因，周恩来收到中国驻波兰大使馆的来电，报告在大使馆接待斯托塞尔的情况，周恩来听后立刻报告毛泽东："找着门道了，可以敲门了，拿到敲门砖了。"[17]

1970年初，中国代办和美国大使在华沙进行了两次会谈，美国大使进一步表示：美国政府准备派代表到北京直接商谈，也愿意在华盛顿接待中国代表。但是，这项提议由于美国出兵柬埔寨而搁置下来。

然而，周恩来没有放弃努力。这年10月1日，他独具匠心地安排中国人民的老朋友、美国著名记者埃德加·斯诺和夫人在天安门城楼上与毛泽东站在一起欢度中国的国庆节。然而，与中国的思维方式差异甚大的美国首脑一直没有领会其中的含义。当时做毛泽东和斯诺之间翻译工作的冀朝铸说："让斯诺这个美国公民，上天安门站在主席一边，这是史无前例的，没有过的。让美国人看一看，中国的最高领导人对美国人民是友好的，既然对美国人民友好，那么你尼克松是美国总统，我们也不至于让你多么难堪。可是这个意思呢，后来基辛格以及尼克松本人都在私下里同我们领导人，包括周总理说：哎呀，实在抱歉，我们这些西方人啊，太迟钝了，根本体会不了，你们东方人这样高超的暗示，我们当时认为，斯诺算个啥，他是个亲共分子，不理他。所以这个信息，没有能够传达过去。"[18]

基辛格回忆起这个情节，也说了这样一段话："周恩来和毛泽东做出决定，认为时机已经成熟，该向我们发出一个信号。不幸他们对我们敏锐地观察事物的能力估计过高。他们传过来的信息是那么拐弯抹角，以致我们这些粗心大意的西方人完全理解不了其中的真意。10月1日，中国国庆节那天，周恩来把美国作家埃德加·斯诺和他的妻子领到天安门城楼上，站在毛旁边检阅一年一度的国庆节游行队伍，而且照了相。这是史无前例的，哪一个美国人也没有享受过那么大的荣誉。这位高深莫测的主席是想传达点什么。斯诺后来自己谈论这一事件时指出：'凡是中国领导人公开做的事情都是有目的的。'事情过后我才终于理解到，毛是想以此作为象征，表示现在他亲自掌握对美关系；但是，这在当时真是一种远见卓识。我们在关键时刻理解不到他的真意。"[19]

在此期间，尼克松获悉巴基斯坦总统叶海亚准备访问北京的消息。尼克松利用叶海亚出席联合国成立二十五周年纪念会的机会约见了他。尼克松在椭圆形办公室和叶海亚会晤。他希望巴基斯坦能够充当中美之间的"信使"，请叶海亚告诉中国，他们认为中美和解是"十分重要"的，他们绝不会与苏联一起共谋反对中国，并表示愿意派一位高级使节秘密访问北京。

随后，尼克松会见罗马尼亚国务委员会主席尼古拉·齐奥塞斯库，传递了同样的信息。

11月中旬，叶海亚访问中国，会谈中向周恩来传递了尼克松的信息。叶海亚说："我有一些事，希望就是和你一个人谈。""我到中国之前，访问了美国，尼克松总统请我带个信，美国绝无与苏联联合起来反华的意思，他还是希望同中国展开对话，最后走向和好。为此，尼克松愿意派一个代表先到中国来。"[20]

周恩来感谢叶海亚带来的口信，同时提到尼克松始终避而不谈的台湾问题，说：台湾是中国不可分割的领土，解决台湾问题是中国的内政，不容外人干涉。美国武装力量占领台湾和台湾海峡，是中美关系紧张的关键问题，中国政府一直愿意以谈判来解决这个问题，但是谈了十五年还没有结果。现在，尼克松总统表示要走向同中国和好，如果美方真有解决上述问题的愿望和办法，中国政府欢迎美国总统派特使来北京商谈，时机可通过巴基斯坦总统商定。

对罗马尼亚方面传递的信息，周恩来同样表示：如果美国方面真有解决台湾问题这一关键问题的愿望和办法,中国政府欢迎尼克松的特使或尼克松本人来北京商谈。

12月18日,毛泽东同斯诺谈话,更明确地表明中国方面的态度。他说:"如果尼克松愿意来,我愿意和他谈,谈得成也行,谈不成也行,吵架也行,不吵架也行,当作旅行者来谈也行,当作总统来谈也行。总而言之,都行。"[21]

这时,周恩来一方面要主持批陈整风,一方面要应对外交方面出现的新情况。邓颖超非常担心周恩来的健康,不断通过"纸条"方式提醒周恩来注意。

1971年3月3日,邓颖超通过卫士高振普转交周恩来一个字条:

> 你从昨天下午六时起床,到今天晚上十二时睡的话,就达三十小时,如再延长,就逐时增加,不宜大意,超过饱和点,以至行前,自制干扰,那你应对人民对党负责了!!万望你不可大意才是!!这是出于全局。为了大局的忠言,虽知逆耳,迫于责任,不得不写数行给你。你应善自为之。[22]

3月24日,邓颖超又直接给周恩来写了一个便条,进一步提醒说:

> 今晚你去开会后,我要卞大夫去和蒲老商量吃药事。据卞回告蒲老嘱今晚仍服保和丸为好。明日他再来复诊卞。并说你的胃功能紊乱,非胃本质变化引起,而是由于饥饿、食物凉热交杂,以及天气冷暖变化引起的。调理、恢复需要点时间,不能以急于加服药为主。故近几日除服必要药外,尚需注意饮食、保暖适宜为要。[23]

但是,内政外交的紧迫压力,使周恩来无法放慢工作节奏。故6月13日,邓颖超再次致信周恩来,用比较严肃的口吻"讲道理"说:

> 新形势下,有许多工作要做,你不仅要在工作上需要准备,同时,在身体方面亦要做些准备,这是迎接新任务必不可少的条件!在人身上的各种器官的功能作用是有限度的,不宜使用过度,因此不要过度疲劳,忙中总要有些松弛,才好继续再忙。务望你在体力和精神方面都需要留有余地,做些储备,以便届时能够迎接新的任务。斗争还是长期的,因此,需要你能够长期

地战斗。故写此寄意，不尽欲言，请维珍摄，是所至盼！〔24〕

周恩来理解邓颖超焦虑的心情，但作为国家的总理，他没有因为个人身体的不适在工作上有任何懈怠。

这期间，在日本令人炫目的"乒乓攻势"，引起世界局势的巨大震动和连锁反应，中美关系呈现的新变化，使周恩来肩上的担子愈发沉重。

1971年4月21日，中国方面通过中国驻巴基斯坦大使馆转告美国政府"周恩来总理给尼克松总统的口信"，其中说："要从根本上恢复中美关系，必须从中国的台湾和台湾海峡地区撤走美国一切武装力量。而解决这一关键问题，只有通过高级领导人直接商谈，才能找到办法。因此，中国政府重申，愿意公开接待美国总统特使如基辛格博士，或美国国务卿甚至美国总统本人来北京直接商谈。"

基辛格回忆："我们收到了来自中国的消息。这封回信是用手写的，看起来很可能是由一位巴基斯坦人记录的。信中邀请一位代表比如我，但他并没有说一定是我，只是说，比如基辛格博士来华，进行一次会晤。我马上意识到这是一个重大突破。我将这一回音告诉了当时正在林肯客厅的尼克松总统。这是在我的政府生涯中我与总统合作的几个重要时刻之一。因为我知道，这封信是有历史意义的。"〔25〕

尼克松先后以口头和口信方式回复周恩来，表示接受中方的邀请。5月17日，尼克松向北京正式表示：他准备访问北京，同中国领导人直接会谈，解决两国之间的分歧问题，实现两国关系正常化。他提议，直接会谈前，由美国总统国家安全事务助理基辛格博士同周恩来举行一次秘密预备会议。

5月26日，周恩来主持中央政治局会议，研究中美关系问题。会后，周恩来起草了《中央政治局关于中美会谈的报告》，分析了基辛格的预备会谈和尼克松访问中，可能出现的种种情况，预拟了各种相应的对策。提出了中美会谈的八点方针："美国一切武装力量和专用军事设施，应规定限期从中国台湾省和台湾海峡撤走；台湾是中国的领土；解放台湾是中国的内政，外人不容干预；中国人民力争和平解放台湾；中国政府和人民坚决反对进行'两个中国'或'一中一台'的活动；美国如欲同中国建交，必须承认中华人民共和国是代表中国的唯一合法政府；决定以周恩来的名义给尼克松一个口信，表示欢迎基辛格来华举行一次秘密的预备性会议；为尼克松总统访华做准备。"

这一报告经毛泽东批准同意后，于5月29日通过巴基斯坦信使发往白宫。

4

1971年6月2日，基辛格首先看到信息的内容。其中提到，最好由基辛格博士在6月15日至20日之间选定一个到达中国的日期，他可以从伊斯兰堡直接飞往一个不向公众开放的飞机场，至于飞行方面，他可以乘巴基斯坦的波音飞机或在必要时从中国派去接送他的一架中国专机。基辛格后来谈到看了这个信息后的感受说："我当时那种如释重负的心情真是难以形容，周恩来已经接受了我们的建议，即每一方都可以提出它所最关心的问题，这就保证可以讨论我们最感兴趣的全球性问题。"

7月9日中午，基辛格乘坐的飞机在北京郊外的一个军用机场安全降落。叶剑英、黄华在那里迎候。

在钓鱼台国宾馆，基辛格见到了周恩来。

第一次见面，周恩来的人格魅力就深深地吸引了这位美国朋友。

基辛格在回忆录中记载了他和周恩来见面时的感受：

> 他脸容瘦削，颇带憔悴，但神采奕奕，双目炯炯，他的目光既坚毅又安详，既谨慎又满怀信心。他身穿一套剪裁精致的灰色毛式服装，显得简单朴素，却甚为优美。他举止娴雅庄重，他使举座注目的不是魁伟的身躯（像毛泽东或戴高乐那样），而是他那外弛内张的神情，钢铁般的自制力，就像是一根绞紧了的弹簧一样。他似乎令人觉得轻松自如，但如小心观察就知并不尽然。他听英语时，不必等到翻译，脸上神情就显得已明白语意，或立即露出微笑。这很清楚地表示他是听得懂英语的；他警觉性极高，令人一见就感觉得到，显然，半个世纪来烈火般激烈斗争的锻炼，已将那极度重要的沉着品格烙印在他身上。我在宾馆门口迎接他，特意地把手伸出去。周恩来立即微笑，和我握手。这是将旧日嫌隙抛于脑后的第一步。[26]

会谈是在轻松、友好的气氛下进行的。

由于基辛格对中国的情况不了解，没有同中国人打交道的经验，所以把这次会谈当成了一次正式的外交会谈。他为此还做了一番准备，写了一篇正式的外交讲话发言稿。

周恩来请基辛格先谈。

基辛格从中美关系的历史谈起，一直讲到这次会晤。基辛格说："已经有很多人访问过这个美丽的国土了，对我们来说，这却是一个神秘的国土。"周恩来用手示意说："你会发觉，它并不神秘。你熟悉之后，它就不会像过去那样神秘了。"

很快到了午餐的时候，周恩来诙谐道："中国的茅台酒可厉害，喝醉了回去交不了差。"他们边吃边谈。周恩来说："谈判就是自由地交换意见，何必用稿子呢？"聪明的基辛格明白周恩来的意思是让他不要照本宣科。他也很幽默地回了一句："我用稿子已经赶不上总理先生了，我不用稿子就更赶不上总理先生了。"

周恩来告诉基辛格，他大致上同意尼克松7月6日在堪萨斯城演说中所列举的观点。这使基辛格陷入尴尬的境地，因为他对这件事毫无所闻。

原来，美国中西部新闻宣传机构的高级人员集会，请内阁成员和白宫助理人员报告国内政策。尼克松在会上做了一篇事先未草拟讲稿的即席演说，他赞扬中国人是"富有创造性的、勤劳的，是世界上最有才能的民族之一"。正是由于这个缘故，"本政府务必首先采取步骤结束大陆中国与世界社会隔绝的状态"。

周恩来十分善解人意，第二天早上，他派人将他做了记号的那篇尼克松讲话的英文讲稿，连同基辛格的早餐一起送了过去。

基辛格第一次到北京同周恩来的会谈，比他担任公职以来和其他任何领袖的会谈时间都更长、更为深入。

在北京期间，基辛格还同黄华、章文晋一起商讨由中国方面起草的联合公告草稿，公告草稿只有二百多字，很简单，但讨论中仍出现僵局，这就是涉及谁主动要来访问，谁主动发邀请的问题。中国方面"原准备不用我们主动邀请这种措辞"[27]。基辛格说："但我们却希望，公告说明是中方邀请我们访华的。"[28]周恩来当时正在参加外事活动，就让黄华等直接到毛泽东那里汇报。黄华后来回忆说："基辛格认为，我们的措辞岂不等于尼克松来中国是一个旅游者，好像是尼克松自己邀请自己来中国访问。主席听了这话之后，哈哈大笑，举起手说：

'改，改。'回来之后，向总理汇报，总理提出加一个词，就是前面加一个获悉，即获悉尼克松总统曾经希望访问中国，然后就是周恩来总理代表中华人民共和国政府向尼克松总统发出邀请等等。我们拿着这个公告稿给基辛格看，基辛格一看，非常满意。"[29]

中美双方商定，这个公告于7月15日在华盛顿和北京同时发表。

基辛格第一次秘密访华期间，同比他年长二十五岁的周恩来会谈六次，共计十七个小时。他说：周恩来"是一个杰出的历史人物。他精通哲学、熟谙往事，长于历史分析，足智多谋，谈吐机智而有风趣，样样都卓越超群"。[30]

7月11日，基辛格满载收获飞离北京。

7月15日，尼克松在洛杉矶伯班克的全国广播公司播音室中发表了一篇七分钟的简短演说：

> 晚上好！我今晚要求这个电视时间是为了宣布我们争取建立世界持久和平的工作所取得的一项重大进展。正如过去三年中我曾多次指出的，如果没有中华人民共和国和它的七亿五千万人民参加，就不可能有稳定和持久的和平。因此，我在几个方面采取了主动，以求打开建立我们两国间更正常关系的大门。为了达到这一目标，我派遣我的国家安全事务助理基辛格博士在他最近的环球旅行期间去北京，与周恩来总理会谈。
>
> 我现在读的这个公告，在北京和美国同时发表：
>
> > 周恩来总理和尼克松总统的国家安全事务助理基辛格博士，于1971年7月9日至11日在北京进行了会谈。获悉，尼克松总统曾表示希望访问中华人民共和国，周恩来总理代表中华人民共和国邀请尼克松总统于1972年5月以前的适当时间访问中国。尼克松总统愉快地接受了这一邀请。中美两国领导人的会晤，是为了谋求两国关系的正常化，并就双方关心的问题交换意见。

尼克松接着说：

> 预料公告发表之后，将不可避免地引起推测，我想尽可能讲明我们的政策背景。我们谋求与中华人民共和国建立新关系的这一行动，决不会损害我

们的老朋友的利益。这一行动不是针对其他任何国家的。我们谋求与所有国家的友好关系。任何国家都可以成为我们的朋友而不同时成为任何其他国家的敌人。我之所以采取这一行动是因为我深信，缓和紧张局势以及美国与中华人民共和国之间较好的关系，将对所有的国家有利。正是本着这种精神，我将去中国一行——我深切希望这将成为争取和平的一次旅行，不仅是为我们这一代人的和平，而且也是为了我们共有的这个地球上的子孙后代的和平。谢谢大家，祝你们晚安。[31]

同一天，中国方面由播音员向全国播发了这个公告。

周恩来称这是一个"震动全世界"的公告。

三个月后，10月20日至26日，基辛格第二次飞往北京与周恩来会谈，为尼克松访华做具体安排。

周恩来的一篇祝酒词深深地感染了基辛格，基辛格说："它比正式的发言能更好地说明周恩来的风格。"

周恩来的祝酒词是这样的：

> 基辛格博士和朋友们，我愿借此机会欢迎来中国临时访问的尼克松总统的特使和其他美国朋友们。基辛格博士这次访问的目的是为尼克松总统访问的政治讨论和技术性安排做准备工作。
>
> 中美两国在关系中断二十二年之后，现在在两国的关系史上就要揭开新的一幕。我们应该说这要归功于毛泽东主席和尼克松总统。当然，一定要有一个人作为先导，这个先导就是基辛格博士，他勇敢地秘密访问了中国这个所谓"神秘的国土"。这是一件了不起的事情。现在是基辛格博士第二次访问这个国土，它不应该再被认为是"神秘"的了。他是作为一个朋友来的，还带来了一些新朋友。
>
> 拿我来说，我虽然从未到过美国，但我认识不少美国朋友，美国对我来说也不是不熟悉的。很明显，我们两国的社会制度是不同的，而且我们各自的世界观——基辛格博士喜欢用"哲学"这个词——是完全不同的，但是这不妨碍我们找到共同点。中美会谈到现在已经十六年了，但还没有找到共同点，现在尼克松总统说要亲自到北京来讨论，而基辛格博士就是他的先行人

员。我们希望这些讨论将取得积极的成果。

我们两国人民是伟大的人民,我们两国虽远隔太平洋,但友谊把我们两国人民连接在一起。今年我们在接待美国乒乓球代表团之后,还接待了其他一些美国朋友。我们希望将本着一种新的精神来迎接这一新纪元。

我提议,为伟大的美国人民和伟大的中国人民之间的友谊,为基辛格博士和其他所有朋友的健康干杯。[32]

由于有了第一次会谈的基础,这一次会谈双方所谈问题又深入了一步。周恩来侃侃而谈,说明了他对整个国际形势的看法,给基辛格留下深刻印象。基辛格说:"除戴高乐以外,我不曾遇到一个领导人像他那样熟悉世界大事。他对事物了解之详细是惊人的。许多人利用细节来回避问题的复杂性,但周恩来有一种特别卓越的才能,他能抓住事物之间的相互关系。他是一个为信仰而献身的理论家。他运用他的信仰支持他度过了几十年的斗争生涯,并把他那热情的性格锤炼成为一个我所遇见的最敏锐而又能对现实冷静估价的人物之一。他不把领导工作同宣布个人的特殊爱好混为一谈。他懂得政治家不能造时势,很喜欢引用中国的一句老话:'舵手必须顺水行舟,否则会有灭顶之灾。'政治家的风格要求懂得何者不能改变,同时也要懂得在哪种范围内可发挥创造性。正是采取这种异乎寻常的方式——从未讨论共同行动——美国和中华人民共和国对全球和平与局势问题在继续不断地协调它们的做法。"[33]

基辛格这趟北京之行最重要的任务是同周恩来商谈尼克松访华公报。

会谈最初由于双方在一系列国际问题上的分歧而陷入僵局。

基辛格回忆:"我带去一份《公报》的规范文本。这种常规公报只列出双方达成协议的条文。因此线条很粗。周恩来把文本拿去研究。但第二天他来后说,这个文本根本行不通,好像双方就所有的问题达成了一致,这样我们会迷惑中美两国人民,而根据贵方这一文本达成的协议是毫无意义的。"[34]

这说明,中方否定了美方提出的公报草案。

那么,中国方面是怎样考虑这个问题的呢?征得毛泽东同意后,在周恩来主持下,提出了一个"过去从来没有过"、双方可以各抒己见的公报初稿[35]。即将双方的共同点概括在一起而将双方各自的立场、主张以及对不同国家的态度分别说明。中国方面起草的"各说各"的公报稿对案,将美方意见空出,留待美方自己写。参加起草公报稿对案的熊向晖记得:"周总理指示,就按1945年毛主席到重庆谈判时签订的'双十协定'的办法,各说各的,有共同点列出来。比如,关于中美关系正常化,我们的立场是什么?美国的立场是什么?又如,双方共同关心的问题,即印度支那问题、朝鲜问题,我们的立场是什么,美国的立场是什么?都列出来。当时,中美关系最大的问题是台湾问题。基辛格第一次来时,已经交换意见,但没有取得共同的认识。这次来时,美国已经在联合国提出了关于联合国中国席位问题的方案,其中就出现'两个中国'问题,即中华人民共和国成为联合国会员国,取得安理会的席位,同时保留所谓中华民国的席位。周总理还说,我以中国政府的名义发表声明,不管美国采取什么行动,都永远改变不了台湾是中国领土的事实。"[36]

最初,基辛格感到中方对案措辞尖锐,难以接受,但细想后,这也不失为解决难题的好方式,基辛格后来回忆:

> 这份初稿的构思是前所未有的。它以毫不妥协的词句阐述了中国对一系列问题的立场,而留下一些空白页由我们来阐述料定是相反的立场。在台湾问题上是寸步不让的。乍一看这个初稿,我大吃一惊。在总统访问结束时列举不同的观点,这是一种异乎寻常的事情;我想,这在国际上和国内也是无法接受的。但是我进一步思考,就开始看出,这种独出心裁的方式也许能解决我们的难题。阐明分歧会使盟国和朋友们放心,说明他们的利益受到了保护。如果我们能形成某些共同的立场,那么就显得很突出,表明这是坚持原则的领导人真正可靠的信念。我们就可以避免那老一套的解释,而这往往是那种典型的公报的祸根。[37]

经过反复讨论[38],基辛格接受了周恩来提出的方案,为尼克松北京之行的铺路工作圆满结束。

10月26日,当基辛格登上飞机启程回国时,又发生了一件令他始料不及的事。就在这一刻,第二十六届联合国大会以76票赞成,35票反对,17票弃权的结果,通过了阿尔巴尼亚、阿尔及利亚等23国提案,恢复中华人民共和国在联合国的一切合法权利,取消中华民国在联合国及其所属一切机构的权利。

新中国翻开了新的一页。世界也翻开了新的一页。

5

1971年11月30日，新华社授权发表公告，宣布：中美两国政府商定，尼克松总统将于1972年2月21日开始对中国访问。尼克松访问中国是世界关注的大事，稍有疏忽，就会在国际上产生不好的影响。周恩来负责主持各项准备工作，因为缺乏这方面的经验，他对涉及的宣传教育、安全保密、卫星转播等每一项具体事宜，都做了周密部署和安排，不放过任何一个细节。关于卫星转播有两个小插曲。美国记者需要通过卫星播放整个行动的实况。可是，当时中国不具备这个条件。

一天，周恩来约熊向晖来商谈这件事。他请熊向晖跟美国方面谈一谈，由他们代为租用一个卫星。中国方面照价付款。

熊向晖对美国白宫发言人齐格勒谈了这件事。齐格勒说："租用卫星需要一百多万美元，我们美国方面已经准备了一个卫星，不用中国政府付款，只要建立地面卫星站就可以。"

周恩来听到汇报后说："这不是钱的问题，而是主权问题，我们一定要租。""你就对齐格勒讲，请他为我们租一个卫星，租用期间，卫星的所有权属于中国政府，美国方面有使用权，但使用必须通过中国政府的批准，而且我们要收费。齐格勒租用卫星的价格合理，我们收费也会合理。"这里，周恩来强调的是："在主权问题上，我们一点不能让。"[39]

熊向晖把这个意见转告齐格勒时，他愣了，想了一会儿，不无钦佩地说："我从来没有碰到过这样的谈判对手。我保证租用卫星的价格一定合理，因为我知道租用费和使用费是相当的。我非常佩服你们的精明，我更佩服你们处处维护中国的尊严。""我刚刚理解基辛格博士给我讲过的话，周恩来总理是世界上罕见的令人衷心敬佩的伟大的政治家、外交家。"[40]

1972年2月21日，尼克松夫妇在美国国务卿罗杰斯、基辛格等陪同下，飞抵北京。这是美国领导人有史以来第一次出访未建交的国家。

尼克松走出机舱时发现，周恩来已经站在舷梯脚前。2月的北京依然很冷，在寒风中，周恩来显得那么坚毅，他没有戴帽子，厚厚的呢大衣掩盖不住他瘦弱的身体。

尼克松走下舷梯的一半时，周恩来带头鼓起掌来。尼克松略停一下，也按中国习惯鼓掌相报。当其他人退出镜头,两双手握在一起时,周恩来对尼克松说:"你把手伸过世界上最辽阔的海洋和我握手——二十五年没有交往了啊。"

尼克松后来回忆起当年的情景时,激动地说:"我知道,1954年在日内瓦会议时福斯特·杜勒斯拒绝同周恩来握手,使他深受侮辱。因此,我走完梯级时决心一边伸出我的手,一边向他走去,当我们的手相握时,一个时代结束了,另一个时代开始了。"

此时,周恩来的心情也很激动,二十五年了,两个国家相互隔绝,这次握手,中美之间的坚冰终于融化,新的外交格局终于形成。

当天下午,周恩来陪同毛泽东在中南海游泳池会见了尼克松。这是新中国成立后,中美两国最高领导人的首次会晤。晚间,中美举行首次大范围会谈,商讨和宣布了会谈办法和公报的形式和内容。

随后,周恩来在人民大会堂为尼克松夫妇举行了欢迎宴会。他在欢迎词中说:

> 中美两国的社会制度根本不同,在中美两国政府之间存在着巨大的分歧。但是,这种分歧不应当妨碍中美两国在互相尊重主权和领土完整、互不侵犯、互不干涉内政、平等互利和和平共处五项原则的基础上建立正常的国家关系,更不应该导致战争。我们希望通过双方坦率地交换意见,弄清楚彼此之间的分歧,寻找共同点,使我们两国的关系能够有一个新的开始。[41]

周恩来强调这段话,是有一些缘由的。事前,周恩来在检查宣传部门写的尼克松启程访华消息稿时发现,稿子中没有摘录尼克松讲的这样一段话:"当我们展望将来的时候,我们必须认识到中华人民共和国政府同美国政府之间存在巨大的分歧。将来我们之间仍将存在分歧。但是,我们必须做的事情是寻找某种办法使我们可以有分歧而又不成为战争中的敌人。"由此,他在自己的欢迎词中加进了这段话的意思。

从2月22日至25日,周恩来同尼克松进行了四次限制性会谈,就双方关心的国际形势和双边关系问题,深入、坦率地交换了意见。尼克松对周恩来印象最深刻的是:

> 他的精力充沛得惊人,在我们的一些时间比较长的会谈中,我注意到,随着时间一小时一小时地过去,听着译员低声翻译的单调的声音,双方一些

年纪比较轻的人露出了倦意,但是七十三岁的周却始终头脑敏锐,聚精会神。他从不离题,从不讲废话,也不要求休息。[42]

双方在会谈中,最关键的问题是对台湾问题的认识存在分歧。尼克松在重申美方处理台湾问题原则时,强调了两个方面:一方面认为只有一个中国,台湾是中国的一部分,不支持、不鼓励"台湾独立",逐步实现从台湾撤军等;另一方面,强调美方在政治方面仍有困难,希望在他第二届任期内完成中美关系正常化。针对尼克松的讲话,周恩来指出:"还是那句话,不愿意丢掉'老朋友',其实老朋友已经丢了一大堆了。'老朋友'有好的,有不好的,应该有选择嘛。"周恩来还说:"你们希望和平解放台湾","我们只能说争取和平解放台湾。为什么说'争取'呢?因为这是两方面的事"。[43]

对台湾问题的认识,直接影响到"联合公报"如何措辞。当时,美国方面特别担心因此影响"公报"的发表。周恩来要求起草"公报"的同志多下些功夫,要设法用双方都能接受的最佳措辞来表达。基辛格非常感动,认为中方表现出了慷慨和公正的精神。

2月26日,"联合公报"内容基本谈定后,周恩来陪同尼克松一行到杭州、上海访问。这期间,还在就一些措辞进行磋商。从北京争到杭州争到上海,一直到27日下午三时半才达成协议。

争论最多的一段,是"公报"中关于美方在台湾问题上的措辞。中方提出"台湾是中国的一个省",因为蒋介石也是这么说的。但美方坚持要改成"一部分",因为他们国内有人反对。中方同意了,因为"一个省"和"一部分"是一样的。对"这一立场不提出异议"句中的"立场"二字是美方提出的,中方认为可以。在讨论过程中,美方提出种种方案,要中国承担和平解放台湾的义务。中方说不行。中方说,你这样希望可以,但要他承担从台湾全部撤军为最终目标。有了这个最终目标,"美蒋条约"也就不存在了。根据周恩来关于"抓问题要抓关键性的"指示,中方把握的关键性问题是,要使美方尽可能明确地承认台湾问题是中国人之间的问题。

最终形成的文字,措辞巧妙,满足了双方的愿望。

中方对台湾问题的表述是:

双方回顾了中美两国之间长期存在的严重争端。中国方面重申自己的立场:台湾问题是阻碍中美两国关系正常化的关键问题;中华人民共和国政府是中国的唯一合法政府；台湾是中国的一个省，早已归还祖国；解放台湾是中国内政，别国无权干涉；全部美国武装力量和军事设施必须从台湾撤走。中国政府坚决反对任何旨在制造"一中一台""一个中国、两个政府""两个中国""台湾独立"和鼓吹"台湾地位未定"的活动。

美方对台湾问题的表述是：

美国认识到，在台湾海峡两边所有的中国人都认为只有一个中国，台湾是中国的一部分。美国政府对这一立场不提出异议。它重申它对由中国人自己和平解决台湾问题的关心。考虑到这一前景，它确认从台湾撤出全部美国武装力量和军事设施的最终目标。

美方对台湾问题表述的第一句话是基辛格提出的，受到周恩来的表扬。他说："我们挖空心思也没有想出来。这样人民的意见也表达出来了，所以博士还有博士的好处。"对起草这份公报中形成的经验，周恩来是这样总结的，他说："尼克松上台前十七年，我们一直坚持两条原则，一个是在中美两国之间实行和平共处五项原则，一个是美国从台湾海峡撤军。这就等于取消了'美蒋条约'，让中国人民自己解决台湾问题。尼克松上台以后，情况有变化，时代也在前进。我们如果还是只有原则性，没有灵活性，就不能推动世界的变化。外电评论说，这个公报是个奇特的公报，双方的原则和立场完全不同，但也找到一些共同点。前面有十一个共同点，台湾问题好像也是个共同点。但台湾问题还没有解决。所以这个文件是过去没有过的，所有外交公报都没有把双方尖锐对立的立场写出来。我们把分歧写出来，在国际上创造了一个风格。"[44]

这个风格，凝聚了周恩来的心血，体现了他处理国际问题不同寻常的智慧。

这份别具风格的"联合公报"，于2月28日在上海发表，它标志着中美关系开始走向正常化。

尼克松在回忆录中记下了令他永远难忘的中国之行：

> 回顾在中国度过的那一个星期，我感到最鲜明的印象有两个。其一是在北京观看体育表演时，观众既守纪律而又激动得近乎狂热的令人生畏的景象，它证实了我的这一信念，即我们必须在今后几十年内在中国还在学习发展它的国家力量和潜力的时候，搞好同中国的关系。否则我们总有一天要面对世界历史上最可怕的强大敌人。

>这次访问给我留下的另一个鲜明印象是周恩来无与伦比的品格。我和毛泽东会晤的时间很短，又过于正式，使我对他只能有一个肤浅的印象。可是我和周举行过许多小时的正式会谈和社交场合的交谈，所以我能看到他的才华和朝气。世界上的许多领导人和政治家往往全神贯注于某一事业或问题，周恩来却不然，他能广泛地谈论人物和历史。他的观点为他那种刻板的意识形态的框框所歪曲，然而他的知识渊博是惊人的。[45]

2月28日，尼克松结束了在中国一周的访问。这一周，正如他在上海告别宴会上所说："是改变世界的一周。"[46]

1979年1月1日，新年的第一天，经过六年多的磨合，中美两国终于正式建交。这给相隔遥远的北京和华盛顿带来了新的喜悦。用美国总统卡特的话来说：这一历史性事件"能有利于当今的世界和今后的世界"。

这一天，在北京，美国驻中国联络处主任伍德科克和夫人为中美建交举行招待会。邓小平副总理在祝酒词中说：

>在庆祝中美建交的时候，我们深切怀念生前为打开中美关系开辟了道路的中国人民的伟大领袖毛主席和敬爱的周总理。人们也自然会忆及尼克松总统、福特总统、基辛格博士、美国参众两院的许多议员先生和各界朋友多年来为促进中美关系做出的努力。对于这次中美两国最终实现关系正常化，卡特总统、布热津斯基博士和万斯国务卿做出了宝贵的贡献，对此，我们给予高度的评价。[47]

1月25日，在华盛顿，美国总统卡特就中美建交等问题对中国中央电视台记者发表谈话。卡特说：

>这是我首次有机会来向人数最多的观众讲话。我很高兴地代表我国二亿二千万人民，为我们两国人民之间能够建立起新的友好关系致以我个人的谢意。我要指出，这一机会并非仅仅是过去几个星期中，我作为我国总统同中国的华总理和邓小平副总理谈判的结果，它是多年来中国的毛主席和周恩来总理同我的前任——我国的尼克松总统和福特总统进行谈判的结果，它得到许多伟大的领导人和我们人民的广泛支持。[48]

细心的人们可以发现，这两段讲话共同谈到了一个事实，这就是，在推进中美两国建交的历史进程中，周恩来是值得提到的最重要的人物之一。

注释：

〔1〕《周恩来外交文选》，中央文献出版社1990年版，第290页。

〔2〕笔者访问日中友好协会理事长村冈久平谈话记录，2007年。

〔3〕《周恩来年谱（1949—1976)》下卷，中央文献出版社2020年版，第420页。

〔4〕笔者访问后藤淳谈话记录，2007年。

〔5〕笔者访问郑敏之谈话记录，2007年。

〔6〕笔者访问时任国家体委党组秘书的王鼎华谈话记录，2007年。

〔7〕《毛泽东年谱（1949—1976)》第6卷，中央文献出版社2013年版，第373页。

〔8〕笔者访问郑敏之谈话记录，2007年。

〔9〕笔者访问林慧卿谈话记录，2007年。

〔10〕笔者访问庄则栋谈话记录，1997年，2007年。

〔11〕笔者访问吴旭君谈话记录，1997年。文中提到的王海容，这时还不是外交部副部长，到1974年7月才任外交部副部长。

〔12〕笔者访问庄则栋谈话记录，2007年。

〔13〕笔者访问钱嘉东谈话记录，2007年。

〔14〕会谈记录见《周恩来外交文选》，中央文献出版社1990年版，第469—475页。

〔15〕笔者访问李举卿谈话记录，1997年。

〔16〕1969年3月2日至17日，中苏两国边防军在中国黑龙江省虎林县境内发生武装冲突。

〔17〕《研究周恩来——外交思想与实践》，世界知识出版社1989年版，第15页。

〔18〕笔者访问冀朝铸谈话记录，1997年。

〔19〕笔者访问基辛格谈话记录，1997年。

〔20〕笔者访问冀朝铸谈话记录，1997年。

〔21〕《建国以来毛泽东文稿》第13册，中央文献出版社1998年版，第166—167页。

〔22〕《周恩来邓颖超通信选集》，中央文献出版社2014年版，第118页。

〔23〕《周恩来邓颖超通信选集》，中央文献出版社2014年版，第119页。

〔24〕《周恩来邓颖超通信选集》，中央文献出版社2014年版，第120页。

〔25〕笔者访问基辛格谈话记录，1997年。

〔26〕[美] 亨利·基辛格：《白宫岁月 基辛格回忆录》第3册，世界知识出版社1980年版，第15页。

〔27〕笔者访问时任外交部副部长黄华的谈话记录，1997年。

〔28〕笔者访问基辛格谈话记录，1997年。

〔29〕笔者访问黄华谈话记录，1997年。

〔30〕[美] 亨利·基辛格：《白宫岁月 基辛格回忆录》第3册，世界知识出版社1980年版，第16页。

〔31〕[美] 亨利·基辛格：《白宫岁月 基辛格回忆录》第3册，世界知识出版社1980年版，第36、37页。

〔32〕冀朝铸：《从红墙翻译到外交官 冀朝铸口述回忆录》，山西人民出版社2012年版，第95页。

〔33〕[美] 亨利·基辛格：《白宫岁月 基辛格回忆录》第3册，世界知识出版社1980年版，第64页。

〔34〕笔者访问基辛格谈话记录，1997年。

〔35〕《周恩来传》，中央文献出版社2018年版，第1863页。

〔36〕笔者访问时任周恩来助理的熊向晖谈话记录，1997年。

〔37〕[美] 亨利·基辛格：《白宫岁月 基辛格回忆录》第3册，世界知识出版社1980年版，第66页。

〔38〕基辛格这次访华，在一周内同周恩来进行了10次会谈。

〔39〕《周恩来传》，中央文献出版社2018年版，第1858页。

〔40〕笔者访问熊向晖谈话记录，1997年。

〔41〕《人民日报》1972年2月22日。

〔42〕[美] 理查德·尼克松：《领导人》，新华出版社1983年版，第294页。

〔43〕《周恩来传》，中央文献出版社2018年版，第1861页。

〔44〕《周恩来传》，中央文献出版社2018年版，第1863页。

〔45〕[美] 理查德·尼克松：《尼克松回忆录》，商务印书馆1979年版，第269、270页。

〔46〕《人民日报》1972年2月29日。

〔47〕《人民日报》1979年1月2日。

〔48〕《人民日报》1979年1月27日。

32 / 艰难的抗争

1

"文化大革命"中,始终存在着"新文革"与"旧政府"的矛盾。无论是"新文革",还是"旧政府",都有它特定的历史含义。"新文革"的代表是以江青为首的"四人帮"集团,"旧政府"的代表是以周恩来为首的一批老一辈革命家。在"旧政府"同"新文革"的斗争中,周恩来从未退缩过,表现了大无畏的革命精神。

1967年夏,搞了一年的"文化大革命"仍然毫无"收"的趋势。

一些已经被打倒的"走资本主义道路的当权派",又被冠上"叛徒"的帽子,遭到更严重的摧残。周恩来敏锐地感觉到这是一场阴谋,然而,他没有想到,这股逆流正悄悄地向他袭来。当揪斗"叛徒"的狂潮席卷全国时,天津南开大学造反派在查阅旧报纸时,发现了一则消息——《伍豪等脱离共党启事》。

当他们得知"伍豪"的真实姓名时,不禁大吃一惊。

这张报纸很快送到了江青的案头。

当年,这些年轻、幼稚的红卫兵绝没有想到,这则被尘封了三十多年的启事,竟成为江青为首的"四人帮"对周恩来进行政治迫害的武器;他们也绝不会想到,这场捍卫历史真实的斗争会延续十几年。

伍豪,是周恩来在五四运动时期组建觉悟社时用过的别名。年轻时,他很喜欢这个名字,经常用它来发表文章。

伍豪事件,发生在1932年2月的上海。

当时,周恩来已于两个月前从上海秘密进入中央革命根据地。而在上海的《时报》《新闻报》《时事新报》《申报》等以及国内其他地方的一些报刊,却刊登了一则启事——《伍豪等脱离共党启事》。

这是国民党反动派制造的一场阴谋，是国民党中央党部调查科驻沪调查员黄凯和国民党中央党部调查科情报股总干事张冲合谋制造的。

1931年4月25日，中共中央政治局候补委员、负责党中央情报保卫工作的顾顺章在汉口被捕叛变投敌。顾顺章的叛变对中共中央的安全形成巨大的威胁。由于打入国民党内部的中共党员钱壮飞截获了敌人的情报，并立即通知了周恩来，周恩来采取种种保护措施才使党中央免遭破坏。可是不久，中央政治局常务委员会主席向忠发因违反组织纪律又遭逮捕，对党中央形成新的威胁，因此，在周恩来领导下的"特科"采取果断而必要的措施，切断了顾顺章可以利用的一切线索，制止了敌人更大的破坏活动。

11月底，上海各报登出顾顺章悬赏缉拿周恩来等的紧急启事，白色恐怖十分严重，周恩来等不得不离开上海赴江西革命根据地。

国民党特务机关一计未成，又施新计，以制造所谓周恩来等叛变自首的方式来达到破坏中共党组织的目的。

此事发生后，中共中央立即采取有力措施，与国民党的阴谋进行了坚决的斗争。

1932年2月22日上海的党中央首先以曲折的笔法，在《申报》上登出一则启事，否认所谓"伍豪启事"。

随后，2月27日，在上海出版的党报《实报》（代党刊《斗争》第四期）上，以伍豪的名义登出了《伍豪启事》，驳斥国民党的造谣诽谤。

为进一步揭露国民党反动派的卑鄙伎俩，党组织又通过一定的关系，找到了当时在上海开户营业的法国律师巴和，请他在《申报》上登出《巴和律师代表周少山紧要启事》。运用巧妙的措辞进行驳斥。周少山是周恩来另一个为党内所熟知的别名。

与此同时，在中央苏区，毛泽东也于2月下旬以中华苏维埃临时中央政府主席的名义贴出布告，郑重宣告："事实上伍豪同志正在苏维埃中央政府担任军委会的职务，不但绝对没有脱离共产党的事实，而且更不会发表那个启事里的荒谬反动的言论，这显然是屠杀工农兵士而出卖中国于帝国主义的国民党党徒的造谣污蔑。"[1]

本来是清清楚楚的历史，却为江青所利用。接到红卫兵送来的报纸抄件后，江青不做任何调查，于1967年5月17日给林彪、周恩来、康生三人写了一封信，把伪造启事的抄件摆到他们面前。信中写道："他们查到一个反共启事，为首的是伍豪（周××），要求同我面谈。"显而易见，这是逼着周恩来表态。

在一些小事上，江青的无理取闹，周恩来还能忍让，但是在这个大是大非的问题上，周恩来绝不会置之不理。

周恩来回到西花厅家中，把这件事告诉了邓颖超。他们认为有必要把这件事搞清楚，给历史留下一个真实的记录。邓颖超秘书赵炜回忆："那天，邓大姐让我把西花厅的工作人员都召集到一起，包括秘书、卫士、司机和厨师。邓大姐向大家简单讲了讲这件事，让茂峰去北京图书馆借来1931年和1932年上海出版的几种报纸，我们大家就不分白天黑夜地找起来。报纸太多了，堆在一起有我两个人高，而且因为是竖版，找一条一二百字的小消息挺困难。但我们没有灰心，还是坚持一张一张地翻。终于，那则启示在1932年2月20日的《申报》上找着了，邓大姐让我马上送到周总理那里。周总理很认真地阅读了这则启事，然后说'再查，还有一条消息是当时在上海的党中央反驳国民党的。'于是我们回来又查，但查遍了其他报纸都没有看到那条反驳的消息，我们很奇怪。当时我们恰恰是忘了再查查《申报》。有的同志开始怀疑有没有这条消息，因为当年周总理和邓大姐也没见到过。可周总理肯定地说：'会有的，陈云同志在延安的时候说过，是登了报的，不会错。'周总理这么一说，我们又接着查，结果真在2月22日的《申报》广告栏里查到了。那则只有四十五个字的消息是这样写的：'伍豪先生鉴：承于本月18日送来广告启事一则，因福昌床公司否认担保，手续不合，致未刊出。申报馆广告部启。'见到这条消息，周总理坦然地说：'这就清楚了。'""周总理让我请来摄影师钱嗣杰，把那些旧报纸一一拍照。"[2]

1967年5月19日，周恩来在这封信上写道："伍豪等脱离共党启事，纯属敌人伪造。只举出二百四十三人，无另一姓名一事，便知为伪造无疑。我当时已在中央苏区，在上海的康生、陈云等同志均知为敌人所为，故采取了措施。"[3]

当天夜间，周恩来根据工作人员查阅的资料，给毛泽东写了一封信[4]，全文如下：

主席：

连日因忙于四川和内蒙问题，并同内蒙军区请愿战士分批谈话，直到今天才抽出一天工夫翻阅上海各报，江青同志也于昨日转来各件，现在弄清楚了所谓"伍豪等启事",就是一九三二年二月十八日的伪造启事,它是先在《新闻报》二月十八日登出的。登后,同天,上海临时中央方面就向申报馆设法,结果,《申报》二十日、二十一日登出伪造的启事,二十二日登了广告处给伍豪先生另一广告启事的拒登回答,大概这是当时所能做到的公开否认伪造启事的办法。我在记忆中,有通过申报馆设法否认的处置,但结果不明,十六日午间已向主席这样说了。不过我原来将伪造的伍豪启事记在通缉杀人凶犯周恩来、赵容(即康生)之前,现在证明是我记错了,查遍一九三一年顾顺章、向忠发相继叛变后的上海各报,并无另一个所谓伍豪启事,而红卫兵也未发现另一启事。可见在我记忆中的伪造启事和通过申报馆设法的处置,均在我到江西后发生的,所以我只能从电报和来信中知道,也就不全了然了。

现在,把四中全会后与此有关的编为大事记送阅,同时,送上报道最详的上海《时报》一九三一年十一月、十二月合订本一册,《申报》一九三二年一月、二月合订本两册,请翻阅。

此事需否专写一报告,待主席、林彪、康生、江青各同志传阅送上各件后,请再约谈一次,好作定夺。

敬礼!

周恩来五月十九日夜

毛泽东看了周恩来送来的信和材料后,在上面批道:"送林彪同志阅后,交文革小组各同志阅,存。"

对江青等借机诬陷的做法,周恩来丝毫不畏惧,在一些场合予以反击。这年9月1日,在北京市革委会扩大会议上,他当着江青、陈伯达、康生、张春桥等人的面,尖锐地指出:"我知道有些人专门对我进行研究,把我历史上多少年的东西都找出来。我感谢他们,如果是'好意'给我提出来的话。现在算起来,1922年入党[5],四十六年了。这四十六年里是犯了不少错误,说了不少错话,写了不少错误的文章。但是,我最终是跟着毛主席走的!今天,我的工作岗位和所负责的工作总还要我本人去做,一刻不能休息,不能袖手旁观,所以,我还是要干下去。现在我申明,对某些人的'帮助',我欢迎,只要他是善意的。但是,如果拿不存在的问题来要挟,来煽阴风、点鬼火,搞阴谋活动,那我是坚决反对的。"[6]

12月22日,北京大学历史系一学生又给毛泽东写信,反映他在1932年的《国文周报》《申报》《时事新报》上发现《伍豪等脱离共党启事》的材料。毛泽东批道："此事早已弄清，是国民党造谣污蔑。"[7]

后来，毛泽东请周恩来在适当的会议上，给同志们讲一讲，录下音，存入档案，使后人了解此事。

然而，毛泽东的证明和保护，仍挡不住江青等的陷害。

1967年10月，江青在北京钓鱼台接见吴法宪时，指着载有"伍豪启事"的材料说："我这里什么人的材料都有。"1968年5月，上海档案馆的造反派又将诬蔑周恩来的材料密封起来交给吴法宪。

为此，周恩来又做了多次严正声明，驳斥江青的谎言。

1972年夏天，中央召开批林整风汇报会，根据毛泽东的意见，把关于《伍豪等脱离共党启事》问题列入了这次会议的议程。

6月13日，陈云在批林整风汇报会小组会上发言指出："我当时在上海临时中央，知道这件事的是康生同志和我。对这样历史上的重要问题，共产党员要负责任，需要对全党、全世界共产主义运动采取负责的态度，讲清楚。这件事完全记得是国民党的阴谋。"

同一天，陈云还写了书面发言，说："我现在书面说明，这件事我完全记得，这是国民党的阴谋。"[8]

6月23日，在批林整风汇报会的最后一次全体会议上，周恩来就这个问题做了专题报告。他对1932年国民党特务伪造"伍豪启事"的情况作了详细的说明，他说1967年5月19日，曾就此事专门给毛泽东写了报告，并公布了毛泽东1968年1月16日为此写的批示。周恩来在会上宣布：根据毛泽东的意见和中央政治局的决定，会后将把这个报告的录音、录音记录稿以及有关文献资料存入中央档案，并发各省、市、自治区各存一份，便于党内都能了解这件事的真相。

这份记录稿后来一直存放在总理办公室保存，周恩来没有在记录稿上签字。

1975年9月20日，周恩来病重，要进行第四次大手术。在西花厅家中守候的秘书赵炜突然接到电话，说周恩来要看关于"伍豪事件"的文件，让她赶快送过去。

为什么呢？赵炜回忆："来不及多想了，那边在催我，说周总理已经打了麻醉药却不肯进手术室，就等着这份记录稿呢。我从总理办公室取出这份记录稿，匆匆忙忙向医院赶去，好在三〇五医院离中南海不远，没一会儿工夫我就赶到了周总理身边。当时，周总理正躺在推车上，边上站着邓大姐和一些工作人员。见到我来了，工作人员就把周总理扶起来，我们拿了一块木板托在他的面前，然后把这份记录稿放在木板上。这时，周总理就以一种半坐的姿势，用颤抖的手在报告上签了他的名，同时还注明：'于进入手术室（前），1975.9.20'。签完字，周总理说了一句：'我签了字，就算是办完了这件事。'说完，周总理就把文件递给邓大姐，邓大姐又交给我。周总理马上被护士推走了。"〔9〕

这是周恩来对自己政治生命的最后捍卫！

2

一缕轻柔的光穿过窗帘的缝隙钻进病房中，昏睡中的周恩来突然惊醒。站在一旁的方医生赶忙俯下身问他："总理，您怎么了？"

周恩来吃力地睁开眼，蒙眬中看见了方医生，他才悟到自己躺在病床上，不禁轻轻地叹了一口气。

"总理，您不舒服吗？"方医生一边问，一边为他擦去额头的汗水。

"不！"他对方医生说，"我做了一个梦，梦见陈老总站在悬崖边，他脚下一滑，我没有拉住……"〔10〕

原来，周恩来又在思念他的战友了。

或许，因为陈毅走得太匆忙，太不应该；或许，周恩来因为没有保护好陈毅而深感内疚；或许，周恩来认为他再见陈毅的日子已经不远……

"文化大革命"中，陈毅是林彪、江青一伙进行残酷迫害的对象之一，也是周恩来竭尽全力保护的对象之一。

1967年2月16日，周恩来在怀仁堂主持由部分中央常委、国务院副总理、军委副主席及中央文革小组成员参加的讨论党政业务的会议，又被称为中央碰头会。这天的会议，本来是要讨论业务工作，但是，那天会场的气氛却很紧张，犹如一场风暴即将来临。交战的双方阵线很清楚，一方是身经百战、功勋赫赫、身怀正气的老帅们；一方是心怀叵测的中央文革小组张春桥等人。

这是"文化大革命"发生以来，聚积已久的矛盾的大爆发。

"文化大革命"开始不久，林彪、江青反革命集团就暴露出夺取政治权力的野心，四处煽风点火，号召踢开党委闹革命、揪斗老干部，在军队中制造混乱。

许多经历了几十年斗争考验的老同志、老军人忧心如焚。其中，代表人物是"三老四帅"。"三老"指国务院系统的谭震林、李富春、李先念；"四帅"指军队系统的老帅陈毅、聂荣臻、徐向前、叶剑英。

聂荣臻回忆："当时我们这些人对'文化大革命'中的一些做法认为是错误的，如红卫兵搞大串联，把正常的社会秩序搞乱了；到处号召人们造反，工厂、农村的生产日益下降，甚至停顿；各级领导机关的工作都无法正常进行；尤其是林彪、'四人帮'对老干部一个一个都要打倒，这些老干部是与我们共同战斗过来的，互相了解，诬蔑他们是叛徒、特务，我们是决不能同意的。后来，林彪、'四人帮'又把'文化大革命'的火引向军队，企图把军队也搞乱。对红卫兵小将，先是利用他们把水搅浑，又反过来整他们，定为反革命，不少人被抓了起来。在他们的挑动下，全国各地武斗频繁，人民的生命财产损失严重。祖国处于危难之中。一切正直的共产党员面对这些问题，不可能不深思，焦虑，为国家民族的前途担忧。"[11]

双方围绕军队要不要稳定，运动要不要党的领导，老干部该不该统统被打倒等问题逐步展开斗争。

早在这年1月11日，周恩来主持召开中央政治局会议，在会上谈到外面有很多关于贺龙的大字报问题。徐向前、叶剑英、朱德等相继发言，强调要维护军队的稳定。随后，中央军委发出改组全军文革小组的通知，决定成立新的全军文革小组，由徐向前任组长，萧华、杨成武、王新亭、徐立清、关锋、谢镗忠、李曼村任副组长，江青为顾问。新成立的全军文革小组在中央军委和中央文革小组的直接领导下进行工作。

但是不久，矛盾就爆发出来。

1月19日，中央军委在京西宾馆开碰头会，因为有中央文革小组的人参加，实际上开成了军委扩大会议。这次会议主要是讨论军队的"文化大革命"问题，即要不要搞"四大"——大鸣、大放、大字报、大辩论。会上，叶剑英、聂荣臻、徐向前同江青、陈伯达等争论起来。徐向前回忆："他们认为军队不能搞特殊，应和地方上一样，开展'四大'。我们则认为军队是无产阶级专政的柱石，战备任务很重，和地方不同，不能搞'四大'。争来争去，相持不下。"

在会上，叶群掏出一份批判总政治部主任萧华的发言稿，说萧华反对林彪，破坏"文化大革命"。江青、陈伯达也大骂萧华"把部队工作引导到资产阶级轨道上去了"，"与中央文革小组唱对台戏"等；并责令他当晚到工人体育场召开的十万人大会上做检查。叶群、江青等的目标，不仅是针对萧华，也是针对陈毅、叶剑英、贺龙、徐向前等四位老帅。如徐向前所说："这次'批萧'，是江青、叶群等人会前预谋的，对我们搞突然袭击。因军委从未讨论过批判萧华的问题。"[12]

会后，叶剑英将情况报告毛泽东、周恩来。毛泽东不同意开萧华的批斗会。周恩来给叶剑英打电话说："没有我的命令，萧华不能去大会做检查。"[13]因为毛泽东、周恩来的干预，江青等的预谋未能得逞。

第二天，军委碰头会继续进行。会上，江青等又提出，军队应该发动群众搞"四大"。这激起了叶剑英等老帅们的愤懑，坚决反对江青的意见。他们说："党政机关都已经搞乱了，不能再把军队搞乱。"徐向前尖锐地质问江青等："我们带兵的人，军队干部跟我们打仗，难道我们还不了解吗？"说到激愤处，他一掌拍在茶几上，把茶杯盖震落在地。叶剑英说："萧华是我保护起来的，如果有罪，我来承担！"他连连用拳头捶击桌子，因用力过猛，手掌骨被震裂。[14]

这件事被称为"大闹京西宾馆"。

这时，因"夺权"斗争造成的混乱局面，正在向全国蔓延。军队很多高级干部被随便抓走，被任意抄家、体罚，有些机关处于半瘫痪或瘫痪状态。徐向前、聂荣臻、叶剑英等先后向林彪反映情况，认为需要发出新的指示，使"文化大革命"正常有序地开展。他们经与周恩来、陈毅、中央文革小组共同讨论后，形成中央军委命令稿，共七条。1月25日，林彪向毛泽东报送了这个命令稿。

对这个命令稿，毛泽东修改了多次，并补充了内容，最后确定为八条命令，于1月28日颁布。"八条命令"的主要内容是：必须坚决支持真正的无产阶级革命派；一切指战员、政治工作人员、勤务、医疗、科研和机要工作人员，必须坚守岗位，不得擅离职守；严格区分两类矛盾，不允许用对待敌人的方法来处理人民内部矛盾；不允许无命令自由抓人，不允许任意抄家；不许冲击军事领导机关；不准串联；军以上机关分期分批进行"文化大革命"；干部特别是高级干部要严格管教子女等。

为贯彻中央军委八条命令，周恩来做了大量阐释和说服工作。

由于各方面的工作压力、长期的过度疲劳，周恩来的健康出现新的情况。2月2日，经医生会诊，查出周恩来有心脏病。周恩来嘱咐工作人员，不要向外透露他的病情。工作人员非常焦虑，无奈，由秘书赵茂峰代表大家写了一张大字报，并贴在了他办公室的门上。

大字报是这样写的：

周恩来同志：

我们要造你一点反，就是请求你改变现在的工作方式和生活习惯，才能适应你的身体变化情况，从而你才能够为党工作得长久一些，更多一些。这是我们从党和革命的最高的长远的利益出发，所以强烈请求你接受我们的请求。

周恩来、邓颖超身边工作的人员以及凡是到西花厅来的领导同志都在上面签了名，表示支持。

邓颖超在大字报下补充了几点希望：

力争缩短夜间工作时间，改为白天工作；开会、谈话及其他活动时间，应稍有间隙，不要接连工作；每日节目规定应留余地，以备临时急事应用；从外面开会、工作回来后，除非紧急事项，恩来同志和有关同志之间希望不要立即接触，得以喘息；学会开会要开短些，大家说话要简练些。恩来同志坚持努力实践，凡有关同志坚持大力帮助。

周恩来看后笑了笑，在大字报上面亲笔写了八个字："诚恳接受，要看实践"。
秘书赵炜说：这张"文化大革命"中不同寻常的大字报，"对周总理的'威慑'却一点不大，他依旧不分白天黑夜地开会、接见、找红卫兵谈话，回来后还要面对那一摞摞待批的文件。后来周总理跟我们解释说：'我不能休息呀，你们看，这么多的文件都等着我批，这么多的事都等着我办，我能休息吗？'"〔15〕

周恩来说的都是实情，很多急迫的需要处理的问题不断地摆到他的面前。

党内、军内健康力量同江青等人的斗争还在继续。

继陈毅等老帅们就军队如何开展"文化大革命"等问题同江青等人发生冲突，"大闹京西宾馆"之后，又发生了"大闹怀仁堂"事件。

从２月上旬开始，为及时处理"文化大革命"中全国各方面出现的一些重大问题，中央决定，由周恩来主持，每两三天召开一次中央碰头会。出席会议的有周恩来、李富春、陈毅、叶剑英、徐向前、聂荣臻、谭震林、李先念、余秋里、谷牧；陈伯达、康生、张春桥、姚文元、王力、关锋等。会场座位的情况很有意味，聂荣臻回忆："周恩来同志主持会议，当然每次都坐在会议桌的头上。我们几个，陈毅、叶剑英、徐向前、李富春、李先念、谭震林、余秋里、谷牧同志和我等，经常很自然地坐在桌子的这一边。而陈伯达、康生、张春桥、姚文元、王力、关锋、戚本禹等所谓'文革派'成员也自然地凑到一起，坐在桌子的另一边。真可以说是'两军对垒，阵线分明'。"[16]

老同志与陈伯达、张春桥等矛盾十分尖锐，终于在2月16日发生了"大闹怀仁堂"的斗争。

2月16日那天，周恩来在怀仁堂主持中央碰头会，原本是要讨论国务院各口抓革命、促生产问题，但实际上，话题转到了要不要党的领导，老干部应不应该都打倒，军队要不要稳定等问题上。老帅们对"文化大革命"以来的许多做法表示了强烈的不满，同陈伯达、张春桥等展开了新一轮面对面的斗争。

谭震林首先拍案而起，他对着张春桥质问："为什么不让上海市委书记陈丕显来北京？"张春桥说："要回去同群众商量。"谭震林气愤地说："不要党的领导，一天到晚老是群众自己解放自己，自己教育自己，自己闹革命。这是什么东西？这是形而上学。你们的目的，就是要整掉老干部，你们把老干部一个一个打光，我砍脑壳，坐监牢，开除党籍，也要斗争到底。"他还说，"这一次是党的历史上斗争最残酷的一次，超过历史上任何一次。"说完，就要拂袖而去。

周恩来把他叫了回来。陈毅说："不要走，要留在里边斗争。"陈毅还讲道，"延安整风时，有些人拥护毛泽东思想最起劲，挨整的是我们这些人。历史不是证明了谁是反对毛主席吗？以后还要看，还会证明。斯大林不是把班交给了赫鲁晓夫，搞修正主义吗？"余秋里也按捺不住心头的怒火，拍桌子说："这样对老干部，怎么行！计委不给我道歉，我就不去检讨！"李先念说："就是从《红旗》十三期社论[17]开始，那样大规模在群众中搞两条路线斗争，还有什么大串联，老干部统统打掉了。"周恩来听到这里，责问陈伯达等说："《红旗》第十三期社论，这么大的问题，你们也不跟我们打个招呼，送给我们看看。"[18]

怀仁堂的这场斗争，被江青等攻击为"资产阶级复辟逆流"，后来被称为"二月逆流"。

周恩来内心十分震撼，也十分忧虑。为了保护陈毅、谭震林等人，会议结束后，周恩来没有像以往那样立即去向毛泽东汇报。他在考虑究竟用什么方式去报告，才能有效地处理好这个问题。

然而，当天晚上十点，张春桥等抢先向毛泽东作了口头汇报，并把会后整理的怀仁堂会议发言记录送给了毛泽东。汇报中，张春桥特别提到，周恩来对《红旗》第十三期社论没有送他审查有意见。毛泽东说："党章上没有规定社论要经过常委讨论。"他让张春桥找周恩来谈一次话，要把中央文革小组当成书记处看待，党和国家的重大问题，要先提到文革小组讨论。[19]

毛泽东在怀仁堂会议发言记录上没有批示更多的意见，只写了六个字："退陈伯达同志。"但实际上，毛泽东非常生气，特别是陈毅的发言，触到历史上一些敏感问题。

谭震林在怀仁堂会议后的第二天，给林彪写了一封信，信中说：江青等人"有兴趣的是打老干部，只要你有一点过错，抓住不放，非打死你不可"。"他们能当政吗？能接班吗？我怀疑。""我想了好久，最后下了决心，准备牺牲。但我绝不自杀，也不叛国，但决不允许他们再如此蛮干。""这个反，我造定了，下定决心，准备牺牲，斗下去，拼下去。"

林彪看后把这封信转给毛泽东，并在附信中说："谭震林最近的思想竟糊涂堕落到如此地步，完全出乎意料之外。"

毛泽东阅后，只写了十二个字："已阅。恩来同志阅，退林彪同志。"[20] 但是很明显，这封信更加激怒了毛泽东。

2月19日清晨，毛泽东主持召开中央政治局会议。周恩来、李富春、叶剑英、李先念、康生、谢富治、叶群（代表林彪）等出席。毛泽东在会上对谭震林、陈毅等进行了严厉的批评，他说：

> 你们在怀仁堂会议上联合起来，搞突然袭击，向中央文革小组发难，你们究竟想干什么？这无非是搞宫廷政变，想让刘少奇重新上台。中央文革小组执行八届十一中全会精神，错误是百分之一二三，百分之九十是正确的。谁反对中央文革，我就坚决反对谁！你们是想反对"文化大革命"，那办不到！如果"文化大革命"失败了，我和林彪撤出北京，再上井冈山打游击。[21]

会议决定，谭震林、陈毅等"请假检讨"。

此时，周恩来内心十分复杂，尽管他从心里支持老帅们的意见，但毛泽东已明确表示支持中央文革小组，并且言辞激烈，处理不当会严重影响党内团结，甚至出现分裂。从维护大局角度考虑，周恩来把责任担到自己身上。他对毛泽东说："在怀仁堂会议上，几位老同志对'文化大革命'不理解，发了脾气，这主要责任在我。"周恩来的自我检讨，并没有缓解毛泽东的怒气，他建议对这件事要认真开会讨论，一次不行就开两次，一个月不行就开两个月，政治局解决不了了，就发动全体党员来解决。[22]

从 2 月 25 日至 3 月 18 日，根据毛泽东的意见，在怀仁堂召开了七次"政治生活批评会"，对谭震林、陈毅、徐向前、聂荣臻、李富春、李先念、叶剑英进行批评。

会前，周恩来同这"三老四帅"[23]商量对策及"过关"的办法，建议他们："要心安气静，吃好睡好，不要住院，要与他们奉陪到底；要坚守自己的岗位，一定要抓工作，自己的岗位绝不放弃，放弃阵地就是退却、逃兵；该检查的就检查，要讲点策略和斗争艺术，不要匹夫之勇。"

周恩来说："这样做并不是怕谁，过去打天下时，为了人民，可以把生死置之度外，现在为了把住人民所给的权力，受点侮辱、批判又算得了什么？"[24]

在周恩来的耐心劝导下，"三老四帅"在会上做了检查，同时顶住了江青等的恶毒攻击。周恩来也在会上做了检查。

此后，中央政治局停止了活动，原来由周恩来主持、各副总理及有关负责人参加的处理党和国家大事的中央碰头会，被中央文革碰头会取代。

周恩来曾在 2 月 16 日怀仁堂会议后宣布，不准将会议的内容泄露出去，张春桥等却无视他宣布的纪律，歪曲事实，将会上的情况散布了出去。这使老同志们的日子更不好过，周恩来的处境也更加困难。

1967 年 8 月初，一些造反派追随江青一伙公开对抗周恩来的指示，在批判陈毅的会场上公开打出"打倒陈毅"的大标语。那时，为了避免意外，几乎每次批斗陈毅的会，周恩来都要参加，想方设法保护。那天，周恩来站在灼热的阳光下，执意不肯进去，直到造反派把标语摘下来为止。

在陈毅处境最危难的时候，周恩来曾警告造反派：谁要在路上拦截陈毅同志的汽车，我马上挺身而出；你们今天要冲会场，我一定出席，并站大门口，让你

们从我身上踏过去！〔25〕

这种情景不止发生一次。据当时在周恩来身边警卫的高振普回忆："周总理几乎每当陈毅挨斗时，他都陪着。""偶尔因工作离不开时，只要得到消息，他就会立即派人前往保护。""有一次，周总理在钓鱼台开会，有报告说，陈老总在批判会上被学生们围住了，他的汽车轮胎被放了气。看样子，他们有绑架陈老总的势头。总理听后很生气，走出会场，面向着国际饭店的方向问：'这次会事先怎么不知道？'秘书报告说，是造反派临时定的。总理指示再派一些人去，一定要把陈老总保护起来。于是八三四一部队赶到会场，大声宣布，是周总理派来接陈老总的，你们必须放人。就这样，边喊边冲进会场，请陈老总上了吉普车。陈老总在车上说：'你们不该报告周总理，他太累了，我的事不要再分他的心。'说着说着，陈老总掉下了眼泪。"〔26〕

虽然有周恩来的全力保护，但是，陈毅对形势忧虑，心情十分郁闷，终于病倒了。

1971年，九届二中全会结束后不久，陈毅住院时发现肠子出了问题。直到这时，周恩来才接到报告，获悉陈毅患急性盲肠炎，请示是否开刀。高振普回忆："总理听后，放下手中文件，很生气地说，紧急的病由医生决定，为什么还请示。说后，就派他的保健医生到医院，亲自了解陈老总的病情，并及时向他报告。总理怎么想的他没说，从大夫报告陈老总的病情看，总理派大夫去医院是从多方面想的。医院是按盲肠炎开的刀，开刀后确诊是结肠癌，于是又扩大刀口。虽然采取了应急措施，但对病人总是一个不小的损伤。手术后不久，周总理到医院看陈老总，还做了检查，说是没关照好，使陈老总多受了一刀。"

后来，陈毅转到日坛医院进行后续治疗。高振普说："总理多次去看望陈老总。他不仅仅是看望，更多的是向陈老总通报一些国际、国内的事情，更多的是内部的事情。"

这年9月，发生九一三事件，林彪及其党羽折戟沉沙，阴谋破产。陈毅脸上露出胜利的笑容。但是，他的病情却急剧恶化。

1972年1月6日，陈毅不幸病逝。1月8日，周恩来赶到三〇五医院向陈毅遗体告别。或许他梦中惊醒的正是这一刻，他没有能够拉住陈毅，任他撒手而去。望着安详的陈毅，周恩来不禁泪水盈眶……

保护陈毅，只是周恩来在"文化大革命"中同林彪、江青反革命集团斗争的一个典型事例。为了保护一大批老干部,他进行了艰苦卓绝的斗争,付出了大量心血。

一位"文革"中幸免于难的老同志说:"在十年动乱中,敬爱的周总理想方设法保护许许多多老同志,使他们免遭迫害和残酷折磨。尤其令人感动的是,总理已身患重病,还关心他人比关心自己为重。作为受到保护的幸存者之一,每当我回忆及此,感激之情,难以描述,唯有不断鞭策自己,以周总理为榜样,为党为人民努力工作,一息尚存,此志不渝。"

3

林彪事件,为周恩来解放"文革"初期被打倒的一大批老干部创造了条件,而陈毅逝世后,毛泽东亲临追悼大会,又为周恩来解放干部的工作带来了新的转机。

陈毅追悼会原定由中央军委出面组织,只请内宾,不请外宾,由叶剑英致悼词。得到毛泽东要参加追悼会的消息后,周恩来迅即决定提高追悼会的规格,邀请柬埔寨西哈努克亲王和夫人参加陈毅追悼会,同时,宋庆龄、叶剑英、李先念、徐向前、聂荣臻、郭沫若等也参加了追悼会。周恩来在追悼会上致悼词。

追悼会开始前,毛泽东对陈毅夫人张茜等人说:"陈毅同志是一个好人,是一个好同志。他为中国革命、世界革命作出贡献,立了大功劳的,这已经做了结论嘛。"

谈话中,毛泽东还提到邓小平,指出邓小平的问题属于人民内部矛盾。

这是一个极其重要的信息,周恩来当场示意陈毅的子女将毛泽东这些对进一步解放老干部有着特殊意义的评价传播出去。这一做法,为邓小平重新复出做了广泛的舆论准备。

邓小平因"文革"初期被定性为"党内第二号走资本主义道路的当权派"而被打倒。他同刘少奇、朱德、陈云、陶铸、王震、罗瑞卿、徐海东、张闻天、王稼祥等,是在1969年林彪的"一号通令"下达后,于三天内被分别遣送出北京的。

邓小平一家被转移到江西。

周恩来深知这些人被遣送出北京将意味着什么,他在力所能及的范围内给予了最大的关怀,同林彪、江青反革命集团迫害老干部的做法进行了巧妙的斗争。

1969年10月18日上午,周恩来亲自给江西省革委会核心领导小组办公室打电话,叮嘱接电话的核心领导小组办公室主任程惠远:"中央决定中央的部分首长要到下面去接触接触实际,也适当参加一些劳动,向群众学习。到江西的有陈云同志,带一个秘书、警卫员和炊事员;还有王震同志夫妇,全家去江西——他们都是六十多岁的人了,劳动也不行——从北方一下子到南方也不习惯,你们要适当注意关心他们的生活。"

在电话中,周恩来也提到邓小平:"邓小平夫妇也到你们那里去。""毛主席不是在九大说过吗?邓小平的问题和别人不同。他下去是到农村锻炼。当然,这些人也不能当全劳力使,也是六十多的人了,身体也不大好。"

当听说江西方面准备把邓小平夫妇安排到赣州时,周恩来没有同意,他说:"那里离南昌市太远,是山区,交通又不方便,条件很差,他已经是六十几岁的老年人了,得个病怎么办?"周恩来做了详细具体的指示,"我的意见应该把他安排到南昌附近,便于照顾。最好让他们夫妇住一栋两层小楼,楼上他们夫妇住,楼下是工作人员住。当然了,最好是独房独院,还能在院里做些活动,又安全。"[27]

这些指示,对于当时江西革委会的一些负责人是有一定威慑作用的。

邓小平被安排在南昌市郊的新建县拖拉机修配厂劳动,住在厂子附近的望城岗福州军区南昌步兵学校原校长徐光友少将的房子,这座房子被称为"将军楼"。

1970年,周恩来飞江西庐山参加九届二中全会,他对保健医生张佐良说了一句意味深长的话:"这里(指江西)现有我两个熟人,一个是你的同行,另一个是我的同行,叫邓小平,现在南昌附近住。"

周恩来为什么讲这段话,他在想什么,很难考证清楚,但至少可以断言,周恩来心中还在惦记这个在旅欧时就如同自己小弟弟般的邓小平;至少可以看出,邓小平在他心中并不是"党内第二号走资本主义道路的当权派"。

1971年下半年,林彪反革命集团被粉碎。

1972年初,毛泽东在陈毅追悼会上的讲话为解决邓小平问题提供了条件。

这年8月3日,邓小平给毛泽东写信,揭发批判林彪、陈伯达,并再一次提出请求工作的要求[28]。他在信中写道:

我总想有一个机会，从工作中改正自己的错误，回到主席的无产阶级革命路线上来。我觉得自己身体还好，虽然已经六十八岁了，还可以做些技术性的工作（例如调查研究工作），还可以为党、为人民工作七八年，以补过于万一。〔29〕

8月14日，毛泽东在这封来信上批示：

请总理阅后，交汪主任（指汪东兴——作者注）印发中央各同志。邓小平同志所犯错误是严重的。但应与刘少奇加以区别。（1）他在中央苏区是挨整的，即邓、毛、谢、古四个罪人之一，是所谓毛派的头子。整他的材料见《两条路线》《六大以来》两书。出面整他的人是张闻天。（2）他没历史问题。即没有投降过敌人。（3）他协助刘伯承同志打仗是得力的，有战功。除此之外，进城以后，也不是一件好事都没有做的，例如率领代表团到莫斯科谈判，他没有屈服于苏修。这些事我过去讲过多次，现在再说一遍。〔30〕

然而，由于"四人帮"的干扰，邓小平复出的工作并不顺利。毛泽东指示下达后，周恩来做了进一步努力。

12月18日，周恩来致信纪登奎和汪东兴。信中说："谭震林同志虽有一时错误（现在看来，当时大闹怀仁堂是林彪故意造成打倒一批老同志的局势所激成的），但还是好同志，应该让他回来。"信中，还要纪、汪二人考虑邓小平同志要求做点工作，说主席也曾提过几次。"〔31〕

12月27日，纪登奎、汪东兴就谭震林、邓小平工作安排一事写信给周恩来，提出将谭震林调北京安排工作；邓小平仍任副总理，分配适当工作。周恩来回复他们，谭震林的事可以先办，邓小平的事待请示毛泽东后再定。〔32〕为贯彻毛泽东的指示精神，妥善处理邓小平的问题，中央政治局几次召开会议，进行了认真的讨论，决定："恢复邓小平同志的党的组织生活，恢复他的国务院副总理的职务，由国务院分配他担当适当工作。"〔33〕

在毛泽东和周恩来的关怀下，到江西劳动三年之久的邓小平终于踏上返京的路程，于1973年2月22日回到北京。

邓小平的复职和回京，使周恩来肩上的压力减轻了一些。

3月9日，周恩来做了两件事：一是就邓小平复职问题给毛泽东写了一封信，信中说："政治局认为需要中央作出一个决定，一直发到县团级党委。"毛泽东看后，批示"同意"。中共中央于3月10日发出《关于恢复邓小平同志的党的组织生活和国务院副总理的职务的决定》。另一件事是主持召开了政治局会议，在会上谈到自己去年5月18日被确诊患有膀胱癌以来，病情有所发展，出现便血的情况。他决定向政治局请假两个星期，到玉泉山检查身体。他建议这个期间，政治局会议和报告由叶剑英主持和签署。同时，他还建议，抓紧解放干部的工作，由纪登奎、李德生、汪东兴提出先易后难的方案，送政治局讨论。

回到北京的邓小平十分挂念对他亲如兄长的周恩来。他和夫人卓琳多次到玉泉山探望周恩来，同他亲切地交谈。

3月29日，周恩来和邓小平一起到毛泽东处谈话。毛泽东握着邓小平的手说："努力工作，保护身体。"[34]

当天，周恩来主持中央政治局会议，议定邓小平"正式参加国务院业务组工作，并以副总理身份参加对外活动；有关重要政策问题，小平同志列席政治局会议参加讨论"。[35]

邓小平复出，周恩来总算透了一口气。他不仅在维系国家正常运转方面有了一个得力的帮手，同时，在同"四人帮"的斗争上又增添了一份重要的力量。

4

1974年6月1日，周恩来告别西花厅住所，住进中国人民解放军三〇五医院。周恩来医疗组是由卫生部牵头，集中了北京、上海、天津等各大医院泌尿、外科、心血管等方面的著名专家，如吴阶平、方圻、吴蔚然、熊汝城、虞颂庭等。对医疗组的工作，在周恩来去世后，邓颖超有一段评价："这些同志，他们政治上是可靠的，医疗技术是我们国家第一流的。他们受到了党中央的最大信任和委托，对恩来的病做了精心的多方面的治疗和护理，不分昼夜，废寝忘食，尽了最大的职责。他们的革命精神和工作态度是十分感人的。恩来生前多次对他们表示由衷的感谢。"[36]

入院的当天，周恩来做了第一次大手术。手术后，病情有所好转。8月上旬，周恩来的病情出现反复。医疗组会诊后,确诊为癌症转移。报中央政治局同意后,决定对周恩来进行膀胱镜检查,并进行了第二次大手术。

手术后,周恩来的病情一段时间比较稳定。但国内形势却并不稳定。

1974年国庆节刚刚过,毛泽东提出筹备四届人大,酝酿国家机构人事安排的意见。他的秘书从外地打电话告诉主持中央日常工作的王洪文:毛主席提议由邓小平出任国务院第一副总理,并要王洪文告诉周恩来。

王洪文没有立刻向周恩来传达毛泽东的指示,而是把电话内容先告诉了江青、张春桥和姚文元。

毛泽东的意见对江青等来说,无疑是一个沉重的打击。他们加快了抢班夺权的步伐。

10月中旬,江青利用新华社《国内动态清样》反映"风庆轮问题"的报道,致信中共中央政治局成员,诬蔑"交通部确有少数崇洋迷外,买办资产阶级思想的人专了我们的政";"这种洋奴思想,爬行哲学,不向它斗争可以吗?""政治局对这个问题应该有个表态,而且应该采取必要的措施"。[37]

1974年,中国远洋运输总公司组织处副处长李国堂和宣传干事顾广文,奉命到"风庆轮"协助首次远航欧洲的工作,李国堂任政委,顾广文为政治干事。"风庆轮"开船后,"四人帮"的爪牙却大做文章,给李国堂、顾广文扣上"崇洋媚外""卖国主义"的帽子。实质上,他们的矛头直接指向周恩来,指向国务院。李国堂、顾广文不同意他们的意见,解释说国务院和交通部一向支持国内造船工业,但目前在国内造船工业还不能满足远洋运输的情况下,从国外适当买进一批船是完全必要的。李国堂、顾广文的态度激怒了江青一伙,他们在上海的亲信为此写了一封一万多字的信,诬蔑李国堂、顾广文是"假洋鬼子","代表了一条修正主义的路线"。江青和王洪文等在信上批示,要求交通部必须对李国堂严肃处理,并将情况报中央。

国庆节前夕,"风庆轮"返回上海后,李国堂、顾广文受到批判。江青一伙还在报纸上大做文章,对其极尽诬蔑之能事。

在10月17日召开的中央政治局会议上,江青等大闹政治局会议,有预谋地围攻邓小平,说"风庆轮"是"卖国主义",逼迫邓小平表态。邓小平愤然退场,江青恼羞成怒。

10月18日,江青等让王洪文飞长沙,向正在那里的毛泽东状告周恩来、邓小平。王洪文对毛泽东说:"北京现在大有庐山会议的味道。"还说周恩来虽然有病,但昼夜都在忙着找人谈话,经常去总理那里的有邓小平、叶剑英、李先念等。

毛泽东并没有听信王洪文的诬告,他批评了王洪文,要他不要同江青搞在一起,回京后同周恩来、叶剑英等谈一谈。

周恩来在北京加紧了解了"风庆轮事件"的原委,了解到这件事并不像江青他们讲的那样。周恩来敏锐地察觉,这是他们计划好了要整邓小平,阻挠他出任第一副总理,因此,周恩来约王海容、唐闻生谈话,请她们把真实情况报告毛泽东。

王海容、唐闻生向毛泽东报告后,毛泽东表态:"总理还是总理,四届人大的筹备工作、人事安排由周恩来、王洪文负责。"

毛泽东还提议由邓小平为第一副总理兼总参谋长。

围绕"风庆轮事件"的斗争,在毛泽东的支持下取得了胜利。

接下来,是双方围绕四届人大筹备工作开展的斗争,集中反映在人事安排上。这件事花费了周恩来相当的精力。

周恩来不顾自己两次大手术后的虚弱病体,紧张地开始工作,有时一连工作十几个小时,病房里常常是通夜明亮。

在病榻上,周恩来仔细审阅了四届人大各界代表的名额分配和名单。11月6日,周恩来致信毛泽东,汇报关于四届人大各项准备工作进展情况。说人事名单估计11月下旬可搞出几个比较满意人选,呈主席选择批准,并说"积极支持主席提议的小平同志为第一副总理,还兼总参谋长"。他指出,人事名单"关键在于中青干部",并提议增加老干部的名额。信中,他希望毛泽东健康日好,说"只有主席健在,才能领导好"。信中还提到自己的病情,说:"我的身体情况比7月17日见主席时好多了,只是弱了些,如果12月能开人大,定能吃得消。"[38]

这时,江青等人也加快了夺权的步伐。她托人向毛泽东转达她的意见,要王洪文任全国人大常委会副委员长。毛泽东说:"江青有野心,她是想叫王洪文做委员长,她自己做党的主席。"他让人转告周恩来:朱德和董必武之后,要安排宋庆龄,邓小平、张春桥和李先念等可任国务院副总理,其他人事安排由周恩来主持制定。[39]

江青等人竭力想把自己的亲信安插进文化、教育、体育三个部委中,周恩来慎重地征询李先念等的意见后提出,教育部关系重大,以周荣鑫掌管为宜;文化、体委可做让步。

为慎重行事,周恩来在医院分批召集中央常委开会,讨论四届人大的人事安排。经过反复酝酿,周恩来草拟出四届人大常委会委员长、副委员长和国务院副总理的名单方案。

为取得毛泽东的支持,年底,周恩来决定抱病飞长沙向毛泽东当面汇报。

这时,医生发现,周恩来大便潜血,他的癌症已转移到肠部,需要立即手术。这使得叶剑英非常着急,因为长沙之行是同"四人帮"集团的一次重要较量,去长沙汇报只有周恩来最为合适。经过与医生反复研究,决定推迟手术,叶剑英要求医护人员要保证周恩来安全回来。高振普回忆:"叶剑英在周总理住院期间,一直过问总理的治疗情况和总理的身体状况。对这次去长沙,他更是不放心,指示医疗小组要充分准备,保证总理安全返回。""我们清楚地意识到这次任务的艰巨性。医疗组全面分析了总理的病情,决定派心血管专家方圻、泌尿科专家吴德诚和保健医生张佐良、护士许奉生组成一个医疗小组随行,携带足够的药品和必要的医疗器械。张树迎和我从安全和生活服务方面也做了周密细致的安排。最后,邓大姐对各方面的工作逐项检查后,明确指出,这次的任务重点是防病,要我们尽心尽力,顺利回来。还语重心长地叮嘱我们,总理回来后还有中央全会、四届人大的工作等着他去做。"[40]

周恩来是在用生命同江青一伙进行斗争!

12月23日,周恩来飞抵长沙。

毛泽东、周恩来进行了人生中最后一次促膝交谈。

周恩来向毛泽东汇报了四届人大筹备情况,就党和国家领导人员的任职安排和人事安排同毛泽东交换意见,建议增补邓小平为中央政治局常委或中央副主席。毛泽东关切地嘱咐周恩来要注意身体,多出来走走。又说:"总理还是我们的总理。你身体不好,四届人大之后,你安心养病,国务院的工作由小平同志去顶。"他还称赞邓小平"人才难得,政治思想强"。毛泽东同意人大常委会委员长为朱德,副委员长董必武、宋庆龄排在前两名。国务院副总理要能办事的,不是荣誉职务。在这次谈话中,毛泽东第一次称江青、张春桥、王洪文、姚文元为"四人帮"。[41]

得到毛泽东的有力支持,周恩来的心情轻松了许多。

12月29日,中央政治局会议一致拥护周恩来起草并由毛泽东审阅同意的四届人大的人事安排。

注释：

〔1〕《建国以来毛泽东文稿》第12册，中央文献出版社1998年版，第463页。

〔2〕赵炜：《西花厅岁月》，中央文献出版社2004年版，第209、210页。

〔3〕《周恩来传》，中央文献出版社2018年版，第1733页。

〔4〕《周恩来画传（1898—1976）》，中央文献出版社2005年版，第72页。

〔5〕1985年经党中央批准的中组部报告确定，周恩来的入党时间是1921年。

〔6〕吴庆彤：《周恩来在"文化大革命"中》，中央文献出版社2002年版，第155页。

〔7〕《建国以来毛泽东文稿》第12册，中央文献出版社1998年版，第463页。

〔8〕《陈云年谱（1905—1995）》下卷，中央文献出版社2000年版，第170、171页。

〔9〕赵炜：《西花厅岁月》，中央文献出版社2004年版，第255、256页。

〔10〕宋家玲等：《伟人周恩来》，中共中央党校出版社1996年版，第210、211页。

〔11〕《聂荣臻回忆录》下册，解放军出版社1984年版，第853页。

〔12〕徐向前：《历史的回顾》（下），解放军出版社1987年版，第824、825页。

〔13〕《叶剑英年谱（1897—1986）》（下），中央文献出版社2007年版，第956页。

〔14〕徐向前：《历史的回顾》（下），解放军出版社1987年版，第825页。

〔15〕赵炜：《西花厅岁月》，中央文献出版社2004年版，第204、205页。

〔16〕《聂荣臻回忆录》下册，解放军出版社1984年版，第854页。

〔17〕指《红旗》杂志1966年10月1日发表的社论《在毛泽东思想的大路上前进》，第一次提出"对资产阶级反动路线，必须彻底批判"。

〔18〕〔19〕《周恩来年谱（1949—1976）》下卷，中央文献出版社2020年版，第124页。

〔20〕《毛泽东年谱（1949—1976）》第6卷，中央文献出版社2013年版，第56页。

〔21〕〔22〕吴庆彤：《周恩来在"文化大革命"中》（增订本），中央文献出版社2002年版，第125、126页。

〔23〕"三老"，指谭震林、李富春、李先念；"四帅"指陈毅、聂荣臻、徐向前、叶剑英。

〔24〕吴庆彤：《周恩来在"文化大革命"中》，中央文献出版社2002年版，第126、127页。

〔25〕《陈毅传》，当代中国出版社1991年版，第612页。

〔26〕高振普：《周恩来卫士回忆录》，上海人民出版社2008年版，第155页。

〔27〕毛毛：《我的父亲邓小平："文革"岁月》，中央文献出版社2000年版，第124、126页。

〔28〕1971年11月8日，邓小平曾就解决陈伯达、林彪问题后的心情致信毛泽东，信中还提出："只希望有一天还能为党做点工作"；"我的身体还好，还可以做几年工作再退休。"（见《邓小平年谱（1904—1974）》下卷，中央文献出版社2009年版，第1956页。）

〔29〕《邓小平年谱（1904—1974）》下卷，中央文献出版社2009年版，第1960页。

〔30〕《建国以来毛泽东文稿》第13册，中央文献出版社1998年版，第308页。

〔31〕《周恩来年谱（1949—1976）》下卷，中央文献出版社2020年版，第544页。

〔32〕《周恩来年谱（1949—1976）》下卷，中央文献出版社2020年版，第555页。

〔33〕《建国以来毛泽东文稿》第13册，中央文献出版社1998年版，第347页。

〔34〕《邓小平年谱（1904—1974）》下卷，中央文献出版社2009年版，第1973页。

〔35〕《周恩来年谱（1949—1976）》下卷，中央文献出版社2020年版，第572页。

〔36〕《邓颖超文集》，人民出版社1994年版，第159页。

〔37〕《毛泽东年谱（1949—1976）》第6卷，中央文献出版社2013年版，第551页。

〔38〕《毛泽东年谱（1949—1976）》第6卷，中央文献出版社2013年版，第555页。

〔39〕《毛泽东年谱（1949—1976）》第6卷，中央文献出版社2013年版，第558页。

〔40〕高振普：《周恩来卫士回忆录》，上海人民出版社2008年版，第218页。

〔41〕《毛泽东年谱（1949—1976）》第6卷，中央文献出版社2013年版，第562、563页。

33

湖畔哀思

1

对"文化大革命"中被迫害致死的一些老朋友,周恩来因为没能保护住他们而一直心怀愧疚。同他保持了几十年深厚友谊的老舍是其中的一位。

"文化大革命"前,周恩来曾经到老舍家做客。

老舍家的小院坐落在北京东城灯市口西街内的一条普普通通的胡同——丰富胡同里。

小小的院落整洁而干净,院里空地上种了许多花,老舍酷爱菊花,每到夏秋之季,满院总是芳香四溢。屋里的布置简朴而温馨,充满艺术情调。周恩来常坐的一个旧沙发一直保存着,每逢有人到这里来寻找老舍的足迹,家里人都会告诉来者,这是周恩来常坐的地方,话语中流露出亲情,仿佛周恩来就是他们家中的一员。

有一天,周恩来到老舍家做客。可能是好久没有见面了,他们关起门来一谈就是几个小时,急得女主人胡絜青在西屋不知做些什么好。谈话结束时,天已经很晚了。老舍来到西屋,对胡絜青说:"总理要在家里吃晚饭,你准备一下。"这下可让女主人为难了,周恩来要留在家里吃饭,但家里什么都没有准备,怎么办呢?胡絜青赶快到厨房里,东翻西找,找出了一块咸鱼。她把咸鱼蒸熟后,又摊了一盘鸡蛋,端到北屋,周恩来一看饭桌上的两样菜就笑了,对胡絜青说:"你呀,和我们家小超一样,也是知识分子,不会炒菜。"[1]

说罢,周恩来坐下,津津有味地吃起来,就像在自己家里一样。后来,胡絜青回忆起与周恩来接触过的这些"平凡小事"时,充满感情地说:"我的生活环境让我只能看到这些小事。使我自豪的是,正是这些小事让我得到一个更完整的形象,看到了一个卓越的革命者、政治家和领导人在日常生活中是什么样子,不,或者正好应该反着说,恰恰是在这些细枝末节上发现他惊人的魅力来自何处,体会到一个人究竟应该怎样活在世上,才称得上是达到了顶有'人味儿'的最高境界。"[2]

老舍与周恩来相识于抗日战争中,在周恩来的影响下,成为抗敌协会的领导人。抗日战争结束后,他与著名戏剧家曹禺接受美国国务院的邀请赴美讲学。一年之后留学期满,但是这时,中国内战爆发,老舍被迫滞留大洋彼岸。在这段时间,他积极向世界介绍和展示中国现代文学的成就,通过文学使世人了解中国,理解中国。虽然有这么多事情可以做,但是,老舍依然感到极度的痛苦。他孤单、寂寞、苦闷;他想念妻子,想念儿子,想念朋友,想念祖国。这种情绪整整困扰了他三年。

这三年中,周恩来日日夜夜为实现国内和平而奔走,为打垮国民党反动派而运筹帷幄。不过,他心中一直没有忘记老舍这位为抗战出过力的人。当战争结束,新中国即将成立之际,他向老舍发出了呼唤。1949年7月6日,全国文艺工作者代表大会在即将成为新中国的首都——北京召开。全国的文学艺术工作者又重新聚到一起。这是一次隆重的大会师。周恩来在会上深情地说:"现在就差老舍先生一个人了,无论如何要请他回国。"

这年10月,在纽约的老舍收到一封由郭沫若、茅盾、周扬、丁玲、阳翰笙、曹禺、田汉、冯雪峰等30多位老朋友联名签署的邀请他回国的信。这封信是周恩来授意并委托司徒慧敏带给他的。那天,恰巧老舍不在家,司徒慧敏悄悄地将信塞进了他家的门缝。

当时,老舍由于坐骨神经痛,刚动完一次大手术,抽了脊髓,非常痛苦。但是,他不顾疾病未愈,甚至会恶化的后果,偷偷托人买票,并立即赶往旧金山乘船经香港回到祖国。[3]

老舍归国的心是急迫的,他想见到周恩来的心也是急迫的。

回到北京的第二天,老舍不顾疾病缠身,旅途劳顿,在阳翰笙陪同下见到了周恩来。老朋友重逢,心情格外激动,两人畅谈许久。

周恩来的召唤使老舍的生活道路发生了重要变化。从此,在新中国的怀抱中,老舍开始了新的起步。虽然他一直没有在组织上加入中国共产党,但是他的心始终是和党连在一起。

解放以后,老舍一直埋头写作,勤勤恳恳,兢兢业业,他的艺术才华得到充分发挥。老舍的创作过程，始终受到周恩来的关怀。他鼓励老舍多写自己熟悉的事物，从创作计划到创作内容都给予具体的指导。老舍的一部新剧上演后，常常可以听到他对人民艺术剧院的同志说："总理又给我出新题目了。"此后，又会有一部新的戏剧出台。可以说，老舍的每一部新剧的诞生都渗透着周恩来的心血。

《龙须沟》是使老舍获得"人民艺术家"光荣称号的优秀剧本。这部戏写成后，"人艺"一开始有顾虑，因为当时正值抗美援朝，怕排演这部戏脱离形势的需要，另外，从话剧舞台看，由于中国青年艺术剧院刚刚上演苏联名剧《保尔·柯察金》，引起观众很大的兴趣，一时演外国戏成了一种时髦。这件事反映到周恩来那里后，他帮助剧院正确分析了这个问题。周恩来认为，《龙须沟》是一部成功的剧本，它真实地反映了新旧社会人与物的变化，可以帮助广大群众认识新中国，了解新中国，有很强的现实意义。《龙须沟》演出后，正如周恩来所分析的，受到各界群众的热烈欢迎，一时风靡话剧舞台。后来的历史也证明，这部戏的艺术魅力经久不衰。周恩来还把它推荐给毛泽东看，它成为不喜欢看话剧的毛泽东进城后看的第一部话剧。

无论多么忙，周恩来都要亲自观看老舍的新剧，从剧本到演出都提出许多中肯的意见。《茶馆》也是周恩来喜欢的一出戏，排演时，不同意见也很多，其中主要的批评意见是："缺少正面形象""灰色""怀旧"等等。此时，又是周恩来站出来为老舍说话，他高度赞扬《茶馆》是一出非常好的话剧。当然，他也毫不隐讳地谈出自己的意见。周恩来坦言："如果让我写《茶馆》，我不会像老舍那样选择所描写的几个历史时期。"周恩来认为，老舍选择的不够典型，典型的应该是"五四"、大革命、抗日和解放战争。谈完意见后，他连忙声明："我这些意见，你们千万不要忙着对老舍同志讲，要讲，还是我自己去讲，我怕你们去传达讲不清楚。"他对老舍始终抱着这样一种负责的态度。

对老舍写作中的困难，周恩来总是及时给予帮助。比如《春华秋实》这部剧，其中的主人公无论是资本家还是工人都是老舍不熟悉的人物，因此在写作中感觉难度很大，周恩来就帮助他一个人物一个人物地进行分析，找出问题，两人常常讨论至深夜。

对老舍提出的意见，周恩来总是认真听取，并尽力去解决。在一次人代会上，老舍的发言中谈到，平时会议太多，成了灾，挤了他的写作时间，请求免去他的各项社会兼职，以便多写几个剧本。周恩来非常重视这些意见，并且非常理解老舍的心情，后来在政协的一次会上，他特别讲到这件事。他说："老舍同志有一次在全国人民代表大会上'将'了我一军，要求给他安排些时间搞业务。对这部分同志要加以照顾，不要弄得太紧张。"[4]

周恩来多么善解人意！正是他的无微不至的关怀和帮助，使老舍深受感动，并化为自己前进的动力，从全国解放到"文化大革命"发生前，老舍在创作上硕果累累，共发表剧本24部，给后人留下了宝贵的文化遗产。

2

老舍的创作劳动及其卓越成就，赢得了人民的尊重和爱戴。他从一名进步的爱国作家，成长为人民的艺术家。

然而，就是这样一位受人尊敬的人民艺术家，却在一夜之间被"文化大革命"这场突如其来的风暴卷入太平湖中。

这一天，是1966年8月24日。

"文化大革命"后期，周恩来身患重病，住进医院。这座医院的东墙外是北海公园，周恩来经常到那里散步。

那一天，也是8月24日。

周恩来穿过医院东墙的小门，径直来到北海湖边。望着眼前这一泓清水，他默默地沉思良久。他说了这样一句话："今天是老舍先生的祭日。"

短短的一句话，令人深深感受到他对亡者的哀悼与思念。此时此刻，他究竟想到了什么？沉思中他是为新中国失去了这么一位人民艺术家而痛惜，还是为自己没有尽到保护责任而深感内疚？外人的确难以做出准确的判断。

老舍投湖的前一天，1966年8月23日，在成贤街的孔庙前，在市文联的大院内，上演了一场践踏人类文明的丑剧。老舍遭到那些无知的、近乎疯狂的红卫兵的毒打与凌辱。当派出所通知胡絜青赶到现场时，老舍满身满脸已是伤痕累累，鲜血淋淋。

第二天一早，老舍像平时一样起床。他或许因为下定了死的决心，所以显得那样平静，平静地送走了家人，平静地向心爱的小孙女告别。

他对小孙女说："和爷爷说声再见。"这是他留给亲人的最后一句话。孩子用稚嫩的声音说了一声："爷爷再见！"老舍弯下身来，亲亲孩子，孩子也亲了亲爷爷。这是老舍最后一次享受人间的亲情。

孩子不理解爷爷这样做与往日有什么不同，她以为爷爷还会回来，她等待着爷爷回来。

老舍失踪后，家里乱作一团。胡絜青立即让儿子舒乙给周恩来写了一封信，并让他穿着老舍头一天留下的血衣，带着这封信到中南海去报告周恩来。

周恩来得到老舍失踪的消息后，心急如焚，立即派人设法寻找。但一切已经太晚，老舍已带着满腹的疑问，带着不堪受辱的决心，投入位于北郊的太平湖中。

老舍的死使周恩来非常震惊，也使他格外关怀老舍家庭的命运。老舍投湖一周后，他请秘书赵茂峰找一下老舍回国时给他的一封信。找信的原因已无从查究，但至少可以看出，周恩来希望用这封信说明老舍是爱国的，以此来保护他的家人。

1966年国庆节，周恩来在天安门碰见了北京市副市长王昆仑，请他代表自己去看看胡絜青。随后，又同王昆仑深谈了一次，向他了解老舍死前的详细情况。

王昆仑是8月23日孔庙那场"战斗"的目击者，他亲眼看到老舍异样的神态，看到老舍头破血流、伤痕累累的样子。对文联大院内发生的情况，王昆仑告诉周恩来：老舍和红卫兵直接发生冲突，几乎被活活打死。等到把他抢救出来时，他已经气息奄奄。

听了王昆仑的叙说，周恩来眼中闪出悲痛和愤怒。

后来，王昆仑把他与总理交谈的内容告诉胡絜青。胡絜青说："因为在这半年多的时间里，没有任何人同我谈过话，没有任何人来过我的家。我当时很孤独。孩子们纷纷被揪斗，回不了家。我是一个'自绝于人民'的人的老婆，没有人敢理我。"而正是在这沉重的日子里，她却受到了周恩来的关怀。当天夜里，胡絜青给周恩来写了一封信，向他表示感谢，也向他报告："我还活着。"[5]

以后的几年中，周恩来的处境越发困难。他没能为老舍平反昭雪。在这场民族大悲剧结束之前，周恩来也告别了人世。或许他正是预感到了这一点，所以才不顾重病缠身，选择了这个日子，选择了静静的湖畔，来向老舍的亡灵表达包含着歉意的哀思。

历史经验告诉人们，正义终究会战胜邪恶，只是时间的问题。

1976年的10月是金色的10月，是灿烂的10月。"四人帮"终于垮台了，人们开始重新审视"文化大革命"这段历史。

十一届三中全会以后，开始了拨乱反正的工作。1978年6月3日，北京文艺界为老舍举行了隆重的骨灰安放仪式。

邓颖超双手紧紧握住胡絜青，她要告诉胡絜青自己心里憋了很长时间的话。"我是代表恩来来的，如果他活着，今天，他是一定要来的，而且也会提前到场。恩来生前多次和我提到老舍先生，所以，今天我早早地就来了。我想让你知道，这是恩来的心意。"〔6〕

注释：

〔1〕笔者访问胡絜青谈话记录，1983年10月15日。

〔2〕胡絜青：《巨人的风格》，《周恩来与艺术家们》，中央文献出版社1992年版，第259页。

〔3〕胡絜青：《巨人的风格》，《周恩来与艺术家们》，中央文献出版社1992年版，第262页。

〔4〕胡絜青：《巨人的风格》，《周恩来与艺术家们》，中央文献出版社1992年版，第267页。

〔5〕胡絜青：《巨人的风格》，《周恩来与艺术家们》，中央文献出版社1992年版，第268、269页。

〔6〕《忆邓大姐》编辑组编：《忆邓大姐》，中央文献出版社1994年版，第151页。

34 最后的时光

1

在生命最后的日子,周恩来仍在病床上处理国内外重大事务。据一直在身边照顾他的高振普说:周恩来"没有因为他的病而增加一点休息,也没有因为他的病减少一点工作量,就是这样,他应该说是在拼命地争取时间"。面对"马克思的请帖",他毫无畏惧,平静地对自己的身后事做了交代,处处体现出一个人民公仆的优良本色、一个共产党人的高风亮节。

从1974年6月1日住院到1976年1月8日逝世,在周恩来生命最后的587天,约人谈话220次,谈话最长时间达4小时20分;公开会见外宾65次(含港澳人士3次),每次时间1小时左右,最短的一次15分钟;开会32次,去医院外看人5次。此外,还有其他一些活动。

周恩来医疗组的吴阶平大夫说:"本来治病是很不容易的,放下了工作算是住院了。他好像在那里治病,可是他脑子根本就没离开过工作,一会一个问题,都是工作。"[1]

从长沙返回北京后,周恩来没有静下心养病,而是抓紧时间召集各种会议,传达和贯彻毛泽东长沙谈话精神,准备召开四届人大。返京后的第二天,周恩来"就忙于召集会议。这段时间几乎是天天开会,有时在医院,有时去大会堂,有时去京西宾馆。开会回来,就在病房里修改报告,批阅文件。有时在灯下连续工作五六个小时"。这时候,身边工作人员,"只能加强护理,及时给他用药,谁也不敢去打扰他,因为那样做只会延长他的办公时间"[2]。

1975年1月8日至10日,周恩来在京西宾馆主持中共十届二中全会。会议追认邓小平为中共中央副主席、中央政治局常委。周恩来在会上进一步强调了毛泽东"还是安定团结为好"的指示；希望中央政治局的工作、各省市自治区的工作、解放军的工作、各级革委会的工作都要遵照毛泽东的指示去做，使1975年成为安定团结、争取跃进的一年。周恩来特别关心国务院的工作，他在一次国务院会议上说："我身体不行了，今后国务院的工作由小平同志主持。医院是不想放我出来的，但我还是想争取每个星期来和大家见一次面。"

1月13日，经过同"四人帮"艰苦斗争而取得胜利的四届人大，终于在北京隆重召开。

在全体代表雷鸣般的掌声中，周恩来瘦弱而又坚毅的身影出现在主席台上。周恩来看上去很消瘦，脸黄黄的。参加这次会议的羽毛球运动员陈玉娘说："看到他的样子，我心里很难过。"[3]

周恩来代表国务院作《政府工作报告》。这篇报告是邓小平受毛泽东委托起草的，毛泽东考虑到周恩来病体的承受能力，要求报告起草组起草一个三千字左右的报告稿。毛泽东说："我看三千字就够了。五千字要念半个钟头。"[4]后来，这个报告稿定稿时为五千字，这还是经过邓小平等同"四人帮"进行坚决斗争，排除种种干扰后确定的。

邓小平后来回忆："总理的讲话是我亲自起草的，不能超过五千字。总理身体那么差，写多了他也念不下去。"[5]报告稿中，邓小平亲自草拟了三段，每段一千几百个字，讲的都是实际内容，虚的东西能少能免的尽量减，重点是把周恩来四个现代化建设的一贯思想突出出来，与三届人大的《政府工作报告》相衔接。

周恩来操着夹杂着苏北味道的口音，一字一句地念着那份政治报告。这是他最后一次向全国人民代表大会作报告。

在报告中，周恩来重申了1964年三届人大《政府工作报告》中提出的"两步设想"，即"第一步，用十五年时间，即在1980年以前，建成一个独立的比较完整的工业体系和国民经济体系；第二步，在本世纪内，全面实现农业、工业、国防和科学技术的现代化，使我国国民经济走在世界的前列"。他说：今后的十年，是实现上述两步设想的关键的十年。在这个时期内，我们不仅要建成一个独立的比较完整的工业体系和国民经济体系，而且要向实现第二步设想的宏伟目标前进。

这是周恩来为中国人民留下的政治遗言和指出的努力方向，全体代表报以经久不息的掌声。

这次会议根据中共中央的提议，任命周恩来为国务院总理，邓小平等十二人为国务院副总理。与"四人帮"在组阁方面的斗争最终取得胜利。

会议期间，周恩来参加了天津代表团的讨论。他对代表们说："我得了癌症，剩下的时间不多了，但我要努力和疾病做斗争，争取更多的时间，和大家一起奋斗。"在场的许多人流下了眼泪。

在医院里，周恩来会见了不少外宾，包括美国民主党参议员亨利·杰克逊、毛里塔尼亚总统莫克塔·乌尔德·达达赫夫妇、加蓬共和国总统哈吉·奥马尔·邦戈夫妇、丹麦首相保罗·哈特林夫妇、日本创价学会会长池田大作、柬埔寨西哈努克亲王、朝鲜民主主义人民共和国主席金日成、伊朗国王巴列维的妹妹阿什拉芙·巴列维公主、菲律宾总统马科斯夫妇及他们的女儿、罗马尼亚党政代表团团长伊利耶·维尔德茨等。周恩来身体很虚弱，但谈起话来精神矍铄，他握手时，眼睛总是亲切地看着对方。池田大作后来回忆："我到现在都记得，他紧紧地握着我的手不放，目光炯炯地看着我，注视着我。我看他的目光非常严峻，但又非常柔和，非常难以形容的一种非常感人的目光。"[6]

重病期间，周恩来心里牵挂着很多事情，其中一件重要的事情，是祖国统一大业。9月4日，他看了香港《七十年代》刊载的"访蒋经国旧部蔡省三"一文。这篇文章分析了蒋介石去世[7]后台湾的局势，介绍了蒋经国的经历及其他情况。周恩来在文章稿上批示罗青长、钱嘉东：对蔡省三有关材料"进行分析"，并要他们找王昆仑、于右任女婿屈武弄清真相。批示落款"周恩来，9月4日"。在后面，他接连用颤抖的手，写下了"托 托 托 托"，四个字。

这年12月，周恩来病情加重，时而昏迷，时而清醒。清醒时，他让高振普约见负责对台工作的罗青长到医院来，"他声音很低，口里重复着罗青长的名字"。罗青长应召赶到医院。

高振普回忆："罗青长疾步走近病床，握着总理的手，叫了声'总理'，就哽咽了，总理示意他坐在床边的一把椅子上，开始与罗青长谈话，总理说话声音很低，但吐字还清楚。罗青长看着总理消瘦的面容，难过和激动的感觉一齐涌上心头，同时又有些紧张，他说听不清总理讲什么。有些话是我把耳朵贴近总理嘴边才能听清，然后再说给罗青长，有的事情我可以懂，有些事我也搞不清楚怎么回事，只是原话照传，我问罗青长：'你知道怎么回事吗？'他说：'懂，你就照传吧。'"[8]

在罗青长的记忆中，有这样几句话记得很清楚："总理说：'青长，我平时不病，没想到这次病成这个样子，我还能够看到你。'他说，我平常给你们讲的台湾那些老朋友，他们有些人，过去对人民做了有益的事情，你们将来千万不要忘记他们。一切对人民做过有益事情的人，你们都不要忘记他们。"[9]

周恩来对台湾寄以深厚的感情，他去世后，骨灰在人民大会堂台湾厅停放了一个晚上。

2

1974年11月，周恩来大便中出现潜血，经过结肠镜检查，发现结肠有一肿瘤。当时由于四届人大组阁问题同"四人帮"斗争十分激烈，事情比较急迫，周恩来没有能够及时进行治疗。直到1975年3月26日，才进行了第三次大手术。周恩来对自己的病情十分清楚，但始终抱着坚毅乐观的态度面对。

病重期间，秘书钱嘉东、纪东为他收拾好文件准备离去时，对周恩来说："祝你手术顺利。"他同钱嘉东、纪东握握手，镇定地说："不一定，两种可能。"[10]他的回答，体现出一个革命者对生死问题毫无畏惧的唯物主义精神。

毛泽东关心着周恩来的病情，周恩来每次出现新的情况或需要手术治疗都要向毛泽东报告有关情况。1975年2月2日，周恩来曾致信毛泽东，汇报1974年11月以来的病情，说：检查后，不论有无病变，仍继续住院治疗。[11] 1975年3月20日，周恩来在进行第三次大手术之前，又给在杭州的毛泽东写了一封信[12]，这封信比较长，详细叙述了自己的病情。信中说：

主席：

最近四年来，我的大便中偶有潜血出现，但因消化系统好，未进行肠胃检查。这两年又因为膀胱癌出现，尿中有血，易于计量和检查，故医疗力量集中于治疗膀胱癌。现膀胱癌经过两次开刀，三次电烧，已能稍稍控制。去年十一月十二日经镜照电烧后，一个半月内仅尿血九个C.C.；今年二月四日经镜照电烧后到现在一个半月内，亦仅尿血十个C.C.多，如待满三个月再行镜照检查，当在五月初或四月底。

今年开会后，大便中潜血每天都有，大便也不畅通。因此利用三月间隙，进行食钡和灌钡检查,始发现大肠内接近肝部位有一肿瘤,类似核桃大,食物成便经此肿瘤处蠕动甚慢,通过亦窄。若此肿瘤发展,可堵塞肠道。灌钡至横结肠,在肿瘤下,抽出钡液无血;灌钡至升结肠,在肿瘤上抽不出钡液,待与大便齐出有血。在食钡检查时,食道、胃和十二指肠、空肠、小肠均无病变,更无肿瘤。而这一大肠内的肿瘤位置,正好就是四十年前我在沙窝会议后得的肝脓疡病在那里穿肠成便治好的,也正是主席领导我们通过草地北上而活到现在的。由于病有内因,一说即明。好了的疮疤,现在生出了肿瘤,不管它良性或者恶性,除了开刀取出外,别无其它治疗方法。政治局常委四同志(王、叶、邓、张)已听取了医疗组汇报,看了爱克斯光照片和录相电视,同意实行开刀手术,并将报请主席批准。

我因主席对我病状关怀备至,今又以新的病变报告主席,心实不安,故将病情经过及历史造因说清楚,务请主席放心。在去年两次开刀后,我曾托王、唐两同志转报主席,我决不应再逞雄了。但如需再次开刀,我还受的了。现在要好好地作此准备。

问主席好!

周恩来
1975年3月20日 [13]

与此同时,周恩来还给毛泽东身边工作人员张玉凤写了一封信,信中说:"在主席休息好后再读给主席听。一切托你酌办,千万不要干扰主席太多!"周恩来给张玉凤写这封信的原因是,在他1974年6月开始住院治疗期间,毛泽东的健康状况也已出现明显问题,中央还为他成立了医疗组。周恩来不愿意以自己的病情而影响到毛泽东的健康和休息。

张玉凤把周恩来的病情报告念给毛泽东听后,毛泽东很惦记周恩来,"有几天睡不好觉"。[14]

新的病情,对周恩来的生命又增加了新的威胁,病愈的可能性更小了。从1975年9月20日至1976年1月5日,周恩来又做了三次大手术。高振普说:"共接受6次大的手术,8次小手术。他忍受了多么巨大的痛苦啊!然而,我们没有听到他说过一句失去信心的话。他凭着坚强的毅力和坚韧的意志,顽强地走过了他人生的最后日子。"

周恩来自己病得那么重，却总是宽慰身边的医护人员："我这里没什么事了，你们去照顾别的病人吧。"他心里没有自己，却时时挂念着他人，关心着战友和普通百姓。

他在病床上曾经为甘肃旱灾造成老百姓缺粮少衣而洒泪自疚[15]；他在手术后看到山西一个山区的食盐比城市贵一分钱的群众来信后，立即指示，"无论如何要想办法解决这个问题，一定要让山区群众吃上盐"[16]；他在手术台上等着手术时，突然把李冰大夫找来，向她了解云南个旧矽肺病和肺癌问题。李冰回忆说："我也没想到，手术已经完了，在包扎的过程中，说总理叫你呢，我就进去了。总理声音很小，我的头抻在布帘子里头，那个场面，他的声音我这一辈子也忘不了的。他说，云南锡业公司矿工肺癌发病很高，你知道不知道。我说我知道一些。知道了为什么不去？你赶快去！就这么几句话，我当时发蒙了。总理麻醉以后在手术间还想着这个事。出来以后，我哭了。回来以后就做准备，内科的、外科的，还有搞胸部的专家，一个礼拜之后就去了。"[17]

这些看上去是平凡小事，但正映照出周恩来的人格。总理心系百姓，百姓深爱总理。作家冰心有一句话是最好的诠释。她说："周恩来是亘古以来付出的爱最多，接受的爱也最多的一位。"

3

"文化大革命"以来，周恩来的处境是艰难的，与他相濡以沫半个世纪的妻子邓颖超的处境同样也是艰难的。她像很多老干部一样，"是靠边站的"。在当时那种严峻而复杂的形势下，邓颖超对自己采取了"与世隔绝"的办法，实行"三不"原则，即不跟任何人来往；不跟任何人通信；不跟任何人见面。[18]邓颖超亲眼看到"文化大革命"中，林彪、"四人帮"反革命集团是怎样制造各种事端刁难和攻击周恩来，因此，她必须谨慎处事，不给他们以任何口实。

在那混乱的日子里，邓颖超特别心焦，但她能为周恩来分担的事很有限，她只能不断提醒周恩来要珍重自己的身体，提醒身边工作人员尽量按时让周恩来吃一口热饭，让他获得短暂的休息。

直到周恩来病重住进医院，他们才有机会每天在一起。

那时，邓颖超每天都去医院陪护，给周恩来读文件、读报纸。他们从不谈论党的纪律中不许说的事情，这是从入党那刻起养成的自觉习惯。他们认为党的纪律对于每一个党员来说都绝无例外，越是负责的党员，越应该以身作则，自觉遵守纪律，保守党的机密。即使在"文化大革命"那么混乱的日子里，周恩来无论受到怎样的委屈，对邓颖超都是"守口如瓶，滴水不漏"。直到有一天，周恩来对邓颖超说："我肚子里还装着很多话没有说。"邓颖超同样回答说："我肚子里也装着很多话没有说。"双方都知道，最后的诀别即将残酷地到来，但是，他们把这些话都深埋在心里，永远地埋藏在心里。[19]

周恩来与邓颖超1925年结婚，风风雨雨半个世纪，感情非常深厚。正如邓颖超所说："我们革命几十年，出生入死，艰难困苦，患难与共，悲喜分担，有时战斗在一起，有时分散两地，无畏无私。在我们的革命生涯里，总是坚定地、泰然地、沉着地奋斗下去。我们的爱情，经历了几十年也没有任何消减。"[20]

几十年中，他们互相信任，互相理解，互相支持。新中国成立后，到"文化大革命"结束前，邓颖超身体很不好，但她在做好自己分管的妇女工作外，尽可能帮助周恩来处理家务，教育子侄。

周恩来对邓颖超要求十分严格，近乎"苛刻"，他多次在任职、调级等问题上尽量"压低"邓颖超。1975年10月，邓小平、叶剑英等提议，经中央政治局会议讨论通过，并报请毛泽东批示同意后，已决定由邓颖超出任全国人大常委会副委员长。但是，周恩来坚决不答应，硬是把这件事压了下去。对此，邓颖超从无怨言。她说："恩来这样做，我很理解。"

邓颖超把周恩来这些看似不近人情的做法，上升为坚持党的优良作风的高度来理解。周恩来去世后，她讲过这样一段话：

> 恩来生前是党和国家的一位领导人，但他总是按照一个普通的共产党员严格要求自己。他把自己看作是党的人，是一个人民的勤务员。在几十年的革命生涯中，恩来始终如一地遵守着这条共产党人的最重要的准则。他永远保持和群众的最密切联系，从不搞特殊化。他一生为党和人民虽然建立了许多功勋，但他从不居功自傲，而是经常检讨自己。他功劳越大，越是虚怀若谷；地位越高，越是感到肩上的责任重大，兢兢业业，戒慎恐惧。特别是我们党处在执政党的地位以后，他更是时时刻刻注意这个问题，严于律己，把搞好我们的党风放在一个十分重要的战略地位。作为他的亲属，又有什么理

由把自己放在一个特殊的地位呢？[21]

在周恩来生命最后的时光，他和邓颖超交谈的一件重要事情，是如何处理身后事。

早在1956年，中央作出人死后实行火葬这个决定不久，周恩来和邓颖超就商定，相互保证，把骨灰撒到祖国的大好河山去，撒到水里、土里去。他们认为，这是一场移风易俗的重要改革。

中央作出决定后，周恩来带头把父亲和岳母在重庆的坟墓平掉，进行深埋；还把他老家淮安几代亲人的坟墓平掉，深埋，把土地交公使用。周恩来曾经讲过："人死后为什么要保留骨灰？把它撒在地里可以做肥料，撒在水里可以喂鱼。"他还主张人死了以后，可以做尸体解剖。

邓颖超回忆："当他知道自己的病不能挽救时，一再叮嘱我，死后不要保留他的骨灰。""葬仪要从简，规格不要超过中央的任何人。""一定不要特殊化。"

周恩来告诉医护人员："现在对癌症的治疗没有好办法，我一旦死去，你们要彻底解剖检查一下，好好研究研究，能为国家的医学发展做出一点贡献，我是很高兴的。"

邓颖超说："恩来对于自己个人离开人世没有丝毫挂虑，对祖国的科学发展和未来却充满了热情和期望。"[22]

看到天天陪在身边照顾自己的坚强而多病的妻子，周恩来开始考虑由谁来协助邓颖超完成身后事的嘱托。

他想到了赵炜。

赵炜1955年调到西花厅总理办公室工作，1965年调任邓颖超秘书。如果从1955年算起，她这时在西花厅工作已经整整二十年，对家里各方面的情况都比较熟悉，工作也很勤恳、敬业。

1975年9月的一个晚上，周恩来约赵炜到医院谈工作。见面后，不等赵炜汇报，周恩来直入所要谈的问题，即自己死后骨灰处理问题。周恩来对她说：

> 我和大姐十年前就约好，死后不保留骨灰。但我想，如果我先死了，大姐不一定能保证得了把我的骨灰撒掉，这件事得中央做决定，不过大姐可以反映我的要求。如果大姐死在我前边，我可以保证她的愿望实现。我要先死了，

大姐的骨灰撒掉的意愿你是保证不了的，但可以向中央反映她的要求，她还可以留下遗嘱。

赵炜把周恩来谈话情况报告给邓颖超，邓颖超说："他同你讲了，我觉得是件好事，让你知道我们的想法，你就能更进一步理解我们的想法。"不久后，周恩来第二次跟赵炜谈到他的骨灰问题，对她说：把我的骨灰撒到祖国的江河大地去做肥料，这也是为人民服务。活着为人民服务，死后也要为人民服务。

1975年11月的一天，病势沉重的周恩来又让卫士高振普给西花厅家里打电话，点名让赵炜陪邓颖超一起去医院。那天和周恩来见面的情景，赵炜几十年后仍然记忆犹新："当走到周总理的病床前时，我尽量抑制住自己的感情，轻轻地叫了声：'总理。'周总理从被子里伸出他那瘦瘦的手说：'握一握手吧！'我说：'刚从外边进来，手凉，就不握手啦。'周总理用微弱的声音说：'不怕。'接着，他用瘦弱无力的两只手拉住我的手，说：'你要照顾好大姐。'听周总理这样一说，我再也克制不住自己的感情，不听话的眼泪一个劲儿地往下流。"[23]

赵炜铭记周恩来临终的嘱托，周恩来去世后，她和警卫秘书高振普等认真履行工作职责，陪伴邓颖超，照顾邓颖超，直到1992年邓颖超去世。

注释：

[1] 宋家玲等：《伟人周恩来》，中共中央党校出版社1996年版，第204页。

[2] 高振普：《周恩来警卫秘书回忆录》，上海人民出版社2008年版，第220页。

[3] 笔者访问陈玉娘谈话记录，2007年。

[4]《毛泽东年谱（1949—1976）》第6卷，中央文献出版社2013年版，第556页。

[5] 毛毛：《邓小平"文革"岁月》，中央文献出版社2000年版，第325页。

[6]《你是这样的人——回忆周恩来口述实录》，人民出版社2013年版，第352页。

[7] 蒋介石于1975年4月5日逝世。

[8] 高振普：《周恩来警卫秘书回忆录》，上海人民出版社2008年版，第231页。

[9] 笔者访问时任中央调查部部长罗青长谈话记录，1997年。

[10]《你是这样的人——回忆周恩来口述实录》，人民出版社2013年版，第243页。

[11]《周恩来年谱（1949—1976）》下卷，中央文献出版社2020年版，第679页。

〔12〕《周恩来书信选集》，中央文献出版社1988年版，第633、634页。

〔13〕《周恩来手迹选》第三卷，北京出版社1988年版，第318页。

〔14〕《毛泽东年谱（1949—1976）》第6卷，中央文献出版社2013年版，第577页。

〔15〕笔者访问吴庆彤谈话记录，2010年。

〔16〕纪东：《难忘的八年——周恩来秘书回忆录》，中央文献出版社2007年版，第211页。

〔17〕宋家玲等：《伟人周恩来》，中共中央党校出版社1996年版，第210页。

〔18〕《邓颖超文集》，人民出版社1994年版，第288、290页。

〔19〕《邓颖超文集》，人民出版社1994年版，第278页。

〔20〕《周恩来邓颖超通信选集》，中央文献出版社2014年版，第3页。

〔21〕《邓颖超文集》，人民出版社1994年版，第159页。

〔22〕《邓颖超文集》，人民出版社1994年版，第160页。

〔23〕赵炜：《西花厅岁月》，中央文献出版社2004年版，第263、264页。

35 / 结束语

1976年1月8日上午九时五十七分，七十八岁的周恩来走完了生命的历程。举国哀悼。

为了实现周恩来的遗愿，邓颖超向前来告别的中央领导同志转述了周恩来生前对后事处理的意见，并请求报中央和毛泽东批准。

1月11日，载着周恩来遗体的灵车，从北京医院开出，沿着长安大街向八宝山开去，沿街站满了自发为周恩来送行的人们，男、女、老、少，工人、农民、战士、干部、青年学生，呜咽一片，泪洒街头。

周恩来骨灰火化后，当晚安放在劳动人民文化宫。

1月12日，中共中央和毛泽东批准周恩来骨灰撒掉的要求。邓颖超忍住悲痛，找来西花厅党支部的成员张树迎、高振普、赵炜，请他们寻找适合撒掉骨灰的地点。她说："我很想自己亲自去完成这个工作，但是，目前条件不允许我去做，我出去目标大，再说天气太冷，我也年纪大了。恩来是党的人，也是你们党支部的党员，所以这件事也要依靠支部。""地方要选好，不要被人发现，一旦发现将来又是纪念的地方，反而违背了死者的心愿。你们不要惊动更多的人，也不要麻烦组织，在北京找一找。"

经过工作人员实地考察，预想的几个地方都不合适，邓颖超决定报中央另寻找一地。

1月15日，中共中央在人民大会堂举行周恩来的追悼大会，邓小平致悼词。头一天，这份悼词送毛泽东审批。因毛泽东患严重的眼疾，悼词是由工作人员读给他听的。毛泽东边听，边"难以控制情绪，失声痛哭"。工作人员询问毛泽东是否参加周恩来的追悼会，毛泽东拍拍腿说："我也走不动了。"[1]中央政治局考虑到毛泽东的身体状况，没有安排他出席周恩来追悼会。

对周恩来不保留骨灰的愿望，中央予以批准，并决定派飞机去执行这项神圣的任务。

追悼会后，邓颖超亲手打开周恩来的骨灰盒，用双手一捧一捧地把骨灰分装在四个文件袋里，为飞机撒放做准备。

当晚，邓颖超亲自护送周恩来骨灰到通县机场，由罗青长、中央组织部部长郭玉峰、张树迎、高振普执行骨灰撒放任务。

飞机在夜空中起飞。四包骨灰在北京上空、密云水库、海河、黄河入海口四个地方撒放掉，融化在祖国的江河大地里，融化在人民之中。

……

周恩来走了，人民永远怀念他。

邓颖超在西花厅海棠树下的一段独白中这样写道：

你不在了，可是每到海棠花开放的时候，常常有爱花的人来看花。在花下树前，大家一边赏花，一边缅怀你，想念你。仿佛你仍在我们中间。你离开了这个院落，离开它们，离开我们，你不会再来。你到哪里去了啊？我认为你一定随着春天温暖的风，又踏着严寒冬天的雪，你经过春风的吹送和踏雪的足迹，已经深入到祖国的高山、平原，也飘进了黄河、长江，经过黄河、长江的运移，你进入了无边无际的海洋。你，不仅是为我们的国家，为我们国家的人民服务，而且你为全人类的进步事业，为世界的和平，一直在那里跟人民并肩战斗。[2]

注释：

[1]《毛泽东年谱（1949—1976）》第6卷，中央文献出版社2013年版，第634页。

[2]《周恩来邓颖超通信选集》，中央文献出版社2014年版，第2页。

后　记

在中央文献研究室工作的几十年中，我们参加了《周恩来传》《周恩来年谱》的撰写工作，因为所从事工作的特殊性，有条件比其他研究者接触更多关于周恩来及其他相关的党和国家领导人的档案资料，这是我们的优势所在。同时，我们还有条件系统地采访多位曾在周恩来领导下从事内政外交工作的领导同志、周恩来身边工作人员及他们的亲属，他们所谈的情况是对档案资料的重要补充，是联结一些档案资料的桥梁。这些经历和优势条件，为我们写好研究周恩来的书稿奠定了扎实的基础。

在做好本职工作的同时，我们对一些有兴趣的问题进行了深入研究，形成了自己的一些研究成果。这本书，就是我们在撰写《周恩来传》《周恩来年谱》的过程中形成的带有专题性质的研究专著，通过多个更为具体的重大决策与事件的细节反映周恩来主持政务岁月的主要贡献和值得借鉴的经验。

在《周恩来主持政务岁月》出版之际，我们要向为之付出艰辛工作的人民文学出版社现代文学编辑室主任刘伟、责任编辑温淳表示诚挚的感谢！他们的精心编辑、认真核校，有效地保证了本书的质量。

熊华源　廖心文

2021年春